热烈庆祝中华人民共和国
成立60周年

中华人民共和国万岁

世界人民大团结万岁

2009中国粮食年鉴

CHINA GRAIN YEARBOOK 2009

主　编　聂振邦

副主编　郄建伟　任正晓　张桂凤　杨　兵　曾丽瑛

图书在版编目（CIP）数据

2009中国粮食年鉴/聂振邦主编.—北京：经济管理出
版社，2009.11
ISBN 978-7-5096-0794-7

Ⅰ.①2… Ⅱ.①聂… Ⅲ.①粮食-工作-中国-2009-年鉴
Ⅳ.① F 724.721-54

中国版本图书馆CIP数据核字（2009）第194243号

出版发行：**经济管理出版社**

北京市海淀区北蜂窝8号中雅大厦11层

电话：（010）51915602　邮编：100038

印刷：北京印刷集团有限责任公司印刷二厂　　　　　　经销：新华书店

责任编辑：张　艳

技术编辑：乔　炜

880mm×1230mm/16	43印张　　1150千字
2009年11月第1版	2009年11月第1次印刷
印数：1－3000册	定价：380.00元

书号：ISBN 978-7-5096-0794-7

聂振邦同志到四川地震灾区检查指导抗震救灾粮油供应和夏粮收购工作

聂振邦同志在山东调研夏粮收购工作和农户存粮情况

郄建伟同志在青海调研粮食仓储管理工作

任正晓同志到四川地震灾区检查指导军粮供应保障工作

张桂凤同志在江西调研

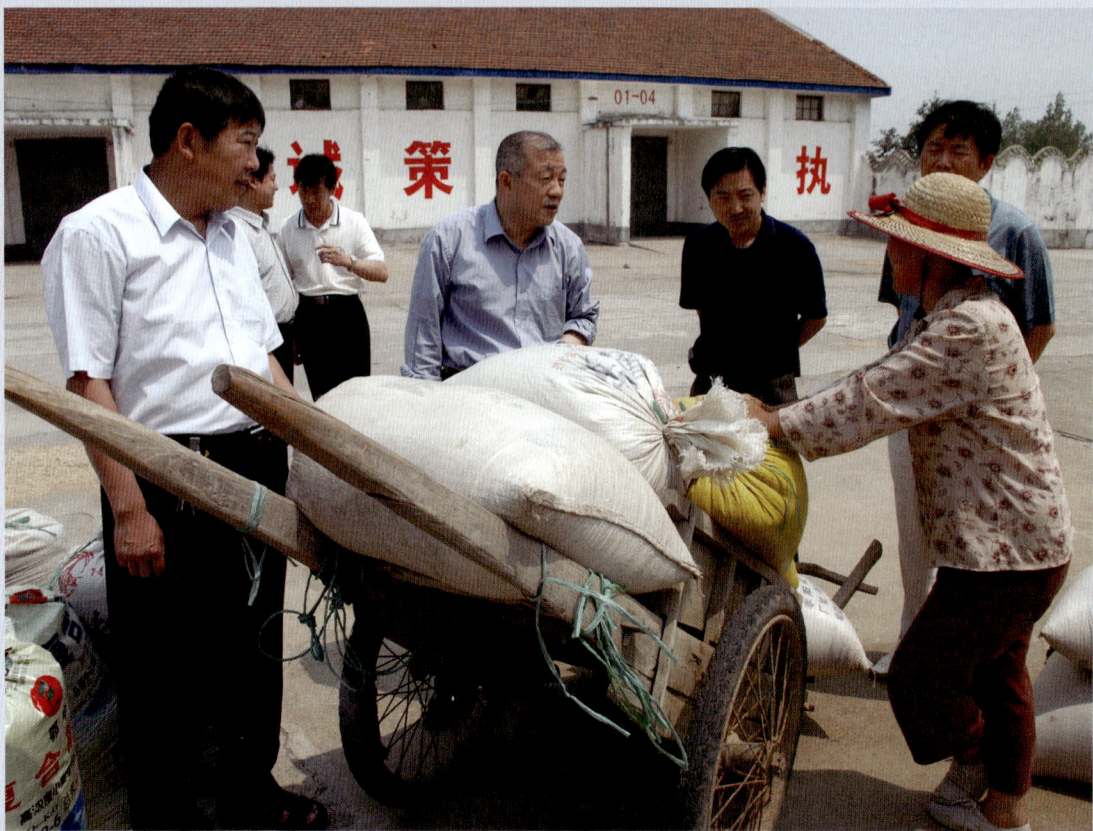

杨兵同志在湖北调研

曾丽瑛同志在甘肃灾区检查指导粮油供应工作

2009
中国粮食年鉴编辑委员会

主 任

聂振邦　　　国家粮食局党组书记、局长

副主任

郄建伟　　　国家粮食局党组成员、副局长

任正晓　　　国家粮食局党组成员、副局长

张桂凤（女）　国家粮食局党组成员、副局长

杨　兵　　　国家粮食局党组成员、
　　　　　　中纪委驻国家粮食局纪检组组长

曾丽瑛（女）　国家粮食局党组成员、副局长

委　员

刘小南	国家发展和改革委员会经济贸易司副司长
曹长庆	国家发展和改革委员会价格司司长
叶贞琴	农业部种植业管理司司长
李晓超	国家统计局国民经济综合统计司司长
赵建华	国家统计局农村社会经济调查司副司长
孙鉴奇	国家粮食局办公室主任
徐京华	国家粮食局人事司司长
刘 韧	国家粮食局外事司司长
卢景波	国家粮食局调控司司长
颜 波	国家粮食局政策法规司司长
程传秀（女）	国家粮食局监督检查司司长
邓亦武	国家粮食局财务司司长
何 毅	国家粮食局流通与科技发展司司长
金 刚	国家粮食局机关党委常务副书记
辛志光	中纪委、监察部驻国家粮食局纪检组副组长、监察局局长
王亚平	国家粮食局机关服务中心主任
张 普	国家粮食局离退休干部办公室主任
张本初	国家粮食局军粮供应中心主任
尚强民	国家粮油信息中心主任
杜 政	国家粮食局标准质量中心主任
赵小津	国家粮食局科学研究院院长
夏吉贤	中国粮食经济杂志社社长兼主编
田雨军	国家粮食局发展交流中心主任
何松森	中国粮食研究培训中心主任
宋丹丕	中国粮食行业协会副会长兼秘书长
胡承淼	中国粮油学会秘书长
李广禄	北京市粮食局局长
马春波	天津市粮食局局长
徐受棠	河北省粮食局局长
姚高宽	山西省粮食局局长
卫庆国	内蒙古自治区粮食局局长
李汪洋	辽宁省农经委副主任、粮食局局长
祝业辉	吉林省粮食局局长
金 辉	黑龙江省粮食局副局长

委　员

张新生	上海市商务委副主任、粮食局局长
王元慧（女）	江苏省粮食局局长
陈聪道	浙江省粮食局局长
孙良龙	安徽省粮食局局长
黄希敏（女）	福建省粮食局局长
熊根泉	江西省粮食局局长
丁兆石	山东省粮食局副巡视员
曹濮生	河南省粮食局局长
孙永平	湖北省粮食局局长
吴奇修	湖南省粮食局局长
张　军	广东省发展和改革委员会副主任、粮食局局长
庞栋春	广西壮族自治区粮食局局长
宋建海	海南省粮食局局长
周克勤	重庆市商业委员会主任
谭嘉林	四川省粮食局局长
沈　健	贵州省粮食局局长
苏全忠	云南省粮食局局长
达　拥（女）	西藏自治区粮食局副局长
姚增战	陕西省粮食局局长
何水清	甘肃省粮食局局长
刘金定	宁夏回族自治区粮食局局长
顾艳华	青海省粮食局局长
米尔扎依·杜斯买买提	新疆维吾尔自治区粮食局局长
黄润华	青岛市粮食局局长
杜钧宝	宁波市粮食局局长
曾耀民	厦门市粮食局局长
李　光	大连市商业局（粮食局）副局长
王庭珠（女）	深圳市发展和改革局机关党委书记
朱新祥	新疆生产建设兵团发展和改革委员会(粮食局)主任

撰稿人员
（按姓氏笔画为序）

丁 斌	卜铁彪	万劲松	万富世	于 涛	于英威	于振峰	马木炎
马新华	亢 霞	孔伟娟	尹 坚	尹成林	牛库山	王 江	王 旭
王 强	王 静	王永圣	王国强	王金云	王青年	王家忠	王晓芳
王高升	王鸿鸣	王耀鹏	邓 立	邓玉兵	邓亦武	付立中	付艳丽
卢景波	史京华	玄红建	田 临	田 野	田雨军	龙伶俐	任昌坤
任洪峰	刘 平	刘 韧	刘 勇	刘小南	刘冬竹	刘青青	刘莉华
刘铁宏	刘惠标	刘嘉楠	匡广忠	安海东	曲贵强	朱之光	朱六九
朱传碧	朱其俊	毕金元	许 策	齐朝富	吴永顺	吴国梁	吴晓玲
张 云	张永刚	张永强	张永福	张生彬	张庆娥	张延华	张成志
张步先	张树森	张鸿玺	李 可	李 红	李 芳	李 玥	李 泃
李 涛	李 德	李小维	李化武	李亚莉	李志敏	李建国	李金良
李青宁	李美琴	李寅铨	李福君	李增裕	杜 政	杨 正	杨 波
杨卫辰	杨卫路	杨文利	杨加慎	杨晓静	杨绪珍	肖 玲	肖春阳
芦珍琼	苏仁福	邱 杰	邹 炜	陆壮雄	陈 玲	陈玉中	陈军生
陈成云	陈秀玲	陈学坪	陈建军	陈显利	陈家积	陈晓辉	周 辉
周志和	周冠华	周晓耘	孟洪恩	林 华	林 潇	林凤刚	林明亮
林善为	罗文娟	罗守全	罗俊雄	郁士祥	郑妙峰	金 贤	金巍巍
姚 海	姚秀敏	段建丽	祝志光	胡飞俊	胡连锋	贺 伟	赵文先
赵红梅	赵素丽	赵滨敬	夏伯锦	夏培成	徐志宇	徐京华	秦 剑
秦玉云	袁 辉	袁玉生	郭 建	郭尚营	郭洪伟	郭晓虹	陶 英
高 波	高卫华	高美华	商卫国	寇 荣	梅 伟	符永光	隋晓刚
麻 婷	麻国杰	黄 辉	黄江鹭	龚 伟	龚震源	彭 波	智振华
曾令清	曾衍德	程传秀	程继伟	蒋心宏	韩继志	熊贵斌	谭本刚
潘祝雄	颜 波	魏 然					

编审人员
（按姓氏笔画为序）

邓亦武　卢景波　刘小南　孙鉴奇　严 涛　何松森　夏吉贤
颜 波

编辑部

主　　任：何松森
工作人员：刘珊珊　朱 蓉

编写说明

　　为全面、准确地反映国家和地方粮食工作，国家粮食局从2006年开始组织编撰《中国粮食年鉴》。《中国粮食年鉴》是经国家新闻出版总署批准出版、由国家粮食局主办并委托中国粮食研究培训中心组编的官方年鉴，是粮食行业实用性、资料性工具书。

　　《中国粮食年鉴》全面、系统地记述了上一年度中国粮食工作的主要情况，刊载有重要的粮食政策法规文件和统计资料，和国家粮食局主办并委托中国粮食研究培训中心组编的《中国粮食发展报告》联袂成为姊妹篇。本期年鉴由综述、专文、全国粮食工作、各地粮食工作、粮食政策与法规文件、附录六部分组成。年鉴收集的数据和资料均未包括我国香港特别行政区、澳门特别行政区和台湾省。各省（自治区、直辖市）的排列顺序，按照全国行政区划的统一规定排列。年鉴涉及的单位名称、姓名和职务均以截稿日期为准。

　　本期年鉴在编辑出版过程中得到了国家粮食局、国家发展和改革委员会、农业部、国家统计局以及各省（自治区、直辖市）、计划单列市及新疆生产建设兵团粮食行政管理部门的大力支持，在此，我们表示衷心的感谢！不足和错误之处，敬请读者批评指正。

《2009中国粮食年鉴》编辑委员会
中国粮食研究培训中心
二〇〇九年十月

1 2 3 4 5 6

目　录

第五篇　粮食政策与法规文件 403

1

第一篇

综　述

2008年全国粮食工作综述

国家粮食局党组书记、局长 聂振邦

2008年，是很不寻常的一年。面对国际粮价大涨大落的复杂形势，面对国内重大自然灾害的严峻局面，面对百年奥运保供应的重大任务，粮食部门认真贯彻党的十七大、十七届三中全会和中央经济工作会议、中央农村工作会议精神，深入学习实践科学发展观，认真执行国家粮食政策，正确把握形势，改善宏观调控，深化企业改革，加强监督检查，大力发展现代粮食流通产业，各项粮食流通工作取得显著成效，为保证粮食市场稳定，保护种粮农民利益，保障国家粮食安全，促进国民经济又好又快发展作出了积极贡献。

一   高度重视农业生产，粮食产量实现连续五年增长

2008年，中央进一步加大强农惠农力度，大幅增加涉农补贴资金，粮食生产稳步发展。中央财政用于"三农"支出达到5955亿元，比上年增加1637亿元，增长37.9%，其中：粮食直补、农资综合补贴、良种补贴、农机具购置补贴资金达1030亿元，比上年增长1倍；对产粮大县的奖励资金达到140亿元，比上年增加15亿元。继续对重点地区的重点粮食品种实行最低收购价政策，三次较大幅度提高粮食最低收购价，提价幅度超过20%，对主要粮食品种实施临时收储政策。中央的一系列强农惠农政策的实施，进一步激发了地方抓粮和农民种粮的积极性，促进了粮食生产持续发展和种粮农民收入持续增加。据统计，2008年，全国粮食产量达到52870.9万吨，比上年增加2710.6万吨，实现了连续五年增产；农村居民人均纯收入达4761元，比上年实际增长8%。

二   宏观调控进一步加强，粮食市场供求和价格保持基本稳定

认真落实国家粮食收购政策，切实保护种粮农民利益。2008年，全国各类粮食企业累计收购粮食29019万吨（原粮，下同），其中国有粮食企业收购17008万吨，其他多元主体收购12011万吨，分别占总收购量的58.6%和41.4%。国家连续调高小麦、稻谷最低收购价，将稻谷最低收购价实施范围扩大到11个省（区）。在6个小麦主产省启动执行预案，全年收购最低收购价小麦4174万吨，比上年增加1280万吨。认真落实国家关于东北地区粳稻、玉米、大豆和南方稻谷的临时收储政策，有效解决农民"卖粮难"问题，2008年收购临时存储（含中央储备）稻谷1608万吨、玉米1517万吨、大豆192万吨。粮食收购期间，各级粮食部门加强对粮食收购工作的指导、协调、监督和服务，督促国有粮食企业发挥主渠道作用，引导和鼓励多元主体积极入市收购，搞活粮食流通。这些措施有力地支撑了粮食市场价格，使农民得到了实惠，按商品量测算，全国农民增收500多亿元。

面对国际粮食危机、粮价大幅上涨的严峻形势，根据国家粮食宏观调控需要和市场需求情况，适时安排政策性粮食竞价销售，合理把握储备粮油的轮换时机和销售节奏，保证了市场供应和价格基本稳定，避免了粮价大涨大落。2008年国有粮食企业销售粮食16636万吨，其中销售政策性粮食4891万吨。为有效充实销区粮食库存，缓解主产区收储压力，国家下达政策性粮食跨省移库计划634万吨。

认真落实关内销区到东北产区采购粳稻运费补贴政策，促进东北地区粳稻销售。大力开展粮食产销衔接，通过举办各类粮食产销衔接交易会、贸易洽谈会、产销合作会，签订粮食购销合同2050万吨。

加强储备粮行政管理，不断提高市场调控能力。认真组织实施中央储备玉米、大豆和食用植物油增储计划，及时下达中央储备粮年度轮换计划并督促实施。各地认真落实国家有关部门下达的地方储备粮规模指导计划和储备规模标准要求，地方储备粮、油库存均有所增加。各地进一步完善本地区粮食应急预案，积极组织培训和应急演练，健全应急保障体系。适应部队后勤保障社会化改革的需要，军粮供应工作和应急保障能力建设取得明显成效。到2008年底，全国已确定粮油应急加工定点企业2374家，应急供应定点企业6595家，应急保障能力明显增强。

三　全力做好抗灾救灾各项工作，确保灾区粮食供应和市场价格基本稳定

2008年初，我国南方遭遇历史罕见雨雪冰冻灾害，涉及17个省（区、市）。国家粮食局和受灾地区各级粮食部门把"抗雪灾、保供应、稳粮价、安民心"作为最紧迫的任务来抓，加强粮源组织调度，及时启动应急预案，受灾地区粮食部门在当地党委、政府组织领导下，广大干部职工克服天寒地冻、电断路滑等种种困难，人背肩扛、翻山越岭送粮送油，保证了受灾群众特别是边远地区居民的生活需要。

汶川特大地震发生后，及时落实国务院抗震救灾总指挥部的部署，按照"3个月内向灾区困难群众每人每天发放1斤口粮"的标准，累计下达中央储备粮抗震救灾计划62.6万吨，向四川省定向销售国家临时储存玉米19.7万吨。紧急安排四川灾区粮食收购补贴和所需受损仓库维修、烘干设备采购资金2.35亿元。四川、甘肃两省以及云南、陕西部分市县及时启动粮食应急预案，切实做好成品粮油加工、调运和供应工作，做到路断、桥断、粮不断，千方百计确保灾区群众、抢险救援部队和抗震救灾人员"有饭吃"。

四　粮食流通体制改革继续深化，国有粮食企业改革发展取得新进展

落实中央关于纪念改革开放30周年的部署，认真开展以"粮食流通体制改革和现代粮食流通产业发展"为主题的纪念活动，总结粮食流通体制改革成就和经验，加强现代粮食流通产业发展战略研究，提出相关政策措施建议，推进粮食流通体制改革继续深化，推动现代粮食流通产业发展。各地粮食行政管理部门继续推进职能转变，加快实行政企分开；积极培育和发展粮食经济合作组织，加强对粮食经纪人的培训和引导，加快构建新型粮食购销服务网络，把粮食行政管理部门的工作重心转到粮食市场调控、监管和行业指导、服务上来。

国有粮食企业改革发展取得新进展。截至2008年底，全国国有粮食企业总数18989个，其中购销企业13562个，分别比上年减少2450个和1216个，企业布局和结构进一步优化。积极做好企业分流安置职工的社会保障和再就业工作，全年安置分流职工再就业6.5万人，其中粮食部门安置4.4万人。企业扭亏增盈保持良好势头，2008年全行业国有粮食企业统算盈利21.3亿元。北京、天津、吉林、上海、江苏、浙江、安徽、福建、江西、山东、河南、湖北、湖南、广东、四川、云南、陕西、青海、新疆等19个省（区、市）及新疆生产建设兵团实现了统算盈利，河北、广西、海南等省（区）国有粮食购销企业实现了统算盈利。

| 五 | **依法行政能力全面提高，粮食流通监督检查工作深入推进** |

　　落实中央的决定和全国人大常委会的部署，积极准备《粮食法》的研究起草工作。认真执行《中央储备粮管理条例》和《粮食流通管理条例》，提高粮食流通管理和服务水平。修订粮油仓库管理办法、粮油仓储设施管理办法等规章和规范性文件。规范收购市场秩序，认真做好粮食收购资格审核工作，全国具有粮食收购资格的各类粮食市场主体77498家，其中75%以上是多元主体。对419户企业进行了中央储备粮代储资格审核，全国具有中央储备粮代储资格的企业1997家，仓容规模9865万吨。

　　进一步加强全社会粮食流通监管工作体系建设。全国已有29个省（区、市）和80%以上的地（市）、70%的县级粮食部门设立了监督检查机构，经过培训获得执法资格的人员2.5万人。以粮食最低收购价政策落实情况为重点，组织开展专项检查活动9万多次，及时受理举报和核查涉粮案件，维护了正常的粮食流通秩序。制定粮食流通监督检查考核办法，修订监督检查行政执法文书，完善配套制度，建立了行政执法信息管理系统。各地积极推行行政执法责任制，改善执法条件，提高执法水平，部分地区开展了粮食流通信用体系建设，实行粮食企业分级监管。粮食质量监管工作全面展开。对中央储备粮进行质量卫生专项抽查，组织25个省级粮食部门对地方储备粮质量进行抽查，完善了中央储备粮抽查扦样检验管理办法。组织152个质检机构对10个卫生检验项目的对比考核，检验能力得到进一步加强。完成316项国家粮油标准制修订工作，制订和发布粮食行业标准24项，小麦粉、食用调和油等标准制修订工作取得重要进展。

　　认真组织完成对2008年3月末全国国有粮食企业库存检查，在企业自查、市级普查和省级复查的基础上，国家有关部门派出工作组对河北、辽宁等8省市进行督查和抽查。及时核查粮食库存，总结分析检查情况，提出解决问题的对策措施，并向国务院呈报专项检查报告。根据国务院关于在全国开展清仓查库的决定，在广泛调研和征求意见的基础上，拟定2009年全国粮食清仓查库工作实施方案、检查办法，做好实施准备工作。

| 六 | **进一步加强粮食物流体系、市场体系和统计信息体系建设，加快现代粮食流通产业发展步伐** |

　　抓紧落实国家扩大内需政策，做好2008年新增10亿元中央补助投资项目审查工作，安排建设食用油和油料储存设施以及东北地区粮食烘干设施，总投资约25亿元。国家安排7.82亿元中央补助投资，重点安排黑龙江、内蒙古、山东、河南、湖南、山西、广西等21个省（区、市）仓房维修改造和粮食仓储、烘干设施及物流体系建设。在国家新增粮食生产能力建设规划中，认真调研论证，提出"仓储物流工程配套"建设投资方案。各地通过政策扶持和投资引导，多渠道筹集资金，加快推进主要物流通道和节点项目建设，推广应用散粮运输装卸新技术新设备。

　　落实全国粮食市场体系建设"十一五"规划，加强全国统一粮食竞价交易系统建设，发展区域性、专业性和大中城市成品粮批发市场。国家粮食交易中心达到18个，全国各类粮食批发市场达到553家。积极推进粮食联网竞价交易，实现全国联网的批发市场达到23家。及时修订国家粮食流通统计制度，完善食用油和粮油加工业统计指标体系。认真开展社会粮食流通统计，做好粮食购销存月报、旬报和食用油、大米日报工作，完成社会粮食供需平衡调查。加强市场信息监测，努力提供及时、准确、全面的市场信息服务，为宏观调控提供依据。

稳步发展以粮食购销、加工企业为龙头的产业化经营。目前，全国规模以上粮食加工企业13604家，其中国有粮食产业化龙头企业1324家。积极争取对重点粮食产业化企业的贷款支持，截至2008年底，国家粮食局和中国农业发展银行重点支持的粮食产业化龙头企业1684家，在粮食收购、技术改造、基地建设等方面获得贷款997.7亿元。同时，努力提高粮食仓储管理水平和粮食科技创新能力。认真研究制定和组织实施新的小麦国家标准，在小麦主产省推广使用小麦硬度仪。在国家粮食局科学研究院、河南工业大学、成都储藏研究所等9个单位建立了国家粮食局工程技术研究中心。粮食数量动态监测、快速品质检测仪器、植物源杀虫剂新剂型、低温准低温储粮示范等研究取得阶段性成果。

七 扎实做好粮食基础性工作，促进粮食行业全面协调发展

2008年，国家粮食局继续大力开展"放心粮油"进农村、进社区工作。全面完成辽宁、山东、四川3省农户安全储粮试点专项，通过中央补助、地方配套和农户自筹的方式，为试点地区农户配置标准化储粮装具，推广科学储粮技术，起到了明显减损效果和示范作用。认真做好抗击严重自然灾害和北京奥运会期间的新闻宣传，通过新闻媒体积极宣传国家粮食政策，介绍粮食购销形势，新闻宣传工作取得新成效。开展全国爱粮节粮宣传周暨世界粮食日活动，为科学消费粮食营造良好氛围。

积极开展粮食行业的国际交流合作。成功举办中国国际榨油商大会、第8届国际储藏气调与熏蒸大会，承担谷物与豆类国际标准化组织秘书处工作，在意大利主持召开谷物与豆类分技术委员会第33届年会，扩大了我国在国际粮食领域的影响力。加强国内外粮食物流、散粮汽车运输、稻谷烘干等技术的合作研究和推广。完成粮食仓储行业淘汰甲基溴的国际援助项目。大力实施人才兴粮战略，加强干部职工培训，积极拓展粮食行业职业技能鉴定覆盖面。

第二篇

专　文

深入学习贯彻党的十七大精神
努力做好粮食流通工作 确保国家粮食安全

——在全国粮食局长会议上的工作报告
国家粮食局党组书记、局长 聂振邦
2008年1月3日

同志们：

这次会议是经国务院批准召开的。会议的主要任务是，深入学习贯彻党的十七大精神，以科学发展观为指导，认真落实中央经济工作会议、中央农村工作会议的部署，总结一年来的粮食流通工作，分析当前面临的新形势，研究部署今年的粮食流通工作，切实保障粮油市场稳定和国家粮食安全。

一 狠抓政策落实，粮食流通工作取得新的成绩

2007年，粮食部门认真学习贯彻党的十七大精神和党中央、国务院关于粮食工作的方针政策，按照全国粮食局长会议关于"狠抓政策落实，加强市场调控，积极推动现代粮食流通产业发展"的部署，积极进取，扎实工作，粮食流通工作取得新的成绩，为稳定粮食市场，保障国家粮食安全，促进国民经济又好又快发展作出了积极贡献。

（一）加强粮食宏观调控、粮食市场保持基本稳定

一是根据宏观调控需要，积极采取有效措施稳定粮食市场。2007年，国际粮食市场供求偏紧、粮价涨幅较大，为保证国内粮食市场供应，抑制粮价过快上涨，按照国务院部署，常年常时安排最低收购价粮食在批发市场公开竞价销售，并适当降低销售底价，加大销售力度，全年累计销售最低收购价小麦3240万吨、稻谷1010万吨，并销售国家临时存储进口小麦25万吨、中央储备玉米45万吨。在京津沪和东南沿海等主销区及时安排抛售中央储备食用植物油20万吨。为有效充实销区粮食库存，改善库存地区结构，缓解主产区收储压力，会同有关部门下达四批最低收购价粮食跨省移库计划930万吨，其中小麦890万吨、稻谷40万吨。各地配合国家粮食宏观调控需要，合理把握储备粮油轮换时机，对区域粮油市场进行适时调节。在国际市场粮价大幅度上涨的背景下，这些调控措施对稳定市场价格，保证市场供应起到了积极有效的作用。

二是进一步完善中央、地方粮食储备调节体系和粮食应急体系。会同有关部门适时下达中央储备粮年度轮换计划并督促实施，及时研究和落实中央储备食用植物油增储计划，提出地方储备粮分省规模的指导性意见。各地进一步充实地方储备粮规模，规范地方储备粮管理。落实国家粮食应急预案要求，细化粮食应急动用方案，健全应急机制，增强应急保障能力，不少地方开展应急演练，进一步做好粮食应急各项工作。

三是认真做好粮食产销衔接和政策性粮食供应工作。加大粮食产销衔接工作指导力度，及时协调解决粮食运输和资金结算等问题。去年全国共举办粮食产销衔接交易会、贸易洽谈会、粮油精品展销会等17次，签订粮食购销合同1900万吨。继续指导各地做好退耕还林、水库移民、救灾等政策性用粮的供应工作，按照有关规定销售处理库存陈化粮。加强军粮供应网点和信息化建设，顺利实施军用购

粮卡改革，扩大服务范围，稳步提高军粮供应质量、保障能力和服务水平，受到部队官兵的好评。

（二）加强粮食收购工作指导，粮食最低收购价政策得到较好落实

一是做好粮食收购工作，促进粮食生产稳定发展。在粮食收购期间，各级粮食部门负责同志深入收购现场，加强对粮食收购工作的指导、督促和检查，做了大量组织协调工作，指导和督促国有粮食企业发挥主渠道作用，引导和鼓励多元主体积极入市收购。截至2007年11月末，全国各类粮食企业累计收购粮食17665万吨，其中国有粮食企业收购9240万吨，其他多元主体收购8425万吨，分别占总收购量的52.3%和47.7%。

二是认真落实粮食最低收购价政策，切实保护种粮农民利益。在总结近几年经验的基础上，按照国务院批准的2007年小麦、稻谷最低收购价执行预案，进一步完善预案启动机制和补贴机制，细化操作措施，保证了预案的顺利实施。在启动预案的7个省，按最低收购价收购小麦2895万吨，收购粳稻50万吨，粮食最低收购价政策得到较好落实。

三是加大仓房维修力度，改善主产区粮食仓储条件。2007年中央财政安排专项资金2.1亿元，对9个小麦和稻谷主产区仓房进行维修，9省地方财政落实配套资金1.1亿元，加上企业自筹，9省共安排资金约8.5亿元，维修库点9700多个，仓容2227万吨，有效地缓解了粮食主产区执行最低收购价政策仓容紧张问题。同时，其他一些省份也安排资金，进行了仓房维修改造。

（三）继续深化粮食流通体制改革，国有粮食企业改革取得新进展

一是落实政策措施，粮食流通体制改革成果不断巩固和发展。放开粮食购销市场和价格，迈出了农业市场化改革的关键一步。各级粮食部门继续贯彻落实《国务院关于完善粮食流通体制改革政策措施的意见》（国发〔2006〕16号）精神，以推广宁夏经验为契机，深入调查研究，明确改革重点，加强分类指导，认真组织实施，保证了改革顺利推进。截至目前，吉林、黑龙江、上海、山东、江西、福建、四川、新疆等17个省（区、市）结合本地实际，出台了粮改实施意见，在规范政府调控与企业经营关系、充实地方粮食储备、完善粮食企业国有资产管理制度、发展粮食产业化经营、加强粮食市场体系和物流设施建设、健全全社会粮食流通监管办法等方面，提出了新举措、有了新突破、取得了新成绩，不少地方粮食行政管理机构和人员得到加强和充实。

二是国有粮食企业改革稳步推进，市场竞争力逐步增强。目前，各地已基本完成了政策性粮食财务挂账的清理、审计、认定和剥离工作，绝大部分政策性粮食财务挂账从企业剥离，上划到粮食行政管理部门集中管理。北京、广东、宁夏等省（区、市）已经消化政策性挂账96亿元，这是了不起的成绩。国有粮食企业富余职工分流安置工作取得积极进展，粮改以来，全国累计安置下岗职工再就业124.9万人，占全部分流职工的49.7%，其中粮食部门安置77.6万人，占全部安置数的62.1%。企业产权制度改革稳步推进，截至2007年11月底，全国国有粮食企业21854个，其中购销企业15380个，比上年末分别减少3320个和566个，比粮改初期分别减少31386个和15054个。改革改制后的国有粮食企业竞争力逐步增强，经济效益不断提高，2007年1~11月国有粮食购销企业同比减亏31.32亿元，盈利省份达到12个。

（四）积极推进依法行政，粮食市场监管得到进一步加强

一是深入贯彻《粮食流通管理条例》，提高粮食流通管理和服务水平。认真组织实施《条例》宣传，深入开展"依法经营粮食，保障消费安全"主题宣传活动，提高社会对依法管粮的认知度。健全粮食收购资格许可制度，建立全国粮食收购资格信息系统，加强对已经取得资格经营者的管理、指导

和服务，目前全国具有粮食收购资格的经营者达到7.3万个。加大对粮食收购市场秩序的监管力度，会同有关部门和单位组成联合工作组，对河北、山东、江苏、河南、湖北等5省小麦最低收购价政策落实情况进行巡查，指导和督促企业严格执行粮食收购质价政策，切实保护种粮农民利益。加强对临时存储粮竞价销售出库和移库情况的监督检查。认真查办涉粮案件，进一步规范粮食经营行为。开展粮食依法行政示范创建活动，颁布实施《粮食行政复议工作规程（试行）》，积极推进粮食政务公开，努力提高粮食依法行政水平。

二是贯彻落实《中央储备粮管理条例》，认真开展中央储备粮代储资格认定工作。在总结经验和深入调研的基础上，完善中央储备粮代储资格认定工作，优化中央储备粮代储资格企业布局，依法开展第六批代储资格认定。目前，全国共有1771户企业取得粮食类代储资格，157户企业取得油脂类代储资格。加强对已取得资格企业的管理，先后取消了14户不符合中央储备粮代储要求企业的资格。代储资格认定制度的实施，为中央储备粮的库存安全提供了保障。

三是推进粮食监督检查队伍建设，加强粮食库存监管。目前，全国94%的省级粮食部门、68%的地（市）级粮食部门、54%的县（市）级粮食部门设立了监督检查机构。各级粮食部门加大监督检查队伍培训力度，全国取得粮食行政执法资格的人员达到23387人。建立国家粮食局粮食库存检查专家库，开发全国粮食库存检查信息系统，提高了库存检查效率和数据准确率。认真组织开展2007年全国粮食库存检查，重点加大对各类政策性粮食库存的随机抽查和专项检查力度，并将检查结果报告国务院。

四是开展粮食质量安全专项整治行动，加强粮食质量卫生监管。按照国务院的统一部署，紧急召开全国粮食质量监管工作会议，制定《全国粮食质量安全整治行动方案》，全面部署和组织实施粮食质量安全专项整治行动，并对部分省区进行巡查督导。积极开展收购环节的原粮卫生监测，在全国共采集稻谷、小麦、玉米等主要粮食样品约2万份，取得检验数据约10万个，基本掌握了我国原粮卫生整体状况。以中央储备粮为重点，兼顾地方储备粮、最低收购价粮和商品粮，加大储存环节的粮食质量与卫生安全的抽查检验力度，促进储存环节粮食质量安全水平的提高。在全国建立144个国家粮食质量监测中心（站），初步形成了粮食质量安全检验监测网络。

（五）加强规划和指导，现代粮食流通产业发展迈出重要步伐

一是按照"三个体系、一个保障"的部署，大力推动现代粮食流通产业发展。落实去年全国粮食局长会议提出的关于构建粮食宏观调控体系、现代粮食市场体系、粮食产业化体系和粮食流通行政执法监督保障体系的要求，各地积极制定规划，认真组织实施。湖北、江苏、安徽等省以省政府文件印发了大力推进现代粮食流通产业发展的实施意见，给予资金支持和扶持政策。湖北省粮食局邀请12个省（区、市）粮食局开会专题研究发展现代粮食流通产业思路，河北、安徽、河南、湖北、甘肃等省召开粮食产业化工作现场会，积极推动现代粮食流通产业发展。

二是制定粮食市场体系建设规划，推动现代粮食市场体系发展。在认真调研的基础上，印发《全国粮食市场体系建设"十一五"规划》，加强对粮食市场建设的规划和指导。继续完善重点联系批发市场制度，目前联系粮食批发市场达到18家，大中城市成品粮批发市场达到24家。根据粮食流通需要，批准组建10个国家粮食交易中心，加快全国粮食竞价交易系统建设。积极发挥粮食批发市场功能，推动最低收购价粮食和其他政策性粮油的联网交易，为合理配置粮食资源和粮食宏观调控服务。

三是推动粮食物流体系建设和粮食加工布局调整，扶持粮食产业化龙头企业发展。配合有关部门制定《粮食现代物流发展规划》，支持和指导粮食现代物流体系建设。积极推进上海外高桥、江苏靖

江、辽宁锦州港、中粮集团（江阴物流）等重点粮食物流项目建设。配合有关部门落实国家促进玉米深加工健康发展的有关政策，在8个省开展在建、拟建项目全面清理的复查，促进玉米加工产业布局调整。落实"十一五"全国食品工业发展纲要，抓好示范工程建设，建设了湖南长沙、湖北武汉、安徽六安、河北秦皇岛等一批粮油加工园区和产业集群，推进粮油加工向深度和广度发展。会同农业发展银行确定第二批重点支持的粮食产业化龙头企业，在粮食收购资金、技术改造、基地建设等方面优先提供贷款支持。截至2007年11月底，全国国有粮食企业的粮食产业化龙头企业1631个，其中购销企业987个。

四是推动农村粮食产后安全保障工程，指导农户科学储粮。落实国务院领导批示精神，启动国家"十一五"科技支撑计划"粮食科技丰产工程"产后减损项目，与12个粮食主产省签订建立农户储粮示范点合同，推广适合不同区域、不同品种的农户储粮技术和装具，深受广大农户的欢迎和好评。制定农村粮食产后安全保障工程工作方案，利用国家预算内专项资金，在四川、山东、辽宁3省启动农户储粮试点，配置标准化储粮装具，试点农户和试点区取得明显的经济效益和社会效益。

五是继续积极推动"放心粮油"工程，促进粮油企业管理和产品质量水平提高。在全国城乡继续坚持不懈地推进"放心粮油"进农村、进社区工程，深受广大消费者的喜爱。据国家质检总局公布的抽样调查结果，目前全国粮油产品总体合格率位居食品合格率榜首，小麦粉、大米合格率分别达到98%、99%。

（六）加强粮食行业基础工作，行业服务水平进一步提高

一是加强社会粮食统计调查和市场监测、预测，为粮食宏观调控服务。广泛宣传并认真落实国家粮食流通统计制度，进一步扩大粮食统计的社会覆盖面，不断提高统计数据质量。完成2006年度社会粮食供需平衡调查工作，对粮食消费、农户存粮及分布、粮食商品率、跨省粮食流通量等情况进行专题分析。积极做好粮油市场信息工作，调整和充实粮食市场监测点，不断完善和提升市场信息监测系统功能，提高监测信息的准确性和时效性。

二是加强标准制修订工作，促进粮油标准水平提高。组织各级粮食部门、科研院所、大专院校、检验机构及粮食企业，对粮油标准进行制修订。发布实施7项国家标准和19项行业标准，完成80余项粮油标准的审定。全面修订小麦等主要粮食质量标准，积极推进收购环节仪器化检验，规范收购检验工作。

三是加强粮食安全生产，落实全国安全生产会议精神。组织编写《粮食行业安全生产培训教程》，普遍培训省级安全生产管理人员。对全国特别是东北地区安全防火和两节期间安全生产工作进行专门部署，对近300户企业安全生产情况进行检查，提高地方安全生产意识。对于典型安全生产事故，局负责同志及时深入现场，指导工作。做好汛期安全储粮工作，及时布置检查，确保库存粮油安全。

四是加强粮食科技、理论研究、新闻宣传和行业教育培训、技能鉴定工作，促进行业技术水平和职工整体素质不断提高。开展粮食行业关键技术研究，逐步完善技术创新体系。组建10个国家粮食局工程技术中心工作进展顺利，批复组建3个省级科研工程中心，一批粮食物流、加工、储藏及检测技术设备新成果实现转化，行业科技成果工程化、集成化和产业化基地网络初步形成。集中力量开展粮食安全等重大理论和实践问题的研究，加强宣传工作，编撰粮食年鉴、发展报告，促进粮食工作水平的提高。继续扩大行业特有工种职业技能培训和鉴定工作的覆盖面，大力推行职业资格证书制度。成功举办首届全国粮食行业职业技能大赛和财会知识竞赛，全国粮食行业重技术、重技能、重人才的良好氛围逐步形成。

五是加强粮食行业国际交流，不断提高会展水平。初步建立中国—中亚粮食行业交流合作平台，成功举办国际谷物科技大会。充分利用国际科技创新资源，与日本佐竹等公司签订长期粮食科技合作框架协议，与日本不二制油公司建立大豆蛋白深加工及综合利用联合实验室。各种粮食会展活动已初具规模，办展质量和数量逐年提高。

二　正确把握形势，明确今年粮食流通工作重点

今年是我国经济、政治、文化、社会发展的重要一年，做好粮食流通工作具有非常重要的意义。党的十七大和中央经济工作会议、中央农村工作会议，为做好粮食流通工作指明了方向。我们要坚定不移地贯彻落实中央的部署，及时发现苗头性、倾向性问题，在纷繁复杂的环境中争取主动，努力做好粮食流通各项工作，确保国家粮食安全。

（一）粮食供求形势和价格走势更加复杂，粮食宏观调控难度进一步加大

正确分析粮食供求形势和价格走势，准确把握粮食供求品种、数量和布局的变化，是加强和改善粮食宏观调控，确保粮食市场供应和价格基本稳定，做好粮食流通工作的重要基础。

一是从粮食供求总量看，粮食产需基本平衡，粮食生产稳定发展的基础还需进一步加强。在国家支农惠农政策作用下，2007年我国粮食生产连续第四年丰收，总产量达到5亿吨以上，粮食消费平稳增长，产需基本平衡。考虑到国家粮食库存仍处于较高水平，粮食供应是有保证的。但从长远看，保持粮食供需基本平衡任务还很艰巨。

从国内食用植物油供需看，2007年国内食用植物油产量962万吨，需求2300万吨，自给率只有42%左右，而消费持续快速增长，产需缺口逐年扩大，对外依存度不断提高，保证食用植物油市场供应和价格基本稳定面临很大压力。

二是从品种结构看，有的粮食品种供求状况有所改善，有的品种矛盾突出。小麦由前几年产不足需转变为产略大于需；稻谷由前几年的产不足需转变为产需基本平衡；玉米工业消费增长较快，将由以往供需平衡有余逐步向基本平衡转变；大豆产需缺口扩大，需要通过进口解决。粮食库存品种结构与消费需求结构不完全适应，需要进一步改善。

三是从区域结构看，粮食薄弱地区的产需缺口有扩大趋势，产销衔接和市场稳定压力加大。我国粮食生产继续向优势区域集中，13个主产区粮食产大于需，余粮较多；7个主销区粮食产不足需，粮食自给率下降，缺口较大；11个产销平衡区粮食缺口有所扩大。近几年临时存储小麦、稻谷库存增加较多，增强了粮食宏观调控的物质基础，但库存大多集中在主产区，销区库存比较薄弱，国家粮食库存的地区布局需要进一步优化。

四是从国际粮食形势看，全球粮食供需形势趋紧，国际市场粮价居高不下。据联合国粮农组织（FAO）预测，2007/2008年度全球谷物产量21.1亿吨左右，其中小麦产量6.0亿吨，粗粮10.8亿吨，稻米4.3亿吨。谷物总产比上年度增加5.3%，本年度消费量预计达到21亿吨，比上年增加2%，加上上年度粮食结转库存下降，全球粮食库存消费比将近20%，与上年度基本持平，为30年来最低值。由于石油等能源价格不断攀升，生物燃料工业对玉米和大豆的需求量显著增加，全球粮食供需形势依然十分严峻，国际谷物市场价格将继续维持在较高水平。

随着国内粮食市场与国际市场接轨逐步加强，国际市场多方面因素对国内粮食供求和市场的影响越来越大，不确定因素增多，粮食宏观调控面临着更为复杂的形势，保持国内粮食市场和价格基本稳

定的难度加大，需要我们正确把握调控目标，科学运用调控方式，注重预先防范，准确把握调控时机和力度，运用好经济和法律手段，增强宏观调控能力和效果。

（二）深化粮食流通体制改革的任务仍然艰巨，要高度重视改革中尚未完全解决好的突出问题

粮食流通体制改革关系到粮食生产者、消费者和经营者的利益，关系到国家粮食安全，关系到社会主义市场经济体制的完善。经过几年的努力，粮食流通体制改革总体进展顺利，但进展还不平衡，要高度重视尚未完全解决好的几个突出问题，巩固和发展改革成果。

一是体制机制转换需要加快步伐。粮食行政管理部门职能转变取得明显成效，但还没有完全到位，政企不分、粮食流通监管缺位、错位等问题在有些地方还比较突出，需要按照"经济调节、市场监管、社会管理和公共服务"政府职能定位的要求，进一步推进粮食行政管理职能从过去直接管理国有粮食企业真正转变到管理全社会粮食流通上来。一些承担粮食最低收购价任务的企业，吃"政策饭"的思想有所抬头，市场竞争意识减弱，改革改制步伐放缓。对这些企业，要在服务粮食宏观调控大局前提下，进一步加快经营机制转换，真正建立适应社会主义市场经济发展要求的企业经营机制。

二是国有粮食企业财务挂账遗留问题尚未完全解决。目前，仍有相当数量政策性挂账需要消化，企业经营性挂账还没有得到妥善处理。在粮食主产区省级财力相对比较薄弱、粮食风险基金不足的情况下，政策性挂账遗留问题如何解决；粮食行业是微利行业，在收益不高的情况下，经营性挂账如何处理，这些仍然是困扰着国有粮食企业改革和发展的难题，需要在政策上采取更有力的措施加以解决。

三是企业富余职工分流安置和再就业需要进一步拓宽渠道。企业富余职工分流安置工作总体进展顺利，取得了突出成绩。但是，多数地区国有粮食企业改革配套资金存在较大缺口，富余职工分流安置和社会保障工作还存在一些遗留问题，任务仍然繁重，部分分流职工没有找到就业岗位。各地粮食部门在推进企业改革过程中要高度重视和认真对待这个问题。

（三）食品卫生安全问题引起社会高度关注，粮食质量卫生监管需要进一步加强

食品安全是社会关注的热点问题。粮食质量安全直接关系人民群众的饮食安全与身体健康，需要各级粮食部门切实履行粮食质量与原粮卫生监管职责，认真做好粮食质量安全监管工作。

一是原粮卫生安全直接影响到成品粮和食品的质量卫生安全，对粮食收购环节严把质量卫生关提出了更高要求。从近年来开展的粮食质量安全抽查和监测情况看，受自然灾害、环境及生产、收获过程中一些因素的影响，由生产环节带来的粮食质量安全问题应予高度重视。引导和帮助农民种植和收获符合质量标准的粮食，指导和帮助经营者把好粮食收购质量关，建立和完善粮食质量安全监管体系，确保流通环节粮食质量安全，已经成为新形势下粮食工作的一项重要任务。

二是加强流通环节粮食质量安全监管，迫切需要建立健全相关制度和体系。为及时发现和解决粮食质量安全隐患，防止有毒有害粮食流入口粮和饲料市场，进一步明确粮食经营者的质量安全责任，需要建立粮食质量安全监测与干预制度，建立粮食质量安全监测网络体系；建立健全质量追溯、安全监督抽查和责任追究制度；健全粮食检验体系、完善粮食卫生标准和检验方法标准；积极开发和推广适用于粮食收购现场的质量安全快速检验技术和设备；建立粮食产后服务体系，为农民提供粮食快速干燥和杂质清理等服务，解决马路晒粮造成的粮食破碎和污染问题。

（四）粮食流通主体日益多元化，对行政管理和服务提出了更高要求

粮食市场全面放开后，需要进一步提高行政管理部门依法行政、依法管粮的能力和水平。

一是粮食经营主体多元化，规范收购市场秩序和维护市场稳定的难度加大。在取得粮食收购资格

的经营者中，70%以上是多元市场主体，且比重呈上升趋势。部分粮食经营者法制观念淡薄、管理水平低，粮食经营台账没有建立或不健全，粮食统计数据不报送、报不实或不按要求报送，从事粮食收购、加工、销售的经营者没有按照规定保持必要的库存量，部分农村粮食经纪人没有依法申请办理收购资格许可证等。有的地方粮食行政管理部门存在"重许可、轻监管"现象，加上有些地方行政执法人员不足和缺少必要的监管手段，经营主体点多面广、流动性大，影响了市场监管效果。

二是粮食流通活动多样化，规范经营行为和维护政策性粮食安全任务加重。目前，有些多元市场主体承担了储备粮油的保管业务，多数能做到守法经营，但个别企业为谋取不正当利益，存在违法违规经营行为，影响了政策性粮油安全。在新形势下，需要加大监督检查工作力度，采取更为有力的监管措施，尽快建立长效监管机制，确保储备粮油和其他政策性粮食安全。

三是外商投资企业加快进入粮食流通领域，依法监管和服务水平亟待提高。粮食市场全面放开后，更多外资企业进入粮食收购市场和经营领域，特别是油脂油料的进口、加工、销售，外商占有较大份额。外商投资企业已经成为粮油市场的重要组成部分，需要按照有关法律法规，依法监管、加强服务，努力提高粮食市场调控能力。

四是仓储企业多元化，增加了仓储管理难度。据不完全统计，2006年全国共有仓储企业18622户，其中非国有企业2825户。另外，其他行业和粮油加工业的部分企业也开始进入粮油仓储业。总体看，仓储企业的多元化给仓储市场带来了活力，但这些企业多数仓储条件较差，业务人员一般没有经过专业培训，这对行业管理和指导提出了新的要求，需要研究加强对这类企业管理的措施。

三　积极开拓进取，扎实做好今年各项粮食流通工作

党的十七大强调要"确保国家粮食安全"。中央指出"粮食安全的警钟要始终长鸣，巩固农业基础的弦要始终绷紧，解决好'三农'问题作为全党工作重中之重的要求要始终坚持"，要坚持稳中求进、好字优先。最近，胡锦涛总书记、温家宝总理对确保国家粮食安全再次作出重要指示，进一步指明了当前和今后一个时期粮食工作的重点和努力方向。为开好全国粮食局长会议，做好2008年粮食流通工作，曾培炎、回良玉副总理专门作出指示，提出具体工作要求，我们一定要深刻领会，努力贯彻到实际工作中去。为认真贯彻落实中央的一系列指示精神，根据粮食流通工作面临的新形势，今年粮食流通工作的总体要求是：全面贯彻党的十七大精神，高举中国特色社会主义伟大旗帜，以邓小平理论和"三个代表"重要思想为指导，深入贯彻落实科学发展观，按照中央经济工作会议、中央农村工作会议的部署以及发展改革工作会议的要求，着力加强和改善粮食宏观调控，保障粮油市场和价格基本稳定；着力深化粮食流通体制改革和国有粮食企业改革，继续完善和健全体制机制；着力加强粮食行业管理，提高服务水平；着力推进现代粮食流通产业发展，更好地保护种粮农民利益和调动农民种粮积极性，确保国家粮食安全。主要任务是：

（一）努力提高粮食宏观调控水平，把维护粮食市场和价格基本稳定作为今年粮食工作的首要任务

按照中央关于"防止经济增长由偏快转为过热、防止价格由结构性上涨演变为明显通货膨胀"和"控总量、稳物价、调结构、促平衡"的总体要求，结合粮食部门工作实际，切实落实国家各项宏观调控政策措施，着力改善粮食市场调控。在调控目标上，既要考虑消费者承受能力，又要保护生产者利益，引导粮油产品价格保持在合理水平上；既要利用国际市场调剂余缺，又要立足国内保

障基本供给，促进粮油生产发展和产业安全。在调控方式上，既要加强总量调控，又要注重结构平衡；既要搞好即时调控，又要注重预先防范。在调控时机上，既要在供给短缺、价格过快上涨时果断决策、稳定市场，又要在价格大幅下跌、生产下降时及时出手、扶持生产。在调控手段上，既要采取最低收购价、储备吞吐、进出口等调节办法，又要运用财政补贴、信息引导、市场监管等调节措施，努力提高调控水平。

一是切实加强粮油市场调控，确保市场供应和价格基本稳定。增强粮食宏观调控的预见性、及时性和有效性，严格控制工业用粮和粮食出口，保障居民口粮和饲料用粮供给。把握好销售力度和节奏，加大最低收购价小麦和稻谷的销售数量，做好中央储备玉米向主销区、饲料工业发达地区和养殖大省的投放工作。进一步落实中央储备玉米、大豆和植物油的增储工作，完善中央和地方两级粮油储备体系。继续做好最低收购价小麦向库存薄弱地区的移库工作，增强供给能力。加强对粮油供求形势、市场价格的监测分析，建立对规模以上企业的购进、加工、销售、库存及价格变化情况的信息监测制度，为宏观调控提供准确信息和科学依据。当前要切实保障大中城市和敏感地区粮油的有效供给，稳定社会心理预期，重点做好春节、两会期间的粮油供应工作，确保货源充足、质量安全。

二是健全粮食储备体系和轮换机制，服从和服务于粮食宏观调控需要。当前，储备粮的轮换要以保证市场供应、稳定市场粮价、优化品种结构和区域布局为主要目标。准确分析市场价格走势，注意把握好轮换节奏，避免集中轮入推动粮价上涨，各级储备粮企业要把这项工作作为服务宏观调控的首要任务。继续加强中央、地方储备粮行政管理，完善储备粮轮换机制，推进储备粮轮换通过规范的粮食批发市场公开进行，加强对储备粮轮换计划执行情况的跟踪检查。中储粮总公司和地方粮食部门要进一步加强对中央和地方储备粮轮换工作的指导，充分发挥储备粮的吞吐调节作用。

三是进一步落实"米袋子"省长负责制，切实增强调控市场能力。各地要增强粮食安全责任意识，按照国发〔2006〕16号文件的有关要求和国家有关部门下达的指导性计划，适时充实地方粮食储备规模，优化地方储备粮布局和品种结构。各地特别是主销区和库存薄弱地区，要根据市场需求及粮食应急需要，落实成品粮油应急库存。京、津、沪、渝等大中城市及敏感地区，要适当增加成品粮油应急储备数量，保证市场供应不脱销、不断档。去年我国局部地区受灾严重，粮食减产幅度较大，要积极组织粮源，增强地方政府调控粮食市场的物质基础和应对市场异常波动的能力。

四是加强粮食产销衔接，做好政策性粮食供应。销区粮食行政管理部门要支持有实力的企业到产区开展订单生产、订单收购，或委托产区企业与农户签订单。积极推广广东、浙江、福建等省到主产区建立生产基地、北京市到主产区建立粮食储备等长期有效的产销合作模式，鼓励产区与销区建立多形式、深层次、长期稳定的粮食产销合作关系，努力扩大合作规模和范围。对于履行产销合作协议的粮食，要积极争取有关部门在铁路、交通运输、资金结算等方面给予大力支持。销区粮食行政管理部门要加强企业到东北产区粮食采购的协调工作，定期统计采购和运输数量，会同产区粮食行政管理部门加强与铁路、交通部门的衔接，力争做到同方向整列运输，提高运输效率。继续做好军粮、灾区口粮、退耕还林和水库移民等政策性粮食的供应服务工作，确保口粮和生活需要。

五是加强粮食流通统计、市场监测工作，完善预警和应急体系。适应粮食流通形势的变化，完善国家粮食流通统计制度，为科学决策提供准确依据。各地要充实统计人员，落实统计经费，加强人员培训。继续做好社会粮食供需平衡调查和粮食市场信息监测工作，加强国内国际粮油供求形势和价格信息的采集分析，提高预测能力，完善预警体系。进一步完善粮食应急加工、储运、供应网络系统，细化和完善地方储备粮应急动用方案，健全应急机制，增强应急保障能力，做到需要时有粮可用、有粮可调、有粮可供。

（二）认真落实国家粮食购销政策，切实保护种粮农民利益和调动农民生产积极性

一是积极发挥国有粮食企业收购主渠道作用，保护和调动种粮农民生产积极性。认真研究提出粮食最低收购价水平和完善执行预案的意见，落实好国家粮食收购质价政策，抓好粮食收购工作，切实保护种粮农民利益和生产积极性。各地要指导和督促国有及国有控股粮食企业积极入市收购，当前东北地区要抓好玉米、稻谷收购，长江流域地区要抓好中晚稻收购，为做好全年粮食购销工作打好物质基础。指导和督促企业坚持以质论价，优质优价，不准压级压价，损害农民利益。今年小麦收购将实施新的国家标准，开始推广使用小麦硬度仪，有关地区要在夏粮上市前做好培训和准备工作。搞好信息服务，引导农民合理价格预期，指导企业把握好收购节奏，防止盲目跟风抬价收购，努力保持粮食价格基本稳定。

二是加大监管力度，切实做好最低收购价粮食竞价销售和移库的出库工作。各地粮食部门和中储粮公司系统要督促有关承储企业认真履行销售合同，严格按规定积极出库，保证销售工作顺利进行。加强对交易过程和合同履约情况的监督检查，对干扰客户正常交易和设置障碍影响粮食出库的承储企业，必须按有关规定严肃处理，并追究企业负责人的责任。各有关省（区、市）粮食局要积极协助中储粮总公司及相关分公司，认真做好最低收购价粮的出库、发运、接收、入库和监管等工作，特别是要加大监管力度，解决"出库难"问题，力争按时完成移库任务。

三是继续发挥多渠道收购作用，搞活粮食流通。多元主体已经成为粮食购销活动中的重要力量。各地粮食行政管理部门要做好收购资格审核和认定工作，继续采取有效措施，引导和鼓励各类粮食经营和加工企业积极入市收购。督促多元主体以质论价收购粮食，建立经营台账，指导安全储粮。严禁在收购中人为设卡，进行地区封锁，阻碍粮食正常流通。

（三）继续落实和完善粮食流通体制改革政策措施，推动改革不断深化

一是加快推进粮食行政管理部门职能转变。各地粮食行政管理部门要按照政府职能定位和保障国家粮食安全的要求，切实加快推进职能转变，做到政企分开，把工作重心转到宏观调控、市场监管、行业指导和做好服务上来，努力提高粮食流通管理水平。要注重发挥规划和政策的导向作用，充分发挥流通对生产发展的引导作用，规范各类粮食市场主体经营行为，加快健全粮食市场体系，积极推动粮食产业化经营，大力促进现代粮食流通产业发展，为粮食生产者、经营者和消费者提供优质高效的服务。

二是加快推进国有粮食企业经营机制转换。各地要加强对国有粮食企业改革和发展的指导，处理好服从国家粮食宏观调控与发挥市场机制的关系。既要发挥国有粮食企业的市场主渠道作用，又要坚定不移地加快推进企业产权制度改革，进一步优化国有粮食企业的布局和结构，推进企业兼并重组和公司制改造。鼓励企业以资本为纽带，整合资金、技术、人才等要素，重点发展一批起点高、效益好、有带动力和竞争力的骨干粮食企业，鼓励企业做大做强。大中型企业要健全法人治理结构，建立现代企业制度，其他企业要因地制宜建立适应市场化改革要求的经营机制，提高市场竞争力，不断巩固已取得的改革和发展成果。

三是妥善解决国有粮食企业财务挂账等历史遗留问题。协调有关部门解决好政策性挂账剥离上划中的有关遗留问题，配合有关部门完善消化措施。认真分析经营性挂账的构成和资金占用情况，积极争取有关部门的政策支持，因地制宜处理经营性挂账。不断完善政策性粮食委托经营制度，按照"谁委托、谁负责"的原则，严格明确责任主体，及时拨补相关费用，不形成欠账，不留呆坏账，建立防止发生新的政策性挂账的机制。

四是加强国有粮食企业扭亏增盈工作指导。各地要建立国有粮食企业扭亏增盈工作目标考核制度，完善企业扭亏增盈信息通报制度和重点企业经营分析制度，指导企业加强管理，搞活经营，降低成本费用，提高经济效益，利用当前市场粮价回升的有利时机，继续保持国有粮食企业减亏的良好势头，提高盈利水平。

五是继续做好分流职工的社会保障和再就业工作。就业是民生之本。各地要牢固树立执政为民、以人为本的思想，积极争取地方政府和有关部门的支持，继续筹集资金，切实落实国家社会保障和再就业政策，解决好富余职工分流安置中的遗留问题。分流职工还没有纳入当地社保体系的，要按照政策规定切实纳入社保体系。要把推进改革和创造就业结合起来，将国有粮食企业分流职工纳入当地就业再就业规划，积极创造条件增加就业岗位，促进分流职工再就业。

（四）加大工作力度，积极推进现代粮食流通产业发展

一是认真组织实施《全国粮食市场体系建设"十一五"规划》，加强粮食市场建设的规划和指导。加强对国家粮食交易中心建设的指导与扶持，逐步完善以国家粮食交易中心为支撑、统一远程交易网络为平台、规范运行机制为核心的全国粮食竞价交易系统，发挥配置粮食资源和服务宏观调控的重要作用。各地要结合本地实际，研究提出贯彻落实规划的实施方案，积极争取扶持政策，认真抓好落实。切实加强对大中城市成品粮批发市场发展建设的指导与扶持，根据当地粮食消费需求和结构状况，做好规划布局，加强基础设施建设，加强场内粮食质量监管，保证居民粮食消费稳定供应和质量安全。

二是认真组织落实《粮食现代物流发展规划》，进一步推动粮食现代物流体系发展。配合有关部门做好实施规划的组织协调和物流项目的管理工作，对六大粮食物流通道和各省物流项目进行跟踪指导，对国家安排投资补助的重点项目进行检查。总结国债投资散粮汽车试点项目的运行经验，做好散粮汽车的系列化和技术改进，在黄淮海等地区大力推进汽车散粮运输。加快研制粮食物流关键设备和相关的技术开发，组织做好粮食物流标准和粮食工程建设标准的制订和实施工作。抓好现有粮库仓房、军供网点维修改造和功能提升。各地要认真落实物流规划，配合做好项目筛选和审查工作，协调解决推进散粮流通过程中的重大问题。

三是积极培育和发展粮食市场主体，大力发展粮食产业化经营。在深化粮食流通体制改革过程中，要积极发展农民粮食经济合作组织，规范粮食经纪人行为，发挥好粮食行业协会等各类中介组织的作用，构建新型粮食购销服务网络，搞活粮食流通。积极发展粮食订单生产和订单收购，以订单为抓手，建立企业与农户之间利益共享、风险共担的联结机制，引导和鼓励粮食产业化龙头企业发展多种产业化经营模式，促进农民增收、企业增效。按照国家产业政策要求，用高新技术改造传统粮食加工业，鼓励关键技术和科研成果通过转让、入股等方式进入企业，不断提高粮油加工增加值和加工转化率，提高粮食资源利用率和综合效益。有条件的地区，可采取退城进郊、盘活资产、招商引资等措施，积极利用现有基础设施和政策环境，发展粮食产业集群。大力开发适应市场需求和受消费者欢迎的粮油加工产品，打造名牌，扩大市场占有率。

四是积极发挥行政指导和行业协会推动作用，继续推进放心粮油工程。加强食品安全法律法规和粮油质量标准、卫生标准宣传贯彻工作，严把产品质量关，从源头上保证产品质量和食品安全。积极开展粮油食品安全科普宣传工作，增强消费者的食品安全意识和自我保护能力。大力推进放心粮油进农村、进社区工作，总结推广先进经验，发展"两代一换"、连锁经营，扩大销售网络，提高放心粮

油市场占有率，让放心粮油进入城乡千家万户。

（五）积极推进粮食流通法治建设，不断提高粮食依法行政能力和水平

一是深入贯彻落实条例，提高粮食法治水平。各级粮食部门要继续加大《粮食流通管理条例》、《中央储备粮管理条例》的学习和宣传力度，提高粮食执法能力和社会认知度。切实履行条例赋予粮食行政管理部门的职责，抓紧制定条例的配套规章，把条例的各项规定落到实处。总结粮食法制建设和执法实践，做好粮食流通立法的基础工作。继续抓好"五五"普法，推进粮食依法行政示范创建活动，建立健全粮食行政执法责任制。按照行政复议法律法规和《粮食行政复议工作规程（试行）》的要求，尽快建立健全工作制度，明确工作机构，充实工作人员，扎实推进粮食行政复议工作。

二是进一步加强粮食监督检查执法体系建设，积极开展面向全社会的粮食流通监督检查。各地要按照国发〔2006〕16号文件的要求，积极争取有关方面的支持，加强队伍建设，健全粮食监督检查执法体系，推动监管工作向规范化、制度化、常态化、科学化发展。加强粮食市场监管，认真组织开展粮食收购资格核查、统计制度和最低、最高库存量制度执行情况等专项检查，规范粮食经营行为。做好粮食收购特别是最低收购价政策落实情况的监督检查，把中央的惠农政策落到实处。加强对政策性粮食购销活动的监督检查，重点针对储备粮油库存管理情况开展专项检查，完善监管措施，确保储备粮油数量真实、质量良好、储存安全。继续加大对涉粮案件的查处力度。

三是建立健全粮食质量安全监管体系，切实加强对粮食质量安全的监管。围绕粮食流通质量安全监管的重点环节、重点区域和重点对象，深入开展调查研究，建立健全覆盖粮食收购、储存、运输环节和政策性粮食购销活动全过程的质量安全监管体系。今年要重点抓好原粮收购、入库、储存、销售、出库的质量卫生检查工作，加大抽检力度，增加抽样数量和品质检验指标。加快粮食质量监管制度建设，完善粮食质量安全标准体系，加强粮食质量检验检测体系建设，改善和提高检验技术装备水平，全面提升粮食质量与卫生检验能力。

（六）推动粮食科技发展和人才培养，提升粮食产业竞争力

一是推动粮油加工、仓储和运输科技发展。积极争取"十一五"国家科技支撑计划支持，加速粮食流通高新技术成果产业化，注重粮油加工高效、节能、环保和绿色生产技术研究与装备开发，有效提高粮油加工整体科技水平。通过生物技术、信息技术等高新技术的集成应用，在生物保粮药剂开发、储粮和流通信息技术开发、绿色安全储粮技术研究等方面取得新突破。继续完善粮食科技管理体制，进一步营造鼓励创新的环境，完成国家粮食局工程技术中心的组建工作。广泛开展国际合作与交流，充分利用好国际科技资源。

二是加强粮食仓储和国家粮库设施资产管理工作。加强粮食储藏技术标准与管理制度建设，推进粮食仓储企业规范化管理。推广应用先进储藏技术，提升粮油仓储企业核心竞争力。加强对企业仓储业务的核查和指导，确保粮食储藏安全，减少粮食损失损耗。修订《国家粮油仓库仓储设施管理试行办法》，明确国家粮油仓储设施的总体要求和地区分布，规范对国家投资仓储设施的管理程序，规范粮库调整归属、改制、拆迁、改变用途、设施维护等行为，防止仓储设施大量流失，保持一定规模的仓容总量，为粮食流通提供设施保障。

三是加快推进农村粮食产后安全保障工作。继续组织实施国家"粮食科技丰产工程"产后减损项目，推进农户储粮装具和小粮仓标准化、系列化，开发推广农户绿色储粮专用防护剂、杀鼠剂，研究开发和推广高效节能的小型玉米、稻谷保质干燥技术与设备，为提高粮食综合效益提供装备和技术支撑。在总结经验的基础上，争取在全国范围内启动农村粮食产后安全保障工程。各地要把农户安全储粮作为服务社会主义新农村建设的一项重要工作来抓，积极争取地方资金投入，加快普及推广，建立农村科学储粮技术服务体系，指导农户安全储粮，减少粮食产后损失。

四是切实加强粮食安全生产工作。各地要提高对粮食安全生产工作的认识，加强领导，主要领导亲自抓、分管领导具体抓。深入落实安全生产责任、检查、事故报告和责任追究等制度，完善安全生产监管体系。督促粮食企业建立并完善突发事故应急救援体系，提高事故防范和救援能力，减少事故损失。重点抓好储粮药剂管理、露天储粮安全防火、汛期安全储粮工作，严格执行储粮设施技术操作规程。春节和"两会"即将来临，各地要开展安全生产隐患检查和集中整治，把安全生产工作落到实处。

五是加大行业人才培养和队伍建设力度。实施"人才兴粮"战略，以能力和技能建设为核心，着眼于全行业职工队伍整体素质的提高，抓好教育培训工作。重点开展各级粮食行政管理人员、行政执法人员理论业务知识培训。促进专业技术人员知识更新，培养更多高素质、创新型人才。继续重视高技能人才队伍建设，强化职业技能培训和鉴定，提高职工素质和能力。

（七）深入学习贯彻党的十七大精神，推动粮食流通工作又好又快发展

各级粮食部门要把认真学习和全面贯彻落实党的十七大精神作为当前和今后一个时期的首要政治任务，切实把十七大精神贯彻到粮食流通各项工作中去。

一是把握主旨，提高认识。要紧密结合改革开放和现代化建设的生动实践，特别是紧密结合十六大以来党和国家事业所取得的巨大成就，联系粮食流通体制改革、粮食流通工作取得的新进展深入学习，全面把握科学发展观的科学内涵和精神实质，切实增强高举中国特色社会主义伟大旗帜，坚持中国特色社会主义道路和理论体系，开创各项工作新局面的使命感和责任感，不断提高贯彻落实科学发展观，推动粮食流通工作又好又快发展的自觉性和坚定性。

二是联系实际，推动工作。要坚持把科学发展观贯彻落实到粮食流通工作的各个方面，把推动工作积极性引导到科学发展上来，做科学发展观的忠实实践者。按照确保国家粮食安全的要求，深入调查研究粮食工作中带有前瞻性、战略性、全局性的问题，着眼于粮食行业的改革、发展、稳定，认真分析新形势下粮食流通工作的特点，进一步明确目标，理清思路，振奋精神，开拓创新，推动粮食流通工作又好又快发展。

三是推进党建，加强廉政。要按照中央的要求，坚持以处级以上干部为重点，推动粮食系统全体党员干部认真学习贯彻十七大精神，不断巩固和发展先进性建设成果。粮食系统各级党员领导干部要以身作则，努力成为刻苦学习、勤于思考的模范，解放思想、勇于创新的模范，艰苦奋斗、埋头苦干的模范。巩固和发展粮食系统党风廉政建设成果，切实加强反腐败工作，我们还将按照中央要求专门召开会议进行部署。

同志们，我们正站在新的历史起点上。让我们紧密团结在以胡锦涛同志为总书记的党中央周围，高举中国特色社会主义伟大旗帜，认真贯彻落实党的十七大精神，求真务实，开拓奋进，为保障国家粮食安全，促进国民经济又好又快发展作出更大贡献。

在全国粮食系统纪检监察工作会议上的讲话

国家粮食局党组书记、局长 聂振邦
2008年4月17日

同志们：

今年1月中央纪委第十七届二次全会和今年3月国务院第一次廉政工作会议召开后，国家粮食局党组立即召开党组扩大会议和局长办公会议，传达学习胡锦涛总书记、温家宝总理的重要讲话和贺国强同志的工作报告，研究部署今年国家粮食局机关和全国粮食系统的党风廉政建设和反腐败工作。

这次会议的主要任务，就是要坚决贯彻落实胡锦涛总书记、温家宝总理和贺国强同志的重要讲话精神，加大力度惩治腐败。要坚持标本兼治、综合治理、惩防并举、注重预防的方针，加快推进惩治和预防腐败体系建设。认真做好领导干部廉洁自律、纠正损害群众利益的不正之风、查办违法违纪案件、从源头上防治腐败等各项工作，贯彻落实党中央、国务院部署的反腐倡廉建设各项任务，努力取得粮食系统党风廉政建设和反腐败工作的新成效。有关工作安排，杨兵同志已经作了具体部署，请大家回去后结合本地的实际情况认真贯彻落实。下面我讲几点意见。

一　认真总结2007年粮食系统党风廉政建设工作

2007年全国粮食系统党风廉政建设以邓小平理论和"三个代表"重要思想为指导，全面落实科学发展观，深入贯彻以胡锦涛同志为总书记的党中央关于反腐倡廉的一系列重大部署和要求，加大了反腐倡廉的力度，党风廉政建设和反腐败工作取得了明显成效。主要表现在以下几个方面：

（一）加强反腐倡廉教育，领导干部廉洁自律意识更加自觉

各级粮食部门以领导干部作风建设为重点，认真学习和贯彻党章，深入进行社会主义理想信念教育、荣辱观教育和反腐倡廉教育，运用典型案例开展廉政警示教育，增强廉政教育的针对性和有效性，教育和引导粮食系统各级领导干部"讲党性，重品行，作表率"，加强和改进思想工作作风，廉洁自律意识进一步增强，从政行为不断规范。

（二）坚决纠正损害群众利益的不正之风，行业作风建设取得新成效

各地粮食部门以人为本，坚持为民服务的宗旨，以粮食收购、市场监督和质量监管等环节为重点，确保国家粮食收购政策落实，加强监督检查，坚决纠正损害群众切身利益的问题，推进"放心粮油"工程，维护了种粮农民利益和消费者、经营者合法权益，行业作风建设有了新进展。

（三）开展治理商业贿赂专项工作，严肃查处违纪案件，案件发案率有所下降

按照中央要求，加强宣传教育，提高对治理商业贿赂工作的认识，积极开展自查自纠，确定粮食购销、粮库建设、粮食企业产权改革、行政审批等方面为治理重点部位和环节，边查边改，针对存在的问题建章立制，取得了阶段性成效。严肃查处违纪案件，从去年全国粮食系统的举报案件数量和查办案件情况看，违纪违法案件有所减少，举报案件数量、处理人数近四年均呈逐年下降趋势。

（四）加大制度建设力度，强化监督制约，源头治理深入开展

各地粮食部门继续深化体制改革，不断完善反腐倡廉制度建设，继续推进干部人事制度、行政审批制度、投资体制改革。认真执行党内监督各项制度，加强对权力运行的监督，源头治理不断深化。

这里，我要特别提出的是，在今年初的抗雨雪冰冻灾害和救灾工作中，受灾地区粮食部门认真贯彻中央和地方党委政府的指示精神，全力以赴努力做好灾区群众粮油供应工作。一是分别派出工作组，分赴受灾地区，调查了解灾区粮油市场供应和粮食仓储设施受损情况，指导督促当地粮食部门进一步做好灾区粮油供应和灾后恢复重建工作。二是组织人员深入灾区，摸清灾区断粮、缺粮、断电等情况，掌握当地粮油库存、加工能力及布局情况底数。三是根据灾民缺粮、市场供应和粮食库存等情况，制定切实可行的粮油供应方案。四是搞好协调配合，加强与相关部门的联系，做好救灾救济粮供应。五是做好跨省的粮食调度和移库工作，优先安排灾区的跨省调粮计划。六是完善粮油应急预案。七是加强粮油质量卫生检查，严禁不符合卫生质量标准的粮油投放市场，保证人民吃上放心粮油。在抗冰救灾严峻考验中，有关省粮食局纪检监察机构都体现了高效能和战斗力。粮食系统广大干部职工在抗击雨雪冰冻灾害和救灾工作中的出色表现也和我们的党风廉政建设、干部作风建设取得的成效是分不开的。

总之，在过去的一年，全国各级粮食部门对加强党风廉政建设和反腐败工作的态度坚决，各级粮食纪检监察机关和干部的工作积极主动，措施有力，成效明显。这些成绩的取得，是党中央、国务院正确领导的结果，是粮食系统广大干部职工积极支持的结果，也是粮食系统各级党员领导干部认真履行"一岗双责"和纪检监察干部辛勤努力的结果。在此，我代表国家粮食局党组，感谢中央纪委、监察部多年来对粮食流通事业和粮食系统党风廉政工作的指导、关心和支持，感谢全国粮食系统纪检监察干部所作出的辛勤努力和重要贡献。

在充分肯定粮食系统反腐倡廉取得新的成效的同时，对照中央关于反腐倡廉工作的要求，我们工作中还存在差距和不足。我们必须继续努力，深入扎实地落实中央纪委第十七届二次全会和国务院第一次廉政工作会议精神，充分认识反腐败斗争的长期性、复杂性、艰巨性，坚持反腐倡廉、常抓不懈，坚持拒腐防变、警钟长鸣，坚定不移地加强反腐倡廉建设，促进社会主义经济建设、政治建设、文化建设、社会建设健康发展，为发展中国特色社会主义提供有利条件和坚强保障。

二 全国粮食系统要认真学习贯彻胡锦涛总书记讲话精神，深刻认识新形势下加强反腐倡廉建设的重要性和紧迫性

（一）深刻认识、充分理解胡锦涛总书记在中纪委二次全会讲话的重要意义

胡锦涛总书记所作的重要讲话，高举中国特色社会主义伟大旗帜，以邓小平理论和"三个代表"重要思想为指导，深入贯彻落实科学发展观，从党和国家发展全局的战略高度，精辟分析了当前党风廉政建设和反腐败斗争面临的形势，深刻阐述了新形势下加强反腐倡廉建设的重要性和紧迫性，明确了当前和今后一个时期加强反腐倡廉建设的指导思想、基本要求、工作原则和主要任务，号召全党把反腐倡廉建设放在更加突出的位置，更加坚决地惩治腐败，更加有效地预防腐败。胡锦涛总书记的重要讲话，是加强反腐倡廉建设的纲领性文献，对于深入开展粮食系统党风廉政建设和反腐败斗争，加

强党的建设，不断开创粮食流通工作改革发展的新局面，具有十分重要的指导意义。

（二）充分认识新形势下加强反腐倡廉建设的重要性和紧迫性

1. 加强反腐倡廉建设是发展中国特色社会主义的必然要求，是保障国家粮食安全的需要

坚持中国特色社会主义道路，发展我国粮食经济，保障国家粮食价格基本稳定，保障国家粮食安全，必须切实加强反腐倡廉建设，坚决遏制和克服各种消极腐败现象。这是因为，各种腐败现象和不正之风，干扰社会主义市场经济的正常运行，违背社会主义民主政治的原则，动摇理想信念，违背社会公平正义，违背党的全心全意为人民服务的根本宗旨，对提高党的执政能力和保持党的先进性带来不利影响。所以我们必须从坚持和发展中国特色社会主义的高度，深刻认识反腐倡廉建设的重要性和紧迫性，坚定不移地加强反腐倡廉建设，为保障国家粮食安全奠定坚实的基础。

2. 加强反腐倡廉建设，推进粮食系统党的建设新的伟大工程

党的建设新的伟大工程是一个有机整体，思想建设、组织建设、作风建设、制度建设和反腐倡廉建设相互推动、相互促进。加强反腐倡廉建设，有利于粮食系统广大党员干部坚定理想信念，增强党性修养，更好地促进党的思想建设；有利于树立正确用人导向，建设团结奋进的领导班子和高素质党员干部队伍，更好地促进党的组织建设；有利于党员干部保持奋发进取的精神和清正廉洁的作风，保持同人民群众的血肉联系，更好地促进党的作风建设；有利于健全以民主集中制为核心的党内各项制度，增强党内制度法规的权威性和实效性，更好地促进党的制度建设。

3. 加强反腐倡廉建设是适应粮食系统反腐败斗争形势发展的必然要求

当前反腐败斗争形势依然严峻，任务依然艰巨，我们决不能掉以轻心。我们必须认识到，粮食系统的广大党员干部并不是生活在真空里，在腐败问题上没有天然免疫力。在改革开放和发展社会主义市场经济的条件下，社会上形形色色的腐朽落后思想同样会侵蚀一些党员干部，如果思想防线不牢，意志不坚定，就很容易受到腐败病毒的感染，甚至跌入腐败的泥坑。因此，我们要按照党的十七大提出的要求，准确把握党风廉政建设和反腐败斗争面临的形势和任务，坚持反腐倡廉常抓不懈，坚持拒腐防变警钟长鸣，把反腐倡廉建设贯穿于社会主义经济建设、政治建设、文化建设、社会建设各个领域，体现在党的思想建设、组织建设、作风建设、制度建设各个方面，不断把党风廉政建设和反腐败斗争引向深入。

（三）加强完善惩治和预防腐败体系为重点的反腐倡廉建设要重点抓好四个结合

全国粮食系统在当前和今后一个时期，加强反腐倡廉建设，必须注意把握和体现改革创新、惩防并举、统筹推进、重在建设的基本要求，按照胡锦涛总书记的讲话精神，重点抓好四个结合。

1. 坚持加强思想道德建设与加强制度建设相结合

防治腐败，必须既通过教育引导使人自觉从善，又通过制度约束使人不能为恶；既通过思想道德建设提高恪守制度的自觉性，又通过制度建设增强思想道德建设的有效性。这是反腐倡廉建设的战略思路，必须长期坚持。我们必须把加强思想道德建设特别是拒腐防变教育作为第一道防线，使粮食系统广大党员干部始终保持对马克思主义、对中国特色社会主义的坚定信念，做到清清白白做人，干干净净办事。同时，必须坚持通过深化粮食体制改革加强制度建设，努力解决导致腐败滋生的深层次问题，做到用制度管权、管事、管人。要针对腐败案件易发多发的领域和环节，深入推进各项改革，建立健全相关制度，最大限度地减少以权谋私、权钱交易的体制机制漏洞。要加强对制度执行情况的监督检查，严肃查处违反制度的行为。

2.坚持严肃查办大案要案与切实解决损害群众切身利益的问题相结合

大案要案危害严重，影响恶劣，必须坚决查处。损害群众切身利益的问题直接影响群众生产生活，人民群众关心，社会影响广泛，必须切实解决。我们既要通过查办大案要案，达到惩前毖后、以儆效尤的目的，又要通过解决损害群众切身利益的问题，让群众切实感受到反腐倡廉建设的实际成果。

维护最广大人民的根本利益，是坚持以人为本，坚持立党为公、执政为民的必然要求，必须作为加强反腐倡廉建设的根本出发点和落脚点，作为检验反腐倡廉建设成效的根本标准。粮食系统各级干部要切实把以人为本贯穿到各项工作中去，把群众的事情当成自己的事情，倾听群众呼声，关心群众疾苦，真心实意为群众多做好事、多办实事，着力解决人民最关心、最直接、最现实的利益问题，特别是要千方百计帮助困难群众排忧解难，促进社会和谐。

3.坚持廉政建设与勤政建设相结合

廉政和勤政，是对干部的基本要求，也是加强反腐倡廉建设要达到的两个互相联系的重要目标。

粮食系统的各级领导干部要从严治政，正确使用手中权力，加强对亲属和身边工作人员的教育、提醒、约束，防止从他们身上打开缺口，更不能利用手中的权力和自己的影响为他们谋取不正当利益。要把廉政建设的要求贯穿于勤政建设之中，通过加强勤政建设促进廉政建设。要引导广大干部坚持解放思想、实事求是、与时俱进，大力弘扬求真务实精神，大兴求真务实之风，增强机遇意识、发展意识、大局意识、责任意识、忧患意识，满腔热情、高度负责地承担和履行自己的职责，坚定不移地贯彻落实中央的大政方针和工作部署。要教育和引导广大干部老老实实做人，踏踏实实做事，兢兢业业工作，不断提高工作效率和服务水平，在抓好落实上狠下功夫，在务求实效上狠下功夫，努力做出经得起实践、人民、历史检验的政绩。

4.坚持加强对干部的监督与发挥干部主观能动性相结合

我们的干部是人民公仆，我们的权力是人民赋予的，必须用来为人民服务，必须受到人民监督，以保证人民赋予的权力真正用来为人民谋利益。同时，我们的干部又是带领人民全面建设小康社会、发展中国特色社会主义的骨干力量，必须把加强对干部的监督同信任干部、保护干部、激励干部统一起来，充分调动广大干部的积极性、主动性、创造性，使广大干部充分发挥模范带头作用。粮食系统各级领导干部要增强监督意识，自觉接受监督，带头开展监督。要做到接受人民的监督，首先从我做起，从党组一班人做起，从机关每一名党员干部做起，能不能做到这一点，是衡量一名领导干部政治上、思想上是否真正合格的重要标准。

三　标本兼治，突出重点，把粮食系统党风廉政建设和反腐败工作进一步引向深入

2008年是全面贯彻落实党的十七大精神的第一年，做好今年全国粮食系统党风廉政建设和反腐败工作对继续推动粮食流通体制改革发展、稳定粮食价格、保证国家粮食安全具有十分重要的意义。我们要按照中央的要求，以更加坚决的态度、更加有力的措施、更加务实的作风深入推进粮食系统党风廉政建设，努力取得新的成效。

（一）严格遵守政治纪律，认真开展对党的十七大重大决策部署执行情况的监督检查，推动粮食系统深入贯彻落实科学发展观

要严明政治纪律，与党中央在指导思想、路线方针政策和重大原则上保持高度一致，确保十七大作出的重大战略决策和确定的各项任务落到实处。要紧紧围绕维护粮食市场和价格稳定这一今年粮食工作的首要任务，加强对国家有关粮食市场调控措施和粮食购销政策执行情况的监督检查，及时发现和纠正违规行为，确保中央政令畅通，确保粮食市场供应和粮价稳定。

（二）坚决纠正损害群众利益的不正之风，切实维护群众的自身利益

要认真解决粮食收购、粮食供应、企业改革等工作中损害群众利益的问题，继续推进"放心粮油活动"、行风评议和农户安全储粮服务指导工作，切实加强行风建设。

一是要认真监督粮食最低收购价政策的落实，保护种粮农民利益。为加强粮食宏观调控，促进粮食生产稳定发展，国家决定继续对重点地区、重点粮食品种实行最低收购价政策。各级粮食部门要积极会同有关方面做好实施工作。切实加强对粮食收购工作的检查指导，协调解决粮食收购过程中的问题，继续完善最低收购价执行预案，健全粮食最低收购价的启动机制、补贴机制和监督机制。督促企业积极收购，并做到政策、价格、等级、标准"四公开"，及时向农民结算售粮款，要以质论价，把惠民政策落到实处，让农民卖"明白粮"、"放心粮"。加强粮食收购资格审核，认真开展粮食收购专项监督检查工作，严厉打击扰乱粮食收购秩序的违法、违规行为。对不执行国家粮食最低收购价政策、拒收限收、压级压价、克扣斤两、白麦花麦不分等损害农民利益的问题坚决进行查处，坚决防止损害种粮农民利益的行为发生。

二是要依法加强对全社会粮食流通的监管，切实维护粮食市场正常秩序。继续做好对军供粮、退耕还林供粮、水库移民供粮、救灾供粮等政策性用粮购销活动的监督检查，推进国家粮食质量标准和监测体系建设，规范粮食质量和原粮卫生抽查、检测工作，加大对粮食质量的监管力度，严防有毒有害粮食流入口粮市场。会同有关部门，加强粮食市场监管，查处掺杂使假、以次充好、克扣数量、销售不符合卫生标准的粮油等损害消费者利益的行为。规范粮食市场秩序，查处不按规定及时出库或擅自动用国家临时存储粮等违规行为，确保市场供应不断档、不脱销，稳定粮食市场和价格，坚决防止损害消费者利益的行为发生。

三是要加强对国有粮食企业改革改制工作的指导，认真落实国有粮食企业改革的各项政策。进一步规范企业改制行为，国有粮食企业转制要做到资产保值，防止擅自转让，防止国有资产流失。做好富余人员分流安置、社会保障和再就业工作，职工的分流安置要公开透明，切实维护职工合法权益，促进和谐社会建设，加强政策引导和监督检查，对改制中未落实职工基本生活保障和安置措施的，及时予以纠正。做好职工群众信访举报接待工作，坚持领导接待群众制度，化解矛盾，解决问题，维护社会稳定，促进社会和谐。

四是要继续推进"放心粮油进农村"活动和粮食产后安全保障工程，为社会主义新农村建设作出贡献。我们要按照建设社会主义新农村的要求，继续推进"放心粮油进农村"活动向纵深发展。要逐步构建农村放心粮油营销网络，搞好放心粮油、放心粮店管理，实行行业自律，加强质量监管，打造放心品牌，为改善农民生活条件、提升农民生活质量服务。要继续推广先进、适用的农户储粮技术装备，逐步建立农村科学储粮技术服务体系，指导农民安全储粮，减少储粮损失，增加农民收入。在行风建设上，各级粮食行政管理部门要坚持"管行业必须管行风"的原则，寓行风建设于行业管理和业务工作之中，围绕群众关心的问题开展专项检查和行风评议，逐步建立行风评议工作长效机制。对民

主评议政风、行风活动中涌现出来的好典型、好经验，要在全系统宣传推广，推进粮食行业精神文明建设迈上新台阶。

五是要继续搞好粮食系统灾后重建工作，确保春荒季节灾区缺粮农户的粮油供应，认真落实促进粮食、油料发展，努力保持粮食、油料价格的基本稳定，抓好粮油的货源组织和市场调度，加强市场监管。粮食系统纪检监察机构要对救灾物资、投资使用监督，确保灾后重建工作顺利进行。

（三）加大惩治腐败的工作力度，坚决查处违纪违法案件

温家宝总理在国务院第一次廉政会议上指出："惩治腐败要一手抓制度建设，防患于未然；一手抓查办违纪违法案件，决不手软。决不让腐败分子在经济上占到便宜，决不让他们逍遥法外。"全国粮食系统要始终保持惩治腐败的强劲势头，按照中央纪委第二次全体会议和国务院第一次廉政会议的要求，重点查办粮食系统党员领导干部滥用权力、贪污受贿、腐化堕落、失职渎职的案件，利用人事权、审批权、行政执法权谋取私利的案件；严厉查办官商勾结、权钱交易的案件，在政府投资项目中虚假招标投标案件，在国有粮食企业改革改制中隐匿、私分、转移、贱卖国有资产的案件。

继续采取更加有力的措施治理商业贿赂。一是要加大查办商业贿赂大案要案的力度，形成对腐败分子的强大威慑。对行政机关公务员利用审批权、执法权搞官商勾结、权钱交易的案件，要一查到底，决不姑息。要针对粮食购销、粮库建设、粮食企业产权改革、行政审批、政府采购、储备粮轮换、工程建设、产权交易、粮食市场监督检查等重点防范部位，查找问题。要认真调查核实群众反映的商业贿赂线索，对权钱交易等严重商业贿赂案件，要加大督办力度，重点查办。二是要注重做好典型案件的调研分析，抓住苗头和倾向性问题深入开展预防工作。要分析发生案件的特点和规律，突出重点领域，瞄准热点部位，抓住关键环节，把握易发多发的时机，有针对性地加强制度建设，形成防治商业贿赂的长效机制。三是要强化对经营者和从业者的引导、约束和监管，对有商业贿赂行为的企业和个人，要加大处罚力度，依法严肃处理。

（四）扎实开展粮食系统反腐倡廉教育，加强作风建设，促进领导干部廉洁自律

继续在粮食系统深入开展反腐倡廉教育，认真宣传学习先进典型，对广大党员干部进行理想信念和从政道德教育、党的优良传统和作风教育、党纪条规和国家法律法规教育，在领导干部中大力开展权力观教育和政绩观教育。严格执行"四大纪律、八项要求"和中央制定的领导干部廉洁从政各项规定，开展经常性监督检查。

今年重点抓好五项工作：一是深入治理领导干部违反规定收送现金、有价证券、支付凭证和收受干股等问题；二是严禁党员干部利用职务上的便利获取内幕信息进行股票交易；三是清理纠正领导干部在住房上以权谋私的问题；四是纠正和查处领导干部放任、纵容配偶、子女和身边工作人员利用其职权和职务影响经商办企业；五是治理领导干部违规插手微观经济活动谋取私利的问题。

（五）以强化对权力的监督制约为重点，进一步推进粮食系统的治本抓源头工作

权力受到有效的监督和制约，才能防止被滥用，才能防止腐败的产生。必须把加强监督制约权力的制度建设摆在突出位置。这是粮食系统从源头上防治腐败的重要保证。

1. 健全科学民主决策制度

在粮食行政管理工作中健全科学民主决策制度。健全民主集中制、专家咨询、集体决策、决策评估、合法性审查等制度，涉及人民群众切身利益的决策要向社会公开征求意见。坚决制止和纠正超越法定权限、违反法定程序的决策行为。

2. 规范重要领域权力运行制度

在粮食系统继续深化干部人事制度、财务管理制度、投资体制等体制改革和制度建设。深化干部人事制度改革，加强对干部的日常管理，落实和完善相关制度和措施，实施党政领导班子和领导干部综合考核评价办法，防止干部"带病提拔"、"带病上岗"。进一步落实"收支两条线"各项规定，继续清理"小金库"，严格公共资金、科技经费的使用和管理。深化投资体制改革，严格执行国有企业领导人员廉洁从业若干规定，规范工资、津贴补贴和职务消费行为；进一步完善工程建设项目招标投标制度，强化监督管理，严格执行政府采购制度。

3. 完善行政执法管理制度

继续深化行政审批制度改革，加强对行政审批的规范和监督，落实行政执法责任制，加强行政执法队伍的管理。坚决纠正利用行政执法权损害群众利益的不正之风。

4. 健全政务公开制度

要进一步完善政府信息公开工作制度。拓展政务公开的领域和内容，完善储备粮轮换、临时存储粮食销售、代储库资格审批、粮食收购资格审核等工作的公开制度。继续推进电子政务建设。

5. 推行以行政首长为重点的行政问责和绩效管理制度

进一步加强对领导干部的经济责任审计。推行行政问责制度，建立机关绩效评估制度，科学评估机关工作人员履行职责的情况。积极开展执法监察，加强对国家粮食宏观调控政策措施落实情况的监督检查，加强效能监察，健全行政效能投诉受理机制。要把行政不作为、乱作为和严重损害群众利益等行为作为问责重点。对给国家利益、公共利益和公民合法权益造成严重损害的，要依法严肃追究责任。

四　认真落实党风廉政建设责任制，确保党风廉政建设和反腐败工作落到实处

今年党风廉政建设和反腐败工作的任务已经明确，粮食系统各级领导干部要以党风廉政建设责任制为抓手，切实加强组织领导，扎实推进源头防腐工作各项任务的有效落实。

一是各级粮食部门的党组织要加强对党风廉政建设工作的领导。各级党组织要切实加强对反腐倡廉工作的指导，要坚持党风廉政建设与粮食行政业务工作相结合，做到业务工作与廉政建设同时研究、同时部署、同时检查和考核。要把反腐倡廉的任务分解到相关职能部门，明确抓好落实的具体目标和措施。各牵头部门要各负其责，协调配合，齐心协力，深入推进。要加强督促检查，狠抓工作落实。加强对责任制执行情况的检查考核，并将考核结果作为业绩评定、奖励惩处、选拔任用的重要依据。

二是粮食系统各级领导干部在党风廉政建设中带头做廉洁自律的表率。领导干部带头廉洁自律是搞好党风廉政建设的关键，特别是主要领导干部是否廉洁自律对一个单位的党风廉政建设起着决定性作用。国务院第一次廉政会议进一步强调，要认真落实反腐倡廉建设责任制，主要领导作为第一责任人，要对职责范围内的反腐倡廉工作负总责，领导干部要做到两袖清风、一尘不染，各级领导干部还要对党员干部严格要求、严格教育、严格管理和监督。加强作风建设，全心全意为人民服务，不断提高干部的忧患意识、公仆意识、节俭意识。只要领导干部带头行得正，机关就会有好的风气，我们才能赢得干部群众的信任和支持，反腐倡廉工作才有坚实的基础。

　　三是粮食系统的纪检监察机构要加强监督检查，全面履行职责。纪检监察机关要加强监督检查，加大责任追究力度，对那些领导不力，甚至不抓不管，导致严重不正之风长期得不到治理、屡屡出现重大腐败问题的部门和单位，要追究主要领导的责任。纪检监察干部要进一步加强思想建设、作风建设和能力建设，坚定理想信念，忠实履行职责，严格遵纪守法、清正廉洁、秉公执法、刚直不阿，继续保持谦虚谨慎的作风和奋发有为的精神状态，不断提高做好纪检监察工作的本领和水平。

　　四是粮食系统各级党组织要积极支持纪检监察工作，为做好党风廉政工作创造条件。各级党组织要进一步增强责任意识，自觉把反腐倡廉工作和作风建设放在全局工作中去谋划，自觉服从服务于中心工作。各级党组织要高度重视纪检监察机关的工作和纪检监察干部队伍建设，在政治上高度信任，在工作上积极支持，在生活上十分关心，创造良好条件，使这支队伍更好地发挥作用。

　　同志们，2008年粮食系统党风廉政建设和反腐败工作的任务艰巨，责任重大。让我们紧密团结在以胡锦涛同志为总书记的党中央周围，进一步统一思想，明确责任，以高度的政治责任感和使命感，以奋发有为的精神状态，以更加坚定的决心和更加有力的措施，求真务实，开拓进取，不断推进粮食系统反腐倡廉工作，以饱满的精神、务实的作风全面推进粮食流通工作。

在纪念改革开放30周年暨粮食流通体制改革和现代粮食流通产业发展座谈会上的讲话

国家粮食局党组书记、局长　聂振邦
2008年12月5日

今年是我国改革开放30周年。按照中央关于纪念改革开放30周年的部署，今天，我们举行纪念改革开放30周年暨粮食流通体制改革和现代粮食流通产业发展座谈会，结合粮食工作实际，对粮食流通体制改革和现代粮食流通产业发展进行总结，分析当前粮食工作面临的新形势，请大家对如何进一步深化粮食流通体制改革和推进现代粮食流通产业发展提出意见和建议。

改革开放30年来，我国经济体制改革不断深化，对外开放步伐不断加快，经济社会发展日新月异。与之相适应，粮食流通体制改革和现代粮食流通产业发展取得了明显成效。按照中央关于深化粮食流通体制改革的部署，各地区各部门认真贯彻落实中央的方针政策，积极稳妥地推进粮食流通体制改革，促进现代粮食流通产业发展，保障了国家粮食安全。30年来，我国粮食流通体制经历了统购统销、购销价格"双轨制"、"放开销区、保护产区"和全面放开粮食购销和价格等几个主要阶段，基本建立起了在国家宏观调控下，充分发挥市场机制配置粮食资源基础性作用，适应社会主义市场经济发展要求和符合我国国情，确保国家粮食安全的新的粮食流通体制。这主要体现在以下几个方面：一是国家粮食宏观调控能力不断增强，初步实现了粮食管理体制从过去高度集中的计划管理向国家宏观调控下的粮食省长负责制的转变，保证了粮食市场供应，维护了粮价基本稳定。二是国有粮食购销企业改革不断深化，初步实现了国有粮食购销企业从过去"计划主渠道"向"市场主渠道"的转变，保护了种粮农民利益，搞活了粮食流通。三是粮油政策法规体系逐步健全，初步实现了粮食流通管理手段从过去的行政手段直接管理国有粮食企业向依法管理全社会粮食流通的转变，保证了储备等政策性粮食存储安全，维护了正常粮食流通秩序。四是粮食流通体系建设逐步加强，初步实现了粮食流通发展方式从传统的粮食流通业向现代粮食流通产业的转变，提高了粮食宏观调控的能力，夯实了确保国家粮食安全的基础。五是粮食流通对生产的引导作用逐步增强，初步建立起了保护和调动地方抓粮、农民种粮的有效机制，促进了粮食生产的稳定发展，较好地满足了城乡居民日益增长的消费需要。

30年来，粮食流通体制改革走过了一段不平凡的历程，取得了不平凡的成就，积累了丰富的经验，为我们在新的历史起点上进一步深化改革、促进发展、保障安全，提供了重要的启示。一是坚持解放思想、实事求是、与时俱进，处理好大胆探索与稳步推进的关系，积极稳妥地推进粮食流通体制改革不断深化。二是坚持粮食购销市场化取向，处理好放开市场与加强调控和监管的关系，建立健全在国家宏观调控下充分发挥市场配置粮食资源基础性作用的体制机制。三是坚持发挥国有粮食企业主渠道作用和粮食市场主体多元化，处理好"主渠道"和"多渠道"的关系，形成主渠道保稳定、多渠道活流通的粮食流通新格局。四是坚持立足国内保障粮食基本自给，处理好国际国内两个市场、两种资源的关系，采取有效措施保障国内粮食供求总量与品种结构的基本平衡。五是坚持为耕者谋利、为食者造福的理念，积极发挥粮食流通对生产和消费的引导作用，始终把保护种粮农民利益和确保国家粮食安全作为改革发展的出发点和落脚点。六是坚持国家宏观调控下的粮食省长负责制，充分发挥中央和地方两个积极性，健全和深化各地区分担国家粮食安全责任的体制机制。

在充分肯定成就的同时，也要清醒地认识到改革和发展中还存在一些矛盾和问题。当前比较突出的有：一是国有粮食企业历史包袱还未完全解决，国有粮食购销企业产权制度改革还没有完全到位，发挥主渠道作用缺少必要的政策支撑，多渠道作用的发挥也需要统筹兼顾。二是充分发挥市场机制配置资源的基础性作用，市场形成粮食价格机制还需要进一步完善。三是种粮收益和比较效益还有待提高，部分地区地方政府实施粮食调控的手段和动力不足，促进地方抓粮、农民种粮的粮食支持保护政策有待进一步完善。四是符合社会主义市场经济发展要求的粮食市场主体发育不够，大多数粮食企业规模小，经营方式还比较传统、粗放，企业与农民之间还没有形成有效的利益联结机制，粮食产业化经营水平不高，与外商投资企业相比，国内粮食企业的市场竞争力较弱。五是现代粮食流通产业发展步伐亟待加快，粮食宏观调控的体制机制需要进一步健全，粮食市场体系、粮食物流体系、粮食监管体系以及粮食法制建设都还需要继续健全。

党的十七大以来，中央对确保国家粮食安全作出了一系列重要部署。十七大把"确保国家粮食安全"写入了党的重要文献，十七届三中全会把确保国家粮食安全作为推进农村改革发展的重要内容，中央〔2008〕15号文件明确了制定《粮食法》的任务，国务院〔2008〕24号文件出台了《国家粮食安全中长期规划纲要》，最近出台的扩大内需的政策措施又把加强粮食生产、流通基础设施建设作为重要内容。我们要认真贯彻落实中央关于粮食工作的新部署、新政策、新措施，紧紧围绕确保国家粮食安全的总要求，深入学习实践科学发展观，以体制创新和机制创新为动力，以科技创新和管理创新为支撑，以市场化和产业化为重点，统筹各方面利益关系，充分发挥各方面的积极性，继续深化粮食流通体制改革，积极推进现代粮食流通产业发展，加快构建供给稳定、储备充足、调控有力、运转高效的粮食安全保障体系，更好地实现确保国家粮食安全目标。具体来看，一是要加快健全以粮食生产稳定发展为基础，中央和省级粮食储备为依托，国有粮食企业为主渠道，多元市场主体共同发展，粮食应急供应系统为保障的粮食宏观调控体系。二是要加快健全以粮食收购、零售市场为基础，粮食批发市场为骨干，粮食期货市场为先导的统一开放、竞争有序的现代粮食市场体系。三是要加快健全以优势企业为龙头，现代粮食物流和加工业为依托，科技为支撑的粮食产业化体系。四是要加快健全以粮食法律法规为依据，库存监管为主线，质量安全为重点的面向全社会的粮食流通行政执法监督保障体系。

国家粮食局成立以来，得到了各部门的大力支持，得到了各地区的积极配合，借此机会，我代表国家粮食局向大家表示衷心的感谢。最近一段时间，国家粮食局按照中央部署，结合工作实际，确定了"实践科学发展观，确保国家粮食安全"的主题，正在开展深入学习实践科学发展观活动。中央经济工作会议、中央农村工作会议后，我们要召开全国粮食局长会议，贯彻中央会议精神，落实全国发展改革会议要求，具体安排明年的粮食流通工作。今天这个座谈会，邀请来了各有关部门的有关负责同志、10个省市粮食局的负责同志，还有专家学者，大家既是粮食工作实践者，又是专家，请各位对国家粮食局的工作提出宝贵意见，对做好粮食流通工作提出宝贵意见。

在全国粮食局长会议上的总结讲话

国家粮食局党组成员、副局长　郄建伟
2008年1月4日

同志们：

　　全国粮食局长会今天就要结束了。这次会议是粮食系统贯彻党的十七大精神，落实中央经济工作会议、中央农村工作会议部署的一次重要会议。会上，学习了总书记、总理最近对粮食工作的重要指示，传达学习了培炎副总理对这次会议发的贺信和良玉副总理的批示。与会同志一致认为，振邦同志的工作报告实事求是地肯定了成绩，深刻透彻地分析了形势，部署工作明确具体，把握住了重点。分组讨论中，大家还一致认为，这次会议开得早、开得好，将有力地促进中央精神在粮食系统的贯彻落实，有利于大家结合当地实际尽早安排工作，争取主动性。讨论中，大家还提出了很多好的意见和建议，我们将进行认真研究，不断改进我们的工作。下面，结合会议讨论情况，我对如何贯彻这次会议精神再补充讲几点意见。

一　进一步认清我们所肩负的历史责任

　　改革开放30年来，我国经济社会发展的总体环境发生了很大的变化。我们正站在新的历史起点，机遇前所未有，挑战和风险也前所未有。我们要进一步认清粮食工作对于实现党的十七大提出的夺取全面建设小康社会新胜利目标的重大意义，增强做好本职工作的使命感。最近，中央领导同志对粮食工作多次作出重要指示，为我们进一步搞好粮食工作指明了方向。在曾培炎副总理给全国粮食局长的贺信和回良玉副总理的批示中，充分肯定了粮食工作五年来，特别是2007年工作中所取得的成绩，并对今后的工作提出了更高的要求，对粮食系统的广大干部职工寄予厚望。大家一致认为这是对我们的巨大鞭策和鼓舞，使我们对继续做好粮食工作充满信心。

　　粮食安全的警钟要始终长鸣，粮食安全责任重于泰山。我们所肩负的历史责任艰巨而光荣，我们要居安思危，增强忧患意识，牢记中央领导的嘱托，认真贯彻中央的方针政策，把科学发展观作为指导粮食流通工作的世界观和方法论，统筹兼顾、科学决策、扎实工作，为维护人民群众的切身利益和保障国家粮食安全做好本职工作。

二　进一步明确我们的工作目标

　　2008年，是党的十七大召开后的第一年，是我国改革开放30周年。中央经济工作会议已将防止经济增长由偏快转为过热，防止价格由结构性上涨演变为明显通货膨胀作为2008年宏观调控的首要任务。对我们来讲，2008年粮食工作的特殊重要性在于，它直接关系到全国宏观调控目标的实现，也就是说粮食供求的平衡，价格的稳定将直接关系到价格结构性的上涨是否会演变为明显的通货膨胀。因此，我们要认真研究工作中遇到的新情况、新问题，例如，如何将国际国内两个市场结合起来综合判断粮食供求前景和价格趋势，如何在粮食供求基本平衡、结构基本合理的环境下，防止粮食价格的过度上涨。我们要自觉地把思想统一到中央对形势的判断上来，把行动统一到贯彻中央的方针政策上来，责无旁贷地做好粮食市场调控的各项工作。

另外，大家在讨论中还表示，一定要按照两位副总理的指示精神，深入贯彻落实科学发展观，提高粮食宏观调控水平，保障粮食市场供应和价格基本稳定；认真贯彻国家粮食购销政策，保障粮食稳定增产和农民持续增收；继续加强国有粮食企业经营机制转换，不断提高依法监管和服务水平；加强产销衔接，调节市场有序运行，促进粮食流通产业又好又快发展，为保障国家粮食安全，统筹城乡发展，全面建设小康社会作出新的贡献。

三　进一步改进我们的工作方法

一是深入调查研究。希望同志们拿出更多的时间深入基层，深入实际调查研究，了解和掌握真实情况，善于发现和解决新问题，创造性地开展工作。要以更大的决心破解新形势下粮食工作深化改革、蓬勃发展的各项难题，要以攻坚的决心和力量克服前进中的困难。

二是加强和改善依法行政。必须进一步推进依法行政、建设法制政府的各项工作。各地必须积极组织好有关法律法规的学习、宣传和贯彻落实，抓紧建章立制，健全机构，壮大队伍，坚持合法行政、合理行政、程序正当、高效便民、诚实守信、权责统一的原则。我们实施的各项行政管理必须严格依照法律、法规、规章进行，严格依照法定权限和程序行使权力，履行职责。要进一步落实行政复议、政务公开、简化程序等各项制度。

三是增强服务意识，促进和谐发展。为耕者谋利，为食者造福，是粮食流通工作的宗旨。粮食流通工作服务水平直接影响到生产者、经营者和消费者的切身利益。要从贯彻中央关于建设和谐社会的要求出发，坚持以人为本，在机构设置、职能定位、资源配置等方面强化政府公共服务的职能，不断提高服务意识和观念，大胆创新，积极提高工作服务水平和质量，促进粮食流通产业和谐发展。

四　安排好"两节"期间的工作，为完成全年任务开好头

今年全国粮食局长会议开得比较早，这有利于各地、各单位安排好全年的工作。一年之计在于春，会议结束后，各地要尽快将会议精神向省政府汇报，并结合当地实际，提出具体贯彻落实意见，做好全年工作规划。春节和两会期间，各地还要着重抓好以下几项工作：一是要密切关注粮油市场供求、价格和库存的变化情况，落实信息报告制度，采取有效措施，确保本地粮油市场供应不脱销、不断档，价格基本稳定。二是各地务必在春节前开展一次安全生产检查工作。重点是落实防火的各项措施和防止烘干机伤人事故。一旦发生安全生产事故，要及时启动应急预案，降低事故损失，避免人员伤亡。三是各级领导在节日期间，要慰问困难职工家属，开展多种形式的送温暖、献爱心活动，落实具体措施，保证困难职工过好年。

同志们，回顾过去的一年，成绩显著，我们无比自豪；展望新的一年，任重道远，我们信心百倍。让我们高举中国特色社会主义伟大旗帜，深入贯彻落实科学发展观，在前进的道路上不为任何困难所动摇，不为任何挫折所屈服，不为任何干扰所困惑，坚定不移，一往无前，用实际行动和优异的成绩谱写粮食流通工作的新篇章！

贯彻新标准　实现规范化　开创粮食仓储工作新局面

——在全国粮食仓储工作会议上的讲话

国家粮食局党组成员、副局长　郄建伟
2008年6月13日

同志们：

5月12日四川省发生强烈地震以后，国家粮食局在第一时间做出反应，成立了以聂振邦局长为组长的抗震救灾领导小组。之后，我们采取一系列措施，千方百计地对四川灾区进行支援。当灾区提出需求后，陕西、湖北、青海、甘肃、河北、云南等6个省粮食局很快为灾区筹备了100万条麻袋，随时准备调用，在此特别予以表扬。5月13日国家粮食局军粮中心派人到灾区，现场协调解决10余万救灾部队、武警、预备役人员和专业救援队伍等的军粮供应问题。粮食工作是抗震救灾工作的重要组成部分，因此国家粮食局党组研究决定，一方面抓抗震救灾，保证灾区粮食供应，尽快恢复生产，减少灾害损失；另一方面要继续推动全国的粮食流通工作，为抗震救灾和经济建设提供支持。做好本职工作，就是对抗震救灾的支持。因此确定原来已经布置的各项工作，只要不和救灾矛盾，就按原计划向前推进。在此背景下，我们按计划组织了粮食科技周活动、仓储工作会议以及最低收购价预案启动会议等重大活动。从今天开始，是三天全国哀悼日，我们的会议取消正常工作以外的所有安排，以表示对灾区的支持、对逝者的哀悼。在这样一个时刻，更希望大家集中精力开好会。

从1999年原国家粮食储备局在南京召开全国粮食仓储工作会议以来，已经近10年了。10年来，我国社会经济发展迅速，粮食流通体制改革不断深化，粮食仓储工作的内外部环境都发生了重大的变化。主要是：10年来，以市场化为取向的粮食流通体制改革取得了突破性进展，全国粮食储备体系基本建成；国有粮食购销企业改革进展顺利，"三老"问题基本解决；粮食仓储设施建设快速发展，国家粮食安全保障能力得到加强；粮食仓储技术不断创新，新理论、新设备、新技术、新方法不断涌现；凝结仓储工作实践经验而制（修）订的一系列新标准、新规范颁布实施；一批专业人员进入仓储行业，从业人员整体素质得到提高。上述变化要求我们必须不断分析粮食仓储工作的新形势，研究粮食仓储工作的新问题，提出对粮食仓储工作的新要求。这次会议的主要任务就是认真总结近年来仓储工作的成绩，分析当前仓储工作形势，交流工作经验，宣传贯彻新颁布粮食储藏技术标准，推进仓储规范化管理进程，开创粮食仓储工作新局面。

一　　十年来仓储工作的主要成绩

10年来，在各级党委和政府的领导下，各级粮食行政管理部门带领广大粮食战线职工，开拓创新，锐意进取，认真落实国家粮食流通政策，强化粮食仓储基础地位，为国家粮食安全作出了贡献，取得了一些成绩，主要表现在：

（一）粮食仓容总量有了显著增加

1999年，我国共有粮食仓储企业5.4万户，到2007年，我国粮食仓储企业因体制改革等因素减少到1.8万户，而仓容增加了1.15亿吨，基本消除了露天储粮的情况，解决了仓容不足的问题。另外，粮食仓储配套设施也得到改善。到2007年，全国粮食烘干能力达到5.08万吨/小时，地坪1.7亿平方米，罩棚1206万平方米，铁路专用线1207条、1491.7公里，码头泊位2113座。在总量增加的同时，粮食仓储设施布局也得到了改善，形成了大连北良、辽宁营口、辽宁锦州、广东新沙港、广东东莞、上海外高桥、江苏张家港、浙江舟山等一系列重要粮食物流枢纽，它们在促进粮食流通、保障粮食安全上发挥了重要作用。

近年来仓容总量的增加和基础设施的改善，除得益于国家三次大规模粮库建设外，各地也利用地方财政资金、银行贷款和企业自有资金等建设了一大批粮库，其中，地方投资比较多的省份主要有福建、广东、江苏、浙江、河南等。

（二）粮食仓储技术水平明显提高

一是仓型结构更加合理。到2007年，全国总仓容中约80%的仓房已经实现散装储存。浅圆仓、立筒仓等便于散粮装卸周转的仓容已经达到3410.7万吨，占有效仓容的11.9%。平房仓的整体质量也显著提高，仓房的密闭、保温、隔热性能大大改善，仓房完好率达到90%以上。二是仓储装备水平显著提高。2007年底，全行业共配备散粮运输火车2966辆，散粮运输汽车6798辆，运输船舶84艘。各企业共装备粮食输送设备11.7亿台，清理设备3亿台、汽车衡1.35万台。目前，大中型粮库基本实现机械化进出仓作业，提高了工作效率，改善了工作条件。三是储粮新技术广泛应用。机械通风、粮情检测、环流熏蒸、谷物冷却4项新技术的推广应用，使我国粮食储藏技术实现突破。目前全国装备机械通风系统的仓容为1.98亿吨，占有效仓容的68.9%；装备环流熏蒸系统的仓容为1.08亿吨，占有效仓容的37.6%；装备粮情测控系统的仓容为1.45亿吨，占有效仓容的50.5%；装备谷物冷却机835台，为粮食储存安全提供了技术保障。

（三）粮食储藏理论和技术研究取得进展

近年来，我国粮食储藏专家提出了粮食储藏生态理论，并在粮库建设和粮食储藏活动中得到广泛应用。科研院所组织开展了低温储藏、气调储藏、低氧储藏等技术的机理研究，并建立了相关的数学模型；组织开展了粮食储藏品质、真菌毒素、害虫抗药性等方面的研究，并创新了相应的检测方法。

另外，在3批国债项目建设中，我们还组织开展了气调储粮试点项目、低温储粮试点项目、粮食输送减少破碎试点项目、烘干机自动控制试点项目、就仓干燥试点项目、散粮汽车试点项目、312专项等项目，这些试点项目都取得了重要进展，有些技术达到国际国内先进水平，为今后粮食仓储行业发展做了大量的技术储备。

（四）粮食仓储管理制度框架初步形成

《粮食流通管理条例》、《中央储备粮管理条例》的发布实施，为仓储管理制度框架的建立提供了重要依据。两个条例发布之后，我局会同有关部门发布了《中央储备粮代储资格认定办法》、《粮食流通监督检查暂行办法》、《粮食收购资格审核管理暂行办法》、《粮食质量监管实施办法》等一系列制度、办法、规定和规范性文件，从不同角度和侧面，对粮食仓储工作提出了相关要求。同时，各省、自治区、直辖市也陆续出台了地方储备粮管理办法、粮食仓储设施管理制度、示范库站建设制度、规范化管理评价制度等一系列规章制度。这些制度对粮食仓储工作提出了更加明确、更加具体、更有针对性的要求。另外，《粮食仓库管理办法》已经纳入国家发展改革委2008年立法计划，我们将积极努力，争取年内出台。

这些规章、制度、办法和规范性文件涵盖了储备粮、政策性粮食、商品粮的收购、运输、库存、轮换、质量管理等各个环节，对于提高流通效率、保证粮食质量、确保国家粮食安全提供了制度保障，也促进了粮食仓储工作水平的逐步提高。

（五）粮食仓储技术标准体系初步建立

2004年，我们委托有关单位编制了《粮油储藏技术标准体系》。根据体系的规划，粮食仓储行业需要编制138项行业标准，其中约50项为行业核心标准。目前，我们已经完成了《粮油储藏技术规范》、《储粮机械通风技术规程》、《磷化氢环流熏蒸技术规程》等37项重要标准的编制任务，还有《粮食仓储规范化管理评定》等16项标准正在编制中。已经发布和即将发布的标准有以下四个特点：一是全面总结吸纳了近年来粮食储藏技术与管理方面的最新研究成果和实践经验，比如生态储藏理论、低温储藏技术、电子测温技术等；二是适应粮食仓储形势变化的要求，强化了绿色储粮技术、成品粮储存、安全生产、农户储粮等内容；三是标准内容更加严谨科学，通过复核、验证，对相关数据进行了调整；四是吸取了国际成熟做法和先进经验，逐步与国际接轨，采纳了国际标准相关原则，国际化程度更高。这些标准的发布实施，进一步推动了粮食仓储规范化管理的进程。

（六）粮食仓储规范化管理工作取得了新的进展

过去，粮食仓储行业创造了辉煌的历史。1955年，粮食部在总结基层创造的"无虫"、"无霉"粮仓经验的基础上，提出《粮食系统全面开展无虫、无霉、无鼠雀、无事故粮仓工作的意见》，即后来简称的"四无粮仓"活动，至今仍有现实意义。1966年，河北玉田县粮库提出了"宁流千滴汗、不坏一粒粮"的口号，影响了一代又一代粮食人，已经成为粮食仓储行业的精神，该库代表也曾3次受到毛泽东主席的接见。

近年来，随着粮食流通体制改革的不断深入，粮食仓储设施水平不断改善，粮食仓储工作基础、管理方式、管理手段、管理目标都发生了根本变化。面对新形势，各级粮食行政管理部门和粮食企业积极探索，在仓储管理方面又取得了新的成绩。北京、中粮集团开展了规范化管理"千分制"评价活动，天津、河北、江苏、安徽、山东、河南、四川、宁夏等地开展了规范化管理活动，山西、云南等地开展了示范（达标）粮库建设活动，浙江开展了"星级粮库"评比活动，中储粮总公司开展了"精细化管理活动"。这些活动的开展，收到很好的效果。粮食仓储企业库区干净整洁、设施设备配套完好、粮情安全稳定、职工精神面貌良好、档案资料齐全、经济效益逐步好转。一些企业还通过了ISO质量体系认证，管理水平逐步与国际先进水平接轨。目前，在粮食仓储企业中，奋发向上、努力创新的氛围正在逐步形成。

（七）农户储粮项目取得进展

2004年，国家粮食局与有关部门启动了"粮食丰产科技工程"重大项目，按照"技术、装具、方法、药剂、培训、服务体系"六位一体的基本思路，开展了农户储粮技术研究，并取得重大突破。研究定型了10种适合不同地区、不同品种的农户储粮仓型，成功开发了3种高效低毒储粮药剂，形成了6套农户储粮技术模式；在互联网上成功开通了"农村储粮专家咨询系统"，为农民提供全面的粮食储藏知识查询和技术咨询服务；组织编写了《农户安全储粮技术手册》，制作了《农户安全储粮实用技术》VCD；在11个省进行了技术示范，并通过"粮食科技周"等活动，在全国范围进行了宣传推广，取得了良好效果。安徽省粮食局从省财政筹措资金，每年逐渐把工作推向深入。新疆粮食局也结合新疆特点，利用省财政资金独立开发了适合新疆地区的农户储粮装具。另外，2007年，国家粮食局在国家发改委的支持下，在辽宁、山东、四川三省启动了"农户储粮试点项目"，项目得到了地方政府的高度重视和大力支持，项目进展顺利。目前，我们正在与国家发改委协调，力争今年能够适当扩大试点的范围，全面推动农户储粮安全。

二　粮食仓储工作面临的形势、问题和我们的工作目标

（一）粮食仓储工作面临的形势

目前，我国粮食供求和市场形势十分复杂，保持国内粮食市场和价格基本稳定的难度加大，需要我们在粮食安全问题上始终保持清醒头脑，进一步加强对粮食的宏观调控。从国际粮食供求形势和价格走势看，全球粮食供需形势复杂多变，国际市场粮价扑朔迷离。去年以来，由于欧佩克石油限产和世界主要粮食生产国粮食减产、生物质燃料生产快速增长对粮食需求增加，国际市场粮食供求趋紧。在美元贬值、石油价格大幅上涨、粮食生产成本增加和国际投机资金炒作等因素的共同影响下，国际市场粮价居高不下。随着国内粮食市场与国际市场接轨的程度加深，国际市场对国内粮食供求和市场的影响越来越大，保持国内粮食市场和价格的基本稳定的难度加大。特别是最近国际市场大米价格暴涨，在一些国家和地区引起社会动乱，再次为我国粮食安全敲响警钟。

从我国粮食供求总量看，当年粮食产需基本平衡，粮食生产稳定发展的基础还需要进一步加强。在国家惠农政策的支持下，我国粮食生产连续4年丰收，2007年总产量达到50160万吨。粮食消费平稳增长，当年产需基本平衡。国家粮食库存充裕，粮食供应是完全有保证的。但是我国植物油产不足需，对外依存度超过60%，而且短时间内难以改变。从长远看，耕地减少、淡水资源短缺的矛盾将越来越突出，粮食稳定增产的难度加大。从粮食品种和区域结构看，我国粮食生产与消费还存在一些结构性矛盾，小麦、玉米和稻谷产销基本平衡，但玉米工业消费快速增长，大豆产不足需，缺口较大；13个主产区粮食产大于需，11个产销平衡区的缺口有所扩大，7个主销区的粮食自给率进一步下降。我国粮食库存主要集中在粮食产区，主销区的库存比较薄弱。随着城市化步伐的加快和人民消费水平的提高，这些矛盾将更加突出。

在这种形势下，我国粮食仓储工作体现出以下四个特点：

——我国粮食库存总量将长期保持较大规模。受全球粮食供求多变，国内粮食增产难度加大，城市化水平提高，农户储粮减少等因素影响，我国的粮食库存总量将长期保持较大规模，这是对粮食仓储工作提出新的挑战。

——我国粮食物流总量将进一步扩大。我国粮食生产和消费存在品种、区域不平衡的状况，而且随着城市化的发展、农村消费习惯的改变，今后农户自产自用的粮食总量逐步减少，进入社会流通的粮食总量将逐步增加，如何做好粮食仓储工作，提高粮食物流效率，是我们下一步面临的重要课题。

——粮食仓储企业多元化增加了监管难度。据统计，2007年全国粮食仓储企业中非国有企业已占17%。另外，粮食加工运输企业及非粮食行业的仓储企业也开始进入粮食仓储市场，给传统粮食仓储企业带来冲击。由于多元所有制企业中的大多数企业仓储条件较差，仓储设备不足，专业人员缺少而且游离在现有管理体系之外，加大了行业监管的难度。

——随着国民收入水平的提高和生产生活条件的改善，居民消费结构升级，食品安全意识增强，对粮食质量标准提出了更高的要求。人民将更加关注主食食品的营养、卫生和安全，这对粮食储藏期

间的品质保证提出了新的要求。

（二）粮食仓储工作存在的主要问题

尽管近10年来我国粮食仓储工作取得了很大成绩，但是也存在一些不容忽视的问题，对此，我们要有清醒的认识。

一是仓储设施还不能满足粮食储存的要求。一些地区的仓容总量偏少，不能满足粮食收购、储存的需要；需大修、待报废的仓容比例偏高，储粮安全存在隐患；现有仓储设施还存在布局、仓型不合理问题；另外，一些仓储设备还存在工作效率不高，粮食破碎率增加较多以及能耗较大等问题。

二是先进粮食仓储技术创新不足。生态储粮理论还需要进一步完善，粮食基础参数体系尚未建立。熏蒸剂替代技术、绿色储粮技术、节能技术、粮食减损技术等关键技术创新不足，有待取得突破性进展。粮食仓储技术推广体系尚未建立，一些成熟技术推广不够广泛，科技对粮食仓储行业的贡献率偏低。

三是现行的仓储管理机制还不能适应行业发展要求。现行仓储管理机制还不适应仓储企业多元化发展趋势，在监管范围、监管手段、监管方法和监管目标等方面还存在一些差距。仓储管理还存在体制、机制不顺和管理粗放等问题，管理水平有待进一步提高。企业技术标准、地方技术标准体系的创建工作刚刚起步，行业技术标准的应用水平总体不高，阻碍了企业发展。

四是现有的仓储管理队伍整体素质还需要进一步提高。总体上看，现有仓储管理人员在知识结构、年龄结构、技能素质、职业素养、管理水平等方面还存在差距。仓储企业对职工的在职教育投入不足，在职培训、在职教育总体水平不高。仓储企业的绩效评价体系还不健全，企业职工的创新能力和工作热情需要进一步调动和激发。

（三）粮食仓储工作的总体目标

今后几年，我国粮食仓储工作的总体目标是：进一步加快仓储设施建设步伐，不断改善粮食仓储设施的基础条件。以生态储藏理论为指导，加大粮食储藏技术创新和推广力度，提高粮食仓储技术应用水平。以贯彻新标准为契机，规范粮食仓储管理行为，降低粮食损失损耗、降低能耗和费用，保持库存粮食品质。以规范化管理为目标，创新管理模式，完善管理机制，提高企业管理效率和经营效益，提升粮食仓储企业从业人员知识水平和操作技能，为保证国家粮食安全作出贡献。

三　扎实工作，努力开创粮食仓储工作的新局面

胡锦涛总书记在党的十七大报告中强调，要"确保国家粮食安全"。温家宝总理在全国农业和粮食生产工作电视电话会议上强调，进一步加强农业和粮食生产，是保证市场供给、抑制通货膨胀、实现今年经济社会发展目标的迫切要求，是应对国际农产品市场变化、保障国家粮食安全的重要举措，是顺利推进我国现代化建设的关键所在。当前，粮食安全已经成为社会稳定和宏观经济平稳运行的重要影响因素，中央指出"粮食安全的警钟要始终长鸣，巩固农业基础的弦要始终绷紧，解决好'三农'问题作为全党工作重中之重的要求要始终坚持"。我们要深刻领会中央的一系列指示精神，以科学发展观为指导，认真落实中央经济工作会议、农村工作会议精神，按照全国粮食局长会议的要求，切实做好粮食流通工作。以学习贯彻粮食储藏技术标准为契机，全面推进仓储规范化管理活动，努力开创粮食仓储工作的新局面。

（一）加强基础设施建设和维修工作

要以企业投入为主，多渠道筹集资金，加大对粮食仓储设施建设投入的力度。要通过规划引导、重点扶持等方式，进一步优化粮食仓储设施的区域布局，建设和培育一批有影响力的粮食物流中心，适应粮食流通形势的变化要求。要利用部分企业退城进郊的机会，统筹规划，合理布局，完善粮食仓储设施功能，提高粮食流通效率。要科学论证、精心设计、精心施工、严格管理，保证仓储设施建设质量。在做好新仓建设的同时，也要重视旧仓的维修改造工作。旧仓改造一方面可以增加有效仓容数量，改善粮食仓储条件，还可以消除安全隐患，避免生产事故发生。旧仓改造的重点是仓房密闭改造、保温隔热改造以及其他影响粮食储存安全的改造。各地要加强对旧仓改造工作的指导，对本地区旧仓改造工作一是要有一个总体部署和战略安排。要对本省仓容调查研究后有个改造的技术指导意见，如密闭、隔热、测温、通风等要有个改造规划，还要有个很好的旧仓改造管理办法。湖北、江西旧仓改造做得比较好。各地要扩大旧仓改造资金来源，提高改造资金使用效率，完善旧仓改造标准，保证旧仓改造质量。另外，3批国债建设项目已经全面投入使用，并成为承储各级储备粮的中坚力量。各地要加强国债项目的维护工作，定期对仓房门窗进行检修，保证仓房密闭性能。定期检查仓房的防水防潮情况，及时修复出现的损伤，保证仓房始终处于良好状态。在仓房建设和维修中，要注意先进适用技术和成熟产品的推广应用。如粮情测控系统中的数字传感器技术、仓房门窗密闭技术等。

（二）推进粮食储藏技术开发创新和推广应用

粮食科研院所要加强粮食基础参数和粮食储藏基础理论方面的研究，为粮食储藏技术创新提供支撑。要加大粮食储存品质控制、节能降耗技术、数字化管理技术、绿色环保杀虫技术、气调储粮技术等前沿技术的研究，力争有所突破，为行业发展提供技术支撑。各地要全面总结机械通风、粮情检测、环流熏蒸、谷物冷却4项新技术使用经验，提高4项新技术应用水平。要积极推动成品粮储藏保管技术、控温储粮技术、密闭储粮技术、节能通风技术、就仓干燥技术、散粮装卸运输技术、防破碎技术等先进实用储粮技术的研究应用，提升粮食仓储技术应用水平。要通过技术示范、政策引导、经验交流、会议研讨、人员培训等方式，建立健全粮食储藏技术推广应用体系，加快先进适用技术的推广速度，把科研成果形成现实的生产力。要鼓励企业职工立足岗位，广泛开展小发明、小创造活动，切实解决仓储管理中的实际问题。鼓励"产学研"相结合的研究模式，促进企业和研究机构、学校与企业之间的合作，充分发挥各自优势，提高研究效率，加快研究速度，提高研究质量。

（三）创新粮食仓储企业的管理模式

20世纪50年代，原粮食部在全国推广了"四无粮仓"经验，后经多次修改完善，形成现在的"一符四无"管理模式，为推动我国粮食仓储企业管理进步作出巨大贡献。当前，"一符四无"管理模式仍有现实意义，各地要继续坚持开展"一符四无"活动。在活动中要结合粮食仓储形势变化趋势，创新活动形式、调整活动内容、改进评价方法，提高"一符四无"活动的水平，扩大"一符四无"活动的影响力。另外，各地要借鉴本次会议交流的典型经验，结合自己的实际情况和现有工作基础，进一步梳理本地区、本单位的规范化管理工作思路，明确规范化管理工作目标，拓展活动范围，提高规范化管理活动水平，促进仓储行业发展。开展粮食仓储规范化管理工作的要求是：仓储管理业务流程规范，设施管理规范，设备管理规范，工作制度规范，岗位职责规范，工作要求规范，文件档案规范。

企业仓储规范化管理的总体目标是：职工队伍稳定，设施设备完善，库存粮食安全，管理效率提高，管理成本降低，企业效益增加，发展后劲增强，社会影响扩大。下一步，国家粮食局将抓紧出台《粮食仓储规范化管理评价》等技术标准，为各地开展规范化管理活动提供技术支持。要逐步推广各地规范化管理的经验，促进整个行业管理水平的提高。有条件的企业要积极开展ISO质量体系认证工作，切实提高企业规范化管理水平。

（四）完善地方和企业的标准制度

国家粮食局已经发布了《粮油储藏技术规范》、《储粮化学药剂管理与使用规范》等一系列技术标准，正在组织力量制订《粮食仓库管理办法》等规章制度，国家力争再通过两年左右的时间，基本建立比较完善的行业标准体系和制度体系。

各地要根据已经发布和即将发布的技术标准和规章制度，结合本地粮食仓储工作特点，抓紧修订、编制本地区粮食仓储技术标准和管理制度，形成本地区粮食仓储技术标准和制度框架，规范本地区粮食仓储管理行为。在编制本地区粮食仓储技术标准和规章制度时，要坚持依法行政的基本原则，要立足实现对全社会粮食仓储企业的监督管理，要力争实现粮食品质、粮食数量、经济价值等目标协调统一，要贯彻节能减排绿色储粮技术的推广，实现粮食资源合理利用。各级粮食行政管理部门要指导企业逐步建立企业自身的标准框架，完善企业的管理制度。企业标准是规范化管理的重要内容，是向社会提供优质仓储服务的重要条件。仓储企业要重视企业标准建设工作，通过企业标准的制订，形成企业的管理特色。同时，企业要逐步完善自身的管理制度，进一步规范业务流程，细化工作要求，明确岗位职责，提高仓储工作质量；要强化企业的战略管理，增强企业发展后劲；要建立健全企业的创新机制，提高企业的核心竞争力；要建立完善的绩效评价体系，规范评价行为，提高企业的管理水平。

（五）进一步强化专业人员的培训工作

国家粮食局已经委托成都所撰写了《粮油储藏重要标准理解与实施》培训教材，并计划举办一次培训示范班。请各地区、各单位要结合本地区、本单位的工作安排，认真做好新标准的宣传贯彻和人员培训规划，力争通过两年左右的时间，把骨干仓储管理人员轮训一遍，让各级粮食仓储管理人员、粮食企业仓储工作人员了解、熟悉并能灵活掌握这些标准。要尽快培养一支训练有素、精通业务、勇于创新、认真负责的仓储队伍。在培训工作中，要注意形式的创新，可以请专家讲课、可以搞知识竞赛、可以组织技能比武、可以由省里统一组织，也可以由各地区、各企业自行组织。国家粮食局将做好教材、师资等方面的服务工作。在学习贯彻标准过程中，要注意发挥领导的表率作用，各级粮食行政管理部门分管仓储工作的领导干部要带头学标准、讲标准、用标准，在行业内形成人人懂标准、开展工作靠标准、监督检查看标准的新局面。

（六）加强对农户储粮工作的指导

农户储粮工作事关国家粮食安全和农民增收，事关农村主食食品卫生安全和农民生产生活条件的改善。各地在推进农户科学储粮方面做了大量工作，积累了一些经验，并解决了一些问题，但是与农户储粮的实际需求、与建设社会主义新农村的要求还有差距，对此我们要有清醒的认识。为此，请各地区认真研究本地区农户储粮情况，争取地方政府的支持，利用现有的粮食仓储工作体系，逐步建立健全针对农户、服务农村的储粮服务体系，为农户储粮提供技术支持，让农户比较便利地获得农户储粮知识、农户储粮技术的服务，确保农户储存粮食的安全；要争取一些政策性资金，为农户储粮装具的建设、采购提供补助，进一步推动农户储粮工作。国家粮食局将继续与有关方面协调，争取扩大农户储粮试点项目的实施范围和资金支持力度，请已经承担农户储粮试点项目的3个省份，加强项目管理，确保试点项目任务完成。同时，要继续完善农户储粮装具的设计方案，提高制造质量；要加强农户储粮技术的研究和推广力度，通过技术进步促进农户储粮工作。

同志们，仓储工作是粮食流通环节的基础性工作，事关国家粮食安全，我们要以粮食储藏新标准发布为契机，继续发扬"宁流千滴汗、不坏一粒粮"的精神，全面贯彻落实科学发展观，解放思想、实事求是，勇于创新、真抓实干，全面推动粮食仓储行业又好又快发展，为国家粮食安全作出新贡献。

在全国粮食流通监督检查工作会议上的讲话

国家粮食局党组成员、副局长　任正晓
2008年3月27日

同志们：

这次全国粮食流通监督检查工作会议，主要任务是贯彻落实党的十七大、中央经济工作会议、中央农村工作会议和全国人大第十一届第一次全体会议精神，贯彻落实全国粮食局长会议提出的粮食流通监督检查工作任务。国家粮食局党组对这次会议十分重视，党组书记、局长聂振邦同志对会议作出重要批示，充分肯定了去年粮食流通监督检查工作，对今年工作提出了明确要求，大家要认真学习，贯彻落实。小南同志将在会上作工作报告，回顾总结2007年的监督检查工作，安排部署今年的工作。我想借这个机会，着重就如何进一步提高认识，统一思想，扎实做好新形势下的粮食流通监督检查工作，讲两点意见。

一　粮食流通监督检查工作取得新成绩，面临新形势

（一）取得的新成绩

粮食流通监督检查工作，是国务院赋予各级粮食行政管理部门一项十分重要的工作职能，国家粮食局党组历来高度重视这项工作。党组书记、局长聂振邦同志经常过问监督检查工作，亲自参与监督检查活动，及时协调解决监督检查工作中存在的困难和问题。这些年来，在国家粮食局的指导和各级党委、政府的领导下，各级粮食行政管理部门主动适应粮食购销市场化改革的大趋势，经过七八年的艰苦努力，积极转变职能，建立监督检查队伍，加快配套法规制度建设，创新工作方法，稳步推进依法管粮，监督检查机构从无到有，制度从无到全，队伍从无到大，监督检查体系不断完善，工作水平不断提高，社会影响不断扩大，粮食流通监督检查工作取得了很大的成绩。特别是2007年以来，各级粮食行政管理部门认真学习贯彻党的十七大精神，以科学发展观为指导，积极扎实推进监督检查各方面工作，又取得了新的进展，新的成绩。归纳起来，就是"突出了四个重点，实现了四个进一步"。具体来讲，一是以加强机构建设为重点，改善执法条件，壮大队伍，提高素质，进一步夯实了检查工作基础；二是以各级储备粮监管为重点，扎实做好粮食库存检查工作，进一步推进了库存检查的规范化、科学化；三是以粮食最低收购价政策落实情况和质量安全专项整治检查为重点，认真开展各项专项检查工作，进一步保障了粮食宏观调控措施的落实，增强了有效性；四是以完善规章制度为重点，加强层级监督和指导，积极探索创新监督检查方式方法，进一步提高了粮食流通监督检查工作的整体水平。粮食流通监督检查工作的不断加强，有效地维护了正常的粮食流通秩序，保护了粮食生产者、经营者和消费者的合法权益，为确保国家粮食安全，促进国民经济又好又快发展作出了积极贡献。这些成绩来之不易，是各级党委、政府高度重视粮食工作的结果，是各级粮食行政管理部门奋力进取、开拓创新的结果，是各级粮食流通监督检查人员恪尽职守、辛勤工作的结果。在这次会上，我们将表彰2007年全国粮食流通监督检查工作先进单位，还邀请了部分先进单位的代表到大会上介绍经验。在

这里，我受振邦局长的委托，代表国家粮食局向获奖的单位表示热烈的祝贺，向各级粮食流通监督检查人员表示诚挚的慰问和感谢！

（二）面临的新形势、新任务

面对国际国内粮食供求和市场出现的新情况，粮食流通监督检查工作面临着新形势和新任务。

1. 确保国家粮食安全的战略部署，要求充分发挥监督检查的保障作用。党的十七大从国民经济全局和战略的高度强调要"确保国家粮食安全"，这是胡锦涛总书记在十七大报告中作出的战略部署。今年中央一号文件也提出，增强做好"三农"工作的紧迫感，粮食安全的警钟要始终长鸣，巩固农业基础的弦要始终绷紧，解决好"三农"问题作为全党工作重中之重的要求要始终坚持。在这次全国人大第十一届第一次全体会议上，温家宝总理作了政府工作报告，对农业特别是粮食生产、流通工作的强调，用的分量很重，占的篇幅很大。温家宝总理多次从粮食生产、流通、消费、价格等方面对确保国家粮食安全作出了全面的部署，这些充分表明党中央、国务院对市场化条件下确保国家粮食安全的高度重视。当前我国粮食安全总体形势是好的，但从中长期看，随着工业化、城镇化发展，人们生活水平提高，膳食结构改善，粮食需求刚性增长，而粮食生产受耕地减少、水资源缺乏和气候等多种因素制约，稳定增产的难度越来越大，我国粮食供求将是偏紧的趋势，确保国家粮食安全面临严峻挑战。在当前的形势下，必须加强粮食宏观调控，维护粮食市场和价格基本稳定，落实中央各项惠农支农政策措施，保护种粮农民的积极性，促进粮食生产稳定发展。在上述这些方面，粮食流通监督检查都应该发挥重要作用，有很多工作需要做，需要去落实。要通过加大对粮食宏观调控政策措施落实情况的监督检查，有效实现调控目标；要通过加强粮食经营行为的监管，维护正常流通秩序，保证粮食市场供应和价格稳定；要通过加强粮食最低收购价政策落实的监督检查，维护农民利益，保证这一惠农政策落到实处。所以，我们一定要充分认识加强粮食流通监督检查工作在保证国家粮食安全中的重要意义和作用，切实发挥为国家粮食安全保驾护航的作用。

2. 加快政府职能转变，要求进一步加强粮食流通监督检查工作。党的十七届二中全会通过了《关于深化行政管理体制改革的意见》，提出加快建立以"经济调节、市场监管、社会管理、公共服务"为主要目标的公共服务型政府。今后政府机构改革的基本思路，就是要着眼于推动科学发展，保障和改善民生，按照精简统一效能的原则，推动政府决策权、执行权和监督权相互制衡和协调，构建权责一致、分工合理、决策科学、执行顺畅、监督有力的效能政府。由此可见，强化政府在监督方面的职能，加强对经济活动和市场的监管，是政府职能转变的重要内容。从粮食行政管理的角度来看，同样需要我们遵循上述思路和原则，进一步转变观念，理清思路，正确处理好粮食流通管理中监督与决策、执行的关系，强化监督检查的职能，完善粮食流通行政执法监督保障体系，充分发挥其在促进粮食宏观调控体系、现代粮食市场体系、粮食产业化体系建设中的服务保障作用。因此，强化检查职能，是粮食行政管理部门职能转变不断深化的迫切需要。对此，我们要有使命感和责任感。在这次国务院政府机构改革中，国家粮食行政管理部门机构和体系维持了稳定。今后，粮食行政管理部门要根据党的十七届二中全会通过的决定，在前几年实现粮食购销市场化，推进机构职能转变的基础上，进一步按照党中央、国务院的要求，深化行政管理职能转变。其中一个重要的切入点就是切实把粮食监督检查放在非常突出的位置，履行好各项监督检查职能，为构建公共服务型政府服务。

3. 实现宏观调控目标，要求切实做好粮食流通监督检查工作。去年以来，居民消费价格指数上涨较大，成为经济运行中的突出问题。今年2月份居民消费价格水平同比上涨8.7%，创出11年来的月度新高，其中食品类价格上涨了23%，拉动了80%以上的CPI涨幅。在食品价格中，食用植物油价格同比上涨41%，粮食价格也有所上扬，这是对全国整个市场和价格走势的判断。防止价格由结构性上涨演变为明显通货膨胀，全年物价上涨的水平要控制在4.8%左右，是今年宏观调控的一个重要目标。党中央、国务院决定，今年经济工作的主要任务就是两个"防止"，一是防止经济增长由偏快转为过热，二是防止价格由结构性上涨演变为明显通货膨胀，这是党中央、国务院决定的今年整个经济工作的根本目标。因此，确保粮油供应不断档不脱销，价格不大涨不大落，对实现这一目标十分重要。我们应该看到，去年粮食连续第四年丰收，目前库存充裕，粮食市场供应是完全有保证的。但是由于种粮生产成本增加、国际市场粮油价格持续大幅度上涨等因素，总体上看，今年控制国内粮食价格上涨面临一定压力，食用植物油供应偏紧、价格高位运行，与此同时东北地区粳稻由于增产和运输不畅等因素价格下滑。今年，国际国内粮食市场和价格形势比较复杂，不确定因素增多，保证国内市场供应和保持价格基本稳定的任务非常繁重，调控难度加大。去年下半年以来，国家采取了一系列的宏观调控措施，包括控制粮食出口和深加工转化；加大最低收购价粮食和临时存储进口小麦的销售力度；安排在南方销区销售部分中央储备食用油和中央储备玉米；在东北地区启动粳稻最低收购价执行预案，下达中央储备和国家临时存储玉米增储计划；安排国家临时存储粮食向粮食库存薄弱地区移库等。这些宏观调控措施对稳定粮油市场至关重要，作用比较明显，但是也存在落实不完全到位的问题。因此，我们要加大检查工作的力度，确保国家为保证粮油市场供应和价格基本稳定的一系列政策措施落到实处，为实现国家宏观调控目标发挥积极作用。

同志们，我们只有从宏观层面上、从全局上把握国际国内粮食市场形势的变化，才能把监督检查工作做得更好，做得更加有针对性，更好发挥应有的作用。

二　做好今年粮食流通监督检查工作的几点希望和要求

关于今年的粮食流通监督检查工作任务，振邦同志作出了重要的批示，提出了明确的要求。小南同志还将在会议上作工作报告进行全面的部署。在此，我强调以下四点：

一是要适应粮食流通监督检查工作的新形势，增强"四个意识"，实现"四个促进"。当前，各级粮食行政管理部门和监督检查工作人员，要深入学习党的十七大精神，进一步以马克思主义中国化的最新理论成果武装头脑，指导实践，来推动粮食工作和粮食流通监督检查工作。要通过学习，增强四个意识，实现四个促进。第一，增强大局意识，促进科学发展。要强化粮食宏观调控政策落实情况的监督，保证粮油市场供应和价格基本稳定，维护正常流通秩序，为粮食流通产业全面、协调和可持续发展营造良好的市场环境，促进经济社会又好又快发展。粮食监督检查虽然是一个部门的工作和职能，但履行好这项职能，做好这项工作，必须要增强大局意识，促进科学发展。第二，增强责任意识，促进社会和谐。要通过加强全社会粮食流通的监管，进一步强化粮食质量和卫生的监督，认真查处涉粮案件，保护好粮食生产者、经营者和消费者的合法权益，为维护社会稳定发挥积极作用。监督检查行政执法最本质的意义就是要维护正常的市场秩序，要按照国家统一的粮油政策，在公平公正的粮食市场环境下，切实保障粮食生产者、经营者和消费者的合法权益，促进社会和谐。第三，增强服务意识，促进民生改善。党的十七大和全国人大第十一届第一次全体会议的政府工作报告都特别地把落实科学发展观，坚持以人为本，切实改善民生，放到了十分重要的位置，强调到了空前的高度。所以，粮食流通监督检查人员要牢固树立服务意识和公仆意识，坚持执法为民，把监管和服务结合起来，为粮食生产者、经营者和消费者服务，努力做到让广大人民群众满意。第四，增强法制意识，促进依法行政。要进一步完善粮食流通监督检查的规章制度，加强执法人员的法制教育，健全执法程序，提升粮食流通监督检查水平和执法能力。

二是继续下大力气推动监督检查基层机构建设。尽管在过去的七八年里，机构建设取得了很好的成绩。但也必须清醒地认识到，目前还有22%的地（市）、39%的县（市）粮食行政管理部门没有设置监督检查机构，与国务院执法重心下移的要求不相适应，也与当前粮食工作的实际需要不相适应。如果机构不到位，从事监督检查工作的人员不到位，就无法开展监督检查工作。目前，各地政府相继换届到位，这对今年加强监督检查体系建设是个机遇。因此，各地粮食行政管理部门对监督检查机构建设要有足够的重视，要主动争取县（市）党委、政府的理解和支持，切实加大工作力度，省市两级粮食行政管理部门要对基层机构建设遇到的新情况、新问题进行深入调研，积极向当地党委、政府汇报，同有关部门沟通，加大对县（市）机构建设的督导力度。

三是要围绕粮食宏观调控突出搞好专项检查。实践证明，专项检查的效果很好。去年下半年以来，围绕稳定市场粮价和保证市场粮食供应，国家已出台一系列政策措施，今年还会加大调控力度，这些政策措施针对性强，对企业的利益影响大，相应的监督检查能否跟上，工作力度是否到位，直接关系到宏观调控的成效，因此，今年要下大力气搞好几个专项检查。重点包括中央和地方食用储备油的专项检查，粮食最低收购价预案执行情况的专项检查，国家临时储存粮食竞价销售出库、跨省移库出库情况的专项检查。各省（区、市）粮食行政管理部门还要根据实际组织好本地区的专项检查工作。对储备油的全面检查是一项全新的工作，各地要高度重视，精心准备，务求成功。从2001年开展全国粮食清仓查库开始，这些年，对粮食库存的检查，从工作制度、工作方法等方面都走向了规范化。而储备油过去没有查过，没有经验可循，应当给予重视。在今后相当长的一段时期内，影响食用植物油供应和价格的不确定因素较多，很有必要对储备油的库存数量和质量进行全面清查。对储备油库存的检查，要注意对社会舆论进行正面引导，以免对粮油供应和市场稳定产生不利的影响。此外，今年粮食库存检查由于检查时点调整，时间比较紧，任务很重，但各地也要和往年一样，严格按照《粮食库存检查暂行办法》的要求完成规定的工作，不能走过场，不允许出现简单应付的现象，认真搞好粮食库存检查。为了做好今后的粮食库存检查工作，今年下半年还要在全国对粮食库存检查专用软件进行培训和软件配发，请各地积极支持和配合。

四是继续加强监督检查队伍建设。粮食流通监督检查队伍成立时间不长，执法经验相对比较欠缺，业务技能和法律知识还有待提高，因此，提高人员素质将是队伍建设的一项长期任务。这里我再强调一下作风建设。第一，要加强学习。粮食流通监督检查工作涉及面广，对队伍的综合素质要求高。要加强对粮食流通监督检查人员的培训，工作人员也要自觉加强学习，通过多种途径提高自身素质和工作能力。第二，要真抓实干。我们要大力弘扬脚踏实地的作风，不搞形式主义，不做表面文章。要切实履行职责，不缺位、不越位，严格遵守规定和程序，坚持公平、公正执法。第三，要清正廉洁。遵守党风廉政建设的规定，始终要堂堂正正、清清白白，用我们的行动树立粮食行政执法的权威，维护粮食行政执法队伍的良好形象。

最后，我特别强调的是，各地粮食行政管理部门及其监督检查人员要依法执法，文明执法，廉洁执法。目前，各地监督检查队伍建设取得了较好成效，很多地方还成立了执法队，配备了粮食执法车，对执法人员进行了资格培训，为切实依法履行行政执法职责奠定了基础。但也要看到，这支执法队伍成立时间不长，法律知识和执法经验不足，再加上过去粮食行政管理部门一直是被执法对象，现在转变为了执法者，更要注意约束执法人员，避免发生不依法执法、不文明执法、不廉洁执法的现象，从而防止影响整个粮食行政执法队伍的形象、动摇粮食行政执法的基础、危及国家粮食法律效力的提升。所以，各级粮食行政管理部门和监督检查工作人员要珍惜来之不易的执法权，切实履行好《条例》赋予我们的行政执法职责。各级粮食行政管理部门要引导、督促执法人员切实加强学习，坚持真抓实干，保持清正廉洁。

同志们，2008年是党的十七大召开后的第一年，也是我国改革开放30周年。做好今年的粮食流通监督检查工作责任和意义重大，我们肩负的使命光荣而艰巨，面临的工作任务很繁重。让我们在科学发展观的指引下，进一步坚定信心，振奋精神，扎实工作，推动粮食流通监督检查工作不断向前发展，为完成粮食工作的各项任务，为促进国民经济又好又快发展和社会和谐稳定，争取作出新的更大的贡献！

谢谢大家！

以改革创新精神做好粮食系统党建研究工作

——在全国粮食系统党建研究会上的讲话
国家粮食局党组成员、副局长　张桂凤
2008年5月28日

各位理事、同志们：

今天，我们按照《全国粮食系统党建研究会章程》在厦门召开第二次会员大会。这次会议是在全党认真学习贯彻党的十七大精神，深入贯彻落实科学发展观，全面推进各项建设的新形势下，在全党全军全国各族人民深入贯彻落实党中央、国务院的一系列决策部署，万众一心、顽强拼搏，深入开展抗震救灾斗争的时候召开的。

5月12日，四川省汶川等地发生8.0级强烈地震，人民群众生命财产遭受重大损失。人民解放军、武警部队、公安干警以及各界救灾人员数十万大军立即奔赴地震灾区展开救援。兵马先动，粮草未行。受灾地区救援人员和群众的粮油供应能否跟得上，成为确保抗震救灾斗争胜利的关键环节，成为对粮食系统党组织、领导干部和共产党员最现实最直接的严峻考验。为此，各级粮食局和粮食收储加工企业党组织充分发挥战斗堡垒作用，按照党中央、国务院的决策精神，把抗震救灾作为当前最重要最紧迫的政治任务，以顽强的精神、得力的举措、深入的作风、扎实的工作，努力为打赢抗震救灾这场硬仗提供坚强的思想、政治和组织保证。危难之时，各级领导干部挺身而出、身先士卒、靠前指挥、全力以赴，充分发挥了中流砥柱的作用。关键时刻，广大党员拉得出、冲得上、打得赢，充分发挥了先锋模范作用。

地震发生后，国家粮食局立即动员部署，成立以局长、党组书记聂振邦同志为组长的抗震救灾工作领导小组，迅速采取一系列紧急措施。振邦同志多次召开紧急会议，对灾区粮食供应工作做出部署。紧急下发了《关于做好抗震救灾确保灾区粮油供应工作的紧急通知》，指导和协调四川省粮食部门启动粮食供应应急预案，千方百计为灾区提供成品粮源，全力做好救援部队的粮食保障工作，及时研究提出灾区困难群众口粮供应工作方案，加强成品粮组织调度和投放。根据国务院抗震救灾总指挥部的精神，国家粮食局立即与有关部门联合，向地震灾区紧急安排了第一批中央储备粮38.4万吨，支援地震灾区。截至5月22日，中央储备已累计出库粮油20298吨。地震灾区的四川省粮食局党员干部职工不顾个人和家人的安危，克服种种难以想象的困难，深入救灾一线了解情况，组织粮食加工调运，负责灾区粮油供应，为抗震救灾斗争作出了突出贡献。据统计，截至5月22日，四川省粮食局已分别向成都、绵阳、德阳、广元、雅安、阿坝等地震重灾区调运成品粮油31346吨，保证了灾区群众和救灾人员的粮油供应。其他各省、区、市的粮食局及广大干部职工，积极响应党中央、国务院的号召，迅速行动起来，发扬"一方有难、八方支援"的精神，积极支援灾区的抗震救灾斗争，捐献了一大批粮油、衣被和资金，向灾区人民送温暖、献爱心。中华民族万众一心、同舟共济的伟大民族精神，在粮食系统得到了充分体现。

在与这场突如其来的特大自然灾害作斗争的过程中，又一次在世人面前充分诠释了我们党始终代表人民利益，视人民利益高于一切，全心全意为人民服务的根本宗旨；展示了我们的政府以人为本、

执政为民、敢于负责、务实高效的优良作风；证明了粮食系统各级党组织的凝聚力和战斗力是坚强的，广大党员是无愧于共产党员称号的，职工队伍是敢于善于打硬仗的；充分说明多年来我们各级加强党的建设，深入开展思想政治工作是卓有成效的，是值得我们总结经验的。

我们召开这次会议，主要任务就是以"三个代表"重要思想和科学发展观为指导，深入学习贯彻党的十七大精神，回顾总结党建研究会成立以来的工作，研究部署2008年的任务，表彰优秀研究成果，总结交流党建工作经验，进一步振奋精神，凝聚力量，夺取抗震救灾斗争的最后胜利，进一步推进党的建设新的伟大工程。

局党组对开好这次会议十分重视，党组书记、局长聂振邦同志对研究会成立一年多来的工作给予了充分肯定，对开好这次会议和做好今后工作提出了明确要求。我们要深入学习领会，很好地贯彻落实。

下面，我受常务理事会的委托，向大会汇报党建研究会成立以来的工作情况，请各位理事审议。

全国粮食系统党建研究会成立一年多来，各会员单位在部门党组的正确领导和大力支持下，紧密联系深化粮食流通体制改革和加强粮食宏观调控的实际，围绕粮食中心工作，积极开展党建理论与实践问题的调查研究，不断探索新路子，总结新经验，取得了一大批优秀研究成果，解决了一些实际问题，为推动粮食系统党的建设和思想政治工作创新发展发挥了重要作用。

一   **加强了研究会的自身建设和党建研究的组织协调工作**

全国粮食系统党建研究会成立后，健全了组织领导机构，吸收了一大批政治上坚强、理论水平较高、实践经验丰富的一线党务工作者和长期从事党务工作的领导同志入会，到目前已有会员单位36家，个人会员67位。这些会员单位和个人在党建研究领域和党建工作的实践中都发挥了很好的骨干作用。全国粮食系统党建研究会成立大会召开后，各会员单位迅速传达贯彻会议精神，组织会员学习培训，紧密结合工作实际，选定课题，展开调研，开展富有特色的各项工作，撰写研究成果。比如：辽宁省粮食局在全国粮食系统党建研究会成立大会召开后的当月即召开了全省粮食系统党建工作座谈会，传达学习党建研究会议精神，交流党建工作情况，并决定每年召开一次党建工作座谈会，围绕一个主题专门进行研讨和交流，为党建研究工作者交流研究成果提供了平台。云南省粮食局每年下发调研课题，协调力量，组织课题组开展调研活动，取得了多项调研成果，有12篇论文获奖。广西省粮食局在下大力掌握党建基本情况的基础上，有针对性地确定党建研究的方向和课题，有 8篇论文获奖。青岛市粮食局，围绕加强机关党的建设、文化建设、发挥思想政治工作优势、继承发扬优良传统以及如何加强改制企业党组织建设等多个侧面展开研究，有7篇论文获奖。江西省粮食局以粮食政研会为依托，积极组织专家学者进行研讨交流，效果显著，受到上级表彰，有3篇论文获奖。福建省粮食局党组专门听取了党建研究会议精神的汇报，在局党组的支持下，采取聘请专家讲座、举办理论研讨班、开展专题调研、论文评选等活动，促进了党建研究活动的开展，发表了一些质量较高、指导意义较强的调研文章。总之，各会员单位在党建调研中都发挥了很好的组织协调作用。

全国粮食系统党建研究会理事会在不断加强党建理论学习，提高理论素养，搞好自身调研的同时，还加强了对各地党建研究活动的指导。2007年9月，我们在宁夏召开了部分省区粮食局机关党建工作座谈会，协调组织各地交流了机关党建工作中的一些做法和体会，对各地党建工作的开展情况进行调研，听取了关于做好新形势下粮食系统党建研究工作的意见建议，针对粮食系统党建工作实际，从坚持用马克思主义中国化的最新成果作指导，紧密联系实际深入调查研究、注意总结提炼、坚持与时俱进，抓好会员的学习培训和组织发展等方面，对如何搞好党建研究工作提出了指导性意见，推动党建研究工作沿着正确方向深入开展。

二　紧密联系深化粮食流通体制改革和粮食宏观调控的实际，以改革创新精神研究粮食系统的党建理论和实践问题

一年多来，各会员单位积极组织、凝聚各方面力量，坚持"双百"方针、"二为"方向和"三贴近"原则，针对粮食流通事业和粮食行业改革发展中遇到的新情况新问题，围绕研究会确定的研究重点，认真开展调查研究工作，形成了50多项研究成果。综合各单位的研究成果，主要有三个方面的特点：一是围绕加强党的先进性建设这条主线，重点研究了如何保持和发展党的先进性问题。前两年，各地粮食部门在开展保持共产党员先进性教育活动实践中，采取了一系列行之有效的办法措施，创造了大量成功的经验，推动了本部门党的建设深入开展。在研究会成立时，国家粮食局党组书记、局长聂振邦同志就希望大家，要将这些好的做法和经验加以提炼概括，从中获得规律性的认识，为加强全系统党的建设服务，为粮食行业改革发展服务。一年多来，各地很好地落实了振邦同志的要求，在党建研究中突出了保持党的先进性建设这个重点。各地上报的51篇研究论文中，有15篇专题研究了如何保持和发展党的先进性问题，占论文总数的29.4%。北京、内蒙古、江苏、浙江、山东、重庆、陕西、甘肃、宁夏、新疆生产建设兵团等地粮食局都从不同侧面、不同角度深入研究探讨了建立保持和发展共产党员先进性长效机制的思路、做法和具体措施，总结了粮食系统党的先进性建设的基本规律，为加强粮食系统党的先进性建设，提供了很好的理论支持。二是着眼解决实际问题，对粮食系统党建工作中的一些热点难点问题进行了研究。一年多来，广大会员紧紧围绕推进粮食行业改革发展这个中心任务，针对完善流通体制、深化企业改革中干部群众关注的重点、难点、热点问题，进行分析研究，为广大党员干部和群众解疑释惑，为各级领导科学决策提供思路和建议，为推进粮食系统党建理论发展和党建工作进步贡献了自己的智慧和力量。比如，针对如何解决理想信念教育容易"空对空"的问题、如何在党员教育中体现社会主义的核心价值观、如何解决保持和发展党员队伍的先进性缺乏抓手等难点问题，江苏省以着力打造"三型"党组织为平台，扎实推进党的先进性建设；浙江省针对开放程度较高，经济活跃的特点，努力构建保持共产党员先进性的长效机制；江西省开展"抓作风、促效能、创事业"主题实践活动，促进了党员干部的作风建设；内蒙古以"三创一落实"活动为载体，增强了党员干部教育效果。广西南宁粮食储备库开展"共产党员示范仓"主题实践活动，增强了党员队伍的责任感和使命感，使党员队伍的先进性得到极大彰显，先锋模范作用进一步发挥。针对机关干部理论学习落实难的问题，吉林省对如何创新载体，增强理论学习的吸引力进行了探索研究，收到了较好效果；辽宁省开展了每天半小时读报、半小时学理论或业务、半小时看新闻的"三个半小时"活动，增强了理论学习的经常性。针对粮食流通体制改革后，机构合并、企业重组、人员分流，有些企业党建工作受到影响，党的建设被削弱的问题，四川省粮食局等单位作了研究探讨，分析了粮食企业党建工作面临的困难和问题，提出了很好的对策。有的同志提出，切实解决粮食企业党建工作中存在的问题，既是一个重大的经济问题，也是一个重大的政治问题。企业再困难，党的组织不

能散，党的建设不能停。要大力营造有利于做好非公有制企业党建工作的社会舆论氛围，改革力度越大，越要加强党建工作，越要发挥企业党组织的政治核心作用。有的提出，党要切实加强和改进对非公有制企业的政治领导，做到抓住特点，敢于领导，善于领导。这些建议和对策，都很好地促进了粮食企业的党建工作。三是立足党建实践的发展，对如何继承发扬粮食系统的优良传统进行了研究。经过几代粮食人的艰辛努力，在全国粮食系统形成了以"艰苦奋斗，勤俭节约"为核心的优良传统。这些优良传统在新形势下是否过时了？还需要不需要？如何将艰苦奋斗精神赋予新的时代内涵，开创工作新局面?对此，河北玉田粮库、青岛市开发区粮食收储中心等单位进行了总结探索，用艰苦奋斗精神代代相传并在实践中不断赋予新的内涵，产生巨大能动作用，极大地促进企业发展的事实，响亮地回答了艰苦奋斗优良传统不但永远不会过时，并且必将会在实践中不断发展，成为企业发展的强大精神支柱，产生巨大的能动作用。连续三届当选全国人大代表的河北省柏粮集团董事长尚金锁等同志总结了粮食系统的老典型河北柏乡粮库强化思想政治工作，培养"敬业、争先、诚信、高效"的企业精神，把精神动力转化为企业活力的经验，倡导了企业精神也是一种生产要素，也是生产力，也是粮食企业核心竞争力的科学理念。

三　重视了研究成果的推广和优秀论文的评选表彰

一年多来，各会员单位在不断整合力量，壮大党建研究队伍，取得一批研究成果的基础上，积极向上级研究机构和刊物推荐研究成果，有的获奖，有的被刊物发表，在推动粮食系统党建实践中发挥了积极的作用。这些优秀研究成果总体质量是好的，是粮食系统广大党建工作者辛勤努力的结果，在一定程度上反映了粮食系统党建工作的质量和水平，也反映了粮食系统改革开放的成果，展示了粮食系统干部职工昂扬向上的精神风貌。为了表彰鼓励先进，进一步调动党建研究工作者的积极性，增强大家对党建研究会的认同感和凝聚力，我们对粮食系统党建研究会成立以来各会员单位报送的调研成果和论文进行了评审，评出一等奖3篇、二等奖9篇、三等奖18篇、优秀奖21篇，并在本次会员大会上进行表彰。

总结一年多年来的党建研究工作，感到有四个方面的切身体会，是值得我们今后继续坚持的。一是坚持以马克思主义中国化的最新理论成果为指导，是党建研究工作沿着正确方向发展的根本保证。马克思主义是一个开放性的理论体系，它与其他理论体系相区别的最鲜明特点是能够随着实践的发展而不断发展。邓小平理论、"三个代表"重要思想、科学发展观，都是马克思主义发展的最新理论成果，是我们党的根本指导思想，也是党建研究唯一正确的指导思想。一年多来，对马克思主义中国化的最新理论成果，大家始终坚持先学一步，深刻领会，用于指导和统领党建研究工作，保证了党建研究的正确方向。二是围绕中心、服务大局，是研究会工作受欢迎、起作用的基本前提。围绕中心、服务大局，是党的建设必须遵循的重要原则，也是我们在机关党建研究工作中的一条重要体会。粮食系统的党建研究是为党建工作服务的，是为粮食流通中心任务和粮食行业改革发展稳定大局服务的，离开了这一点，党建研究就成了无源之水、无本之木，失去生机和活力。为此，我们紧密结合粮食系统党建工作中的新情况新问题，深入开展调查研究，积极探索党建工作规律，努力研究解决问题的思路和措施，在推进粮食行业党的思想、组织、作风和制度建设中发挥了重要作用，受到了干部群众的欢迎。三是整合力量、深入基层、深入群众，是开展党建研究的有效方法。要搞好党建研究工作，必须要有一支肯吃苦、善钻研、作风实的队伍。从一年多来党建研究取得的丰硕成果看，我们粮食系统已经凝聚了这样一支队伍，他们坚持与中心工作、与党建工作相结合，坚持深入群众调查研究的优良作风，扑下身子，深入粮食购销一线，走到田间地头，了解干部群众的现实需求，把握群众的思想脉搏，总结了一些基层群众创造的鲜活经验，把握了粮食系统党建工作的一些基本规律。四是博采众长、勇于创新，是不断取得新成果的重要途径。在研究工作中，大家注意把解放思想、实事求是、与时俱进、开拓创新贯穿于党建研究活动的全过程，努力用科学发展的要求审视形势和我们的工作，以改革创新精神引导研究探索粮食系统党的建设面临的新问题。在党建研究中进一步认识到，发明创造是创新，学习借鉴、综合提高同样是创新。通过广泛收集各种渠道来的党建研究信息，进行分析归纳、综合比较、提炼加工，为我所用。实践证明，这是党建研究取得成果的重要途径，也是促进党建工作的基本方法。

同志们，研究会成立之后，我们做了一些实实在在的工作，在充分肯定成绩、总结经验的同时，还应清醒地看到我们存在的不足，主要是与会员单位联系还不够紧密，对调研工作组织协调力度还不够大，特别是针对粮食系统的热点、难点和重点问题进行组织协调、联合攻关不够；研究会的办事机构为会员单位和会员服务的条件、手段还不多；有的调研成果质量还须进一步提高；等等。

在深入贯彻落实科学发展观，以改革创新精神全面推进党的建设新的伟大工程的新形势下，我们面临的情况更复杂，研究课题更多，研究任务更艰巨。所以，希望大家要以高度的政治责任感和使命感，坚守党建研究和党务工作阵地，切实担当起重任，适应粮食行业改革发展的新形势，加大党建研究的力度、深度和广度，共同推进粮食系统党建研究工作向前发展，推进党的建设不断进步，促进粮食流通中心任务圆满完成。

下面，我就如何搞好今后的党建研究工作，提高粮食系统党建研究工作的水平，讲几点意见：

一　准确把握新形势下党建研究的根本要求，切实增强大力弘扬改革创新精神的自觉性

以改革创新精神全面推进党的建设新的伟大工程，是我党深刻把握时代条件变化、我国经济社会发展要求、党的建设状况提出的重大战略思想和重大战略任务，是新形势下加强党的建设的根本要求，也是我们做好党建研究工作的根本要求。对此，我们一定要深刻理解，准确把握，并落实到实际工作中去。

首先，要深刻认识只有改革创新才是党建研究工作的生命。创新是一个民族发展进步的不竭动力。不断改革创新也是我们党永葆生机和活力的一条基本经验。党的三代领导核心都十分重视改革创新问题，以胡锦涛同志为总书记的党中央更是高度重视，在十七大报告中，"创新"一词出现了57次，报告深刻指出："世情、国情、党情的发展变化，决定了以改革创新精神加强党的建设既十分重要又十分紧迫。"在全国组织工作会议上，胡锦涛总书记又从国际形势的发展变化，从发展中国特色社会主义的客观要求，从提高党的执政能力、保持和发展党的先进性的战略高度阐述了大力弘扬改革创新精神的重大意义，反复强调其重要性和紧迫性。这为我们在新形势下做好党建研究工作、加强党的建设，拓宽了视野，指明了方向。当前，我国已进入改革发展的关键时期，经济体制深刻变革，社会结构深刻变动，利益格局深刻调整，思想观念深刻变化，加之我们粮食系统的改革起步较晚，在

进一步深化改革过程中，党的建设会遇到大量新情况新问题，需要我们深入思考，积极实践，通过深化改革和锐意创新来加以解决。因此，大力弘扬改革创新精神，是新形势下我们党提高执政能力、保持和发展党的先进性的关键所在，更是我们粮食系统搞好党建研究、提高党建工作质量的关键所在。我们一定要深入学习和领会十七大报告和胡锦涛总书记重要讲话精神，以高度的政治责任感和改革创新的精神，认真研究解决当前粮食系统党建工作中的矛盾和突出问题，努力推动党建工作有新的突破、新的进步，把改革创新的要求落到实处。

其次，要准确把握大力弘扬改革创新精神的本质要求。以改革创新精神加强党的建设是我们党自身的不断完善和发展。我们所要改革的是党的自身建设和党的工作中不适应、不符合新形势新任务要求的部分，所要创新的是党的具体领导体制、执政方式、组织形式、活动方式、管理方式等等。通过改革创新，使党的建设更加符合建设服务型政府的新要求，而决不是要改掉党的根本组织制度和领导地位，改变党的政治优势和优良传统。在这些根本点上，不但不能改，而且必须要结合新的实际赋予新的时代内涵，在新的实践中长期坚持。

以改革创新精神加强党的建设，就是要以邓小平理论和"三个代表"重要思想为指导，深入贯彻落实科学发展观，与时俱进，用改革创新的思路和办法解决党的建设中的重大问题，探索提高党的执政能力、保持和发展党的先进性的有效途径，积极推进党建领域的理论创新、制度创新、工作创新和方法创新，努力使党的建设体现时代性、把握规律性、富于创造性；就是要坚持以人为本，创新思维方式，尊重党员的主体地位，做好党员的教育管理和服务工作，使党员能够更好地发挥主体作用、表率作用；就是要大力营造鼓励和保护创新的环境和氛围，引导党员干部以昂扬向上的朝气、敢闯敢试的锐气、开拓进取的勇气做好各项工作。我们既要把这些要求体现到加强和改进党的建设的全部工作中去，又要体现到深化党建研究的全部工作中去。

最后，要努力掌握大力弘扬改革创新精神的基本方法。一是要坚持马克思主义的科学态度。要正确处理继承与创新的关系，在坚持马克思主义基本原理和科学的世界观、方法论的基础上，随着社会的进步和粮食行业实际情况的变化，不断开拓理论研究的新境界。二是要努力提高改革创新的勇气。理论创新既是对个人的突破，也是对前人的超越，有时甚至需要对一些权威理论提出质疑，这些都需要极大的胆识和魄力。我们要敢于和善于突破旧的观念和条条框框的束缚，以十七大提出的"勇于变革、勇于创新，永不僵化、永不停滞，不为任何风险所惧，不被任何干扰所惑"的精神，去探索发现，去研究创造。三是要坚持科学的方法。要用科学发展观为指导，进行科学的研究，吸收其他行业成功的做法和其他研究领域的最新成果。十七大提出了运用现代科技手段开发民族文化资源的要求，我感到，党建理论研究也要高度重视和充分运用现代科技成果，使我们的研究更加体现时代性，富有创造性。

二　正确把握新形势下党建研究重点，不断推出创新性的研究成果

党的十七大对全面推进党的建设新的伟大工程做出了"一条主线、五个重点、一个目标、六项任务"总体部署。我们要按这个总体部署，紧密结合粮食系统党建工作的实际，找准党建研究的着力点。研究会确定下一步要重点围绕以下五个方面的内容来开展调研，并出研究成果：

第一，要着力研究如何深入学习贯彻党的十七大精神，用科学发展观武装党员头脑。党的十七大把科学发展观与邓小平理论、"三个代表"重要思想一起载入党章，丰富了中国特色社会主义理论体

系，是我们党指导思想上的与时俱进。深入学习、深刻领会十七大精神，深入贯彻落实科学发展观，是我们党和国家当前和今后一个时期首要的政治任务。根据中央的安排部署，要在全党开展深入学习实践科学发展观活动。目前正在试点，取得经验后再自上而下分批展开。这是全党开展的又一次党内集中学习教育活动。我们既是党建研究工作者，又是党建工作的推动者，岗位职责决定了我们在学习贯彻落实科学发展观中负有特殊责任和使命。一方面，我们要加强自身的学习，坚持用科学发展观武装头脑，准确把握科学发展观的重大意义、科学内涵、精神实质和根本要求，努力改造主观世界，转变不适应不符合科学发展观的思想观念，切实增强贯彻落实科学发展观的自觉性和坚定性，成为科学发展观最忠实的执行者。另一方面，我们还要早谋划、早准备，按照中央的统一部署，在党组和机关党委的统一领导下认真搞好调查摸底，充分做好深入开展学习实践科学发展观活动的各项准备工作。为此，我们要着重研究在教育活动中如何发挥机关党组织的作用，用喜闻乐见的形式、通俗易懂的语言、深入浅出的说理，激发党员的学习实践热情；研究机关党建工作如何为落实科学发展观提供有力的政治保证，贯彻落实科学发展观对粮食系统党的建设提出了哪些新任务、新要求，如何将"以人为本，全面、协调、可持续发展"的要求落实到粮食中心工作中去；要探索建立学习实践的目标机制、激励机制、约束机制、评价机制、成果运用机制，建立和完善深入学习实践科学发展观的活动的长效机制，实现制度化、规范化和经常化，确保以科学发展观统领新形势下的粮食工作。

第二，要着力研究如何贯彻落实保持共产党员先进性长效机制，加强机关党的建设。全面推进党的建设是一项宏大的系统工程，其中很重要的一个方面是搞好机关党的建设。要加强机关党的建设，必须要深入研究党的十七大对机关党的建设提出的新要求、新任务，抓住机关党的建设工作中的重点难点问题，集中力量进行课题研究攻关，深入细致地调查研究，透过事物纷繁复杂的表象，深刻认识和正确把握粮食机关党建工作的特点和规律，努力取得突破性进展，不断提高机关党建工作的质量和水平。在全国保持共产党员的先进性教育活动结束后，中央下发了保持共产党员先进性长效机制的四个文件，我们在贯彻执行中央文件过程中，也对如何落实长效机制的具体工作作了一些研究，提出了一些好的办法和措施并在实践中加以运用。实践证明，落实好保持共产党员先进性长效机制是加强机关党的建设的一个有力抓手。因此，在今后的工作中，中央规定的和已有的制度机制还要进一步研究如何抓好落实，做到经常化；不够完善的要尽快完善，进一步健全让党员经常受教育、永葆先进性的长效机制；要深入研究以改革创新精神加强机关党建的重要性和紧迫性、机关党建改革创新的机制、制度、内容、途径、方法及主客观条件；要研究建立党员党性定期分析制度，构建党员联系和服务群众的工作体系，建立健全党内激励、关怀、帮扶机制，充分发挥基层党组织推动发展、服务群众、凝聚人心、促进和谐的作用，教育引导广大党员真正成为牢记宗旨、心系群众的先进分子。

第三，要着力研究如何适应建设服务型政府的新要求，加强机关的思想作风建设。党的十七大提出了加快行政管理体制改革，建设服务型政府的新要求。建设服务型政府必须要努力实现思想观念、政府职能、管理方式和工作作风的转变。这一要求决定了我们必须要重视加强粮食机关党的思想建设和作风建设，充分发挥机关党组织的战斗堡垒作用、协助监督作用和党员的先锋模范作用，不仅要为各级粮食机关合格地肩负起领导粮食流通中心工作的重任提供坚强的思想政治保证，使各级机关进一步转变职能，正确地贯彻执行各项粮食政策和法律、法规，严格依法行政，而且还要对粮食企业党的基层组织建设起到示范和导向作用，对密切党同人民群众的血肉联系、维护党在人民群众中的良好形象起到重要的促进作用。因此，要研究如何利用好"创建文明机关，争做人民满意的公务员"等有效载体，把加强思想作风建设与倡导胡锦涛总书记提出的八个方面的良好风气相结合、与建设社会主义核心价值体系相结合，把"为民、务实、清廉"的要求贯穿始终，在推进政风建设、文明和谐机关建设上取得新进展。

第四，要着力研究如何完善落实党建工作责任制和考评机制，增强党建工作的活力。近年来，按照党要管党、从严治党的方针，各级注重了党建工作责任制的落实，基本形成了部门党组负总责、党组书记带头抓、分管领导具体抓，机关党委抓落实的工作格局。在实践中我们感到，落实党建工作责任制是促进机关党建长效机制建设的重要任务，需要不断完善，常抓不懈。如何继续发挥党组抓党建的关键作用，进一步完善部门党组抓基层党建工作的责任制；如何加强对机关党建工作的考核，坚持用科学的发展观指导党建工作，用正确的政绩观衡量党建工作，把定时定量与定性分析结合起来，把上级考察与基层评价结合起来，把党内考核与群众测评结合起来，提高考评工作的科学性和可操作性，充分调动各级抓党建工作的积极性。这些问题，都需要我们进一步研究规范。

第五，要着力研究如何紧密结合粮食中心工作实际，解决党建工作中的热点、难点问题。党建研究和党建工作，都要服从服务于中心工作。希望大家要紧密结合本地区本部门工作实际，围绕中心任务，抓住工作中的难点、热点问题进行深入研究探索。比如，针对当前粮油市场高价运行、价格波动较大的形势，如何做好思想工作，引导粮食系统职工正确看待价格的波动，保持思想的稳定，用做好本职工作的实际行动为做好粮食宏观调控、稳定市场粮价作出贡献；针对粮食购销市场化、市场主体多元化，一些国有粮食部门基层组织党的干部队伍和党员队伍流失，作用被削弱，甚至个别基层单位党的建设处于停滞状态，特别是一些承包、租赁等转制企业承包人不愿接受党组织的监督，在体制和机制上也无法对其监督等问题，如何进一步健全组织、完善制度，活动经常，发挥企业中党组织的监督保证作用、政治核心的作用；再如，面对机关党员文化层次高、比例大，思想需求日益多元化的趋势，如何加强党员的教育管理和监督；随着国家民主进程的加快，党员的政治诉求、权力意识日益增强，要求党的工作更加公开透明，如何满足党员更多地参与党内事务的需求；特别是要注意研究总结在这次抗震救灾斗争中如何充分发挥党组织和党员队伍的作用，为确保灾区军民粮油供应提供坚强的政治、思想、组织保证方面的经验和做法。这些问题都需要我们下大力开展调查研究，提出加强与改进的对策建议，总结积累经验，推动党建工作不断创新发展，进而有力地推动整个行业快速发展。

除去以上重点课题外，各会员单位还可根据实际情况，自行确定研究课题和方向，力争使课题研究和成果具有理论性、针对性和实效性。

三　加强研究会自身建设，努力为会员提供服务

全国粮食系统党建研究会作为以粮食系统党的建设为主要研究对象的群众性学术团体，不同于一般社会团体。我们的工作有着鲜明的政治性、很强的政策性、现实的针对性、对上对下的服务性。这些特点，给我们的工作提出了很高的要求。党建研究会聚集了许多具有丰富党务工作经验的领导同志和具有实践经验的一线党务工作者，这是我们的优势。要将这些优势充分发挥出来，把各方面力量充分动员起来，需要我们的办事机构在积极完成各项工作的同时，加强自身建设，强化服务意识，努力为各会员单位服务，为热心党建研究的同志们服务，为关心、支持党建研究会工作的同志们服务。关于研究会的自身建设，下一步主要从以下几个方面入手：

一是加强常务理事会和调研队伍建设。常务理事会是研究会日常工作的领导机构。要坚持好常务理事会、会长办公会议制度，履行好职责。常务理事要加强学习，经常深入基层，调查研究，提出问题，带头研究热点、难点问题，为各理事单位提供可参考的新情况、新成果。根据各单位人员调整的实际，及时吸收登记新的个人会员，壮大我们的队伍。

二是要加强重点课题调研的组织协调。各会员单位要参照研究会拟定的2008年的重点调研课题，紧密结合本地的工作实际，组织课题申报，展开调研工作。研究会将汇总有关专题，组织会员单位成立重点课题组，发挥课题牵头单位的作用，协调整合力量，进行联合攻关，力求取得高质量的研究成果，解决实际工作中的难点、热点问题。在适当时候，及时组织有关人员召开专题研讨会、座谈会，沟通研究情况，交流工作经验。同时，希望各地粮食部门尤其是主要领导要一如既往地重视加强党建研究工作，要在人力、物力、财力上给予支持，以推进党建研究工作的开展。

三是要积极加强阵地建设和平台建设，为研究成果的交流、发表和推广创造条件。针对我们这个研究会不收取会费，又无专项经费来源渠道，办公室人员少且均为兼职，工作多，为会员服务的人力物力条件不够充分等实际，今年初步设想利用国家粮食局政府网资源，在国家粮食局政府网"机关党建"栏目内开设"党建研究"子栏目，发表有关党建研究会的资料信息，扩大党建研究活动和成果的宣传，为从事粮食系统党建工作的同志提供信息服务。同时，设立全国粮食系统党建研究会的电子信箱，加强与粮食系统党建理论工作者和各界读者的联系。

四是进一步完善激励机制，团结和凝聚队伍。积极推荐优秀论文参加上级组织的研讨会和评奖活动，向有关刊物推介，不断增强研究会的创新活力，多出成果，出好成果，为党建理论创新、思想教育理论创新和粮食行业改革发展作出更大贡献。

五是研究会办公室要进一步改进工作作风，提高服务水平。办公室要努力做好为研究会领导和会员单位服务的工作，当好广大党建工作者与有关领导机关联系的桥梁和纽带。要认真处理各会员单位的来信来访和电话查询。无论是询问事项、索取资料、提出建议，还是商洽工作，都要热情接待，认真回复，尽量满足需要，不断提高服务水平和服务质量。

同志们，目前四川汶川等地抗震救灾的任务还十分艰巨，重建家园，恢复生产、生活的困难还很大。我们粮食系统的各级党组织、广大党员和干部职工，要按照党中央、国务院的部署，发扬连续作战的精神，切实做好各项工作，积极开展抗震救灾斗争，只要是灾区需要的，我们都要全力支持，全力保障灾区军民的粮油供应，稳定市场，稳定民心，为灾区人民重建家园，夺取抗震救灾的最后胜利作出新的贡献！

让我们紧密团结在以胡锦涛同志为总书记的党中央周围，高举中国特色社会主义伟大旗帜，求真务实、与时俱进，开拓进取，扎实工作，不断推进粮食系统党建理论和实践的创新发展，为全面推进党的建设、促进粮食流通中心工作的全面、协调、可持续发展而努力！

以党的十七大精神为指导
开创粮食系统党风廉政建设和反腐败工作新局面

——在全国粮食系统纪检监察工作会议上的讲话
国家粮食局党组成员、中纪委驻国家粮食局纪检组组长　杨兵
2008年4月16日

同志们：

　　这次会议的主要任务是学习贯彻党的十七大精神，传达贯彻中央纪委十七届二次全会和国务院第一次廉政工作会议精神，学习胡锦涛总书记、温家宝总理的重要讲话和贺国强同志的工作报告，总结去年工作，进一步研究落实今年任务。国家粮食局党组非常重视这次会议，党组书记、局长聂振邦同志出席会议并作重要讲话，对今年粮食系统党风廉政建设和反腐败工作作出部署，我们要认真学习，抓紧贯彻落实。下面，我受党组的委托就2007年粮食系统纪检监察工作情况和今年的工作安排讲几点具体意见：

一　2007年粮食系统纪检监察工作情况

　　2007年，全国粮食系统各级纪检监察机关深入学习贯彻科学发展观，全面落实中央纪委全会和国务院廉政工作会议精神，紧紧围绕粮食中心工作，认真履行党章赋予的职责和任务，坚持标本兼治、综合治理、惩防并举、注重预防的方针，落实《实施纲要》各项要求，党风廉政建设和反腐败斗争不断深入，取得了新成效，特别是在加强领导干部作风建设、纠正损害群众利益的不正之风、治理商业贿赂、治本抓源头等方面取得了较好效果。

　　（一）以领导干部作风建设为重点，加强党风党纪教育，开展专项清理，为民、务实、清廉意识不断增强

　　粮食系统各级领导高度重视作风建设，认真学习胡锦涛总书记关于加强领导干部作风建设的重要讲话，普遍开展"作风建设年"活动。各地粮食局主要领导亲自抓，制方案、提要求，上党课、作辅导，认真听取群众意见，认真查找存在的问题，带头剖析自己，深入基层研究解决改革发展和群众关心的突出问题，努力做到为民、务实、清廉。黑龙江、青海、浙江、重庆、福建等省市粮食局把作风建设作为工作重点，多次召开党组学习中心组扩大会议和专题民主生活会，以胡锦涛总书记讲话精神为指导，剖析存在的问题，制定整改措施。湖北、江西、河北、湖南、河南等地粮食系统大力推进"作风建设年"活动。上海市粮食局加强领导班子建设，制定集体决策的范围、程序、执行、检查等规定。河南省粮食局将落实收购政策、保护农民利益作为整改重点，以群众满意为标准，严格执行最低收购价政策，收购小麦达1293万吨。江苏省粮食局改进机关作风，组成13个调研组深入基层"上门问计"，探索改革发展新思路。

　　各地粮食部门在作风建设中，把学习贯彻中央《关于党员领导干部报告个人有关事项的规定》、

《中共中央纪委关于严格禁止利用职务上的便利谋取不正当利益的若干规定》作为一项重要内容。河北、海南、云南、浙江、西藏粮食系统认真组织实施领导干部个人有关事项申报登记，严格核实，及时汇总上报有关信息，加强了对领导干部用车、住房调整装修、配偶子女就业、出国、升学等方面的监督。国家粮食局还对竞争上岗干部进行了学习"两个规定"的专题谈话。

为加强作风建设，反对铺张浪费等不良风气，各地粮食部门还普遍开展了楼堂馆所、评比达标、津贴补贴等专项清理。根据中央关于清理评比达标表彰活动及楼堂馆所的要求，国家粮食局机关及直属联系单位共有评比达标表彰项目24项，清理后保留了3项，撤销21项，撤销幅度达88%。摘掉了山西运城"云峰阁宾馆"擅挂的"全国粮食系统培训中心"牌子。山西省粮食局坚决贯彻落实中央和省委、省政府指示精神，吸取"云峰阁"问题的教训，妥善处理相关资产，并对局机关及直属单位建设项目进行了全面清理。广西、湖北粮食系统对机关和系统评比达标表彰工作及楼堂馆所情况进行了全面清理排查。甘肃、福建粮食系统认真执行津贴补贴、会议公务接待和差旅费管理规定，抓好节假日干部廉洁自律工作，纠正超标准问题。

在作风建设年中，各地粮食部门都积极开展了党风廉政宣传教育主题活动，通过组织收看反腐倡廉教育片，参观展览，召开座谈会，学习优秀共产党员先进事迹，举行廉政宣誓，利用典型案件警示等多种教育形式，推进廉政文化建设，不断增强领导干部"讲党性、重品行、作表率"意识。上海、天津、云南、广东、海南、甘肃等地粮食系统学习先进典型，利用违纪违法典型案件开展警示教育活动。北京、新疆和兵团粮食部门通过组织廉政教育专题学习班、知识测试、参观"预防和惩治职务犯罪展览"等开展廉政教育，提高了党员干部的廉政勤政自觉性。

（二）围绕粮食流通中心工作，加强政风行风建设，认真纠正损害群众利益的不正之风

去年，各地粮食部门围绕粮食流通中心工作，加强政风行风建设，大力纠正损害群众利益的不正之风。在夏粮、秋粮收购工作期间，各地粮食局纪检监察机关配合有关业务处室开展粮食收购政策执行情况的执法检查，作出纪律规定，防止出现压级压价，超量扣水扣杂等问题，及时查处、纠正损害群众利益和违反国家收购政策等行为。河南省粮食局纪检组及时下发《关于夏粮收购期间严明工作纪律加强政风行风建设的通知》，明确10项收购纪律。陕西、湖北、新疆、广西粮食系统加强对粮食收购的监督检查，纪检监察领导带队，多次深入收购企业开展粮食收购政策检查，对发现的问题及时进行处理。贵州粮食纪检监察机关非常重视群众反映粮食收购中"打白条"的问题，及时进行调查，帮助企业解决贷款问题。内蒙古自治区粮食局纪检组与中储粮、华粮分公司及蒙粮公司组成纪检监察工作协调小组，研究处理行业不正之风问题，效果好，值得借鉴。

各地粮食纪检监察部门普遍开展了政策性供粮和陈化粮处理、储备粮轮换等专项检查，全面加强陈化粮监管，严防陈化粮流入口粮市场。江西、上海、辽宁粮食系统纪检监察机关对出库交割、陈化粮流通环节等问题进行重点调研，完善办法，严格监管省级储备粮轮换，制定一系列规定措施，实行多环节、多层次把关负责。针对监管中发现的刁难客户、价外加价等出库难问题，及时进行处理，确保这项工作顺利进行。

黑龙江粮食系统将政风行风评议作为"一把手"工程，省市县局领导直接抓，落实责任制，签订责任状。在玉米价格不稳定情况下，积极收购，自担风险，服务农民，并组织送信息、科技、客户"三下乡"。内蒙古、吉林等许多地方粮食局积极参加"政风评议"、"政风行风热线"、"阳光政务热线"等活动，局领导与群众直接对话，派人登门走访投诉人，公开投诉电话，接受群众监督，解决实际问题。

去年，各地 "放心粮油进农村"活动继续深入开展，服务群众生活，推进新农村建设。陕西省粮食局召开 "放心粮油进农村"现场会。新疆、宁夏 "放心粮油"企业、产品和销售门店大幅增加。四川、辽宁、山东、安徽、江苏、新疆等省区帮助指导5万农户产后减损，建立家庭安全粮仓，实施科学安全储粮。

（三）加大力度，严肃查办违纪案件

2007年，全国粮食系统纪检监察机关认真研究违纪案件发生的新情况、新特点，深入排查违纪案件线索，继续加大工作力度，严肃查办违纪案件，维护党纪政纪的严肃性。据不完全统计，全国粮食系统纪检监察机关共收到信访举报件2103件，其中初查核实为968件，立案件为310件，案件涉及县处级干部9件，科级干部65件，其中81件司法机关已介入。结案291件，受到各种处分307人，其中县处级17人，科级67人。江苏省粮食系统去年共收到群众来信222件，接待来访340人次，受理举报电话29次，已查结和处理482件次。查处违法违纪案件27件，已结案26件，系统内立案33人，受到党政纪处分或司法处理36人。湖南省粮食系统去年共接待处理来信来访4580人次，受理信访举报92件，完成案件初查59件，立案21件，结案16件，处分各类违纪人员35人，其中，受到党政纪处分24人，移送司法机关11人。四川省粮食系统去年共受理案件线索91件，初步核实81件，立案29件，结案17件，受到党政纪处分20人，挽回经济损失247万元。河南省粮食系统去年共受理举报案件153件，初核107件，立案87件，结案84件，其中司法机关介入8件，受到党政纪处分48人。吉林、山西等地粮食系统案件查处工作也取得了新进展。

从去年全国粮食系统的举报案件数量、内容和查办案件情况看，总体上粮食系统违纪违法案件有所减少，举报案件数量、处理人数近五年来呈下降趋势，去年更明显。这个问题要全面看：一是要看到查处案件下降与近年来粮食部门加大反腐败力度、主要领导亲自抓案件、注重惩防并举以及企业改革不断深化，原有的一些问题得到初步解决有关；二是要看到群众上访人数、批次却较上年增加30%，发生腐败案件涉及人员职务高、金额大、影响恶劣；三是还要看到腐败分子违纪违法手段更加隐蔽，暴露要有一个过程，办案难度增大。所以，反腐败形势依然严峻，切不可掉以轻心。

各地在严肃查处案件的同时，加强了对违法违纪案例的剖析，总结案件规律特点，制定针对性的预防腐败措施。驻局纪检组、监察局组织全国部分省市区粮食局纪检组、监察室共同编辑了《全国粮食系统案例选编》，召开了案件研讨会，交流了案件查处经验。四川、山东、山西、安徽、天津等省市粮食局纪检机关对发生在本地区的案件进行了认真剖析研究，提出了针对性强的防范措施，总结商业贿赂的规律特点，努力提高突破案件的能力。

（四）完善制度、强化监督，抓好治本抓源头工作

各地粮食部门纪检监察机关认真贯彻落实《实施纲要》，不断完善制度建设，加强权力监督，推进惩防体系建设。江苏省粮食系统从制度的制定、执行和督查三个方面，努力创新，新建制度225项，修订和完善338项，废止制度28项。甘肃、辽宁、湖南省粮食局加强制度建设，制定了粮食流通监督检查办法、检查人员行为规范、行政许可内部监督检查制度、过错责任追究制度等，完善了财务管理办法和财务监督制度。

各地粮食部门愈加重视对人、财、物三方面监督。内蒙古、北京等地粮食部门切实加强对领导干部的监督，落实 "三重一大"制度。吉林、河北、青海省粮食系统制定决策重大事项议事规则，推行政务公开，对重大工程项目进行全程监督。广东省粮食局制定了《规范行政权力运行暂行办法》，规范权力运行。宁夏加大干部监督和交流力度，选拔和交流处级干部22名，廉政谈话52人次，诫勉谈话

8人次，同时完善部门内控财务制度，实行会计委派制，严格清理"小金库"。重庆市粮食局认真开展"三谈两述"，纪检负责人同下级党政负责人谈话26人次。干部述职述廉34人。一些省粮食局还对群众反映拟提拔个别干部不廉洁问题调查核实，发现问题及时查处。

各地还强化了党风廉政建设责任制考核，加大了责任追究。陕西省粮食局对14个局属单位领导班子和80多名处级干部党风廉政建设责任制执行情况进行考核。山东、贵州、天津等省市粮食局对党风廉政建设责任制落实情况进行检查、测评。

自党的十六大以来，粮食系统认真贯彻中央的统一部署和总体要求，在继承中发展，在改革中创新，党风廉政和反腐败工作取得了较为明显成效，为促进粮食流通工作改革发展提供了有力保证。表现在：一是惩治和预防腐败体系建设稳步扎实推进；二是反腐倡廉教育和领导干部廉洁自律工作不断加强；三是纠正损害群众利益的不正之风取得新成效；四是查处违纪违法案件工作取得新进展；五是反腐败治本抓源头工作不断深入；六是对领导干部的监督力度进一步加大。成绩的取得，是党中央、国务院和地方党委政府正确领导、粮食系统广大干部职工共同努力、广大纪检监察干部辛勤工作的结果。

这里还要特别指出的是，今年春节期间，我国南方部分省市区发生的严重冰冻自然灾害，给灾区人民的生产生活造成了严重损害。在抗灾救灾工作中，纪检监察干部积极协助行政领导深入一线，与广大干部职工一起"抗灾害、保供应、稳粮价"，不怕苦，不怕累，作出了突出贡献。湖南、江西、贵州、安徽等几个灾情较重地区粮食部门纪检监察干部表现非常优秀，受到有关部门和群众的充分肯定。在这里，我代表大家向他们表示崇高的敬意。

回顾过去五年粮食系统党风廉政和反腐败工作，我们体会到，要做好粮食系统的反腐倡廉工作：一是必须始终坚持紧紧围绕粮食流通中心工作开展工作，为粮食系统改革发展稳定服务；二是必须始终坚持落实党风廉政建设责任制，切实履行纪检监察职责，坚决查处违纪违法案件；三是必须始终坚持以人为本，认真解决人民群众最关心、最直接、最现实的利益问题；四是必须始终坚持标本兼治、惩防并举，开拓创新。

同时，我们还要清醒地看到，粮食系统反腐倡廉任务仍十分艰巨，有的地方腐败现象仍比较严重，极少数领导干部违纪违法案件影响恶劣；损害群众利益的突出问题还没有从根本上解决；有的领导干部作风不实，弄虚作假，脱离群众，官僚主义，奢侈浪费；一些地方党风廉政建设责任制和预防腐败制度落实还不够好，突破案件能力还有待提高。对此，我们一定要高度重视，认真研究解决。一定要充分认识反腐败斗争的长期性、复杂性和艰巨性，把反腐倡廉建设放在更加突出的位置，以更加坚决的态度，更加有力的措施，推进粮食系统反腐倡廉建设不断取得新的成效。

二　2008年粮食系统纪检监察工作的主要任务

2008年国家粮食局党风廉政建设和反腐败工作要全面贯彻党的十七大精神，以邓小平理论和"三个代表"重要思想为指导，深入贯彻落实科学发展观，按照中纪委和国务院廉政工作会议的部署，坚持标本兼治、综合治理、惩防并举、注重预防的方针，加强以保持党同人民血肉联系为重点的作风建设，加强以完善惩治和预防腐败体系为重点的反腐倡廉建设，坚决查处腐败案件，纠正损害群众利益的不正之风，推动治本抓源头工作，促进粮食流通工作发展，为全面建设小康社会提供有力保证。结合粮食工作实际，今年我们要重点做好以下工作：

（一）加强对粮食系统贯彻执行党的十七大重大决策部署情况的监督检查，推动科学发展观的落实

要深入开展党的政治纪律教育，加强对党的政治纪律执行情况的监督检查，坚决纠正违背科学发展观的行为，严肃查处党员干部在群众中散布违背党的理论和路线、方针、政策的意见，泄露党和国家秘密，编造传播政治谣言及丑化党和国家形象的言论等违反党的政治纪律的行为。坚决维护党的集中统一，坚决维护以胡锦涛同志为总书记的党中央的权威。

要围绕确保粮油市场供应，保持粮油价格基本稳定这一中心开展工作。保证粮油市场供应和粮油价格基本稳定是稳定物价的关键，关系到广大人民群众的切身利益，对于推动科学发展、促进社会和谐、维护社会稳定具有十分重要的意义。各级粮食纪检监察机关今年要紧紧围绕维护粮食市场和价格基本稳定这一首要任务，加强对国家有关粮食市场调控措施和粮食购销政策执行情况的监督检查，按照中纪委监察部关于"严明纪律，确保中央加强价格监管各项措施的落实"的通知要求，及时发现和严厉查处违纪行为，维护正常的粮食市场经营秩序，确保中央政令畅通，确保粮食市场供应和粮价基本稳定。

（二）结合粮食流通工作实际，坚决纠正损害群众利益的不正之风

粮食系统纠正损害群众利益不正之风要抓好以下几方面工作：

一是要集中力量重点加强对夏粮、秋粮收购政策执行情况的监督检查。督促粮食企业严格执行国家粮食最低收购价政策和粮食收购质量标准，依质论价，优质优价；督促企业积极挂牌收购，及时向农民结算售粮款。坚决查处不执行国家粮食最低收购价政策、拒收限收、压级压价、搞"转圈粮"等损害国家和农民利益的问题，及时解决有的地方出现的"打白条"、"卖粮难"等问题，确保农民增产增收。

二是要会同有关部门加强对粮食供应工作的经常性监督检查。要积极开展军供、救灾、退耕还林、水库移民等政策性用粮销活动的监督检查。尤其要确保春荒季节灾区缺粮农户的粮油供应。加大对粮食质量的监管力度，严防不符合卫生标准的粮食流入口粮市场。严肃查处干扰客户正常交易、设置障碍影响粮食出库或擅自动用中央储备粮油等违规行为。查处掺杂使假、以次充好、克扣数量、销售不符合卫生标准的粮油等损害消费者利益的行为。

三是要规范国有粮食企业改制行为，防止国有资产流失，确保国有粮食企业职工下岗基本生活费、企业离退休人员基本养老金，切实维护职工合法权益。要高度重视职工群众来信来访工作，采取多种措施化解矛盾，最大限度地为职工群众排忧解难，促进社会和谐稳定。

四是要配合有关部门，做好食品安全、安全生产等专项治理。强化对住房、扶贫、救灾等专项资金的监管，加强审计和监督，维护资金安全。规范粮食行业市场中介组织的服务和收费行为。继续做好清理规范评比达标表彰工作。落实纠风责任制，深入开展行风评议，办好"行风热线"，继续推进"放心粮油"进农村活动，构建农村"放心粮油"营销网络，加强农户安全储粮指导和服务工作。

（三）保持查处案件工作力度，坚决惩治腐败

要按照中央要求，继续加大案件查处工作力度。查处工作重点包括：一要以查办发生在粮食系统领导机关和领导干部中的案件为重点，严厉查办官商勾结、权钱交易、权色交易和严重侵害群众利益的案件。二要严肃查办规避招标、虚假招标案件。三要严肃查办在国有粮食企业重组改制、产权交易、资本运营和经营管理中隐匿、私分、侵占、转移国有资产以及企业领导人员失职渎职造成国有资产流失的案件。四要严肃查办严重违反组织人事纪律的案件。五要严肃查办在中央和地方储备粮购销

活动中弄虚作假套取费用补贴、挪用侵吞中央、地方储备粮和临时存储粮粮款、私自倒卖库存粮食非法牟利的案件。六要继续严肃查办商业贿赂案件。要注意加强和改进查办案件工作，提高有效突破大案要案的能力。严格依纪依法办案，综合运用组织处理和纪律处分手段，加大组织处理工作力度。认真剖析总结粮食系统违规违纪案件的规律特点，充分发挥查办案件的治本功能。

（四）开展反腐倡廉教育，加强领导干部廉洁自律工作

要把反腐倡廉教育同领导干部培养、选拔、管理、使用等结合起来，以树立正确的权力观为重点，加强对粮食系统党员干部特别是领导干部的理想信念教育、党风党纪、廉洁从政和艰苦奋斗教育。认真开展学习实践科学发展观活动。充分发挥先进典型的示范作用，树立党组织和党员干部的良好形象。运用反面案例开展警示教育，增强教育的针对性和有效性。完善反腐倡廉宣传教育工作的格局，积极开展廉政文化建设。

在领导干部廉洁自律工作中，要认真执行中央《关于严格禁止利用职务上的便利谋取不正当利益的若干规定》，在领导干部廉洁自律工作中重点抓好以下工作：一是深入治理领导干部违反规定收送现金、有价证券、支付凭证和收受干股，以及以赌博和交易等形式收受财物、利用婚丧嫁娶等事宜收钱敛财等问题；二是严禁党员干部利用职务上的便利获取内幕信息进行股票交易；三是严禁领导干部超标准建房、多占住房、违规购买经济适用房，清理纠正领导干部在住房上以权谋私的问题；四是纠正和查处领导干部放任、纵容配偶、子女和身边工作人员利用其职权和职务影响经商办企业等问题；五是治理领导干部违规插手招标投标、土地出让、产权交易、政府采购等市场交易活动谋取私利的问题。

要严格执行党政领导干部选拔任用工作有关规定，加强对干部选拔任用工作全过程的监督，防止和纠正"带病上岗"、"带病提拔"等问题，严肃查处跑官要官、买官卖官、拉票贿选和突击提拔干部等行为。

要在粮食系统中大力弘扬勤俭节约、艰苦奋斗作风，坚决反对和制止奢侈浪费。继续做好规范津贴补贴工作，认真开展"小金库"专项治理，规范机关经营性资产管理。坚决制止公款出国（境）旅游，落实《进一步加强因公出国（境）管理的若干规定》，建立领导干部出国（境）向纪检监察机关备案制度。严格控制党政机关修建楼堂馆所，纠正超标准超编制配备使用小汽车、违规新建和装修办公用房等行为。要按要求开好以"厉行勤俭节约，反对奢侈浪费"为主题的民主生活会。

（五）深化改革和创新制度，推进治本抓源头工作

各级粮食部门要按国务院廉政工作会议要求，重点加强对权力运行的规范和制约，配合相关部门推进行政管理体制、干部人事制度、财政管理制度改革。一要切实转变政府职能，改进行政管理与服务方式，减少和规范行政审批。二要健全领导干部职务任期、回避、交流等制度，完善科学的干部选拔任用和管理监督机制。三要完善政府收支分类体系，国库单一账户体系，推行公务卡制度。四要完善各项工程建设项目的招标投标监督机制，强化对招标投标重点环节的监管。五要加强对国有产权交易的监管，规范政府采购行为。

（六）推进监督工作，促使领导干部正确行使权力

一要认真落实党内监督各项制度，完善制约和监督机制，重点加强对领导干部特别是主要领导干部的监督，加强对人财物管理使用、关键岗位的监督。二要坚持民主集中制，加强党内生活的原则性，提高民主生活会质量。三要严格执行述职述廉、诚勉谈话、函询和党员领导干部报告个人有关事

项等制度。四要继续推行领导干部经济责任审计，加强对重点专项资金和重大投资项目的审计。五要结合实际开展对直属单位巡视。六要切实加强对重大决策、重要干部任免、重大项目安排和大额度资金使用等情况的监督。要宣传和落实好惩防体系2008～2012年《工作规划》。

要加强对党员权利保障条例实施情况的监督检查，推进党务公开，深化政务公开，完善厂务公开。认真贯彻政府《信息公开条例》。推进储备粮轮换通过规范的粮食批发市场公开进行。要围绕粮食中心工作，认真开展执法监察、廉政监察和效能监察，任何时候也不能放松。要积极配合有关部门对储备粮油轮换、最低收购价粮竞价销售、跨省移库、质量卫生等工作情况进行监督检查。加强对粮食行政管理机关及其工作人员履行职责、依法行政的监督。推行以行政首长为重点对象的行政问责制，开展对公务员法、行政许可法执行情况的监督检查。推进行政执法责任制，加大行政执法过错责任追究力度。

（七）加强国有粮食企业党风廉政建设和反腐倡廉工作，促进企业健康发展

要认真抓好国有粮食企业领导人员廉洁自律工作，认真执行中央关于企业领导人员廉洁自律的规定：一不准利用职务上的便利通过同业经营或关联交易为本人或特定关系人谋取利益；二不准相互为对方及其配偶、子女和其他特定关系人从事营利性经营活动提供便利条件；三不准在粮食企业资产整合、引入战略投资者等过程中利用职权谋取私利；四不准擅自抵押、担保、委托理财；五不准利用企业上市或上市公司并购、重组、定向增发等过程中的内幕信息为本人或特定关系人谋取利益；六不准授意、指使、强令财会人员提供虚假财务报告；七不准违规自定薪酬、兼职取酬、滥发补贴和奖金。

要完善国有粮食企业"三重一大"集体决策制度，加强任中和离任审计。加强对经营管理者履职行为的监督。发挥职工群众在民主决策、民主管理、民主监督中的作用。

三　明确责任，落实措施，加强自身建设，确保任务完成

（一）认真学习胡锦涛总书记讲话精神

要认真学习胡锦涛总书记在中央纪委十七届二次全会上重要讲话精神，充分认识胡锦涛总书记重要讲话的重大意义，充分认识反腐败斗争的长期性、复杂性、艰巨性，切实增强反腐倡廉建设的责任感。要深刻领会胡锦涛总书记重要讲话的精神实质，切实把思想和行动统一到讲话精神上来。要深刻领会改革创新、惩防并举、统筹推进、重在建设的基本要求，注意把握和处理好加强思想道德建设与加强制度建设、严肃查办大案要案与切实解决损害群众切身利益的问题、廉政建设与勤政建设、加强对干部的监督与发挥干部主观能动性四个方面的关系，把反腐倡廉建设贯穿于社会主义经济建设、政治建设、文化建设、社会建设各个领域。要按照胡锦涛总书记重要讲话的要求，切实抓好2008年反腐倡廉工作任务的落实，不断把粮食系统党风廉政建设和反腐败斗争引向深入。

（二）继续落实党风廉政建设责任制

要继续坚持和完善党风廉政建设和反腐败斗争领导体制和工作机制，完善总体部署，加强工作指导，狠抓工作落实。要充分发挥党风廉政建设责任制的作用，把反腐倡廉建设状况列入领导班子和领导干部的考核评价范围。党政主要领导要履行第一责任人的政治职责，对班子内部和管辖范围内的反腐倡廉建设负总责，重要工作和重大问题要亲自部署、过问、协调和督办。领导班子其他成员要抓好自己职责范围内的反腐倡廉建设。各级粮食纪检监察机关要认真履行组织协调职责，协助党委研究、部署、督促反腐倡廉各项工作，加强组织协调，开展监督检查，注意充分发挥有关部门的职能作用。

要明确责任，突出重点，不断探索新形势下反腐倡廉的特点和规律，努力提高反腐倡廉建设质量和水平。

（三）切实加强粮食系统纪检监察机关自身建设

粮食系统各级纪检监察机关和广大纪检监察干部一定要加倍珍惜党和人民的信任，以抗御雨雪冰冻灾害优秀共产党员李彬同志为榜样，不断提高自身素质和工作水平，切实履行好肩负的职责和使命。要坚定理想信念、牢记根本宗旨、严守政治纪律，坚决同以胡锦涛同志为总书记的党中央保持高度一致。要不断加强理论学习，完善知识结构，提高运用政策、依纪依法办案的能力。要坚持原则，敢于碰硬，刚正不阿，秉公执纪，依法办事，坚决同各种腐败现象和腐败分子作斗争。要努力推动纪检监察工作理念、思路、方法、体制机制的创新，结合实际创造性地开展工作，使粮食系统纪检监察工作不断在继承中发展、在改革中创新。

同志们，2008年是非常重要的一年，是全面贯彻落实党的十七大精神的第一年，是改革开放30周年，我们还将迎来北京奥运会。做好2008年反腐倡廉工作，对于保证党的十七大战略部署的贯彻落实，对于今后五年深入开展反腐倡廉建设具有十分重要的意义。我们要紧密地团结在以胡锦涛同志为总书记的党中央周围，高举中国特色社会主义伟大旗帜，深入贯彻落实科学发展观和党的十七大精神，全面履行党章赋予的职责，锐意进取，开拓创新，扎实工作，不负众望，努力取得粮食系统纪检监察工作的新成效，为粮食流通事业的改革发展贡献自己的力量。

把握形势　加强调控　确保粮油供应和市场稳定

——在全国粮食调控与统计工作会议上的讲话

国家粮食局党组成员、副局长　曾丽瑛

2008年4月23日

同志们：

　　这次全国粮食调控与统计工作会议的主要任务是，贯彻落实全国粮食局长会议精神，回顾总结去年以来粮食调控与统计工作，会审汇编2007年度全国粮油统计年报，研究分析今年粮食供求形势和价格走势，安排部署全年粮食调控与统计工作，并通报全国粮食流通统计工作考核结果。国家粮食局党组对这次会议非常重视，聂振邦同志对会议作了重要批示，充分肯定了去年的粮食宏观调控工作，并对今年工作提出了明确要求，大家要认真学习，贯彻落实。下面我讲两个问题。

一　粮食调控工作取得的新成绩

　　2007年是我国经济、政治、文化、社会发展的重要一年，也是深化粮食流通体制改革和加强粮食宏观调控的关键一年。在党中央、国务院的正确领导下，在有关部门的大力支持配合下，在各级粮食行政管理部门的共同努力下，粮食宏观调控工作成效显著，保证了粮食市场供应和粮价基本稳定，促进了粮食生产的稳定发展和农民持续增收，为保持国民经济平稳较快发展作出了积极贡献。

（一）及时研究分析粮油供求形势，提出宏观调控措施建议

　　2007年，国际粮食市场形势发生重大变化，粮油价格大幅度上涨，国内粮食供求和市场形势也出现一些新变化、新特点。我们加强研究分析，密切关注粮油市场动态，及时提出相应的调控措施和建议。一是有针对性地加强了对我国粮食安全中长期问题的研究，形成了《关于大力发展植物油产业提高国内市场控制力保障安全的措施意见》，得到了上级领导的肯定；加强对完善玉米深加工有关政策措施的研究，完成了《我国玉米深加工发展趋势及政策建议》；协助国家发展改革委研究制定粮食安全中长期规划。二是及时开展粮食供需形势和有关政策措施的分析研究，先后向中办、国办和国家发展改革委报送了《当前我国粮食购销存基本情况及做好粮食流通工作的建议》、《当前我国粮食供需状况及确保我国粮食安全的建议》等多份材料，及时反映全国粮食收购、销售、库存、价格等变化情况，为领导决策提供了参考。三是适时组织开展专题调研和座谈，及时反映粮食调控工作的最新动态。召开了市场专家座谈会，形成了《关于当前粮食价格及走势分析的报告》，并报送国务院及国家有关部门。

（二）加强粮食收购工作指导，认真落实最低收购价政策

　　一是适时组织召开小麦、早籼稻、中晚稻、玉米等主要粮食品种的收购工作座谈会。安排部署收购工作，分析预测粮食供求形势和价格走势。二是认真落实最低收购价政策，开展中央储备玉米、国家临时储存玉米和粳稻收购工作。会同有关部门制订印发了2007年小麦、早籼稻、中晚稻最低收购价执行预案，并根据主产区市场价格情况及时启动小麦和粳稻最低收购价执行预案。适当提高了吉林、黑龙江两省粳稻最低收购价格水平，对辽宁省粳稻实行国家临时储存收购。会同有关部门下达两批中

央储备和国家临时储存玉米收购计划。上述措施，有效地保护了种粮农民利益，对保持粮食市场价格基本稳定发挥了重要作用。三是加强对粮食收购工作的指导和督促检查，组成多个调研组，由局领导带队赴有关主产区检查指导粮食收购工作。总体看，2007年粮食收购政策措施得到了较好的落实，地方政府、农民和粮食企业都比较满意。

（三）积极做好粮食销售和移库工作，保证粮油市场供应和价格基本稳定

一是做好临时存储粮食的销售工作。加大最低收购价稻谷和小麦销售力度，适时调整销售底价。二是为满足南方主销区和养殖大省对饲料玉米的需求，从2007年11月起，安排中储粮总公司结合中央储备玉米轮换向市场投放部分储备玉米。此后安排部分中央储备玉米每周公开竞价销售。三是在京津沪和东南沿海等主销区及时安排抛售中央储备食用植物油，以及对部分大型食用油加工企业定向销售中央储备食用植物油。四是继续做好中央储备和国家临时存储粮食的跨省移库工作，充实销区粮食库存，改善库存地区结构，缓解了主产区收储压力。

（四）加强中央和地方储备粮管理工作，增强宏观调控物质基础

一是及时下达中央储备粮年度轮换计划，加强对轮换计划执行情况的跟踪检查。二是积极落实《国务院办公厅关于促进油料生产发展的意见》（国办发〔2007〕59号）有关要求，研究提出了下一步中央储备大豆和食用植物油的增储方案。三是妥善解决国债投资建设粮库的产权归属问题，将各方协商一致同意划转的97个国债投资建设粮库名单提交财政部，组织进行专项审计。四是督促各地积极充实储备粮油，合理测算地方储备粮规模。要求各地结合本地实际进一步充实地方储备粮油，尤其是成品粮油（含小包装），以加强宏观调控能力和应急能力。在反复测算的基础上，提出了全国地方储备粮规模初步建议数，并已分别征求了各地意见，拟与有关部门进一步沟通协商后抓紧下达。

（五）加强粮食统计工作，提高统计服务水平

一是切实加强食用植物油统计，认真完成社会粮食供需平衡调查。修订完善《国家粮食流通统计制度》，建立食用油统计信息直报制度，适时召开社会粮食供需调查数据分析评估会，及时完成数据汇总和调查报告撰写工作。二是积极做好市场监测工作，全面推进统计工作信息化建设。强化国家粮食局粮食市场价格监测系统的功能，每周编印《粮油市场监测信息》，实现了全国200多个重点食用油企业统计信息的实时传输和安全管理。三是对相关食用油企业信息直报人员进行了统计基础知识培训，组织编写《粮食流通统计培训教材》。此外，完成了"社会供需平衡调查工作开展情况"等六个专项统计调查课题。

（六）积极做好抗灾救灾工作，完善应急工作机制

一是指导各地做好抗灾救灾工作。认真贯彻党中央国务院的决策和部署，先后5次下发电报通知，并派出多个工作组赴灾区指导和督促抗灾救灾工作。二是各级粮食部门高度重视，积极做好应急抢险抗灾工作。各地普遍成立了抗灾保供应急工作领导小组，粮食部门实行24小时值班制度，加强粮源组织调度，完善粮食应急预案，确保灾区粮油市场货源充足、价格平稳、供应正常，没有出现粮油断档脱销和排队抢购等现象。抗灾期间，贵州、安徽、广西、湖南、江西、四川、广东等地的部分市县及时启动了粮食应急预案，保证粮油供应不断档不脱销。三是继续做好粮食应急相关工作。多次下发通知，要求各地及时报送健全粮食应急体系的有关材料。大多数省份已成立了粮食应急工作指挥部，建立了粮食应急加工指定企业和应急供应指定企业等应急保障体系。2007年，北京、江苏、陕西、青海等地先后开展了应急演习演练活动。

（七）大力促进粮食产销合作发展，做好政策性粮食供应

一是继续鼓励和支持地方举办产销合作贸易洽谈会，做好粮食产销衔接工作。2007年全国共举办各类粮食产销衔接交易会17次，签订粮食购销合同1900万吨。二是认真落实关内销区到东北采购粳稻运费补贴政策。国家粮食局会同有关部门分别在哈尔滨和长春召开了产销衔接见面会，产销双方企业共签订稻谷和大米购销合同1135万吨。此外，继续指导各地做好退耕还林、水库移民、救灾等政策性用粮的供应工作，积极配合有关部门就退耕还林、退牧还草进行调研，完善后续政策，完成了退耕还林面粉营养强化试点工作。

同志们，2007年粮食宏观调控与统计工作取得了较好的成绩。这是各级党委政府关心支持和各有关部门密切配合的结果，是各级粮食部门高度重视、扎实工作的结果，是大家开拓进取、真抓实干的结果。在这里，我代表国家粮食局，向全国各级粮食部门从事粮食调控和统计工作的同志们表示诚挚的慰问，对给予我们大力支持的各有关部门表示衷心的感谢！

二　把握重点，切实提高粮食调控工作水平

（一）当前粮食形势初步分析

1.当前粮食供需基本平衡，宏观调控的基础条件较好

随着粮食生产的恢复和发展，目前我国粮食供求形势明显改善，稻谷、小麦、玉米等主要粮食品种当年产略大于需，市场价格运行总体平稳，粮食库存处于比较合理水平。但油料及食用植物油产需缺口逐年加大，价格涨幅较大。2007年我国粮食产量为50160万吨，预计消费量约为51250万吨，当年产需缺口1100万吨左右，国内粮食产需仍处于紧平衡状态。据海关统计，2007年进口粮食3372万吨（其中进口大豆3082万吨），出口粮食1032万吨，全年粮食净进口2205万吨。这样，当年粮食呈供略大于需的形势。2008年国家继续巩固、完善、强化各项强农惠农政策，有利于粮食生产的稳定发展。按正常年景测算，预计2008年我国粮食产量将保持5亿吨左右，粮食消费量继续稳定增长，产需仍存在一定缺口。当前，国家粮食库存处于较高水平。其中，中央储备粮库存保持相对稳定，地方储备逐步得到充实，国家临时存储粮库存较多，调控市场的物质资源比较丰富。初步汇总，2007年全年国有粮食企业累计收购粮食10400万吨，累计销售粮食12515万吨，虽然国有粮食企业所占市场份额有所下降，但购销总量保持平稳态势。

2.区域布局和品种结构矛盾，仍是影响市场稳定的重要因素

从品种结构看，小麦由前几年产不足需转变为产略大于需；稻谷由前几年的产不足需转变为产需基本平衡，但粳稻需求增长较快；玉米工业消费增长较快，将由以往供需平衡有余逐步向平衡偏紧转变；大豆产需缺口继续扩大，需要通过增加进口来解决。此外，我国粮食库存品种结构与消费结构不对称。食用植物油库存较少，还需要进一步改善。从区域分布看，部分非主产区粮食产需缺口有扩大趋势，产销衔接和稳定市场的压力加大。一是粮食生产和消费区域不对称。13个主产区粮食产大于需，余粮较多；7个主销区粮食产不足需，且缺口较大；11个产销平衡区产需基本平衡，略有缺口，而且近几年主销区粮食产消缺口呈现进一步扩大的趋势。二是国家粮食库存的地区布局不均衡。目前，我国粮食主产区、主销区和产销平衡区粮食库存分别占全国总库存的75.1%、11.3%和13.6%。从植物油供求形势看，油料产不足需，缺口逐年加大。由于我国植物油消费量将继续增长，而国内供

给增长空间有限，未来我国植物油和大豆进口数量还将继续增加，保证食用植物油市场供应和价格基本稳定面临很大压力。

（二）需要重点抓好的几项调控工作

2008年是全面贯彻党的十七大精神的第一年，做好粮食宏观调控工作意义重大，我们要认真贯彻落实党的十七大精神和中央经济工作、中央农村工作和全国农业和粮食生产工作电视电话会议的要求，按照全国粮食局长会议部署，全面落实科学发展观，着力加强和改善粮食宏观调控，切实抓好各项政策措施的落实，促进粮食供求基本平衡，保障粮油市场和价格基本稳定，确保国家粮食安全。为此，需要着重抓好以下工作：

1. 准确把握粮食供求形势，努力增强粮食宏观调控工作的及时性和有效性

近年来，我国粮食供求形势变化较快，国际国内经济环境和市场环境中的不确定性因素增多。粮食部门要进一步加强对粮食生产、消费、库存、价格和进出口变化情况的跟踪监测和分析预测，准确把握粮食供求形势发展变化趋势，及时提出粮食宏观调控的政策措施建议，为领导决策提供可靠依据。要根据中央关于"防止经济增长由偏快转为过热、防止价格由结构性上涨演变为明显通货膨胀"和"控总量、稳物价、调结构、促平衡"的总体原则，正确把握宏观调控的节奏、重点和力度；按照聂局长在全国粮食局长会议上的讲话要求，合理确定调控目标，健全完善调控方式，准确把握调控时机，灵活运用调控手段，努力掌握好粮食宏观调控这门艺术，切实提高粮食宏观调控水平，为保证供应和稳定市场服务，为确保国家粮食安全服务，为经济平稳较快发展服务。各地要结合本地实际，重点加强对本地区主要粮食品种和敏感品种的分析研究，切实做好本地区市场供应和价格稳定工作。

2. 进一步做好粮食购销工作，确保市场供应和价格基本稳定

一是积极抓好粮食收购工作，落实好最低收购价政策。实行粮食最低收购价政策，是国家调节粮食供求关系的重要手段，也是促进农民种粮的"定心丸"。我们将在认真总结近几年最低收购价政策执行情况的基础上，研究提出完善2008年最低收购价预案的初步意见，争取尽早下发。为做好粮食收购工作，今年还将召开主要粮食品种收购形势座谈会。各地要及早动手，提前做好粮食收购的各项准备工作，将中央的政策及时传达到基层，并树立为农民服务的思想，确保执行政策不走样，落实政策不缩水。新粮上市后，要指导和督促国有粮食企业带头执行国家粮食政策，积极做好粮食收购工作，充分发挥主渠道作用。同时要采取有效措施，引导其他市场主体积极入市收购，充分发挥市场机制的作用。各地要加强对粮食收购工作的指导，帮助企业分析粮食形势和市场行情，引导他们面向市场，服务农民，搞活经营，积极主动地做好粮食收购工作。

二是继续做好最低收购价粮食和中央储备粮跨省移库工作，充实销区和库存薄弱地区库存。今后，我们将根据粮食形势和宏观调控需要，适时安排跨省移库工作，调整优化布局，确保市场供应。各地要加大工作力度，抓住春运后运力相对宽松的有利时机积极抢运，力争尽快完成已下达的移库任务。

三是认真做好粮食销售工作，保证市场供应。按照《国家临时存储粮食销售办法》的有关要求，我们将会同有关部门根据宏观调控需要和市场价格情况，继续分期分批安排国家临时存储粮和中央储备玉米的竞价销售，适当控制销售节奏。既要保证市场粮食供应不断档、不脱销，又要防止打压市场价格，保护种粮农民利益和生产积极性。请各地严格执行《国家粮食局、中储粮总公司关于切实做好国家临时存储粮食竞价销售出库工作的通知》（国粮电〔2007〕17号）的有关规定，督促有关承储企业认真履行合同，严格按规定积极出库，保证销售工作顺利进行。各有关省级粮食行政管理部门要加强对交易过程和合同履约情况的监督检查，对干扰客户正常交易、设置障碍影响粮食出库、向买方额

外收取或索要费用的承储企业，必须按有关规定严肃处理，并追究企业负责人和有关人员的责任。对不按照合同约定出库的承储企业，国家有关部门和单位将立即停止拨付费用利息补贴，取消其托市收储资格，并予以通报。国家粮食局将会同有关部门和单位，结合粮食收购政策专项检查，对国家临时存储粮食销售出库情况进行重点巡查。各地粮食行政管理部门要向社会公布举报电话，积极接受举报、投诉，及时查处各种违法违规案件，维护正常粮食流通秩序。

四是认真做好奥运会期间市场供应工作。第29届奥运会的主会场在北京，另外在青岛、秦皇岛、上海、天津、沈阳等地设有6个分会场。各地特别是比赛城市粮食行政管理部门要统一思想，提高认识，精心准备，周密组织，落实责任，做好预案，扎扎实实做好奥运会期间市场供应工作，为奥运会的胜利召开提供良好的外部环境。

3. 进一步完善粮食储备调节体系，增强宏观调控物质基础

一是加强储备粮轮换工作的指导。要及时下达中央储备粮年度轮换计划，随时掌握和跟踪检查中央储备粮轮换计划执行情况，研究解决轮换中出现的新情况、新问题。要把握好轮换节奏，充分发挥储备粮的吞吐调节作用，为国家宏观调控和稳定市场粮价服务。既要避免在新粮上市时轮入过于集中，抬价抢购粮源，又要避免在新粮上市期间集中大规模轮出打压市场粮价，以保持价格的基本稳定。二是进一步完善中央储备粮的轮换机制。稳步推进中央储备粮轮换通过规范的粮食批发市场公开进行，逐步实现储备粮轮换的公开化、透明化。三是进一步扩大中央储备粮油规模，优化布局和品种结构。要抓紧协商有关部门落实《国务院办公厅关于促进油料生产发展的意见》（国办发〔2007〕59号）中关于增加中央储备大豆和食油的各项工作，及早落实国家批准的食用植物油和大豆的增储规模，择机分批通过在国内收购和国外进口充实到位。四是指导各地完善地方粮食储备体系，充实储备库存，明确调控责任。我们将在前期工作的基础上，抓紧协商有关部门研究下达地方储备粮油分省规模的指导性计划，各地要在保证当地粮食市场供应的情况下，积极充实地方粮食储备，进一步增加地方政府宏观调控的物质基础。地方储备粮油的布局和品种结构，要在与中央储备粮油进行衔接的基础上进行优化和调整。特别要在灾害发生频繁地区、山区、库区和缺粮地区增加地方粮食储备。各地要按照36个大中城市不低于1个月，其他地区不低于半个月的食用植物油消费量（包括城镇人口和乡村人口）标准，建立地方食用植物油储备，其中可直接供市场消费的精炼油（含部分小包装食用植物油）要不低于当地10天市场供应量，在保持市场基本平稳的前提下逐步充实到位。各地特别是销区，可根据本地实际情况，在上述标准的基础上，适当增加食用油地方储备规模，以满足本地市场供应和应急需要。目前国家已经明确市、县级储备粮油的利息费用补贴可以从粮食风险基金中开支，以促进地方储备粮油尤其是县市级储备粮油及时落实到位，增强基层政府的应急保障能力。

4. 认真做好粮食统计和供需平衡调查工作，更好地为宏观调控服务

一是做好《国家粮食流通统计制度》的修订工作。根据国家统计局关于部门统计调查项目管理的有关要求，以及我国粮食流通面临的新形势、新任务，加强统计工作调研，及时修订完善《国家粮食流通统计制度》。二是认真组织社会粮油供需平衡调查工作。完成2007年度社会粮食供需平衡调查数据的汇总和调查报告的撰写工作，及时研究确定2008年粮食供需平衡调查工作方案，并组织实施。要将全国农村家庭存粮情况作为调查工作的重点，全面掌握粮食资源的实际数量、品种和结构。为及时、准确、全面掌握全社会食用油供需情况及其发展趋势，按照《国务院办公厅关于促进油料生产发展的意见》有关要求，尽快设计制定2008年度全社会油料及食用植物油供需调查方案，并着手组织开展调查。重点对各地辖区内农户、城镇居民户、食用植物油加工经营企业、油料转化企业和餐饮

企业进行食用油产、消、存、进出口和流通中损失损耗等项内容进行调查。三是继续加强粮食市场监测和分析。要继续健全全国性和区域性粮食市场监测网络，适当增加部分食用植物油加工企业作为直报点，加强对食用植物油和油料市场信息的监测跟踪。各地也要加强对粮食市场监测工作的指导，努力提高粮食市场监测的质量和水平。要密切关注粮油市场动态变化情况，根据形势和需要，及时调整监测频率和密度，增强市场监测的敏感性和及时性，提高监测分析水平。当前，要积极做好大米、稻谷的价格和库存日报工作。四是认真做好重点食用油企业旬（月）统计工作。食用植物油市场放开较早，要全面、准确、及时地了解掌握各类食用油企业油脂油料的基本情况工作难度较大。为保证国家粮食局重点食用植物油企业统计信息报告制度的有效执行，认真做好国内食用植物油供需形势分析工作，各地一定要加强对辖区重点食用植物油企业的指导和帮助，督促企业执行国家粮食流通统计制度的有关规定，认真做好食用油统计工作。此外，要及时完成《粮食流通统计培训教材》编写工作，并加强业务培训。

5.结合灾后重建工作，继续加强粮食应急保障体系建设

在今年南方抗击雨雪灾害的过程中，粮油应急加工和供应网点发挥了重要的作用，但也暴露了一些问题和不足，如储备粮源主要集中在地市一级大库里，边远及交通不便地区缺乏应急粮源。因此，各地要按照《国家粮食应急预案》的有关要求，结合灾后重建工作和当地实际情况，进一步完善粮食应急工作机制，细化粮食应急预案，调整充实粮油应急加工和供应网点，对灾害发生频繁的地区、山区、库区和缺粮地区要增设必要的网点。这次灾害造成的长时间停水停电，给粮食部门抗灾保供工作带来了较大的不利影响，为此要加强粮食企业应急保障体系的建设。我们将协调有关部门根据粮食应急工作的需要，安排一定的专项补助资金用于应急加工、供应网点的维修改造，各地也要积极向当地财政部门申请专项资金，以进一步提高应急保障能力和水平。要加强对承担应急工作定点企业的业务指导和监督检查，及时了解和掌握企业运行情况，对不符合应急工作要求或不能正常运营的企业，要及时做出调整，确保应急网络系统始终处于正常运转状态。要继续抓好粮食应急预案的学习培训，并结合日常工作进行演练，尽快形成一支熟悉日常业务管理、能够应对各种突发公共事件的训练有素的专业化队伍，保障各项应急措施的贯彻落实。

6.继续推动粮食产销合作，认真做好政策性粮食供应

一是积极做好关内销区到东北地区采购粳稻（大米）的调运工作。各地要加强组织协调工作，督促企业积极到东北产区购粮，落实好已签订好的购销合同，促进粮食资源在全国范围内的合理、有序流通。要继续加强与铁路、交通部门的衔接协调力度，力争做到同方向整列运输，提高运输效率。要继续做好东北粳稻入关进度统计工作，及时报送有关情况，为国家有关部门提供可靠信息。二是建立健全产销合作的长效机制。积极推广浙江、福建、广东等省到主产区建立生产基地、北京市到主产区建立粮食储备等长期有效的产销合作模式，鼓励产区与销区建立多形式、深层次、长期稳定的粮食产销合作关系，努力扩大合作规模和范围。对于履行产销合作协议的粮食，要积极争取有关部门在铁路、交通运输、资金结算等方面给予大力支持。三是继续做好政策性粮食的供应保障工作。要继续认真抓好军粮、退耕还林用粮、救灾粮、贫困缺粮地区的口粮和水库移民口粮等政策性粮食供应工作，加强货源组织调度，保证供应需要，努力维护社会和谐与稳定。各地粮食部门要加强与民政等有关部门的沟通联系，做好衔接工作，积极配合民政部门做好救灾救济粮的供应工作，切实抓好灾区粮油供应方案的落实，确保缺粮人口能吃得上、吃得饱，不断粮、不挨饿。要重点关注受灾较重地区特别是

山区、边远地区和低收入困难群众的粮油供应情况，及早安排落实粮源，确保灾区群众粮油供应，帮助农民渡过春荒。粮食库存薄弱地区靠自行组织粮源有困难的，要及时向当地政府和上级粮食部门报告，以便及时协调解决。受灾省（区、市）粮食行政管理部门要将灾区缺粮情况及保证粮油供应的具体工作方案，及时报送国家粮食局。

同志们，回顾过去取得的成绩，令人倍受鼓舞；展望今年调控工作，任务艰巨，催人奋进。让我们进一步增强责任感和使命感，全面贯彻党的十七大精神，深入贯彻落实科学发展观，求真务实，开拓进取，圆满完成各项工作任务，为夺取全面建设小康社会新胜利作出积极贡献！

谢谢大家！

3

第三篇

全国粮食工作

粮食生产

一　粮油生产情况

2008年，在党中央、国务院的正确领导下，经过各级党委、政府和农业部门，以及广大农民群众的共同努力，战胜了南方低温雨雪冰冻、四川汶川特大地震、病虫害多发重发、国内外农产品市场剧烈波动等严峻考验，粮食总产、单产双双连续五年增长、双双创历史最好水平，成为经济社会发展的突出亮点，为促进国民经济平稳较快发展奠定了坚实基础。据国家统计局统计，2008年粮食总产量52870.9万吨，比上年增加2710.6万吨；油料总产量2952.8万吨，比上年增加384.1万吨。

（一）2008年粮食生产特点

1. 粮食播种面积稳定增加。2008年粮食播种面积10679.3万公顷，比上年增加115.4万公顷，增幅1.1%，面积增加对粮食增产的贡献率为20.2%。

2. 粮食单产再创历史新高。2008年粮食平均单产每公顷4950.8公斤，比上年提高202.5公斤，增幅4.3%，实现近40年来第一次连续五年单产提高，单产提升对粮食增产的贡献率为79.8%。

3. 粮食总产连续第五年增产。2008年粮食总产52870.9万吨，比上年增产2710.6万吨，增幅5.4%，实现近40年来第一次连续五年增产。

4. 优质专用品种快速发展。2008年四大粮食作物品种综合优质率达到64.8%，比上年提高3.5个百分点。其中：优质稻谷面积2169.7万公顷，优质率74.2%，比上年提高1.9个百分点；优质专用小麦1603.6万公顷，优质率67.9%，提高6.3个百分点；优质专用玉米1520.1万公顷，优质率50.9%，提高3.8个百分点；高油高蛋白大豆654.4万公顷，优质率71.7%，提高1.4个百分点。

5. 三季粮食实现"三增"。

夏粮增产：2008年夏粮播种面积2682.7万公顷，比上年增加6.0万公顷，增幅0.2%；总产12074.9万吨，比上年增产337.8万吨，增幅2.9%；单产每公顷4501.1公斤，比上年提高116.2公斤，增幅2.7%。

早稻增产：2008年早稻播种面积570.8万公顷，比上年减少3.5万公顷，减幅0.6%；总产3159.5万吨，比上年增产8.0万吨，增幅0.3%；单产每公顷5535.3公斤，比上年提高47.1公斤，增幅0.9%。

秋粮增产：2008年秋粮播种面积7425.8万公顷，比上年增加112.9万公顷，增幅1.5%；总产37636.5万吨，比上年增产2364.9万吨，增幅6.7%；单产每公顷5068.3公斤，比上年提高245.1公斤，增幅5.1%。

6. 主要粮食品种实现"四增"。

稻谷增产：2008年稻谷播种面积2924.1万公顷，比上年增加32.2万公顷，增幅1.1%；总产19189.6万吨，比上年增产586.2万吨，增幅3.2%；单产每公顷6562.5公斤，比上年提高129.6公斤，增幅2.0%。

小麦增产：2008年小麦播种面积2361.7万公顷，比上年减少10.3万公顷，减幅0.4%；总产11246.4

万吨，比上年增产316.6万吨，增幅2.9％；单产每公顷4762.0公斤，比上年提高154.2公斤，增幅3.4％。

玉米增产：2008年玉米播种面积2986.4万公顷，比上年增加38.6万公顷，增幅1.3％；总产16591.4万吨，比上年增产1361.4万吨，增幅8.9％；单产每公顷5555.7公斤，比上年提高389.0公斤，增幅7.5％。

大豆增产：2008年大豆播种面积912.7万公顷，比上年增加37.3万公顷，增幅4.3％；总产1554.2万吨，比上年增产281.7万吨，增幅22.1％；单产每公顷1702.8公斤，比上年提高249.1公斤，增幅17.1％。

7. 增产省份多，主产省与非主产省均衡增产。广东、广西、青海3省（区）减产，其他28个省（区、市）均有不同程度增产，其中黑龙江、吉林、内蒙古、安徽、河南、四川、湖南、山东8省（区）增产100.0万吨以上。13个粮食主产省粮食产量占全国粮食总产量的75.5％，比上年增产2277.3万吨；18个粮食主销省和产销平衡省粮食产量占全国粮食总产量的24.5％，比上年增产433.3万吨。

（二）2008年油料生产特点

1. 全国油料面积、单产、总产三增长。据有关部门统计，2008年全国油料播种面积1280多万公顷，比上年扩大150多万公顷，增13.3％；公顷产量2302公斤，比上年提高33公斤，创历史最高纪录；总产量2950多万吨，比上年增加380多万吨，增幅15％。其中扩大面积增产340万吨，占增产总量的89％；提高单产增产40多万吨，占11％。播种面积和总产量扭转持续两年下降的局面，实现恢复性增长；单产实现连续5年增产。

2. 主产区增产多。2008年，除北京、上海、贵州3省（市）产量略有减产外，其余各省（区、市）全部增产。增产在10万吨以上的有河北、内蒙古、辽宁、吉林、安徽、山东、河南、湖北、湖南、四川、陕西、甘肃、新疆13个省（区），共增产312万吨，占增产总量的82％。

3. 主要作物增产多。2008年花生、油菜、向日葵、芝麻、胡麻5种油料作物普遍增产，特别是花生、油菜、向日葵增产较多。花生播种面积、单产、总产三增长，单产创历史。全国花生面积424.6万公顷，比上年扩大30万公顷；总产量1428.6万吨，比上年增产125.8万吨，增9.6％，公顷产量3364.8公斤，比上年提高62.8公斤。油菜在主产区遭受罕见低温雨雪冰冻灾害的情况下，实现"两增一减"。2008年全国油菜播种面积659.4万公顷，总产量1210.2万吨，平均公顷产量1835.3公斤，分别比上年增加95.2万公顷、152.9万吨和减少38.6公斤。向日葵、芝麻、胡麻等作物也实现面积、总产和单产三增长。

4. 油料优质率提高。各地十分重视推广优质高产油料品种，使油料优质率不断提高。2008年全国"双低"油菜（低芥酸、低硫苷）品种推广面积达到570多万公顷，占油菜面积的86％。双低品种的普及推广，使菜籽油中难以消化、营养差的芥酸含量由普通油菜的40％左右下降到10％以下，对人体有益的油酸、亚油酸含量提高到65％以上，高的达到70％，大大提高了菜籽油营养价值。随着花生榨油加工业的发展，高含油率花生品种推广面积扩大。在市场需求的拉动下，油用向日葵面积扩大，产量增加。

5. 食用植物油自给率提高。油料、大豆增产，扣除直接食用部分，国产油料折油产量达到970多万吨，比上年增加80多万吨，其中菜籽油50多万吨。按照2008年食用植物油消费量2300多万吨测算，食用植物油自给率为42％，比上年提高2个多百分点，扭转连续八年下降的局面。

二 国家扶持粮食发展的政策

2008年，党中央、国务院继续稳定、完善、强化各项强农惠农政策，采取最直接、最有力的措施扶持粮食生产稳定发展。

（一）粮食直补

2008年，粮食直补资金151亿元，与上年持平，占粮食风险基金的50%。

（二）农资综合直补

2008年，中央财政安排农资综合直补资金716亿元，比上年增加440亿元，增幅159.4%，对种粮农民柴油、化肥等农业生产资料涨价增支实行综合直补。补贴资金坚持向粮食主产区倾斜，适当兼顾非主产区，并支持灾区农民恢复生产和灾后重建。

（三）良种补贴

2008年，国家安排稻谷、小麦、玉米、大豆四大粮食作物良种补贴资金109亿元，比上年增加约58亿元；补贴省份30个，比上年增加11个；补贴面积约6053万公顷，比上年增加约3040万公顷。

（四）农机具购置补贴

2008年，国家安排农机具购置补贴资金40亿元，比上年增加20亿元，增幅达到100%，实施范围扩大到全国所有农牧业县（场），补贴机型涵盖9大类33个品种。

（五）测土配方施肥

2008年，中央财政安排测土配方施肥项目补贴资金12亿元，比上年增加3亿元。补贴规模和范围继续扩大，由1200个县增加到1861个县，覆盖了近2/3的农业县。

（六）粮食最低收购价

2008年，小麦最低收购价执行范围为河北、江苏、安徽、山东、河南、湖北等6省，收购价格每斤白麦0.77元、红麦和混合麦0.72元，分别比上年每斤提高0.05元、0.03元。早籼稻最低收购价执行范围为安徽、江西、湖北、湖南、广西等5省（区），收购价格每斤0.77元，比上年提高0.07元；中晚籼稻最低收购价执行范围为江苏、安徽、江西、河南、湖北、湖南、广西、四川等8省（区），收购价格每斤0.79元，比上年提高0.07元；粳稻最低收购价执行范围为辽宁、吉林、黑龙江等3省，收购价格每斤0.82元，比上年提高0.07元。

（七）粮食临时收储

2008年10月到年底，国家连续三批下达粮食临时收储和中央储备计划。第一批共计1650万吨，其中东北稻谷400万吨，东北玉米500万吨，东北大豆150万吨；南方中晚籼稻600万吨。第二批共计1400万吨，其中东北稻谷450万吨，东北玉米500万吨，东北大豆150万吨；南方中晚籼稻300万吨。第三批共计2000万吨，其中东北玉米2000万吨。

（八）产粮大县奖励

2008年，中央财政安排140亿元对全国产粮大县进行奖励，比上年增加15亿元，增幅12%。

三 粮棉油高产创建

按照党中央、国务院的统一部署，农业部门坚持把保障粮食等主要农产品有效供给作为首要任务，在强化政策落实、技术指导、防灾减灾的同时，突出抓好粮油高产创建活动，为实现粮食总产、单产双超历史发挥了重要作用。

（一）主要成效

在全国范围内建设500个粮食、102个油料万亩高产创建示范片，集成、展示、推广先进实用技术，取得了显著成效。

1. 涌现了一批万亩高产典型。据专家测产验收，小麦万亩示范片每公顷产量超过9000公斤的有33个，其中山东省泰安市岱岳区的万亩示范片每公顷产量达到10185公斤，创造我国万亩小麦单产最高纪录；一季稻万亩示范片每公顷产量超过10500公斤的有46个，其中吉林省前郭县的万亩示范片每公顷产量达到12526.5公斤；双季稻万亩示范片每公顷产量超过13500公斤的有52个，其中广东省兴宁县的万亩示范片每公顷产量达到20230.5公斤；玉米万亩示范片每公顷产量超过12000公斤的有61个，其中内蒙古自治区赤峰市松山区的万亩示范片每公顷产量达到16026公斤；马铃薯万亩示范片每公顷产量超过45000公斤的有15个，其中陕西省定边县的万亩示范片每公顷产量达到73320公斤。

2. 带动了区域平衡增产。万亩示范片以点带面、辐射带动，促进了所在区域的大面积增产。据统计，500个粮食高产创建示范片面积42.8万公顷，平均每公顷产量9267公斤，带动所在县每公顷产量达到7446公斤，比全国平均高2536.5公斤。其中，143个小麦万亩示范片平均每公顷产量8100公斤，比所在县高1815公斤；80个一季稻万亩示范片平均每公顷产量10318.5公斤，比所在县高1678.5公斤；52个双季稻万亩示范片平均每公顷产量16395公斤，比所在县高3007.5公斤；144个玉米万亩示范片平均每公顷产量11113.5公斤，比所在县高2517公斤；40个马铃薯万亩示范片平均每公顷产量41346公斤，比所在县高19803公斤；102个油料万亩示范片平均每公顷产量2779.5公斤，比所在县高451.5公斤。在高产创建示范活动带动下，2008年全国有6个省（区）粮食总产和单产双超历史，9个省（区）粮食总产超历史，21个省（区、市）粮食单产超历史。

3. 提升了产品品质。各地在开展高产创建活动中，大力推广适销对路的优质品种，提高了粮食优质率。据统计，143个小麦万亩示范片优质率达70%以上，比所在县高10个百分点以上；132个水稻万亩示范片优质品种覆盖率达90%以上，比所在县高20个百分点；144个玉米万亩示范片优质专用品种覆盖率达90%以上，比所在县高20个百分点。

4. 形成了不同区域的高产栽培模式。各地结合实际选择了一批高产优质多抗的新品种，配套推广了精量半精量播种、测土配方施肥、水稻集中育秧、玉米晚收小麦晚播、小麦氮肥后移、玉米增密和病虫害综合防治等关键技术，形成了各具特色的高产技术模式。通过示范片充分展示了新品种新技术，让农民一看就懂、一学就会，有效提高了技术到户率和到位率。

5. 促进了农民增产增收。通过推广高产优质高效栽培技术，提高了产量和品质，增加了种粮收益。据测算，602个粮油高产创建万亩示范片辐射带动新增粮食725万吨，新增油菜籽20万吨，增收130多亿元，扣除生产成本，亩均增效34元。据黑龙江省农垦总局调查，示范片水稻、玉米、马铃薯、大豆平均亩效益分别比所在地平均亩效益提高23.6%、30.0%、45.5%和79.2%。

（二）主要做法

各级农业部门以务实创新的精神，精心组织实施，扎实有效推进粮油高产创建活动。

1. 加强组织领导，形成上下联动的工作格局。2008年初，农业部制定下发了《全国粮食高产创建活动年工作方案》和《油料"321"高产创建活动实施方案》，明确责任、分片督导、包点到人，抓好各项工作措施的落实。各地进一步落实组织机构，落实目标责任，落实品种技术，细化工作方案。据统计，全国有27个省（区、市）成立了以分管副省长为组长的高产创建领导小组，示范片所在县（市）也成立了以政府主要负责人为组长的领导小组，加强组织协调，制定工作方案，层层落实责任，保证了高产创建的顺利开展。

2. 强化资金项目支持，发挥政策的激励作用。在全面落实粮食直补、良种补贴、农资综合直补、农机具购置补贴政策的基础上，将涉农项目资金重点向高产创建示范片倾斜。据统计，2008年各地安排高产创建专项资金超过3亿元，有力地促进高产创建活动顺利开展。其中，广东省级财政安排3000万元、广西和云南分别安排1800万元、安徽和四川分别安排1500万元、贵州安排1400万元，支持开展粮油高产创建活动；湖南各级财政安排2750万元；江西省级财政安排3250万元，使每个县的高产创建经费不少于50万元。

3. 落实责任制，确保技术到户到田。各级农业部门都成立了高产创建专家指导组，实行分县、分村、分片技术指导负责制。每个示范片都有一名技术负责人和若干不同专业的技术员，从实施方案制定、技术路线选择和关键环节指导等方面提供全程技术服务。在关键农时开展巡回技术指导，做到科技人员直接到户、技术要领直接到人、良种良法直接到田，推进科技成果转化。据统计，2008年各级农业部门派出2360名农业科技人员深入万亩示范片，举办各类培训班2895期（次），培训农民222.15万人次，印发技术资料260多万份，发送各类农业科技书刊1万余册。

4. 突出示范带动，促进大面积增产。在关键农时季节，各地组织开展多种形式的现场观摩活动，展示优良品种，推广实用技术。比如，四川省依托高产创建，把示范片建成了"围着市场转、做给农民看、教会农民干、帮助农民赚"的示范窗口和"产业链条延长、产品档次提升、农民收益增加"的展示基地。基层干部讲，万亩示范片是农民可学、可信的标杆田、样板田。据统计，2008年高产创建活动共惠及538个县、1062个乡（镇）、2645个村和148.1万农户。

5. 创新体制机制，推进专业化服务。各地在开展高产创建活动中，积极探索社会化服务的新模式，创新机制，提高服务水平。通过开展高产创建，培育了一批专业化服务组织，做到有良种良法配套的服务规程、有良好的服务手段、有统一的服务标准、有规范的服务合同、有健全的服务档案等"五有服务"。黑龙江省充分发挥场县共建、农机作业合作社和农机大户作用，为农民代耕、代种、代收，提高农机作业水平。湖南省探索建立水稻病虫害专业化防治机制，各种类型植保专业防治公司与农户签订水稻病虫防治合同，既实现了病虫统防统治，又降低了生产成本。江西省实行了"三包三对接"的技术服务方式，即专家包镇，与技术指导员对接；技术指导员包村组，与示范户对接；示范户包田块，与辐射户对接。

四　农业科技入户工程

（一）基本情况

2008年，中央财政投入6000万元，继续以粮食作物、经济作物、园艺作物、渔业、畜牧业和农机为重点，组织5000多名农业科研、教学和推广单位的专家，1.51万名基层技术指导员，在全国306个县，培育了28.6万多个科技示范户，辐射带动了414万周边农户，大力推广了一批主导品种和主推技术。同时，继续在河北省石家庄市、山东省临沂市、河南省周口市、安徽省宿州市、四川省绵阳市等5个地市整体推进科技入户工作，并依托中国热带农业科学院、南京农业大学、西北农林科技大学等3个院校开展了科技入户工作。

（二）主要做法

1. 加强组织领导，严格项目管理。一是完善相关管理办法。继续完善部内联席会议制度，各省和示范县都组建了由农业主管部门和政府主要领导负责的工作机构，形成了部、省和试点县上下联动的行政工作体系，加强对科技入户工程的组织领导。二是加强对项目实施的指导。各行业专家制定了分区域的技术实施方案，并且围绕高产创建活动，每个粮油作物示范县均建立了1~2个万亩示范片。各示范县也制定了分县实施方案，明确了目标和措施。召开专家组及分行业会议，及时研究相关技术问题；统一编印了《技术指导员手册》、《科技示范户手册》，加强对技术指导员和科技示范户的管理。三是严格项目管理。建立"中国农业科技入户网"，反映各地工作动态，及时发布有关信息，加强宣传并接受社会监督。

2. 抓住关键环节，确保工程顺利实施。一是选准科技示范户。以种养规模较大、综合素质较高、热心帮助他人、群众拥护为标准，采取农民自愿申报、村民小组推荐、乡镇统一评议和张榜公示、县农业行政主管部门确定的方式，在每县10个左右的乡镇、100个村遴选1000名科技示范户。对连续实施的示范县，根据绩效考评情况对示范户及时进行调整，保证示范和带动的效果。二是建好技术服务网络。组建专家队伍，实行专家组技术负责制。根据不同产品，聘请行业权威专家为首席专家，由首席专家牵头组织省、县农业科研、教学、企业科技人员成立专家组。在农技推广、科研、教学、企业和农民专业合作社等单位中招标产生技术指导员。形成了由"专家组—技术指导员—科技示范户—周边农户"组成的技术传播与服务网络。三是推介发布主导品种和主推技术。2008年，农业部确立了80个农业主导品种和50项主推技术，带动各省、示范县根据本地实际情况分别推介发布主导品种和主推技术。同时，组织专家编印200多套农业技术明白纸，免费发放各地，并在中国农业科技入户网上开设技术明白纸数据库，供各地下载使用。四是抓好示范基地建设。以农业科技示范场建设为依托，以示范户为基础，建立示范片，让技术指导员不出县乡、农民不出村组，就能看到新品种、新技术的展示与示范。五是及时加强巡回指导和技术培训。为应对低温雨雪冰冻灾害、东北干旱和汶川特大地震灾害及时制定应对技术方案，派专家组进行巡回指导，开展现场技术会诊，发布技术方案。同时，结合关键农时季节，加大对技术指导员和科技示范户的培训力度。

3. 创新运行机制，积极探索公益性农技推广服务模式。一是建立专家组技术负责制。专家组负责制定科技入户工程的技术实施方案，筛选主导品种和主推技术，培训技术指导员，督导工作落实。二是实行技术指导员包村联户制。每县公开招聘50名左右的技术指导员，每人包两个村的20个科技示范户，负责关键环节、关键农时、突发事件及农民有需求时，到田间地头，"手把手、面对面"开展指导和服务，确保良种良法、物化补贴和信息服务"三入户"。三是实行科技示范户辐射带动制。发挥示范户的辐射带动作用，每个科技示范户承担辐射带动周边20个农户的义务。四是建立绩效考核和激励机制。实行自下而上和自上而下相结合的方式，采用随机抽样、电话问卷调查等"盲考"方式，以农民满意度为绩效考评的重要指标，对专家、技术指导员、科技示范户和示范县进行绩效评价。

4. 加强宣传力度，营造良好氛围。利用"中国农业科技入户网"，发挥信息交流、数据上报、工作部署和项目管理的平台作用，为项目顺利实施提供支撑；利用《农民日报》科技入户专版，宣传科技入户工作的主要做法、经验与成效；召开了两次定时定点新闻发布会，宣传科技入户工作；邀请中央新闻媒体，对科技入户工作进行专题报道。另外，各地也在当地媒体广泛宣传科技入户工作，营造了良好的舆论氛围。

（三）主要成效

1. 有效支撑了粮油作物高产创建，加快主导品种和主推技术推广力度，促进农业增产增收。一是加快主导品种和主推技术推广力度。2008年，农业部重点推介了80个主导品种和50项主推技术，引导地方推广了一大批主导品种和主推技术，使项目区主导品种和主推技术的入户率和到位率达95%以上，有力地促进了农民增产增收。二是有效支撑粮油高产创建活动。每个粮油作物示范县均建立了1~2个万亩高产示范片。每个点均确定了1位部省级专家、3名县级专家、5名技术指导员负责技术指导，充分发挥科技示范户的示范带动作用。通过科技入户工程实施，有效地促进高产稳产，把专家的产量变为农民的产量。三是促进了农业增产、农民增收。据测算，2008年因农业科技入户工程而新增粮食250万吨，节本增效50亿元以上。项目区主导品种和主推技术的到位率达95%以上，成果转化率明显提高。其中，种植业示范户亩增产10%以上，亩节本增效100元以上。

2. 完善包村联户的农技推广责任机制，促进基层农技推广体系改革与建设。一是充分调动了广大农技推广人员的积极性，优化了推广队伍。通过项目带动和政策激励，使想干事、能干事的基层推广人员真正能干成事，起到了"接线、补网、聚能人"的作用，激活了基层农技推广体系。95%以上的技术指导员由推广人员担任，一方面，充分调动了推广人员的积极性；另一方面，通过培训、指导和考核评价，把有经验、有能力、有水平、敬业精神强的专业技术人员吸纳到技术指导员队伍，增强了战斗力。二是构建了"专家组—技术指导员—科技示范户—辐射带动农户"的农业科技推广新机制。科技入户工程通过选聘5000多名专家和1.51万名基层技术指导员，针对农民技术需求，开展一户一策的技术指导和服务，构建了科技成果转化应用快捷通道和新型服务网络。三是促进了科研与推广的结合。广大科研人员带成果、带技术，深入田间地头，指导农民生产，培训技术指导员，了解农民需求，找到了科技创新的方向。四是促进农民专业合作组织的发展。安徽天长市组建水稻合作社，拥有会员2万户，种植面积25万亩，发展订单农业，降低市场风险。

3. 锻炼了三支队伍，提升为农服务能力。一是培育了一批观念新、技术强、留得住的新型农民。通过技术指导员的入户指导和多种方式的技术培训，增强了示范户的科技意识，提高了示范户的种田水平，示范户的学习接受能力、自我发展能力和辐射带动能力普遍得到提高，示范户成为观念新、技术强、留得住的"乡土专家"，成为发展现代农业的新型农民。二是培育了一批责任心强、知识面宽、扎根基层、群众拥护的农业技术指导员。2008年在山东省东平县、安徽省宿州市、河南省滑县，开展农业技术指导员职业资格认证试点工作，技术指导员通过培训和考试获得农业技术指导员职业资格证书，提高了自身素质。三是培育一批创新能力强，能解决农业实际问题的专家。引导农业科研、教学单位的科研人员带技术、带成果，深入基层，开展技术示范和培训，了解农业生产中的科技问题和农民的迫切需求，确定研究课题，提高了自主创新能力。

4. 发挥示范带动作用，促进了全国农业技术推广工作。经过几年的试点，农业科技入户机制已深入人心，各地纷纷借鉴，不断探索和创新，有效地推动全国农业技术推广工作。2008年，各地投入资金2.1亿元，建设省级示范县500多个，培育示范户60多万户。其中，北京市、上海市、江苏省、湖北省、山西省在全省（市）推进科技入户工作；浙江省借鉴科技入户模式，推行责任农技员制度，普遍建立科技进村入户机制；湖北省在每个村组培养1~2个科技示范户。另外，四川、河南、安徽、贵州等省也都建立省级示范县，推进科技进村入户。

五　良种补贴

2008年，农作物良种补贴政策得到进一步强化和完善，补贴资金规模和补贴范围进一步扩大，项目实施取得显著成效，为粮食连续五年增产发挥了重要作用。

（一）良种补贴规模和范围继续扩大

1. 资金规模扩大。2008年初，中央财政新增50亿元用于国家良种补贴，扩大水稻、小麦、玉米补贴范围和规模。财政部、农业部先后三次下达粮棉油作物良种补贴资金123.4亿元，比上年增加57亿元。其中，水稻补贴65.6亿元，小麦补贴20亿元，玉米补贴20亿元，大豆补贴4亿元，油菜补贴8.8亿元（不含2007年结转资金），棉花补贴5亿元。

2. 补贴范围扩大。2008年，良种补贴范围基本覆盖各主产省（区）。其中：水稻良种补贴由上年的10省（区、市）扩大到全国所有水稻生产地区；小麦良种补贴新增内蒙古、宁夏2自治区，实施省份达到13个；玉米良种补贴新增山西、云南、陕西、贵州、安徽5省，覆盖种植面积66.7万公顷以上的13个省份；油菜良种补贴新增陕西省，实施省份达到12个。

3. 补贴面积增加。2008年，享受良种补贴的粮棉油面积6933.3万公顷，比上年增加3046.7万公顷。其中：水稻3120万公顷，比上年增加1046.7万公顷；小麦1333.3万公顷，比上年增加666.7万公顷；玉米1333.3万公顷，比上年增加1133.3万公顷；大豆266.7万公顷，比上年增加200万公顷；油菜633.3万公顷、棉花220万公顷，均与上年持平。

（二）良种补贴成效显著

农作物良种补贴抓住了农业生产的关键要素，以良种为载体，实现了一补多效，农民得到了实惠，生产能力得到了提高，产业素质得到了提升。

1. 提高了农民的种粮积极性，增加了粮食单产和效益。通过推广优质良种和高产节本增效技术，实现良种良法配套，生产成本大幅降低，增加了粮食单产，提高了种植收益。其中小麦、籽粒玉米、青贮玉米、大豆、棉花项目区平均每公顷产量分别比非项目区高598.5公斤、723公斤、8011.5公斤、339公斤和139.5公斤，平均每公顷纯收益比非项目区增加1198.5元、841.5元、1264.5元、937.5元和1770元。

2. 加快了优良品种的普及推广，提高了粮食生产的科技含量。由于良种补贴的种子价格低、质量好、服务优，得到农民的认可，优质专用良种推广速度明显加快，项目区良种覆盖率均达到100%。如小麦良种补贴项目县品种布局基本实现了"一主两辅"、"一乡一品（品种）"，改变了品种"多、乱、杂"和主导品种不突出的局面。

3. 推进了区域化布局、标准化生产和产业化运作。通过良种补贴，同一品种或同一品质类型的优良品种实行区域化布局和集中连片种植，保证了优质专用品种的品质一致性，有力推动了我国优势农产品产业带建设。同时，项目区采取统一供种、统一播栽、统一病虫害防治、统一肥水管理、统一机械收获等措施，社会化服务水平明显提高，有力带动了订单生产和产业化开发。

4. 规范了种子市场经营秩序，提高了质量监管水平。一是完善了品种推介和淘汰制度。通过补贴品种的推介，将综合抗性不强、丰产性稳产性差或严重退化的老品种限制在补贴品种范围之外。二是促进了种子企业公平有序竞争。通过依法进行政府招标采购，确定供种企业和良种价格，有利于种子企业公平参与竞争，改变了市场无序竞争和品种保护权维权难的状况。三是强化了种子质量和市场监管。通过政府采购，严格企业准入制度，签订采购合同，强化企业责任，供种前后加强抽查检测，强化了种子质量监管工作，减少了种子质量事故的发生。

5. 促进了先进实用技术的普及，提高了农民的科技素质。通过广播、电视、报纸宣传，发放技术明白纸和供种卡、赶科技大集、进村入户宣讲、田间地头指导等多种形式，大力宣传推广优质高产、节本增效生产技术，使农民在购买良种的同时，也掌握了配套的栽培技术，提高了种田科技水平。据统计，2008年各地在实施良种补贴过程中，共举办各类培训班21.9万期，印发技术资料2.7亿份，培训人数超过3.5亿人次。

（三）主要措施和经验

各地按照财政部、农业部文件要求，切实加强组织领导，明确分工，落实责任，将良种补贴政策落实到千家万户、田间地头。

1. 加强组织管理，保障项目顺利实施。一是健全工作机构。各地普遍成立由相关部门负责人组成的行政领导小组和技术指导小组，加强组织协调和服务指导，为项目顺利实施提供了组织保障。二是建立交流报告制度。各地对项目实施过程中出现的好经验、好做法、好典型及时在全省乃至全国范围内总结交流，有力推动了工作开展。三是加强政策宣传。通过各种新闻媒体，广泛宣传政策内容和实施办法，提高农民对良种补贴政策的认知度和参与度。

2. 严格操作程序，确保政策落实到户。2008年，各地良种补贴有三种方式：一是招标采购，差价供种。通过招标采购确定供种企业和价格，以扣除补贴后的优惠价格统一供种到户。二是市场购种，事后补贴。通过资质审查与招标相结合的办法确定供种企业，供种价格随行就市（或限定最高价），购种结束后，农业部门根据企业的销售台账，确定补贴农户和补贴资金，农户凭良种补贴卡、购种发票和身份证兑现补贴。三是按种植面积直接补贴到户。水稻和油菜良种补贴资金通过财政所"一卡通"直接发放到种植农户。

3. 强化项目监管，杜绝违规操作。一是实行项目责任制。各级层层签订责任状，明确目标任务，落实项目责任。二是实行村级公示制。所有项目区以村为单位实行"四公开"，将补贴金额、补贴农户、补贴数量、供种价格等进行公示，并公布举报电话，接受群众监督。三是实行督查制。各级农业、财政部门对良种补贴实施情况进行全面检查，实地走访基层干部和农户，核对供种清册、供种卡与农民实际补贴数量、购种价格等是否一致。

4. 注重政策配套，放大项目实施效果。结合新型农民科技培训，开展多种形式的技术培训和服务指导。结合粮棉油高产创建，集成、展示、推广优良品种和配套栽培技术，带动项目区粮棉油生产水平全面提高。结合产业化开发，选择信誉好的大型龙头企业与农户签订产销合同，实现优质优价，增加种粮收益。

六　农机具购置补贴

2008年，中央财政农机购置补贴资金规模由2007年的20亿元增加到40亿元，实施范围由1716个县（场）扩大到2653个县（场），覆盖了全国所有农业县，补贴对象为纳入实施范围并符合补贴条件的农牧渔民（含地方农场职工）和直接从事农业生产的农民专业合作组织。补贴机具种类含9大类33个品种，包括动力、耕作、种植、收获、植保、排灌等机械，基本覆盖了粮食生产急需的农业机械。补贴标准不超过机具价格的30%，且单机补贴额不超过5万元，血防区补贴比例可提高到50%，大马力拖拉机、高性能青饲料收获机等单机最高补贴额可达8万元，棉花采摘机单台最多可补贴20万元。一户农民年度内享受补贴的购机数量不超过1套（4台，即1台主机和与其匹配的3台作业农具），具备一定规模的农机服务组织年度内可补贴购置农机具3套。直接从事植保工作的植保作业服务队享受补贴购置植保机械的数量原则上不超过10台，一户农民（渔民）补贴购置增氧机、投饵机、清淤机的数量分别不超过6台、6台和1台。

（一）主要做法和经验

1.规范操作，严格五制。各级农机化主管部门按照《农业机械购置补贴专项资金使用管理暂行办法》（财农〔2005〕11号）规定，严格规范操作，强化监督管理，认真执行"五项制度"，即补贴机具竞争性择优筛选制、补贴资金省级集中支付制、受益对象公示制、执行过程监督制、实施效果考核制，确保了补贴资金发挥应有效应。

2.加强监管，确保成效。农业部提出"三个绝不能"和"三个严禁"要求，加强了政策执行全过程监管，特别是在宣传、申请、审核、登记、公示、供货等重要时段，派出检查组分赴各省开展督导检查。认真核查、答复群众举报投诉，让农民满意。各地严明纪律，加强监管，保证了补贴政策实惠落到农民。山西提出农机补贴"十不准"，河南省明确六项纪律，内蒙古建立农机补贴工作六项制度。

3.深入调研，完善措施。针对政策执行过程中出现的问题，深入调查研究，完善措施，制定解决方案。在调研基础上，组织召开了全国农机购置补贴座谈会和部分生产企业农机补贴座谈会，对政策执行效果、程序设置、监管措施、装备需求等进行了详细摸底，并交流了经验，分析了形势，研讨了完善补贴操作办法的措施。建立了各省及重点企业补贴资金结算情况反馈制度，督促各地加快结算，减轻企业垫支压力。

4.不断创新，简化程序。各地积极探索，创新工作，因地制宜地采取了一些好措施、好做法。陕西建立了"农机补贴超市"，农民凭身份证和村委会介绍信直接进入"超市"，自主选机议价，现场签订协议，交付差价款提货；内蒙古、山东、山西等省自主开发农机购置补贴操作信息管理软件，实现了网上申报、审批；辽宁、广西开展农业信贷试点，将农机具购置补贴和贴息贷款政策相结合，延伸了惠农措施领域；安徽开展补贴产品价格后台监管试点，让农民与供货方充分协商价格，使农民实惠最大化。

（二）主要成效

农机购置补贴充分调动了农民购买农机具的积极性，加快了农机化发展进程，拉动了农机工业发展，促进了粮食增产、农业增效和农民增收，利工利农，一举多效。

1.资金带动效果明显，各方投入持续增加。2008年，中央财政共安排补贴资金40亿元，带动农民和农机服务组织自筹214亿元，带动地方各级财政投入16.65亿元，比上年增加28.1%。全年共补贴购置各类农机具119万台套，受益农户115万多户。

2.农机装备总量快速增长，结构不断优化。在农机购置补贴政策的引导下，农民购买先进适用、经济安全、节能环保等高性能、大马力、复式作业的田间作业机具热情高涨，农机装备总量持续增长，结构进一步优化。2008年全国农机总动力比上年增长6.91%，大中型拖拉机保有量增长46.26%，联合收获机增长17.56%，水稻插秧机增长27.76%。

3.农机化技术推广步伐加快，主要农作物生产机械化水平进一步提高。2008年，全国主要农作物耕种收综合机械化水平达45.8%，比上年提高3.3个百分点，其中机耕、机播、机收水平分别为

62.92%、37.74%、31.19%。主要粮食作物生产机械化发展迅速，水稻栽植机械化水平达到13.73%，收获机械化水平达到51.16%，比上年提高了4.96个百分点；玉米机播水平达到64.62%，机收水平为10.61%，比上年提高3.38个百分点。大豆、油菜、马铃薯、花生等经济作物和设施农业、畜牧业、渔业、林果业生产机械化取得新进展。

4. 农机服务组织不断发展壮大，经营效益稳中有升。2008年全国各类农机作业服务组织、农机户总数达到3849万个，同比增长5.3%。农机服务领域和范围不断拓宽，农机销售、作业、维修市场日益活跃，全年农机化服务经营收入达到3466亿元，同比增长16%。

5. 农机工业健康发展，农机市场购销两旺。促进了农机工业产业重组，主要农机产品的生产集中度进一步提高，产品质量和科技含量不断改善。2008年，大中型拖拉机产量排名前10位农机企业的产量占总产量的90%，联合收获机排名前6位的产量占总产量的90%。2008年，全国规模以上农机企业工业总产值达1915亿元，同比增长28%，工业销售产值1875亿元，产销率近98%。

6. "以机代牛"实施顺利，血防疫区农机化水平显著提高。继续在164个血吸虫病综合治理重点县实行50%的补贴政策，中央财政共投入"以机代牛"补贴资金4.3亿元，带动地方各级投入1600多万元，补贴购置微耕机等各类农机具约13万台套，受益农户13万户，重点疫区县机耕水平平均提高7.23个百分点。

七　测土配方施肥

2008年，在财政部门大力支持下，测土配方施肥补贴项目县（场）由上年的1200个增加到1861个，惠及2/3以上的农业县（场），实现了免费为1.2亿农户提供技术指导服务、推广测土配方施肥技术9亿亩的目标，整体工作取得重大进展，主要表现在四个方面：

（一）在服务"三农"方面，取得五大成效

测土配方施肥作为农业部为农民办理的实事之一，深受广大农民欢迎，成效明显。

1. 增产效果明显。调查显示，测土配方施肥示范区与农民习惯施肥区相比，水稻、玉米、小麦、马铃薯单产分别增加6.3%、5.3%、8%、9.0%，亩均节本增效达到30元以上；与上年相比，测土配方施肥示范区粮食作物单产增长1.5%左右。经济作物增产增收效果更为明显，示范区与农民习惯施肥区相比，水果单产增加5.8%，油菜单产增加8.5%，蔬菜单产增加14.6%，亩节本增效高达80元。

2. 施肥结构优化。通过测土配方施肥，小麦、水稻、玉米氮肥过量施用逐步减少，磷肥施用保持基本稳定，农家肥等有机肥资源利用有所增加。据江苏省小麦测土配方施肥核心示范区调查，氮磷钾肥料施用结构为1:0.3:0.32，而习惯施肥结构为1:0.28:0.22，氮肥使用比例呈下降趋势。

3. 节能成效初显。与农民习惯施肥相比，测土配方施肥示范区化肥利用率提高3～5个百分点。据统计，2008年减少不合理施肥量120多万吨（折纯），相当于节约燃煤180万吨、减少二氧化碳排放量380万吨、减少硝酸盐流失510万吨。

4. 农民观念转变。通过测土配方施肥工作的开展，广大农民群众看到了实实在在的效果，施肥观念逐步转变，科学施肥意识明显增强，不少农民主动要求农技人员取土测土，有些农民还主动送土样要求化验，按方施肥。

5. 服务能力提升。通过测土配方施肥补贴项目的实施带动，土壤肥料技术人员素质普遍提高，服务手段得到改善，示范推广能力得到加强，技术服务水平普遍得到提升。目前，大部分项目县化验室

面积达到200平方米，具备了检测分析大、中、微量元素条件。2008年，全国共采集土壤样品298.5万个，植株样品19.2万个，累计分析化验土壤样品282.1万个，植株样品16.2万个，完成大量元素、中微量元素等测试2214.2万项次，植株养分测试81.6万项次。

（二）在工作推动方面，突出四个环节

测土配方施肥技术性强、环节多、链条长，为保证工作任务顺利完成，各级农业部门突出抓好四个关键环节。

1. 发挥规划的引领作用。为保证测土配方施肥工作有序开展，农业部从项目实施之初，就会同财政部编制了规划，在每年的项目实施过程中，都按规划层层组织制定详细的年度工作方案和项目实施方案。为推动测土配方施肥工作深入开展，2008年下半年，在总结前四年工作的基础上，组织起草了《全国测土配方施肥发展规划（2009～2015年）》。

2. 发挥宣传的导向作用。农业部结合春播和秋冬种等农时季节，组织中央各大媒体集中宣传各地工作开展情况和好的经验、做法和成效。在中国农业信息网等开辟"测土配方施肥专栏"，及时发布测土配方施肥有关信息。2008年，在中央电视台等中央媒体报道宣传50余期次，各地通过广播、电视开展专题宣传4.2万次，通过报刊、网络宣传21.4万条，组织科技赶集和现场会5.1万次，组织墙体标语、悬挂横幅宣传30.9万条。

3. 发挥服务的推进作用。农业部先后组织开展了"百县千乡科学施肥指导"、"测土配方施肥现场观摩"、"测土配方施肥千万农户冬季大培训行动"和"测土配方施肥专家巡回指导"，这些活动的开展，大力推进了测土配方施肥工作深入开展。在冬季大培训行动中，全国共组织发动专家和技术人员10.86万人次，举办培训班37380期次，田间现场观摩培训1153次，科技赶集2637场次，培训技术骨干4.8万人次，培训农资人员10.1万人次，宣传培训农民1835.8万人次，发放技术资料8486.3万份。

4. 发挥监督的保障作用。农业部十分重视测土配方施肥补贴项目监督检查工作，在各地自查的基础上，组织项目管理、财会、土肥等方面人员抽查了10个省测土配方施肥工作开展情况，确保项目资金专账管理，专款专用。各地建立了工作督查、巡回指导、交叉检查制度，制定了相应奖惩办法，并集中开展了2005年度测土配方施肥补贴项目县验收，阶段性验收2006年度项目县。

（三）在突破薄弱环节方面，主攻三大重点

测土配方施肥技术到位率偏低、企业参与程度不高、基础性工作不牢等是推进测土配方施肥深入开展的主要限制因素。针对这些问题，各地采取有力措施，主攻三大重点，取得了明显成效。

1. 主攻技术进村入户。农业部要求各地从转变农民传统施肥观念、树立科学施肥理念入手，采取整村推进的方式，狠抓技术进村入户。2008年春耕期间，农业部会同中化化肥有限公司开展了"百县千乡科学施肥指导活动"，及时制定发布了春季和秋冬季科学施肥指导意见，指导农民"科学、经济、环保"施肥。在冬闲时节，在全国范围内组织开展测土配方施肥千万农户冬季大培训行动，动员和发动10万名专家和技术人员，免费为千万农户提供技术培训和指导服务。地方各级农业部门采取多种形式，推进测土配方施肥技术进村入户。据统计，2008年，全国共建立测土配方施肥示范样板（区）3.5万个，示范面积284.7万公顷，培训农民4410.8万人次，发放各类培训资料和配方施肥建议卡2.1亿份，项目区施肥建议卡入户率达90%以上。

2. 引导企业参与。农业部颁布了《关于进一步推进企业参与测土配方施肥工作的意见》，提出了科学制定肥料配方、向社会发布肥料配方信息、推进配方肥生产供应、做好技术指导服务和强化监督管理等具体措施。各地采取"大配方、小调整"方式，引导企业按照生产供应"大配方"肥，农业

部门通过发放"图、表、卡",指导农民"小调整"施肥。各地还运用连锁、超市、配送等现代物流手段,构建和完善基层供肥服务网络,实现产销直接对接,减少流通环节。配方肥定点企业500家以上,配方肥推广应用量从2005年的97万吨(实物量)递增到2008年的1632万吨。

3. 强化基础工作。农业部重点抓住"取土化验、田间试验、配方制定、施肥指导"等环节,从人员队伍建设入手,强化技术骨干培养;实行化验室考核,把好分析检测质量关;组织开展田间肥效试验和配方校正试验,研究制定主要作物的施肥指标体系;组织开发测土配方施肥基础数据库、制订专家咨询系统编制规范;组织专家开展耕地地力评价技术攻关,帮助项目县开展相关工作。2008年,全国举办技术培训班9.6万期次,培训人员89.7万人次;安排水稻、小麦、玉米、油菜等作物"3414"田间肥效试验23438个、配方校正试验等31526个。目前,大部分项目县建立了主要粮食作物施肥指标体系,建成了测土配方施肥数据汇总平台和县域耕地资源管理信息系统。

(四)在技术指导方面,推进两大创新

推广方式和工作机制创新是推动测土配方施肥工作不断深入开展的动力。各级农业部门大胆探索、大胆实践,努力创新推广方式和工作机制,将测土配方施肥不断引向深入。

1. 创新推广方式。主要是简化测土配方施肥建议卡内容,用通俗易懂语言,让群众看得懂、学得会、用得上,让更多的农民群众认识和接受测土配方施肥技术;举办农民田间学校,让农民参与进来、互动起来,手把手指导,面对面交流;通过编顺口溜、写对联,让农民易记易懂测土配方施肥知识;将测土配方施肥技术制作成挂历、挂图,免费发放;将测土信息、施肥配方上墙,贴近农民视线;将测土配方施肥编成小品、相声、戏曲等进行宣传,受到了广大农民群众的热烈欢迎。

2. 创新工作机制。农业部组织教学、科研、推广单位,建立协作配合机制,对重大技术问题进行会商;建立部级测土配方施肥技术专家指导责任制,采取分区包干办法,落实每位专家到具体区域、到具体省份,每年开展两次以上技术指导活动。在技术力量相对薄弱地区,采取技术引进或委托机制,实行"请进来、走出去"的方式,开展技术合作。各地在充分发挥土壤肥料推广力作用的基础上,广泛吸纳教学、科研力量参与测土配方施肥工作,实行技术人员包乡包村责任制,通过签订目标责任书,明确工作目标和责任,年底据实考核,奖罚兑现等措施,将测土配方施肥工作落到实处。

八　病虫害防治

2008年全国农作物病虫害发生面积5.5亿公顷次,造成粮食损失1393万吨。全年累计防治面积6.7亿公顷次,通过防治挽回粮食损失7047万吨。

(一)病虫发生特点

受异常气候影响,2008年农作物病虫灾害发生明显重于常年,对粮食生产安全构成了严重的威胁。

1. 发生种类多。除小麦条锈病、水稻"两迁"害虫、蝗虫等重大病虫外,草地螟、小地老虎、玉米红蜘蛛、玉米粗缩病等多种病虫在部分地区暴发为害。

2. 发生面积大。据统计,小麦、水稻、玉米等主要粮食作物重大病虫累计发生超过2.1亿公顷次,比常年增加30%以上。

3. 涉及范围广。水稻"两迁"害虫在黄河流域以南稻区均有发生,比常年向北延伸了近2个纬度;草地螟发生涉及内蒙古、黑龙江、北京、天津等8个省(市、区),为历史罕见。

4. 发生程度重。小麦条锈病在西南和西北麦区、水稻条纹叶枯病在长江中下游稻区呈暴发流行

态势；天津等高密度蝗蝻面积是常年的5～6倍，局部每平方米高达万头以上；水稻"两迁"害虫在长江以南大部稻区大发生；二代草地螟在北方农牧区暴发为害；玉米螟在东北、华北玉米主产区偏重发生，均给粮食生产安全构成了严重威胁。

（二）采取的主要措施

面对多种病虫重发的严峻形势，各级农业部门按照农业部的统一部署，建立三项机制，抓住三大环节，行动迅速、措施到位，有效控制了病虫的发生危害。

1. 建立政府主导机制。为加大病虫防控的工作力度，落实属地责任，各地将病虫防控由部门行为上升为政府行为。2008年成立由省级分管领导挂帅的重大病虫防控指挥部的省（区、市）由11个增加到了18个，有281个地（市）、1622个县成立了相应的防控指挥机构。在防控关键时期，湖北、河南、四川等省以省政府指挥部的名义召开会议部署防控工作，安徽、重庆等省（市）政府专门印发关于加强病虫防控的紧急通知。在政府的推动下，各级财政加大对病虫防控的支持，中央财政投入3.52亿元（比2007年增加6500万元），省、地、县三级财政共投入5.75亿元。

2. 建立联防联控机制。针对蝗虫、草地螟、苹果蠹蛾的特点及防控形势，农业部组织相关省成立了"北京周边地区蝗虫联防协调小组"，建立了监测信息共享、联合开展防控技术培训、联合进行防控的机制，有效控制了病虫的危害和疫情扩散，确保了蝗虫"不成灾、不起飞"目标的实现。

3. 建立责任落实机制。为确保病虫防控各项措施的落实，农业部建立了由分管部长和司（局）级领导牵头的分片包干责任制，在防控关键时期，共派出40多个督查组，赴重点地区检查防控工作，检查、指导各地防控措施的落实。在农业部的带动下，各地农业部门和植保机构也建立了相应的督导机制，共开展工作督导2.8万次。

4. 突出抓好监测预警环节。在坚持做好重大病虫预测预报的基础上，农业部组织各地从2008年3月开始，完善了小麦条锈病、水稻重大病虫、蝗虫等重大病虫监测与防控信息报告制度，将监测报告的病虫种类由5种增到11种，将报告频率由旬报改为周报，并对草地螟等突发虫情实行了日报。各地还通过广播、电视、手机短信、农村宣传板等形式将病虫预报和防治要点传递到广大农民手中，切实做到"早发现、早预警、早防控"。2008年农业部共发布病虫信息43期，各地共发布病虫信息3.3万期，其中电视预报8208期，使广大农民及时了解病虫发生信息及防治要领。对于苹果蠹蛾、稻水象甲等重大疫情，做到在第一时间发现疫情，为有效控制疫情扩散赢得了主动。

5. 突出抓好专业化防治环节。为推进病虫专业化防治，农业部制定了关于推进专业化防治的意见，要求各地积极争取政策与资金的支持，加强对专业化组织的技术培训与服务指导。同时，组织各地充分利用中央财政等各级财政的应急防治资金，对重要作物、重点区域、重大病虫实行专业化防治，统防统治，大幅度提高防治效果、效率和效益，大力扶持专业化防治的发展。根据农业部的要求，各地积极争取各种渠道的扶持政策，积极探索推进专业化防治的有效途径。浙江、山东、安徽和湖北等省建立了扶持专业化防治的补贴专项，湖南大力扶持农药经营企业参与专业化防治。2008年，全国小麦病虫的专业化防治覆盖面已由2007年的5%增加到11%，水稻由10%增加到21%。湖北省的对比试验表明，专业化防治可比农民自己防治增加水稻产量10%～19%。

6. 突出抓好农药监管环节。农业部将2008年确定为农药登记管理年，进一步规范了农药标签和登记管理。从7月1日起，新生产的农药产品全部取消商品名，农药名称由1.6万个减少到1700个。为确保供奥种植业产品质量安全，制订了供奥种植业产品质量安全监控方案，建立了农药生产企业联系制度和农药经销点监管责任人制度，加大了对高毒农药的市场监管。在用药关键季度，开展"农药登记管理年'进千店，入万村'宣传培训活动"，开展农药质量、标签及高毒农药大检查，保障病虫防治用药质量及农产品质量安全。各地不断加大农药市场监管力度，严厉查处生产销售假劣农药的大案要案。

（三）取得显著成效

针对2008年初低温雨雪冰冻灾害造成小麦条锈病等病害偏重发生的形势，通过打点保面，严控源头，将小麦条锈病控制在黄河流域以南，发生面积较上年减少66.7万公顷以上；在天津等地蝗虫大暴发的情况下，及早部署，落实责任，实现了"飞蝗不起飞成灾，土蝗不扩散为害"的治理目标；积极应对二代草地螟出现历史罕见大暴发的严峻形势，突出公共植保职能，加大投入力度，加强公共区域治理，有效控制了二代草地螟的危害，保护了秋粮生产安全。面对水稻"两迁"害虫重发的态势，通过压前控后，加强专业化防治，减少水稻"两迁"害虫等水稻重大病虫发生面积近1333.3万公顷次。通过各级农业部门共同努力，有效遏制了多种病虫暴发的势头，将病虫危害损失率控制在3%以下，为粮食连续五年增产作出了巨大贡献。

九　防灾减灾

2008年我国气候异常，农业气象灾害发生种类多、范围广、强度大，但是由于旱灾发生较轻，低温雨雪冰冻、洪涝、台风等自然灾害没有发生在主产区粮食生长的关键时期，加之抗灾救灾措施有力有序有效，气象灾害没有对农业特别是粮食生产稳定发展造成较大影响。

（一）主要特点

1. 农作物受灾程度轻于上年。据农业、民政等部门会商核定，2008年全国农作物总受灾面积3999万公顷，成灾2228.4万公顷，绝收403.2万公顷，分别比上年减少900.2万公顷、278.0万公顷和171.5万公顷。

2. 因灾损失较轻。据农业部门统计，2008年全国因灾损失粮食3035万吨，比上年少损失2360万吨。

3. 部分地区旱情严重发生。全年农作物受旱面积1213.7万公顷，成灾679.8万公顷，绝收81.2万公顷，分别比上年减少1724.9万公顷、937.2万公顷和237.9万公顷。因旱灾损失粮食1240万吨，比上年少损失2095万吨。

4. 洪涝灾害损失较小。全国农作物因洪涝受灾647.7万公顷，成灾365.6万公顷，绝收75.6万公顷，分别比上年减少398.7万公顷、144.9万公顷和88.6万公顷。因洪涝损失粮食730万吨，同比减少损失630万吨。

5. 台风偏重发生。2008年台风登陆时间早，登陆比例高，发生时间集中，风力强度大，影响范围广。全国农作物因台风受灾231.0万公顷，比上年增加22.5万公顷；成灾93.9万公顷，同比增加7.5万公顷；绝收14.5万公顷，比上年减少6.8万公顷。因台风损失粮食165万吨，同比增加5万吨。

6. 低温雨雪冰冻灾害历史罕见。2008年1月中旬至2月中旬，我国西北东部和南方大部遭遇历史罕见的持续低温雨雪冰冻天气灾害，对农业生产造成严重影响和损失。全国农作物因低温冻害受灾1469.6万公顷，成灾871.9万公顷，绝收182.8万公顷，同比分别增加1062.4万公顷、721万公顷和155.7万公顷。因低温冻害损失粮食518万吨，同比增加308万吨。

7. 风雹灾害重于上年。全国农作物因风雹受灾418万公顷，成灾212.3万公顷，绝收47.5万公顷，同比分别增加119.4万公顷、170.8万公顷和4.5万公顷。因风雹损失粮食382.5万吨，同比增加52.5万吨。

（二）主要措施

面对突如其来的严重灾害，在党中央、国务院的坚强领导下，各级农业部门见势早、行动快、措施实，狠抓抗灾救灾和恢复生产，最大限度地减轻了灾害损失。

1. 领导高度重视。农业部部领导高度重视农业防灾抗灾救灾工作，在2007年底召开的全国农业工作会上，孙政才部长就对2008年的农业防灾减灾工作进行了部署。多次召开防汛抗旱领导小组会议、部常务会议和部党组会议，专题研究部署农业防灾抗灾救灾工作。主要领导多次深入灾区第一线，查看灾情，指导农业抗灾救灾工作。特别是在抗击南方低温雨雪冰冻灾害中，7位部领导带队分赴湖北、湖南等地重灾区指导抗灾救灾和恢复生产工作，并实行定点联系，确保各地农业防灾减灾领导责任到位、思想认识到位、工作措施到位、物资保障到位。

2. 加强监测预报。在主汛期、动植物疫病和草原火灾易发期，坚持24小时值班制度，密切关注天气变化和灾害发生动态，对各地灾情动态和抗灾救灾工作实行日报制度，及时收集、核实、上报灾情信息，反映抗灾救灾和恢复生产进展情况。南方低温雨雪冰冻灾害发生正值春节期间，农业部每天安排相关司局一位司领导和两名干部值班，做到"对上有信息，对外有声音，对下有行动"。同时要求灾区农业部门加强应急值守，确保信息畅通，重大灾情随时上报。

3. 及时安排部署。针对不同自然灾害，先后21次下发紧急通知部署防范工作。特别是在1月中旬南方雨雪降温持续发展、灾害刚刚露头之际，1月15日成立了以孙政才部长为指挥长的农业抗灾救灾指挥部，9次召开会议专题研究部署抗灾救灾工作。针对不同行业、不同灾情6次下发紧急通知，及时全面部署防灾救灾、保障农产品市场供应各项工作。在雨雪初停、天气转晴之际，即下发紧急通知，提前部署灾后恢复重建工作，要求各地农业部门组织有关专家，研究制定灾后恢复生产工作方案和技术措施。针对台风密集登陆的严峻形势，坚持在每个台风登陆我国2~3天前向有关省区农业部门下发预警通知，累计下发台风预警通知9个，督促地方及早有序开展防范工作。

4. 强化指导服务。在全年农业抗灾救灾过程中，充分依靠有关专家和农技推广系统的技术优势，广泛利用新闻媒体，及时开展多层次、多渠道的技术指导和培训，强化科技救灾，提高抗灾救灾的科学水平。先后派出220多个救灾工作组和专家指导组，帮助和指导地方搞好灾后生产恢复工作。在抗御低温雨雪冰冻灾害过程中，组织有关专家，提前制定并下发了蔬菜、油菜、果树、小麦等作物防寒抗冻及灾后恢复生产指导意见，紧急制作2.75万套科技光盘和图书免费送到灾区农民手中。迅速派出专家组和技术人员，面对面、手把手地开展技术服务，指导农民落实灾后田间管理措施。

5. 加大支持力度。全年商财政部向26个重灾省（区、市）下拨农业生产救灾资金29.8亿元。针对"5·12"四川汶川特大地震，迅速联系落实了杂交玉米种源1000多万公斤、蔬菜种源50多万公斤，并无偿提供杂交玉米种子50多万公斤、蔬菜种子1.4万公斤，组织种子企业捐赠农作物种子95万公斤，组织肥料企业捐赠价值190多万元的肥料，为灾区恢复农业生产提供了物资保障。

6. 完善协调机制。为及时了解天气变化、应对各种气象灾害，农业部与中国气象局紧密合作，签署了《农业部与中国气象局合作备忘录》，建立了灾害定期沟通机制、灾情联合会商机制、灾情联合调查评估机制和信息共享与联合发布机制。农业部办公厅、种植业司、渔业局等有关单位建立了合作机制，统一以办公厅文件向有关省区农业、渔业、农机、畜牧、兽医、农垦、乡企等系统下发预警通知，并在新闻媒体上宣传，使台风防御工作从容有序开展。

通过上述措施，2008年农业防灾减灾工作取得明显成效。全年改种补种农作物483.9万公顷，挽回粮食损失2730万吨，为全年农业及粮食生产稳定发展起到了重要作用。

粮食流通

一　2008年粮食商品率54%，比上年提高3个百分点

2008年，全国粮食商品量约为28645万吨，商品率54%，比上年提高3个百分点。粮食商品量增加较多的主要原因：一是在中央一系列强农惠农政策支持下，粮食生产连续五年增产，并创历史新高，粮食增产使市场可流通的商品粮源比上年增加3155万吨；二是为保护农民利益，稳定市场粮价，国家继续在小麦、稻谷主产区实行最低收购价政策，并在部分主产区对稻谷、玉米、大豆实施国家临时收储，农民售粮积极踊跃。分地区看，商品量增加100万吨以上的有黑龙江、安徽、吉林、河南、内蒙古、湖北、山东、陕西等8省（区）。黑龙江、河南粮食商品量超过3000万吨，分别为3580万吨、3365万吨，两省商品量占全国总量的1/4。分品种看，小麦商品量6506万吨，比上年增加845万吨；稻谷商品量9017万吨，比上年增加728万吨；玉米商品量10678万吨，比上年增加1332万吨。

二　粮食收购同比大幅增加

2008年，为保护农民利益、促进农民增收、扩大农村消费，国家继续实行小麦和稻谷最低收购价政策。东北三省2007年产粳稻在2008年初继续执行最低收购价政策收购。6个小麦主产省启动了最低收购价执行预案，小麦收购量较大。由于2008年产稻谷市场价格在收购期间高于最低收购价，早籼稻、中晚籼稻和粳稻最低收购价预案都没有启动。秋粮上市后，国内市场粮价出现下行趋势，国家对稻谷、玉米、大豆实行了临时收储（含中央储备收购）政策。

2008年，社会各类粮食企业（包括国有粮食企业、重点非国有粮食企业和转化用粮企业）共收购粮食26576万吨（贸易粮，下同），与上年相比增加6443万吨。其中：收购小麦9354万吨，同比增加2480万吨；大米5636万吨，同比增加1853万吨；玉米10439万吨，同比增加2460万吨；大豆834万吨，同比减少265万吨。

（一）国有粮食企业收购粮食15471万吨，与上年相比增加5303万吨

国有粮食企业粮食收购总量创历史最高水平，小麦、大米和玉米收购同比增加较多，大豆收购同比略减。其中：小麦收购6713万吨，同比增加1980万吨；大米3605万吨，同比增加1620万吨；玉米4754万吨，同比增加1746万吨；大豆313万吨，同比减少8万吨。粮食收购较多的主要原因：一是粮食丰收、产量大增，可供市场流通的商品粮源增加较多；二是国家采取了对重点地区重点粮食品种提高最低收购价、按市场价格收购国家临时存储粮以及增储中央储备等宏观调控措施，促进了粮食收购。2008年共收购中央储备、最低收购价、国家临时收储等政策性粮食7010万吨。其中：收购最低收购价小麦4175万吨、大米130万吨；国家临时存储大米820万吨、玉米1320万吨、大豆60万吨。

（二）重点非国有粮食企业和转化用粮企业粮食收购量继续增加

2008年，重点非国有粮食企业收购粮食7004万吨，比上年增加772万吨，其中小麦、大米和玉米

三大谷物品种的收购量分别比上年增加399万吨、244万吨和379万吨，大豆减少216万吨。重点转化用粮企业收购粮食4101万吨，比上年增加368万吨，其中玉米收购比上年增加335万吨。

三　粮食销售同比增加

2008年，国有粮食企业累计销售粮食15325万吨，比上年增加2367万吨，是历史销售量最高年份。分品种看，小麦销售7353万吨，同比增加2249万吨；大米3120万吨，同比增加224万吨；玉米3985万吨，同比增加95万吨；大豆756万吨，同比减少137万吨。小麦、大米和玉米销售增加的主要原因是2008年国家适时组织安排了中央储备、最低收购价和国家临时存储等政策性粮食的竞价销售4690万吨，占国有粮食企业销售总量的31%。其中：最低收购价小麦销售3975万吨，大米285万吨，国家临时存储玉米销售130万吨、进口小麦销售110万吨。另外，为缓解主产区收储压力，国家首次在2008年实施对关内销区到东北产区采购粳稻的运费补贴政策，大幅促进了东北地区粳稻的销售。

四　粮食市场价格整体保持基本稳定，大豆和食用植物油价格波动明显

2008年，国际粮食市场价格出现了"过山车"式的剧烈波动，受此影响，国内粮食价格也出现先扬后抑的走势，但由于我国粮源充裕，宏观调控措施得力，全年市场粮价整体仍保持基本稳定。其中：小麦和稻谷市场收购价格呈现较为强劲上升态势；玉米受国际价格走低、用粮企业需求下降，以及供大于求的影响，价格明显回落；国内大豆和食用植物油自给率低，受国际市场影响较大，价格波动明显。据监测，2008年末国内各主要粮食品种每百斤市场收购价格为：小麦83.7元、早籼稻91元、中籼稻91.4元、晚籼稻93.6元、粳稻92.9元，分别比上年同期增长10%、14.3%、11.6%、9.9%和8.7%；玉米、大豆收购价格为71.7元和181.5元，分别比上年同期下降5%和13.6%，大豆比年中最高水平下降28.9%；豆油、菜籽油零售价格为504元和571元，分别比上年同期下降8.7%和3.7%，花生油零售价格为1030元，比上年同期上涨2.2%，分别比年中最高水平下降29.1% 、23.1%和7.8%。2008年，国家继续实施最低收购价政策，新麦上市期间在河北等6个小麦主产省启动了小麦最低收购价执行预案，10月以后，在部分地区实行临时收储和中央储备收购政策，到年底先后分三批下达稻谷、玉米、大豆收购计划5050万吨，有效缓解了农民"卖粮难"问题，切实维护了种粮农民利益，有力支撑了粮食市场价格的基本稳定。

五　社会粮食库存总量增加，库存粮食品种结构和区域布局发生新变化

（一）国有粮食企业库存同比增加

2008年，由于粮食生产又获丰收，政策性收储力度加大，年末国有粮食企业库存水平大幅提高。国有粮食库存结构和区域布局发生了新的变化：一是各级储备和国家政策性粮食库存大幅增加，商品周转库存继续下降；二是主要粮食品种库存均有不同程度增加，大豆库存增幅尤为明显，品种结构有所改善；三是通过政策性粮食跨省移库等手段，粮食库存区域布局得到一定程度的优化和调整。

（二）非国有粮食企业库存和转化用粮企业粮食库存继续增加

由于各地在发挥国有粮食企业主渠道作用的同时，引导和鼓励多元市场主体积极入市收购，搞活

粮食流通，非国有粮食企业和加工转化企业主要粮食品种经营量和库存逐年增加。

（三）农户存粮增加，城镇居民存粮持平

2008年末，农户存粮25620万吨，同比增加1045万吨，增幅为4.2%。农户存粮增加的主要原因是，粮食连年增产，2008年下半年主产区玉米和大豆价格下降较多，部分地区市场价格接近或低于种粮成本，与农民心理预期相差较大，农民持粮待售。分品种看，农户存粮中玉米、大豆和其他粮食增加较多，小麦存粮继续维持上年水平，稻谷存粮有所减少。分地区看，华东、华北、西南地区农户存粮增加，其中冀、鲁、豫、蒙、川等地的玉米，黑龙江、安徽、山东的大豆增加较多。

2008年末城镇居民户存粮575万吨，与上年基本持平。作为主要口粮品种的大米和面粉存粮略有下降，占城镇居民存粮90%；玉米、大豆和其他杂粮略增。在国家宏观调控下，2008年市场粮食供应充足，粮价波动不大，城镇居民消费心态平稳，没有出现抢购和囤积现象，存粮总量变化不大，品种结构有所调整。

粮食调控

2008年是我国经济社会发展极不平凡的一年，也是粮食宏观调控工作任务十分繁重的一年。全球金融危机爆发，经济衰退，国际粮价大涨大落；国内发生了严重的雨雪冰冻灾害和汶川特大地震，我国经济社会发展经受了历史罕见的重大挑战和考验，稳定粮食市场面临着巨大压力。在党中央、国务院的正确领导下，各级粮食行政管理部门积极采取有效措施，加强粮食市场调控，促进了粮食生产的稳定发展和农民持续增收，保证了粮食市场供应和粮价基本稳定，粮食宏观调控工作成效显著。

一　认真抓好粮食收购工作，切实保护种粮农民利益

一是认真落实粮食最低收购价政策。落实粮食最低收购价政策，做好收购工作，是保护农民利益、促进农民增收、扩大农村消费的重要举措，是粮食流通工作的重中之重。国家有关部门分别制订并印发了2008年小麦、早籼稻和中晚稻最低收购价执行预案，细化操作措施，保证了预案的顺利实施。国家先后两次提高2008年小麦、稻谷最低收购价水平，并将稻谷最低收购价实施范围由7个省扩大到11个省（区），切实保护农民利益。新粮上市前，国家粮食局分别召开小麦、稻谷、玉米收购工作座谈会，研究收购形势，分析价格走势，统一思想认识，提出明确要求，安排部署工作，推动了粮食收购工作的顺利开展。2008年启动预案的6个小麦主产省累计收购最低收购价小麦4174万吨，同比增加1281万吨。由于早籼稻、中晚籼稻、粳稻市场价格均高于最低收购价水平，没有启动预案。

二是不断加大国家临时存储粮食收储工作力度。受多种因素影响，2008年秋粮上市后，国内市场粮价出现下行趋势，国家决定对稻谷、玉米、大豆、油菜籽实行临时收储（含中央储备收购）政策。国家粮食局会同有关部门当年分三批下达稻谷、玉米、大豆收储计划共5050万吨，还下达了部分中央储备菜籽油收购计划。中储粮总公司和地方各级粮食部门认真落实国家临时收储政策，有效解决农民"卖粮难"问题。截至2008年底，累计收购临时存储（含中央储备）2008年产粮食2208万吨,有效地保护了种粮农民利益，稳定了粮食市场价格。

三是指导各类企业积极入市收购粮食，收购总量创历史新高。各级粮食部门认真履行职责，积极指导协调，在收购期间派出工作组，深入基层检查指导，协调解决困难和问题，督促各类企业认真做好粮食收购工作。各地在充分发挥国有粮食企业主渠道作用的同时，引导和鼓励多元主体积极入市收购，搞活粮食流通。初步统计，2008年全国各类粮食企业收购粮食29019万吨（原粮，下同），同比增加7228万吨，其中国有粮食企业收购17008万吨，同比增加5969万吨。粮食收购总量创历史最高水平，有力地支撑了粮食市场价格，使农民真正得到了实惠。

二　千方百计做好抗灾保供工作，保障群众生产生活需要

一是积极做好应对雨雪冰冻灾害粮食供应工作。2008年初，我国南方遭遇历史罕见的低温雨雪

冰冻灾害。在国务院煤电油运抗灾抢险应急指挥中心统一指挥下，国家粮食局在第一时间作出反应，迅速下发文件，要求各地采取积极有效措施，确保粮油市场供应不断档、不脱销，保持市场价格基本稳定。安徽、湖北、湖南、贵州等地各级粮食部门在当地党委、政府组织领导下，把"抗雪灾、保供应、稳粮价、安民心"作为最紧迫的任务来抓，克服困难，加强调度，及时组织成品粮油投放市场，保证市场粮油供应和价格基本稳定，并采取措施重点保证滞留人员和低收入困难群体的粮油供应。国家粮食局会同有关部门安排从东北地区紧急调运部分中央储备玉米，充实江西、湖南两省玉米库存，保证市场供应。抗灾工作转入全面恢复重建阶段后，各地妥善安排灾区人民群众生活，切实做好受灾地区和缺粮地区群众的粮油供应工作，帮助农民顺利度过春荒。

二是全力以赴做好抗震救灾粮食供应工作。汶川特大地震发生后，国家粮食局和有关部门及时落实有关政策措施，按照"3个月内向灾区困难群众每人每天发放1斤口粮"的标准，累计下达中央储备粮抗震救灾计划62.6万吨，下达四川省国家临时储存玉米定向销售计划19.7万吨。灾区各级粮食部门紧急行动，迅速动员，克服困难，加强调度，组织粮油加工企业开足马力生产，切实做好成品粮油加工、调运和供应工作，做到路断桥断粮不断，确保灾区群众、抢险救援部队和抗震救灾人员"有饭吃"。不少灾区粮食部门的干部职工强忍失去亲人的悲痛，不顾个人安危，舍小家顾大家，全力投入抗震救灾保供应工作。

为帮助四川地震灾区农民安排好今后生产生活，渡过难关，国家有关部门紧急下发通知，明确对灾区小麦代储和收购给予费用补贴和贷款资金支持。四川灾区粮食部门在做好救灾粮供应的同时，千方百计做好夏粮收购和代储工作，采取流动车收购等多种方式，方便灾区农民售粮，切实把灾区农民需要交售的小麦收购好、储存好、保管好。截至2008年8月底，四川地震灾区实际收购、代储小麦58.9万吨，受灾农民对小麦收购、代储工作表示满意。

三是保障北京奥运会期间的粮食供应。粮食部门紧紧围绕服务奥运这一宗旨，采取有效措施，确保粮源稳定、储备充足、供应及时、市场繁荣。北京市粮食局进一步完善粮食应急预案，积极充实成品粮油储备，在奥运前确保小包装成品粮油储备满足全市10天消费量。其他奥运举办城市也对粮油供应保障工作做了精心安排。奥运会和残奥会期间，还加强了对成品储备粮的检查，确保成品储备粮数量真实、质量良好、储存安全，为确保粮油供应和奥运会、残奥会顺利进行提供了坚强的物质保障。

三　着力强化储备粮管理，增强宏观调控物质基础

一是积极做好中央储备粮轮换工作。国家粮食局会同有关部门及时下达中央储备粮年度轮换计划，并加强计划执行情况的跟踪检查，全面了解掌握中央储备粮的库存、轮换等情况，促进了中央储备粮轮换工作的顺利进行。

二是及时研究和落实中央储备大豆和食用植物油增储计划。认真落实《国务院办公厅关于促进油料生产发展的意见》（国办发〔2007〕59号）有关精神，结合国家临时收储等政策的实施，国家有关部门分批下达了中央储备大豆和食用植物油增储计划，扩大储备规模，进一步增强国家对食用油市场的调控能力。

三是进一步充实地方粮油储备。国家粮食局会同有关部门于2008年6月下达了粮食地方储备规模指导性计划，要求各地择机逐步充实地方储备，尤其是成品粮（含小包装）储备，以增强宏观调控能

力和应急能力。目前地方粮食储备进一步充实，主销区地方储备已达到或接近核定规模，主产区和产销平衡区也有所增加，储备布局和品种结构逐步优化。地方储备粮油在调控市场、救灾应急、保证供应、稳定价格等方面发挥了积极作用。

四是妥善解决国债投资建设粮库的产权归属问题。国家有关部门下发文件划转上收96个国债投资建设粮库为中央储备粮直属库，中央储备粮垂直管理体系建设得到进一步完善。

四　积极做好粮食销售和移库工作，稳定粮食市场和价格

一是做好政策性粮食的销售工作。根据市场情况和消费需要，及时安排国家政策性粮食在批发市场公开竞价销售，保证市场供应。

二是适时安排中央储备食用植物油销售。2008年3月，针对国内外食用油价格持续上涨，部分地区小包装食用油供应紧张情况，国家有关部门安排部分中央储备食用植物油，定向销售给部分大型食用油加工企业，加工成小包装油后尽快投放市场，稳定了小包装食用油的市场价格。

三是继续做好中央储备和国家临时存储粮食跨省移库工作。2008年国家有关部门继续安排中央储备和国家临时存储粮食跨省移库，充实了销区粮食库存，改善了库存布局，缓解了主产区收储压力。

五　完善粮食统计体系，不断提高服务水平

2008年，各级粮食部门认真贯彻《国家粮食流通统计制度》，切实履行统计职能，积极开展统计调查，认真做好粮油市场信息监测和预测分析工作，努力提升统计服务水平，为国家粮食宏观调控提供了可靠的决策依据。

一是修订完善国家粮食统计制度，指导行业统计工作。根据粮食流通发展形势的需要，修改完善国家粮食统计制度，进一步完善统计指标体系。研究制定了社会食用植物油及油料供需平衡调查方案，并将其纳入统计制度。

二是加强粮油市场信息监测，适时调整监测范围和监测频率。针对2008年国内外复杂多变的粮食市场形势，国家粮食局及时调整、增补粮油市场信息监测直报点，进一步健全了信息监测系统和报告制度。2008年3月启动食用植物油产销和价格信息日报制度，5月启动大米市场监测日报制度。汶川特大地震灾害发生后，灾区粮食部门每天报送救灾粮出库、加工、供应等情况，国家粮食局汇总整理后及时向国务院抗震救灾总指挥部报告。在此期间，广大粮食统计工作人员连续奋战、加班加点、辛勤工作，每日按时上报监测信息，对做好抗震救灾工作和加强粮食宏观调控发挥了重要作用。

三是切实抓好社会粮食供需平衡调查工作，不断提高调查水平。各地粮食部门积极完善调查方案，努力落实工作经费，认真组织调查活动，全面收集、整理相关数据，深入分析调查数据和汇总结果，较好地完成了2007年度全社会粮食供需平衡调查工作，所形成的报告比较准确地反映了当年粮食供需形势，具有较高的参考价值，得到了国务院领导同志及有关部门领导的肯定。

四是研究制定植物油供需平衡调查方案并组织实施。为准确把握国内食用油供求形势，经商部分省粮食局，国家粮食局研究制订了食用植物油供需平衡调查方案，并在全国范围确立了全社会油料及食用植物油的供需平衡调查体系，为国家实施食用植物油宏观调控提供全面、准确的决策依据。

六　积极推动粮食产销合作，促进粮食顺畅流通

2008年，粮食产销合作继续健康发展，合作水平不断提高，合作内容不断丰富，合作规模不断扩大。

一是认真落实东北粳稻运费补贴政策。2008年，国家先后两次出台了关内销区采购东北粳稻（大米）入关运费补贴政策。国家粮食局会同有关部门分别在哈尔滨和长春召开了产销衔接会，各地粮食部门积极加强与有关部门的沟通协调，认真抓好政策落实，有力地推动东北稻谷（大米）向关内销区的顺畅流通，既缓解了东北地区的收储压力，又优化了库存布局。据统计，2008年上半年关内销区按照运费补贴政策共采购东北稻米376万吨。2008年11月至年底，关内销区已采购东北稻米83万吨。

二是各地积极举办粮食产销合作洽谈会。2008年，各类产销合作洽谈会共签订粮食购销合同2050万吨。同时，黑龙江金秋粮食交易合作洽谈会、福建七省粮食产销协作洽谈会等产销合作会参会企业不断增多，交易数量逐步增加，示范效应日益显现，对促进区域粮食供求平衡发挥了积极的作用。

粮食应急体系建设

一   健全粮油监测预警系统，加强日常监测工作

为进一步加强粮食市场信息监测工作，国家粮食局制定《国家粮食局市场信息监测方案》，在全国确定了300多个粮食市场监测直报点，初步建立了国家粮食局粮食市场监测信息直报体系。针对国内外复杂的粮食市场形势，2008年及时调整并增加了粮油市场信息监测直报点，进一步健全信息监测系统。在做好价格监测周报的同时，在粮食收购旺季和粮价出现较大波动时，实行粮油价格日报制度，及时跟踪和掌握市场价格变化情况，为粮食应急预警、预报打好基础。2008年4月29日开始对大米市场实施日监测报告制度。"5·12"汶川特大地震发生后，还重点加强了对四川、陕西、甘肃、重庆和云南等5个受灾严重省份的救灾粮油供应、中央储备救灾粮加工调运投放、市场粮油供应及价格情况的实时监测，密切关注灾区粮油市场和价格变化情况，及时掌握最新动态，切实做到心中有数。

二   积极应对突发状况，确保粮油市场供应和价格稳定

（一）抗雪灾稳市场

2008年初，我国南方遭遇历史罕见的低温雨雪冰冻灾害。在国务院煤电油运抗灾抢险应急指挥中心统一指挥下，国家粮食局迅速要求各地采取有效措施，确保粮油市场供应不断档、不脱销，保持市场价格基本稳定。贵州、安徽、广西、湖南、江西、四川、广东等省（区）的部分地区及时启动粮食应急预案，紧急动用部分地方储备粮，全力保障春节期间灾区粮油市场供应。抗灾工作转入全面恢复重建阶段后，国家粮食局及时研究和部署，派出4个工作组分赴安徽、江西、湖北、湖南、广东和贵州等受灾地区，调查了解灾区粮油市场供应和粮食仓储设施受损等情况，指导和督促各地进一步做好灾区粮油供应和灾后恢复重建工作，并下发了《关于切实做好受灾地区和缺粮地区粮油市场供应工作的通知》。要求各地妥善安排好灾区群众生活，切实做好受灾地区和缺粮地区群众的粮油供应工作，帮助农民顺利度过春荒。

（二）抗震救灾保供应

汶川特大地震发生后，国家粮食局及时召开党组会议，成立了以党组书记、局长聂振邦为组长的抗震救灾工作领导小组。迅速下发了《关于做好抗震救灾确保灾区粮油供应工作的紧急通知》，对做好灾区粮食供应和市场稳定工作进行了部署。同时，迅即派出工作组赶赴四川地震灾区，指导和帮助地方粮食部门做好灾区群众和救灾部队的粮食供应。随后，按照国务院确定"3个月内向灾区困难群众每人每天发放1斤口粮"的标准，国家粮食局会同有关部门分批下达了中央储备粮救灾供应计划，确保灾区粮油供应和市场价格稳定。灾区省级粮食部门加强与中储粮系统协调配合，迅速落实出库粮源，并组织应急加工、供应定点企业，对救灾中央储备粮进行紧急出库、加工、调运和供应，保证了灾区粮食供应。四川、甘肃两省以及云南、陕西部分市县及时启动粮食应急预案，全力

以赴抗震救灾，确保灾区群众、抢险救援部队和抗震救灾人员"有饭吃"，圆满完成了粮食应急供应的各项任务。

（三）积极应对市场波动

2008年3月，针对国内外食用油市场价格大幅度上涨，部分地区小包装食用油供应紧张的状况，国家有关部门安排中央储备食用植物油25万吨，定向销售给部分大型食用油加工企业，加工成小包装油后尽快投放市场，稳定了小包装食用油的市场价格。在2008年上半年食用油价格大幅上涨期间和汶川地震灾害后，北京、山西、吉林、黑龙江、上海、四川、重庆和陕西等地及时动用或提前轮出了部分地方储备油投放市场，稳定了食用油市场价格。

三　健全粮食应急体系，提高应急保障能力

按照国家粮食应急预案要求，各地进一步完善本地区粮食应急预案，积极组织培训和应急演练，健全应急保障体系。目前全国31个省（区、市）都出台了粮食应急预案，大部分地（市）、县（市）出台了本地区粮食应急预案，大多数省份还成立了粮食应急工作指挥部，建立粮食应急加工和供应指定企业等应急保障体系。初步统计，各地已确定粮油应急加工定点企业2374家，应急供应定点企业6595家，应急保障能力进一步增强，经受住了重大自然灾害和突发事件的考验。2008年初南方低温雨雪冰冻灾害发生后，贵州及广西、湖南、江西、四川、广东等省（区）的多数市（州、县)及时启动了粮食应急预案。汶川特大地震发生后，四川、甘肃两省以及云南、陕西的部分市、县也相应启动了粮食应急预案。总体看，各地粮食应急工作卓有成效，保证了粮食应急供应，确保了粮油市场价格的基本稳定。同时，各地按照国家有关要求，进一步充实地方粮油储备，优化储备布局和品种结构，增强了应急保障能力。

粮食安全规划

为明确今后一段时期保障我国粮食安全的指导思想、目标、主要任务及相应的政策措施，构建适应社会主义市场经济发展要求和我国国情的粮食安全保障体系，根据国务院领导同志的批示精神，国家发展改革委会同有关部门和单位组织编制了《国家粮食安全中长期规划纲要（2008～2020年）》（以下简称《纲要》）。《纲要》是我国政府制定的第一个中长期粮食安全规划，也是今后一个时期我国粮食宏观调控工作的重要依据。

一 《纲要》出台主要背景

近年来，党中央、国务院不断加大对粮食生产的扶持力度，加强粮食宏观调控，深化粮食流通体制改革，实现了粮食供需总量的基本平衡，保持了粮食市场和价格的基本稳定，为改革发展稳定全局奠定了重要基础。但农业仍然是国民经济的薄弱环节，随着工业和城镇化的推进，我国粮食安全也面临新情况和新问题，中长期发展面临的挑战更严峻，必须丝毫不能放松，做到未雨绸缪。

（一）编制《纲要》，是进一步统一思想、强化全社会粮食安全意识的需要

粮食安全始终是关系经济发展、社会稳定和国家自立的全局性重大战略问题。保障粮食安全，对全面建设小康社会、构建社会主义和谐社会和推进社会主义新农村建设具有十分重要的意义。2007年以来，新一轮世界性粮食危机再次警示，粮食安全始终是治国安邦的头等大事，在任何时候都不可掉以轻心。在国家层面上编制粮食安全规划纲要，有利于进一步增强全民的粮食安全意识和忧患意识，提高对粮食安全重要性的认识，有利于落实粮食安全责任，切实抓好保障粮食安全的工作。

（二）编制《纲要》，是应对新形势下面临的严峻挑战，牢牢把握粮食安全主动权的需要

当前我国粮食安全形势总体是好的，但也要清醒地看到，我国的粮食安全基础并不牢固。从今后发展趋势看，随着工业化和城镇化发展，我国粮食安全将面临人口增加、耕地减少、水资源短缺、气候变化、国际市场波动等诸多挑战，保障国家粮食安全的形势很严峻、任务很艰巨。一是粮食消费需求总量呈刚性增长；二是耕地数量逐年减少；三是水资源短缺矛盾突出；四是供需区域性矛盾突出；五是品种结构性矛盾加剧；六是种粮比较效益偏低，农业劳动力呈现结构性紧缺趋势，保护农民种粮积极性的难度加大；七是利用国际市场弥补国内个别品种供给不足的难度增大。因此，必须立足当前，着眼长远，从战略高度进行全面系统的规划，明确指导思想，指明发展方向，制定政策措施，切实做到未雨绸缪。

（三）编制《纲要》，是加强和改善粮食宏观调控，提高粮食安全保障能力的需要

保障粮食安全，涉及粮食生产、流通、加工、进出口、储备、消费等各个环节。通过编制规划纲要，从上述各个方面提出保障粮食安全的目标、任务和政策措施，为今后粮食宏观调控工作提供重要依据，有利于统筹兼顾、协调推进、形成合力，增强粮食宏观调控能力，为保证粮食安全提供强有力的支撑。

二　《纲要》主要内容

《纲要》在总结近10年我国粮食安全取得的成就，分析今后一个时期面临挑战的基础上，提出了2008年至2020年保障我国粮食安全的指导思想、目标和主要任务及相应政策措施。

《纲要》强调，保障国家粮食安全，必须坚持立足于基本靠国内保障粮食供给，加大政策和投入支持力度，严格保护耕地，依靠科学技术进步，着力提高粮食综合生产能力，增加食物供给；完善粮食流通体系，加强粮食宏观调控，保持粮食供求总量基本平衡和主要品种结构平衡。

《纲要》提出，我国粮食自给率要稳定在95%以上，到2020年粮食综合生产能力达到5400亿公斤以上。为实现这一目标，要坚持家庭承包经营责任制长期稳定不变，推进农业经营体制机制创新；要采取强有力的措施保护耕地，下大力气加强农业基础设施特别是农田水利设施建设，强化农业科技支撑，稳步提高粮食综合生产能力；要努力增加农民收入，逐年较大幅度增加对农民的种粮补贴，逐步理顺粮食价格，使种粮农民能够获得较多收益，保护和调动农民生产积极性；要加强粮食储备体系和进出口贸易体系建设，把握好储备吞吐和进出口调节的时机和力度，改进对粮食市场的调控；要引导科学、节约用粮，提高全民粮食安全意识，努力在全社会形成爱惜粮食、反对浪费的良好风尚。

《纲要》强调，保障国家粮食安全，必须建立健全中央和地方粮食安全分级责任制，全面落实粮食省长负责制，形成有效的粮食安全监督检查和绩效考核体系。不断完善政策，进一步调动各地、各部门和广大农民发展粮食生产的积极性。

三　《纲要》主要特点

《纲要》坚持立足当前、着眼长远，把粮食安全放在我国工业化和城镇化发展的历史进程中，作为全面建设小康社会、推进社会主义新农村建设的一项重要战略任务来定位；坚持立足粮食安全、确保食物安全，把粮食安全放在食物安全的大视野中来把握；坚持立足国内、放眼世界，把国内粮食安全放在世界粮食供求的总格局中来考虑；坚持立足全局、统筹兼顾，从粮食生产、流通、加工、进出口、储备、消费等各个环节组成的产业链进行系统规划，具有战略性、宏观性和政策性。

四　《纲要》贯彻落实

保障粮食安全，是一项长期而艰巨的战略任务。组织实施好《纲要》，是落实党的十七届三中全会精神的重要举措，这是各级政府的责任，也是全社会的责任。为此国家有关部门按照国务院要求，抓紧组织编制从粮食生产、流通、储备、加工和消费等方面重点专项规划。有关地方特别是一些粮食增产潜力较大的地区也研究制定了增加本地区粮食生产的规划和措施。这些专项规划的编制将形成一个规划体系，使《纲要》提出的各项目标和任务更加具体、细化，更具可操作性，为做好今后的粮食调控工作奠定基础。

粮食流通体制改革

　　2008年，粮食部门深入贯彻落实科学发展观，全面贯彻党的十七大、十七届三中全会精神，认真落实《中共中央国务院关于切实加强农业基础建设进一步促进农业发展农民增收的若干意见》（中发〔2008〕1号）、《国务院关于印发国家粮食安全中长期规划纲要（2008~2020年）的通知》（国发〔2008〕24号）和《国务院关于促进食用植物油产业健康发展保障供给安全的意见》（国发〔2008〕36号）精神，以纪念改革开放30周年为契机，不断加强和改善宏观调控，继续深化国有粮食企业改革，健全市场监管体系，促进粮食流通产业发展，为切实保护农民利益、维持粮食市场和价格基本稳定、保障国家粮食安全作出了积极贡献。

一　　总结改革经验，稳步推进粮食行政管理职能转变

　　2008年1月初，国家粮食局召开全国粮食局长会议，认真落实中央经济工作会议、中央农村工作会议精神，深入分析粮食流通体制改革过程中出现的新情况、新问题，明确粮食流通体制改革工作任务。按照中央关于纪念改革开放30周年的部署，5~12月，在全国范围内组织开展了以"粮食流通体制改革和现代粮食流通产业发展"为主题的纪念活动。通过征文、约稿、座谈会、研讨会等多种形式，回顾和总结改革开放30年来粮食流通体制改革历程、成就和经验，指导和推动各地继续深化粮食流通体制改革，促进现代粮食流通产业发展。指导各地稳步推进粮食行政管理部门职能转变，加快实行政企分开，不断加强粮食市场监管执法体系建设，规范粮食流通市场秩序，服务粮食宏观调控，积极培育和发展粮食经济合作组织，加强对粮食经纪人的培训和引导，加快构建新型粮食购销服务网络，把粮食行政管理部门的工作重心转到粮食市场调控、监管和行业指导、服务上。

二　　改善宏观调控，确保粮食市场和价格基本稳定

　　2008年，面对国际粮价大涨大落的复杂形势，根据国家宏观调控需要和市场需求情况，适时安排政策性粮食竞价销售，合理把握储备粮油的轮换时机和销售节奏，全年国有粮食企业销售粮食15325万吨，其中销售政策性粮食4690万吨，有效地稳定了市场粮价，维护了广大生产者和消费者的权益。下达政策性粮食跨省移库计划634万吨，累计完成462.5万吨，有效地充实了销区粮食库存，缓解了产区收储压力。认真组织实施中央储备玉米、大豆和食用植物油增储计划。及时下达和督促实施中央储备粮年度轮换计划。按照国务院部署，各地认真落实国家有关部门下达的地方储备粮规模指导计划和储备油规模标准要求。中央、地方储备粮、油同比均有所增加。

　　认真落实国家粮食最低收购价政策，连续调高小麦、稻谷最低收购价，并将稻谷最低收购价实施范围扩大到11个省（区）。在6个小麦主产省启动执行预案，全年收购最低收购价小麦4174万吨，比上年增加1281万吨。认真落实国家关于东北地区粳稻、玉米、大豆和南方稻谷的临时收储政策，有效解决农民"卖粮难"问题。2008年收购临时存储（含中央储备）稻谷1608万吨、玉米1517万吨、大豆

192万吨。仅2008年国家增加政策性粮食收购，提高收购价格，带动市场粮价回升，按商品量测算，使农民增收500多亿元。

三　深化企业改革，指导国有粮食企业扭亏增盈

积极应对全球金融危机和国际粮价波动影响，认真调查研究，着力找准当前国有粮食企业改革中存在的薄弱环节和突出问题，进一步推进国有粮食企业产权制度改革，优化企业布局和结构。截至2008年底，全国国有粮食企业总数18989个，其中购销企业13562个，分别比上年减少11.4%和8.2%；国有粮食企业职工69.9万人，其中购销企业职工51.6万人。全年安置分流职工再就业6.5万人，其中粮食部门安置4.4万人。指导国有粮食企业继续深化改革，加强企业管理，做好扭亏增盈。据统计，2008年全行业国有粮食企业统算盈利21.3亿元，北京、天津、吉林、上海、江苏、浙江、安徽、福建、江西、山东、河南、湖北、湖南、广东、四川、云南、陕西、青海、新疆等19个省（区、市）及新疆生产建设兵团实现了统算盈利。

四　加强流通监管，推进粮食行政执法体系建设

继续贯彻《中央储备粮管理条例》和《粮食流通管理条例》。积极准备《粮食法》的研究起草工作。规范收购市场秩序，认真做好粮食收购资格审核工作。深入推进粮食流通监督检查工作，继续加强粮食清仓查库工作，建立了行政执法信息管理系统，进一步加强全社会粮食流通监管工作体系建设。目前全国已有29个省（区、市）和80%以上的地市、70%的县级粮食部门设立了监督检查机构，经过培训获得执法资格的人员2.5万人。以粮食最低收购价政策落实情况为重点，组织开展专项检查活动9万多次，及时受理举报、核查涉粮案件，维护了正常的粮食流通秩序。

五　加强政策指导，促进现代粮食流通产业发展

按照《国家粮食安全中长期规划纲要（2008～2020年）》关于积极推进现代粮食流通产业发展的有关要求，国家粮食局以纪念改革开放30周年为契机，认真总结改革开放30年来粮食流通体制改革与现代粮食流通产业发展的成效和经验，通过开展多种形式的交流，不断加强对粮食流通产业发展重大问题的研究，加强规划建设和政策指导，推动现代粮食流通产业平稳较快发展。各地粮食部门不断加强调查研究和组织协调，创新体制机制，大胆实践，勇于探索，积极推动现代粮食流通产业发展。黑龙江省制定了《现代粮食流通产业发展战略工程规划》，江苏、安徽、湖北等地将粮食产业发展纳入地方经济发展规划，发展多元粮食市场主体，培育产业化龙头企业，积极发展产业化经营，加强粮食市场体系和物流体系建设，健全粮食储备体系，加快现代粮食流通产业建设。

扎实推进农户安全储粮和"放心粮油"工程。完成辽宁、山东、四川3省农户安全储粮试点专项，通过中央补助、地方配套和农户自筹的方式，为试点地区农户配置标准化储粮装具，推广科学储粮技术，起到明显减损效果和示范作用。继续大力开展"放心粮油"进农村、进社区工作，加强粮油质量监管和城乡营销服务网络建设。组织指导全国150多家粮油骨干企业，共同签署深入推进放心粮油工程确保粮油食品安全承诺书，促进企业保护消费者权益。

国有粮食企业改革和发展

2008年，各地粮食部门以科学发展观为指导，努力克服国内自然灾害和国际金融危机的影响，积极推进国有粮食企业改革，取得了明显成效。

一　认真开展调查研究，加强对国有粮食企业改革的指导

2008年上半年，国家粮食局要求各地粮食部门认真组织开展了对国有粮食企业改革和发展的调研，通过开展深入细致的调查研究，广泛听取各方面的意见建议，及时了解和掌握国有粮食企业改革发展情况，认真分析改革中取得的成功经验和存在的突出问题，着力推进国有粮食企业重点和薄弱环节上的改革。特别是针对基层国有粮食购销企业改革和经营管理中存在的问题，国家粮食局还与有关部门进行了专题调研，对国有粮食购销企业改革、经营管理情况和存在的问题进行了认真分析，并从完善体制机制上，提出了进一步深化改革的政策建议。

为了加强对各地国有粮食企业改革的指导，9月上旬，国家粮食局在浙江省杭州市召开了部分粮食产销区和产销平衡区省份国有粮食企业改革工作座谈会，重点围绕继续深化县级国有粮食企业改革等问题进行了深入研究讨论，进一步明确基层国有粮食企业改革的方向。

二　继续推动国有粮食企业深化改革，积极发挥粮食购销主渠道作用

各地针对改革中存在的薄弱环节和突出问题，制定有效政策措施，不断推进国有粮食企业深化改革，取得了明显成效。截至2008年底，全国国有粮食企业总数18989个，其中购销企业13562个，分别比上年减少2450个、1216个；改制企业数9539个，其中购销企业7185个，分别占现有企业数的50.2%、53%。尽管国有粮食企业数量减少，但布局和结构进一步优化，市场竞争能力不断提高，当年粮食收购量占到全社会收购量的58%，主渠道作用继续发挥。

三　认真解决国有粮食企业"三老"中的遗留问题，进一步减轻企业负担

各地粮食部门积极采取措施，认真解决国有粮食企业"三老"遗留问题，切实减轻企业负担。截至2008年底，国有粮食企业历史财务挂账得到进一步核实，政策性挂账绝大部分已上划到县级（含县级）以上粮食行政管理部门集中管理，原按国家政策收购的保护价粮食都进行了销售处理。各地继续争取政府和有关部门支持，多渠道筹集国有粮食企业分流安置职工和离退休人员所需资金，切实解决企业分流安置职工的社会保障和再就业问题，维护职工合法权益。当年安置国有粮食企业下岗职工再就业6.5万人，其中粮食部门安置4.4万人，占当年全部安置数的67.5%。下岗职工社会保障和再就业工作取得了明显成效，保障了职工合法权益，促进了社会和谐。

| 四 | 积极应对金融危机，国有粮食企业扭亏增盈取得重大突破 |

　　2008年，针对全球金融危机、国际粮价波动和国内经济增长放缓对国有粮食企业经营和发展的影响，国家粮食局进一步要求各地加强对企业经营管理的指导，通过企业扭亏增盈信息通报制度、重点企业经营分析制度和扭亏增盈目标考核机制，及时了解和掌握企业经营情况，加强国有粮食企业经营管理，提高经济效益。并于12月上旬在广西南宁市及时召开了部分省（区、市）国有粮食企业经营管理工作座谈会，认真分析国有粮食企业经营管理情况及面临的突出问题，研究部署进一步做好国有粮食企业经营管理工作的主要措施。在各级粮食部门的共同努力下，2008年国有粮食企业扭亏增盈又取得重大突破，在2007年首次实现国有粮食购销企业统算盈利基础上，全国国有粮食企业实现统算盈利21.3亿元，比上年增长13倍。北京、天津、吉林、上海、江苏、浙江、安徽、福建、江西、山东、河南、湖北、湖南、广东、四川、云南、陕西、青海、新疆等19个省（区、市）及新疆生产建设兵团实现了统算盈利；河北、广西、海南等省（区）国有粮食购销企业实现了统算盈利；内蒙古、辽宁、黑龙江等省（区）亏损大幅度下降。

粮食流通监督检查

2008年，各级粮食部门认真贯彻党的十七大、十七届三中全会精神，深入学习实践科学发展观，履职尽责地完成了监督检查工作任务。面对南方低温雨雪冰冻灾害、汶川特大地震、百年奥运和国际国内粮食市场重大变化等考验，粮食监督检查战线的广大干部职工不畏艰难、甘于奉献，在国家各项粮食政策贯彻落实情况专项检查、粮食库存检查和加强粮食监督检查体系、制度、队伍建设等方面取得了新的成绩。

一 认真开展国家粮食收购政策落实情况和政策性粮食供应情况专项检查

（一）开展粮食收购政策落实情况专项检查

2008年5月，国家启动小麦最低收购价预案。为保证这一惠农政策落到实处，6月，国家粮食局会同国家发展改革委联合下发了《关于开展粮食收购政策落实情况专项检查的通知》（国粮检〔2008〕122号），对小麦最低收购价政策专项检查进行部署。国家粮食局聂振邦局长等局领导亲自带队赴有关省对夏粮收购进行检查。为加强监督检查，确保国家粮食收购政策落实到位，国家粮食局多次派出检查组，前往河南等最低收购价政策启动省，检查政策执行情况。河北、江苏、安徽、山东、河南、湖北等预案启动省份粮食部门会同物价等部门对预案执行情况积极开展了专项检查。有关省粮食部门成立了由局领导带队的夏粮收购督查组，分片包干，深入收购现场开展检查。为提高检查工作的透明度和公信力，江苏省通过江苏粮网向社会公布全省粮食监督检查举报受理联系方式；安徽省在专项检查中邀请新闻媒体参加，聘请人大代表、政协委员参与监督。预案启动省份还加大对违反最低收购价政策举报案件的查处力度，严肃查处了"转圈粮"等违反政策的行为。

（二）开展国家临时存储粮销售出库和跨省移库工作专项检查

2008年4月，国家粮食局与国家发展改革委联合下发了《关于开展最低收购价粮食竞价销售出库专项检查的通知》（国粮检〔2008〕78号），部署了最低收购价粮食竞价销售出库专项检查工作。有关省粮食部门制定了专项检查方案，督导有关粮食批发市场加强协调，督促企业按合同及时出库。陕西省对本省最低收购价粮食竞价销售情况进行跟踪了解，每月通报一次。安徽省对个别拖延出库比较严重的企业，取消了最低收购价粮食收购资格。江西省粮食局公布检查举报电话接受举报、投诉，切实履行监管职责，确保最低收购价粮食竞价销售出库工作顺利进行。

（三）开展其他政策性用粮购销活动的监督检查

各地积极开展了军供粮、退耕还林粮、水库移民粮、救灾粮等政策性用粮经营活动的监督检查。北京市严格执行退耕还林补助粮供应政策，严把供应手续关，加强对退耕还林粮食供应的监管，由于各方面工作到位，使2008年退耕还林供应粮食任务完成时间较往年提前了一个月。天津、福建、海南、贵州、陕西等省（市）加强了对军供粮的监督检查，保证了军粮及时、优质供应，受到部队好评。

二　加强粮食库存检查

（一）圆满完成2008年全国粮食库存检查工作

为更好地开展粮食库存检查工作，经过广泛征求意见和认真研究，国家有关部门决定从2008年开始，将每年库存检查时点由过去的8月末调整到3月末。2月，国家粮食局下发了关于结合春季粮食库存普查开展2008年全国粮食库存检查工作的通知，对全国库存检查工作进行了全面部署。4月，根据国务院领导同志的批示精神，国家粮食局再次发出紧急通知，要求各地重视和加强粮食库存检查工作。随后，在各地自查和复查的基础上，会同国家发展改革委等有关部门和单位先后派出5个督查组，对河北、辽宁等8省（市）粮食库存检查情况进行了督查和随机抽查。从检查结果看，中央和地方储备粮以及其他政策性粮食库存账实基本相符、质量良好、储存安全，管理比较规范。检查中也发现个别地区企业自营商品粮库存账实差数较大等问题。对查出的问题提出了整改意见并督促有关地区迅速整改。通过检查，摸清了全国粮食库存的基本情况，为国家制定宏观调控政策提供了可靠的依据。2008年全国粮食库存检查达到了预期效果，实现了库存检查时间的平稳过渡。

（二）认真做好2009年全国粮食清仓查库各项准备工作

国务院决定在2009年开展全国粮食清仓查库工作，国家粮食局高度重视，会同国家发改委代拟了《国务院办公厅关于开展全国粮食清仓查库工作的通知》。2008年10月24日，国务院办公厅以国办发〔2008〕118号下发。为了增强查库工作的针对性，制定了工作实施方案，并分别在山西、河北召开座谈会，广泛征求地方各级政府和同级有关部门、人大代表和政协委员、基层企业和专家的意见。在此基础上，制定了《2009年全国粮食清仓查库工作实施方案》、《2009年全国粮食清仓查库检查办法》和检查人员培训方案等文件。实施方案和检查方法广泛征求了国家有关部门和全国各省级相关部门的意见，并经全国粮食清仓查库工作部际联席会议审议通过，下发各地执行。为加强组织领导，国家有关部门成立了由国家发展改革委牵头的全国粮食清仓查库工作部际联席会议及其办事机构。国家粮食局成立了局党组统一领导的粮食清仓查库专项工作班子。同时，还组织专业人员编写了粮食清仓查库培训教材，开发研制专门的数据汇总软件等，为全国粮食清仓查库的顺利进行奠定了基础。

三　努力做好地震灾区、奥运举办城市及西藏自治区供应粮油的检查

5月12日汶川特大地震发生后，地震灾区各级粮食部门认真贯彻落实党中央、国务院的决策部署，全力投入抗震救灾，加强市场粮食供应监督检查。全国其他地区粮食部门也积极采取措施支持抗震救灾。"5·12"地震发生后的第二天，四川省粮食局即下发通知并派出工作组，安排部署抗震救灾期间的粮食监督检查，维护粮食流通秩序。四川、甘肃、陕西、重庆等省（市）粮食部门，连续发出通知、派出人员，加强应急粮油和救灾粮食监管，确保原粮出库、加工、运输、储存、包装和发放的时间、数量、质量。受灾地区粮食部门与工商、卫生、质检部门密切配合，加大救灾粮和其他政策性粮食质量监管力度，严防灾区发生问题粮食。四川省在抗震救灾期间累计向灾区抢运成品粮32.9万吨、菜油9000多吨，由于监管到位，确保了受灾群众和救援官兵吃上放心粮，受到了省委、省政府的充分肯定和灾区群众的广泛赞誉。抗震救灾中粮食系统涌现出来的可歌可泣的英雄人物和展现出的无私奉献精神，为粮食部门增了光，添了彩。

北京、青岛、大连、上海等奥运举办和协办城市为确保奥运期间粮油供应，认真开展了成品粮油检查。北京市粮食局在各区、县局检查的基础上专门派出27名检查人员，对保奥运的储粮点进行检查，为奥运会举办期间全市成品粮油市场供应和保持市场稳定作出了贡献。

西藏在"3·14"事件发生后，为了确保市场供应，稳定民心，西藏自治区粮食局在加强供应的同时，加大对全区粮食市场和价格的监督检查，并对粮食质量进行跟踪监测，督促企业抓紧供应工作，为保证全区市场供应和价格稳定发挥了积极作用。

四　认真开展面向全社会粮食流通的监督检查

（一）加强粮食流通统计制度执行情况专项检查

为督促粮食经营者严格执行国家粮食流通统计制度，北京、河北、黑龙江、安徽、福建、湖北、江西、云南等省和新疆生产建设兵团粮食部门开展了粮食流通统计制度执行情况检查，摸清了全社会粮食经营底数，增强了粮食经营者统计法制观念，规范了企业经营台账，提高了统计数据的质量，为国家粮食宏观调控提供有力支撑。

（二）加强对粮食收购许可的核查

按照《粮食流通管理条例》的要求，海南、贵州等省加强对粮食收购许可的核查，保证直接收购农民粮食的企业具备必要的资金量，仓储和检化验条件符合有关要求。天津市还对外商进入收购市场严格审批，严格把关。

（三）加强粮食经营者保持必要库存量检查

2008年，受国际粮价大幅波动的影响，国内粮食市场不确定因素增加，为保证粮食市场价格在合理水平上基本稳定，江苏、福建、青海等省开展了粮食经营者保持必要库存量检查，督导粮食经营企业履行义务。

此外，各地还开展了其他一些各具特色的专项检查活动。如：江苏、福建等省开展了地方储备成品粮油检查。广西壮族自治区开展了粮食直补和储备粮订单收购等政策落实情况检查。天津、上海等市开展了重大节日成品粮油市场检查。据统计，2008年全国各级粮食部门开展各种形式的监督检查执法活动9万余次，出动人员40万多人次，检查各类粮食经营企业36万多个次。

五　扎实有效做好各项基础工作

（一）体系建设常抓不懈

截至2008年末，全国有30个省级粮食部门和新疆生产建设兵团粮食局设立了监督检查机构。284个市（地）级粮食部门设立了监督检查机构，同比增加10个，比例达到80%。1701个县（市）级粮食部门设立了监督检查机构，同比增加194个，比例达到70%。天津、河北、山西、辽宁、吉林、江苏、安徽、山东、湖北、湖南、重庆、宁夏12省（区、市）实现了国家粮食局年初提出的市（地）级85%、县级75%的机构建设目标。全国市、县两级成立粮食流通监督检查执法队1232个，同比增加136个。全国共有24个省级、148个市（地）和664个县（市）粮食部门得到了同级财政的监督检查专项经费支持。

（二）制度建设全面推进

2008年，在各地粮食部门的大力支持下，国家粮食局制定了《全国粮食流通监督检查工作考核暂行办法》，并重新修订了《粮食行政执法文书》。各地在制度建设方面也做了大量的工作。一是建立和完善了监督检查相关配套制度，增强了法律法规的可操作性，提高了执法效率。天津市粮食局制定了粮食经营者最低最高库存量标准。河北、陕西省粮食局建立了案件处理工作规则。山西省粮食局制定了"放心粮油"经销网络监督管理办法、粮食质量安全追溯制度。广东省粮食局制定了地方储备粮库存检查暂行办法、部门协作机制的意见。辽宁省粮食局制定了行政处罚自由裁量权指导标准。江苏省粮食局制定了粮食流通企业信用体系建设三年行动实施计划、监督检查分级监管实施办法。二是建立了层级监督机制，促进了监督检查整体水平的提高。天津、河北、青海、西藏等省（区、市）粮食局相应制定或完善了本行政区监督检查工作考核（评）办法。辽宁省粮食局制定了行政执法层级监督办法。三是建立了监督检查机构内部管理制度。黑龙江、西藏等省（区）粮食局建立了监督检查人员行为规范监督检查操作规程。

（三）队伍建设日益加强

2008年，国家粮食局举办了一期粮食流通监督检查行政执法培训班，对省级粮食监督检查人员及部分地市业务骨干进行了培训。北京、天津、辽宁、江西、福建、山东、山西、江苏、河南等省（市）粮食局根据执法人员基本状况和工作需要，举办了一系列培训。通过培训，全国取得行政执法资格的执法人员达到25427人，同比增加210人，其中市、县两级占96%。各地还通过开展经验交流会，组织业务调研等形式，提高执法人员素质及实际执法能力和水平。

六　执法环境继续得到改善

各地在开展执法实践活动的同时，积极采取多种措施，为粮食执法营造良好的社会氛围。一是加强粮食流通法律法规和粮食政策的宣传。各地利用"5·26"条例颁布日、"10·16"世界粮食日和"12·4"法制宣传日等有利时机，采取多种形式开展宣传，使社会各界了解有关粮食法律法规和粮食部门开展的监督检查活动。二是创新监管方式，积极探索和推动粮食市场联合执法，发挥监管合力，既保证了粮食部门执法不越位、不缺位、不错位，又提高了相关部门对粮食部门行政执法重要性的认识。湖北省粮食局联合省工商等部门制定实施了《湖北省粮食市场监管联合执法实施意见》，取得了初步成效。广东省粮食局会同省发展改革委、工商局等部门制定了《关于建立和健全粮食流通监督检查工作部门协作机制的意见》。三是各地在开展监督检查工作中，积极引导企业增强自律意识、社会责任意识，坚持预防在先，把检查融入服务之中。通过多方努力，粮食监督检查行政执法环境进一步得到改善。

粮油标准化与质量安全监管

一 粮油标准制修订和标准化体系建设

（一）标准制修订和实施工作

2008年，根据国家标准委的计划安排，国家粮食局组织全国有关科研院所、院校、检验机构及粮油企业的专家学者和技术骨干，对标龄为2003年以前的粮油标准进行了全面修订，同时完成一批行业急需标准的制定工作。一年中，全国粮油标准化技术委员会召开了11次会议，讨论审定并原则通过了316项粮油国家标准和行业标准，其中原粮油料质量标准21项、粮油产品标准制43项、检测方法标准138项、粮油机械设备标准43项、粮油储藏标准35项、基础和管理标准36项。粮油标准标龄过长的问题得到全面解决。

2008年，国家质检总局、国家标准委发布实施154项粮油国家标准。其中新制定标准50项，修订标准104项。按标准类别分，原粮、油料及其加工产品质量标准43项，检验方法标准93项，储藏标准3项，机械标准3项，基础和管理类标准12项。国家粮食局发布实施了《粮油储藏技术规范》等24项粮食行业标准。

为推进《小麦粉》和《食用植物调和油》两项标准制修订工作，2008年10月30日，国家粮食局召开专题座谈会，邀请国家发展改革委、商务部、卫生部、国家工商总局、国家质检总局、国家标准委以及有关协会、学会、科研院所院校、检验机构、部分粮油加工企业的代表和专家，围绕小麦粉中禁用化学增白剂和规范调和油名称、标识等问题进行了讨论。与会的绝大多数代表和专家赞成在小麦粉中禁用过氧化苯甲酰、过氧化钙等化学增白剂。各方代表对《食用植物调和油》标准提出的明确标识原料油的名称和实际含量、高比例成分冠名、原料留样备查等要求表示充分认可，认为新标准对于规范调和油产品市场，维护消费者权益将会起到重要作用。会议建议起草单位和部门对两项标准进一步完善后尽快报批。

2008年，国家粮食局组织制定了粮食实物标准样品制备和定值规程，以粮食行业标准形式，发布粮食定值实物标准样品4项，对粮食感官检测工作进行了规范。

2008年，我国按照WTO/TBT有关规定，将《稻谷》、《大豆》、《玉米》、《大米》、《橄榄油、油橄榄果渣油》等重要粮油国家标准向WTO成员国进行通报。针对美国、欧盟、阿根廷、巴西、土耳其、澳大利亚等国家和地区对上述标准的质询意见，国家粮食局组织专家进行了答复，得到各成员国的认可。

2008年1月1日，新的《小麦》国家标准正式发布。新标准对小麦分类和检验方法作了重大调整。为确保新标准在夏粮收购中顺利实施，国家粮食局于1月7日印发了《国家粮食局关于实施新〈小麦〉国家标准的通知》，全面部署了实施小麦新标准的各项准备工作。国家粮食局、小麦产区各级粮食行政管理部门和中储粮有关分公司全力组织开展了新标准的宣传和培训，积极协调生产和组织配备小麦硬度仪，确保了新标准的顺利实施。2008年小麦最低价收购中，白硬麦比例大幅度提高，仅此一项，实施小麦最低价收购的6省农民就增加收入27亿多元，农民高兴，企业放心，政府满意。

2008年，国家粮食局组织开展了粮油标准验证实验室的比对检验工作。组织全国14个验证实验室，对10个卫生检验项目进行比对检验，整理编辑了《粮油主要卫生指标测定技术要点》。

（二）国际标准化工作

2008年，由国家粮食局标准质量中心具体承担的国际标准化组织食品委员会谷物与豆类分技术委员会（以下简称"ISO/TC34/SC4"）秘书处，所有19个国际标准制修订项目在中央秘书处规定的时间框架下稳步推进。完成并发布了4项国际标准，完成了7项国际标准的复审工作，注册了4项新工作项目。我国共推荐了17家单位的实验室参加了国际标准的验证实验工作，推荐了9名专家分别参与了9项国际标准制修订工作。

2008年10月20~21日，ISO/TC34/SC4在意大利罗马举办了第33次会议。这是我国承担ISO/TC34/SC4秘书处工作以来，首次在国外组织召开会议。会议审议通过了第32次会议以来的秘书处工作报告，讨论了《大米》等19项标准的关键技术问题，确定了下次会议将在法国巴黎举行，如期完成了各项预定议程，形成了23项决议。我国承担的ISO7970《小麦－规格》和ISO6646《稻米－稻谷和糙米潜在出米率的测定》两项国际标准项目负责人向大会作了项目进展报告，并就有关大家共同关心的技术问题与代表们进行了交流。这两项国际标准的修改草案已经由成员国正式投票通过，进入委员会草案阶段。

2008年，应欧盟标准化委员会谷物与产品技术委员会（CEN/TC338）的邀请，ISO/TC34/SC4主席和秘书长参加了CEN/TC338第11次会议。在会上，双方就共同感兴趣的有关项目达成共识，将按照维也纳协议开展合作，即ISO和欧盟同步对这些项目进行制修订，形成的标准在ISO和欧盟同时发布。

2008年，ISO/TC34/SC4秘书处同国际标准化组织食品技术委员会的其他技术委员会及相关国际组织开展合作，通过共同参与、资源共享，有效地避免了项目交叉，促进了国际标准的全球化。在《谷物和油料水分测定》、《饲料、谷物及其研磨产品的近红外测定》、《谷物、豆类及其研磨产品杜马氏燃烧定氮法》等标准的制修订工作中与相关技术委员会开展了合作。在《大米直链淀粉含量测定》方法的研究中与国际水稻研究所（IRRI）合作，推荐实验室参加他们组织的国际验证试验。同国际专题研讨项目（IWA）扦样工作组合作，组织专家参加了IWA散粮扦样方法国际研讨会。

（三）粮油标准基础研究工作

2008年，为了解决粮食收购现场真菌毒素含量快速检测难的问题，国家粮食局组织国内外有关企业和检验机构，联合开发了粮食中黄曲霉毒素B_1、呕吐毒素、玉米赤霉烯酮胶体金试纸快速检测方法。采用快速方法检测，可在20~30分钟内完成粮食中真菌毒素检验，操作简便，无需特殊设备，检测结果与现行标准方法基本相符，既适合基层单位收粮时使用，也适用于对大量样品进行快速筛查。

2008年，国家粮食局组织制定的《谷物储存品质判定规则》和《油菜籽》两项国家标准分别获得2008年国家标准创新贡献二等奖和三等奖。

二　粮食质量安全监管体系建设

（一）粮食质量监管制度建设

2008年，各级粮食行政管理部门进一步完善了相关粮食质量监管制度。江苏、浙江、宁夏等省

（区）制定了地方储备粮管理办法，对储备粮的质量管理、责任追究等作了明确规定。浙江、山东、湖北等省明确了粮食收购经营者的检验能力要求，包括需配备的检验仪器设备和相应的检验人员条件。黑龙江、浙江、山东、河南、宁夏等省（区）细化完善了粮食出入库检验制度及索证制度，明确了从事粮食收购、销售等经营者应当遵守的经营行为规范及质量责任义务。山西、黑龙江、浙江、西藏、陕西、宁夏、新疆等省（区）要求承储企业健全质量管理制度，建立质量档案，并对档案中的入库检验项目、储存期间的质量监测及出库检验等内容进行了规范和细化。天津、浙江等省（市）明确规定，地方储备粮承储企业应当委托有资质的粮食检验机构对入库粮食及超期储存粮食出库进行质量鉴定，不符合食用卫生标准的粮食，不得流入口粮市场。天津市实行储粮药剂使用管理责任制，加强对药剂使用的监管。河北省将卫生指标列入粮食质量检测必检内容，地方储备粮必须取得卫生检验合格证明方可出库。江西、广西等省（区）制定了军粮供应质量和抽检管理办法，细化了军粮质量要求，规范了抽检工作程序。广东省在《关于建立和健全粮食流通监督检查工作部门协作机制的意见》中，就相关部门在粮食流通监督检查工作中的协作事项提出了明确要求。贵州省采取签订责任书的形式，进一步明确了省级储备粮代储企业的责任。

（二）粮食质量检验检测体系建设

2008年，各地粮食部门高度重视检验机构建设工作，积极争取当地政府和有关部门的支持，努力落实人员编制和经费，充分发挥监测检验技术支撑作用，粮食质量检验检测体系得到进一步健全。2008年，粮食质量检验机构共检测样品近30万份。

一是加强机构建设。截至2008年底，全国粮食系统共有粮食检验机构763个，比上年新增69个，其中，地市级新增18个，县级新增51个。通过计量认证的检验机构408个，其中省级32个，地市级155个，县级221个。在省、市、县三级检验机构中，2008年又有64个拨款性质转变为财政全额拨款，19个转变为财政差额拨款。

二是加大投资力度。2008年，各级粮食质量检验机构通过财政拨款和质检机构自筹经费等途径，共获得资金投入7149.9万元，其中省级836.3万元（26个机构），地市级4250.3万元（142个机构），县级2063.3万元（345个机构）。上述投入资金，为各级粮食检验机构配备单价2000元以上的检验仪器设备2446台（套），新增办公场地、实验室面积近58000多平方米。粮食检验机构的整体装备水平和检验能力得到进一步提升。

三是加强培训与考核。2008年，国家粮食局组织152个粮食质量监测机构及候选机构，开展了10个卫生检验项目共计27个梯度样品的比对考核工作，共制发样品4104份，获得检验数据7190个。考核结果显示：省级监测中心整体成绩较好，部分区域监测站检验结果偏差较大，考核缺项问题突出。针对比对考核中发现的技术问题和不足，国家粮食局分期分批对各监测机构的301名检验技术骨干进行了培训，对比对考核情况进行了全面点评，对共性及难点问题进行了重点讲解和实际操作演示，并组织开展了交流研讨，达到了统一检测手法，统一操作程序，统一判定尺度的目的。地方各级粮食行政管理部门也根据本地实际情况和工作需要，定期开展技术比对与考核。2008年，全国27个省份共培训检验人员1.8万人次，有效提高了粮食从业人员的政策理论和检验技术水平。

（三）认真开展粮食质量安全监管工作

2008年，各级粮食部门认真履行监管职责，开展各项粮食质量监管工作，切实保障粮食质量安全。北京、河北、山西、吉林、黑龙江、上海、江苏、浙江、福建、江西、河南、广西、贵州、云南、陕西、青海、宁夏等17个省（区、市）结合本地实际情况，开展了收获及储存环节的原粮卫生状况调查与监测，进一步了解了本地区的原粮卫生情况。

2008年，国家粮食局继续开展了中央储备粮质量专项抽查工作。在全国31个省（区、市），共抽查了415个中央储备粮承储库点（直属库107个、代储库308个），扦取样品1500份，代表存粮数量394.2万吨，稻谷、小麦、玉米的比重分别为26.2%、46%、27.8%。抽查检验项目包括常规质量、储存品质和储粮药剂残留和真菌毒素等卫生项目，共取得检验数据15129个。抽查结果显示：中央储备粮质量合格率97.9%，宜存率99.5%，卫生合格率99.0%。

2008年，按照《国家粮食局关于结合春季粮食库存普查开展2008年全国粮食库存检查工作的通知》（国粮检〔2008〕46号）的要求，25个省份开展并报送了地方储备粮质量抽查检验结果。共计抽查了574个库点，扦取样品3156份，代表库存数量445万吨。其中：稻谷1891份，代表数量240万吨；小麦1159份，代表数量174.1万吨；玉米106份，代表数量30.5万吨。抽查检验项目包括常规质量和储存品质情况，质量检验判定方法同中央储备粮。抽查检验结果表明：地方储备粮质量合格率86.2%，宜存率95.5%，轻度不宜存率3.06%，重度不宜存率1.44%。

2008年，为确保奥运用粮质量安全，各相关省市粮食行政管理部门对有奥运赛事的地区及为赛区提供奥运用粮地区的粮油质量与卫生安全加大了检查把关力度。北京市粮食局从生产、加工、运输和物流配送、餐饮服务四个关键环节加以控制，加强对市场粮油质量监管，开展了监督检查889次，完成了工商局、技术监督局委托的监督抽查697批次，圆满完成了奥运会期间的粮油供应等各项工作。河北省粮食局在全省范围内开展了迎奥运粮食质量安全专项整治行动，明确了整治重点环节、重点单位、重点区域、重点品种。辽宁省沈阳市对赛区的成品粮油市场及超市进行了重点突击检查。山东省青岛市粮食局积极参加了奥帆赛食品百日会战。

在"5·12"汶川特大地震灾害发生后，灾区粮食部门积极落实责任、认真履职到位，对救灾粮供应提出严格的质量要求，加大监督检查力度。重灾区四川省建立了全省救灾粮质量保障体系，成立了救灾粮质量安全工作领导小组，下发了一系列紧急文件，提出严把原粮、加工、包装、运输、储存"五个质量关"的监管措施，确保救灾粮、抗震救灾部队供应粮的质量安全。灾区粮食部门还组织专项检查组，对灾民集中安置点、公共卫生院、学校、农贸市场、救灾物资发放点的粮食存放情况，以及获赠粮食存储状况、质量情况随时进行检查。同时，各地向灾区调运的救灾粮油，在发运前都进行严格质量检验，保证了支援灾区的粮食符合质量标准和卫生安全。

三　主要粮食收获质量与品质状况分析

2008年，国家粮食局组织最低收购价执行预案启动省份和相关省份开展收获粮食质量集中会检工作，同时，各有关省份也积极自行组织开展行政区内收获粮食质量调查工作，共计检验样品1.2万余份，取得检验数据近12万个。对当年新收获的小麦、稻谷、玉米、大豆等主要粮食品种的质量状况做出了全面客观的评价，为最低收购价政策的合理制定和顺利实施提供了依据。另外，有16个省（区、市）开展了小麦、稻谷、玉米和大豆等主要粮食品种的品质测报工作，共采集检测样品5156份，取得检测数据约7.5万个，基本反映了当年收获的主要粮食品种的内在品质状况，为进一步推动种植结构优化，促进产销衔接提供了支持。

（一）稻谷质量和品质

1. 早籼稻

收获质量。2008年，全国早籼稻整体质量良好。安徽、江西、湖北、湖南、广西5个主产省（区）质量会检结果表明，质量在中等（三等）以上的占92%，与上年基本持平，其中安徽省提高幅度较大，增幅达14个百分点。整精米率整体水平较高，大于50%和44%的比例分别为85.7%和94.2%。安徽、湖北、湖南3省整精米率较上年有明显提高，平均整精米率分别提高7～12个百分点，大于50%的比例分别提高15～22个百分点。平均不完善粒率为5.5%。

2008年，浙江、广东、重庆3省（市）质量调查结果表明：浙江省整体质量与上年基本持平，质量在中等以上的占94%，平均整精米率53.0%，大于50%和44%的比例分别为77.7%和95.5%。广东省质量在中等以上比例由上年的97%降低到93%，平均整精米率由上年的55.8%提高到62.1%，大于50%比例由87.7%提高到91.4%，大于44%的比例由76.0%提高到96.0%。重庆市质量在中等以上的占85%，平均整精米率49.8%，大于50%和44%的比例分别为62.8%和85.9%。

品种品质。2008年，湖北、湖南、广东3省测报结果表明：湖北省优质（优良）品种早籼稻全项目符合国家优质籼稻标准的比例为4.1%，较上年有所提高，直链淀粉含量达标率较上年提高了13个百分点。垩白度、食味品质和垩白粒率等指标达标率均低于30%，是制约达标的主要因素。湖南省早籼稻样品中没有全项目符合国家优质籼稻标准的，垩白粒率、垩白度和胶稠度等指标是制约达标的主要因素。受不完善粒较高的影响，广东省优质（优良）品种早籼稻全项目符合国家优质籼稻标准的比例为6.1%，较上年下降1.4个百分点。另外，垩白度、直链淀粉含量达标率虽比上年分别提高9.5和4.1个百分点，但仍是制约达标的主要因素。该省广州、江门、惠州等地区达标率分别为30%、20%、16%。丝苗系列品种达标率为23%。

2. 中晚籼稻

收获质量。2008年，我国中晚籼稻整体质量较好。江西、安徽、河南省信阳市、湖南、湖北、四川、广西7个主产省（区）质量会检结果表明：质量在中等（三等）以上的比例超过96%。平均整精米率57.7%，大于50%和44%的比例分别为83.7%和93.8%，其中安徽省整精米率达到50%以上的样品比例由上年的64%增加到96%；湖南、湖北两省与上年基本持平，四川省有所下降。平均不完善粒率为3.5%，各省不完善粒平均值均较上年有所减少。分省看，湖南、安徽两省整体质量较上年有所提高，湖北、四川两省略有下降，江西省基本持平。

2008年，浙江、广东、重庆3省（市）质量调查结果表明：浙江省整体质量较上年有所提高，质量在中等以上的由上年的93%提高到99%，平均整精米率由上年的56.3%提高到57.6%，大于50%比例由90.6%提高到93.2%。广东省整体质量与上年基本持平，质量在中等以上比例占98%，平均整精米率67.6%，大于50%的比例为98%。重庆市质量在中等以上的占84%，平均整精米率53.6%，大于50%和44%的比例分别为88.4%和90.5%。

品种品质。2008年，浙江、湖北、湖南、广东、重庆5省（市）测报结果表明：优质（优良）品种中晚籼稻全项目符合国家优质籼稻标准的比例，湖北省为5.5%，较上年提高4.4个百分点；广东、浙江两省分别为19.3%和3.1%，较上年分别下降了5.6和3.5个百分点。湖南省、重庆市达标率较低。

浙江省优质（优良）品种测报样品全项目符合国家优质籼稻标准的比例为3.1%，较上年下降3.5个百分点，垩白度和粒型（长宽比）是制约达标的最主要因素。全项目达标的以中浙优1号为主。若不考虑外观粒型因素，分地区看，温州地区达标率超过40%，丽水、杭州地区也分别有10%左右的能够达标；分品种看，中浙优8号有50%的能够达标，甬优6号、丰二优1号达标率也超过20%。

湖北省优质（优良）品种测报样品中，鄂中5号、鉴真2号延续了较好的品质表现，全项目达标率分别为43%、30%，黄华粘达标率达到38%，丰两优1号、皖稻161（华安501）也有部分样品能够达标。垩白度和垩白粒率仍然是制约达标的主要因素。虽然食味品质和直链淀粉含量达标率较上年均明显降低，但垩白度和垩白粒率达标率均有所提高。荆门市、武汉市达标率较高，分别为16.7%、11.4%。

湖南省测报样品食味品质、直链淀粉含量达标率分别为95%、85%。胶稠度、垩白度、垩白粒率是制约达标的主要因素。

广东省优质（优良）品种测报样品全项目符合国家优质籼稻标准的比例为19.3%，较上年下降5.6个百分点。垩白度达标率为32.3%，较上年降低18.6个百分点，仍是制约达标的最主要因素。直链淀粉含量达标率为70.7%，较上年提高19.3个百分点。分地区看，广州、云浮、江门、惠州等地区达标率较高，分别为60%、43%、38%、32%；分品种看，美香粘、野丝粘的达标率分别为100%、71%，软粘系列、丝苗系列达标率分别为60%、48%。

重庆市优质（优良）品种测报样品胶稠度较高，全部达到国家优质籼稻标准一等要求；食味品质较好，达到国家优质籼稻标准二等要求的占98%。受垩白度和不完善粒较高影响，测报样品全项目符合国家优质籼稻标准的比例较低。

3. 粳稻

收获质量。2008年，我国粳稻整体质量略低于上年。黑龙江、吉林、辽宁、江苏、安徽5个主产省质量会检结果表明，质量在中等（三等）以上的比例超过96%。5省平均整精米率66.1%，大于60%的比例为93.5%，大于55%的比例为98.6%。平均不完善粒率为3.0%，与上年基本持平。分省看，东北3省整体质量较上年有所下降，其中一等品降幅分别达到28～39个百分点；江苏省整体质量和上年基本持平。

2008年，浙江省质量调查结果表明，该省粳稻整体质量与上年基本持平，质量在中等以上的占93%，平均整精米率66.6%，大于60%的比例为98.6%。

品种品质。2008年，辽宁、吉林、黑龙江、江苏、浙江5省测报结果表明，优质（优良）品种粳稻全项目符合国家优质籼稻标准的比例，黑龙江为46.2%，较上年提高20.1个百分点；江苏为11.1%，较上年提高10.3个百分点；浙江为6.1%，较上年降低2.3个百分点。

辽宁省推广种植的优质（优良）品种约有20个，其中辽星系列、盐丰系列、辽粳9、富康系列、吉粳88、袁氏大穗、沈农系列等的种植面积较大，品质表现较好，平均食味品质在90分以上，较上年有所提高，但垩白粒率也有所增加。吉粳88、越光、吉超级稻、港源系列、中辽系列在辽东抚顺、本溪桓仁、丹东东港以及大连庄河等地区品质表现优于其他品种；而盘锦、营口地区的盐丰系列品质表现下降趋势明显。

吉林省各地区均有主要种植品种。吉粳88、超级稻、丰优307分布较广，种植面积较大。吉粳81、长粒香（218）、九稻39、秋田小町通9236等也有一定面积种植。这些品种除胶稠度外，其他各项品质指标表现均好于上年，食味品质在80分左右。

黑龙江推广种植的优质（优良）品种食味品质和胶稠度较高，整精米率是影响达标的主要因素。主推品种以空育131、9934、9031，垦稻系列、龙粳系列、绥粳系列、普优系列、五优系列等为主，占七成左右。分地区看达标率，齐齐哈尔、大庆、伊春达到90%，七台河、哈尔滨分别为82%、58%，农垦建三江分局为52%；分品种看达标率，垦稻12、垦建7号、绥粳系列均在2/3以上，空育9934、五优C、空育131分别为56%、54%、49%。

江苏省粳稻垩白度和食味品质是制约达标的主要因素。徐稻3号、徐稻4号、镇稻9424、南粳44等品种直链淀粉含量适中，垩白粒率和垩白度低，口感较好，是能够达标的主要品种。

浙江省粳稻垩白度、垩白粒率和不完善粒偏高仍是影响达标的主要因素。浙江省主推优质（优良）粳稻品种仍以秀水系列为主，占到全部样品的近六成；嘉稻系列、甬稻系列也分别占15%左右。达标稻谷集中分布在杭州富阳市、宁波、嘉兴桐乡市，其中杭州富阳市样品达标率为67%。

（二）小麦质量和品质

收获质量。2008年，全国小麦整体质量较上年有所提高。河北、江苏、安徽、山东、河南、湖北6个小麦主产省质量会检结果表明，平均容重达到784g/L，较上年提高3g/L，中等（三等）以上占95.7%，较上年提高3个百分点。不完善粒平均值为4.4%，较上年下降0.3个百分点。白硬麦和白软麦合计为70.8%，较上年提高约4个百分点，其中白硬麦为66.7%，白软麦为4.1%；红硬麦比例为2.1%，基本没有红软麦；混合麦比例为27%。分省看，河南、山东两省小麦质量比上年明显提高；江苏省与上年基本持平。安徽、湖北两省小麦质量总体良好，但较上年有所下降。河北省石家庄、保定等地受收获期间阴雨影响，小麦生芽粒超标（超过10%）比例较大，生芽程度比较严重，对面粉加工品质有明显影响。

2008年，陕西、宁夏两省（区）质量调查结果表明，陕西省整体质量较上年有所提高，质量在中等以上的占94%，平均容重为778g/L，不完善粒为3.4%，主要为破损粒，白硬麦、白软麦的比例分别为83.3%和0.8%。宁夏回族自治区整体质量为近年来最好，质量在中等以上的占95%，平均容重为777 g/L，不完善粒为3.1%，硬度指数全部在60以上。其中银川市和灵武市一等品比例均超过70%。

品种品质。2008年，河北、山西、江苏、安徽、山东、河南、湖北、陕西、宁夏、新疆10省（区）测报结果表明，优质（优良）品种小麦全项目符合国家优质强筋小麦标准的比例，河北为2.5%，江苏为5.7%，安徽为1.6%，山东为4.7%，河南为5.2%，新疆为9.2%；符合国家优质弱筋小麦标准的比例，湖北为10.9%，河南、江苏、新疆均不到1%。

河北省测报样品主要为石栾02-1、石新733、良星99、冀丰703以及石麦系列、藁优系列、邯麦系列等。其中石栾02-1、良星99、藁优系列和石麦系列种植区域较为广泛，石新733主要种植于石家庄和保定地区，冀丰703主要种植于邢台和石家庄地区，邯麦系列主要种植于邯郸地区。从测报样品来看，平均粗蛋白质含量为14.5%，达标率为66.1%；平均稳定时间和湿面筋含量分别为5.2min和30.8%，达标率分别为16.1%和29.7%。其中，衡水、邢台、石家庄地区的石栾02-1筋力较强，平均稳定时间达到17.0min，石家庄、邯郸地区的藁优9415以及邯郸的温麦37也具有较强的筋力，平均稳定时间均超过7.0min。

山西省测报样品主要为临旱536、晋麦47、烟农19、运旱21-30、泽优2号等，约占样品总数的60%。其中晋麦47在抽样区域均普遍种植，临旱536、烟农19主要种植于运城地区和临汾地区，运旱21-30主要种植于运城地区和晋城地区，泽优2号主要种植于晋城地区。从测报样品来看，平均粗蛋白质含量为13.8%，达标率为47.8%；平均稳定时间和湿面筋含量分别为3.6min和25.1%，达标率较低。其中，烟农19平均粗蛋白质含量为14.7%，运旱21-30平均稳定时间为4.4min。

江苏省测报样品主要为烟农19、郑麦9023、陕229、豫麦34以及扬麦系列、宁麦系列、淮麦系列等。其中烟农19和陕229主要种植于徐州地区和连云港地区，郑麦9023和豫麦34主要种植于盐城地区；扬麦系列、宁麦系列主要分布于盐城、泰州、南通、无锡等地，淮麦系列主要分布于盐城和徐州等地。从测报样品来看，平均粗蛋白质含量为13.3％，达标率为27.6％，平均稳定时间和湿面筋含量分别为5.4min和29.2％，达标率均为15％左右。就强筋小麦来看，徐州市沛县的陕229和铜山县的烟农19品质较好，全项目达标比例分别为75％和40％；新沂市的烟农19和泰州市兴化市的扬麦11各项指标平均值也能够达标。就弱筋小麦来看，宁麦13号平均稳定时间和粗蛋白质含量均能达标，南通市的扬麦13号除稳定时间略长外，其他均能达标。

安徽省测报样品主要为烟农系列、扬麦系列和皖麦系列，约占样品总数的3/4。其中烟农19超过样品总数的1/3，在抽样区域均普遍种植；扬麦系列全部种植在滁州地区。从测报样品来看，平均稳定时间6.8min，达标率为35.0％；但湿面筋和粗蛋白质含量均较低。综合来看，西农797和烟农19样品的筋力较强，平均稳定时间分别达到13.4 min和9.0 min，稳定时间达标率分别为100％和71％，适宜推广种植。

山东省测报样品主要为济麦系列、鲁麦系列，约占样品总数的55％，在各地区均有种植，山农系列也有一定规模种植。从测报样品来看，平均湿面筋和粗蛋白质含量分别为33.6％和13.3％，达标率分别为72.8％和56.5％，但平均稳定时间仅为4.1min，达标率较低。藁优9415、济麦21筋力较强，稳定时间较长。

河南省测报样品主要为郑麦9023、西农979、郑麦366、矮抗58、众麦1号，以及周麦系列、豫麦系列、新麦系列、温麦系列等，约占样品总数的70％。其中郑麦9023在豫南驻马店、南阳地区种植较广。从测报样品来看，平均粗蛋白质含量为14.0％，达标率为54.1％，平均湿面筋含量和稳定时间分别为29.4％和4.1min，达标率分别为14.4％和26.5％。分地区看，豫北安阳、商丘和新乡地区达标率较高，分别为18.2％、12.9％和6.4％。分品种看，郑麦366和西农979的筋力较强，平均稳定时间分别达到13.9min和12.4min。另外，商丘、新乡的新麦18，商丘的众麦1号的平均稳定时间也都超过7min。郑麦9023自2004年以来，容重、降落数值和粗蛋白变化不大，但稳定时间由10min下降到6.5min，湿面筋也由30％下降到28％左右，在品质有所退化，仅在驻马店、南阳、平顶山等地区表现较好。

湖北省测报样品主要为郑麦9023、鄂麦18和豫麦系列等，约占样品总数的70％。其中郑麦9023超过样品总数的一半，在抽样区域均普遍种植。从测报样品来看，平均稳定时间和湿面筋含量分别为4.5min和28.0％，达标率均约为20％；但粗蛋白质含量较低。综合来看，驻麦4号样品筋力较强，平均稳定时间达到9.4 min；襄樊、荆州、荆门等市部分地区的郑麦9023，襄樊市枣阳市的内乡188、襄樊市襄阳区的豫麦49-198在种植区域均表现出较强的筋力；襄樊市鄂麦18、郑麦979、濮麦9号、衡观35部分样品各项指标达到国家优质弱筋小麦标准。

陕西省测报样品主要为小偃系列、西农系列以及武农148、晋麦47、晋麦54等，约占样品总数的70％。其中小偃系列、西农系列超过样品总数的一半，在抽样区域均普遍种植。从测报样品来看，湿面筋含量较高，平均值为32.2％，符合优质强筋小麦要求的在一半左右；平均稳定时间3.6min，符合优质弱筋小麦要求的在20％左右。渭南、宝鸡地区部分西农979样品筋力较强，稳定时间超过7min；小偃22、晋麦47、武农148的筋力偏弱，平均稳定时间在2.6min左右。

宁夏回族自治区春小麦测报样品主要为永良4号和宁春39号。其中永良4号种植面积较广。从测报样品来看，平均湿面筋（全麦粉）含量为25.1%。宁春11号、永良15号在中宁县表现较好。冬小麦测报样品主要为5010、5012。从测报样品来看，平均湿面筋含量为30.5%，较上年提高3.1个百分点；平均稳定时间分别为2.0min，与上年基本持平。

新疆维吾尔自治区测报样品主要为新冬系列、新春系列、伊农系列以及邯郸5316等，约占样品总数的87%。其中新冬20、新冬22、新春6、新春11超过样品总数的一半，新冬22、新春6在南北疆普遍种植，新冬20、新冬18、新春11主要在北疆种植。从测报样品来看，全项目符合国家优质强筋小麦标准的比例为9.2%，较上年提高7.9个百分点。平均粗蛋白质含量和湿面筋含量分别为13.5%和30.7%，达标率分别为34.9%和39.0%，平均稳定时间为3.4min，达标率为11.9%。分品种看，新冬22全项达标率达到25.8%，平均稳定时间6.5 min，在昌吉州表现良好；新冬18平均稳定时间5.4 min；新春24全项符合国家优质弱筋小麦标准，新冬20平均稳定时间1.8 min。分地区看，昌吉、塔城、阿克苏等地区稳定时间较长，和田、喀什、哈密等地区稳定时间较短。

注：河北、江苏、安徽、山东、河南、湖北6省小麦湿面筋含量、粗蛋白质含量采用近红外方法检测。

（三）玉米质量和品质

收获质量。2008年，全国玉米整体质量较上年有所提高。河北、山西、辽宁、吉林、黑龙江、山东、河南、陕西8个玉米主产省质量会检结果表明，平均容重756g/L，一等和二等以上的比例分别达到92.6%和79.5%，平均不完善粒率为3.2%，其中小于等于5.0%的比例为81%；平均生霉粒为1.9%，其中小于等于2.0%的比例为70%。分地区看，关内地区玉米一等品比例达到97.7%，较上年大幅提高，山东、河北、河南、山西基本都是一等品，陕西、河南、山东3省一等品比例分别较上年提高了17、14、13个百分点；东北3省整体质量较上年有所降低，黑龙江玉米一等品比例由上年的74%下降到45%；辽宁、吉林两省平均不完善粒较上年均增加1个百分点左右。

品种品质。2008年，辽宁、吉林、黑龙江、陕西4省测报结果表明，辽宁省主推品种有富友、铁单、丹玉、丹科、东单、屯玉、郑单、农大等系列。平均淀粉含量为72.6%，全部达到国家淀粉发酵工业用玉米标准（GB/T8612－1999）；平均粗蛋白含量为9.1%，全部达到国家饲料用玉米标准（GB/T17890－2008）。分地区看，沈阳地区淀粉含量较高，阜新地区粗蛋白含量较高；分品种看，盛单系列淀粉和粗蛋白含量较高，富友系列粗蛋白含量较高。

吉林省主推品种有先玉335、郑单958、平全13、军单8、长城799、白单9、通单24、本玉9等。品种越区种植现象有所减少，各地区均有当地主推品种。平均淀粉含量为73.1%，全部达到国家淀粉发酵工业用玉米标准；平均粗蛋白含量为10.0%，全部达到国家饲料用玉米标准。分地区和品种看，四平的先玉335、松原的郑单958、吉林的平全13以及吉林、长春的军单8的淀粉含量较高；白城的先玉335、延边的本玉9、长春的军单8的粗蛋白含量较高。

黑龙江省主推品种有吉单27、先玉335、兴垦3号、郑单958、海玉6号、绿单1号、哲单37以及龙单、金玉、绥玉等系列，约占样品总数的1/3，其中吉单系列约占到15%。平均淀粉含量为73.3%，全部达到国家淀粉发酵工业用玉米标准；平均粗蛋白含量为9.8%，全部达到国家饲料用玉米标准。分地区看，该省东北和西部地区淀粉含量较高，达到淀粉用玉米一等标准的比例，佳木斯市富锦市为89%，鹤岗市绥滨县为50%，大庆市林甸县为44%，齐齐哈尔市讷河市为39%；绥化地区粗蛋白含量较高的样品比例较大，其中望奎县粗蛋白含量大于11%的比例超过22%。分品种看，绿单1号、垦单

7、郝玉20、金玉1号等品种平均淀粉含量均在75%以上；绥玉7号，绥化、黑河地区的海玉6号粗蛋白含量较高。

陕西省主推品种有郑单958、秦龙11、正大12、中科4号、豫玉22、户单4号以及浚单、沈单系列等。其中郑单958、浚单20种植范围较广。中单、户单、登海等系列品种种植面积有所减少，中科4号、秦龙11、富友9号和先玉335等有所增加。平均粗蛋白含量为9.5%，达到国家饲料用玉米标准的占90%；平均淀粉含量为67.7%，达到国家淀粉发酵工业用玉米标准的占29%。

（四）大豆质量和品质

收获质量。2008年，吉林、黑龙江两省大豆质量较上年有所提高。纯粮率分别为95.8%和93.4%，较上年分别提高了1.6个百分点和降低了0.3个百分点；中等（三等）以上的比例分别为100%和85.7%，较上年分别提高了15和1.4个百分点。

品种品质。2008年，吉林、黑龙江两省测报结果表明，吉林省主推品种约20个，主要包括黑农、绥农、吉育系列等。平均粗脂肪和粗蛋白质含量分别为20.3%和40.8%，较上年分别降低了0.5和提高了0.9个百分点。其中黑农48粗蛋白质含量达到42.2%，黑农38粗脂肪含量达到21.0%。

黑龙江省主推品种有合丰、黑农、黑河、垦鉴、绥农等系列，约占样品总数的50%。平均粗脂肪和粗蛋白质含量分别为17.7%和39.0%。粗蛋白质含量在42%以上的比例，全省为6.5%，齐齐哈尔为55%、绥化为42%，黑河、鸡西、哈尔滨等地区均在25%左右。

粮油市场体系建设

一 粮油现货与期货市场发展情况

（一）粮食现货市场

2008年，国家和地方粮食部门继续组织实施《全国粮食市场体系建设"十一五"规划》（以下简称《市场规划》），深入开展粮食市场体系建设的调查研究，加强对粮食市场建设的指导与扶持，推进了全国粮食市场发展和建设。

一是继续组织实施《市场规划》。国家粮食局在全国粮食局长会议上提出要认真组织实施《市场规划》，加强粮食市场建设的规划和指导，并明确要求各地要结合本地实际，研究提出贯彻落实规划的实施方案，积极争取扶持政策，认真抓好落实。各地认真贯彻全国粮食局长会议精神，研究编制本地粮食市场发展规划，出台税费、土地、贷款等方面优惠政策，引导和支持粮食市场发展，地方粮食市场体系建设取得初步成效。

二是深入开展调查研究，加强对全国粮食市场体系建设工作的指导。认真开展粮食市场建设情况调研，并起草《加快粮食市场体系建设，服务粮食宏观调控》等多份报告，对近年来粮食市场体系建设情况进行总结，重点分析全国粮食竞价交易系统和大中城市成品粮批发市场发展建设情况，及其在确保市场供应和价格稳定与保障粮食安全中的功能和作用，并通过总结分析，对下一步工作提出针对性建议。

三是继续培育多元收购市场主体，切实加强粮食收购市场管理。2008年各地继续积极培育和发展多元市场主体参与粮食收购，建立健全粮食收购市场准入制度，加强粮食收购市场监管。截至2008年底，取得收购资格的市场主体达77498家，其中社会多元主体占75%左右。2008年全国各类粮食经营企业收购粮食（原粮）29019万吨，占全年粮食产量的55%；其中国有粮食企业收购17008万吨，占全部收购量的58.6%。从收购量来看，国有粮食企业仍发挥着主渠道作用。

四是积极探索发展粮食零售渠道，稳步发展粮食零售市场。2008年粮食零售市场在原有城市以超市、社区便利店为主，农村以集贸市场为主的零售市场格局上发生了新变化，出现了一些新的渠道和模式。在城市，依托于物流配送网络的"B-TO-C"粮食电子商务模式进一步发展；在农村，随着"万村千乡"市场工程、放心粮油进农村活动深入开展，一些地方粮油产品的连锁配送经营有了很大发展。如四川省乡村粮油超市和连锁店已达到3693个，比2007年末增加421个，连锁经营收入实现5.85亿元，粮油经营量达30.6万吨。

五是继续加强粮食批发市场建设指导，完善重点联系粮食批发市场制度。各级粮食行政管理部门继续加强粮食批发市场发展建设指导，特别是按照《市场规划》加大了粮食批发市场重组整合力度，全国粮食批发市场总数有所减少，但市场规模扩大，成交量上升。据不完全统计，截至2008年底，全国有各类粮食批发市场553家，成交量达到了1.6亿吨，约占当年社会粮食商品流通量60%。国家粮食局新批复河南、陕西、内蒙古通辽等3家粮食批发市场为国家粮食局重点联系单位，重点联系批发市场制度进一步完善。目前重点联系粮食批发市场已达46家，包括22家商流粮食批发市场和24家成品粮批发市场，覆盖25个省会城市和12个大中城市。

六是加强国家粮食交易中心组建工作，推进全国粮食竞价交易系统建设。根据全国粮食市场体系建设规划和宏观调控需要，2008年，继续在重点联系粮食批发市场基础上，批准组建8个国家粮食交易中心，国家粮食交易中心总数达20个。同时，以国家粮食交易中心为主体，全国23家粮食批发市场联网的统一竞价交易平台进一步完善，较好地完成了国家宏观调控政策性粮食交易任务，为应对国际市场粮价大起大落、稳定国内粮食市场发挥了重要作用。2008年通过全国统一粮食竞价交易系统共交易各类国家政策性粮食4209.16万吨。

（二）粮食期货市场

2008年，我国农产品期货市场继续保持快速发展势头，农产品期货成交量和成交金额都有大幅提高，农产品期货市场发现价格和规避风险功能更加完善，其价格信息在国家粮食宏观调控中作用进一步发挥。

从成交量看，2008年，全国粮食期货成交量和成交金额为66741.45万手和271810.37亿元，比上年分别增长了48.60％和103.03％，其中除了玉米交易量基本持平外，其他品种均有较大幅度增长。

从价格走势看，2008年，国内农产品期货市场同全球所有期货市场一样，经历了"过山车"式的巨幅振荡。上半年，在全球通胀的大背景下，农产品期货市场延续了近两年的牛市，很多品种都创下了历史新高；但进入下半年，受全球金融危机影响，农产品期货市场也出现了深幅调整。在所有农产品期货品种中，由于油脂油料市场与国际接轨程度度高，振幅相对最大，年底豆一指数收盘价较2008年最高点下跌幅度达37％；小麦市场由于相对独立于国际市场，其振幅相对较小，这在2008年10月国家公布小麦最低收购价后表现更为明显。

二　粮油市场信息体系建设

（一）全国粮油市场信息体系建设取得一定进展

2008年，国际粮食市场供求形势发生新的变化，国内粮油市场不可避免地受到了影响。面对新的形势，全国粮油信息机构和广大粮油信息工作者，认真贯彻落实科学发展观，努力做好全国粮油市场的监测、分析、预测工作，加快建设与完善粮食信息监测系统，为粮食安全、为粮食宏观调控，为全国粮食市场的基本稳定和粮食经营活动提供高质量的信息支持。各地粮油市场信息监测系统的建设也取得显著进步。

1. 完善市场信息服务体系，提高市场监测与预测水平。为了改变粮油市场信息服务体系建设滞后的局面，形成完整的粮油市场信息发布制度，建立各项信息报告的科学形成机制，给市场提供客观真实的信息引导与服务，信息工作人员整体素质得到进一步提高，培训力度进一步加大，信息工作专业队伍逐渐形成。

信息中心在现有食用谷物、饲用谷物和油脂油料市场信息月报的基础上，努力形成科学规范的信息处理流程和制度，每月发布粮油供需状况的专项报告，公开发布的信息包括播种面积、单位产量、消费数据、进出口数据及预测分析。信息中心积极推动我国粮油市场信息发布体系的建设工作，提出了以建立市场调查系统、专家工作系统和各部门会商系统为内容的工作思路。

2. 全国统一粮油电子竞价交易系统运转顺利，成效显著。2007年以来，国际粮食市场价格发生了较大的动荡，但国内主要粮食品种价格保持着相对稳定，国家的宏观调控起到了明显的效果，其中全国统一粮油电子竞价交易系统平台在国家宏观调控中起到了积极有效的作用。竞价交易系统平台的价格及信息反馈能力，是国家有关部门的决策基础，它的执行能力使得国家有关部门的意图得以快速体现，通过及时调整政策性粮食的投放数量，阶段改变国内市场有效供应，从而达到稳定粮价的目的。2008年，国家有关部门通过全国统一粮油电子竞价交易系统平台累计成交政策性粮食4209万吨，成交额达700多亿元。

3. 全国粮油信息网络进一步健全完善，服务能力明显提高。一年来，为适应全国粮食市场供求形势的新特点和粮食流通体制改革带来的新变化，国家粮油信息中心加强力量，深入各地市场开展调查研究工作，充分发挥各地粮油信息监测点的作用，不断完善全国粮油市场监测系统，为宏观调控和企业经营提供及时准确的市场信息和政策建议。

一是不断加强粮油市场监测分析工作，继续完善价格采集和报送制度，拓展和完善采价点，保证粮油信息的准确性和服务的及时性；加强对市场的预测分析工作，更好地为粮食宏观调控和企业经营服务。既提供宏观层面的全国粮食供求形势分析，也提供微观层面的分品种粮油市场走势分析和趋势预测，以满足不同的需要。根据当地粮食流通的特点，开展监测分析，根据不同时期、不同收购或消费季节的特点，开展监测分析。

二是继续做好粮油信息计算机网络化建设工作。抓住机遇，在政府投入建立省、市和区县的粮食预警系统、建设金农、金宏工程的同时，不断完善粮油信息监测系统的建设，从技术上保证准确、及时地反映粮食市场的动态变化，充实服务内容和拓展服务领域，及时更新信息，发布最新的国内外粮油市场信息动态，免费登载粮油商品供求信息，为粮油经营企业搭建粮食信息平台。

三是积极做好网刊的发行工作，进一步适应市场化改革的需求，增加地方粮油市场信息量，加强对市场趋势的分析预测，增强信息时效性，努力扩大市场份额。充分运用信息资源，做好对上服务的信息报送工作；针对不同需求，编发不同的信息刊物或简报，在信息服务上做到不断创新。

（二）各地粮油信息工作的主要成绩和创新

2008年，针对粮食市场的新形势、新变化，全国各地粮油信息机构进一步完善信息采集体系和价格报告制度，全力加强粮油市场监测工作，不断完善市场信息服务体系和粮食安全预警系统；加强对国内外粮食行情的全方位监测，为领导决策提供可靠的信息支持，为粮油市场稳定作出了贡献。

1. 各地粮油信息主要工作及成绩

一是进一步完善信息采集体系和价格报告制度，全力加强粮油市场监测工作。安徽省粮油信息中心认真贯彻 "工作创新为上、会员发展为主、准确及时为本、分析预测为先"的粮油信息工作基本方针和工作要求，加强粮油市场价格监测、分析、预报工作，对全省100多个粮油价格监测点进行分类型、分品种、分区域监测，按时上报价格信息资料，较全面地反映了安徽省粮食市场每周粮食价格变动情况，并且根据市场粮价波动情况，适时启动应急价格监测。

天津市粮油信息中心在完善市信息中心和区县监测站两级价格监测体系的过程中，进一步深化粮油市场监测工作，全年365天坚持对全市18个区县的粮油集贸市场、超市价格日监测工作，不仅掌握市场价格，还开始严密监测销量、商家库存，并研究商家和油厂的心理变化情况，及时为政府提供详尽的市场价格和供需情况。

北京市粮食局信息中心对已有的监测点进行了逐一明确分类，对部分区县的监测点进行了调整，淘汰不具代表性的小型超市监测点，监测点由97个增加到102个。始终坚持对北京粮油市场进行每日监测，特别是在市场波动期和奥运会期间，安排人员值班，从未间断监测工作。加大分析力度，努力做到"分析内容更深入、方法更专业、反应更及时、预测更准确"。

上海市粮油信息中心以粮食信息化建设为抓手，提高粮食市场信息服务工作效能。着力推进粮食信息化建设，提升《中外粮油信息》质量，进一步提高了粮食市场信息服务工作效能。以上海市粮食流通数据中心建设为重点，提高粮食市场监测和预警能力；以转变政府职能和便民服务为重点，"上海粮食网"逐步成为本市粮食权威信息发布中心；以建立"苏浙沪地区粮食收购信息系统"为突破点，实现上海与毗邻地区粮食收购市场信息共享；以提高粮食批发市场信息化水平为切入点，完善和拓展市场信息网络。

福建省粮油信息中心从加强信息基础工作入手，改进工作手段，努力提高市场信息工作质量和工作水平，同时积极做好各项信息化建设工作，不断完善信息网络服务功能，为各级领导了解情况、进行决策和指导工作发挥了积极作用。

吉林省粮油信息中心积极开展粮油市场行情监测、分析预测及网站管理工作，为领导决策提供参考依据，为粮食企业经营、农民增收和社会公众提供信息服务，较好地完成了年度内各项工作任务。

河北省粮油信息中心继续完善河北省市场价格监测体系，制定并下发了《河北省粮油价格监测实施办法》，对全省的报价单位及报价品种、范围进行调整，建立了覆盖全省的粮油市场价格监测系统，对省内粮油的出入库价格、集贸价格、批发价格进行全面而系统的实时监测，开放信息阅读权限，充分发挥政府网站的宣传作用。

江苏省粮油信息中心进一步完善了《江苏省粮油市场价格测报办法》和《江苏省粮油市场价格监测竞赛评比办法》，充分利用已建立的粮油市场行情监测点，建立周报与日报相结合的价格测报制度，定期收集主要粮油品种价格信息，有效地掌握了粮油行情的动态变化情况，为政府掌握情况提供了第一手的信息，同时也为企业经营提供了全面的资料。

云南省粮油信息中心密切关注库存、销售、加工能力和价格走势等情况，及时对粮油供求形势及其变化趋势进行分析预测。加强对全省38个粮油集市价格监测点，特别是受灾地方和主要粮食市场的粮油市场供求、价格变化等情况监测和分析，提高监测频率和密度。

湖北省粮油信息中心加强网络的维护和管理，使"湖北粮食网"的功能作用进一步提升，在全省设立了不同类型的粮食价格监测点，将市场分析预测作为信息工作的重点，制定了相应的管理办法和奖励制度，调动了信息工作者的积极性。

二是加强对国内外粮食行情的全方位监测，不断完善市场信息服务体系和粮食安全预警系统。天津市粮油信息中心建立了完整的应急通讯网络，快捷联系到基层监测站、点，及时准确了解和反馈粮油市场价格波动情况，在价格波动较大时期发挥了重要作用。

河北省粮油信息中心进一步完善系统网络体系，加大市场价格监测和预警预报工作力度，为政府决策和企业经营提供全面、及时、准确的粮食信息。开发了"河北省粮食安全应急信息系统"。

吉林省粮油信息中心对全省粮油市场行情监测工作进行了重新安排部署，在重点对玉米、水稻、大豆等主要粮食品种实施全面监测的同时，还进一步加强了对成品粮油市场价格监测力度，随时跟踪和把握粮食市场变化趋势，及时把省内粮食生产、消费、市场价格、进出口等信息资料进行综合分析、整理、发布。

重庆市粮油信息中心坚持以服务"三农"、服务粮油经营企业者、服务粮食市场流通、服务粮食流通体制改革和粮食经济的发展为重点,加强市场价格监测系统建设和维护。利用重庆市粮情监测系统提供的第一手资料,加强了粮油市场分析预测工作,结合粮食生产、供求、消费等情况的变化,开展有针对性的市场调查,从供给和需求的角度,对粮油产量、库存量、进口量、不同用途的消费与使用量、出口量和期末库存进行研究,形成有针对性的调查分析报告。

青海省粮油信息中心进一步补充完善《青海省粮油市场价格信息监测管理办法》,加强监测力度,省局以青海省特色粮油产品——油菜籽市场信息为重点,专门下发了"青海省粮食局关于建立青海省油料市场信息分析专报制度的通知",要求各个信息监测点在切实做好市场价格监测的同时,更要加强对各地市场行情变化和走势的分析。

宁夏粮食局信息中心积极参与宁夏宏观调控信息系统建设,协助宁夏区粮食应急预案演习顺利举行,逐步完善了价格监测网点的建设,研制了宁夏区粮食价格监测软件,定期对监测网点的电脑进行软件升级、技术维护,每周根据监测点监测的价格信息,编印《宁夏粮食价格动态》,及时全面真实地反映宁夏区粮食市场每周的价格变动情况。

三是充分发挥计算机网络特长,为政务信息和网络安全做好服务。山东省粮油信息中心认真落实全省信息化工作电视会议精神,积极推进省局信息工作,做好政务信息公开工作,做好计算机网络的安全保密工作。

湖南省粮油信息中心推进电子政务,拓展电子商务。打造政务网站,推动政府上网工程,将"潇湘粮网"从湖南省粮食局门户网站"湘粮政务网"分离开来,建成了独立的湖南省粮食系统的大型商业网站。建立完善了多模式网上场内互动电子商务交易系统,为湖南省粮食系统拓展电子商务提供了一个良好的基础平台。

2.各地粮油信息工作创新和突破

一是发布价格指数,强化对政府、企业和农民的信息服务。黑龙江省粮油信息中心为实现"搞活流通,加快改革,努力实现粮食流通产业跨越式发展"和"促进农民余粮顺畅销售,增加农民收入"的工作目标,精心谋划,积极进取,努力开拓,以"龙粮网"、"短信服务系统"、"农民服务热线"为平台,以建立全省粮食价格指数体系为核心,以打造龙江信息品牌为目标,强化对政府、企业和农民的信息服务,首次发布价格指数,包括黑龙江大豆价格指数、黑龙江水稻价格指数、黑龙江玉米价格指数、黑龙江小麦价格指数、黑龙江粮食综合价格指数(不含杂粮)。

二是构建多元体系,全方位提供信息服务。浙江省粮油信息中心以"构建四大体系"为着力点,即加快建立主体多元、产销稳定、物流便捷的粮食市场体系,储备充足、信息灵敏、调节有效的粮食调控体系,政务公开、制度健全、监管到位的粮食法治体系,开拓创新、奋发进取、高效廉洁的粮食队伍体系,本着信息工作为各级政府和领导服务、为各类粮食企业和有关中介组织服务、为广大消费者和粮农服务的根本宗旨,全面、准确、及时、完整地做好浙江省市场粮油信息的监测、预报、分析、发布、报送等各项工作。

三是编制信息规划,指明未来发展方向。河北省粮油信息中心编制《河北省粮食信息化建设总体规划》,为今后河北省粮食信息化建设提供了依据,指明了方向。编制了《河北省粮食流通数据动态管理信息系统可行性研究报告》,已通过专家组评审,报省信息化办公室申请2009年信息化建设专项资金,目前已通过信息办审批。

三　粮油统计信息

覆盖全社会的《国家粮食流通统计制度》自2005年正式实施以来，为国家粮食宏观调控提供了大量可靠的基础信息，对掌握我国粮食流通基本状况、确保国家粮食安全发挥了重要作用。

（一）全面掌握了全社会粮食流通状况

各级粮食行政管理部门按照统计制度的要求，切实履行全社会粮食流通统计职能。一是认真做好粮食统计旬（月）报，随时掌握粮食购、销、存变化情况。二是在粮食收购旺季期间，重点监控主产区粮食收购情况，及时上报收购进展、市场价格等情况。加强对最低收购价和国家临时存储粮食的收购数量、价格、跨省移库等情况的统计和分析。三是认真组织年度社会粮食供需平衡调查工作，全面掌握粮食生产、流通、消费、库存等情况，对全国粮食供需平衡的现状以及未来发展趋势作出分析。四是加强粮食市场信息监测，及时反映各地粮油市场价格变化情况，为分析粮食供求形势和粮食价格走势提供了信息。特别是粮油价格异常波动期间，对部分重要粮油品种实行日监测报告制度，随时掌握粮油市场出现的新情况和新动态。

（二）基本掌握了粮油加工业发展情况

基本掌握了粮油加工企业数量、规模、分布，企业从业人员、专业技术人员数量，主要粮油产品的产量、库存量，主要原料年消费量，粮油加工业经营效益，以及生产设备设施及研究开发投入等情况，为科学制定粮油加工业发展规划、加快粮油加工业的结构调整和优化升级、正确指导粮油加工健康发展提供了基础资料和决策依据。

（三）基本摸清了粮食仓储设施和建设投资等基本情况

近几年开展粮食企业仓储设施和粮食流通基础设施建设投资情况统计工作以来，已基本摸清了粮食仓容规模、仓型、区域分布、使用状况，专用码头泊位数量、铁路专用线、散粮中转设施以及仓库配套设施等情况。初步掌握了粮食流通基础设施建设项目、投资规模、区域分布、资金来源以及项目完成进度等基本情况。有利于准确把握和分析主产区粮食仓容和收储能力、科学安排跨省移库，为加强粮食基础设施建设、推进粮食现代物流发展提供决策依据。

（四）基本掌握了粮食行业机构和从业人员情况

对粮食行业机构和从业人员的基本状况进行统计，掌握了粮食行业机构设置、从业人员总数、年龄结构、学历构成、专业技术人员数量等基本情况。为做好粮食行业职工教育培训工作，加强粮食行业技能人才队伍建设，整体提升粮食行业水平提供了基础信息。

粮食流通基础设施建设

2008年，国家连续出台了多项涉及粮食流通基础设施建设的规划和政策性文件，特别是为应对金融危机，落实扩大内需政策，国家加大了对粮食现代物流、仓储和烘干设施建设的投入力度。2007年安排的农户科学储粮试点项目也在2008年圆满完成，我国粮食流通基础设施建设各项工作取得了重大进展。

一　粮食物流、仓储和烘干设施建设中央投资力度得到加强

为推进粮食现代物流体系建设，国家安排了中央补助投资2亿元用于支持50个粮食现代物流项目建设。各地通过政策扶持和投资引导，多渠道筹集资金，加快推进主要物流通道和节点项目建设，推广应用散粮运输装卸新技术新设备。同时，在国家新增1000亿斤粮食生产能力建设规划中，国家粮食局配合有关部门经过认真调研论证，提出了"粮食仓储物流工程配套专项"建设投资方案。

针对黑龙江省粮食收储、外运面临的突出问题，经过大量调研论证和投资测算，国家在2008年9月安排了3.72亿元中央预算内专项投资用于解决该省粮食仓储、烘干和流通设施不足问题。在建三江地区建设中央直属储备粮库4个，仓容24万吨；建设地坪185万平方米；建设烘干机208台套，新增年烘干能力670万吨。

为应对金融危机，落实扩大内需政策，国家在2008年第四季度新增中央预算内投资中，安排10亿元中央投资补助资金用于建设油料油脂储存设施及粮食烘干设施。共为中储粮总公司和中粮集团有限公司安排建设食用油油罐和油料库项目27个，为辽宁省、吉林省、内蒙古自治区和中储粮总公司、中粮集团有限公司、中国华粮物流集团公司在东北地区的粮库安排新建和改造烘干机项目280台，总投资约28亿元。这批项目建成后将新增食用油油罐罐容96万吨、油料库仓容122万吨、烘干能力1180万吨，可在一定程度上缓解我国食用油储备库罐容不足和东北地区的烘干压力。

二　灾后重建工作进展顺利

汶川特大地震发生后，国家粮食局及时落实国务院抗震救灾总指挥部的部署，紧急安排四川灾区受损粮食仓库应急维修和烘干设备采购资金等1.72亿元，为灾区维修受损仓房387万吨，采购小型稻谷烘干机及其他收储应急设备939台套。同时，配合有关部门编制了《汶川地震灾后恢复重建市场服务体系专项规划》，并于11月发布实施。在国家编制的灾后重建规划中申请灾后重建粮油储备和流通基础设施投资38亿元。

三　粮食仓房维修改造继续推进

为解决我国粮食连续四年丰收后主产区收储、烘干能力不足的矛盾，配合最低价收购政策的执

行，中央财政安排了2.1亿元补助资金用于河北、江苏、安徽、江西、山东、河南、湖北、湖南、四川、黑龙江、吉林、辽宁、广西等13个启动最低收购价政策省（区）的粮食收储库点的仓房维修改造。截至2008年底，上述13省（区）除吉林、黑龙江、湖南3省外，其余10省（区）全面完成了维修改造工作。10省（区）共安排维修资金6.91亿元，维修库点7906个，维修库容1861万吨。2008年全国粮食仓房维修改造共投入资金约16.6亿元，主要集中在粮食主产区，北京、天津、广东、广西、云南、贵州、甘肃等非主产区也积极筹措资金，加大对仓房维修改造的投入。通过维修改造，有效缓解了上述地区仓容不足和收储条件差的问题，保证了粮食收购工作的顺利进行。但是，从粮食主产省现有仓储设施条件来看，一些基层库点的条件仍然较差，不能满足最低收购价粮食收购的要求。为解决这一问题，国家粮食局经过认真调查研究，提出了2009年15个省（区）的仓房维修改造投资需求和总体方案，继续积极向国家有关部门争取中央财政资金支持，以进一步缓解粮食主产区仓容不足的矛盾，保证执行最低收购价政策所需的收储能力，确保储粮安全。

四　农户科学储粮试点项目圆满完成

为贯彻落实国务院领导同志关于做好农户储粮工作的批示精神，改善我国农户储粮条件，减少粮食产后损失，保障国家粮食安全，国家于2007年10月安排的农户储粮试点项目建设工作在2008年8月底顺利完成。试点共完成总投资2177万元，其中中央补助投资600万元、地方政府配套1130万元、农户自筹447万元。为辽宁、四川、山东3个试点省3.2万农户配置了标准化新型粮仓。试点农户储粮装具分别是辽宁省推广钢骨架金属网矩形储粮仓，山东省配置彩钢板圆筒仓，四川省建设新型砖混结构标准小粮仓和彩钢板圆筒仓。试点专项起到明显减损效果和示范作用，取得了良好的社会和经济效益，为在全国粮食主产区和主要产粮区正式实施农户科学储粮专项奠定了基础。

五　粮食流通基础设施建设投资统计制度逐步完善

2008年是粮食流通基础设施建设投资统计制度实施的第二年，各地加强培训和组织力度，扩大统计面，提高了数据的准确性，切实发挥了投资统计工作对设施建设的指导作用。据统计，2008年度全国粮食流通基础设施建设项目共6921个（其中完工项目5651个，在建项目1270个），年度完成投资112.8亿元，新建仓容2742万吨（其中立筒仓和浅圆仓314万吨），新增油罐162万吨，大修仓容2213万吨；新增粮食专用码头泊位98个，能力1419万吨；新增专用铁路线6.4公里，购置各类设备7.9万台（套），新增散粮接收发放能力3.96万吨/小时。与上年度相比，项目共增加672个，增幅11%；新建仓容增加779万吨，其中立筒仓和浅圆仓仓容增加139万吨。

投资统计结果显示，2008年度在加强粮食流通基础设施建设中，中央财政投入比上一年度有较大增长。同时，以企业为主体、各级政府适当扶持和引导的多渠道投资粮食流通基础设施建设方式正逐步形成。

六　粮食流通基础设施建设规划研究和标准制定工作取得明显进展

根据《国家粮食安全中长期规划纲要》，国家粮食局研究编制了《粮食储备体系建设规划》和

《食用油储备物流设施建设规划》。为做好粮食现代物流设施建设，适应国家扩大内需加快建设食用油脂储存设施和实施农户科学储粮专项的需要，2008年加快了《植物油库建设标准》、《粮库管理信息系统建设标准》、《粮食物流园区总平面设计规范》、《农户小粮仓建设标准》等10余项粮食工程建设标准的制修订工作，并发布实施了《粮食仓库维修改造技术规程》、《粮食立筒库设计规范》等标准规范。

中央储备粮代储资格认定

根据《中央储备粮代储资格认定办法》的规定，2008年开展了两批代储资格认定工作、一次代储资格变更工作，取消了部分企业的代储资格。

一　认真开展中央储备粮代储资格认定工作

2008年5月和10月开展了两批代储资格认定工作。根据中央储备粮合理布局的需要，对2008年5月开展的代储资格认定（第七批）的申报范围进行了一定的限制：一是各地区（单位）的国有粮食仓储企业均可以申报中央储备粮油脂类代储资格；二是上海、浙江、福建、广东等4省（市）的国有粮食仓储企业以及中粮集团有限公司、中国华粮物流集团公司的直属企业可以申报中央储备粮粮食类代储资格；三是在2007年下半年提出申请（第六批）但未进入审核程序且已存储中央储备粮的企业。对2008年10月开展的代储资格认定（第八批）没有申报范围的要求。两批认定工作共收到454户企业的申请，经审核，授予了218户企业代储资格，其中：粮食类企业198户，授予资格仓容727.3万吨；油脂类企业20户，授予资格罐容20.2万吨。

二　加强对代储资格企业的管理

（一）取消了部分3年未承储中央储备粮的企业的代储资格

对在2005年2月和4月取得代储资格的部分企业，因3年内未承储中央储备粮，按照规定需取消其代储资格。2008年上半年分两批共取消了112户三年期内未存中央储备粮的企业的代储资格，取消资格仓容418.1万吨。

（二）注销了部分上收库的代储资格

2008年下半年，有76个取得中央储备粮代储资格的粮库被上收为中央储备粮直属库，根据规定，注销了其中71个粮库的中央储备粮代储资格，注销5个粮库部分仓房的中央储备粮代储资格。

（三）受理了174户企业的代储资格变更申请

经审核确认变更结果是：取消1户企业的代储资格；取消6户企业部分仓房资格；确认了130户企业名称发生变化；4户企业提出的增加仓（罐）容的变更事项不符合规定要求，未予以变更确认；其他企业属于备案性变更。

（四）取消了2户违规企业的代储资格

黑龙江省富锦市九○国家粮食储备库存在违法行为，辽宁省喀左县大城子中心粮库存在违规行为，按照《中央储备粮代储资格认定办法》有关规定，取消了这两户企业的中央储备粮代储资格。

三　中央储备粮代储资格企业的现状

　　到2008年底，全国共有1749户企业取得了粮食类中央储备粮代储资格，取得资格仓容9104.8万吨；175户企业取得了油脂类中央储备粮代储资格，取得资格罐容207.5万吨。

粮食安全生产

2008年，国家粮食局继续贯彻《关于加强粮食行业安全生产工作的指导意见》（国粮展〔2006〕190号），立足于抓重点、遏制重特大事故，在粮食行业开展安全生产隐患排查治理工作和百日督查专项行动；规范仓储管理、加强安全培训；重视应急能力建设，严格事故报告、调查、通报制度，保持了粮食安全生产的平稳局面。

一 强化应急救援能力

2008年，我国遭遇了两场大的自然灾害，即年初的南方低温雨雪冰冻灾害和"5·12"汶川特大地震，给粮食行业特别是粮食仓储设施带来了巨大损失。对此，国家粮食局迅速反应，积极行动，有效地应对了这两场严峻的考验。

1月下旬，冰雪灾害刚刚显现之时，国家粮食局即发出了《国家粮食局关于做好防范雪灾等冬季灾害性天气的通知》，指导各地做好防范工作；整个雪灾期间，编辑9期与雪灾相关的《储粮安全生产简报》，及时反映灾情；派出4个工作组分赴江西、安徽、湖北、湖南、广东、贵州等地调研粮食行业因雪灾受损情况，并发出《国家粮食局关于进一步做好粮食企业抗灾救灾以及灾后重建工作的通知》，布置灾后重建工作。

"5·12"汶川特大地震发生后，国家粮食局通过各种方式与灾区粮食部门保持联系，并紧急调查周边省份粮库闲置麻袋、编织袋、篷布、彩条布的库存情况，待以驰援灾区。6月初，国家粮食局副局长郄建伟带队赴江苏、上海等地考察小型烘干机生产情况，为四川省地震灾区紧急采购一批小型烘干机用于小春粮食烘干。上旬，又派出灾情考察组深入多个重灾区核实灾情，慰问一线粮食干部职工。另外，还编辑了16期和抗震救灾相关的《储粮安全生产简报》，发出通知指导灾区粮食部门及企业灾后安全防范，积极争取灾后重建资金用于仓房维修。

6月中旬，为提早防范汛期可能会对粮食仓储设施与储粮安全造成的影响，国家粮食局发出关于做好粮食企业防汛工作的紧急通知，要求各地做好防汛准备，落实防汛责任，抓好防汛重点，加强沟通协调，确保储粮安全度汛；7月底8月初，举办"粮油储藏技术规范暨防汛安全研讨会"，布置当年的防汛工作，并请专家讲解有关防汛知识。

二 着力抓重点领域和关键环节

2008年，为实现全年粮食安全生产工作目标，保持一个安定、平稳的行业大环境，国家粮食局针对粮食行业的特点，在布置安全生产工作中强调要突出重点领域和关键环节，如防范极端气候条件下的自然灾害，露天储粮区、资材储存区安全防火，规范储粮化学药剂管理与使用，严防立筒仓、浅圆仓、面粉厂、大米厂、浸出油厂的粉尘爆炸和溶剂爆炸等。要求各地区、各企业在日常的生产经营中抓住重点，还通过开展两项专门行动来大力推动做好这些工作。在国务院安全生产委员会的统一部署下，国家粮食局于3月和5月分别印发了《国家粮食局关于开展粮食行业安全生产隐患排查治理工作的通知》和《国家粮食局关于开展粮食行业安全生产百日督查专项行动的通知》，布置在粮食行业针对重要时期、关键领域及薄弱环节查隐患、促整改、严监督、保实效，工作范围包括各类粮食仓储、购销、加工企业，内容涉及规章制度是否完善、应急机制是否完备、生产作业是否规范、设施设备是否正常、宣传培训是否到位等。通过一系列抓重点的工作和专门行动，安全隐患大大减少，粮食安全生产局面得以巩固，制度建设尤其是安全生产责任制进一步落实强化，广大粮食干部职工的防范意识和应急能力明显增强，整个粮食行业的安全生产氛围日渐浓厚，安全生产事故得到有效遏制。

三　加大培训宣教力度

2008年，在国家粮食局的组织下，通过全行业的共同努力，《粮油储藏技术规范》、《储粮化学药剂管理和使用规范》、《二氧化碳气调储藏技术规范》3项重要行业标准得以发布实施，对规范企业粮油储藏行为提供了技术支持。为宣传贯彻好这些标准，使其能尽快推广应用到企业实践中去，国家粮食局先后组织了两次培训：一是7月底8月初在江西南昌举办了"粮油储藏技术规范暨防汛安全研讨会"；二是在11月上旬在重庆举办了西南5省（区、市）粮食部门及企业参加的"粮油储藏重要标准宣讲会"，请专家讲解有关标准。通过研讨和宣讲，地方粮食部门及粮食企业对新发布的行业标准有了进一步的了解，也为地方自行组织宣传培训和贯彻实施创造了有利条件。另外，国家粮食局还通过其他方式宣传安全生产知识、介绍安全生产政策，例如继续在《中国粮食经济》杂志上利用专栏连载"安全生产小知识"，陆续推出"储粮化学药剂安全管理与使用"系列内容。

四　吸取事故教训，加大防范力度

2008年，粮食行业没有发生重特大粮食安全生产事故，发生1起较大安全生产事故，全年因事故致死8人。

2月8日，广州港集团新港分公司一栋钢板筒仓突然坍塌，内装1.25万吨大麦随之泄出，造成一定财产损失，没有人员伤亡。

2月22日，华粮物流集团北良有限公司在北良港的一艘外轮上，1名劳务工人被船舱中的作业车辆当场撞死。

2月24日，黑龙江宾州国家粮食储备库一座烘干塔部分倒塌，塔体和流出的玉米将地面上的作业人员压倒，造成1人死亡。

2月26日，吉林省储备粮管理有限责任公司所属兴良储备库一辆运粮车向烘干塔输送玉米倒车时撞倒碾压1名工人致死。

2月29日，河南省信阳市潢川县上油岗粮管所仓房中间的隔墙倒塌，将8名工人掩埋，造成3人死亡，5人受伤。

9月29日，山西省大同市粮食销售公司一闲置出租草库在生产电石时，因乙炔引发爆炸，造成2人死亡，2人受伤。

11月30日，四川省自贡市荣县国家粮食储备有限公司一栋出租仓房发生火灾烧毁，内存物品等损失约48万元。

以上事故发生后，国家粮食局都于第一时间与当地粮食行政管理部门取得联系，了解情况，派工作组到有的现场调查，并及时通报各地。下半年，针对夏秋粮食收购期间及粮库出租资产易发、多发事故，秋冬干燥防火压力大的情况，国家粮食局于9月和12月分别发出了《国家粮食局关于切实做好粮食安全生产工作的通知》、《国家粮食局关于做好粮食行业冬季防火和两节期间安全生产工作的通知》，要求各地加大隐患排查治理力度，加强出租设施和外来人员管理，提高应急与事故处理能力，对于重要环节与时点的工作，要周密部署、设立方案、优化流程、落实责任、严格规章，把发生事故的几率和事故造成的损失降到最低，最大限度地保证各项安全。

粮食法治建设

一 扎实推进粮食立法工作

2008年，在贯彻落实现有粮食法规的基础上，重点开展了《粮食法》的前期研究工作，主要包括：一是对《中央储备粮管理条例》和《粮食流通管理条例》（以下简称《条例》）的贯彻落实情况进行全面总结；二是对国内外与粮食相关的法律法规进行梳理归纳；三是向国家发展改革委和国务院法制办报送《粮食法》立法项目。目前，《粮食法》已列入十一届全国人大的五年立法规划，列入2009年国务院立法工作计划，并确定由国家发展改革委和国家粮食局负责起草。

二 继续做好粮食普法依法治理工作

一是研究制定年度普法工作要点。根据《全国普法办公室关于印发〈二〇〇八年全国普法依法治理工作要点〉的通知》和《全国粮食行业法制宣传教育第五个五年规划》精神，结合粮食工作重点，制定下发了《2008年全国粮食行业普法依法治理工作要点》，对2008年的普法工作进行了安排。

二是组织开展"五五"普法中期督导检查。根据中央宣传部、司法部、全国普法办《关于组织开展"五五"普法中期督导检查的通知》的统一部署，在全国粮食行业组织开展了"五五"普法中期督导检查。根据督导检查的结果，对"五五"普法工作中表现突出的先进集体和先进个人进行了表彰，并择优向全国普法办推荐表彰。

三是深入开展《条例》宣传活动。在《条例》颁布实施四周年之际，以"维护市场秩序 服务宏观调控"为主题，认真开展《条例》宣传活动：组织设计、印制和发放《条例》宣传画，重点宣传粮食收购、销售等市场秩序方面的规定，以及粮食经营企业最低最高库存量制度、粮食最低收购价政策、粮食应急机制等方面的内容；开展《条例》征文活动，组织各地系统总结《条例》颁布实施四年来的贯彻落实情况；开设《条例》四周年宣传活动专栏，介绍各地活动安排、采取的宣传形式以及取得的宣传成效。

三 认真做好粮食行政复议工作

按照国务院关于加强行政复议工作的有关要求，继续做好行政复议的各项工作。一是创新粮食行政复议工作体制机制。成立行政复议委员会，主要负责讨论决策粮食行政复议中的重大问题；启用"国家粮食局行政复议专用章"。二是建立健全行政复议制度。按照国务院法制办的要求，及时修订粮食行政复议法律文书。三是加强粮食行政复议能力建设。组织粮食部门行政复议工作人员的业务培训，依法落实行政复议工作经费和必要的技术设备。四是定期向国务院法制办报送办理行政复议和行政应诉案件的情况。

四　着力完善粮食行政许可工作

一是扎实开展粮食收购资格审核工作。建立健全粮食收购资格许可制度，加大粮食收购资格审核工作力度，逐步完善全国粮食收购资格信息共享机制和动态通报制度，同时，加强对地方粮食收购资格审核工作的指导。截至2008年底，全国具有粮食收购资格的经营者达到7.7498万家。

二是认真做好中央储备粮代储资格认定工作。健全中央储备粮代储资格认定工作制度，加强对已取得中央储备粮代储资格企业的管理，取消不符合中央储备粮代储条件的企业的代储资格，优化中央储备粮代储资格企业布局。截至2008年底，全国已有1924户企业取得中央储备粮（油）代储资格。

五　积极推进粮食政务公开

认真贯彻落实《政府信息公开条例》，积极做好政府信息公开工作。一是建立健全政务公开工作机制。成立政务公开工作领导小组，领导小组下设办公室，具体负责政务公开工作的实施。二是完善政府信息公开制度，编写国家粮食局政府信息公开目录，开通了政府信息公开工作电话，方便广大公民、法人和其他组织查阅；建立新闻发布和新闻发言人制度，通过新闻媒体及时发布信息。三是加强电子政务建设。在局政府网站增加了信息搜索、行政复议、办事咨询、粮食收购资格查询、办事指南等服务功能，开设政府信息公开专栏，及时向公众发布有关信息，设立政府信息公开意见箱，主动接受公众监督。

六　深入开展粮食依法行政示范创建活动

2008年，继续深入开展粮食依法行政示范创建活动。一是召开依法行政示范单位座谈会。总结推广示范单位依法行政工作的经验和做法，推动基层粮食部门依法行政工作。二是建立健全依法行政示范创建活动长效机制。对依法行政示范单位实行动态管理，对起不到示范作用的单位坚决摘牌，并取消其荣誉称号；对示范创建活动中涌现出的先进单位，经验收合格，按照程序及时予以增补。

七　指导和督促地方继续做好粮食法制工作

继续加强对地方粮食法制工作的支持和指导，督促地方进一步建立健全粮食法律制度，地方粮食法制建设取得了明显成效。截至2008年底，全国31个省（区、市）建立了粮食收购市场准入制度、粮食应急制度和粮食统计制度，30个省（区、市）建立了粮食储备制度，29个省（区、市）建立了粮食监督检查制度，27个省（区、市）建立了粮食经营者最低和最高库存量制度，26个省（区、市）建立了粮食质量卫生制度。

粮食行业发展

一   现代粮食流通产业建设

2008年，国家粮食局继续加强发展现代粮食流通产业的必要性、可行性研究，提出了发展现代粮食流通产业的指导思想和战略目标、主要任务和发展重点以及扶持与保障措施建议。地方各级粮食行政管理部门按照全国粮食局长会议要求，认真开展调查研究，加强组织协调指导，积极争取支持政策，以"三个体系、一个保障"为主要内容的现代粮食流通产业建设取得了显著成效。

（一）加强粮食宏观调控体系建设，稳定了粮食市场

落实和完善稻谷、小麦最低收购价政策，连续调高小麦、稻谷最低收购价，将稻谷最低收购价实施范围扩大到11个省（区）。在6个启动执行预案的小麦主产省，全年收购最低收购价小麦4174万吨，比上年增加1281万吨。实施东北地区粳稻、玉米、大豆和南方稻谷临时收储政策，有效解决农民"卖粮难"问题，全年收购临时存储稻谷1180万吨、玉米1330万吨、大豆65万吨，有力支撑了市场粮价，保护了种粮农民利益，促进了粮食生产的稳定发展。根据国家宏观调控需要和市场需求情况，适时安排政策性粮食竞价销售，合理把握储备粮油的轮换时机和销售节奏，保证了市场供应，避免了粮价大涨大落，维护了广大生产者和消费者的权益。

认真组织实施中央储备玉米、大豆和食用植物油增储计划，及时下达和督促实施中央储备粮年度轮换计划，加强了中央储备粮行政管理。各地认真落实国家有关部门下达的地方储备粮规模指导计划和储备油规模标准要求，增强了地方政府调控粮油市场的物质基础。进一步完善本地区粮食应急预案，积极组织培训和应急演练，健全应急保障体系。目前全国已确定粮油应急加工定点企业2374家，应急供应定点企业6595家，增强了应急保障能力，经受住了重大自然灾害和突发事件的考验。

（二）加强现代粮食市场体系建设，活跃了粮食流通

继续组织实施《全国粮食市场体系建设"十一五"规划》，加强对全国粮食市场体系建设的指导。各地积极争取有关部门的支持，出台地方粮食市场体系建设规划，在土地、税费、贷款等方面给予优惠政策，加快地方粮食市场体系建设和发展。国家粮食交易中心达到20个，全国各类粮食批发市场达到553家。实现全国联网的批发市场达到23家，成功完成了国家宏观调控政策性粮食交易任务，为应对国际市场粮价大起大落、稳定国内粮食市场发挥了重要作用。

各地继续推进政企分开，加快国有粮食企业产权制度改革，使国有粮食企业真正成为自主经营、自负盈亏的市场主体，支持和鼓励国有粮食企业继续发挥主渠道作用。2008年，国有粮食企业收购原粮17008万吨，占全国各类粮食经营企业总收购量29019万吨的58.6%。积极培育多元粮食市场主体，加强对粮食经纪人的培训和引导，加快构建新型粮食购销服务网络，引导各类粮食市场主体参与粮食收购、加工和销售，搞活了粮食流通。截至2008年底，全国具有粮食收购资格的各类粮食市场主体达到7.7498万家，其中75%以上是多元市场主体，对于方便农民售粮、活跃粮食流通发挥了重要作用。

（三）加强粮食产业化体系建设，增加了农民收入

各地结合推进国有粮食企业改革，以资本为纽带，开展跨地区兼并联合重组，主动向粮食生产和加工转化领域延伸，发展粮食产业化经营。截至2008年底，全国规模以上粮食加工企业11977家，其中国有粮食产业化龙头企业1324家。积极争取对重点粮食产业化企业的贷款支持，截至2008年11月底，国家粮食局和中国农业发展银行重点支持的粮食产业化龙头企业1684家，在粮食收购、技术改造、基地建设等方面获得贷款997.7亿元。江苏、安徽、湖北等省将粮食产业发展纳入地方经济发展规划，安排专项资金对粮油精深加工和产业化项目予以贴息。扎实推进农户安全储粮工程，通过中央补助、地方配套和农户自筹的方式，为试点地区农户配置标准化储粮装具，推广科学储粮技术，起到明显减损效果和示范作用，增加了农民收入，收到良好的经济效益和社会效益。

（四）加强行政执法监督保障体系建设，维护了流通秩序

积极推进粮食行政管理部门职能转变，把粮食行政管理部门的工作重心转到粮食市场调控、监管和行业指导、服务上来，不断加强粮食市场监管执法体系建设，规范粮食流通市场秩序，服务粮食宏观调控。全国已有29个省（区、市）和80%以上的市、70%的县级粮食部门设立了监督检查机构，经过培训获得执法资格的人员2.5万人。组织完成对2008年3月末全国国有粮食企业库存检查，在企业自查和省级复查的基础上，对河北、辽宁等8省市进行督查和抽查，总结分析检查情况，提出解决问题的对策措施，并向国务院呈报专项检查报告。加强中央和地方储备粮质量监管，对中央储备粮进行质量卫生专项抽查，组织25个省级粮食部门对地方储备粮质量进行抽查。认真执行中央储备粮管理条例和粮食流通管理条例，规范粮食仓储管理，做好粮食收购资格审核和中央储备粮代储资格审核工作。落实中央的决定和全国人大常委会的部署，积极准备《粮食法》的研究起草工作。

二　粮食政务信息体系建设

2008年，国家粮食局围绕粮食流通中的热点、难点和苗头性、倾向性问题，及时、准确、全面地报送粮食政务信息，加强电子政务建设，推进政务信息和政府信息公开，粮食行业政务信息体系建设取得了新的进展。

（一）加强粮食政务信息报送，为领导决策和开展业务工作提供参考

努力把握党中央、国务院领导关注的中心工作和热点问题，紧密围绕粮食工作中心任务，认真采编和及时报送粮食政务信息，为领导决策和开展业务工作提供参考。2008年，共编印《情况通报》及增刊90余期，及时传达国务院、有关部门领导对粮食工作的指示精神和局领导的意见和指示，通报有关粮食信息及重要业务工作等，既为领导掌握工作动态提供了信息服务，也为各相关单位工作的衔接提供了依据。今年向中共中央办公厅、国务院办公厅报送《粮食信息》270余条，国务院领导对多条信息作出批示。编印《国家粮食局抗震救灾简报》21期，及时将粮食部门抗击汶川特大地震、保障粮食供应、稳定市场和价格的有关情况通报有关单位，为取得抗震救灾阶段性胜利发挥了积极作用。编印《粮食工作通讯》12期，加强粮食系统信息沟通和交流。各地对政务信息报送工作也高度重视，报送了大量有参考价值的粮食信息。2008年度，各地共报送粮食政务信息2600余条，内容涉及粮食工作的各个方面，为各级领导及时了解各地粮食流通情况、指导粮食工作和宏观调控决策发挥了重要作用。按照中办、国办的有关规定，根据《全国粮食系统政务信息工作管理暂行办法》，国家粮食局对20个政务信息报送先进单位进行了通报表扬。

（二）积极推进粮食电子政务建设，创新粮食流通管理方式

1. 全国粮食调控信息系统全面建成。全国粮食调控信息系统项目的总体目标是建立一个粮食辅助决策支持系统，包含协同办公系统、业务系统和粮食系统纵向网等内容和模块。根据机构职能调整和变化，不断对系统框架进行修改和优化，确保系统性能先进、运行稳定、界面友好、可操作性强。经过多方努力，全国粮食调控信息系统已全面完成建设任务，实现了项目建设目标，已通过正式验收并投入运用。目前，该系统是国家粮食局机关公文运转、行政事务管理、日常信息交流的重要载体，也是下一步粮食系统纵向网接入工程完成后，与地方粮食局业务交流与互动的平台。

2. "金农"、"金宏"工程粮食子系统建设取得明显进展。"金宏"、"金农"工程作为国家电子政务系统的重要组成部分，分别由国家发展改革委和农业部牵头，国家粮食局主要负责涉及粮食工作的子项目建设。在国家发展改革委牵头建设的"金宏"工程中，主要参与建设战略资源信息系统的粮食子系统，包括粮食综合信息库系统和省级粮食局接入发展改革系统纵向网两个子项目，已完成国家粮食综合信息库系统子项的全部建设任务，并已通过项目评审和初步验收；省级粮食局接入发展改革系统纵向网项目招标工作已完成，已开始组织实施。"金农"工程（一期）项目中，国家粮食局负责国家和省两级粮食购销调存数据中心、安全运行维护系统以及相关配套环境等方面的建设。已着手进行国家粮食购销调存数据中心项目设备招标工作，32个省级数据中心建设项目可研批复工作已经完成，其中上海市数据中心已建成并投入使用。

3. 全国粮食动态信息系统建设项目可行性研究报告已报送国家发展改革委批复。全国粮食动态信息系统项目的提出，是为了落实《国家粮食应急预案》的有关要求，以提高粮食应急状态发生前的预防能力为主要目的，为粮食部门在应急保障、应急响应、应急后期处置和公众信息服务等粮食应急机制各环节工作的科学决策和业务协同提供信息化手段支持，进一步提高粮食宏观调控的效率和水平。作为被列入中办发〔2002〕17号文件之外的第二类项目并予以优先支持的重点项目，国家发展改革委已于2007年3月正式批复立项，2008年10月，项目可研报告已报国家发展改革委审批。

4. 信息系统安全基础设施改造和中心机房改造项目建设顺利推进。为提升全国粮食调控信息系统和国家粮食局网络环境的保密性和安全性，利用中央预算内资金对整个网络系统进行了安全基础设施改造，以确保全局信息系统在安全性方面符合国家新的保密规范和要求。项目改造完成后，还可实现电子印章、手写签批等重要功能，为最终实现无纸化办公打下坚实的安全基础，并为全国粮食调控信息系统、"金宏"、"金农"等项目提供坚实的安全保障。另外，以中心机房改造为主要内容的"局域网网络改造工程"项目正式验收并投入使用。

5. 做好政府专网运行维护管理工作，加强与国务院系统的情况沟通和信息交流。2008年，按照国务院办公厅的要求，国家粮食局进一步完善管理制度，加强对政府专网的运行维护管理，积极使用。具体负责政务信息工作的同志进一步加强学习和实践，熟练运用"二邮"系统相关功能，与国务院系统即时沟通政务工作情况，及时向国务院办公厅报送政务信息，使该系统成为国家粮食局与国办、国务院各部门办公厅（室）和省级人民政府办公厅（室）沟通情况、交流工作信息的重要渠道。

（三）认真做好局政府网站建设和管理工作，全面推进政务公开和政府信息公开工作

1. 顺利完成局政府网站升级改造。为进一步提高局政府网站的工作效率，2008年初完成局政府网站的升级改造各项工作，2月1日局政府网站新版正式投入运行。

2. 切实加强局政府网站的信息安全建设。按照国务院办公厅关于加强奥运期间网络信息安全管

理工作的有关要求，认真做好局政府网站信息安全管理工作，确保奥运期间网络信息安全。扎实开展网络信息安全大检查，积极查漏补缺，强化各项安全防范措施；研究制定《2008北京奥运会期间国家粮食局政府网站安全保障措施与应急预案》，进一步完善了局政府网站管理制度；不断增强局政府网站信息安全管理工作的政治意识、大局意识、责任意识，严格遵守局保障网络信息安全的各项规章制度，确保局政府网站信息安全。

　　3. 大力做好政务公开和政府信息公开工作。认真贯彻落实《中华人民共和国政府信息公开条例》，根据《国家粮食局政府信息公开暂行办法》和《国家粮食局政府信息公开指南》，在国家粮食局政府网站开设政府信息公开专栏，包括政府信息公开目录、相关的规章制度、意见反馈等，对收到的信息公开请求及时答复。及时更新网站信息内容，凡不涉及保密内容的信息，均在第一时间在政府网站对外发布，确保信息的权威性和时效性。结合粮食部门的重点工作，适时开设"全国粮食局长会议"、"深入学习实践科学发展观"、"粮食科技周"等热点专题栏目，同时及时向中国政府网报送粮食系统信息，积极宣传粮食部门工作情况。2008年，国家粮食局政府网站发布信息达10000条，被中国政府网采用信息140条。

　　4. 全力做好突发性重大事件的新闻宣传。针对年初南方部分省市遭受罕见低温雨雪冰冻灾害和"5·12"四川汶川特大地震等重大突发性事件，第一时间在局政府网站开设"粮食部门抗击冰雪，保障供应"和"抗震救灾，保障灾区粮油供应"专题栏目，全面介绍粮食部门各项救灾政策措施的落实情况，大力宣传粮食系统广大干部职工在救灾过程中涌现出的先进个人、集体和典型事迹。救灾期间，局政府网站发布抗灾信息434条，被中央政府网采用28条，展示了粮食系统抗灾救灾的成效和感人事迹，收到了良好的宣传效果。

三　粮油加工业发展与指导

　　2008年，为应对全球金融危机影响，确保粮油加工业稳定增长，促进消费，国家加大对粮油加工业特别是保障食用植物油供给安全的政策扶持力度，国家粮食局加强全国粮油加工业行业指导管理工作，落实国务院有关文件精神，重点在政策措施研究以及配合有关部门制定、落实产业发展规划方面做工作，取得了明显成效。

（一）高度重视，多项举措扶持粮油加工业产业

　　2008年1月，党中央、国务院印发《中共中央 国务院关于切实加强农业基础建设进一步促进农业发展农民增收的若干意见》，明确支持农业产业化发展，要求各级政府和有关部门抓紧研究完善农产品加工税收政策，促进农产品精深加工健康发展，允许符合条件的龙头企业向社会发行企业债券，促进龙头企业增强社会责任，与农民结成更紧密的利益共同体，让农民更多地分享产业化经营成果，健全国家和省级重点龙头企业动态管理机制。

　　2008年11月，《国家粮食安全中长期规划纲要（2008～2020年）》对外正式公布，从战略性、宏观性和政策性明确提出粮油加工业中长期发展的指导方针，坚持立足全局、统筹兼顾，从粮食生产、流通、加工、进出口、储备、消费等各个环节组成的产业链进行了系统规划。明确要在保障粮食安全前提下，适度发展粮食深加工业，生物质燃料生产坚持走非粮道路，把握"不与粮争地，不与人争粮"的基本原则，提出要完善粮食加工体系，重点任务是大力发展粮油食品加工业，积极发展饲料加

工业，适度发展粮食深加工业。同时，《规划纲要》提出了"粮油加工业技改升级"重点工程。

为保障我国食用植物油供给安全，国务院要求立足当前、着眼长远，从全局和战略高度，在油料油脂生产、加工、流通、储备、进出口等各个环节采取综合措施，促进食用植物油产业健康发展，印发了《关于促进食用植物油产业健康发展保障供给安全的意见》（国办发〔2008〕36号），提出以下七项有力措施：一是扶持和发展油料生产，二是规范和引导油脂加工业健康发展，三是完善油料油脂市场流通体系，四是稳定和拓展油料油脂进口渠道，五是健全大豆及食用植物油储备和应急体系，六是加强市场监管和消费引导，七是强化组织领导。

（二）有关部门提出多项措施具体落实促进粮油加工业发展政策

2008年8月，国家发展改革委印发《关于印发促进大豆加工业健康发展的指导意见的通知》（发改工业〔2008〕2245号），积极引导油脂加工企业走原料多元化的加工道路，增加油菜籽、花生、棉籽、向日葵、山茶等油料品种的产量，提高油料综合自给率；合理控制大豆油脂加工产能扩张的速度和规模；促进大豆加工业技术进步，提高自主创新能力，整合油脂加工设备制造企业，推动行业结构调整与产业升级；加强市场监管，规范大豆加工企业商业行为，维护市场竞争秩序，增强我国大豆生产、加工和销售环节的主导权；扶持国内龙头企业，改变内资加工企业市场竞争力不足、市场占有率低的局面；积极发展大豆深加工，延伸产业链，提高资源综合利用水平。

2008年11月，财政、税务部门也在税率政策方面落实了粮食加工业优惠政策，印发《关于发布享受所得税优惠政策的农产品初加工范围（试行）的通知》（财税〔2008〕149号）减轻粮油加工业企业税负，对粮食初加工（含小麦初加工、稻米初加工、玉米初加工、薯类初加工、食用豆类初加工、其他类粮食初加工）以及油料植物初加工（不含植物油精炼）等范围农产品加工的企业免征企业所得税。

（三）研究提出《轻工业调整和振兴规划》中粮油加工业有关具体内容政策建议

2008年12月，为应对国际金融危机，扩内需、保增长、调结构，国家粮食局积极配合国家发展改革委制定了《轻工业调整和振兴规划》中有关"粮油加工业调整和振兴"内容，研究提出粮油加工业相关内容的政策建议。《轻工业调整和振兴规划》明确提出了粮油加工业重点支持的以下方面：一是重点装备自主化。规划未来三年（2009～2011年）期间重点支持的项目包括日处理2000吨油料加工成套设备，日处理400～500吨组合式粮食清理设备，面粉后处理高效混合成套设备，日产50吨以上发芽糙米、留胚米、营养强化米等加工设备以及日处理150吨以上稻谷砻谷机、碾米机、抛光机、色选机等关键粮油加工设备的研发和重点装备自主化以及关键技术创新与产业化，支持提高重点行业技术装备水平。二是支持农副产品深加工，重点推进油料品种供给多元化，实施高效、低耗、绿色生产，促进油料转化增值和深度开发，淘汰落后产能，新增花生油100万吨、菜籽油100万吨、棉籽油50万吨、特色油脂100万吨产能，保障食用植物油供给安全。三是加强产业政策引导。尽快研究制定粮油产业政策以及准入条件，研究完善重污染企业和落后产能退出机制，适时调整《产业结构调整指导目录》和《外商投资产业指导目录》。四是加强食品安全监测能力建设，督促粮油、食品添加剂等行业重点企业，增加原料检验、生产过程动态监测、产品出厂检测等先进检验装备，特别是快速检验和在线检测设备。

（四）配合《全国新增1000亿斤粮食生产能力规划（2009～2020年）》开展粮油加工业健康发展调研及规划工作

2008年10月，按照国务院编制《全国新增1000亿斤粮食生产能力规划（2009～2020年）》的要求，参与国家发展改革委牵头的规划编制工作，组织专家组赴黑龙江、吉林和河南三省重点针对增产规划有关粮油加工业部分内容，开展调研及相关政策的制定工作，对相关省编制的《粮油加工业中长期发展专项规划》研究提出了有关措施建议。为解决未来国家在实施全国粮食新增千亿斤粮食生产能力建设规划后粮油加工业不能及时跟进的矛盾，建议国家应单独编制规划，专项落实加工体系重点工程的建设投资经费，以与全国增产千亿斤粮食生产能力建设规划相配套。

（五）高度重视粮油加工业食品安全，推进放心粮油示范工程取得新成绩

2008年，"三鹿奶粉事件"发生后，政府、企业对食品安全的重视都提到了新的高度。卫生部、国家发展改革委等部门联合开展了食品安全整顿工作。国家粮食局按照分工对中央储备粮开展了质量卫生专项抽查，组织25个省级粮食部门对地方储备粮质量进行抽查，进一步加强对粮油加工产品标准制修订工作。小麦粉、食用调和油等多项标准制修订工作取得重要进展。同时，为保证居民健康消费，保障粮油食品安全，国家粮食局积极推动面粉行业禁用增白剂工作。粮油加工企业也更加重视生产和保证各环节的食品安全，重点关注源头，保证面粉生产环节不出现污染，不滥用食品添加剂。面粉行业继续呼吁禁止增白剂在面粉中使用，呼吁国家尽快出台新的小麦粉标准。中国粮食行业协会组织全国百家面粉骨干企业向有关部门发出《再次呼吁禁止在小麦粉中使用增白剂》呼吁书。

中国粮食行业协会"放心粮油"示范工程建设取得新成绩。到2008年底，全国先后共认定1600多个放心粮油生产企业和2600多个放心粮店，起到了带动生产，引导消费的作用。示范项目在经营范围和服务功能上以经营粮油食品为主，兼营其他消费品，为城乡居民一日三餐和日常生活服务，其中的"进农村"项目还开展粮食收购、"两代一换"（代农储粮、代农加工、品种兑换）、农业生产资料经营等业务，为农业特别是粮食提供产前、产中、产后服务。

四　粮油加工业统计

为全面掌握粮油加工业总体状况和变化趋势，做好行业指导工作，确保粮油加工业健康发展，根据形势需要，从2008年度起实施新的《粮油加工业统计制度》，在大米、小麦粉和食用植物油加工业统计的基础上，新增玉米加工业、粮食食品加工业、杂粮加工业、饲料加工业等5个行业，统计涵盖全社会粮油加工业企业数量、生产能力、产品产量、主要经济技术指标、原料消耗和期末库存、库房容量等基本内容。

（一）企业数量比上年增长14%

2008年度，全国31个省（区、市）入统的粮油加工业企业数量共计13604个，比上年增加1704个。其中大米和小麦粉加工企业数量分别减少387个和365个，食用植物油加工企业数量增加127个。

按企业经济类型划分，民营企业数量占主导地位。入统企业中民营企业11760个，占企业总数的86.0%；国有及国有控股企业1534个，占企业总数的11.2%；外商及港澳台投资企业数量387家，占企业总数的2.8%。

按行业划分，大米加工企业、小麦粉加工企业、饲料加工企业和食用植物油企业数量较多，分别为7311个、2819个、1256个和1222个，合计12608个，占全国总数的92.2%。大米加工业、小麦粉加工业和食用植物油加工业三个主要行业企业数量为11354个，比2007年的11977个减少623个，减幅5.2%。除外资企业数量增加外，民营企业和国有及国有控股企业数量均有减少。民营企业数量比上

年减少868个，减幅8.1%；国有及国有控股企业数量比上年减少216个，减幅13.7%；外商及港澳台商投资企业数量151个，占企业总数的1.3%，比上年增加29个，增幅23.8%。

按企业设计生产能力划分，粮油加工企业以中小型加工企业为主。日加工能力在50～200吨的企业数量居多，其中：日加工能力100吨以下的企业数量8454个，占总数的61.8%；100～200吨企业2761个，占20.5%；日加工能力200吨以上的企业数量为2262个，占企业总数量的16.5%。

按区域划分，加工企业主要集中在主产区，企业数占七成。内蒙古、吉林、黑龙江、河北、辽宁、山东、河南、江苏、安徽、江西、湖南、湖北、四川13个主产区企业数量9487个，占总数的69.3%；山西、广西、重庆、贵州、云南、西藏、陕西、甘肃、宁夏、青海和新疆11个产销平衡区企业数量1494个，占总数的10.9%；北京、天津、上海、浙江、福建、广东和海南7个主销区企业数量2700个，占全国总数的19.7%。粮油加工企业数量居全国前3位的省份是江西1479个、湖北1301个、山东1010个。

（二）粮油加工业产能和产量双增，增幅较大

大米加工业。2008年大米加工业年处理稻谷能力共计16046.5万吨，其中新增产能1381.0万吨，比上年增长9.4%；大米产量4783.0万吨，比上年度增加401.2万吨，增幅9.1%；实际处理稻谷7421.7万吨。按企业经济类型分，民营企业产能和产量分别为13632.0万吨、4079.4万吨，所占比例分别为85.0%、85.3%；国有及国有控股企业产能和产量分别为2247.6万吨、629.9万吨，占14.0%、13.2%。按设计生产能力分，日设计生产能力在50～200吨的大米加工企业产量2367.0万吨，占大米产量的49.5%；日处理稻谷能力400吨以上加工企业数量比上年增加9个，增长8%。大米加工业产能和产量主要集中在东北地区及长江中下游地区，黑龙江、江西和湖北三省产能位列前3位，产能分别为2388.0万吨、2324.8万吨和2123.0万吨，分别占总产能的14.9%、14.5%和13.2%。湖北、黑龙江、江西大米产量居前三位，分别为673.9万吨、598.6万吨、588.9万吨，分别占总产量的14.1%、12.5%、12.3%。以品种结构看，以标准一等米和特等米为主，产量分别为2944.6万吨和1465.7万吨，分别占总产量的30.6%和61.6%；糙米产量47.7万吨，占总产量的1.0%。年产量10万吨以上大米企业40个，比上年增加7个，总产量达941.5万吨，占入统大米企业总产量的19.7%。

小麦粉加工业。2008年小麦粉加工业年处理小麦能力共计11600.4万吨，其中新增小麦处理能力1382.4万吨，比上年增长13.52%；小麦粉产量共计5500.6万吨，比上年增加1135万吨，增幅26.0%；年实际处理原料7846.4万吨。产能和产量按企业经济类型分，民营企业分别为9692.9万吨、4578.1万吨，分别占总量的83.6%、83.2%；国有及国有控股企业分别为1424.9万吨、611.6万吨，占总量的12.3%、11.1%。按企业设计生产能力分，200吨以上企业产能和产量分别为7810.8万吨和4361.4万吨，分别占总量的67.3%和79.3%。小麦粉加工业产能和产量集中在黄淮海平原小麦主产区，山东、河南和河北3省产能分别为2349.0万吨、2313.0万吨和1090.4万吨，分别占产能的20.2%、19.9%和9.4%；河南、山东和江苏小麦粉产量居前3位，产量分别为1246.7万吨、1129.7万吨和679.1万吨，合计3055.5万吨，分别占产量的22.6%、20.5%和12.3%。年产量10万吨以上小麦粉企业96个，比上年增加36个，总产量2056万吨，占入统小企业总产量的37.3%。按产品等级分，特制一等粉和特制二等粉产量所占比例较大，特制一等粉产量2415.2万吨，占总产量43.9%；特制二等粉1368.9万吨，占总产量的24.9%。

食用植物油加工业。2008年食用植物油加工业年处理油料能力为7865.7万吨，其中新增油料处

理能力862.2万吨，增长12.31%；精炼能力2728.6万吨，其中新增精炼能力382.3万吨，增长28.4%；全国食用植物油实际产量为1927.8万吨（从食用油产量2293.6万吨中扣除外购国内原油精炼量291.7万吨和外购国内成品油分装量74.1万吨）；实际年处理原料5661.9万吨。年油料处理能力、精炼能力和食用植物油产量按企业经济类型划分，外商及港澳台商投资企业分别为2311.4万吨、1064.8万吨和1238.6万吨，分别占总数的29.4%、39.0%和54%；民营企业分别为4568.0万吨、1360.8万吨和889.6万吨，分别占总量的58.1%、49.9%和38.8%。食用植物油加工企业规模化程度高，1000吨以上的企业日处理油料及精炼能力分别为4471.6万吨和917.3万吨，分别占总数的56.8%和33.6%；产量1290.2万吨，占总数的56.2%。按地区分，食用植物油产能主要集中在港口沿海沿江地区，江苏、广东和山东产量列前3位，分别为351.9万吨、325.4万吨和318.6万吨。食用植物油产量以大豆油、棕榈油、菜籽油为主，3个品种产量1888.0万吨，占油脂总产量的82.3%，其中：大豆油产量1243.5万吨，占总产量的54.2%；棕榈油产量368.5万吨，占总产量的16.1%；菜籽油产量276.0万吨，占总产量的12%。按照食用植物油等级划分，以一级食用植物油产品为主，产量1164.3万吨，占总产量的52.6%。年产量10万吨以上食用植物油企业57个，比上年增加7个，增长14%，总产量达1448.1万吨，占入统食用植物油企业总产量的63.1%。

玉米加工业。2008年玉米加工业年处理玉米能力4529.7万吨；玉米加工企业主要产品产量3498.9万吨，加工用玉米4024.2万吨，其中工业用玉米3930.8万吨。按企业经济类型划分，民营企业产能和产量分别为3206.2万吨、2240.0万吨，分别占70.8%、64.0%；外资及港澳台商投资企业产能和产量分别为844.9万吨、916.1万吨，分别占总量的18.7%、26.2%。按生产设计能力分，玉米加工业产业集中度较高，日处理玉米400吨以上企业数量95个，年处理玉米能力3596.0万吨，占产能总数的79.4%；产量3097.3万吨，占总产量的88.7%。玉米加工业产能和产量集中在山东、辽宁、吉林、黑龙江、河南、河北、安徽、内蒙古八个省（区）。吉林、山东和河南三省产能较大，年处理玉米能力分别为1081.6万吨、927.1万吨和596.6万吨；产量分别为1046.8万吨、1047.8万吨和328.7万吨。玉米加工主要产品产量为：淀粉1679.7万吨，变性淀粉31.0万吨，发酵产品140.9万吨，淀粉糖608.5万吨，多元醇24.9万吨；酒精及加工品501.6万吨（其中燃料乙醇249.7万吨）。

粮食食品加工业。2008年入统粮食食品加工企业产品产量1005.8万吨，其中：挂面167.1万吨，方便面134.9万吨，饼干49.7万吨，米粉（米线）42万吨，其他粮食食品612.1万吨。

饲料加工业。2008年入统饲料加工业企业年生产能力7811.0万吨；产量4980.2万吨，饲料加工用玉米1935.2万吨。生产能力和产量按企业经济类型划分，民营企业分别为6256.7万吨、3760.9万吨，分别占总量的80.1%、75.5%；外商及港澳台投资企业1182.5万吨、921.4万吨，分别占15.1%、18.5%。按地区划分，山东、广东、河北饲料产量列全国前3位，分别为1244.3万吨、461.2万吨、344.9万吨。按品种分，配合饲料产量4084.4万吨，占总产量的82%；浓缩饲料508.6万吨，占总产量的10%；预混合饲料229.5万吨，占总产量的5%。

粮机设备制造业。2008年入统粮机设备制造业企业产品合计43.52万台（套），其中：大米加工主机设备2.31万台（套）、小麦粉加工主机设备2.16万台（套）、油脂加工主机设备0.76万台（套）、饲料加工主机设备2.33万台（套）、仓储设备10.52万台（套）、检化验（仪器）设备0.75万台（套）、通用设备24.7万台（套）。分地区看，粮机设备制造企业主要分布在江苏省，其工业总产值达到43.38亿元，占粮机设备制造业工业总产值的62.8%。

（三）主要经济指标

入统的粮油加工企业实现工业总产值9733.12亿元（相当于2008年度食品工业规模以上企业工业总产值的1/4）。按经济类型分，民营企业5989.13亿元，占总量的61.5%；外商及港澳台投资企业2938.10亿元，占总量的30.2%。按行业分，食用植物油加工业、大米加工业、饲料加工业、小麦粉加工业和玉米加工业实现工业总产值超过千亿元，分别为3435.44亿、1535.44亿、1498.06亿元、1385.36亿元和1266.46亿元，分别占总量的35.3%、15.8%、15.4%、14.2%和13.0%。分地区看，山东、江苏和河南3省工业总产值位列全国前3位，分别为1782.2亿元、980.56亿元和674.68亿元。

入统粮油加工业企业实现工业增加值1264.4亿元。按经济类型分，民营企业775.08亿元，占61.3%；外商及港澳台商投资企业405.19亿元，占32.0%。按行业分，食用植物油加工业、玉米加工业、大米加工业、饲料加工业、小麦粉加工业工业增加值分别为408.48亿元、224.51亿元、185.25亿元、179.70亿元和150.79亿元，分别占总量的32.3%、18.1%、14.7%、14.2%和11.6%。分地区看，山东、湖北和江苏省位列全国前3位，分别为240.59亿元、115.30亿元和105.92亿元。

入统粮油加工业企业实现产品销售收入9565.68亿元。按经济类型分，民营企业5731.19亿元，占59.9%；外商及港澳台商投资企业3013.50亿元，占31.5%。按行业分，食用植物油加工业、大米加工业、饲料加工业、小麦粉加工业和玉米加工业工业增加值分别为3429.44亿元、1533.68亿元、1433.19亿元、1334.90亿元和1211.64亿元，分别占总量的35.9%、16.0%、15.0%、14.0%和12.7%。分地区看，山东、湖北和江苏省位列全国前3位，分别为1776.7亿元、974.91亿元和636.97亿元。大型粮油加工企业集团中，产品销售收入过百亿元的企业有益海嘉里（中国）、中粮集团有限公司、长春大成实业集团有限公司、山东西王集团有限公司和山东鲁花集团有限公司。

入统粮油加工业企业实现利税总额384.3亿元（利润总额213.2亿元）。按经济类型分，民营企业215.99亿元，外商及港澳台商投资企业151.37亿元，分别占56.2%、39.4%。按行业分，食用植物油加工业、玉米加工业和饲料加工业利税总额较高，分别为110.40亿元、94.83亿元和48.64亿元，分别占28.7%、24.7%和12.7%。分地区看，利税总额列前3位的省份分别是山东81.99亿元、吉林32.76亿元和河北32.07亿元。

入统粮油加工业企业年末资产总计4786.74亿元，固定资产原值2166.37亿元，固定资产净值1539.85亿元，负债合计2732.31亿元，资产负债率57.1%。按经济类型分，民营企业2893.11亿元，外商及港澳台商投资企业1269.25亿元，国有及国有控股企业624.38亿元，分别占总量的60.4%、26.5%和13.0%。按行业分，食用植物油加工业、玉米加工业、大米加工业和小麦粉加工业资产总计较高，分别为1463.21亿元、1001.07亿元、782.80亿元和634.80亿元，分别占总数的30.6%、20.9%、13.3%和9.7%。入统粮油加工企业固定资产投资382.54亿元，固定资产投资排在前两位的是食用植物油加工和玉米加工业，分别为126.20亿元和92.52亿元。

（四）粮油加工业企业从业人员数量

2008年末，入统粮油加工业企业从业人员数总计87.49万人，其中：在岗职工77.63万人(含专业技术人员10.93万人，技术工人19.16万人)，其他从业人员9.86万人。按企业经济类型分，民营企业年末从业人员数量63.32万人，占总数的72.4%；国有及国有控股企业10.00万人，占总数的11.4%；外商及港澳台投资企业16.2万人，占总数的16.2%。按行业分，大米加工业、小麦粉加工业、玉米加工业和食用植物油加工业对就业贡献较大，从业人员数分别为17.21万人、 16.05万人、14.52万人和12.96万人，分别占总数的19.7%、17.9%、17.1%和14.8%。以从业人员数量区域分布看，企业从业人员数较多的前3位的省份是山东、河南和河北，分别为13.80万人、7.01万人和6.22万人。

（五）企业设备原值、库房容量和科研投入情况

入统粮油加工企业生产设备原值1188.27亿元，设备净值833.03亿元。按经济类型分，民营企业695.05亿元，外商及港澳台商投资企业347.87亿元，分别占设备原值总数58.5％、29.3％。分行业看，玉米加工业和食用植物油加工业设备原值较高，分别为388.86亿元和279.60亿元，占总数的32.7％和23.5％。

入统粮油加工业企业库房有效仓容总量9610.90万吨，油罐容量1033.70万吨。有效仓容按经济类型分，民营企业7142.1万吨，外商及港澳台商投资企业1206.6万吨，分别占74.3％、12.6％。按行业分，大米加工业、食用植物油加工业和小麦粉加工业较大，分别为3532.6万吨、1899.8万吨和1745.1万吨，分别占总仓容量的36.8％、19.8％和18.2％。按地区分布看，山东、吉林和黑龙江加工企业库房有效容量居前3位，山东、上海和江苏油罐容量列前3位。

粮油加工业企业科技研发投入经费总体不足，仅19.57亿元，分行业情况看，玉米加工业和食用植物油加工业研究开发经费投入分别为5.98亿元和5.61亿元，占总量的30.6％和28.7％。粮油加工业企业获得专利数量1283件，其中发明专利419件。

五　国际交流与合作

2008年，国家粮食局围绕粮食行业的中心工作，积极开展粮食领域的国际交流与合作。全年共接待国外来访团组20多个，来访外宾200多人次，举办各类国际研讨会6个，签订双边粮食科技合作协议1个。

（一）促进粮食行业的对外交流与合作

2008年，国家粮食局把对外工作的重点放在促进粮食科技对外交流与合作方面，并取得了明显的成效。国家粮食局科学研究院下属的北京东方孚德技术发展中心与瑞士布勒公司签订了《粮食科技合作框架协议》，进行小麦糊粉层在中式食品的应用和散粮运输技术方面的合作研究。与日本佐竹公司合作，在郑州召开了"中日稻谷烘干新技术研讨会"，及时了解了国外稻谷烘干最新技术，促进国内稻谷烘干新技术的提升。中国粮油学会储藏分会在成都成功地举办了第八届国际储藏物气调与熏蒸大会。国外100多位和国内200多位储藏专家和学者参加了会议，有60多位专家和学者分别作了专题报告。国家粮食局发展交流中心和中国粮食行业协会在南京举办中国国际榨油商大会，400多位国内外油脂专家和企业家参加了大会，就国际油脂油料的生产、消费、加工和贸易的现状及发展趋势进行了研讨。国家粮食局还选派人员出国参加有关粮食的国际会议，介绍我国的粮食情况，阐明我们对世界粮食形势的看法和对有关问题的立场，扩大了我国在国际粮食领域的影响。

为了使有关国家了解我国粮食科技发展状况，加强相互了解与沟通，国家粮食局邀请有关国家驻华使馆农业参赞和农业专员以及联合国粮农组织驻华代表处和欧盟驻华代表团的代表参观了国家粮食局科学研究院。通过实地参观和座谈，使有关国家的农业参赞和农业专员对我国的粮食科技水平有了较深入的了解，为今后进一步加强我国与这些国家在粮食科技领域的交流与合作打下了基础。

（二）借鉴国外粮食科学技术和管理经验

为了提高我国粮食储藏、加工、标准质量、行业职业教育等科技水平，借鉴国外粮食管理的先进经验，2008年国家粮食局科学研究院、标准质量中心和中粮集团科技总公司等单位向国家外专局申

请到6项引进国外智力项目，共聘请国外专家20人。在实施引进国外智力工作中，高度重视、精心组织，切实做好这些引智项目的实施工作，注意发挥引进国外专家的作用，取得了较好的效果。

在国家粮食局科学研究院的"粮油功能食品加工技术研究"项目中，邀请了3位美国专家来院对科研院相关科研人员进行了粮油加工及功能性碳水化合物实验设计和数据分析方法培训，并到该院小汤山实验基地和粮科大厦实验室与相关科研人员直接交流，指导科研人员的具体研究工作。通过该项目的实施，增强了我科研人员对国际碳水化合物研究前沿信息与动态的了解，建立了与国际接轨的先进碳水化合物研究平台，对科研院正在开展的"十一五"国家科技攻关项目"杂粮加工品质评价与加工适用性研究"课题和院所基本业务费项目"功能性谷物基益生菌食品"的初探性研究，以及将要开展的功能食品技术研究都有很大的帮助。

国家粮食局科学研究院还先后邀请了美国、加拿大以及法国和澳大利亚的5位专家到科研院与相关科研人员进行专题研究和深入交流，讲授粮食生态储粮基础参数研究方面的先进理论和试验操作方法，作了有关粮食生态储藏参数研究方面的专题报告，使有关科研人员对美国、加拿大、澳大利亚等国家的生态储粮基础研究现状、储粮系统的结构设计等有所了解和掌握，特别是及时了解了加拿大在储粮生态系统方法应用研究的最新进展，促进了我国粮食生态储藏参数的研究。

国家粮食局标准质量中心的"ISO6646大米—稻谷和糙米潜在出米率测定"项目，邀请了菲律宾稻谷研究院和瑞士FOSS公司两位专家来华做专题讲座。并就现有ISO6646《稻米—潜在出米率测定方法》的科学性和存在的问题，同我国具体承担该国际标准制修订任务的专家进行了认真的交流和讨论，使有关专家明确了ISO6646国际标准的整体结构、适用范围、杂质分类、平均长度的变异系数以及卫生要求、糙米的加工精度要求等，为完成我国有关标准制定提供了借鉴。

国家粮食局标准质量中心还邀请了欧盟农产品与食品标准技术委员会和阿根廷国家标准机构的两位专家到中心与我国从事稻谷、小麦标准制修订和检验检测技术研究的专家进行了交流。针对ISO7970小麦规格标准的制定，两位国外专家从小麦卫生指标的限量、小麦标准中水分、酶活性指标的设定等方面，向我国具体承担该国际标准制修订任务的专家提供了翔实的信息并提出了诚恳的建议。通过交流与研讨，使国内有关专家全面地了解国际谷物标准和有关国家标准化发展情况，为制定我国标准提供了技术支持和参考。

国家粮食局帮助中粮集团科技总公司申请到的"玉米深加工技术改进研究"项目，并邀请美国两位专家来华专题介绍了美国玉米深加工技术，其中介绍的玉米酶促干法粉碎工艺(E-mill)、干法脱胚脱纤维工艺(3D Process)、同时液化糖化发酵和蒸馏(SLSFD)等先进技术对于进一步改进和优化中粮集团生物质能源和生物化工产业技术具有重要参考价值。中粮集团科技总公司还利用国家粮食局帮助申请到的引智项目，邀请了澳大利亚两位专家来华参与储粮害虫防治项目的研究。通过交流与研讨，使我国相关科研人员进一步了解了主要发达国家储粮害虫综合治理的发展状况和采取的措施，对推动我国储粮害虫防治技术的发展具有指导意义。

（三）热情接待国外来访团组

2008年受地震等因素的影响，来国家粮食局访问的外国政府和企业粮农代表团比上一年有所减少，但9月后开始增加。国家粮食局领导分别会见和接待了加拿大艾尔伯塔省农业及食品部部长、阿根廷农牧食品卫生质量管理局副局长、美国农业部世界农业展望局局长、日本秋田县知事、国际谷物理事会理事长、联合国粮农组织驻华代表等政府和国际组织高级代表团以及美国邦基公司董事会主席、法国路易达孚公司首席运营官、加拿大小麦局总裁、丹麦丹中商业协会主席、前福斯公司董事长、法国粮食金融公司董事长、法国经济社会理事会经济景气分委会主席、澳大利亚散粮处理公司总裁、美国伯灵顿北方圣特菲铁路公司副总裁等率领的农粮企业高级代表团。局领导向他们介绍了我国粮食生产、消费、贸易、储藏和质量检测等情况，以及深化粮食流通体制改革的情况，使他们对我国的粮食供需和市场情况有了深入的了解，他们希望进一步加强与国家粮食局的交流与合作。对于来访的其他团组，国家粮食局有关司及直属单位的领导会见他们，回答他们所关心的问题，并探讨进一步加强合作与交流的方式和途径。通过接待国外来访团组，进一步加强了国家粮食局与国外粮食主管部门和企业的交流与合作。

（四）认真组织出国考察和培训

为了深化我国的粮食流通体制改革，借鉴国外在粮食管理、流通、储存、加工等方面的经验和技术，2008年国家粮食局领导率团赴有关国家考察粮食流通体制和粮食管理政策，以及粮食储藏、检测、加工技术等。国家粮食局有关单位还报经国家外国专家局批准，组织6个出国培训团，分别赴美国、法国、德国、加拿大、巴西、澳大利亚等6个国家进行粮食流通监管体系、粮食储藏技术管理与标准，以及依法管理粮食市场经验、粮食行业电子政务和粮食职业教育等方面的学习和培训。如流通与科技发展司组织的赴法国"粮食储藏技术管理与标准培训"、监督检查司组织的赴美国"粮食流通监管体系培训"、政策法规司组织的赴加拿大"依法管理粮食市场的做法和经验培训"、办公室组织的赴巴西"国外粮食行业电子政务与政府信息公开管理培训"、人事司组织的赴澳大利亚"粮食职业教育培训"和外事司、中粮集团科技总公司组织的赴澳大利亚"储粮机械通风与害虫防治技术培训"。通过赴国外培训，使地方粮食管理部门和企业的干部及技术人员，了解了国外的先进技术和经验，开阔了眼界，增长了知识，为提高粮食管理与储粮技术水平起到了积极的促进作用。

六 会展、世界粮食日、爱粮节粮周

（一）会展

2008年，全国举办的各类综合性、专业性的展览会、交易会和公益性展览共6个，分别是中国优质粳稻米（建三江）交易合作洽谈会暨首届"中国绿色米都"稻米节（8月28日）、第八届中国国际粮油产品及设备技术展览会（10月16~18日）、全国爱粮节粮成果交流展览会（10月16~18日）、2008黑龙江金秋粮食交易合作洽谈会（10月29~30日）、第十届湖北粮油食品展示交易会（11月21~23日）、第四届安徽粮油精品展示展销会（12月27~29日）。以上会展活动展览总面积共计约25000平方米，展位总数834个，参加展示、交易的企业总数2209个，参观总人次84900人次。粮油交易总量达1154.7万吨，交易总额80.34亿元（含意向交易），其中，机械设备交易总量367台套，总金额6805.4万元。

（二）世界粮食日、"爱惜粮食、节约粮食宣传周"

2008年10月16日，由农业部、国家粮食局、联合国粮农组织主办，国家粮食局发展交流中心承办的"世界粮食日主题宣传活动"在南京举办。世界粮食日主题是"粮食安全：气候变化和生物能源的挑战"。九届全国政协副主席陈锦华、国家发展与改革委员会副主任张晓强、农业部副部长牛盾、联合国粮农组织驻华副代表歌德、国家粮食局副局长郄建伟、江苏省副省长黄莉新等出席宣传活动并参观了世界粮食日主题宣传区。

2008年10月16日，全国爱惜粮食、节约粮食宣传周活动于世界粮食日所在周在全国各地同时举办。宣传周活动主会场设在南京，围绕"科学用粮，节约用粮，共建节约型社会"的主题，借助第八届中国国际粮油产品及设备技术展览会搭建的平台，组织了爱粮节粮公益展览、爱粮节粮书画展览、粮食文物展览等活动，展览总面积达3000平方米。黑龙江、广东等18个省（区、市）的粮食部门也在宣传周期间组织开展了各种形式的主题活动，向企业及民众宣传爱惜粮食、节约粮食对建设资源节约型社会、对保障国内粮食安全所具有的重大意义。

七　放心粮油工程

2008年，在各级粮食行政管理部门、行业协会和广大粮油企业的共同努力下，放心粮油工程继续深入发展，取得良好成效。

（一）以"三鹿奶粉事件"为鉴，加强食品安全法规宣传贯彻，进一步增强企业的质量意识、安全意识

2008年，发生了震惊全国的"三鹿奶粉事件"。为吸取这一事件的教训，中国粮食行业协会及时组织粮油骨干企业开展食品安全法规和标准宣贯工作，召开了全国大型粮油企业年会，组织与会企业联合签署了《深入推进放心粮油工程确保粮油食品安全承诺书》，代表粮油行业向社会做出郑重承诺，坚决保障粮油食品安全。针对面粉行业存在的超量使用增白剂的问题和隐患，全国100多家面粉骨干企业联合发出《再次呼吁禁止在小麦粉中使用增白剂》呼吁书，并将呼吁书报送卫生部、全国标准化委员会，推动在小麦粉中禁止使用过氧化苯甲酰。

2008年9月，天津市粮食行业协会召开了主题为"吸取三鹿奶粉事件教训，确保本市粮油食品安全"的专题座谈会。座谈会上天津市粮食行业协会代表所有会员单位向社会发出确保粮油食品安全倡议，对加强企业产前产后质量管理作了具体要求，并强调在产品质量出现问题、存在安全隐患时，能立即启动快速反应机制，采取有效补救措施，消除安全危害，最大限度地保护好消费者利益。

12月6日，在西安市"保障粮食安全，关注市民健康"宣传活动上，西安市爱菊集团等22家面粉加工企业向全市同行发出《倡议书》，倡议并承诺在面粉加工生产过程中不使用增白剂。坚持从源头抓起，严把质量关，绝不生产经营不安全的食品。同时倡议要制定严格的质量管理责任制度和责任追究制度，防止不安全食品流入市场，并自觉接受社会和群众的监督，为消费者提供优质、安全、放心的粮油食品。

（二）加强放心粮油监管，确保产品质量合格、安全卫生

江西省粮食行业协会实施放心粮油工程中不断健全评审制度，强化质量监管。省协会专门成立了由行业领导、粮油质监、企业管理等有关人员组成的"放心粮油、放心粮店"考评领导小组，有针对性地制订了《江西省放心粮油放心粮店管理办法》和《江西省放心粮油放心粮店考核标准》，对企业管理与产品质量的具体要求和考核标准进行了规范。企业每申报一次，均须通过考评小组严格评审，在与《办法》和《标准》进行逐条比照后，合格一个，通过一个。同时，在保证产品质量上，坚持质

量检测的"一票否决"制度。放心粮油生产企业一经授牌，其产品全部纳入粮油质检部门的监督范围，由省粮油质检站与各市、县站签订责任状，真正做到粮油产品的质量责任层层落实、站站监管、人人有责。

贵州省粮食行业协会于9月24日印发了《关于开展"放心粮油"、"放心粮店"专项检查工作的通知》，布置了"放心粮油"、"放心粮店"专项检查工作。通知规定检查由贵州省粮食局、省粮食行业协会委托贵州省粮油质检站严格按照《中国粮食行业协会"放心粮油"、"放心粮店"监督管理办法》及《贵州省粮食行业协会"放心粮油"、"放心粮店"监督管理办法》（试行）有关标准和要求执行，对省内获得国家级和省级"放心米"、"放心面"、"放心油"、"放心粮店"称号的产品和企业进行全面检查。对检查中发现的问题，由省粮油质检站下发整改通知书责令其限期整改，整改验收不合格将取消所获称号。

2008年12月1日，重庆市粮油行业协会印发的《"放心粮油""放心粮店"监督管理办法》正式试行。办法中规定重庆市粮食局是重庆市范围内"放心粮油"、"放心粮店"评审和监管活动的监督指导机关；重庆市粮油行业协会是常设监督管理机构，负责对已通过评审获得国家级、省级"放心粮油"、"放心粮店"称号的企业进行日常监督、定期监督检查、年度审查等监督管理职责（对国家级为代管）。此外，办法在质量监管控制、质量和卫生检测、"放心粮店"监管、产品宣传、标识使用、"放心粮油""放心粮店"复审、变更申请等方面还作了具体要求。

2008年底，由宁夏回族自治区、银川市两级粮食行政管理部门、自治区粮食行业协会、自治区粮油质量检测中心联合组成粮油质量专项检查组，在银川市范围内对41家粮油加工、成品粮储备、零售单位进行了成品储备粮油及放心粮油店产品质量安全专项检查。重点对原粮质量有无发霉变质、食品原辅料、食品添加剂使用情况，在原料采购、加工、包装、储存、运输、配送、销售全过程有无安全隐患及涂改生产日期和保质期现象等进行了细致检查。此外，银川市粮食局还结合专项检查，对在银川的自治区应急成品粮油储备企业进行了考核评分。

（三）抓渠道，布网络，建立适应现阶段城乡居民生活需要的放心粮油经营服务体系

在各级粮食行政管理部门的大力支持和中国粮食行业协会以及地方各级粮食行业协会的共同努力下，各地放心粮油工程基础工作进一步夯实，放心粮油经营服务体系逐步建立。

山西省粮食局在2008年3月召开的全省粮食工作会议上，明确提出把2008年作为全省放心粮油工程的起步建设年，对全省放心粮油配送中心、连锁中心和放心粮店进行全面规划、配套安排、整体推进，并连续下发了《山西省粮食局关于放心粮油工程建设的实施意见》、《关于印发〈山西省粮食局实施放心粮油工程暂行办法〉和〈山西省粮食局放心粮油工程项目建设管理暂行办法〉的通知》等7个文件，进一步加大了放心粮油工程的实施力度，计划在2008年到2010年三年时间里，安排财政预算资金6000万元，按照"统一规划、合理布局；自主经营，自负盈亏；注重效益，择优扶持；整合资源，节约建设"的原则，在全省11个市建设14个区域性放心粮油配送中心，在119个县（市、区）建设133个县级配送中心，在城区和农村建设一大批放心粮油门店或经销店，初步形成规模化、网络化、信息化、规范化的放心粮油经营网络。

安徽省在省粮食局、省粮食行业协会的努力下，截至2008年底，发展城市连锁店2439个，较上年增加185个；销售收入7.2亿元，较上年增长47%；安排就业4807人。农村服务社发展到2230个，较上年增加196个；销售收入6.2亿元，较上年增长52%；安排就业3929人。和县国有粮食购销企业创建农

村服务社80多家，流动服务点160多个，将网点设到村庄，主要开展粮油兑换，兼营种子、化肥、农药等。天宏集团在全市建立30家粮油连锁店的同时，还在区县建立108家"放心粮油销售店"，开通两部配送服务热线。铜陵市发挥"皖星"品牌优势，在居民小区、集贸市场设立粮油连锁店近40家。合肥、六安以军供店为依托，开通了网上粮店，进一步方便了居民购粮。

江西省在实施放心粮油工程的建设中，紧紧依托龙头企业优势，推行"基地+订单+加工+销售"的产、加、销一体化经营，逐步探索出以粮食产业化龙头企业为主体，以优质粮油品牌为核心，以连锁配送中心为平台，以粮油销售网点为载体的放心粮油产业化经营的路子。全省现有粮油产业化龙头企业217家，建立生产基地3501个，面积49.5万公顷，连接农户160万。据不完全统计，2008年全省农民因此增加收入达89538万元。南昌昌碧米业集团和江西良友集团在粮食产区建立了优质粮生产基地，每年与种粮大户签订2万公顷以上的粮食订单，而且新建了生产线，扩大了生产能力，建设了检测中心、连锁配送中心、平价放心粮油超市以及一批加盟店，实现了产业化经营。

2008年9月，江苏省姜堰市粮食局提出全市粮食行业推进"放心粮油进农村"网络布局分四步开展：一是每个国有粮食购销企业都要在其所在镇创建一个泰州市级"放心粮油"示范店；二是每个国有粮食购销企业都要配合所在镇在其新农村示范村创建一个泰州市级"放心粮油"示范店；三是每个国有粮食购销企业都要在其所在镇每个行政中心村建立一个姜堰市级"放心粮油"合格店，在全镇形成"两代一换，订单粮食"的粮食购销网络；四是姜堰米业公司与市种子公司联合推进"放心粮种"进农村活动，在全市形成"放心粮种"的购销网络。

据不完全统计，到2008年底，全国城乡共有放心粮油网点176804个，其中社区服务网点114227个，农村服务网点62577个。放心粮油生产企业1680个，放心粮店3432个，放心粮油产销量达4486.4万吨。

（四）搞好粮油行业信用评价工作，推进行业信用体系建设，促进行业自律

党中央、国务院高度重视食品安全和社会信用体系建设工作，近年来，相继发出《国务院办公厅关于实施食品药品放心工程的通知》（国办发〔2003〕65号）、《国务院关于进一步加强食品安全工作的决定》（国发〔2004〕23号）、《国务院关于加强食品等产品安全监督管理的特别规定》（国务院令第503号）、《国务院关于加强产品质量和食品安全工作的通知》（国发〔2007〕23号）、《国务院办公厅关于社会信用体系建设的若干意见》（国办发〔2007〕17号）等一系列重要文件。

按照党中央、国务院的指示精神和工作部署，中国粮食行业协会从2001年开始在食品行业中率先开展了放心粮油工程，并从2004年开始，按照国家食品药品监管局、商务部等八个部（局）的部署，作为全国3个试点行业之一，开展了食品安全信用体系建设试点工作。主要工作有：制定试点工作方案，选择试点企业，召开试点工作动员会，建立试点企业档案，制定和试行《企业生产经营档案示范文本》，评选优秀试点企业，总结推广试点企业的先进经验等。通过试点工作，增强了企业的信用意识，加强了信用建设，提高了企业管理水平和产品质量水平。

根据《商务部办公厅、国资委行业协会联系办公室关于印发第二批行业信用评价试点单位名单的通知》（商信用字〔2008〕1号），中国粮食行业协会于2008年5月被确定为第二批开展行业信用评价试点单位。为做好此项工作，保证信用评价的科学性、准确性、权威性，中国粮食行业协会组织有关专家于8月5日召开了信用评价第三方机构选择专家会议，会议听取5个单位的情况介绍，进行了认真、严谨的审核与答辩，最终确定湖南湖大信用评估有限公司为中国粮食行业协会信用评价工作的合

作单位。随后，中国粮食行业协会组织有关专家对原有《粮油行业信用评价试点方案》及指标体系、评分细则等进行修改，并在9月召开的全国大型粮油企业年会上进行了认真的讨论，听取了与会代表的意见和建议，再次进行了认真的修改，于10月22日印发了《关于开展粮油行业信用评价试点工作的通知》，正式启动了信用评价试点工作。根据企业自愿申请和省级粮食行业协会审查推荐，已有近80家粮油企业申报首批粮油行业信用评价试点工作。

教育科研

一　粮食行业教育培训

为进一步增强粮食行业各级干部和职工的业务能力，2008年，粮食行业继续加强了对职工的教育培训活动。全年在岗职工参加学历学位教育、政治理论和业务培训共208227人次，参训率达36.95％。其中：公务员参加培训28350人次，参训率为74.03％；企事业管理人员参加培训53117人次，参训率为54.70％；专业技术人员参加培训47389人次，参训率为57.83％；工人参加培训76832人次，参训率为23.60％。

全国粮食系统各级单位共举办培训班12948期，培训人员达257851人次。其中：中央级单位（含国家粮食局、有关中央企业）举办培训班2227期，培训29011人次；省级粮食行政管理部门及下属机构举办培训班1266期，培训58567人次；地市级粮食行政管理部门及下属机构举办培训班2417期，培训54781人次；县级粮食部门及下属机构举办培训班7038期，培训115492人次。

国家粮食局继续深入贯彻《粮食流通管理条例》，面向粮食行业广泛开展了业务培训，全年共有1197人次参加了培训。其中粮食流通监督检查行政执法培训班1期，新小麦国家标准培训班1期，粮食统计信息系统及食用油统计信息系统软件培训班1期，重点食用油企业相关人员业务培训班1期，纪检监察干部培训班1期。

二　粮食行业职业技能鉴定

（一）粮食行业职业技能鉴定工作稳步推进

2008年，全国共有17905人次参加了粮食行业特有工种职业技能鉴定，其中15309人通过鉴定并获得了相应等级的职业资格证书，鉴定通过率为85.5％。按职业等级分，获高级工职业资格的2021人，获中级工职业资格的8446人，获初级工职业资格的4803人，获技师职业资格的37人，获高级技师职业资格的2人。按鉴定职业划分，粮油保管员8294人，粮油质量检验员6799人，粮油竞价交易员8人，制米工46人，制粉工80人，制油工82人。截至2008年12月31日，全国共有27541余人次参加了粮食行业职业技能鉴定考试，23448人次取得了相应的职业资格证书。

（二）继续强化粮食行业职业技能鉴定基础建设

1. 调整粮油保管员和粮油质量检验员职业技能鉴定理论知识试卷配分标准。2008年11月，国家粮食局组织专家对职业技能鉴定国家题库粮食行业分库中粮油保管员和粮油质量检验员职业的理论知识试题资源进行了修订，在中级、高级理论知识试题中增加了不定项选择题，调整了配分标准，提高了鉴定考试的科学性和规范性。

2. 狠抓鉴定管理工作，确保鉴定质量。2008年8月，国家粮食局人事司、职业技能鉴定指导中心印发了《关于加强粮食行业特有工种职业技能鉴定试卷运转管理工作的通知》（司函人事〔2008〕38

号），组织各鉴定站开展试卷运行管理保密工作的自查活动。通过自查，及时发现隐患，促使了鉴定站试卷运行程序更加严密。2008年9月，国家粮食局人事司、职业技能鉴定指导中心印发了《关于做好粮食行业职业技能鉴定考试巡视工作的通知》（司函人事〔2008〕41号），开始实施鉴定巡考制度，对职业技能鉴定各个环节进行监督检查，强化行政管理部门的监督职责，保证了鉴定工作的健康发展。

3. 加强粮食行业职业技能鉴定考评人员队伍建设。2008年5月，国家粮食局在辽宁省大连市举办了第四期粮食行业特有工种职业技能鉴定考评员培训班。培训班集中对这些来自职业院校、企业的专业技术骨干进行了业务培训。其中，183人通过了人力资源和社会保障部的资格考核，成为职业技能鉴定考评员。至此，全国粮食行业考评人员数量已达到832人，缓解了鉴定规模不断扩大与考评人员数量不足的矛盾。

4. 继续推进院校职业技能鉴定工作。根据《国家粮食局办公室关于院校职业技能鉴定免理论知识考试有关问题的通知》（国粮办人〔2007〕110号）要求，经审核，国家粮食局决定同意吉林农业工程职业技术学院、黑龙江粮食职业学院、云南商务信息工程学校、河南工业贸易职业学院、安徽商贸工程技师学院等5所院校关于在职业技能鉴定中免理论知识考试的申请，并予以备案。至此，备案的免试院校数量已达13家。

（三）完善粮食行业职业技能培训教材体系建设和培训基地建设

1. 出版发行职业操作技能考试手册，完善粮食行业职业技能鉴定培训教程体系。国家粮食局在组织审核、修订粮油保管员和粮油质量检验员操作技能试题的基础上，编制出版了《粮油保管员职业操作技能考试手册》和《粮油质量检验员职业操作技能考试手册》，将部分操作技能试题予以公布，填补了粮食行业特有工种职业操作技能培训辅导教材的空白，增强了操作技能培训和练习的针对性。

2. 编制粮油保管员和粮油质量检验员技师、高级技师等级职业技能培训教程。根据粮油保管员和粮油质量检验员《国家职业标准》对技师、高级技师等级的技能和相关知识要求，国家粮食局组织编写了《粮油保管员技师、高级技师职业技能培训教程》和《粮油质量检验师、高级粮油质量检验师职业技能培训教程》。健全了粮油保管员和粮油质量检验员的职业技能培训教程知识体系，为开展技师和高级技师等级的职业技能鉴定工作奠定了基础。

3. 加强培训基地建设，完善粮食行业特有工种职业技能培训体系。经审核备案，新增吉林省粮油卫生检验监测站、长春国家粮食交易中心、江苏省粮食局粮油质量监测所、江西省粮油质量监督检验中心、南京天悦粮食物流集团有限公司、浙江省粮食干部学校和江苏无锡国家粮食储备库等7个粮食行业职业技能培训基地。至此，全国粮食行业职业技能培训机构的数量达到57家，包括职业院校、各级粮油质检机构在内的行业培训资源得到充分使用，培训机构的布局更加合理，整个培训体系更趋完善。

（四）加强高技能人才队伍建设

1. 制定全国粮食行业技术能手、全国粮食行业技能人才培育突出贡献奖评选表彰管理办法。国家粮食局在总结技能人才评选表彰工作经验的基础上，制定印发了《全国粮食行业技术能手评选表彰管理办法》和《全国粮食行业技能人才培育突出贡献奖评选表彰管理办法》。办法规定了评选表彰工作的范围、程序和要求，使有关评选工作更加规范，并拓宽了粮食行业各类高技能人才的成长途径。

2. 开展全国高技能人才培养示范基地推荐评选活动。国家粮食局组织各省（区、市）粮食局和有关中央企业参加了人力资源和社会保障部举办的全国高技能人才培养示范基地推荐评选活动。经专家评审、国家粮食局推荐，河南金地粮食集团有限责任公司、中国储备粮管理总公司吉林分公司被批准成为国家首批高技能人才培养示范基地。

（五）开展职业资格清理规范活动

根据《国务院办公厅关于清理规范各类职业资格相关活动的通知》精神，按照人力资源和社会保障部、财政部和国家发展改革委的具体部署，国家粮食局组织对粮食行业职业资格及收费情况进行了清理。通过清理，回顾总结了粮食行业职业技能鉴定工作，查找并发现存在的问题，提出了扩大行政许可类职业范围、规范鉴定考试、加强收费管理等意见。

三　科技进步与创新

■ 国家粮食局

（一）编写粮食科技专项规划落实意见

根据国家统一部署，为落实《国家粮食安全中长期规划纲要2008～2020年》规划纲要，国家粮食局组织国家粮食局科学研究院、河南工业大学、无锡粮食科学研究设计院、郑州粮食科学研究设计院、武汉粮食科学研究设计院、西安油脂科学研究设计院、成都粮食储藏科学研究所、南京财经大学等单位的近30名专家在粮食储藏、产后减损、加工、检测、物流、基础与高技术等6个技术领域开展编写工作，分别编写了6个粮食科技专题规划报告。报告提出了粮食科技规划的整体目标是：到2020年，粮食科技自主创新能力显著增强，科技促进粮食流通与储运产业发展和保障国家粮食安全的能力大幅度提高，基本实现粮食流通与储运的现代化。通过生物技术、基因技术、信息技术、检测技术等高新技术的引领和应用，完善与现代农业相适应的产后粮食流通与储运科技体系，促进粮食流通与储运产业实现跨越式发展，在重点技术、重要工艺、关键设备上实现技术创新。

（二）举办粮食科技活动周，宣传主食营养健康知识

国家粮食局为促进粮食科技发展，提高公众对主食膳食营养作用、地位及粮油加工技术发展趋势的认识，引导公众科学的粮食消费观念，根据科技部、中宣部和中国科协《关于举办2008年科技活动周的通知》（国科发政〔2008〕37号）要求，经过精心筹划、认真组织，5月17～23日，成功举办了以"提倡科学膳食，推动主食工业化"为主题的2008年粮食科技活动周。科技周期间，国家粮食局直接组织参与了2008年全国科技周开幕式、"科技列车贵州行"活动、粮食科普知识专题讲座、上海市粮食科技周与河南省粮食科技周主会场活动、国家粮食局科学研究院开放部分实验室、与中央电视台联合录制播放了"与主食的亲密接触"专题讲座，并组织指导了全国27个省（区、市）粮食局的科技周宣传活动。据不完全统计，全国共组织了100多场科普讲座，进行了50多场现场宣传，发放100多万份宣传材料，参加活动周的粮食行业职工约6万人，企业200多家，受益民众400多万人。科技周活动取得了圆满成功。

（三）完成国家粮食局工程技术研究中心验收并授牌

2008年12月15日，国家粮食局对9个局工程技术研究中心完成验收并授牌。9个顺利通过验收的工程中心包括国家粮食局粮油质量检测仪器工程技术研究中心、国家粮食局粮食物流工程技术研究中心、国家粮食局粮油加工装备工程技术研究中心、国家粮食局谷物加工工程技术研究中心、国家粮食

局油脂工程技术研究中心、国家粮食局储藏物保护工程技术研究中心、国家粮食局粮油食品工程技术研究中心、国家粮食局粮油资源综合开发工程技术研究中心、国家粮食局粮油质量检测工程技术研究中心。通过这些工程中心的组建，构建了粮食行业创新平台，初步形成了产学研相结合的运行机制，在行业专业领域内提升了辐射能力，对粮食行业的科技发展产生了积极影响。

（四）召开粮食科研创新体系座谈会

2008年12月15～16日，国家粮食局在黑龙江省哈尔滨市召开了主题为"落实科学发展观，调动各方积极性，构建粮食科技创新体系"的全国粮食省级科研院所联席会议。共有中央级科研院所、省级科研院所、大学及大中型龙头企业等80名代表参加了会议。山西、江西、吉林及黑龙江省粮食局主管科技的局领导也应邀出席了会议，科技部政策法规与体改司受邀派员与会。会议为9个工程技术研究中心授牌，粮食物流3个工程中心和江西等4个省级科研院所做了经验交流，开展了创新体系建设座谈和讨论。与会代表参观了由黑龙江省粮食科研所承担的高技术产业化专项"利用膜技术提取大豆活性因子高技术产业化示范工程"。会议取得了圆满成功。

（五）在2008年度夏粮收购中推广应用小麦硬度仪工作

1月15日～8月28日，国家粮食局为配合国家新的小麦标准贯彻实施，以仪器（小麦硬度指数测定仪）检验取代感官检验，保证检验结果更加客观公正，会同中储粮总公司、各小麦主产省粮食部门共同努力，在2008年夏粮收购期间推广应用了约6000台小麦硬度仪进行收购检验。小麦硬度仪的推广应用，提高了小麦收购检验过程的公开透明度，为切实保护农民利益、确保小麦收购工作有序进行发挥了重要作用。

（六）组织实施国家重点计划项目等工作

2008年，国家粮食局共组织行业科技项目申报32项，当年批复立项13项。其中国家科技支撑计划课题4项，即"粮食丰产科技工程（产后）"、"安全绿色储粮关键技术研究开发与示范"、"粮食宏观调控信息保障关键技术研究与应用示范"、"粮库物流装备、粮食运输技术研究及产业化示范"。科研院所技术开发专项1项，即"食用米半干法调质制粉技术和装备研究开发"。农业科技成果转化资金项目5项，即"小型高效稻谷保质干燥机中试与示范"、"粮食真空干燥机"、"粮食绿色熏蒸杀虫机的中试生产"、"籼米淀粉基质脂肪替代品生产技术的中试研究"和"腐植酸生物饲料生产技术中试"。重点新产品计划项目1项，即"LJS-2000粮食购销存管理专用机及其采集信息传输、处理系统软件"。软科学计划项目2项，包括"东北地区粮食物流与外运战略研究"、"我国粮食周期波动与国家粮食安全研究"。

国家粮食局还非常注重推动高技术的产业化工作，主要有：

1. 在粮食物流领域中引入RFID技术。针对粮食流通中日益增长的信息化需求，将RFID技术、传感器技术、无线网络技术、地理信息系统、通信和计算机网络技术等引入粮食行业。通过应用RFID，实时采集粮食流通数据，汇总粮食流通信息，提高大型粮食物流企业信息化能力，旨在以点代面，在行业逐步推广信息化应用技术，从而构建信息网络和服务平台，促进保障粮食安全，提高粮食行业科技水平。

2. 推广资源环境节约型技术。"中谷天科（天津）生物工程有限公司油脂副产物生产生物柴油项目"列入"2008年第六批资源节约和环境保护专项"，主要建设年处理15000吨油脂副产物生产线，生产生物柴油、天然维生素E、植物甾醇，年产生物柴油13000吨。产品无硫化物排放、二氧化碳的排放也明显降低，对环境保护具有明显的促进作用，对油脂生产中的副产品进行精深加工，延伸油脂加工的产业链，对提高现有企业的市场竞争力、促进企业优化升级具有积极的意义，具有良好的经济效益和社会效益。

3. 通过产业引导生物育种。由国家粮食局推荐的"山农12小麦良种繁育高技术产业化示范工程"已列入"2008年生物医药、生物医学工程、生物育种高技术产业化专项"。该项目依托大型企业，以产业需求推动分子聚合育种体系的应用，提高种子的选育和生产能力，实现强劲优质小麦品种的繁育和产业化，满足我国粮食生产对高产优质小麦的需求。

（七）"十五"国家科技计划项目验收工作

1. 2008年，对"十五"期间组织实施的4个2005年度农业科技成果转化资金项目进行验收。它们是：国家粮食局科学研究院的饲料添加剂朴菇多糖粉生产技术中试项目、无锡粮食科学研究设计院的配混米装置的转化项目、武汉粮食科学研究设计院的低温升碾米技术成果转化项目、西安油脂科学研究设计院的超滤膜法分离精制油茶皂甙中试生产项目。这些项目经过两年的开发转化，均完成了《合同书》中规定的转化任务，各项技术指标达到了预计要求，并取得了良好的效益，引导了粮食行业科技成果为产业服务，促进了成果向市场化过渡，提高了科技成果转化率。

2. 完成了院所技术开发资金专项——面粉散装发放接收成套技术与装备的研究开发的验收工作。该项目研究出了面粉散装发放、接收工段的工艺技术、料气分离循环卸料装置、闭风分配喂料装置、伸缩装车软管、粉料分配器、在线监控、计量、脉冲喷吹等智能化仪表，并已在产业项目中获得应用，取得了良好的经济效益和社会效益。

3. 完成了社会公益项目——我国粮油储藏加工重要科技基础标准研究的验收工作。该项目形成了20项标准文本，研制了11项标准物质，发表了12篇学术论文。项目的实施为粮食生产与流通的质量控制等提供技术支撑，对于保障我国粮油食品的质量、促进粮食行业的科技进步具有重要意义。

4. 完成了社会公益项目——粮食中麦角甾醇含量检测技术体系建立与研究的验收工作。该项目以储粮真菌化学成分麦角甾醇为检测对象，建立了粮食麦角甾醇正相液相色谱测定方法，解决了储粮真菌检测周期长、准确度差的问题，对于及时预测发现储粮真菌危害、减少储粮损失有着重要的意义。该项目通过大量的调查，首次建立了我国主要储粮品种麦角甾醇含量和分布状况数据库，提出了相应的限量标准，为确保储粮安全发挥了积极作用。

5. 完成了2003年度高技术产业化专项项目——利用膜技术提取大豆活性因子高技术产业化示范工程的验收工作。该项目经过3年的建设，建成一条年产12000吨的生产线。在科技水平大幅度提升的同时，也实现了农民增收、企业增效、社会增益的"三增"效果。

2008年，国家粮食局共登记科技成果两项。分别是无锡粮食科学研究设计院的面粉散装发放接收成套技术与装备的研究开发、国家粮食局科学研究院的我国粮油储藏加工重要科技基础标准研究。按照属地化统计原则，国家粮食局组织所属承担国家科技计划课题单位，开展了课题实施统计工作。

（八）粮食科技信息交流、粮油科技奖励工作

2008年，粮食行业科技期刊共计发行27.1万册，为粮食行业新技术的推广和促进科技进步发挥了积极作用。

经过行业专家评审委员会审议评选，产生2008年度中国粮油学会科学技术奖获奖项目30项。其中一等奖4项："利用淀粉质原料好氧发酵法工业化生产优级品（医药级）甘油"、"我国储粮害虫

微生物污染物调查监测预报防治"、"小麦加工副产品转化增值技术"、"ZY338型螺旋榨油机研发与推广";二等奖11项:"全密封多点卸料带式输送机"、"高纯度大豆磷脂酰胆碱的制备"、"日照港木薯干输送及灌包工艺系统"、"'谷物储存品质判定规则'的研制"、"食用油中黄曲霉毒素去除技术和装备的研究与应用"、"挂面加工技术的优化研究"、"饲料添加剂植物甾醇的研发与应用"、"储粮微生物活性快速检测技术研究与开发"、"10t/h面粉散装发放接收成套技术与装备的研究开发"、"米糠膨化预处理、浸出成套设备"、"大米蛋白和淀粉的改性技术研究及产品应用开发";三等奖15项:"低温升碾米技术成果转化"、"SFSP138×60E正昌冠军王粉碎机"、"我国粮油储藏加工重要科技基础标准研究"、"大型油厂节能减排关键技术研究与应用"、"组织化大豆蛋白挤压技术与设备研发"、"功能性饲料蛋白——肠膜蛋白粉的研究与开发"、"LSM20实验磨粉机"、"淀粉及其衍生物质量指标检测方法标准的制定"、"MUZL1610颗粒机"、"GB/T 11762－2006 油菜籽"、"稻谷整精米率标准样品"、"特级棕榈液油的研制"、"改善全麦粉口感、保质期和营养成分的新工艺研究"、"应用充氮保鲜技术开发保健食用油"、"北京市储备稻谷延长储存年限生产性试验及其成果推广应用"。通过科技评奖,进一步调动了行业科技创新意识,促进了粮食行业的科技进步。

■ 国家粮食局科学研究院

(一)科技基础设施和科研条件建设取得新进展

在国家粮食局、国家发展改革委和财政部的大力支持下,粮科院的科研条件得到了进一步改善。2008年粮科院完成了2005年科研条件平台建设项目5吨发酵罐中试设备安装,并开始调试;完成了粮油营养研究与功能性评价系统条件建设项目中动物实验室的建设,正在准备动物管理委员会的验收;完成了粮油储藏和加工科研仪器项目液—质联用仪的采购工作,正准备安装调试;完成了基地冷库建设;完成了基地P2级微生物实验室的建设,目前正准备项目验收;完成了小汤山中试基地基建总体改造、供电改造工程项目的扫尾验收工作;粮食储藏实验室项目按计划积极推进;小汤山中试基地2008年功能提升改造项目已基本完成,即将竣工验收;进行了粮食生物工程实验室条件建设项目和粮食生物技术与粮油储存环境模拟系统条件建设项目的仪器设备采购工作。2008年申请的"粮食质量检测与标准验证实验仪器购置项目"和"粮油精深加工实验室条件建设项目"获国家批准,即将实施。粮科大厦功能提升改造项目2008年立项,2009年实施。

为使粮科院中试基地和东孚中心生产基地均能得到更好发展,决定将东孚中心生产基地由昌平小汤山迁到大兴工业园,购地资金已经落实。

(二)加强学术交流和人才队伍建设

1. 国内外、院内外的学术交流活动。2008年7月,粮科院与中国农业生物技术学会共同主办了"生物技术与粮食储藏安全学术研讨会"。此次研讨会对促进现代生物技术在粮食储藏中的应用,搭建跨地区、跨部门、跨单位的学术交流与合作的平台,提升粮科院在行业和社会上的影响力起到了很好的作用,得到了与会专家和代表的一致好评。

接待了两批20多个国家和国际组织外交官到粮科院参观考察,对宣传我国粮食工作和粮食科技工作,广交朋友,增进交流与合作,起到了积极作用。

2008年粮科院完成了"粮食生态储藏基础参数研究"和"粮油功能食品加工技术研究"两项

国家外专局批准的引智项目。分别邀请了美国堪萨斯州立大学Subramanyam(Subi) Bhadriraju教授、F. MacRitchie教授、加拿大曼尼托巴大学的Digvir Jayas教授和张强教授、澳大利亚新南威尔士大学George Srzednicki研究员、法国标准化协会谷物标准化委员会主席Marc Provot博士来粮科院进行技术交流。

粮科院东孚中心协助国家粮食局举办了"中瑞散粮运输新技术研讨会"和"中日稻谷烘干新技术研讨会"，对加强国际和行业技术交流，进一步推动我国散粮运输和稻米加工及综合利用技术进步起到了积极作用。

通过引智、出访和外事接待及技术交流工作，使粮科院进一步了解了国际粮油科研领域的发展动态，增进了与国外同行专家的联系和交流，为粮科院今后进一步拓展对外交流与合作的空间，加快提升粮科院的科研能力与水平奠定了良好基础。

2. 人才队伍建设。根据学科建设和发展需要，继续从国内重点高等院校选聘或公开招聘优秀毕业生到粮科院工作。2008年共从高校招聘了13名应届毕业生，其中博士1名、硕士5名、本科7名。招聘社会专业技术人员5人。鼓励专业技术人员结合科研工作学习和充实专业知识，以适应新形势的要求，包括参加各种学术活动、短期学习班、不脱产的学位或非学位学习、注册人员的继续教育、参加各项执业资格考试等。2008年3月，派出一名博士赴美国康乃尔大学食品科学系开展为期6个月合作研究与学术交流；4月派出一名博士赴新加坡罗马真菌毒素实验室进行了毒素检测技术的学习和培训。经过粮科院技术职称评审委员会的评审，有3人获得副高级技术职务任职资格，7人获中级技术职务任职资格。

（三）完成了院科技发展规划编制工作

为了贯彻《国家中长期科学和技术发展规划纲要（2006～2020）》和国家粮食局《"十一五"粮食科技发展指导意见》，明确今后一段时期科技工作的努力方向，根据局领导及有关部门的要求，粮科院从2007年下半年正式启动了科技发展规划的编制工作，到2008年底已基本完成。

（四）全力实施"十一五"各类科技计划

"十一五"以来，粮科院的科研课题比较饱满，共承担着纵向、横向、标准制修订等各类项目（课题）100余项（含国贸院和东孚），其中有国家科技支撑计划项目13个课题的共27个独立子课题，国家863计划子课题1项，国家自然科学基金课题2项，国家农业科技成果转化资金项目3项，中央级科研院所社会公益研究专项2项，科技部仪器升级改造项目1项，本院基本科研业务费安排的研究课题10项，横向科技项目17项，标准制修订计划47项。在全院上下共同努力下，这些项目（课题）基本按计划正常实施。

2008年粮科院承担的科研院所社会公益研究专项"我国粮油储藏加工重要科技基础标准研究"课题通过了国家粮食局组织的验收。

粮科院作为依托单位，所属企业东孚中心作为实施单位的"国家粮食局粮油质量检测仪器工程技术研究中心"通过了由国家粮食局组织的验收，并于2008年12月15日正式授牌。

科研院所社会公益研究专项"食用油脂质量安全保障研究"、"小麦粉有害微生物污染的防控研究"、"我国储粮真菌毒素污染防控与削减技术研究"，国家科技基础条件平台工作项目"粮油及制品质量安全科技基础标准研究"，农业科技成果转化资金项目"粮油质量安全系列标准物质的制备生产线"、"油脂氧化稳定性测定仪转化中试"、"电子式拉伸仪转化"，科学仪器设备升级改造专项工作"连续光谱固定光栅分析仪新功能开发"等8项课题也已完成或基本完成，并做好了验收的准备工作。

2008年，粮科院院属企业国贸院主持的"十一五"国家科技支撑课题"现代粮仓建设配套新技术材料研究开发"和参与的课题"网络化多功能粮情监控集成技术和系统研究开发"、"成品粮储存保鲜技术和设备设施的研究开发"、"粮食品质快速检测关键技术及仪器研究开发"均通过了国家粮食局组织的"十一五"项目中期检查。

2008年粮科院承担的43项国家标准制修订计划项目的送审稿已全部通过全国粮标委的评审。另外，国贸院有4个标准完成了报批稿或送审稿。

（五）积极准备"十一五"滚动和"十二五"科技计划

在努力完成现有科研任务的同时，瞄准"十一五"滚动和"十二五"科技发展机遇，积极参与起草粮食科技中长期发展规划，为今后争取更多的科研课题做好准备。以粮科院为主起草的"储备粮减损新技术研究与示范"项目建议书已通过"十一五"科技支撑计划的初审。2008年粮科院共申报各类科研课题50项，其中国家自然科学基金课题6项，2009年标准化公益性行业科研专项3项，国家科技基础性工作专项1项，国家科技支撑计划课题2项，科技部国际科技合作项目2项，科技部软科学研究项目2项，国家农业科技成果转化资金项目1项，已批准立项，院基本科研业务费专项2项，2009年标准制修订计划30项，财政部粮食专项业务活动项目1项。

（六）推进科研成果转化和新技术产品开发工作

2008年，粮科院在完成好科研任务的同时，对科技成果的转化应用也给予了应有的重视，并取得了进展。例如，为了使"十一五"国家科技支撑计划"高效生物储粮防护剂—多杀菌素的研制开发"和国家高技术研究发展计划（"863"计划）课题"新型基因工程兽药—多拉菌素的研制与开发"更快、更好地应用于我国粮食储藏和饲料生产，粮科院与河南金汇生物工程有限公司签订了"农用抗生素多杀菌素和多拉菌素的研制开发"技术开发合作协议。本项合作分为三个阶段：实验室小试研究阶段、中试开发阶段和产品的生产技术开发阶段。最终目标是建立这两种抗生素的发酵生产工艺，使其产业化生产。合作期7年，经费1000万元。

为绿色储粮新技术的应用提供技术支持。"十一五"国家科技支撑计划"绿色储粮防护剂惰性粉杀虫剂的研究与开发"和"低氧绿色储粮技术研究示范"课题，紧密结合我国粮食储藏实际，研究低氧防治害虫机理和绿色惰性粉杀虫防虫机理，并提出了低氧防治害虫工艺参数、操作规程和安全技术规程等，为中国储备粮管理总公司"现代温控气调技术设备"和"绿色储粮技术推广示范"等项目提供理论依据和技术支持。

2008年，粮科院东孚中心在新产品研发上下功夫，并取得成效。开发完成了新产品"失重式给料机"的研制；开发了"五谷速食机"，第一批速食机已于12月1日上市销售；面筋仪（Perten公司技术）和168型实验面条机均已小批量生产，进入市场销售；在研课题吹泡仪、水浴、降落数仪、氧化稳定性测试仪、米粒判定仪5种产品已进行了样机试制和初步试验。

（七）科技成果获奖及专利申请与授权情况

由中国科学院亚热带农业生态研究所组织申报，粮科院李爱科博士作为主要完成人的"畜禽氮磷代谢调控及其安全型饲料配制关键技术研究与应用"项目，获得2008年度国家科学技术进步二等奖；粮科院作为第二完成单位，由王松雪博士参与的"我国储粮害虫微生物污染物调查监测预报防治"获

2008年度中国粮油学会科学技术奖一等奖；粮科院作为主要完成单位，孙辉博士参加的"谷物储存品质判定规则" 获2008年度中国粮油学会科学技术奖二等奖；粮科院独立承担，由林家永、郝希成、孙辉、程树峰、陆晖等完成的"我国粮油储藏加工重要科技基础标准研究" 获2008年度中国粮油学会科学技术奖三等奖。

2008年粮科院申请专利8项，其中发明专利5项：粮情在线监测系统、一种便携式粮情检测装置、一种微生物微胶囊大量制备的方法、一种屎肠球菌微胶囊制剂及其制备方法、二氧化硅在制备杀虫剂中的应用；实用新型专利2项：粮情检测仪、一种粮仓储粮情况监测系统；外观设计专利1项（东孚中心）："油脂氧化稳定性测定仪"。

获得授权的发明专利1项："油籽脱溶饼粕的化学脱毒方法及所用设备"；实用新型专利 3项（东孚中心）："颗粒判定仪的振动布料装置"、"单镜头颗粒判定仪的反光取像装置"、"单镜头颗粒判定仪的旋转取像装置"。

（八）发表的科技论文和参与编写的著作

在实施科研课题的过程中，科研人员认真总结研究成果，积极撰写科技论文和参与科技著作的编写。2008年共发表论文70多篇，论文等级和质量比往年大幅度提高，其中一级核心刊物占有很大比例，并有多篇SCI收录文章。此外，科研人员参与编写的科技著作有：《分子营养学》、《猪氨基酸营养与代谢》、《粮食加工技术》、《薯类加工技术》、《挂面生产配方与工艺》、《挂面生产技术》、《现代粮食流通产业发展战略》等，共计约80万字。

（九）不断提高院刊质量

2008年，粮科院《粮油食品科技》杂志按计划编辑出版发行了6期，并完成了2期《粮食现代物流》增刊，共刊登院内外各类科技和综述文章170余篇，各类科技信息100余条。《粮油食品科技》总被引频次为506，比2007年增加23.7%，影响因子为0.443，比2007年增加0.031，其他指标也均比上年有不同程度的增长。目前，《粮油食品科技》机构用户有3214个，分布在10个国家和地区。2005年至今，杂志总访问量21万余次，总下载频次近10万次，为促进粮油食品科技进步作出了贡献。

■ 中国粮油学会

2008年度中国粮油学会科学技术奖(以下简称"粮油科技奖")的评审工作，在国家奖励办、国家粮食局和中国科协等有关部门的大力支持和关怀下，经中国粮油学会及所属各专业分会、评审委员和推荐单位的共同努力下圆满完成。评审委员本着认真、负责、细致、耐心的态度，坚持公开、公平、公正的评审原则，按照评审程序规范进行评审，保证评审工作的科学性、公正性和权威性。评选出一批优秀的粮油科学技术成果以及为粮油科学技术进步做出突出贡献的科技人员和企事业单位，为加速粮油科技进步发挥了重要的作用。

中国粮油学会于2008年6月开展粮油科技奖的推荐与申报工作，9月底共收到35个推荐单位的61个科研项目的申报材料，其中有53个项目通过形式审查并在中国粮油学会网站上进行了受理项目的公示。10月中旬至11月中旬为专业评审阶段，受理项目共分为储藏、食品、油脂、饲料信息与自动化及物流5个专业组，经专业评审委员会评审，共推荐参加综合评审项目38项。12月10～12日召开综合评审会议，经过评审委员评审、理事长办公会复审及公示，最终有30个项目获得了2008年度粮油科技奖，其中一等奖4项，二等奖11项，三等奖15项。

2008年度中国粮油学会科学技术奖是中国粮油学会组织评审的第四届粮油科学技术奖，中国粮油学会将不断总结自身评审工作经验，努力提高粮油科技奖评审工作的质量和水平，发挥粮油科技奖的导向作用，为粮油行业的科技进步和跨越式发展作出更大的贡献。

四　国家粮食局学术研究

（一）国家粮食局软科学课题研究

针对国内国际粮食市场供求形势的新变化、粮食流通体制改革中出现的新问题和全力推进现代粮食流通产业发展面临的新任务，国家粮食局认真组织开展关系粮食工作全局和保障国家粮食安全等重大问题的理论研究工作，不断提升政策制定的理论性、实用性和针对性，为领导决策提供可靠依据，为粮食行业科学发展积累政策储备。2008年初，经国家粮食局软科学评审专家委员会审议通过，确立了2008年软科学课题研究方向，内容涉及我国粮食安全保障体系建设、新形势下粮食宏观调控机制和产销衔接机制、保障粮食市场供应和价格基本稳定、进一步深化粮食流通体制改革、国有粮食企业改革和经营机制转换、健全现代粮食流通体系和发展现代粮食流通产业、发展粮食产业化经营、粮食流通法治建设和完善粮食流通监督检查体系、农村粮食产后减损安全保障、完善粮食质量卫生安全保障体系、国际粮食市场供求形势与价格走势等多方面粮食流通业务工作。

国家粮食局各单位、各省级粮食行政管理部门对软科学课题研究工作高度重视，在国家粮食局公布的课题研究方向基础上，结合本单位职能和本地粮食工作实际，上报了一批针对性强、立意较新的课题研究项目。2008年底，全国粮食系统共提交68篇具有一定理论水平和实践指导意义的课题研究结果。从专家的评审结果来看，多数课题研究成果从粮食工作实际出发，把实证分析和政策研究相结合，提出了许多推动粮食流通工作科学发展的新思路、新方法和新举措。特别是"关于新形势下粮食支持政策与促进国家粮食安全问题研究"、"我国粮食安全的实证分析和政策研究"、"江苏省国有粮食企业改革发展研究"、"黑龙江省发展现代粮食流通产业研究"等一大批优秀成果，紧扣粮食工作形势，研究方法科学新颖，数据资料翔实准确，具有很高的理论价值和实用价值。

为鼓励各地继续深入开展课题研究工作，进一步提升课题研究的水平，国家粮食局对28个获奖单位给予了表彰并授予国家粮食局优秀软科学课题获奖证书。同时，将获奖优秀成果汇编成册，发送局内各单位和各省（区、市）粮食局学习参考。

（二）国家粮食局优秀粮食调研报告评选

为充分发挥调查研究在促进工作中的作用，提高科学决策水平，2008年，国家粮食局继续组织各地开展"粮食工作优秀调研报告"征集、评选活动。局内各单位和各省级粮食行政管理部门十分重视这一活动，精心组织安排，扎实开展调查研究，认真撰写调研报告，切实将参加调研报告评选活动作为拓宽粮食政策研究领域、提升调研工作质量的有力抓手，充分发挥调研报告的推广、借鉴和参考作用，为领导决策提供科学的政策建议。2008年共上报粮食调研报告127篇，经国家粮食局软科学评审专家委员会评审，评出优秀调研报告40篇。

从评出的优秀调研报告成果看，各地紧扣粮食工作中心，着力针对当前粮食中遇到的重点、难点和热点问题进行广泛深入的调查研究，涌现出了以"关于东北地区秋粮收购有关政策落实情况的报告"、"从抗震救灾粮食供应看粮食公共危机的应对策略"、"土地有序有效流转的好形式——对亮之星米业公司租田种粮的调查与思考"、"关于农村耕地撂荒情况的抽样调查"等为代表的一大批优秀调研成果，具有很强的现实指导意义。部分调研报告所提出的建议还得到上级领导的肯定和重视，并被有关部门采纳，实实在在地推动了工作，取得了实效。

为鼓励粮食系统干部职工继续深入开展调查研究，国家粮食局对陕西省粮食局等40个优秀调研报告获奖单位给予了表彰，同时授予"国家粮食局优秀调研报告"证书。获奖优秀调研成果还汇编成册，发送局内各单位和各省（区、市）粮食局学习参考。

党建工作

一　深入开展学习实践科学发展观活动

按照中央统一部署，从2008年9月下旬开始，全局党员干部以"实践科学发展观，保障国家粮食安全"为主题，开展了深入学习实践科学发展观活动。局党组把学习实践科学发展观活动作为重大政治任务，高度重视，成立领导机构，建立领导责任制，主要负责同志为第一责任人，加强对学习实践活动的组织领导。在深入调查研究，了解掌握全局党组织的基本情况和党员队伍思想状况的基础上，紧密联系工作实际，精心制订实施方案，深入进行思想发动，建立了9项工作制度。局党组成员和各单位领导带头学习，带头参与各项活动，充分调动了党员干部和群众参与学习实践活动的积极性。

采取多种形式组织党员学习培训。坚持以正面教育为主，把理论学习贯穿始终，不断创新学习载体，采取个人自学与集中组织、各单位组织与局机关统一组织、专家辅导与领导引导等多种形式，组织党员干部深入学习科学发展观理论和中央领导同志有关重要讲话以及中央有关会议精神。局机关利用4天时间，分两批组织180余名在职党员进行集中培训，邀请专家作了专题辅导报告，举办局党组理论学习中心组专题研讨班，围绕应对国际金融危机，认真研究保障国家粮食安全问题。全局共举办各类学习班、研讨班、培训班68期，培训党员1800余人次，覆盖率达到99%。各单位组织党员干部撰写读书笔记和学习体会并在网上交流，组织学习科学发展观知识百题答卷，深入开展"解放思想，大胆创新，不断提升粮食流通工作新水平"的大讨论和"我为科学发展粮食流通事业献一策"活动，进一步加深了对科学发展观的理解，形成了粮食流通工作科学发展的共识，增强了贯彻落实的自觉性和坚定性，使科学发展观逐步成为党员干部自觉的政治信仰、思想方法、行为规范和工作指针。

围绕中心工作深入开展专题调研。按照突出实践特色的要求，围绕学习实践活动主题，采取召开座谈会、个别访谈、问卷调查、实际案例分析、相互交流等多种形式，深入基层，深入实际，问计于民，全方位征求意见建议，开展了广泛深入的调研活动。全局共组织调研组55个，组织调研80次，参与调研314人次，调查企业和农户256个，召开座谈会134次，向44个有关部委和单位发函征求意见，形成了有情况、有问题、有分析、有对策建议的调研报告49篇。

紧密联系实际深刻进行分析检查。分析检查是学习实践活动的关键环节。为了把这一阶段工作搞扎实，局党组成员和各单位领导班子成员，深入开展谈心活动，在专题民主生活会上勇于剖析自己，认真检查在贯彻落实科学发展观和党性党风党纪方面存在的突出问题，深刻剖析原因，明确努力方向。局领导和各单位主要负责同志都全程亲自主持撰写领导班子分析检查报告，初稿形成后，及时印发各单位书面征求意见，组织召开有专家学者、民主党派、青年群众、离退休干部代表参加的座谈会，面对面征求意见，召开评议大会，虚心接受群众评议，反复进行修改，为找准问题，明确今后的工作思路和整改措施，抓好2009年整改落实阶段的工作奠定了坚实的基础。

二 切实加强理论武装

把深入学习邓小平理论、"三个代表"重要思想和科学发展观重大战略思想，全面贯彻党的十七大精神，作为理论武装的首要任务，结合学习贯彻"两会"精神、纪念改革开放30周年、举办北京奥运会等重大活动，采取灵活多样的学习方式，组织党员干部进一步深入学习，全面掌握十七大确立的重大理论观点、重大战略思想和重大工作部署。为充分发挥局党组理论学习中心组的示范带动作用，提高理论学习效果，根据中央关于进一步加强和改进领导干部理论学习和党委（党组）中心组学习的新要求，制定了《关于进一步加强和改进党组中心组学习的实施办法》并认真落实，促进了党组中心组学习活动的制度化、规范化和经常化。年初分8批组织108名司、处级党员干部参加了国家发展改革委举办的学习宣传贯彻党的十七大精神轮训班，适时组织形势报告会和学习成果研讨交流活动，加大了党员干部培训力度；"七一"前后，在党员中普遍开展了"纪念改革开放30周年"主题党日和"我看改革开放30年"征文活动，通过专题组织生活会、上党课、参观调研或社会实践活动，组织广大党员回顾改革开放的伟大历史进程，深化对党的基本理论、基本路线、基本纲领、基本经验的认识，增强了全局党员干部拥护党的路线方针政策的坚定性和贯彻落实的自觉性，进一步坚定了高举中国特色社会主义伟大旗帜的理想信念，提高了运用科学理论分析和解决实际问题的能力。

三 进一步加强基层党组织建设

严格执行"坚持标准、保证质量、改善结构、慎重发展"的方针，牢牢把握发展党员工作的基本要求，切实加强对发展党员工作的组织领导，加强对入党积极分子培养教育考察，举办入党积极分子培训班，对12名入党积极分子进行脱产培训，保证了发展党员的质量。全年发展新党员4名，按期转正党员5名，为党员队伍输送了新鲜血液。指导基层党委、支部及时改选或增补了党委、支部书记，充实了有关支部的领导班子，健全了基层组织。根据中组部新的党费收缴管理办法，制定了《国家粮食局直属机关党委党费收缴、使用和管理暂行规定》，对党费收缴、使用和管理做出具体规定并对落实情况及时进行监督检查，进一步加强了党费的收缴、使用和管理。认真做了党内统计填报工作，被评为"2008年度中央国家机关党内统计全优报表"。

四 积极开展党建调查研究

充分利用"全国粮食系统党建研究会"的平台，积极开展系统内的党建工作研究交流。2008年5月，经局党组批准，直属机关党委在厦门召开了全国粮食系统党建研究工作会，全国各地粮食局主管机关党建工作的领导同志和机关党委从事机关党建工作的同志100余人参加了会议，回顾总结了2006年党建研究会成立以来的工作情况，研究部署2008年的调研任务，表彰了优秀研究成果，交流了党建工作经验，特别是在抗震救灾、抗击雨雪冰冻灾害中发挥党组织的战斗堡垒作用和共产党员先锋模范作用的经验做法。与会同志一致认为，这次会议主题突出，不仅交流了粮食系统党建工作经验，反映了党建研究成果，而且也是鼓舞粮食系统干部职工夺取抗震救灾全面胜利的动员大会。

五　开展精神文明创建活动，建设和谐机关

2008年，直属机关党委认真贯彻落实党的十七大关于推动建设和谐社会的战略思想，把创建和谐机关摆在突出位置，紧紧围绕中心工作，广泛开展了一系列群众性精神文明创建活动。按照中央国家机关工委的要求，大力开展"迎奥运、讲文明、树新风"活动，组织干部职工踊跃参加"迎奥运、讲礼仪、作表率"知识竞赛和干部职工"健身行动"，积极营造迎接北京奥运会的良好氛围。大力弘扬万众一心、众志成城、不畏艰险、百折不挠、以人为本、尊重科学的伟大抗震救灾精神，深入学习宣传抗震救灾英雄模范的先进事迹，推荐调控司和军粮供应中心何贤雄同志为全国抗震救灾英雄集体和全国抗震救灾模范评选对象，军粮供应中心何贤雄同志被评为"全国抗震救灾模范"，受到党中央、国务院和中央军委表彰。局直属机关党委及时做出决定，在全局党员、干部职工中开展向何贤雄同志学习的活动。深入开展"创建文明机关、争做人民满意公务员"活动，自下而上开展了先进单位和先进个人评选表彰活动，调控司、军粮中心被中央国家机关工委评为先进单位，调控司卢景波同志被评为先进个人。全局成立了13个文体协会，经常组织球类比赛、歌咏舞蹈、书画摄影展览、钓鱼等群众喜闻乐见的文体活动，每位职工都参与到一项文体健身活动中来，陶冶了情操、促进了身心健康。积极开展送温暖活动，关心干部职工生活，在干部职工生病住院、结婚、生孩子、老人去世以及遇到特殊困难时，及时看望慰问。

六　积极做好抗震救灾和扶贫工作

汶川特大地震发生后，按照上级党委的要求和局党组的指示，直属机关党委迅速行动、紧急动员，号召广大党员干部为灾区群众踊跃捐款捐物，交纳"特殊党费"，共捐赠人民币111.7389万元，棉衣被1万余件，是历年来募捐次数、参与人数和募集款物最多的一年，为支援灾区人民抗震救灾作出了积极贡献，充分展示了国家粮食局干部职工识大体、顾大局的精神风貌。

认真贯彻中央扶贫工作精神，进一步做好对口贫困地区的帮扶工作。通过产业扶贫解决贫困群众发展生产中的实际问题，努力增加贫困群众的收入。2008年，向定点扶贫县四川省金阳县拨付30万元资助丙底乡马铃薯加工厂建设项目。8月30日凉山会理发生6.1级地震后，局党组成员、副局长张桂凤同志立即带领扶贫工作小组赴凉山慰问，拨付50万元专项扶贫资金给凉山州和金阳县，用于粮库维修和粮食转移、道路和校舍维修、购置设备等。继续贯彻扶贫扶智政策，为金阳县乡镇干部订购50份《农民日报》；为金阳县教育局捐助5万元，用于丝窝乡中心校校舍破损的维修；给金阳中学捐助5万元奖学金，资助50名家庭经济困难的学生。全年共投入扶贫资金90余万元，解决了群众生产生活中的一些突出困难，受到当地干部群众高度赞扬，称赞国家粮食局扶贫工作用真心、动真情。

廉政建设

2008年，在中央纪委、监察部和国家粮食局党组的领导下，驻局纪检组、监察局认真贯彻中央纪委十七届二次全会和国务院第一次廉政工作会议精神，围绕粮食流通中心工作，深入开展学习贯彻落实科学发展观的活动，切实加强领导干部作风建设，集中进行廉洁从政教育，积极开展行政监察工作，认真清理、整顿、纠正部门不正之风，严肃查办案件，履行监督检查职责，各项工作进展顺利。

一　认真学习贯彻中纪委全会和国务院廉政工作会议精神，把中央的要求落到实处

一是协助党组召开党组扩大会议、机关干部大会和系统纪检监察工作会议，认真学习贯彻中纪委全会和国务院廉政工作会议精神，根据中央党风廉政建设精神，对机关党员干部提出反腐倡廉具体要求，对2008年系统党风廉政工作任务进行部署。二是制定下发了《2008年国家粮食局党风廉政建设和反腐败工作实施意见》和《任务责任分解意见》，将2008年党风廉政建设各项工作任务进行认真分解，明确责任，提出要求，逐项落实。三是加强监督检查，推动工作顺利开展。9月份召开系统纪检监察工作座谈会，全面听取了各地上半年工作情况汇报，交流工作经验，研究提出四季度工作重点，推进系统纪检监察工作顺利开展。12月份又召开全国粮食系统纪检监察工作研讨会，联系粮食系统实际，听取各地情况汇报，检查全年工作完成情况，研究提出明年党风廉政工作的初步意见。

二　结合粮食工作的实际，深入开展学习实践科学发展观活动

2008年9月，按照中纪委和国家粮食局党组的部署，驻局纪检组、监察局深入学习实践科学发展观活动正式展开，成立了专门领导机构，制定学习实施方案，确定了驻局纪检组、监察局关于开展学习落实科学发展观实践活动的主题，即"推动科学发展、保障粮食安全、做党的忠诚卫士、当群众的贴心人"。紧紧围绕党员干部受教育、科学发展上水平、人民群众得实惠、促进党风廉政建设的总体要求，进一步解放思想、实事求是、改革创新、切实增强贯彻落实科学发展观的自觉性和坚定性，结合粮食部门的实际，着力解决党员干部党性党风党纪方面群众反映强烈的突出问题，把科学发展观贯彻落实到粮食部门的党风廉政建设中，做党的忠诚卫士，当群众的贴心人，促进廉洁从政。

按照科学发展观的总体要求，研究全国粮食部门在反腐倡廉中反映的新问题和新特点，拟定题目，把如何加强对粮食企业特别是粮库主任的监管和监督作为调研的重点，由驻局纪检组、监察局领导带队分别赴河北、安徽、湖北、河南、山东等粮食主产省进行现场调研，多次召开粮食基层部门、

企业职工和村民代表座谈会，对粮食系统在贯彻科学发展观方面存在的突出问题进行分析，对目前存在的不正之风和腐败问题进行了剖析，研究制定切实可行的具体措施，建立健全规章制度。为了总结推广好的经验和办法，驻局纪检组、监察局编制了《全国粮食系统党风廉政建设制度汇编》，印发基层，推动粮食系统党风廉政制度建设。

三　在实际工作中讲大局，确保中央政策和重要部署的贯彻落实

（一）加强监督，确保中央扩大内需重大决策落实

驻局纪检组、监察局认真学习中发〔2008〕18号文件和贺国强同志在监督检查动员会上的重要讲话，提高认识，明确任务，12月初在全国粮食系统纪检监察研讨会上部署了监督检查工作，确保中央扩大内需投资安全、透明、高效的管理和使用。

（二）积极投身抗震救灾工作，加强监督检查

在2008年百年不遇的地震灾害发生后，驻局纪检组、监察局及时了解灾区粮食部门和粮食系统纪检监察机关受灾情况，指导救灾工作。主动向国家粮食局党组提出贯彻中央领导批示，做好粮食部门抗震救灾工作的建议。

（三）协助党组落实中央关于"党员领导干部报告个人有关事项的规定"

按照领导干部报告个人重大事项的要求，配合人事司落实党组成员和司级领导干部填报个人重大事项报告和执行党风廉政情况的表格，定期上报。

（四）协助局党组7次召开党组会议研究反腐倡廉工作，通报情况，落实党风廉政责任制

主要是部署研究系统党风廉政建设工作、落实国务院关于清理楼堂馆所通报要求、学习中央领导重要讲话、贯彻中纪委八条规定、讨论专项清理实施方案、研究有关案件查处等。年终对局属单位领导班子贯彻民主集中制、任用干部、资金使用情况进行监督检查，督促健全完善相关制度。

（五）协助党组在选拔任用干部方面严格把关，防止带病上岗

对40名竞争上岗的司处级干部进行廉政考试，认真研究其廉政情况，逐一进行贯彻中纪委八条规定谈话；并核实群众反映的问题。2008年以来对领导干部任前廉政谈话20余人次。对司级党员领导干部民主生活会进行了检查指导。

（六）做好建章立制工作，促进廉政建设制度化

编印了《全国粮食系统党风廉政建设制度汇编》，制定了《国家粮食局建立健全惩治和预防腐败体系2008～2012年工作规划》。

（七）召开会议，贯彻落实制止党政干部公款出国（境）旅游专项工作

驻局纪检组、监察局召开由外事、人事、财务司等单位有关同志参加的会议，贯彻落实中纪委（中纪发〔2008〕10号）文件精神，召开制止党政干部公款出国（境）旅游专项工作动员会，部署相关工作，并按规定上报了国家粮食局贯彻落实工作方案。2008年国家粮食局计划出国团组25个，裁减12个，减少近50%。

四　制定并贯彻落实《国家粮食局建立健全惩治和预防腐败体系2008～2012年工作规划》

一是按照《工作规划》的要求，认真分析粮食工作中反腐倡廉工作重点，充分认识惩治和预防以粮谋私贪污受贿等违纪违法行为的必要性和紧迫性。

二是突出重点，把《工作规划》做实，从查处重要案件入手，从解决群众反映强烈的突出问题入手，从领导干部作风建设中的问题入手，从基层重点粮库党风廉政建设入手，总结教训，找出监督权力运行中的漏洞，研制防范措施，做到了有重点有针对性地抓好《工作规划》中的具体任务。

三是改进工作方法，积极探索，勇于创新。对有共性的问题，研究规律，认清特点，制定切实可行的预防办法。如：陈化粮鉴定与处理、拍卖市场监管、领导干部及亲友介入具体粮食经营活动、粮食购销合同签订、粮食企业资产重组和处置、私设"小金库"、对粮库主要负责人的监督等。关注粮库上收、储备粮油指标分配、存储库点调整、补贴发放、折旧费提取及使用、托市粮收购点确定等相关问题。对亏库假借异地储存、以各种不当手法应对库存检查等问题也进行深入研究，切实把《工作规划》的内容落到实处。

五　做好案件查处工作

2008年以来，驻局纪检组、监察局加大力度开展案件的查处工作，共受理群众举报件及领导交办件共95件，其中要求上报查处结果的19件，初核10件。纪检组监察局自查、督办10件，进行诫勉谈话和廉政谈话等20余人次。对以下案件进行了重点查办或督办。

一是延伸调查山西"粮神殿"问题。二是调查黑龙江省富锦九〇粮库亏库案件。2008年5月，驻局纪检组、监察局了解到黑龙江省佳木斯市富锦九〇粮库亏库信息后，驻局纪检组、监察局领导带队赴黑龙江省调查了解相关情况，克服困难和阻力，与当地党委、政府、纪委、监察、司法、粮食专案组等单位沟通，到富锦九〇粮库现场调查情况。及时掌握案情，及时向中纪委监察部领导和国家粮食局党组进行汇报，并参加对富锦九〇粮库的清仓查库，目前案件还在深入调查，涉案人员已被依法逮捕。三是调查盗卖央产案件。四是调查辽宁省粮食库存虚报情况。五是督办了陕西省"西乡县粮食部门在救灾粮中掺陈粮，发放时缺斤少两"的案件，并严肃处理吊销了西乡县板桥粮油加工厂营业执照，罚款1万元，暂停其粮食收购许可证，追缴其非法所得3.9万元，对该厂业主进行刑事拘留。对出现的救济粮短斤由县粮食局足额弥补。对负有领导责任、严重渎职的县粮食局局长和调控股长进行了"双规"。六是协助调查"转圈粮"问题。按照国务院领导同志的批示精神，派员参加调查河南省"转圈粮"问题，并书面向国务院报告了调查情况。七是其他涉粮案件。根据国务院领导和有关部门领导的批示精神，派人参加湖北宜昌直属库商品粮纠纷、河南登封粮食公司弄虚作假、中储粮公司24个库储粮问题调查。八是对骗取无房补贴和经济适用房进行立案查处。对国家粮食局机关服务中心一名副处级干部弄虚作假，以无房户名义参加经济适用房配售，并骗取10余万元无房补贴问题进行立案调查。

六　加强纪检监察机关自身建设

　　2008年，驻局纪检组、监察局非常重视加强自身建设，大家的思想觉悟不断提高，业务能力不断增强、工作作风有所转变、纪检监察和支部工作等都有突破和创新。

　　一是加强学习。把学习中央领导同志、中央纪委领导同志关于反腐倡廉的重要讲话作为当务之急，重中之重，反复学习领会，用以指导实践。二是认真开展学习落实科学发展观实践活动，认真学习有关原著，提高思想认识，积极开展"推动科学发展、保障粮食安全、做党的忠诚卫士、当群众的贴心人"主题活动。驻局纪检组、监察局分成几组深入到基层调研，了解涉粮案情，纠正损害群众利益的不正之风，努力为基层粮食部门服务。三是加强作风建设。通过学习，查找个人存在的问题，开展批评与自我批评，加强个人修养。同时结合驻在部门特点，制定了相关制度和纪律规定。四是提高业务能力。除自学纪检监察业务知识外，还克服人员少、任务重的困难，参加了3期中纪委组织的有关业务培训。驻局纪检组、监察局还在全国粮食系统举办了纪检监察干部培训班，培训县以上粮食系统纪检监察干部220人，提高了业务能力。五是按照中纪委的要求，进一步加强了档案管理和信息工作，向中纪委上报月报11份，专报8份，简报25期，2008年上报的信息被中央政府网、中央新闻网和中央纪委相关厅室采用了近30条。六是加强党支部建设，重视自身廉洁。2008年驻局纪检组、监察局在党支部的领导下，积极开展谈心活动，大家严格要求自己，工作、生活作风严谨，带头遵纪守法，注意以身作则，自觉接受驻在部门的监督，虚心听取驻在部门的意见和建议，认真履行监督职责。

全国粮食系统抗震救灾先进集体和先进个人评选表彰工作

　　2008年5月12日，四川省汶川县发生8.0级强烈地震，造成巨大生命财产损失。灾情发生后，国家粮食局坚决贯彻党中央、国务院对抗震救灾工作的统一部署，立即启动应急预案，快速反应，紧急动员，对全国粮食行业积极参与抗震救灾工作提出了明确要求。全国粮食行业广大干部职工讲政治、讲大局、讲奉献，坚持人民利益高于一切，迎难而上，认真实践"三个代表"重要思想和科学发展观，积极投身抗震救灾工作，全力以赴投入到保障救灾部队军粮供应和灾区粮油市场稳定工作中，涌现出了一大批先进集体和先进个人，有力地保障了救灾部队和受灾群众的粮食供应，为抗震救灾取得阶段性胜利发挥了重要作用。

　　为大力弘扬全国粮食系统干部职工在抗击"5·12"汶川特大地震中涌现出的先进模范的崇高精神，鼓舞和激励广大粮食系统干部职工奋发向上、昂扬进取，为保障国家粮食安全提供更强大的精神动力，经清理和规范评比达标表彰活动工作部际联席会议办公室同意，国家粮食局开展了全国粮食系统抗震救灾先进集体和先进个人评选表彰活动。2008年10月11日，国家粮食局下发了《关于做好全国粮食系统抗震救灾先进集体和先进个人推荐评选工作的通知》(国粮人〔2008〕215号)，明确了评选表彰范围、名额、条件及评选表彰办法和要求。至推荐截止日期，全国共推荐了76个单位和136名个人参加评选。

　　2008年12月20日，国家粮食局作出《关于表彰全国粮食系统抗震救灾先进集体和先进个人的决定》(国粮人〔2008〕296号)，授予四川省粮食局军粮供应中心等64个单位"全国粮食系统抗震救灾先进集体"荣誉称号，授予曾树林等124位同志"全国粮食系统抗震救灾先进个人"荣誉称号。国家粮食局还将部分先进集体和个人的事迹汇编形成了《全国粮食系统抗震救灾先进集体和个人事迹材料选编》，印制后免费发放供全国粮食系统职工学习，在全系统掀起了学习先进模范的高潮。

　　2009年1月12~13日，国家粮食局分别邀请了6位先进集体单位代表和6位先进个人代表出席了全国粮食局长会议。其间，国家粮食局领导班子成员亲切接见了各位代表，并与代表们进行了座谈。会上，国家粮食局领导为先进集体和先进个人颁布发了奖牌、奖章和证书。

粮食新闻宣传工作

　　2008年，国家粮食局新闻宣传工作在局党组的正确领导和机关各部门大力支持下，紧紧围绕粮食中心工作，增强新闻宣传工作的主动性和服务性，积极联系有关主流媒体，及时发布信息，做好粮食流通新闻宣传，特别是积极稳妥地做好突发性重大事件的新闻宣传工作，取得了良好的社会效果。

一　加强新闻宣传工作的制度建设

　　为进一步推动新闻宣传工作的制度化、规范化建设，围绕粮食流通中心工作，制定下发《国家粮食局2008年新闻宣传要点》和《国家粮食局2008年重点工作宣传方案》，为做好全年新闻宣传工作打下良好基础。落实中央外宣办要求，研究起草《关于落实中央对外宣传办公室〈关于做好奥运期间新闻发布和记者采访接待服务工作的通知〉的工作方案和舆论引导工作预案》，研究制定《国家粮食局奥运期间新闻宣传口径》。

二　抓好国家粮食局政府网信息发布和中国政府网内容保障工作

　　一是为进一步贯彻落实国务院办公厅对政府网站"信息公开、公共服务、公众参与"三大功能定位的要求，更好地为粮食流通工作服务，推动国家粮食局政府网站建设工作，政策法规司对局政府网站实施全面改版，2008年2月1日新网站正式运行，完成对国家粮食局政府网站的改造升级工作。改版后的局政府网站在页面设计、栏目布局、服务功能、运行效率等诸多方面均取得了较大突破，在软件和硬件两方面都较以前有所提高。目前，只要不涉及保密内容的信息，均在第一时间在政府网站对外发布，确保信息的权威性和时效性。据统计，全年共发布各类粮食信息11000余条，其中上百余条重要信息被中国政府网采用。通过及时发布信息，对宣传粮食流通工作情况起到了积极作用。

　　二是做好重点专题专栏建设工作。在局领导的指导和有关司积极配合下，局政府网站根据国家粮食局中心工作，推出了"2008年全国粮食局长会议"、"深入学习实践科学发展观"、"粮食部门抗击冰雪保障供应"、"粮食科技周"、"《粮食流通管理条例》颁布实施4周年宣传"等7个专题，很好地反映了国家粮食局阶段性重点工作，取得了较好的宣传效果。

　　三是在保障局政府网站内容的同时，及时向中国政府网报送粮食系统信息，更好地宣传粮食部门工作情况。据统计，全年共采用国家粮食局信息155条左右。

　　四是密切跟踪监测网上舆情，及时了解和掌握互联网上集中关注的涉粮热点、敏感问题，整理和编辑网民高度关注的涉粮信息49期，供领导参阅。

三　紧紧围绕国家粮食局中心工作开展新闻宣传报道

　　2008年初，国家粮食局重点做好全国粮食局长会议新闻宣传报道工作，邀请新华社、《人民日报》、《经济日报》、《农民日报》等中央媒体参与会议报道，并在局政府网设立了"全国粮食局长会议"专题。在《求是》杂志、《人民日报》、《宏观经济管理》、《中国国情国力》等重要报刊，刊发局主要负责同志的文章，宣传粮食部门贯彻落实中央粮食工作方针政策的情况和措施。针对国际粮价大幅上涨、部分国家出现粮食短缺等公众关心的情况，及时邀请局领导和有关司负责同志接受中央电视台、中国国际广播电台、经济日报、农民日报等中央媒体的采访，用权威、准确的正面信息引导社会舆论。

四　全力做好突发性重大事件的新闻宣传工作

针对2008年初南方部分省份遭受罕见冰冻雨雪灾害和"5·12"四川汶川特大地震等重大突发性事件，第一时间在局政府网开设"粮食部门抗击冰雪，保障供应"和"抗震救灾，保障灾区粮油供应"等专题，全面介绍粮食部门各项救灾政策措施的落实情况，大力宣传粮食系统广大干部职工在救灾过程中涌现出的先进个人、集体和典型事迹。同时，及时向中央电视台、新华社等中央媒体报送救灾工作信息。2008年上半年，国家粮食局政府网站发布抗灾信息434条，其中地方报送359条，被央网采用28条，展示了粮食系统抗灾救灾的成效和感人事迹，收到良好的宣传效果。

五　围绕中心，突出重点，《中国粮食经济》舆论宣传能力和引导能力不断增强

2008年，作为国家粮食局的机关刊物和粮食行业舆论宣传的重要阵地，《中国粮食经济》牢牢把握国家粮食局提出的粮食流通工作重点和粮食工作宣传要点，始终坚持围绕中心，服务大局，加强选题策划，突出宣传重点，舆论宣传能力和引导能力不断增强。2008年，共甄选刊发稿件300余篇，消息200余条，共计120余万字。

（一）坚持正确舆论导向，突出刊物权威性

第一，努力体现权威性。《中国粮食经济》紧紧把握国家粮食方针政策和国家粮食局在各个时期的粮食工作重点，进行权威性的报道。如全面、准确、多角度地以专题形式报道年初召开的全国粮食局长会议，对全年的粮食工作重点进行了全面解读。对中国储备粮管理总公司工作会议、粮食纪检监察工作会议等重要会议也及时进行了最权威、最全面的宣传报道。第二，对读者关注的热点问题进行权威解读。如针对上半年粮价和食用油价格大幅上涨导致社会普遍关注国内粮食市场形势的情况，及时刊登了粮食行业内几位专家的文章和国家粮食局的答记者问，就此问题进行了权威分析，进行正面舆论引导。第三，与国家粮油信息中心开展合作，在"粮食形势"栏目发布粮油市场状况月度分析和信息中心分析师对粮油市场的分析报告，与以往相比，大大加强了这一栏目的权威性和影响力。此外，继续与国家粮食局有关司合作，每月发布全国粮食购销统计数据，刊登中央储备粮代储资格公告和安全生产小知识。第四，继续对粮食经济理论问题进行深入探讨，如刊登了多篇对新时期新形势下粮食安全问题、粮食补贴问题的理论探讨性文章，引发读者的思考。

（二）注重栏目选题策划，增强刊物深度和新闻性

针对2008年我国发生了许多大事和粮食行业内出现的新情况和热点问题，《中国粮食经济》大力加强选题策划力度，抓住重要新闻点做文章，在"特别报道"、"专题"等几个栏目上下功夫，力争使每一期杂志都有重头戏，都有出彩点。如针对粮食系统抗击雨雪冰冻灾害、抗震救灾、国务院采取十项措施支持农业和粮食生产、世界粮食危机、夏粮收购以及纪念改革开放30周年等重要题材，《中

国粮食经济》都及时组织了大篇幅的报道，充分发挥出了期刊在专题报道方面的优势，大大增强了刊物的深度和新闻性。

（三）关注基层粮食工作和职工，保证刊物贴近性

2008年，《中国粮食经济》也把更多的目光投向基层，在"交流"、"工作研究"、"粮食漫谈"等栏目刊发基层粮食部门先进经验和基层粮食工作者对粮食工作的一些看法和建议。此外，还开辟了"学习十七大"和"践行科学发展观"专栏，对各地粮食部门学习贯彻十七大精神、科学发展观情况和体会展开宣传报道。

（四）进一步改进文风，提高刊物可读性

为了增强机关刊物的亲和力和可读性，努力在编辑过程中改进文章语言形式、栏目设置和排版方式，力争采用准确、朴实而又不失活泼的语言，或通过增加导读、编排小标题、增加小栏目、增强图片与文章内容的一致性，为图片增加图注等，让文章生动起来，使刊物真正做到"解读越通俗，传播越有效"。

（五）充分发挥网络在舆论宣传中的优势，进一步发展和完善中国粮食经济网

中国粮食经济网开通3年来，网站栏目及内容逐步得到完善和丰富。目前主要开设了"粮食新闻"、"本期导读"、"往期浏览"、"粮食百家"、"企业展示"等栏目，不仅提供电子版的杂志，而且提供粮食行业信息快讯。另外为方便读者订阅和作者投稿，开发了"网上订阅"和"网上投稿"功能，为方便网站访问者发表言论，开辟了"网上讨论"区。目前注册用户量和点击量稳步上升，通过网站投稿和订阅量也在逐步递增。截至2008年底，中国粮食经济网共发布7000余条信息，电子版杂志58期，通过网上投稿的稿件已有近500篇。该网站作为纸介质的补充和扩展，发挥了良好的作用，使得更多的读者了解了《中国粮食经济》。

六 粮食经济类期刊百花齐放

2003年之前，全国大部分省（区、市）都拥有自己的粮食经济类刊物，2003年全国报刊市场整顿之后，许多粮食经济类刊物停刊或改为内部刊物。据不完全统计，目前，除《中国粮食经济》之外，全国还有粮食经济类期刊共20种，其中黑龙江的《黑龙江粮食》、湖南的《粮食科技与经济》、四川的《粮食问题研究》为公开发行刊物，其余17种为内部资料。大部分粮食经济类期刊由各地粮食行政管理部门或粮食经济学会、粮食行业协会主办，少数期刊由当地粮食科研院所主办。在这20种粮食经济类期刊中，月刊有《齐鲁粮食》、《安徽粮食》等5种，双月刊有《江西粮食》、《江苏粮食经济》等8种，季刊有《冀粮经济》、《贵州粮食》等7种。多年来，各地粮食期刊在宣传全国和本地区粮食政策部署、交流粮改经验、促进粮食科技进步、丰富读者文化生活等方面发挥着重要的作用。同时，各地期刊克服人员有限、经费紧张的困难，积极探索，开拓创新，在办刊理念、编辑发行、内容形式等方面也积累了相当丰富的经验，获得了长足的进步，有了一定的社会影响力。

（一）紧扣各地粮食工作主旋律

作为各地粮食行政主管部门的机关刊物，各地粮食经济类期刊在宣传报道中紧扣各地粮食工作的主旋律，为各地粮食工作提供舆论支持。大多数粮食期刊都对各地贯彻落实全国粮食局长会议精神，各省（区、市）、地（市、州）、县（市）粮食局长会议对本地粮食工作的重要部署和本地粮食工作的重点内容，粮食企业典型经验和先进人物等展开报道。除了刊登领导讲话和会议精神外，还对各地

贯彻落实和执行情况进行跟踪报道。如《安徽粮食》对安徽省粮食部门2008年的重点工作——"粮食流通服务年"活动进行了综合报道。许多期刊还根据各地粮食工作的特点开辟了具有当地特色、切合地方粮食工作实际的栏目，如《冀粮经济》的"规范化管理"专栏、《云南粮食经济》的"放心粮油"栏目、《晋粮经济》的"粮食银行"、《福建粮食经济》的"企业改革与发展"等。

（二）更加关注重点、热点问题，策划意识有所增强

经过多年的发展，各地粮食期刊摆脱"工作总结"的汇集模式，开始有组织、有策划地宣传报道。如针对汶川特大地震，许多粮食期刊都对本地抗震救灾、保证粮食供应工作进行了报道，如《粮食问题研究》组织了"抗震救灾"专栏，图文并茂地进行报道；又如，为纪念改革开放30周年，许多期刊都刊登了相关文章，有的还开辟了专栏，如《黑龙江粮食》、《江西粮食》等。

（三）信息量逐渐增大，文化栏目丰富多彩

近几年来，各地粮食期刊也纷纷改版，增加页码、改变开本等，信息量得到了丰富。许多期刊开设了类似"刊中报"的栏目，增加了许多短小精悍的消息、资讯和评论等文章。如《粮食科技与经济》的"信息窗"、《齐鲁粮食》的"资料信息"、《金陵粮食》的"粮评杂谈"等。另外，各地的文化类栏目也办得丰富多彩，这些栏目有的刊登粮食职工的诗歌、散文等作品，有的刊登摄影、书法等作品，有的则刊登生活常识。这类栏目既丰富了期刊的内容，也有利于丰富粮食职工的文化生活，如《江苏粮食经济》的"粮苑百花"、《贵州粮食》的"艺苑"等。

（四）版式设计多种多样

近几年来，各地粮食期刊在版式设计、印刷制作方面也上了一个新的台阶，美观性、实用性大大增强。虽然各地粮食期刊开本不一、薄厚不一，但各具特色，大开本有大开本的大气，小开本有小开本的精致。在印刷方面，有彩色印刷、双色印刷和单色印刷等多种方式。

老干部工作

一　概况

截至2008年底，国家粮食局共有离退休人员345人。其中：离休136人，退休209人；副部级以上离退休干部2人，司（局）级离退休干部92人，处级及以下离退休干部234人，退休工人17人。在离退休干部中，第二次国内革命战争时期参加革命工作2人，抗日战争时期参加革命工作41人，解放战争时期参加革命工作93人。在老同志中，有中共党员265人。这些老同志平均年龄77.38岁，最高年龄95岁。

二　积极开展深入学习实践科学发展观活动

按照中央的统一部署，在局党组、局深入学习实践科学发展观活动领导小组和指导检查组的领导下，从2008年9月起开展了以"实践科学发展观、努力全面做好离退休干部工作"为主题的学习实践活动。通过深入调研和广泛讨论，总结归纳出了工作服务管理模式滞后、在探索和完善离退休干部工作机制方面存在欠缺、在组织发挥老干部作用方面主动性不够和在职人员队伍建设有待进一步加强等四个方面存在的突出问题，从思想认识、创新意识和现行管理体制等方面深刻剖析了原因。

在整改落实阶段，针对新形势下离退休干部"双高期"所带来的困难，制定了19条整改落实具体措施，并要求在一定时限内具体落实。在学习实践科学发观活动中，离退休干部办公室做到了"党员干部受教育，科学发展上水平，人民群众得实惠"。

三　认真落实离退休干部政治待遇

（一）组织开展了一系列政治理论学习活动

组织学习了《政府工作报告》并收看了辅导录像，组织参加了《中国改革开放30年》等专题报告会；举办了粮食情况通报会，及时传达了党中央、国务院的有关文件。

（二）积极组织老干部及在职人员参加抗震救灾捐献活动

2008年5月12日，我国四川汶川发生了特大地震。在这突如其来的天灾面前，离退办全体同志踊跃捐款捐物。在这次活动中，离退办的老干部和工作人员捐款及交纳特殊党费共计20.6739万元，捐献衣物3397件、新棉衣被471件。

（三）组织开展了以"纪念改革开放30周年"为主题的党日活动和"九九"重阳节庆祝活动

举办了"学十七大、迎奥运和纪念改革开放30周年知识竞赛"活动，有274名老同志参加，离退休干部办公室荣获了中国老龄协会颁发的优秀组织奖。

（四）开展春节慰问、加大走访力度

在2008年春节期间，离退办安排落实了离退休部级老领导和遗孀到人民大会堂参加的茶话会和团

拜会活动，组织30多位老同志参加了中央国家机关举行的迎春老干部团拜会。在日常工作中，加大了对老干部的走访力度，尤其是对部分重病和特困老同志的慰问。全年共走访老干部840人次。

四　认真落实离退休干部生活待遇

（一）调整了部分离休干部的护理费、部分遗属的生活补助费

根据国家相关政策规定为18位因瘫痪等原因生活完全不能自理的离休干部调整了护理费，达到每人每月600元。为25位遗属（18位离休，7位退休）调整了生活困难补助费。按国家有关政策，为56位2004年10月至2007年12月去世的老同志共补发了抚恤金87万元。为2名符合"独生子女父母老时享受一次性奖励"政策的老同志发放了一次性奖金。

（二）完成第二步规范津贴补贴工作

在国家粮食局党组的高度重视和中国储备粮管理总公司等部门的积极支持和配合下，及时筹集到了老干部津补贴所需经费。从11月份起开始为全体离退休人员调整了津补贴，并于2009年元旦前将需补发的津补贴全部发放到位。

（三）为老同志办实事、做好事、解难事

2008年为33位高龄老人举办了祝寿活动，为10对老人进行了金婚贺喜，为4个活动站更新了计算机，为所有计算机安装了杀毒软件，进一步向老同志普及了计算机网络知识。为6位老同志补安了999急救呼叫器，为全办老同志的450多套住房核发了取暖费。为14位过世老人（7位离休，7位退休）办理了后事，并按规定发放了抚恤金。为每位年龄在90岁（包括90岁）以上的老干部发放了1000元的"健康长寿奖"。离退休干部的困难补助发放比例由原来的10%增加到15%。

（四）做好医疗保健工作

全年门诊量7200人次，无医疗差错。全年巡诊60人次。在上年为离退休人员增加就近医院的基础上，2008年又为每位老同志增加了一个社区医疗服务站。全年共组织410人分六批次进行了健康体检。组织了《人生百岁不是梦》健康系列讲座。

五　加强班子建设和队伍建设

2008年，离退休干部办公室开展了"讲党性、重品行、做表率，树组工干部新形象"活动，领导班子带头认真学习《老干部工作文件选编》和全国老干部局长会议精神，制定了《离退休干部办公室加强领导班子思想政治建设的意见》、《离退休干部办公室领导班子廉洁自律措施》，提出了建设一个学习型的班子、一个团结协作的班子、一个敬业的班子、一个开拓型的班子、一个廉洁自律的班子的工作目标。全办干部职工在此基础上，加强了思想作风建设，整体素质有了新的提高。

2008年春季，离退休干部办公室5名局级干部、19名处级干部分期分批参加了国家发展改革委举办的学习贯彻科学发展观培训班。全年有12位同志分别参加了全国老年学会举办的医疗保险改革研讨班和中国档案协会举办的公文写作培训班。全年财务工作做到了工资、医药费和财政支持三项保障机制的落实，积极配合上级部门完成了各项审计工作。

全年共撰写编印《简报》30期，分发各支部并上报主管部门。在局政府网"老干部园地"栏目共登载了75条近10万字的信息资料。我们还根据中组部老干部局布置的2008年度老干部工作调研题目，成立专门小组进行了广泛调研，在此基础上完成了《关于建立困难离休干部帮扶机制问题研究》的报告，获得中组部老干部局颁发的三等奖。

4

第四篇

各地粮食工作

北京市粮食工作　基本情况

　　北京市简称京，是中华人民共和国首都，是全国政治、经济、交通和文化中心，也是世界闻名的历史古城、文化名城。北京市位于华北平原西北边缘，东南距渤海约150公里，西、北和东北群山环绕，东南是缓缓向渤海倾斜的大平原，地势西北高、东南低。全市土地面积16410平方公里，其中平原面积占38.6%，山区面积占61.4%。全市下设16个市辖区、2个县。

　　截至2007年底，全市总人口为1633.0万，其中：城镇人口1379.9万，乡村人口253.1万；户籍人口1213.3万，外来人口419.7万。粮食播种面积19.7万公顷，比上年减少10.5%；粮食产量102.1万吨，比上年减产6.5%。

2008年粮食工作

　　2008年是北京奥运之年。北京市各级粮食行政管理部门和粮食经营企业，按照"营造良好局面，办好一件大事"的总要求，面对国际国内粮油市场价格暴涨暴跌的复杂形势，精心制定工作计划，克服各种困难，狠抓各项措施落实，全力以赴保证粮油商品供应和市场基本稳定，为平安奥运创造了良好的市场环境。

一　全面完成奥运粮油供应服务保障工作

　　北京市各级粮食行政管理部门和粮食经营企业，坚持常态管理和非常态管理相结合，重点工作和日常工作齐推进，保证市场供应和调控粮食市场价格相协调的原则，坚持以服务和保障奥运为中心，全力以赴确保奥运期间粮油货源充足、市场繁荣、粮油价格基本稳定，承担起稳定首都粮油市场供应的任务。市、区县两级政府联动，顺利解决奥运期间黄标车限行、外埠粮油运输车辆进京受阻的问题；各区县粮食行政管理部门认真落实粮食区县负责制，按照属地政府首控的原则，进一步加强对行政区内粮油市场的监测和供应管理工作。高标准、高质量完成了奥运粮油直供任务和奥运军粮供应保障任务，为平安奥运作出了积极贡献。

二   市储备粮全面推行规范化管理

推广"千分制"评价体系，全面提升储备粮规范化管理水平。各级仓储企业，按照"千分制"规范化评价验收程序、新修订的市储备粮专卡管理办法、市储备粮粮情检查规定等，普遍完善了市储备粮的业务流程，进一步健全了异地储备粮管理办法，提高了市储备粮规范化管理水平。初步实现了储备粮通用台账、地理信息和质量跟踪三个系统的对接，加强了稻谷度夏、防汛工作和储粮化学药剂管理，确保市储备粮储存安全；完成了增加市成品粮油储备数量的任务，市储备成品粮、成品食用油库存达到了国务院和市政府的规模、结构要求；完善了市储备食用成品油灌装、运输、原油加工、后期补货工作流程和应急状态下市储备成品粮油出库手续，使市储备成品粮油随时处于应急出库状态。

三   落实市储备粮质量三级检查制度

完成两次市储备粮油的自查工作，自查覆盖全部承储库点和市储备粮数量的100%，自查样品宜存率为99.9％；北京市粮食局对32个承储单位的37个存储点、188个货位、38.5万吨市储备粮进行了质量抽查，抽查样品宜存率为99.1％。2008年市储备粮库存始终稳定在总规模的80％以上，2008年年末市储备粮宜存率连续两年达到100%。

四   开展科学普及和世界粮食日宣传活动

北京市粮食局依托各区县商务局、粮食局、连锁企业和骨干批发市场，广泛深入地向全社会开展爱粮节粮宣传普及和放心粮油进社区、进农村活动。以爱粮节粮为主题，本着"转变方式、尝试创新"的原则，利用北京市粮食科技周和粮食日活动主会场，深入居民小区、学校，以展示爱粮节粮、科学储粮、绿色粮油宣传展板，发放爱粮节粮宣传册、宣传画，现场展示放心粮油实物和专家咨询等各种形式，使爱粮节粮、科学消费意识逐步深入人心。

五   做好服务农村、服务农民的各项工作

提前一个月完成了退耕还林补助粮食供应工作，共向北京市7个区县、91个乡、2789个村、18.4万户退耕农民发放补助粮食4.69万吨，落实了政府惠农政策，保护了退耕农户的利益。各国有粮食购销企业按照小麦最低收购价政策，积极开展收购工作，共收购新小麦4.24万吨，稳定了农村粮食收购市场。

六   进一步服务首都粮食流通企业

合理调整了市储备稻谷存费标准，认真落实国家关于东北稻谷入关运费补贴政策，共为企业解决17.8万吨稻谷补贴费用2910万元。积极协调落实国有粮食企业免税政策，为粮食企业开展经营创造了良好的条件。

七　加强粮食市场信息监测工作

北京市各级粮油市场信息监测部门在调整、优化和充实信息监测网点的基础上，增加了监测品种和粮油购、销、存数量信息，健全了监测网络和网点分级责任制，完善了预测预警制度，强化了信息分析、信息反馈、信息沟通和信息报告制度，丰富了信息产品，全面提高了粮油市场信息监测和预测预警水平。

八　加强粮食流通统计工作

社会粮食供需平衡调查数据质量进一步提高。北京市共抽查城乡居民家庭1930户、调查粮食经营和转化企业以及粮食工商户1227家，基本摸清了北京市2007年度粮食流通和供需平衡情况。加强对统计资料的分析整理，完成了《北京市2007年粮食流通统计重点调查分析》和《关于2007年社会粮食供需平衡调查情况的报告》，比较全面地反映了重点涉粮企业的粮食经营和库存情况。

九　进一步提高市场调控和应急投放能力

利用储备粮轮换机制，发挥国有企业作用，进一步探索了调控市场、粮油供给应急保障的有效方式。2008年2月下旬至3月上旬，国内散装豆油价格大幅度上涨，批发、零售价格倒挂，一周内市粮食局迅速向北京市零售市场增供投放了1000吨小包装大豆油，充实了市场货源，缓解了市场供应压力，有效控制了奥运前期粮油市场波动的局面。

十　圆满完成了粮食库存检查工作

按照国家粮食库存检查工作的统一部署，依据《粮食库存检查暂行办法》规定程序，在北京市地方储备粮库存检查的基础上，市粮食局、市财政局、市发展改革委、市商务局、农发行北京分行等单位组成联合检查组，采取重点检查与突击检查相结合的方式，对18个存粮单位进行了复查，复查库点比例达25%以上，复查地方储备粮数量占地方储备粮总量的38.7%；2008年下半年又对6个储粮库点进行了专项检查。全面检查、重点复查抽查和专项检查的结果显示，市储备粮库存账实相符、账卡相符，储存品质良好。

十一　进一步加大了行政执法力度

市、区县粮食行政管理部门加大监督检查工作力度，北京市全年共开展监督检查1228次，比上年同期增加321次，增幅35.4%；出动检查人员4132人次，比上年同期增加1124人次，增幅37.4%；行政处罚警告9次，有效保障和维护了本市粮油市场秩序。

十二　深入开展安全生产百日督查专项活动

　　为确保实现平安奥运任务，落实国家粮食局有关安全生产的重要部署，北京市各级粮食行政管理部门和粮食经营企业，全面加强了对危险化学品的使用和管理，普遍开展了安全生产百日督查专项行动。切实加强了对安全生产隐患的排查和整改工作，共排查整改安全隐患26项，整改率达100%，北京市粮食流通行业2008年未发生重大安全生产责任事故。认真开展《粮食流通管理条例》颁布实施四周年和"五五"普法宣传活动，进一步提高了粮食行政管理部门依法行政和粮食流通企业守法经营的意识。

◆　北京市粮食局领导班子成员

李广禄　　　党组书记、局长

周爱华（女）　党组副书记、纪检组长

马长旺　　　党组成员、副局长

朱　雷　　　党组成员、副局长

国家粮食局局长聂振邦（右二）到北京大型综合超市、粮食批发市场及承担奥运粮油供应保障任务的北京粮食企业考察奥运粮油供应和质量保障工作，北京市副市长程红（右三）、北京粮食局局长李广禄（左二）陪同。

国家粮食局副局长任正晓（左二）到北京市粮食企业调研检查奥运期间粮油质量保障工作。

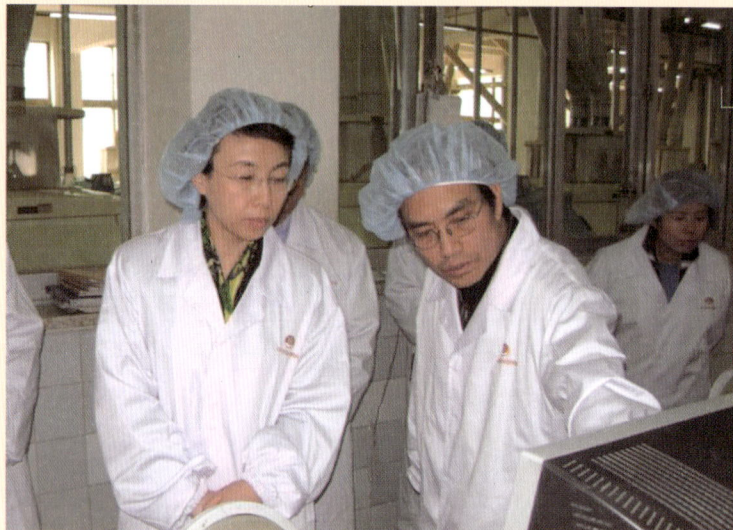

北京市副市长程红（左一）到京粮集团调研，北京市粮食局局长李广禄（左二）陪同。

北京市举办粮食科技周活动。

天津市粮食工作　基本情况

天津市是我国四个直辖市之一，是粮食主销区。2008年末全市常住人口1176万人，比上年末增加61万人。全市粮食种植面积29.4万公顷。粮食总产量148.9万吨，比上年增产1.7万吨，为9年来最好水平。其中：小麦产量52.5万吨，增产1.9万吨；稻谷产量10.5万吨，增产0.5万吨；玉米产量84.3万吨，减产0.8万吨；大豆产量1.2万吨，增产0.1万吨；其他产量0.4万吨，与上年持平。粮食商品量102.1万吨，比上年减少3.6万吨。粮食商品率68.6%，比上年下降3.2个百分点。

全市粮食消费总量为510.1万吨，人均消费粮食433.8公斤。城镇居民年人均口粮消费111.81公斤，农村居民年人均口粮消费191.43公斤。当年粮食缺口361.2万吨，比上年扩大了12.4万吨，需通过省外调剂和进口来弥补。食用油消费总量为240521吨，同上年基本持平。城乡居民年人均口油消费10.58公斤。

全市进口粮食52.6万吨，出口粮食3.5万吨。粮食净进口49.1万吨，比上年减少16.3万吨，粮食净进口量占全市粮食消费量的9.6%。

国有及社会各类粮食企业累计收购粮食77.9万吨，比上年减少5.9万吨。其中：国有粮食企业收购粮食15.1万吨，比上年增加3.8万吨，占粮食商品量的14.8%；社会各类粮食企业收购粮食62.8万吨，占粮食商品量的61.5%。在收购总量中，小麦和大豆收购量增加，稻谷、玉米和其他杂粮收购量减少。

2008年粮食工作

一　积极抓好粮源，进一步增强了确保全市粮食安全的物质基础

（一）落实好新增地方储备粮油，调整了储备粮结构

根据市政府的指示，市粮食局积极协调市有关部门，新增加的10万吨地方储备粮和1.5万吨储备油，已经全部落实。增加了全市地方储备粮规模，增强了粮食宏观调控的物质基础。同时，新储存了18万吨储备稻谷，调整优化了储备结构。

（二）认真做好新增储备粮油入库准备工作，保证了新增储备粮油顺利入库

市粮食局会同市财政局对市粮油集团现有仓容量、仓房的设施等进行了核查，提前做好新粮入

库的准备工作，并与市财政局共同深入产粮省市查看粮源状况，协调铁路、公路、车站等有关运输部门，保证了新增储备粮油的顺利抵津和安全入库。

（三）积极组织开展了粮食收购，掌握了较多粮源

国有粮食企业收购量平稳增长，社会多元主体粮食收购的市场份额不断提高。全市国有粮食购销企业收购入库小麦达8.3万吨，创2000年以来天津市收购夏粮数量新高。

（四）对稻谷采购基地及时进行了调整，保证了全市稻谷货源的有效供给

根据实际情况的变化，市粮食局确定了辽宁省盘锦市大洼县粮食局、吉林省粮油集团、黑龙江省北大荒米业集团、中粮集团中哈粮油有限公司为天津市稻谷采购基地。不仅可以保证全市储备稻谷轮换的需要，还可以满足全市稻谷近50%的年需求量，增加了全市稻谷需求的有效供给。

（五）积极组织社会粮食企业采购东北稻谷（大米），有效增加了粮源

按照国家粮食局有关精神，组织全市包括民营企业在内的11家粮食经营企业赴东北采购稻谷（大米）19万吨，使企业获得国家财政运费补贴4400万元，既有效增加了全市粮源供给，也使企业提高了经济效益。

二　加强粮食市场监测和应急体系建设，提高了粮食应急保障能力

（一）认真搞好粮食市场监测和社会粮食流通统计，为政府决策提供可靠依据

加强了对全市粮食价格监测直报单位的监管，建立了大米、食用油加工企业和主要现货批发市场的价格、生产、进销、库存的直报工作。完成了社会粮食供需平衡调查。加强了粮食形势分析，及时向市政府报送了有关数据和分析报告，为政府决策提供了参考依据。

（二）加强成品粮油储备体系建设，完善了粮食应急保障手段

根据国家有关部委要求，建立了市级成品粮油储备体系。确定了市粮油集团有限公司、津沽粮食工业有限公司等企业为市级成品粮油储备承储企业。储备了1万吨面粉、7000吨大米、3000吨小包装食用油的货源，为全市在应急时期粮食市场正常供应打下了物质基础。同时，制定了《天津市成品粮油应急供应预案》和《天津市定点粮油加工企业资格认定和管理办法》，保证了应急工作有序进行。会同有关部门完成了《天津市军粮应急保障预案》修订工作，市政府已正式批转执行。

三　加强与粮食主产省的联系，推动建立产销合作利益协调机制

（一）积极开展了"引粮入津"工作

市粮食局会同黑龙江省粮食局等七省市粮食部门在哈尔滨市连续第五年共同主办了"粮食交易合作洽谈会"。组织全市近20家粮食经营企业参加了洽谈会，采购成交总量高达65.23万吨，创近年最高水平，占全市稻谷年需求量的一半，提高了全市粮食安全系数。

（二）坚持做好产销合作的衔接工作

由市粮食局领导带队，前往山东小麦主产区，积极衔接货源，巩固了全市粮源供应渠道。

（三）积极推动建立产销合作利益机制

积极协调市有关部门，争取出台政策措施，支持和鼓励产销区企业发挥各自优势，建立多形式、深层次、长期稳定的粮食产销合作关系。

四　进一步加强储备粮油管理，完善了管理机制

（一）认真组织地方储备粮油轮换工作

全年累计轮出小麦13万吨，轮入小麦19万吨，轮出稻谷8万吨，轮入稻谷10万吨，轮换食用油1.7万吨。使库存粮油品质保持良好状态，保证了库存粮油安全储存。

（二）积极探索地方储备粮"先进后出"的轮换办法

为落实市政府关于地方储备粮轮换"先进后出"的要求，对全市17个市级地方储备粮存储企业仓容量进行了核查，摸清了情况。按照增加轮换频率、降低单次轮换数量的原则，完成了首次"先进后出"粮食轮换工作，为今后开展这项工作奠定了基础。

（三）深入开展了全市春季、夏季和冬季粮油安全检查

对全市23个地方储备粮油存储库点进行了春季、夏季和冬季粮油安全普查。狠抓了汛期储备粮油安全保管，促进了粮食安全储存。对全市地方储备粮油进行了两次质量强制检测，确保了全市地方储备粮油数量真实、质量完好、储存安全。

五　加强粮食法治建设，依法加强粮食市场监管

（一）深入开展《粮食流通管理条例》颁布实施四周年宣传活动

以"维护市场秩序，服务宏观调控"为主题，深入宣传和贯彻落实《粮食流通管理条例》，提高了粮食行政管理部门依法行政、依法管粮，粮食经营者依法经营，消费者依法维权的法律意识和素质。

（二）进一步规范了粮食收购市场流通秩序

积极组织全市100多名粮食流通监督检查人员开展了夏秋两季粮食收购市场的监督检查，规范了粮食收购市场秩序。

（三）认真开展了粮食收购企业的核查

根据《粮食流通管理条例》的有关规定，开展了对取得"粮食收购许可证"的粮食收购企业的核查，进一步规范了粮食收购行为。

（四）加大了对陈化粮销售处理工作的监管力度

对全市4家陈化粮购买资格企业到外地购买的近42万吨陈化粮进行了全程监管。对违法倒卖陈化粮的企业，依法进行了处罚。基本完成了陈化粮销售处理工作。

（五）积极组织开展了全市粮食库存检查

开展了对承担地方储备粮、其他政策性周转粮和商品粮储存的35家粮食经营企业的库存检查，确保数量真实、质量良好。

（六）核定了粮食经营者执行最低和最高库存量标准和范围

全市共有208家粮食收购、加工和销售企业纳入核定范围，全部达到最低和最高库存量规定标准，承担起稳定粮食市场的责任。

六　加强军粮供应基础工作，提高了军粮供应管理水平

完成了军粮供应站资质认定工作；积极安排军供网点维修改造资金，为进一步做好全市军粮供应

工作奠定了基础。

七　粮油批发交易市场加强功能建设，实现持续发展

全年实现交易额21.38亿元，交易量86.61万吨，在搞活粮食流通中发挥了积极作用。

（一）交易中心实现了快速发展

精心组织地方储备粮竞价交易，全年共举办地储粮竞价交易会4次，累计完成交易量44.9万吨，交易额8.46亿元。认真做好东北三省粳稻采购的服务工作，及时协调解决工作中出现的问题，顺利通过财政部驻津专员办的审核，帮助申领企业享受了优惠政策。做好新增储备毛豆油的轮入工作。圆满完成了最后一批新增5000吨储备油的任务，全年新增1.5万吨储备油的任务已全部完成。

（二）信息中心自身建设实现新的突破

在全市严格控制事业单位编制和经费开支的情况下，经努力争取，将粮油信息中心组建为具有独立法人资格的全额拨款的事业单位，为进一步做好信息工作创造了更为有利的条件。同时，坚持对全市18个区县的粮油集贸市场的大米、面粉、食用油等价格日监测工作，对超市粮油价格、销量等进行无节假日的不间断动态监测，及时向国家发展改革委、国家粮食局、国家粮油信息中心和市发改委、市粮食局等有关部门进行日报。不断提高"一网四刊"质量和粮油信息的分析水平，为市政府宏观调控提供及时准确的决策依据，为粮油企业经营提供了高质量的信息服务。

（三）质检中心取得新的进展

圆满完成了市级储备粮油每年两次的强检工作。受国家粮食局委托，对在津的中央专储小麦35个样品进行了硬度检测，还接受了42个批次72个样品的委托检验。根据市质监局要求，开展了对牛奶中三聚氰胺检测的准备工作，已具备了检测能力。举办了全市粮食系统"小麦新国家标准"培训班，70余名检化验人员参加了培训。实现了塘沽和汉沽区级储备粮强制检验，为保证区级储备粮储存安全提供了科学依据。

八　开展为企业办实事、为群众解难题活动，促进行业发展

（一）积极为企业争取粮食物流项目

经积极争取，市粮油集团利达现代粮食物流中心项目被国家发展改革委列入2008年国家粮食物流项目，并得到国家800万元建设资金支持。

（二）大力帮助企业增加储存中央储备大豆

努力为大港粮库争取储存中央储备大豆2万吨，增加了中央储备粮在天津储存总量，加大了粮食宏观调控回旋余地。

（三）积极开展了中央储备粮代储资格受理工作

根据国家粮食局有关规定，受理了天津运东粮食储备库等8家单位代储资格申请，已获批粮食代储仓容40.37万吨，油脂代储仓容0.8万吨。

（四）努力为企业争取免税政策

市粮食局积极协调市有关部门，免征全市国有粮食购销企业生产经营性用房房产税和土地使用税2000余万元。在不改变隶属关系的情况下，解决了市级储备粮承储库有关免税问题，增强了企业发展后劲。

（五）认真贯彻党的十七届三中全会精神，制定惠农政策

将全市地产小麦纳入地方储备粮轮换采购范围，共采购武清、宝坻和蓟县小麦77500吨，受到广大农民和国有粮食购销企业的欢迎和好评。合理确定新粮收购价格，全市夏粮收购价格高于国家最低收购价14.3%～17.5%，使种粮农民得到了实惠。

（六）积极开展了特有工种职业技能鉴定

对全市290余名粮食行业特有工种技能人员进行了业务培训、鉴定并且办理了资格证书，保证了储备粮代储企业特有工种技能人员持证上岗。提高了粮食行业特有工种技能人员的专业素质和技术水平。

九　统筹兼顾，其他方面工作也取得新的进展

在认真抓好以上各项工作的同时，还圆满完成了"托市粮"进津任务，共接收"托市粮"22万吨。推动了军粮城机米厂国债项目如期竣工和全市4个示范库淘汰甲基溴工作的顺利完成。开展了全市粮食行业安全隐患排查工作。进一步推动了政府信息公开和信息化工作，建成并开通了局机关局域网。努力推进了依法行政工作。认真开展了粮食调研工作。积极组织抗震救灾捐款活动。进一步加强了保密工作。开展了"七一"评选表彰活动。加强粮食调控和安全保卫工作，确保奥运期间粮食安全。加强工会工作，举办了迎奥运职工运动会等。粮食工作实现了全面协调可持续发展。

十　认真开展"解放思想、干事创业、科学发展"大讨论和深入学习实践科学发展观活动，全面加强思想政治建设

（一）认真开展大讨论，进一步解放思想

市粮食局在全市开展的"解放思想、干事创业、科学发展"大讨论活动中，提出了"八个克服、八个树立"，努力克服陈旧的思想观念，树立良好精神状态和务实作风。提出了认真整改的47项措施，解放思想大讨论活动取得了很大成效。

（二）扎实有效地开展了深入学习实践科学发展观活动

市粮食局作为第一批开展深入学习实践科学发展观活动的单位，牢牢把握"重在武装思想、重在解决问题、重在取得实效"的要求，认真查找了粮食工作中存在的十个比较突出的问题和薄弱环节，对存在的问题边查边改，学习实践活动取得了实实在在的效果。

（三）加强党风廉政建设和反腐败工作

认真制定了加强党风廉政建设和反腐败工作安排意见和局级领导干部党风廉政建设责任制实施方案，实行了"一把手"负总责，党组成员"一岗双责"责任制，全面推进了党风廉政建设的健康发展。领导干部带头廉洁自律，一年来未发现违规违纪问题和不廉洁反映。

（四）加强领导班子和干部队伍建设

按照市委要求，完善了加强市粮食局领导班子自身建设的有关规定，在市委组织部对局领导班子年度考核中被确定为优秀班子。完善了公务员管理、考核机制，按照国家公务员局有关规定，对局机关全体公务员进行了年度考核。提高了公务员能力素质，营造了想干事、干好事、干成事的良好氛围。

◆ **天津市粮食局领导班子成员**

马春波	党组书记、局长
穆金生	党组成员、副局长
周庆平	党组成员、副局长
田少生	党组成员、纪检组长
李久彦	党组成员、副巡视员
周　海	党组成员、副巡视员
王庆荣	党组成员、中国天津粮油批发交易市场总裁

2008年6月，天津市粮食局局长马春波（后排右三）一行前往黑龙江中哈粮油集团有限公司就建立稻谷产销合作基地达成协议，天津市粮食储备有限公司经理（前排左）与黑龙江中哈粮油集团有限公司总经理签订协议。

天津市塘沽区粮食局积极组织开展爱粮节粮宣传活动。

天津市粮食局市场处和武清区粮食局负责同志深入夏粮收购一线，指导夏粮收购工作。

河北省粮食工作   基本情况

河北省环抱首都北京，东与天津市毗连并紧傍渤海，东南部、南部衔山东、河南两省，西倚太行山与山西省为邻，西北部、北部与内蒙古自治区交界，东北部与辽宁省接壤。全省总面积18.8万平方公里，占全国土地总面积的1.96%，居第14位。下辖11个地级市、22个县级市、114个县、36个市辖区，总人口6988.8万。全省耕地面积590.1万公顷，粮食占耕地404.6万公顷，粮食播种面积615.8万公顷。

河北省是全国粮食主产省之一，粮食产需总量正常年景平衡有余，油脂油料供需缺口较大，粮食商品率在50%左右。2008年全省粮食总产量2905.8万吨，接近历史最好水平，为历史上第二个高产年份，其中小麦1221.9万吨，玉米1442.2万吨，稻谷、杂粮241.7万吨。全社会粮食企业累计收购粮食1314.6万吨，其中按最低收购价收购小麦180.6万吨；销售粮食1789.4万吨，其中国有粮食经营企业销售粮食406.5万吨。全年进口大豆327.4万吨，出口杂粮8.6万吨。

截至2008年底，全省粮食系统共有购销企业841家，其中国有独资、国有控股、国有参股粮食购销企业分别为291家、460家、90家，在岗职工1.6万人。

2008年粮食工作

2008年，是党和国家发展进程中很不寻常、很不平凡的一年。面对复杂多变的国内外经济形势和粮食市场的巨大变化，全省粮食部门在省委、省政府和国家粮食局的正确领导下，深入学习实践科学发展观，积极应对挑战，调整工作思路，强化工作举措，加快推进粮食事业发展，为全省经济社会发展作出了应有贡献。不断完善粮食安全保障体系，粮食宏观调控能力进一步增强，为各项事业发展奠定了坚实基础；认真执行国家粮食政策，保障军需民食，保护了广大种粮农民利益；深入推进粮食流通体制改革，因地制宜开展粮食经营，经济效益稳步提升，发展活力日渐增强；转变粮食行政职能，依法规范粮食流通，形成了促进粮食经济科学发展的思想共识，塑造了崭新的当代河北粮食形象。

一 粮食政策性任务落实到位

2008年，国家连续第三年在河北省实行小麦最低收购价政策。全省各级粮食部门按照国家六部委出台的《2008年小麦最低收购价执行预案》要求，认真分析产销形势，配合中储粮系统合理布点，改善服务，引导多元主体积极入市收购，搞活粮食流通，并开展了最低收购价政策执行情况专项检查，促进了有关政策落实。全年社会粮食企业累计收购粮食1314.6万吨，同比增长13.3%，其中按最低收购价收购小麦180.6万吨。在托市收购工作中，针对石家庄、保定两市部分地区出现的芽麦情况，及时争取了国家政策支持，使全省小麦市场价格稳定在每公斤1.60元以上，带动农民增收6亿多元。按照国家调控要求和市场需求，组织政策性粮食交易近50次，成交265.5万吨。全年社会粮食企业销售粮食1789.4万吨，同比增长13.7%，其中国有企业销售406.5万吨，同比增长25.1%，保证了加工用粮企业的正常需要。军粮供应体制进一步完善，连续第9年超额完成了国家计划，受到了国家粮食局和驻冀部队的好评。

二　粮食安全保障能力进一步增强

立足确保粮食安全，着力推进工作思路、调控载体和管理方式"三个创新"，加强了粮食储备、应急保障、价格监测和监督检查"四个体系"的建设。经省政府同意并报国家有关部门批准，全省适量增加了地方粮食储备规模。到2008年底，省、市级储备粮原核定规模已基本落实到位，部分县建立了县级粮食储备制度。重新建立了地方食用油储备制度，并落实了部分成品粮储备。同时，加强了对储备粮的日常监管，按计划完成轮换任务，保证了数量真实、质量良好和储存安全。在应急体系上，全省11个设区市都出台了市级粮食应急预案和加工调运供应方案，137个县（市、区）出台了县级粮食应急预案，占县级的87%，共确定粮食应急供应网点948个。全省11个设区市粮食局全部成立监督检查内设机构，143个县级粮食行政管理部门成立了内设机构，占县级的91.7%，全年开展执法检查4050次，粮食执法的社会认同度和影响力逐步提高。

三　粮食产业化经营取得新进展

经过各级粮食部门的共同努力，前期谋划的产业化项目顺利推进，一些龙头项目已经实施建设，秦皇岛粮食加工园区企业重组整合、石家庄粮油加工园区建设取得新成效，邢台粮食现代物流中心、秦皇岛青山国家粮食储备库物流项目一期已经完成，唐山油脂加工厂等建设项目开始启动。为扩大对外交流，组织省内粮食企业参加了第八届中国国际粮油产品暨设备技术展览会等活动，参展、参会400余人次，取得了较好效果。在全省范围开展了"粮油加工业统计及玉米转化企业专项调查"等3次大规模行业统计调查，初步摸清了加工转化底数，为进一步推动粮食产业化经营打下了基础。

四　粮食企业经营机制发生新转变

2008年上半年，省局统一组织了国有粮食企业基本情况调查，在此基础上，本着因地制宜、因企制宜的原则，大力推进资源整合，新组建7家国有粮食购销企业集团，引导国有资本向大型、优势企业聚集，使国有资本构成发生了新变化。目前，全省841家国有粮食企业中，国有独资、国有控股和国有参股企业分别比2006年底改制后增加46%、减少4%和43%。企业规范化管理水平得到进一步增强，2008年全省共有47家国有独资粮食企业达到了规范化管理标准，基本实现了年初确定的目标。同时，针对国际国内粮食市场的变化，加大了对企业经营的指导力度，强化国有资产监管和绩效考核，狠抓扭亏增盈，在诸多不利因素影响下，下半年企业逐月减亏，全年国有粮食购销企业统算实现利润2633万元，保持了企业改制后连年盈利。

五　科学储粮水平有了新的提高

按照省政府关于安全生产工作的要求，省、市、县三级粮食局及所属企业逐级建立安全生产目标管理责任体系，加强日常检查，全年排查各类事故隐患209处，没有出现较大安全生产事故和储粮责任事故，保证了企业正常运转。仓储管理水平进一步提高，电子测温、实时监控、环流熏蒸等现代保粮技术普遍应用，仓储企业"一符四无"率达到95%以上。同时，继续开展农户科学储粮活动，对农户储粮损失情况进行了调查，分批分步推广农户储粮小粮仓，确定了石家庄、邯郸、沧州3家粮食机械厂为定点加工点，完成了国家安排河北省的500户小粮仓制作、发放工作，试点范围进一步扩大。

六　学习实践科学发展观活动取得明显成效

按照省委的部署，省局先后开展了解放思想大讨论、思想作风整顿和深入学习实践科学发展观等重要活动，从年初全省粮食局长会议到年底学习实践活动征求意见，省、市粮食部门对推进粮食经济科学发展进行了深入的探讨交流，进行了广泛调查研究，理清了思路，找准了问题，明确了方向，为今后工作奠定了坚实的思想基础。加强粮食干部队伍建设，全年培训各类管理人员、技术人员1500多人次，职工素质明显提高，行业形象进一步提升，保证了各项工作的顺利推进。

七　明确树立"当代河北粮食形象"基本要求

为切实树立新时期全省粮食部门及干部职工的良好形象，省粮食局研究确定，将"敬业、诚实、和谐、为民"作为树立当代河北粮食工作形象的努力方向和追求目标。

敬业：热爱粮食事业，尊重本职岗位；严格工作标准，兢兢业业履职；勇于改革创新，甘于无私奉献。

诚实：忠于国家利益，维护粮食形象；老老实实做人，实实在在做事；恪守职业道德，坚持诚信为本。

和谐：风清气正人和，进取向上创新；遵守规章制度，厉行勤俭节约；相互理解关爱，团结协作共事。

为民：立足改善民生，服从服务大局；保障粮食安全，保证民食军需；支持经济发展，促进社会和谐。

八　省局干部职工情系四川地震灾区

2008年5月12日四川汶川特大地震发生后，河北省粮食局全体干部职工深感痛心、深表关切。5月15日，省粮食局下发紧急通知，要求全省各地粮食部门、各单位及粮食干部职工要认真贯彻省委、省政府抗震救灾工作的部署，大力发扬"一方有难，八方支援"的精神，积极开展为地震灾区"献爱心"活动，并密切关注灾区情况，坚守岗位，服务大局，服从指挥，加强粮油市场监管，做好应急工作准备，以实际行动为抗震救灾贡献力量。同时，以河北省粮食局的名义代表全省广大粮食干部职工，向四川省粮食局及灾区人民发去慰问电。5月16日上午，省粮食局机关举行了抗震救灾捐款活动。局机关和所属企事业单位干部职工、离退休老干部在局党组的带领下，踊跃为四川地震灾区捐款，干部职工满怀对灾区人民的深厚感情，短短10分钟内捐款3.79万元。随后，又以特殊党费的形式捐款13.97万元；捐赠棉衣218件，新棉被222条。捐款人员350人：在职274人，离退休76人。

◆ **河北省粮食局领导班子成员**

徐受棠	党组书记、局长
赵学敏	党组副书记、副局长
陈同文	党组成员、副局长
伍　林	党组成员、纪检组长
卢瑞卿	党组成员、副局长
杨洲群	党组成员、副局长
佟军亭	副巡视员

2008年4月1日，河北省粮食局局长徐受棠在全省粮食局长会议上作工作报告。

2008年3月26日，河北省副省长张和（左一）考察石家庄国家粮食交易中心。

2008年4月29日，河北省粮食局局长徐受棠（右二）到邯郸市基层粮食企业调研。

山西省粮食工作   基本情况

山西省位于黄河中游东岸，华北平原西面的黄土高原上。东以太行山与河北省为邻，西、南隔黄河与陕西省、河南省相望，北以外长城为界与内蒙古自治区毗连。全省总面积15.6万平方公里，约占全国总面积的1.6%。下辖11个地级市，119个县（市、区），常住人口3410.64万人。地形多为山地丘陵，2008年农作物种植面积有372.7万公顷。水资源十分短缺，仅占全国的0.35%左右。森林覆盖率14%。山西属于典型的温带大陆性气候，干旱少雨，晋南和晋中盆地是重要的商品粮基地。

2008年全省粮食总产量1028万吨，比上年增产2.1%，是山西历史上第6个突破百亿公斤的年份。其中：夏粮总产量254.8万吨，增产14.6%；秋粮总产量773.2万吨，减产1.5%。2008年国有粮食企业收购粮食300万吨，非国有粮食企业收购粮食240万吨。国有粮食企业销售粮食330万吨，非国有粮食企业销售粮食428.5万吨。工业用粮108万吨，种子用粮25万吨，饲料用粮350万吨，城镇用粮182万吨，农村口粮464万吨。截至2008年末，全省共有国有粮食企业1656户，在职职工38363人，其中购销企业820个，在职职工19221人。山西国有粮食企业总仓容852.5万吨。

2008年粮食工作

2008年，山西省粮食局以构建现代粮食流通体系为主线，着力于粮食安全保障体系建设、国有粮食购销企业产权制度改革和现代粮食物流体系建设三大重点。年初召开的全省粮食工作会议，确定了粮食购销、粮食储备、扭亏增盈、企业改革、物流体系建设、市场监管体系建设、储粮管理、粮食产业化发展八大工作目标。截至年底，圆满完成省政府确定的粮食工作责任目标和全省粮食工作会议上提出的各项工作任务。一些重要工作取得了新的突破："放心粮油"工程建设在全国率先整体推进；在全国率先由省级政府决定实施小麦最低收购价政策；地方储备粮进一步充实，管理水平进一步提升；粮食现代物流建设迈开新步伐；粮食市场监管和党建工作受到国家粮食局的表彰；"放心粮油"工程建设、粮食物流体系建设、推进粮食安全战略等工作列入全省重点工作。

一 粮食宏观调控成效显著

（一）抓好粮食购销，保证供需平衡

国有粮食企业继续发挥主渠道作用，改进服务方式，提高服务质量，加大收购工作力度，拓展粮食销售渠道，有效地保护了农民利益，确保了市场稳定。6月10日和10月22日，省粮食局分别召开全省小麦收购工作会议和秋粮收购工作会议，对收购工作进行周密细致的部署。主要采取了以下措施：一是根据粮食收购工作的实际，下发了一系列文件，指导各市粮食收购工作。二是省局领导按照责任制分工，带队到各市对收购工作进行检查指导。三是积极协调有关部门解决收购资金问题。全省粮食系统认真分析市场变化形势，及时调整应对措施，加大工作力度，既解决农民"卖难"，又解决市场短缺；既解决粮食购销企业"卖难"和"买难"，又解决资金缺、贷款难的问题。忻州市在全省率先启动了玉米临时收储政策，为农民直接增收近2000万元。2008年，全省共收购粮食540万吨，完成目标任务的144.1％。其中，国有粮食企业收购300万吨，占56％。收购新小麦40.4万吨，创2004年全省粮食购销市场和收购价格全面放开以来的新高。全省共销售粮食758.5万吨，完成目标任务的202.3％。其中，国有粮食企业销售330万吨，占44％。忻州、太原、晋中三市超额完成购销任务。

（二）加强产销衔接，调剂市场余缺

根据国家发展改革委、财政部、国家粮食局等5部委联合下发的《关于印发妥善解决黑龙江粳稻"卖粮难"问题的实施方案的通知》要求，省粮食局下发了《关于做好山西省采购东北粳稻（大米）有关事宜的通知》，积极引导和组织粮食企业做好东北粳稻（大米）的产销衔接工作。共采购东北稻谷(大米)59740吨。同时，组织各市粮食局参加了第五届中国（长春）玉米产销衔接会和"2008黑龙江金秋粮食交易合作洽谈会"。为了发挥山西的小杂粮优势，拓宽企业经营渠道，忻州市粮食局根据当地主产区的资源优势，成功举办了"2008中国五台山杂粮豆产销衔接会"，从生产、加工、销售、贸易等多个方面推进小杂粮的产销衔接活动，实现了产、供、需三方共赢。全省与黑龙江、吉林、河南、河北、山东等主产省签订购销合同近100万吨。全省实际调入小麦、大米104.5万吨，完成目标任务的110％。确保了全省粮食供应不脱销、不断档和粮食总量及结构平衡。其中，大同、运城、晋城、吕梁、临汾、阳泉6个市完成产销衔接任务突出。

（三）充实粮油储备，加强宏观调控

地方粮油储备是各级政府宏观调控的重要物质基础。2008年，是山西省地方储备粮规模增速较快的一年。全省落实地方储备粮规模超额完成了原国家下达给山西省的储备规模，基本完成了分散在全省县级20个库点的省级储备粮集并到储存条件好、管理完善的省直属库和市直属库的任务，为安全储粮提供了可靠保证。根据国家要求和省政府领导批示精神，完成了山西省新增地方粮食储备规模和食用油储备规模的申报工作，得到了国家批准。省军供中心进一步改变军供方式，为部队的后勤保障提供了优质服务。

（四）加强应急能力，防范市场风险

截至2008年底，全省共确定价格监测点104个，建立健全应急粮食供应网点393个、应急加工企业55个、粮食市场监测网点21个，完善了应急保障体系。在建立成品粮油储备方面做了大量工作，有9个市建立了成品粮油储备，比上年增加6个市。

二　现代粮食流通产业发展步伐加快

（一）加快粮食现代物流体系建设，提高粮食流通效率

2008年，省粮食局把粮食物流体系建设作为全年工作的一个重点，摆到重要位置，采取措施，狠抓工作落实。进一步完善了全省粮食现代物流"十一五"规划，粮食物流列入了省政府"1+10"服务业重点项目，大同节点项目已经启动实施。制定了《山西省粮食局关于推进粮食现代物流体系建设的意见》等一系列文件，加大了推进力度。完成了山西省粮食物流中心项目的国家申报，推进了项目用地选址和预评审，组建了物流中心的机构。积极争取国家和省对省粮食物流中心和物流节点的资金支持，省粮食物流中心项目获得了国家和省900万元的资金扶持。积极推进太原国家粮食交易中心的建设和运营。该中心2008年9月3日正式启动运营，11月12日，太原国家粮食交易中心在太原成功举办了山西历史上首次粮食网上竞价销售，省内外15家买方客商参加了粮食网上竞价销售交易会。

（二）推进粮食产业化经营，发挥辐射和带动作用

省粮食局把促进粮食企业转型发展、科学发展作为工作的着眼点之一，全面推进山西粮食产业化经营，有力地促进了粮食产业链延伸。在重点抓好太原良源集团、忻州天维尔、山西金绿禾、翼城江源生物工程公司等粮食产业化龙头企业的基础上，各市进一步确定了18个粮食产业化龙头项目，充分利用粮食企业现有设施和优势，更新经营理念，培育粮食购、销、调、存、加一体化龙头企业，提高附加值，创造新的发展增长点。同时，各市都培育了1个以上的非国有产业化龙头企业。

三　"放心粮油"工程建设初见成效

2008年，省粮食局把扎实推进全省"放心粮油"工程作为工作的重中之重，全方位、成体系、大力度地推进了"放心粮油"工程建设。先后召开构建现代粮食流通业现场研讨会、全省粮食工作会议、全省"放心粮油"工程建设太原现场会，部署、推进工程建设。编制了省"放心粮油"工程建设三年发展建设规划，出台了"放心粮油"工程建设实施意见、实施办法等一系列文件，形成了较为完善的建设运营制度体系。积极探索发展模式，充分激发了工程建设活力。全年建成市级区域性"放心粮油"配送中心8个，县级配送中心40个，乡村和城市社区的"放心粮油"中心店、经销店6268个，各市都圆满完成年度建设目标。"放心粮油"覆盖面进一步扩大，全年共经销放心粮油29万吨，获得了1209万元的经济效益，创造就业岗位1236个。得到了政府、消费者和职工的认可。省政府将发展1000家放心粮油店列入了2009年为人民群众办的十件实事之一。"放心粮油"工程建设为保障城乡居民粮油消费安全，维护粮油市场稳定发挥了积极作用。

四　粮油仓储管理水平进一步提高

粮食仓储是粮食流通工作的重要内容，保证储粮安全是粮食部门的重要职责。省粮食局认真组织开展了全省春秋两季储粮安全大检查，促进了粮油仓储管理水平提高。对省储备粮油轮换和省军粮供应中心成品粮储备进行了验收，确保了储备粮油数量真实、质量良好和储存安全。出台了《关于进一步加强全省粮食储备库现代化管理的实施意见》，制定了三年建设规划，推进了全省粮食储备库现代化建设。全省储备粮管理"一符六无"和"三专四落实"率达到100%，商品粮管理"一

符六无"率达到97.6%，超额完成省政府下达的指标。省、市储备粮的质量合格率和宜存率均达到100%。各市完成现代化粮库建设15个，实现目标任务的136%。全省授予省级"示范站（库）"称号的企业达到360个。

五　粮食购销企业产权制度改革不断深化

省粮食局会同省财政厅等九部门出台了《关于进一步推进国有粮食企业产权制度改革的指导意见》，明确了改革的指导思想和目标任务，对购销企业产权制度改革的有关问题进行了规范，提出了要求，努力推进了全省国有粮食购销企业产权制度改革。截至年底，采取多种产权改革形式，减少国有和国有控股的企业数为255个。不断加强全省国有粮食购销企业分流人员再就业工作力度，全省国有粮食购销企业分流人员再就业达1.25万人，通过推进改革，进一步增强了活力，企业亏损大幅度减少。在全球金融危机和粮食价格剧烈波动的影响下，全省国有粮食购销企业比2007年减亏8377万元，减幅38%。

六　粮食流通市场监管工作成绩突出

（一）健全粮食行政执法工作体系

全省市级粮食市场监管内设机构和执法队伍基本实现编制、机构、人员和经费四落实。全省县级粮食局具备行政执法主体资格的达到98个，其中经编制部门批准成立的有86个，占总数的87.8%。全省粮食行政执法人员达到1226人。

（二）完善行政执法规章制度

按照"依法管粮、规范执法"的要求，省粮食局配套制定了《山西省粮食行政执法监督制度》、《山西省粮食质量安全追溯制度》、《山西省粮食流通监督检查工作考评制度》和《成品粮油市场监管管理办法》，建立了信息通报制度。

（三）规范粮食收购市场行为

为规范粮食市场收购秩序，省粮食局会同省工商局联合下发了《关于加强粮油市场管理维护粮油市场秩序的通知》，对粮食收购资格进行审核。截至年底，全省共发放粮食收购资格许可证2080个，其中国有企业987个，非国有企业1093个。

（四）适时组织开展监督检查

粮食收购期间，省粮食局组织了全省粮食收购市场专项检查，督促收储库点严格执行粮食收购有关政策和新的小麦标准，确保国家各项惠农政策落实到位。为保障国庆期间山西成品粮油市场的质量卫生安全，各级粮食部门会同工商部门开展了成品粮油市场监督检查。全年全省粮食行政管理部门共开展各项监督检查2636次，出动监督检查人员12152余次，检查各类粮食经营企业13840家，办理粮食行政处罚案件594件。省储粮检测中心专项抽取了350多份样品，对成品粮质量专门进行了检测，延伸了对成品粮的市场监管，维护了成品粮油市场的稳定，为"放心粮油"工程建设提供了依据和质量保证。

七　深入调查研究，狠抓工作落实

省局采取了"局领导包市、处室包县"的办法，各市县建立了相应的责任制，确保了各项工作目标的实现。全省粮食部门围绕粮食安全、粮食物流体系建设、放心粮油工程、产权制度改革等内容深入开展了专题调研，完成了一大批高质量的调研报告。其中由省局组织的粮食安全专题调研，前后历时三个月，形成了《山西省粮食安全现状与对策研究》，对加强山西粮食宏观调控提供了重要依据。省委书记张宝顺听取了汇报，副省长牛仁亮专门作批示给予了肯定。多家媒体给予了报道。

八　精神文明建设和党风廉政建设全面加强

（一）认真开展深入学习实践科学发展观活动

进一步解放思想，理清发展思路，在破解发展难题、创新体制机制方面取得了积极成效。省粮食局学习实践活动得到了山西省委第八指导组的高度评价，广大干部职工给予了充分肯定，群众"满意"和"比较满意"率达到100%。积极开展文明和谐单位和学习型机关创建活动，收到显著成效。11个市粮食局中有9个被评为市级文明和谐单位，较上年增加了晋中、忻州、大同3个市。省局机关在节能改造、信息化建设等方面取得了新进展，提高了精神文明建设水平。山西省粮食局获得了"2008年全国粮食系统党建先进单位"称号。有7个局直属单位被评为文明和谐单位，较上年增加了绵山库1个单位。省局机关创建活动和全系统精神文明建设，得到了省直工委的肯定。四川汶川特大地震发生后，全省粮食系统干部职工积极向灾区人民捐款27.8万元，全力支援抗震救灾斗争，体现了良好的精神风貌。

（二）努力加强反腐倡廉建设

结合全省粮食流通体制改革发展实际，标本兼治，综合治理，惩防并举，注重预防，全面落实党风廉政建设责任制，为确保粮食安全提供了政治和纪律保证。

（三）认真做好思想政治工作，积极维护稳定

2008年我国大事多、要事多、难事多，维护稳定任务重。在全系统的努力下，2008年稳定工作出现新变化，奥运会期间没有出现一起进京上访，上访次数明显减少。山西粮油集团狠抓稳定工作，推进了粮机厂依法破产工作，有效地维护了稳定。

◆ **山西省粮食局领导班子成员**

姚高宽　　党组书记、局长

姚允民　　党组成员、纪检组长

牛银虎　　党组成员、副局长

张　文　　党组成员、副局长

吕苛青　　党组成员、副局长

梁　政　　党组成员、总经济师

冀保国　　副巡视员

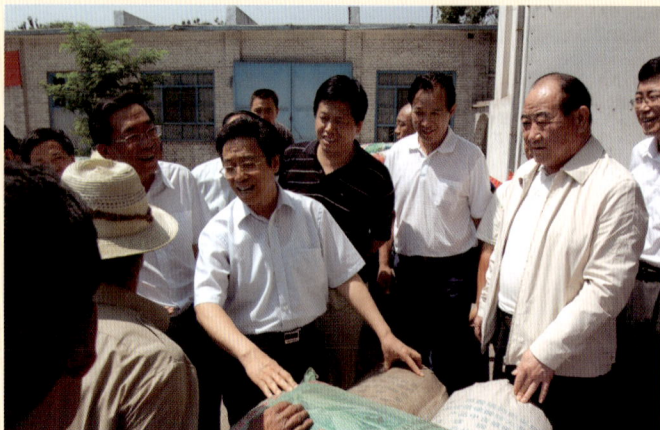

山西省粮食局局长姚高宽（右二）陪同山西省副省长牛仁亮（右五）在临汾市检查夏粮收购工作。

2008年9月3日，太原国家粮食交易中心正式开业。山西省副省长胡苏平、国家粮食局副局长普丽瑛及省发改委、财政厅等省直有关单位领导参加开业启动仪式。

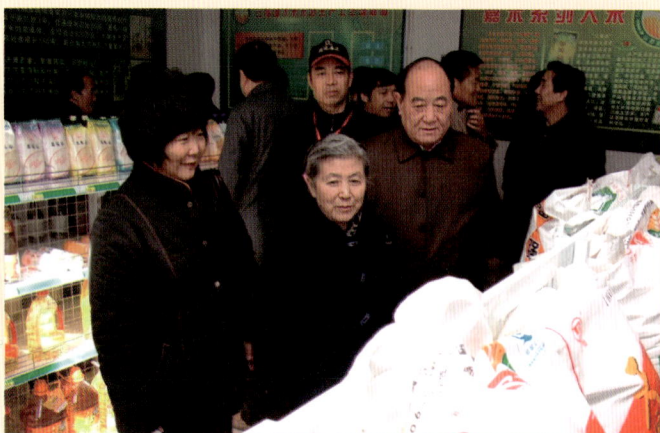

2008年11月9日，山西省放心粮油工程建设太原现场会召开，省粮食局局长姚高宽（前排右一）陪同中国粮食行业协会副会长赵凌云（前排左二）参观"放心粮油"配送中心。

内蒙古自治区粮食工作 基本情况

内蒙古自治区位于中国北部边疆，地处北温带，总面积118.3万平方公里，约占全国总面积的12%，居全国第3位。内蒙古自治区成立于1947年，是我国第一个成立的少数民族自治区。全区共有12个盟（市），两个计划单列市，79个旗（县、市），24个市辖区，首府呼和浩特市。2008年底，全区年末常住人口2413.8万，比上年增加8.7万，其中，少数民族人口533.7万，在少数民族中有蒙古族人口436.5万。城镇人口1248.3万，比上年增长3.5%，占总人口的51.7%；乡村人口1165.5万，比上年下降2.8%，占总人口的48.3%。

全年农作物种植面积686.1万公顷，其中粮食作物种植面积525.5万公顷。

2008年粮食工作

2008年，内蒙古自治区粮食工作面对市场粮价波动和局部地区"卖粮难"的复杂形势，以及国内重大自然灾害的严峻局面，粮食系统广大干部职工深入学习实践科学发展观，认真贯彻落实自治区党委、政府和国家粮食局有关粮食流通工作的各项政策措施，从自治区实际和行业特点出发，正确把握形势，妥善解决"卖粮难"问题，加强和改善宏观调控，深化改革，促进稳粮和惠农各项政策的落实，加强对全社会粮食流通的管理和监督检查。圆满完成了全年的工作任务，确保了市场粮油价格和供应基本稳定，保护了种粮农民利益，保障了粮食安全，为自治区经济平稳较快发展作出了积极贡献。

一 粮食生产

2008年，全区粮食产量2131.3万吨。在具体品种上呈现出三增两减，即玉米、小麦和杂粮（豆）增产，水稻、大豆减产。其中玉米1410.7万吨，小麦154万吨，水稻70.5万吨，大豆106.1万吨，杂粮（豆）390万吨。

二 粮食流通

2008年，全区粮食收购量640.1万吨，同比减少109.5万吨，减幅14.6%。销售628.1万吨，同比减少159.3万吨，减幅20%。出口226万吨，同比增加152.1万吨，增幅20.6%。无进口。商品量1360万吨，同比增加299.1万吨，增幅28.2%。人均粮食占有量890公斤。粮食商品率63.8%。工业用粮210万吨，同比增加15.8万吨，增幅8.1%。种子用粮50万吨，同比增加3.1万吨，增幅5.8%。饲料用粮470万吨，同比减少63.7万吨，减幅11.9%。城市口粮194万吨，基本与上年持平。农（牧）民口粮234万吨，同比减少168.8万吨，减幅41.9%。

三　粮食调控

（一）有效解决局部地区"卖粮难"问题

2008年初，部分地区玉米销售不畅，出现玉米"卖粮难"问题，自治区粮食局多次向国家粮食局并通过自治区政府向国务院反映情况，提出建议，国家先后分两批下达全区临时储备玉米收购计划150万吨。新粮上市后，国家又先后下达全区临时储备玉米收购计划630万吨、大豆收购计划71万吨，有效缓解了农民"卖粮难"。

（二）充实地方粮油储备

圆满完成新增自治区级粮食储备5万吨、食用植物油储备5000吨的收购入库工作；各盟市进一步充实了地方粮油储备，其中呼和浩特市、包头市和赤峰市增加了面粉、大米和食用植物油成品粮油储备，确保应急粮油市场供应和价格基本稳定。

（三）修订完善粮食应急预案

根据自治区实际印发了《内蒙古自治区粮食应急预案实施细则》，对自治区粮食应急预案进行了细化，增强了可操作性。截至2008年底，全区12个盟（市）已全部制定了本级粮食应急预案。

（四）深化和完善粮食流通体制改革

贯彻落实自治区人民政府"关于进一步深化粮食流通体制改革实施意见"；选定19个关系粮食流通工作的重大问题，进行了调研；连续3年，每年召开一次全区粮食流通体制改革经验交流会，总结、推广企业改革经验，引导企业深化改革。

四　粮食流通监督检查

（一）加大《粮食流通管理条例》的宣传力度

在国务院《粮食流通管理条例》颁布实施四周年之际，自治区粮食局与呼和浩特市粮食局共同举办了《粮食流通管理条例》颁布实施四周年大型宣传活动，并邀请自治区相关部门参加。同时，要求各盟市粮食局开展了不同形式的宣传活动。

（二）对全区粮食库存进行检查

在中储粮内蒙古分公司和华粮内蒙古分公司的支持和配合下，对全区国有和国有控股粮食购销企业库存进行了检查，结果显示，全区粮食库存账实基本相符、质量良好、储存安全。

（三）加强粮食行政执法力度

全年开展各类粮食流通检查3918次。截至2008年底，全区共批办粮食收购许可证3459个，其中国有粮食经营企业460个，非国有粮食经营企业1569个，个体1430个。

（四）完善粮改政策措施

经过四年的起草、修改过程，自治区粮食局代政府起草的《内蒙古自治区粮食流通管理办法》，于2009年1月22日自治区人民政府第二次常务会议审议通过，以第165号政府令发布，于2009年5月1日起施行。

（五）探索规范粮食市场秩序的新路子

分别在包头市、通辽市和赤峰市开展了粮食经营企业信誉评价试点、粮食经纪人培育和管理试点、粮食流通监督检查信息管理系统软件开发及应用试点工作。经过验证，注销了79个《粮食监督检查证》。

五　粮食流通基础设施建设

（一）积极争取粮食基建项目

为落实国家拉动内需和解决东北三省一区粮食烘干能力不足的问题，向国家发展改革委和国家粮食局申报79台粮食烘干机项目，包括配套资金总投资1.93亿元，中央补助资金5893万元和自治区4490.76万元配套资金已经下达。

（二）完善粮食现代物流规划

依据国家粮食现代物流规划，经调研论证，将《内蒙古自治区粮食现代物流专项规划》中的粮食物流三大中心、八大系统调整为5大中心和9个节点。5大中心是：呼伦贝尔粮食物流中心、兴安盟粮食物流中心、通辽粮食物流中心、包头粮食物流中心、乌兰察布市马铃薯物流中心。9个节点是：以海拉尔区为节点的岭西小麦和油菜籽物流系统，以扎兰屯市为节点的岭东大豆和玉米物流系统，以乌兰浩特市为节点的玉米物流系统，以通辽市科尔沁区为节点的玉米物流系统，以赤峰市红山区为节点的玉米、杂粮物流系统，以锡盟桑根达来储备库为节点的牧供军供物流系统，以包头市为节点的粮食物流系统，以巴彦淖尔市临河车站国储库为节点的粮食物流系统，以乌兰察布市为节点的马铃薯物流系统。

六　粮食行业管理

（一）加强市场粮价监测

年初，根据食用植物油和大米供应紧张，价格快速上涨的形势，从3月份开始，恢复了对豆油、葵花油、菜籽油、亚麻油、散装色拉油供应和价格日报制度。从5月4日开始，实行大米市场每日监测报告制度，并对呼、包等4个重点粮食批发市场的大米销售量、库存量和批发价格及其小包装库存等情况进行跟踪监测。

（二）采购东北粳稻，缓解粳稻"卖粮难"

根据国家发展改革委等五部门关于妥善解决黑龙江粳稻"卖粮难"问题的通知精神，委托内蒙古蒙粮粮油股份有限公司采购东北粳稻。自1月23日到6月30日，共采购东北粳稻48442吨，大米37810吨。

（三）推动粮食产业化发展

向国家粮食局和中国农业发展银行推荐29户龙头企业，已获批准，并向社会公布；全区国家信贷重点支持的粮食产业化龙头企业达到54户；推荐3家涉粮农业产业龙头企业，已获农业部等八部门批准，并向社会公布，全区达到5家；6家企业获得自治区著名商标称号。

（四）加强粮食市场和粮油质量体系建设

通辽玉米批发市场被国家粮食局批准为"通辽国家粮食交易中心"，包头市粮油质量检测中心和乌兰察布市食品监督检测管理中心被授权为国家粮食质量监测机构。

七   扭亏增盈工作

扭亏增盈工作取得明显成效。进一步加强了对企业扭亏增盈工作的指导，健全了扭亏增盈分析、通报制度，定期通报各盟（市）扭亏增盈情况。2008年全区国有粮食企业发生亏损972万元，较上年同期减亏2555万元，减幅72.4%。

八   职业技能培训

2008年，分别在呼市、鄂尔多斯市和通辽市举办了5期粮油保管员和粮油质量检验员职业技能鉴定培训班，共有451人参加培训。

九   党建、廉政建设和机关建设

采取专题辅导和组织讨论等形式，对局系统全体党员干部进行了学习贯彻十七大精神的一周脱产集训；开展了深入学习实践科学发展观和学习型党支部创建活动；坚持周四下午集体学习制度。

召开了全区粮食系统纪检监察工作会议，贯彻学习中纪委十七届二次全会和自治区纪委八届三次全会、政府廉政工作会议和国家粮食局纪检监察工作会议精神，进一步健全了反腐倡廉各项制度，加大了监督力度和案件查办工作。

"5·12"汶川特大地震发生后，第一时间向四川省粮食局发出慰问电，表达自治区粮食局对四川粮食系统广大干部职工的关心；积极开展捐助活动，支援汶川地震灾区抗灾和灾后重建工作，局系统共捐款13.3万元，参加捐款198人（次），特殊党费6.5万元。经请示自治区相关部门同意，全部捐给了四川省粮食局。

◆ **内蒙古自治区粮食局领导班子成员**

卫庆国   党组书记、局长

康昱幸（蒙古族）   党组成员、副局长

张忠何   党组成员、副局长

铁　钢（蒙古族）   党组成员、纪检组长

王斯琴（女，蒙古族）   党组成员、副局长

刘永旺   党组成员、副局长

张天喜   副巡视员

2008年4月1日，内蒙古自治区副主席布小林在全区粮食工作会议上讲话。

2008年11月7日，内蒙古自治区粮食局局长卫庆国（右六）在呼和浩特市清水河县粮食企业调研。

内蒙古自治区乌海市第二粮库职工晾晒玉米劳动现场。

辽宁省粮食工作   基本情况

2008年，按照省委、省政府的统一部署和要求，在国家粮食局的指导和大力支持下，全省粮食部门深入学习实践科学发展观，继续贯彻落实省政府46号文件精神，认真执行国家粮食政策，加强宏观调控，强化监督检查，推进粮食流通产业发展，保证了全省粮食供应和价格基本稳定，保护了种粮农民利益，确保了粮食安全，为辽宁老工业基地振兴和社会主义新农村建设作出了积极贡献。全省全年共收购粮食2304万吨，销售粮食2176万吨。地方粮食储备体系建设得到加强，增加了25万吨省本级地方储备粮。督促落实市级地方粮食储备。发放粮食直补、农资综合补贴、农作物良种补贴及农机具购置补贴等补贴资金累计达38亿元，2124万农民受益。粮食应急保障能力得到提高，粮食流通监管方式进一步规范。

2008年粮食工作

一   粮食产购销情况

（一）粮食播种面积

全省粮食播种面积303.6万公顷，其中，玉米188.5万公顷，水稻65.9万公顷，大豆18.1万公顷，小麦1.03万公顷，其他30.1万公顷。

（二）粮食产量

全省粮食生产连续第5年丰收，总产量创历史新高，达到1860万吨，比2007年度增加25万吨，增长1.4%。其中，玉米1189万吨，比上年增加21万吨；稻谷505.5万吨，比上年增加2万吨；大豆48万吨，比上年增加10.5万吨；小麦5万吨；其他113万吨，比上年减少8.5万吨。水稻、玉米平均公顷单产分别达到7665公斤、6300公斤，水稻单产与上年基本持平，玉米单产比上年增加465公斤。

（三）粮食商品量

根据粮食产量测算，预计粮食商品量在1350万吨左右。其中玉米约900万吨，稻谷约325万吨。

（四）粮食收购

全省共收购粮食2303.5万吨。其中国有粮食经营企业收购616万吨，非国有粮食经营及转化企业1208万吨，中储粮系统479.5万吨，国有、非国有和中储粮系统分别占总量的26.7%、52.5%和20.8%。在收购的粮食中，主要是玉米和水稻，分别为1834.5万吨和367.5万吨。

（五）粮食销售

全省共销售粮食2176万吨。其中国有粮食经营企业销售803.5万吨，非国有粮食经营及转化企业1228.5万吨，中储粮系统144万吨，国有、非国有和中储粮分别占总量的36.9%、56.5%和6.6%。在销售的粮食中也主要是玉米和水稻，分别为1654.5万吨和394万吨。

数据表明，全省粮食收购、销售、商品库存中，非国有粮食经营及转化企业都较大幅度地超过了国有粮食经营企业，形成了主渠道保稳定、多主体活流通的活跃局面。

二　粮食调控

（一）粮食应急保障工作

全省14个市的《粮食应急预案》都以正式文件下发，部分县区也建立了应急预案。全省确定应急加工企业37家，日加工能力7610吨；供应企业38家，日供应能力7691吨。建立了成品粮油应急储备，其中大米2.9万吨，面粉3.3万吨，食用油2.8万吨，并落实小包装及装具、灌装、运输等具体措施。

（二）粮食储备体系建设

2008年，省政府将新增加的25万吨稻谷储备全部作为省级储备，储备品种结构更加合理，进一步增强了调控能力。省粮食局、财政厅、农发行分行联合下发了新的《辽宁省省级储备粮管理暂行办法》，明晰了部门权责，调整了补贴标准，完善了轮换机制，使省级储备粮管理进一步规范化、制度化。下发了《辽宁省人民政府办公厅关于抓紧落实地方储备粮油计划的通知》（辽政办明电〔2008〕24号），要求各市政府严格按照省政府的要求，确保市级储备粮、油计划的落实。省粮食局会同省政府督察室、省财政厅、农业发展银行分行对市级储备粮进行了督察。市级储备粮实物落实完成储备计划的85.3%，比上年同期增加17.1万吨，增长28.6%。

（三）军粮供应工作

适应部队后勤保障社会化改革的需要，实行了军供粮源定点采购，择优确定48家大米厂、36家面粉厂为省军粮定点加工企业。军粮质量合格率达100%。

在支援四川抗震的2008年5月20日晚8点，沈阳市铁西军粮供应站两小时内就把4.2吨大米送到指定地点，部队领导给予高度评价。

三　粮食流通监管工作

全省14个市全部建立了监督检查机构，提前完成国家粮食局确定的2008年地级市监督检查机构85%的建设目标。新增县级机构16个，从而使县级监督检查机构总数达53个，占全省县级粮食行政管理部门总数的81.5%，超额完成国家粮食局提出的75%的工作目标。县级企业性质的粮食部门由6个减少到2个。

根据国家粮食局和省政府的要求，以"联合经营"、"异地存粮"、账实对应为重点，对国有粮库的商品库存进行了认真检查。各级粮食行政管理部门共执行粮食监督检查任务1900次，出动人员19081人次，检查单位11337户次。责令改正368例，处罚380例，有效地维护了全省粮食流通秩序。

制定了《辽宁省粮食局行政处罚自由裁量权指导标准》、《辽宁省粮食行政执法层级监督办法》。

四 粮食行业发展

（一）粮食流通产业发展

把关审核各市行业内2009年促进现代服务业发展资金补贴和贷款贴息项目。同意申报5个项目，贴息和补助资金1010.2万元。向国家申报2009年和2010年全省粮食仓储物流与农户储粮项目，其中仓储物流项目684个，需求资金103.46亿元，申请中央补助36.87亿元。申报的国债粮食烘干设施项目，国家已补助资金3896万元，由省发展改革委组织工程建设。

（二）首批农户储粮试点工作

共完成项目总投资960万元，建造钢制矩形仓4000个，木仓加网改造2000个，扶持试点农户6000户。试点仓当年投入使用，装上了新粮，达到了减损增收的试点效果，使试点工作成为一项实实在在深受农民欢迎的惠民工程，受到政府和农民的广泛好评。

（三）粮食行业职业技能鉴定

组织全省粮食行业技能人才培训，举办培训班两期，培训鉴定375人次，鉴定合格300人，合格率达到80%，完成了国家粮食局要求全省培训鉴定300人的任务。

首次开展了粮食行业技术能手和突出贡献单位评选表彰工作。30名一线技术人员被授予全省粮食行业技术能手称号，11家单位被授予技能人才培育突出贡献奖称号。

（四）全行业安全生产

全年下发9个文件，有针对性、有重点地进行部署。特别是根据国家粮食局的要求，下发了《辽宁省粮食局关于开展粮食行业安全生产隐患排查治理工作的通知》（辽粮行转〔2008〕10号），在全行业普遍认真地开展了一次大规模的安全生产隐患排查治理工作，对查出隐患和漏洞，及时加强了治理。全行业全年无重大安全生产事故。

五 党群工作

按照省委安排，辽宁省粮食局学习实践科学发展观活动认真有序开展，通过动员、学习、调研、解放思想讨论、民主生活会、分析检查、群众评议等阶段，活动成果显著。全局上下认真组织开展了自学和集体学习，并结合业务工作实际进行讨论、研究，进一步理清了工作思路，树立科学发展理念，促进了业务工作的顺利开展。在"党员干部走进千家万户活动"实践活动中，全局175名党员帮扶175个困难家庭，捐助款物折合人民币6万多元。汶川特大地震发生后，各级党组织和全体党员积极响应省委号召，捐款10.9万元，缴纳特殊党费13.8万元。发展新党员1名、预备党员转正3名；表彰了5个先进党支部、2个先进党小组、30名优秀共产党员和10名优秀党务工作者。全省粮食纪检系统共接到信访举报17件，比上年减少28件。其中初核16件，比上年减少2件。立案和处分均为零。

◆ **辽宁省粮食局领导班子成员**

李汪洋	党组书记、局长
刘昌志	党组成员、副局长
钱程广	党组成员、副局长
潘殿源	党组成员、纪检组长
王丽桥	党组成员、局长助理
宿丙军	副巡视员
佟国祥	副巡视员

辽宁省粮食局分别于2008年8月26～27日和10月21～22日，在葫芦岛市和本溪市分两期举办共204人参加的全省粮食库存检查培训班，逐步推行粮食库存检查人员持证上岗制度，为全国粮食清仓查库工作奠定了坚实的基础。

2008年，辽宁粮食喜获丰收，农民家中余粮数量较大，保管不善，容易造成减损。图为省市两级粮食质量检测人员在铁岭昌图农户家中，对其收获的玉米进行质量调查和样本采集。

2008年，铁岭地区玉米获得大丰收，农民出售粮食十分踊跃。图为粮食质量检测人员在辽宁昌图粮食储备库收购粮食现场，对收购粮食质量检测进行技术指导。

吉林省粮食工作　基本情况

　　吉林省地处我国东北地区中部，松辽平原腹地，全省总面积18.74万平方公里，分为东部山地和中西部平原两大地貌区，粮食生产资源丰富。全省耕地面积553.3万公顷，其中粮食作物面积433.3万公顷。全年日照时数为2200～3000小时；年平均降水量400～1300毫米；年无霜期120～160天，此期间积温平均在2700～3600度，光、热、水资源在时间分布上主要集中在6～9月份，对粮食作物生长十分有利。

　　吉林省是国家重点商品粮基地，主要粮食作物有玉米、水稻和大豆三大品种。正常年份玉米播种面积在286.7万公顷，稻谷66.7万公顷，大豆60万公顷。玉米大多是角质率在80%的黄玉米，水稻全部是角质率在90%的粳稻，大豆多是高油、高蛋白的品种。因此，在世界上有"黄金玉米带"和"白金水稻带"的美誉。

　　吉林省粮食生产稳步发展，目前粮食产量稳定在2500万吨阶段性水平。2008年，全省粮食生产总量为2840万吨，其中水稻600万吨、玉米2115万吨、大豆75万吨、杂粮48.5万吨、小麦1.5万吨。全省粮食收购量为2579万吨、销售量为1690万吨、出口量为12.5万吨，商品量为2544.1万吨，人均粮食占有量为1043公斤，粮食商品率为84.5%。工业用粮804.2万吨，种子用粮10.4万吨，饲料用粮546.8万吨，城镇口粮217.1万吨，农村口粮为372.5万吨。全省仓容总量为1225万吨。吉林省耕地面积占全国的1/25，但商品粮却占全国的1/10，人均生产粮食是全国平均水平的3倍，人均粮食占有量居全国前列，商品率一直居全国首位。

2008年粮食工作

一　国有粮食购销企业产权制度改革取得重要进展

　　2008年，全省国有粮食购销企业产权制度改革取得了突破性进展。按照省政府部署，省粮食局先后多次外出学习，深入调查研究，反复征求意见，代政府起草了《关于加快推进国有粮食购销企业产权制度改革的若干意见》，经省政府常务会议讨论通过后，以吉政发〔2008〕21号文件下发各地。9月8日，召开了全省国有粮食购销企业产权制度改革大会，对改革作出全面部署。在改制进入关键时期，召开全省电视电话会议，通报情况，提出具体要求。并以省政府名义组成督导组，先后5次分赴各地进行督导检查，总结经验，推广先进，发现问题，及时纠正。加强对全省各市县国有粮食购销企业产权制度改革的调度指导和督促检查，实行情况半月报。到2008年12月，全省643户改制的国有粮食购销企业中，已有518户基本完成改革任务，占80.6%。其中，整体上划和兼并重组305户，产权出售和破产213户，剩余的125户已确定改革形式，正在履行程序，办理相关手续。

通过产权制度改革，粮食宏观调控能力得到进一步增强，储备体系得到进一步完善，国有粮食购销企业真正发挥了主渠道作用，资源得到优化配置，国有粮食企业卸掉了沉重包袱，特别是在奥运会、残奥会和党的十七届三中全会期间，没有发生上访事件，受到省领导的高度评价。

二   粮食购销数量创历史最高水平，宏观调控能力进一步增强

2008年，全省累计收购新粮2700万吨，同比增加840万吨。其中，国有粮食购销企业收购数量占粮食收购总量的56%，重新发挥主渠道作用。2008年新粮上市后，面对吉林省粮食连续5年大丰收、生产资料价格持续上涨、种粮成本不断提高、农民对收购价格心里预期较高的实际情况，全省各级粮食部门早动手、早谋划、早准备，深入调查研究，强化指导服务、争取政策支持，加强监督检查，充分发挥中央和省直国有粮食企业承担政策性粮食收购任务的骨干带头作用，积极引导多元主体入市收购。在新粮上市初期，玉米产销区价格出现倒挂，大部分社会经营企业退出收购市场，玉米价格大幅回落，并呈继续下滑趋势。面对严峻的形势，省粮食局及时向省委省政府汇报，多次向国家粮食局等有关部委专题报告，建议国家出台托市收购政策。国家根据吉林省提出的建议，适时出台了临时收储政策，确定收购价格，分五批给吉林下达国家临时储存收购计划2062万吨。其中，玉米收购计划数量占东北三省一区玉米收购总计划的43%。2008年，受国家控制玉米加工规模、停止粮食出口等政策影响，吉林省粮食销售工作困难重重。各级粮食部门不等不靠，果断采取措施，引导企业调整销售策略，建立促销机制；划分销售区域，定向组织衔接；开展贸易洽谈，签订代储协议。经过积极的努力，覆盖主要销区的粮食销售网络初步建立，粮食购销合作关系得到进一步巩固，全年销售粮食1705万吨，比上年增加110万吨，活化了资金，腾出了库容，为做好新粮收购奠定了基础。

省级储备粮规模进一步加大，粮食储备由原单一的玉米品种，发展到玉米、水稻、小麦、大豆和食用油5个品种。在原有4个直属粮库基础上，抓住国有粮食购销企业产权制度改革的有利时机，上划15个市县粮库，重组合作10个市县粮库。储备粮承储能力进一步提高，仓储设施得到改善，做到一旦出现应急需要时，调得动，用得上，为吉林省加强粮食市场的宏观调控，确保粮食安全，提供了可靠保证。同时，密切监测市场变化，在全省设立27个粮油供求和价格监测直报点，每周直报2次，发现问题及时请示省政府批准采取干预措施，保障粮食市场供应和价格稳定。

三   粮食市场体系初步建立

2008年，长春国家粮食交易中心对东北地区的中央储备粮进行轮换和销售，累计竞价销售粮食约70万吨。并以此为标志，长春东北亚现代粮食物流园区建设正式启动。长春、吉林、四平等中心城市的成品粮批发市场基本承担起70%的城市口粮供应任务，同时辐射周边的一些县市、乡镇；其他城市成品粮批发市场正处于规划和建设中。省粮食局制定了农村粮食经纪人发展规划并提出了农村粮食经

纪人培训方案，组织开展了吉林省粮食局农村经纪人首期培训班，与大连商品交易所在九台市开展农村经纪人粮食期货知识培训；鼓励各地自发形成粮食经纪人协会，推动粮食经纪人队伍建设。

四　粮食产业化经营加速推进

进一步完善全省粮食产业化发展规划，加强科学指导和服务。以吉林省4个大米品牌获得"中国名牌产品"称号为契机，重点实施品牌战略，扶持企业扩大规模，年加工能力提高40%，做大做强企业。以省内优势企业为载体，整合粮食加工资源。引导四平红嘴油脂有限公司等企业出资7000万元兼并了辽源裕龙油脂有限公司，年加工大豆能力达到80万吨以上，产能提高了60%。大力培育和扶持产业化龙头企业，引入山东万德福蛋白有限公司入股吉林丰正大豆食品有限公司，开发大豆浓缩蛋白产品；吉林凯赛生物技术有限公司，投入7亿元建设年产7万吨生物丁醇。战略投资者的引进，带动了吉林省粮食产业化的加快发展。

五　服务"三农"力度不断加大

组织力量开发研制了"组合式钢骨架矩形储粮仓（JSWZG）"，可以把玉米损耗率由11.77%降到4%以内，全省一年可减少损失230万吨左右，相当于增加23万公顷土地，节约了28万吨化肥和7亿立方米淡水资源。新型储粮装具已经通过国家专家组评审鉴定，正在广泛推广应用，再造"无形良田"。编写了《农户安全储粮技术手册》、《粮油市场信息动态》和《粮油食品营养与健康知识手册》，制作了《农户安全储粮实用技术》展板，在玉米主产区农安县万金塔镇、水稻主产区永吉县岔路河镇、四平孤家子镇和九台市城子街镇举办"三下乡"（送粮油市场信息、安全储粮技术、放心粮油知识）活动，观摩群众近9000人，发放宣传资料3万份，使农民深入了解最新粮油市场动态和庭院安全储粮知识，受到广大农户的欢迎。

六　流通保障能力得到提高

根据国家2008年四季度新增1000亿元中央投资用于基础设施建设的政策措施，及时将吉林省78台烘干机项目上报国家，并顺利通过国家专家组评审，成功争取到中央投资补助7578万元，项目总投资2.5亿元，增加烘干能力310万吨。同时，争取到500万元中央补助资金，下拨到21个主要产粮县市，维修改造仓房273栋。另外，向国家申报项目1521个，总投资175.7亿元，申请中央补助70.3亿元。

七　监督检查体系作用发挥明显

2008年，吉林省粮食又获大丰收，收购任务重，多元化经营主体入市，收购环境复杂。为维护粮食收购市场秩序，促进和搞活粮食流通，省粮食局对全省秋粮收购专项检查工作做了周密部署，制定并下发了《关于切实加强粮食流通监督检查工作的通知》（吉粮检〔2008〕89号），要求加强粮食收购期间对粮食流通市场的检查，严厉打击不法粮食经营者坑农害农事件的发生，保护种粮农民的积极性和粮食流通市场秩序。秋粮收购期间接农民投诉10余件，省粮食局选派骨干力量，深入基层粮库调查，给予妥善处理。对接到的50余个农民咨询电话都给予了耐心细致的解答，得到农民的信任和认可。

八   支援抗震救灾成效显著

在四川汶川发生地震后，省粮食局第一时间联系灾区，了解受灾情况，询问物资需求，送去了吉林粮食干部职工的亲切问候。5月13日省政府抗震救灾专题会议后，立即成立支援四川抗震救灾指挥部，先后3次召开专题会议，部署抗震救灾任务。选用最新稻谷，动用最好设备和技术人员，夜以继日组织加工；统一制作了印有"支援四川地震灾区优质大米——吉林省人民政府捐赠"和"支援甘肃地震灾区优质大米——吉林省人民政府捐赠"字样的包装袋；积极协调沈阳铁路局，请车发运；鉴于灾区道路破坏严重，全部采用25公斤小包装；分别通过航空、铁路、公路不同方式分4批运往四川和甘肃灾区，提前完成了援助大米202吨任务。组织14个市（州）、县（市、区）粮食局、76户粮食加工企业为灾区捐赠大米260吨，分4个装车集并点发往灾区。四川省粮食局在收到第一批救灾粮食后，代表四川省委、省政府发来感谢信，对地震发生后，灾区粮食面临巨大压力的关键时刻，吉林省在第一时间的无私支援表示感谢。甘肃省粮食局和民政厅在收到吉林省支援的粮食后，代表甘肃省委、省政府向吉林省委、省政府表示感谢，并通过当地新闻媒体把吉林人民的深情厚谊传达给甘肃人民。

九   学习实践科学发展观取得明显成效

按照省委的统一部署，省粮食局深入学习实践科学发展观活动从2008年9月开始，经过3个阶段11个环节的工作，取得了明显成效。省局学习实践活动领导小组先后8次召开会议，集体讨论学习实践活动方案，认真听取每个阶段的工作汇报，研究确定每个阶段的主要任务。组织学习报告会1次，全局集中学习1次，理论中心组学习研讨会3次，局机关各处室、各直属单位组织各种专题学习活动60余次。局党组根据全省粮食行业发展的实际，紧扣事关发展全局的重点难点问题，确定了6个重点调研课题，由局党组成员分别领题，围绕影响全省粮食流通发展的主要问题开展调查研究，形成了调研报告；各处室主要负责同志和各直属单位党政主要领导也结合本职工作都撰写出了调研报告，共有19个专题调研组和2个个人形成调研报告，在局机关和直属单位班子成员大会上进行了交流并印制成书。通过多种形式向基层党员群众征求意见和建议共38条，向上级领导机关、粮食行政管理部门、粮食企业和服务对象发放征求意见函93份，在对省粮食局分析检查报告的测评中，满意率为100%。

在整个学习实践活动中，共编印简报24期，发布网上信息6条，局直各级党组织上报信息快讯30条，被省学习实践活动简报采纳5条，在参加全省第一批学习实践活动的部门和单位中排名第一。省内媒体也从不同角度多次报道省粮食局深入学习实践科学发展观活动情况。中央学习实践领导小组来吉林省检查时，省粮食局作为省委学习实践领导小组推荐的6个省直部门之一，作了重点汇报，得到充分肯定。

十   党风廉政建设和政行风建设取得新进展

2008年，省粮食局认真贯彻落实中央纪委十七届二次全会和省纪委九届二次全会精神，围绕粮食中心工作，制定印发了《2008年省粮食局党风廉政建设和反腐败工作实施意见》、《2008年全省粮食系统纪检监察工作要点》和《吉林省粮食局党风廉政建设和反腐败工作任务责任分解意见》，坚持标本兼治、综合治理、惩防并举、注重预防的方针，使党风廉政建设和反腐败斗争不断深入，取得了新成效。

省粮食局始终坚持把软环境和政行风建设与业务工作一起运筹、一起落实。召开会议通报全省粮食行政管理部门在民主评议软环境和政行风活动中的主要情况。号召全省粮食系统积极开展提供订单服务、信息服务、农技服务、储粮服务、购销服务等形式多样的便民服务活动。在全省软环境和政行风工作民主评议活动中，省粮食局的综合满意率为90.84%，在经济和经营管理类参评的27个单位中，排名第12位。

◆ **吉林省粮食局领导班子成员**

祝业辉	党组书记、局长
韩福春	党组成员、副局长
李贺军	党组成员、副局长
张宏明	党组成员、副局长（2008年12月任职）
王凯伦	党组成员、纪检组长、监察专员（至2008年6月）
冯春梅（女）	党组成员、纪检组长、监察专员（2008年7月任职）
高乃民（女）	巡视员
沈启地	副巡视员

2008年9月8日，吉林省人民政府召开全省国有粮食购销企业产权制度改革大会，省长韩长赋出席会议并讲话。

2008年12月5日，吉林省粮食局局长祝业辉（中）在送"粮油市场信息、安全储粮技术、放心粮油知识"下乡活动开幕式上讲话。

2008年12月24日，吉林省粮食局局长祝业辉（左二）陪同吉林省副省长王守臣（左三）、常务副秘书长李福升（左五）参观"组合式钢骨架矩形储粮仓"。

黑龙江省粮食工作　基本情况

　　黑龙江省地处祖国边陲，幅员辽阔，土地总面积45.4万平方公里，占全国的4.7%，居全国第六位；全省常住总人口3825万，其中城镇人口2119万、乡村人口1706万。现有耕地面积1173万公顷，占全国的近10%，居全国第一位，人均耕地面积是全国人均水平的2.9倍。耕地集中连片，土质肥沃，是世界仅有的三大黑土带之一。全年日照时数在2400～2800小时，常年有效积温1600～2800度，年无霜期100～150天，年降水量370～670毫米，适宜种植大豆、玉米、水稻、小麦等粮食作物。

　　面对2008年南方雨雪冰冻、汶川特大地震以及国际金融危机等不利因素影响，黑龙江省积极克服国内外经济环境带来的压力和挑战，着力解决经济社会发展中出现的突出矛盾和问题，集中力量谋发展、促发展，全年实现地区生产总值（GDP）8310.0亿元，按可比价格计算比上年增长11.8%，连续五年保持11.6%以上的增幅，整体经济继续在较高增长平台运行，人均GDP收入21727元，比上年增长11.7%。全年实现地方财政收入767.1亿元，比上年增长32.4%。城镇居民人均可支配收入11581元，比上年增长13%；人均消费性支出8623元，增长14.7%。农村居民人均纯收入4856元，增长17.5%；人均生活消费支出3844.7元，增长23.3%。

　　黑龙江是粮食主产省，是国家重要的商品粮基地。2008年粮食作物播种面积1098.8万公顷，比上年增长1.5%。粮食总产量4225万吨，人均粮食占有量1104.6公斤；粮豆商品量3175万吨，商品率达75%，均创历史新高。按社会粮食流通统计口径，全年粮食收购量2322.7万吨，销售量为2723万吨（含转化用粮）。全年工业用粮440.2万吨、种子用粮101.4万吨、饲料用粮587.4万吨；城镇口粮363.2万吨、农村口粮363.2万吨；出口量达到105.7万吨。现有国有粮食购销企业600户，有效仓容1306.1万吨。

2008年粮食工作

　　2008年，全省各级粮食行政管理部门在各级党委和政府的正确领导下，坚持以党的十七大精神为指导，深入落实科学发展观，主动迎接国际国内复杂形势挑战，认真贯彻中央和省关于粮食流通工作重大部署，真抓实干，开拓进取，较好地完成了各项重点工作任务，粮食流通产业发展取得显著成效。主要是：农民余粮销售顺畅，卖粮收入增加；企业粮食销售顺畅；国有粮食购销企业产权改革全面完成，战略性重组取得初步成效；开拓市场、引进资金成效显著；国有粮食购销企业规范化管理得到切实加强，经济效益明显提高；加强了粮食宏观调控，保持了市场稳定；粮食流通综合服务保障体系建设得到进一步加强；加大了粮食市场监管和公共服务力度，树立了粮食行业良好形象。

一　粮食生产

2008年，省委、省政府坚持不懈地大力发展粮食生产，认真落实国家扶持粮食生产的政策措施，不断增加投入、扩大粮食种植面积，粮食生产创历史新高。全年粮食作物播种面积1098.8万公顷，比上年增长1.6%；粮食总产量4225万吨，比上年增长6.5%。其中：水稻产量1518万吨，下降8.5%；玉米产量1822万吨，增长14.6%；大豆产量620.5万吨，增长26.4%；小麦产量89.5万吨，增长16.2%；杂粮产量118.5万吨，增长47.2%；薯类产量56.5万吨，下降18.1%。大豆种植面积和产量居全国首位，产量占全国的1/3左右；水稻面积占全国粳稻面积的1/3，是全国最大的粳稻种植区；玉米播种面积和产量均占全国的1/10左右。全省绿色食品认证个数1500个，比上年增加300个，增长25.0%；绿色食品种植面积344.7万公顷，增长10.5%，继续保持全国第一位。

二　粮食流通

全省各级粮食行政管理部门紧紧围绕服务"三农"、把粮食资源优势变为经济优势这个中心，采取各种有效措施，搞活粮食流通，实现了省委、省政府提出的"保质、提价、增收"的目标。

（一）农民余粮销售顺畅

针对受全球金融危机影响，国内粮食市场发生重大变化、省内市场粮食购销平淡、价格下跌等实际情况，早谋划、详安排，进一步加大了粮食生产、流通、消费市场监测和调研力度，全面、客观分析和判断市场形势，及时向国家汇报，积极争取国家政策支持，有效破解了阶段性粮食市场价格下跌、购销不畅等突出难题，为农民余粮拓展了稳定销售渠道，使市场粮价回升到合理水平。2008年秋粮上市以来，国家已先后六批对全省下达中央储备和国家临时存储大豆、水稻、玉米收购计划共1963万吨（大豆553万吨、玉米910万吨、水稻500万吨）。国有粮食经营企业全年收购粮食1923万吨，占全社会粮食收购量的60.8%，其中：国有粮食购销企业收购粮食1681.5万吨，占国有粮食经营企业收购量的87.4%，充分发挥了主渠道作用。同时，通过全面强化市场信息、技术、储粮设施、政策宣传和协调落实等各项优质服务，帮助农民实现粮食提质，吸引省内外粮食经营者，促进了农民适时适价出售余粮，增加了卖粮收入，较好地满足了农民安排生产、生活和还贷等急需。按三大品种粮食商品量和农民实际出售平均价格测算，全省农民可比上年增收69.53亿元。

（二）粮食企业储粮安全

2008年粮食收购期，是近年来入库和干燥潮粮工作量最大的一年，各级粮食行政管理部门在任务重、时间紧的情况下，精心组织、周密安排，通过歇人不歇塔等有效措施，提高烘干塔烘干能力，做到了收购、烘干两不误，及时完成了1131.4万吨的潮粮干燥任务。对全系统开展安全储粮检查工作，及时发现并整改储粮管理中存在的问题，为储粮安全奠定了基础。全省参加各种检查的人数2505人，共检查储粮货位10146个，占当期全省库存总量的100%。进一步开展了省级"四无先进粮库"评比活动，全省有79个国有粮食购销企业已达到"四无粮库"标准，占企业总数的13%。有效推动了国有粮食购销企业"四无"和其他管理工作，确保全省粮食系统储粮安全。

（三）产销合作不断深入

继续坚持"政府推动、部门协调、市场机制、企业运作"和"丰歉互相保证，同等条件优先"的合作原则，深入推进了与主销区的粮食产销合作，粮食销售渠道不断扩大。在巩固京、津、沪、苏、浙、闽、滇等主销区粮食市场的同时，又开拓了晋、陕、甘、鲁、川等粮食市场。在探索建立产销区利益协调机制上，与北京、浙江、江苏签订了协议，迈出了实质性步伐。吸引销区在全省建设了一批粮食生产、储存、收购、加工等基地，外省委托全省储存的地方储备粮增加到19万吨。成功举办"2008·黑龙江金秋粮食交易合作洽谈会"，达成粮食购销交易量888.5万吨，比上年增加83.5万吨。通过加强粮食产销合作、积极开展全省粮食产品推介"十大品牌"宣传以及"放心粮油"进销区城市、社区等活动，提升了黑龙江省粮油产品"优质绿色安全"品牌形象，在全国市场占有率明显提高，黑龙江省大米在北京、天津市场占到70%左右，在浙江、江苏、上海、福建、云南等销区的大中城市占到40%左右。

（四）企业粮食销售顺畅

全年各类粮食企业销售（含转化）粮食2723万吨，自主经营新粮实现了当年购销平衡，政策性"老粮"库存已基本销售完毕。全年仅通过铁路外运出省的粮食就达2502.5万吨，比上年增加282.5万吨，不仅保证了企业正常粮食经营，而且为销区提供了充足优质粮源，为维护销区市场稳定和保障国家粮食安全作出了积极贡献。

三　粮食调控

一是积极推进省级储备粮实储工作。认真贯彻落实《黑龙江省省级储备粮管理办法》，充实了省级储备粮库存，并加强了省级储备粮规范管理。二是加强了粮食应急体系建设。为了保证《黑龙江省粮食应急预案》顺利实施和应急状态下的粮油市场有效供应，在全省确定了80家粮食应急加工和应急销售企业；落实了省级应急储备豆油库存，有效平抑了3月份出现的豆油市场价格波动。三是加强了市场价格监测预警工作。进一步加强了粮食价格、市场走势分析预测和大中城市成品粮油市场的监测，建立了市场价格异常波动应急报告制度，适时加密测报频率，保障了省内市场粮油产品有效供给和粮油价格基本稳定。四是较好地完成了粮食流通统计工作任务。进一步加大宣传力度，及时调整内容，扩大统计范围，为政府宏观调控作用提供了有效参考。五是切实保障了军粮和食盐供应。认真贯彻执行国家军粮供应政策，创新军供管理模式，抓好粮源统筹和服务，圆满完成了军粮供应任务。继续推进食盐流通现代化建设，加强了盐政执法，强化碘盐质量管理，确保了全省食盐市场供应。

四　粮食企业改革

继续实施企业改革攻坚年行动，大力推进企业资源整合，加强企业规范化管理，提高了国有粮食购销企业经济效益。全省骨干国有粮食购销企业全部实行了国有独资、国有控股公司制改造，非骨干国有粮食购销企业全部实行了投资主体多元化改革。全省粮食系统引进到位资金21.92亿元，为推进企业改革和搞活经营创造了有利条件。认真落实省政府关于重点推进粮食、流通等国有企业资源整合的要求，加快企业资源战略重组步伐，培育发展了龙头企业，壮大粮食流通产业。到年底，全省粮食龙头企业、企业集团已达到117户，年实现销售收入392亿元。制定实施《2008年全省国有粮食购销企业规范化管理工作指导意见》，建立健全企业各项规章制度，加大了国有粮食购销企业规范化管理工作力度。截至年底，全省有165户骨干国有粮食购销企业达到了规范化管理标准要求，占66%；118户非骨干国有粮食购销企业达到了规范化管理标准要求，占33%。通过改革，多数国有粮食购销企业经营方式和内部机制得到较大转变，企业效益明显增加。全省国有粮食购销企业比上年度减亏13265万元，减亏幅度73%。有366户企业实现了盈利，占国有粮食购销企业总数的61.2%；有6个地市实现了盈利。

五　行政执法

认真履行面向全社会实施粮食流通市场监管和公共服务的职责，积极转变部门职能，深入推进依法行政工作。进一步完善、落实了行政执法责任制；加强了水稻最低收购价、玉米临时储存收购等政策性粮食收购政策执行情况和食盐市场的监督检查，保证了国家粮食购销和食盐专营政策的落实，保护了农民和消费者利益；开展了粮食流通统计制度执行情况的专项检查，强化了全社会粮食流通统计工作，为国家粮食宏观调控提供有力支撑；加强了粮食收购资格许可核查和收购市场常年监管，规范了收购行为，有效防止了违反规定搞地区封锁妨碍粮食依法自由流通和压级压价、收粮打白条等损害农民利益的问题。加强了政策性粮食购销和收购许可、流通统计以及国有粮食购销企业委托经营、产销合作合同兑现等经营活动的监管，规范了企业经营行为，规避了经营风险，维护了正常粮食流通秩序。

六　产业发展

一是编制了产业发展《规划》。围绕全省千亿斤粮食生产能力战略工程，编制了《黑龙江省现代粮食流通产业发展战略工程规划》，为加快全省现代粮食流通产业科学发展奠定了基础。二是加强仓储设施建设。全省国有粮食购销企业多渠道筹集资金，加强粮食仓储设施维修改造，大修仓容40.2万吨，新增仓容20.4万吨，地坪1.5万平方米。国家高度重视黑龙江省粮食基础设施建设，有关部门曾多次来黑龙江省专题调研，并安排专项资金2亿元，用于新建烘干塔43台、维修改造烘干塔161台、新建晾晒地坪152万平方米和烘干机配套地坪25万平方米。三是加强了粮食市场体系建设。以哈尔滨国家粮食交易中心为龙头，以区域性、有特色的粮食批发市场和大中城市成品粮批发市场为骨干，以集贸和零售市场（超市）为基础的三级粮食市场体系初步形成。四是加大粮食科技创新工作。按照国家粮食局统一部署，组织开展了2008年粮食科技周活动，广泛宣传了粮食科普知识和企业粮油新产品，扩大了社会影响，促进了全省绿色有机粮油食品工业化和产业化发展进程；加强大豆活性因子提取项目推进工作，积极推进科技成果转化。有条件的粮食企业集团都建立了自己的科研机构，引进新技术、新工艺及新设备，加大新产品开发力度，提高了粮食加工的技术、工艺水平。五是积极做好职业技能鉴定工作。举办了3期粮油保管员、质量检验员等特有工种职业技能培训班，培训人员584人，获得国家职业证书475人（初级工371人、中级工104人）；组织参加了国家粮食局举办的考评员培训班，24人获得了考评资格证书，提高了全省粮食行业职工队伍素质，为实施"人才兴粮"战略奠定坚实的基础。

七　党群工作

认真贯彻党的十七大和十七届三中全会精神，深入学习实践科学发展观，积极开展"学理论、作表率"和创建文明单位活动，从提高党员整体素质出发，强化了思想和组织建设。四川汶川特大地震发生后，全省粮食系统急灾区所急，帮灾区所需，踊跃为灾区捐款捐物。在5月22日举办的全省2008年粮食科技活动周暨"龙江粮食优质品牌"宣传推介会上，省内17家粮食企业自发组织为灾区捐助601吨优质绿色大米（价值185万元），表达了龙江粮食人的一片爱心。省粮食局干部职工共为灾区募集个人捐款152240元，交纳特殊党费127950元，捐献棉衣、棉被940件套。在廉政建设方面，严格实施《实施纲要》，坚持标本兼治、综合治理、惩防并举、注重预防的方针，深入推进治理商业贿赂专项工作，认真纠正损害群众利益的不正之风，积极开展"关注民生、服务发展"群众最满意单位评议活动，进一步加强了对各类粮食市场主体的指导服务，积极推进了行风建设，树立了粮食行业良好形象。

◆ **黑龙江省粮食局领导班子成员**

金　辉　　党组副书记、副局长

张　赋　　党组成员、副局长

肖培尧　　党组成员、副局长

赵柏树　　党组成员、纪检组长（2009年8月退休）

齐　瑶　　副巡视员

陈德志　　副巡视员

黑龙江省粮食局副局长金辉到基层调查研究。

从2004年开始，黑龙江省粮食局和省农垦总局联合京、津、沪、苏、浙、闽、滇等主销区省市连续五年共同举办"黑龙江金秋粮食交易合作洽谈会"，为推进粮食产销区企业合作的快速健康发展搭建了平台。

黑龙江省国有粮食加工企业车间。

黑龙江省国有粮食购销企业储运设施。

上海市粮食工作   基本情况

2008年上海市夏粮、秋粮双双丰收，全年粮食生产实现预期目标（即粮食种植面积和产量分别超200万亩和100万吨）。全年粮食播种面积为17.5万公顷，比上年增加0.5万公顷，增长2.9%；单产为6628公斤/公顷，比上年增加187公斤/公顷，增长2.9%；总产量为115.7万吨，比上年增加6.5万吨，增长5.9%。夏收粮食播种面积为5.7万公顷，同比增长14.9%；总产量为23万吨，同比增长20.9%。秋收粮食播种面积为11.8万公顷，同比减少2.0%；总产量为92.7万吨，同比增长2.8%。其中：稻谷播种面积为10.9万公顷，同比减少0.5%；总产量为89.3万吨，同比增长3.8%。

上海市年粮食需求量大体在550万吨左右，其中口粮370万吨，饲料用粮140万吨，工业用粮40万吨；本市食用油年消费量在40万吨左右。本市郊区提供粮源约18%，80%以上粮源从国内采购和国外进口。针对特大型粮食消费城市特点，上海市粮食局主动衔接购销和平衡供求，粮源渠道稳定拓宽，保障供应。全市累计收购小麦8.5万吨，同比增长37.2%；收购粳稻20.8万吨，同比增长35.4%，质量良好。粮食产销合作进一步深化，2008/2009年度安排产销协议数量88万吨。粮食批发市场吸纳粮源稳中有进，年粮食交易量160万吨，其中粳米交易量129万吨，约占全市粳米消费量的60%。

2008年粮食工作

在市委、市政府的领导下，在国家粮食局的指导下，上海市各级粮食行政管理部门坚持以邓小平理论和"三个代表"重要思想为指导，深入贯彻落实科学发展观，认真贯彻党的十七大和十七届二中、三中全会以及市第九次党代会精神，紧紧围绕全市加快推进"四个率先"、建设"四个中心"的大局，以稳定粮源、保障供应为目标，着力抓好市场供应、粮食购销、地方储备和流通监管，取得新进展。

一   认真做好市场供应和应急管理工作，粮油供应保障有力

（一）及时有效应对粮油市场价格波动

针对2008年3～4月国际国内部分粮油品种价格持续大幅上涨的情况，应急动用2万吨储备油，增

加区县成品粳米储备库存，对部队和高校配送中心分别安排优惠供应食用油100吨和400吨，对10万帮困对象实行一物两价优惠供应，确保本市粮油市场供应和价格基本稳定。同时，认真组织开展本市粮食行业安全生产百日督查专项行动，确保重要节假日和奥运会、残奥会期间粮油供应稳定有序。

（二）不断加强粮油市场监测和应急管理

全年实行粮油市场信息每日监测报告制度，加大粮油市场检查力度，开展上海食用植物油市场供需情况专题调研；在已经建立粮源、加工、零售应急保障网络的基础上，积极筹建应急供应配送网络，本市粮食应急供应保障体系进一步健全。

（三）抗灾救灾保供应取得成效

2008年初雨雪冰冻灾害和"5·12"汶川特大地震后，加强粮油货源组织、加工、配送的衔接，全力抗灾保供应；积极配合市有关部门组织筹措粮油物资捐献灾区，良友军粮站为参加抗震救灾的上海各部队提供有效后勤保障。

二　主动衔接购销和平衡供求，粮源渠道稳定拓宽

（一）粮食收购量增质优

全市累计收购小麦8.5万吨，同比增长37.2%；收购粳稻20.8万吨，同比增长35.4%，质量良好。在秋粮收购中，针对主渠道收购量增长过快过大的情况，协调有关部门和企业，增加在市郊粮食订单收购5万吨（订单收购量达14.3万吨，同比增加73.5%），有效减轻了区县国有粮食购销企业收购压力，稳定了收购价格，促进农民增产增收。

（二）粮食储备运作进一步完善

组织市级储备粮有序轮换，轮换率42%，确保常储常新；市级储备粮"藏粮于企"管理进一步规范；公开竞价销售市级储备粮17.3万吨，成交率95%以上；上海农中心批发市场还成功参与中央储备粮远程竞价交易。

（三）粮食产销合作进一步深化

2008年度与东北主产区购销协议中，市场化运作占76.7%；2008/2009年度安排产销协议数量88万吨（黑龙江68万吨，吉林20万吨）。同时，认真组织开展东北新粳稻调沪享受国家运费补贴工作，共计调运新粳稻（大米）17.9万吨。

（四）粮食批发市场吸纳粮源稳中有进

年粮食交易量160万吨，其中粳米交易量129万吨，约占全市粳米消费的60%。

三　注重行政监管，依法行政规范有效

（一）依法加强监督检查，有效提升流通监管效能

在19个区县均明确了法定的监督检查主体基础上，虹口区粮食局加挂了监督检查科牌子，松江区粮食局专门成立了粮食流通管理所。认真开展帮困粮油供应点、大米加工企业专项抽查和收购市场检查；制定实施《上海市粮食经营者最低和最高库存量标准》，并组织开展本市粮食库存检查，确保粮食库存质量和安全。

（二）强化粮食质量监管，粮食消费安全放心

组织开展了原粮卫生调查、加工企业原粮质量检查和批发市场粳米新陈度专项调查，并与市有关

部门联合开展食用油市场专项检查，抽检样品合格率为100%，确保质量安全、放心消费。

（三）认真做好粮油统计工作，基础工作扎实推进

全面完成年度各项粮油购销存数据统计、粮食仓储设施统计和粮油加工企业法定统计等；认真开展年度本市（全社会）粮食供需平衡调查，为搞好粮食宏观调控提供重要依据。

四　加强粮食信息化建设，电子政务和业务应用取得较大进展

（一）"上海粮食网"建设不断完善

通过对网站规范化、标准化改版，使网站栏目及内容更充实完善，图文信息刷新力度不断加大，特别是完善网上办事，加大政府信息公开力度，进一步体现了粮食电子政务建设的特色和服务功能。

（二）粮食业务应用系统建设实质推进

"金农"工程——上海市粮食流通数据中心开通运行，走在了全国粮食系统前列；网上粮食竞价交易系统进一步完善，并实现与国家粮油交易中心竞价交易系统链接。

（三）区域联动发展迈出新步子

在进一步完善苏、浙、沪毗邻地区粮食收购信息系统的基础上，牵头建设"长三角粮食网"，并于12月建成开通。

五　加强行政管理队伍建设，行政能力有新提高

（一）切实加强队伍建设

扎实抓好行政执法和专题业务培训，认真组织开展了本市粮食行业普法依法治理、粮食行政审批事项清理工作和贯彻实施《行政许可法》情况自查，粮食行政管理队伍综合素质和依法行政水平有了提高。

（二）组织开展好全市粮食科技周活动和粮食行业纪念改革开放30周年专题活动

有效倡导了科学膳食，推动了主食工业化发展；通过"五个一"活动，以不同方式、从不同角度反映了30年来上海粮食行业的发展与变化。

（三）认真做好调研和白皮书编撰工作

根据粮食工作重点任务，开展了多项前瞻性专题调研，形成调研报告，有效推进粮食工作。编撰完成《2008上海粮食发展报告》，比较全面翔实地反映了一年来上海粮食流通改革发展情况。

（四）认真组织开展了深入学习实践科学发展观活动

按照党中央和市委统一部署，紧紧围绕"坚持科学发展，保障粮食安全"的实践载体，认真抓好学习培训，落实专题调研，开展解放思想大讨论，深入分析检查，认真落实整改，学习实践活动取得一定成效，促进本市粮食流通科学发展。

◆　**上海市粮食局领导班子成员**

张新生　　市商务委副主任、粮食局党组书记、局长
孟洪恩　　党组成员、纪检组长、副局长
夏伯锦　　党组成员、副局长
姚　海　　党组成员、副局长

2008年8月7日，上海市委副书记、市长韩正（前排右二）到粮油仓储公司龙吴粮库作业码头慰问高温作业的一线员工。

2008年5月17日，国家粮食局副局长郤建伟（中）、上海市政府副秘书长肖贵玉（右）和上海市原经委副主任、市粮食局局长张新生（左）共同启动2008粮食科技周上海主会场开幕式。

2008年4月10日，上海市原经委副主任、市粮食局局长张新生（左二）、上海市粮食局副局长孟洪恩（左三）、夏伯锦（右二）、姚海（右一）到上海良友（集团）有限公司奉贤邬桥粮库调研。

江苏省粮食工作 基本情况

江苏省位于我国大陆东部沿海中心、长江下游，东濒黄海，东南与浙江和上海毗邻，西连安徽，北接山东。2008年末，全省常住人口7676.5万人，居全国第五位，占全国的5.8%。全省现设13个省辖市，下辖106个县(市、区)，其中25个县、26个县级市、55个市辖区。

2008年全省GDP达30313亿元，增长12.3%，人均GDP达39622元。财政总收入7109.7亿元，增长27.2%。城镇居民人均可支配收入达18680元、农村居民人均纯收入达7357元，分别增长14.1%、12.1%。

全省面积10.26万平方公里，占全国的1.06%，列全国第24位，人均国土面积在全国各省区中最少。全省耕地面积471.9万公顷，占全国的3.9%，人均占有耕地0.92亩。2008年全省粮食产量为3175万吨，比上年增产43万吨；粮食消费总量2769万吨，比上年增加6万吨，产消结余406万吨，全省产需形势较好，粮食安全有保障。粮食生产逐步向苏北集中，苏南地区粮食缺口呈不断扩大之势，苏中地区产需平衡略有结余。小麦、稻谷产需有余，可以调剂出省，而玉米、大豆等则产不足需，要通过进口和省外调剂弥补。

2008年粮食工作

2008年，面对历史罕见的冰雪灾害、复杂多变的经济环境和大起大落的国际粮价等不利因素影响，全省各级粮食行政管理部门紧紧围绕"确保粮食安全"这个主题，加强和改善粮食宏观调控，深化粮食流通体制改革，切实做好扭亏增盈工作，加强对全社会粮食流通的监管，推进现代粮食流通产业的发展，取得了新的突破。突出市场保供，确保了粮食供应安全。加强组织调度，协调成品粮油供应，建立省级临时储备油制度，完善应急机制，加强市场价格监测，积极做好粮食购销工作，确保了粮油供应和市场稳定。加快粮食立法进程，依法管粮能力明显增强。积极推进地方储备粮立法工作，省政府出台了《江苏省地方储备粮管理办法》，有效增强了政府应对粮食应急事件、保障粮食有效供给的调控能力。加快建设现代粮食物流体系，促进了地方经济发展。以《江苏粮食现代物流发展规划》为指导，按照布局集中、产业集聚、用地集约和可持续发展的原则，加快发展现代粮食物流业，建设了一批设施先进、功能配套的粮食产业集聚区，有效促进了地方经济发展。截至2008年底，13个省辖市已有11个市在建或建成粮食物流中心。稳步推进粮食产业化经营，龙头企业带动作用明显。全省粮油工业总产值977亿元、产品销售收入971亿元，分别增长16.2%、15.6%。认真落实惠农政策，服务水平进一步提高。精心组织夏秋两季粮食收购，继续实行小麦最低收购价政策，并进入全国粳稻最低收购价政策执行范围。积极发展"网上粮店"、"粮食银行"等新型粮食流通业态，拓展为农服务形式，保护种粮农民利益。

一　粮食宏观调控

把确保粮油供应和价格基本稳定作为工作的重中之重来抓。尤其是雪灾和食用油价格暴涨期间，加强市场监测，及时采取应急措施，组织成品粮油投放市场，建立成品粮油储备，确保了市场供应。2008年，全省粮食生产再获丰收，全年粮食总产达3175万吨，创9年来最好水平。抓好粮食购销，奠定调控物质基础。认真贯彻落实国家粮食收购政策，积极实施新的《小麦》国家标准，全省粮食购销两旺，购销量再创新高。2008年，全省国有粮食企业收购1455万吨、销售粮食1730万吨，购销总量居全国第三位。产销衔接扩面增量，签订省内产销协议260万吨，同比增长18.2%。2008年国家小麦最低收购价收购、临时存储及油菜籽中央储备收购等政策，给全省农民增加现金收入18亿元。加强储备管理运作，有效调节市场供给。适时组织轮换地方储备粮，调节市场供求。建立省级临时储备油和市级成品粮油储备。建立粮食经营者最低和最高库存制度，在粮食市场正常情况时保证粮食产品提供者保有一定数量的货源、稳定全社会粮食存量水平；在粮食应急状态下防止粮食经营者囤积居奇、垄断或者操纵粮食价格。加强价格监测，及时对粮油市场价格、供求形势进行分析，增强调控的主动性和预见性。健全应急机制，保障应急供应。重新核定粮油应急加工、供应网点，落实应急加工企业302家，应急供应企业779家，进一步完善了应急企业数据库，增强市场应急供应保障能力。抓好军粮等政策性粮油供应，为全省骨干军供站点统一配置专用送货车，军供保障能力进一步提高。

二　粮食流通监管

省政府以2008年第46号省政府令颁布了涵盖省、市县储备粮的《江苏省地方储备粮管理办法》，该办法为江苏粮食政策法规史上第一部以省政府令颁布的规章。强化执法机构建设，截至2008年12月底，全省最后一批10个县级粮食局经当地编办批准设立了监督检查机构。至此，全省省、市、县三级粮食行政管理部门监督检查机构全部建立。加强监督检查，有力维护全省粮食流通秩序。全年省粮食局部署安排粮食流通专项检查活动14项，各地对这些专项监督检查活动都有组织按时落实，开展各项检查活动2728次。采取自查与互查、抽查与核查相结合，在全省范围内开展了为期一个月的粮食库存集中专项检查。通过检查确认，全省库存粮食账实相符率为99.68%，粮食质量完好，储存状况安全。突出质量监督，努力创建粮食安全消费环境。认真组织粮食质检机构对全省收获的稻谷和小麦进行质量与原粮卫生检测；加强各级储备粮和政策性粮食购销活动的质量检查；建立储粮药剂使用备案制度，规范储粮药剂使用；加强粮食库存环节的监管，确保库存粮食质量符合国家标准。实施行政处罚，营造依法经营的社会环境。按照粮食流通监督检查工作"常态化、规范化、法制化"的要求，加大行政执法力度，严肃查处各类违法违规行为。2008年，全省各级粮食行政管理部门依法对665家购销企业和个体工商户实施了行政处罚。海安县开出了一笔罚款

5万元的全省最大罚单。通过不断深入开展监督检查，加大行政处罚力度，维护了粮食流通市场秩序，营造了公平竞争和依法经营的良好环境。

三　粮食流通基础设施建设

修编《江苏省现代物流发展规划实施方案》，并出台了《关于优化全省粮食仓储设施的意见》，提出至"十一五"期末在全省形成区域性物流园区为龙头、中心示范库为重点、骨干收储库为支撑、基层收纳库为基础的相辅相成的体系，最近三年重点建设10个物流园区、改建50个中心粮库、修建300个骨干粮库。突出"四散化"功能，整合和优选重点粮食物流项目，加快粮食物流项目建设进程。积极争取财政支持，通过招商引资、工商联合等多种方式筹集建设资金，培育设施先进、功能配套的区域性粮食现代物流中心。18个物流项目纳入省重点项目，规划总投资55.7亿元，完工或基本完工项目7个，在建项目5个，开展可行性研究论证等前期工作的项目6个，已完成投资14.3亿元，占总投资的25.7%。江苏省长江沿岸已经建成或在建南通粮油集运公司、省粮食集团张家港码头、靖江扬子江粮食物流中心、南京现代粮食物流中心等，运河沿岸已经有苏州粮食物流园、宿迁粮食物流中心、宝应湖粮食物流中心等。加强对中心粮库建设的指导，从粮源、区位、交通、技术力量等各方面综合考虑优选中心粮库，完善中心粮库各项功能，把中心粮库建成区域性的储备粮承储、质量检测、药剂管理、害虫防治和储粮技术推广中心。截至2008年底，全省1/3县市已经建成中心粮库，1/3县市正在建设，1/3县市即将启动。2008年，中央和省安排5696万元资金补助28个中心粮库建设项目以及仓房维修。全省各地投资1.4亿元完成大修仓容135.6万吨，投资5.4亿元新建仓容92万吨。

四　粮油工业发展

深入开展"粮油精深加工推进年"活动，切实发挥粮食行政部门的主导作用，积极为科研院所和粮油企业牵线搭桥，促进产学研深度合作。召开全省粮油精深加工现场会，邀请6所大学专家推介35个科技项目，并与龙头企业对接。全省各种粮油精深加工新品、精品、名品不断问世，精彩纷呈。全省特等米占大米总产量的47%，特制粉和专用粉占面粉总产量的83.5%，一级大豆油占大豆油总产量的67.4%。在第八届中国国际粮油精品展览会上，江苏展区60个粮油展位，60个粮机展位，展位数名列第一，参展的600多种粮油产品中，有98个是近年来新开发的精深加工产品，特别是米乳糙米饮料、变性淀粉、小麦膳食纤维、自热米饭等新品倍受消费者青睐。实施品牌带动战略，指导企业强化产品质量管理，争创名牌产品。2008年，全省粮油产品新增省名牌13个，省名牌累计达到62个，创历史新高；全省粮油产品已获得11个中国名牌，中国名牌数位居全国同行业之首。加强科技研发投入，企业研发投入2.3亿元，专利数88个。全省粮油工业平稳增长，但受国际粮食市场价格大起大落、油脂价格大幅下跌的影响，利润大幅下降。入统粮油工业企业733个，其中，国有企业65个，外商及港澳台投资企业40个，其他企业628个。实现工业总产值977亿元，销售收入971亿元，分别增长16.2%、15.6%；实现增加值104亿元，出口交货值12.7亿元；实现利税28.6亿元、利润16.9亿元，分别下降13%和35%。粮油加工龙头企业建立粮油生产基地106.7万公顷，带动农户385万户，在全省粮食行业的骨干支撑作用进一步显现。

五   国有粮食企业改革

按照"有进有退，进而有为，退而有序"的原则，着眼于做强做大企业和建立现代企业制度，积极推进国有粮食企业体制改革和经营机制转换。一是"三老（老人、老粮、老账）"难题基本解决。"老粮"在国家和省政府支持下已经彻底解决。"老账"问题按照国家有关规定进行了财务挂账清理审计，省政府确认的政策性财务挂账数额，绝大部分已上划到县级以上粮食行政主管部门。"老人"由县区粮食购销总公司集中管理，通过企业上缴资产有偿使用费或承包、租赁费等，由粮食局或粮食购销总公司集中管理、统筹支付相关费用，对社会稳定起到了积极作用。截至2008年12月底，全省国有粮食购销企业在册职工3.01万人，离退休人员4.27万人。二是企业改革取得进展。粮油工业企业通过民营、破产等形式基本完成产权制度改革。国有粮食购销企业以县为单位基本成立了粮食购销总公司，主要负责所属国有粮食购销企业的国有资产运营及监管。国有粮食购销企业改革在调整职工劳动关系后，普遍采用承包经营、租赁经营、委托经营等方式实行所有权与经营权相分离。同时，通过资产重组、股份制、股份合作制、出售转让及破产等形式稳步推进产权制度改革。截至2008年12月底，全省国有粮食购销企业由2001年的1890家重组整合至现在的1537家，减少353家，减幅为18.8%；641家实行了产权制度改革，改革面33.9%。三是企业运行机制改善。根据企业运行"四自"要求，不断加强企业运行机制的规范管理，股份制企业按照《公司法》规定运行；租赁经营企业按照租赁合同自主经营、自负盈亏，完善会计派遣和资产管理制度，强化监督约束；承包经营企业，法人代表交纳风险抵押金，加强财务管理，强化审计和考核、奖惩。职工双向自主选择，合同聘用，能进能出，企业根据岗位、个人贡献大小自主分配职工收入。四是企业运行效益提升。加强对企业扭亏增盈工作的指导，积极落实各项财务政策，支持企业搞好粮食购销，开展多种经营，指导企业加强财务管理，降低成本费用，提高经济效益；完善国有粮食企业扭亏增盈信息通报制度和重点企业经营情况分析制度，及时掌握企业的经营情况和财务状况，企业劳动生产率明显提高，运行效益明显提升。国有粮食企业人均购销存量比改革前提高8~10倍。2008年，全省国有粮食购销企业累计实现利润18475万元，同比增加1452万元，首次实现以县为单位全面盈利，企业净资产增加，确保了国有资产保值增值。

六   党风廉政建设

认真贯彻中央惩防腐败体系五年《工作规划》和省委《实施意见》，坚持改革创新，更加注重治本，更加注重预防，更加注重制度建设，努力拓展从源头上防治腐败工作。坚持民主集中制，促进决策的科学性。凡涉及全省粮食流通体制改革和经济发展的战略规划和全省粮食工作的重大政策性文件，涉及干部的任免、奖惩，涉及财务预算、工程立项及其他较大财务活动等事项，都按照"集体领导、民主集中、个别酝酿、会议决定"的原则决策。2008年初，省粮食局3个副处职位再次实施竞争上岗；结合个人特长和工作需要，对7位同志进行了交流轮岗，有效激发了干部队伍的活力。深化反腐倡廉教育，促进廉洁自律。组织党员干部学习中央《建立健全惩治和预防腐败体系2008~2012年工作规划》和省委《实施办法》，开展学习《工作规划》知识答题活动。制定了贯彻落实《工作规划》和《实施办法》的实施方案，深入开展反腐倡廉教育，帮助广大党员干部筑牢拒腐防变的思想道德防线，增强廉洁自律的自觉性。充分发挥驻局纪检监察部门职能作用，首次在"江苏粮网"上开通勤政廉政专栏，办好《江苏粮食廉政信息》，加大宣传教育的力度，加强反腐倡廉教育，推进局机关和全系统党风廉政建设工作的开展。规范权力运行机制，提升制度建设水平。按照"反腐倡廉制度规范执行年"的要求，针对重大事项的决策、干部的选拔任用、粮食行政许可及审批、粮食行政执法、储备粮管理、国有资产和财务管理等权力运行的关键环节，编制权力运行工作流程，建立健全各部门内控制度体系，进一步发挥好制度在预防腐败中的关键性作用。在正处级干部试用期转正考察、副处级干部竞争上岗、直属单位副职岗位拟任人选考察等方面，驻局纪检监察部门进行全程监督，并对新提拔的干部进行集体廉政谈话。继续实行国家临时储备粮通过网上竞价交易，地方储备粮通过市场竞价采购，国有粮食企业产权转让和土地使用权出让通过招标拍卖、公开挂牌交易。开展专项检查，创建廉洁工程。坚持监督工作与项目建设同步，认真履行监督职责，始终做到关口前移，严防发生腐败问题。下发《关于组织开展全省粮食物流中心工程建设党风廉政情况专项检查活动的通知》。按照《通知》要求，对已建和在建的粮食物流中心工程项目，进行了认真检查。据6个重点粮食物流项目统计，共30个标段，标底价2.7亿元，中标价2.3亿元，节约了投资。同时，高度重视群众信访举报工作，认真查办群众反映的问题，加强了群众监督。对于"政风热线"交办的信访件，做到反应迅速、及时反馈、件件落实。

七　粮食行业建设

深入开展学习实践科学发展观活动，经群众测评，"学习活动组织情况满意率"为99.92%，"解决突出问题情况满意率"为100%。开展"粮食收购优质服务月"活动，通过"政风热线"、"在线访谈"等形式宣讲政策为民服务。支援四川灾区，通过捐款捐物、缴纳"特殊党费"等形式奉献粮食人的爱心。信息宣传工作得到加强，"江苏粮网"点击量累计已超过400万人次。根据政府换届的实际，省粮食局举办了新任市县粮食局长培训班，全省粮食系统开展粮食行政执法、财会、统计、职业技能等业务培训，粮食行业学知识、比业务、赛技能的氛围日渐浓厚。

◆ **江苏省粮食局领导班子成员**

王元慧（女）　党组书记、局长

严长俊　　　　党组副书记、副局长

于国民　　　　党组成员、副局长

卢保全　　　　党组成员、副局长

沈祖方　　　　党组成员、纪检组长

王建国　　　　党组成员、副局长

刘成龙　　　　副巡视员

2008年8月，江苏省委书记梁保华视察靖江扬子江现代粮食物流中心。

2008年6月，江苏省委常委、副省长黄莉新在兴化、高邮视察夏粮收购工作。

浙江省粮食工作　基本情况

浙江省地处中国东南沿海长江三角洲南翼，境内最大的河流钱塘江，因江流曲折，又称浙江，省以江名，省会杭州。全省有2个副省级城市、9个地级市，90个县（市、区）。2008年年末全省常住人口5120万人，户籍人口4687.85万人，其中农业人口3292.37万人、非农业人口1395.48万人。

浙江全省陆地面积10.18万平方公里，为全国面积的1.06%，是我国面积最小的省份之一。浙江人多地少，山地和丘陵占70.4%，平原和盆地占23.2%，河流和湖泊占6.4%，素有"七山一水二分田"之称。2008年全省耕地面积159.7万公顷，人均占有耕地0.47亩；2008年全省粮食产量775.55万吨，人均占有量151.47公斤。主要品种：春粮产量38.47万吨；早稻产量59.369万吨；秋粮产量677.72万吨，其中晚稻产量601万吨。

2008年，全省GDP 21486.92亿元，比上年增长10.1%。人均GDP 42214元，增长8.6%。财政总收入3730.06亿元，其中地方财政收入1933.39亿元，按可比口径分别增长15.1%和17.2%。2008年城镇居民人均可支配收入和农村居民人均纯收入分别达到22727元和9258元，扣除价格因素，分别增长5.4%和6.2%；城镇居民人均可支配收入连续8年、农村居民人均纯收入连续24年列全国各省区第一位。

2008年，全省粮食企业粮食收购量85.8万吨。全省粮食需求量为1893万吨，其中口粮974万吨、饲料用粮638.5万吨、工业用粮270.5万吨、种子用粮10万吨。

2008年末，全省粮食企业654家，其中国有及国有控股粮食企业317家；从业人员13140人，其中国有及国有控股粮食企业从业人员10989人。

2008年粮食工作

2008年，国内外粮食形势复杂多变，粮食供求不稳定性加大，粮食问题成为社会广为关注的焦点。面对严峻挑战，全省各级粮食部门在省委、省政府和当地党委、政府的正确领导下，深入贯彻实施"创业富民、创新强省"总战略，上下同心、克难攻坚，"抓创新、谋发展，保安全、促和谐"，为确保粮食市场稳定，保障粮食安全，促进全省经济社会又好又快发展作出了积极贡献。

一　粮食安全责任落实

省委、省政府领导高度重视粮食工作，省委书记赵洪祝、省长吕祖善、副书记夏宝龙、常务副省长陈敏尔、副省长茅临生等省领导先后40余次对粮食工作做出批示。根据粮食形势的变化，省委、省政府及时出台《关于进一步抓好粮食安全保障工作的通知》和《关于进一步完善粮食安全行政首长负责制并严格考核的意见》，在全国率先制定了涵盖粮食生产、耕地保护、粮食流通等涉及粮食工作全部内容的粮食安全责任制，并与各市政府签订了《粮食安全责任书》。同时，以省长令颁布施行《浙江省实施〈粮食流通管理条例〉办法》和《浙江省地方储备粮管理办法》，并两次召开全省性会议，对粮食工作进行全面部署，采取一系列措施稳定粮食生产，促进粮食流通，提高粮食安全保障水平。各地党委、政府对粮食工作也高度重视，认真落实粮食安全行政首长负责制。全省粮食工作会议结束后，各市都相继召开粮食工作会议，认真学习贯彻全省会议精神，切实把省政府出台的政策措施落到实处。不少市县主要领导亲自深入粮食部门，多次听取粮食工作汇报，实地检查粮食收购、储备、应急保障等情况，研究制定保障粮食安全的具体工作措施。各级粮食部门积极主动出谋划策，扎实细致做好工作，当好党委政府的参谋。

各级党委、政府的高度重视，各有关部门的大力支持，具有前瞻性、针对性、长效性的政策措施的出台，使全省粮食工作呈现齐抓共管、推进有力、发展有序、稳中有升的良好态势。

二　调控工作成效明显

认真做好收购工作，稳定省内粮源。全省各级粮食部门认真落实粮食产销政策，进一步提高"订单粮食"收购价外补贴标准，扩大预购定金发放范围和数量，促进"订单粮食"稳定发展。2008年，全省国有粮食购销企业共与28万户农户签订粮食订单59.6万吨，订单面积17.1万公顷，与上年基本持平。向758户种粮大户发放粮食预购定金1928万元，发放户数和发放总额分别比上年增加13.9%和19.8%，较好地支持了种粮大户开展粮食生产。收购中，各地还积极开展收购先进单位创建活动，不断拓展服务范围、服务内容、服务形式，切实提高订单履约率。通过努力，在粮源趋紧、价格上扬的新形势下，全省国有粮食购销企业累计收购粮食65.8万吨，其中"订单粮食"53.0万吨，订单履约率达到89%，较好地完成了预期的工作目标。

切实加强粮食储备管理，充分发挥储备粮吞吐调节作用。各级粮食部门继续把加强地方粮食储备管理，作为保障全省粮食安全的重要任务抓紧抓好。为进一步增强调控能力，省政府下达了全省新增粮食储备计划，各地按要求认真落实，并开始建立成品粮储备。"星级粮库"创建活动在市县中心粮库蓬勃开展，粮食仓储管理水平和科学保粮技术水平全面提高。储备粮品种结构继续改善，市县储备粮中的晚稻储备量平均占到27.8%，储备粮集并数已达到市县储备粮规模的65%。储备粮轮换工作进一步规范，全省先后举办了150多场次不同规模的储备粮油公开竞价销售和招标采购活动，轮换地方储备粮，适时吞吐调节，有效稳定市场供求。全省开展的地方储备粮质量检查结果显示，储存品质指标的宜存率为97.7%，未发现重度不宜存的储备粮。经国家有关部门组织的粮食库存大检查显示，全省粮食库存账实相符、质量良好、管理规范。

进一步完善粮食应急管理机制，不断提高粮食应急供应能力。全省基本建立以乡镇、街道为单位覆盖城乡的粮食应急供应网络，落实粮食应急供应网点1528个、应急加工企业297家（其中省级21

家），日应急加工能力2.04万吨。绍兴、上虞、永康等地组织了多部门联合参加的应急预案演练，为粮食应急预案的进一步完善提供了实践经验。在各地设立的115个粮油行情监测点，按要求及时开展粮食安全预警和粮情预报工作，确保对粮食形势的变化作出准确研判。同时，认真做好军粮供应工作，提高平战保障能力。配合有关部门做好大中专院校、城市低收入群体、农村缺粮人口等特殊群体的粮食供应保障工作。

全省各级粮食部门工作靠前，调控得当，社会多元主体积极采购粮源，不仅成功应对了2008年严重低温雨雪冰冻灾害，确保省内粮油市场供应不脱销、不断档，还经受住了国际高粮价的冲击，保障了人民群众的生活必需。

三　现代物流稳步推进

按照国家和省粮食物流发展规划要求，全省各地以开展"粮食物流建设年"活动为契机，根据政府引导和企业投入相结合的原则，多方筹集资金，加快推进区域性粮食物流中心建设。全省区域性粮食物流中心已开工建设，面积266.3公顷，投入建设资金22.9亿元，社会效益和经济效益日益显现。杭州粮食物流中心被列入2008年国家扶持的粮食现代物流项目，其中的粮食交易市场已正式开业。衢州、温州粮食物流项目被列入2009年国家扶持的粮食现代物流项目，其中温州粮食物流中心建设项目已完成总投资额的80%，地下粮库项目顺利开工。舟山国际粮油集散中心投入运行以来运营量进一步增大，全年共靠泊散粮船82艘，接卸、中转、减载散粮207万吨，接卸大豆上岸加工58万吨，省舟山储备中转粮库中转粮食52万吨。宁波粮食物流中心接卸转运粮食35万吨，其中散粮12万吨，较好地缓解了"北粮南运"的运输瓶颈制约。嘉兴粮食物流中心成交量已达40万吨，嘉兴港独山港区粮油专用码头顺利开港，中转库工程完成总投资的60%，起到了辐射江、浙、沪的集散作用。此外，湖州粮食物流中心的储备库项目已竣工，开始堆粮压仓，加工及内河码头等项目已完成主体工程；绍兴、衢州、丽水粮食物流中心已于年前开工建设；金华粮食物流中心已完成项目供地手续，台州粮食物流中心正在进行前期规划和设计论证。

为支持粮食仓储设施建设，继续对市县中心粮库建设实行"以奖代补"政策。到2008年底，各地新建中心粮库54个，其中2008年全省有10个市县中心粮库新（扩）建项目竣工验收或基本完工。

面对征地难、融资难、招商难等诸多困难，全省各地粮食部门勇于克难攻坚，盯准目标抓落实，全力推进粮食物流基础设施建设，提高粮食流通能力，为全省粮食现代物流体系的全面建成打下了坚实的基础。

四　产销合作继续深化

为弥补浙江省内产需缺口，确保供需平衡，全省各地继续按照 "政府引导、部门协调，企业为主、市场运作"和"互惠互利、同等优先"的合作原则进一步推动与粮食主产区建立多元化、多层次、多形式的粮食产销合作关系。粮食产销合作的路子越走越宽，合作的程度越来越紧密。一大批民营粮食企业充分利用政府搭建的合作平台，深入主产区腹地建立粮食采购、加工、储存基地，构建粮食产业化经营体系，成为粮食产销合作的生力军。到2008年底，各地在主产区建立的相对稳定的粮源基地达到16万公顷。在与江西、黑龙江等省的粮食产销合作不断深化的同时，各地合作的触角正在向新的地域延伸。浙江省政府代表团赴内蒙古考察期间，两省（区）粮食部门就粮食产销合作进行了广泛交流和协商，杭州、宁波、温州、湖州的粮食企业与兴安盟粮食企业初步建立了粮食产销合作关系。10月，再次组团赴黑龙江省参加金秋粮食交易合作洽谈会，进一步深化和巩固双方的合作关系，两省粮食企业共签订34项粮食购销协议，协议购销粮油69万吨。在调运东北粮食入关运费补贴政策的推动下，全省各类粮食经营企业积极采购东北稻米，经财政部核准，上半年共有20家企业获取补贴。经浙江省和黑龙江等省积极争取，从2007年11月起，国家继续实行调运东北粮食入关运费补贴政策，到目前全省申请粮食入关运费补贴企业已从东北三省调运稻米数十万吨。

通过省际间的粮食产销合作，浙江的粮田在向外延伸，浙江的粮仓在向外扩大，市场供应的粮食品质明显提高。2008年，全省主要粮食批发市场成交总量达590万吨，比上年增加7.3%，其中省外粮源占85%，有力地保证了省内粮食供需平衡。

五　法治建设取得突破

2008年，粮食法治建设和依法管粮工作得到进一步加强。浙江省政府常务会议分别审议通过了《浙江省地方储备粮管理办法》和《浙江省实施〈粮食流通管理条例〉办法》，并以省长令颁布实施。两个《办法》就地方储备粮管理、粮食市场准入、规范粮食经营活动、完善粮食市场调控机制等作出了具体规定。全省各地通过召开座谈会、举办宣传活动等形式，广泛宣传贯彻两个《办法》，并着手制定与之相配套的有关制度。同时，各地切实抓好收购许可和粮食流通监督检查等一系列制度的执行。认真贯彻《粮食质量监管实施办法》，进一步提升和完善粮食质检机构的基础设施条件，加强粮食质量安全例行监控，进一步完善各级储备粮出库检测、军粮抽检、粮食竞价交易出证检测、粮食市场准入检测和粮食市场抽查检测等措施。各地粮食部门还与工商、质监、卫生等部门加强协作，严格粮食储藏、加工、流通各环节的质量监管，突出加强对陈化粮购买企业的全程监管，坚决杜绝劣质粮油流入市场，全省未发生重大粮食质量安全事故。

省政府出台的《浙江省地方储备粮管理办法》和《浙江省实施〈粮食流通管理条例〉办法》，是浙江粮食政策法规史上第一次以省长令颁布的规章，是全省粮食流通立法取得的重大突破，为依法管粮工作奠定了重要的法治基础，粮食流通领域的法治环境正在逐步形成。

六　队伍建设不断加强

全省各级粮食部门深入开展"树新形象、创新业绩"主题实践活动，进村入户调研摸清实情，"送订单、送定金、送政策、送科技、送信息"下乡，分析粮食形势，宣传产销政策，了解种植意向，签订粮食订单，发放预购定金，帮助种粮农民解决实际困难。积极开展"联大户、搞服务"活动，建立种粮大户档案，为种粮大户提供产前、产中、产后全方位服务，在政策、资金以及技术等方面支持广大农民发展粮食生产。进一步发挥流通对生产的引导作用，引导农户种植适合市场需求的优质粮食品种，指导农户科学储粮减少农村粮食产后损失，切实为种粮农户办实事、做好事，提升为农服务水平，使党群关系进一步密切，群众满意度进一步提高。根据省委的统一部署，省局从2008年9月开始开展深入学习实践科学发展观活动，以"推进科学发展，加快转型升级，建设流通强省，确保粮食安全"为实践载体，以解放思想、统一认识、找准问题为重点，明确目标要求，制定周密计划，有力有序推进，取得了预期成效。经群众满意度测评，满意率达到98.65%。加强干部职工培训，积极拓展职业技能鉴定覆盖面。全年培训鉴定粮油保管员400人次，粮油质量检验员222人次。粮油保管员初级合格率为86.67%，中级合格率为78.10%，高级合格率为76%。结对帮扶工作扎实推进，在新一轮"低收入农户奔小康"工程中，省局作为结对帮扶组长单位，及时研究制订结对帮扶工作规划，落实结对帮扶项目6个，资金40万元。"5·12"四川汶川特大地震发生后，各级粮食部门通过捐款捐物、缴纳"特殊党费"等形式，支援四川灾区，踊跃奉献浙江粮食人的爱心。

在科学发展观引领下，全省各级粮食部门切实加强党的思想建设、组织建设和作风建设，粮食队伍素质进一步提高，系统上下的凝聚力和向心力进一步增强，充分展示了全体干部职工共赴时艰克难关、顽强拼搏促发展的精神风貌。

◆ **浙江省粮食局领导班子成员**

陈聪道　　党组书记、局长

钟传厚　　党组成员、副局长

韩鹤忠　　党组成员、副局长

高荣泰　　副巡视员

浙江省副省长茅临生（右二）由省粮食局局长陈聪道陪同（左二）视查粮库储粮情况。

浙江省粮食局局长陈聪道到基层检查工作。

浙江省粮食局副局长钟传厚 (右二)访问粮农。

安徽省粮食工作　基本情况

　　安徽省地处华东腹地，沿江通海，承东启西，是国外及沿海发达地区向内地产业转移的前沿地带。

　　全省总面积13.96万平方公里，现辖17个市、105个县（市区）。2008年末全省总人口6740.8万人，比上年增加65.1万人；城镇化率为40.5%，比上年提高1.8个百分点。全省生产总值(GDP)8874.2亿元，按可比价格计算，比上年增长12.7%；财政收入达到1326亿元，比上年增长28.2%。全年城镇居民人均可支配收入12990.4元，比上年增长13.2%；农村居民人均纯收入4202.5元，比上年增长18.1%。

　　安徽农产品品种比较齐全，盛产稻谷、小麦、油菜、大豆、玉米等，水稻、小麦占总产量的80%。安徽又是全国7个粮食净调出的粮食主产省之一。近年来中央出台了一系列强有力惠农政策，特别是安徽全面实施"小麦高产攻关活动"、"水稻提升行动"、"玉米振兴计划"（三大战役），粮食生产能力和生产水平大幅提升。2008年粮食种植面积656.1万公顷，比上年扩大8.3万公顷，其中优质专用小麦面积167万公顷，扩大24.2万公顷。油料种植面积93.7万公顷。全年粮食总产量首次突破3000万吨，达到3023.3万吨，比上年增加121.9万吨，增长4.2%，连续五年丰收、三年连创新高。油料产量228万吨，增长14.5%。粮食作物优质率达到65%，其中水稻优质率达到68%。

　　丰富的粮油资源为安徽粮油加工业的发展提供了坚实基础。2008年度全省规模以上粮油加工业645个，大米加工能力1361万吨、小麦粉897万吨、油脂239万吨、玉米153万吨。粮油加工实绩1134万吨，实现工业总产值499.15亿元，实现利润13.5亿元，综合经济指标居全国前列。拥有全国名牌产品6个，安徽省名牌产品21个。

　　安徽省国有粮食购销企业现有总有效仓容1280万吨(不含中储粮安徽分公司、中粮集团)，其中5万吨以上的粮库40个，仓容298万吨。现有仓容中具备环流熏蒸条件仓容581万吨，94%的仓容实现了机械通风。全省粮库拥有地中衡、清理筛、输送机等保粮设备7936台(套)，烘干能力1630吨/小时。拥有铁路专用线21条，专用码头17个，总吨位1.76万吨。

　　2008年底，安徽省国有粮食系统机构数1066个(行政单位97个，事业单位91个，企业单位878个)。全省粮食系统现有在岗职工26544人，其中粮食购销企业在岗职工21732人，同比增加了791人。

2008年粮食工作

2008年，安徽省各级粮食部门认真学习贯彻党的十七大精神和胡锦涛总书记两次来皖视察工作时的重要讲话精神，全面系统地总结粮食行业改革开放30年的成功经验，进一步推进新一轮思想大解放，以深入开展学习实践科学发展观活动为动力，以"引导粮食生产、服务粮食消费、提升粮食产业、确保粮食安全"为己任，扎实推进"园区建设攻坚年"、"企业改制突破年"、"粮食流通服务年"和"反腐倡廉制度建设年"等主题活动，大力弘扬粮食行业优良传统，群策群力、共克时艰，继续保持了粮食工作良好发展态势，经济效益连续三年位居全国粮食系统前列，为全省经济平稳较快发展作出了积极贡献。

一　粮食收购量实现历史性突破

2008年，各地严格执行国家粮食最低收购价政策，规范操作，重申"八个坚持、八个不准"收购纪律，确保中央惠农政策落到实处；同时积极拓展市场化经营，不断创新收购方式，完善服务措施，国有粮食企业主渠道作用进一步彰显。全行业累计收购粮食1670万吨，比上年增加370万吨，比历史最高年份多收160万吨，其中国有粮食购销企业从生产者直接收购粮食950万吨，比上年增加310万吨。滁州、阜阳、亳州收购量分别超过155万吨、125万吨、100万吨。特别值得一提的是，2008年全省最低收购价小麦入库696万吨，刷新了小麦收购历史纪录。启动国家临时存储粮收购，收购国家临时存储稻谷近200万吨。由此因价格和品质提高以及增产因素，为农民增收25亿元以上。

二　食用植物油储备实现零的突破

除省级粮食储备已达到相当规模外，各市县均建立不低于3000吨规模粮食储备的基础上，第一批1.5万吨符合质量要求的省级食用植物油储备全部到位，填补了安徽省级食用植物油储备空白，实现了油脂储备零的突破。铜陵、淮南、芜湖、六安、巢湖、安庆、黄山等先期建立了3500吨市级食用植物油储备，为粮食宏观调控和应对突发事件奠定了坚实的物质基础。同时，强化安全储粮责任制，对省级储备粮油实行跟踪监管，确保了安全生产、安全储粮无重大事故。

三　核销历史挂账与企业经济效益双双实现重大突破

以推进"企业改制突破年"活动为抓手，着力把国有粮食企业产权制度改革与消化处置不良贷款有机结合起来。各地因地制宜、因企施策，通过依法破产、关闭注销、发行起诉等途径，全力推进依法核销企业债务，创新企业组织形式。全省依法核销经营性挂账15.58亿元，实现企业改制371家，其中实行股份制改制企业116家，依法破产户数114家，关闭注销户数254家，进一步优化了企业结构，有效减轻企业历史包袱，提升了企业竞争力。同时紧紧抓住托市收购有利政策机遇，积极开拓市场经营，强化细化内部经营管理，坚持不懈地狠抓扭亏增盈，国有粮食购销企业经济效益呈现稳健增长态势，全省实现盈利1.14亿元，比上年增长18%，位居全国第三。肥东、颍东、颍上、定远县和淮北市直等连续两年实现盈利合计均突破1000万元。

四　争取财政等政策扶持实现新的突破

2008年省粮食局跟进国家扩大投资，促进内需的重大举措，积极争取财政专项扶持发展资金9000多万元，是近几年来最多的一年。同时积极争取地税部门的支持，出台国有（国有控股）粮食购销企业房产税、城镇土地使用税减免等优惠政策，为企业减负一年达7000多万元，增强了企业发展的后劲，有力地推动了全省现代粮食流通产业科学发展。主动争取国家安排三批稻谷临时存储收购计划279万吨，带动了市场粮价有序回升，有效解决了农民"卖粮难"问题。

五　粮食宏观调控能力明显增强

根据国家四部委的要求，会同省财政厅适时调整了地方粮食储备规模，报经省政府批准下达，并将落实地方储备粮列入政府目标考核。全省地方粮油储备进一步充实，省辖市10天以上成品粮油储备正逐步建立。经省政府同意，核定公布了《安徽省粮食经营者最低和最高库存量标准》。覆盖全国25个省（区、市）的合肥国家粮食交易中心当年竞价销售政策性粮食2425.3万吨，累计竞价交易量突破7000万吨，交易额突破1000亿元，在调控市场粮价中的"稳盘"作用功不可没，被中央电视台《新闻联播》节目作为头条新闻播放。粮食应急预案进一步细化，适时出台应对雨雪冰冻灾害确保市场粮食供应专项应急预案，指定164家粮食应急加工企业和233家应急供应网点，粮食应急快速反应能力明显增强，并在年初特大雪灾和紧急援川地震灾区1万吨大米中功效显现。粮食质量检测体系建设步伐加快，总投资3500万元的省粮油检测中心项目建设基本竣工，合肥、蚌埠、淮南三市粮油检测站成功纳入国家粮油质量检测体系。以省粮油检测站为中心，以区域性检测站为基础的质量检测体系正逐步形成。军粮供应保障机制不断完善，军粮供应质量得到部队一致好评。2008年全省销往省外粮食达600多万吨，销售总量居全国前列。

六　粮食产业园区建设明显加快

扎实推进"园区建设攻坚年"活动，积极寻求政策与资金扶持，扩大招商引资，吸纳多元资本、资源参与园区建设，粮食产业园区发展势头强劲。2008年全省粮食产业园区招商引资14.07亿元，争取财政专项扶持资金1777万元。2008年底全省82个市县规划和建设粮食产业园区98个，其中在建74个，已有52个园区基本建成或主体工程竣工投入使用，占在建园区的70%，淮北、合肥、铜陵、金安、桐城、无为等29个园区列入省"861"重点项目。省粮食局被省政府评为省"861"重点项目建设先进单位。省粮食局与省发展改革委联合出台了《安徽省粮食现代物流发展规划》，一批以粮食散装、散卸、散储、散运为主要标志的现代粮食物流中心蓬勃发展，其中合肥等5个物流项目已列入国家发展改革委重点投资项目。出台《安徽省关于加快推广散粮运输的意见》，2008年全省粮食散运量同比增加1.18倍，散运车船数量和吨位同比分别增加3倍和5倍。

七　粮食产业化综合水平明显提高

主动跟进省农业产业化"532"提升行动，全面实施粮食产业化"518提升工程"。2008年全省实际落实粮食订单面积近230万公顷，优质率在80%以上，通过订单收购粮食650万吨，创历史新高。龙头企业迅速发展，粮油类国家级和省级龙头企业分别为12家和123家，同比增加4家和35家。2008年全省粮油加工业实现销售收入首次突破400亿元，达到450亿元，比上年增长60%，全年实现利税13.5亿元，比上年增长22%。全省粮食行业年销售收入超过10亿元、5亿元和1亿元的龙头企业分别达到10家、10家和40家，同比增加2家、2家和11家。全省粮油精深加工新品、精品、名品异彩纷呈，无菌方便米饭、谷朊粉、结晶麦芽糖醇、结晶葡萄糖、米糠油开发等新品倍受消费者青睐。粮油及粮油机械类安徽名牌产品21个，占总数的17%，一大批粮油产品获得中国名牌农产品、有机食品、绿色食品等称号。农村服务社和城市连锁店发展步伐加快，已发展到4669个，比上年增加371个，市场占有率50%以上。粮食产业专业合作组织已发展到154家，比上年增加92家，促进了粮食产业链、服务链和利益链的无缝对接。

八　粮食流通服务水平明显提升

践行"为耕者谋利，为食者造福"的服务理念，实行局领导分片督查联系制度，扎实推进"粮食流通服务年"活动，并纳入各市年度工作目标考核内容。广泛征集省人大代表、政协委员意见建议，开展网上万人民意调查，落实具体整改措施。同时，注重总结推广粮食流通服务工作中的典型经验，亳州市谯城区粮食局开展"小麦收购直通车"活动，被央视网站和新华网等国家级媒体推介；固镇石湖粮库的"小麦进我库，一切我服务"的做法，深受售粮农民欢迎。在小麦播种之前，及时发布优质品种信息，引导农民种植优质专用小麦，促进农民增产增收。与安徽日报社联手举办粳稻、糯稻供需对接会，为种粮大户和用粮企业搭建产销平台，解决农民"卖粮难"问题。圆满完成新农村科学储粮第三期示范工程，去年又惠及2万多农户，配送科学储粮户数是上年的1倍多。"粮食流通服务年"活动得到党委、政府的充分肯定，国家粮食局还就此来安徽组织专题调研。

九　粮食流通依法监管明显加强

围绕"五五"普法中期督查，通过组织开展"5·26"粮食法规宣传和科技活动周，广泛宣传《粮食流通管理条例》等粮食法律法规；主动联系安徽普法网，开辟粮食法规宣传专栏，扩大粮食法规宣传社会认同度；加强粮食行政执法队伍建设，全省共有767人持有有效粮食监督检查证，基本能满足粮食流通监督检查工作需要；完善监督检查工作制度，继续推行粮食流通监督检查联席会议制度和信用分类监管制度；不断创新监管方式，坚持文明执法，寓监管于服务之中，在服务中加强监管，营造良好的执法环境。依法组织开展了专项监督检查，全省检查各类粮食企业和经营户1.38万户次，责令纠正1321例，警告处罚362例，省粮食局直接查处违法违规案54件。2008年安徽省第一次开出对国有粮食企业罚款处罚，第一次取消企业收购资格，第一次发生执行听证案例。

十　粮食行业社会形象得到认可

　　根据中央和省委的统一部署，局党组把深入开展学习实践科学发展观活动作为加快推进安徽现代粮食流通产业科学发展和加强机关自身建设的难得机遇，紧扣"全力推进安徽现代粮食流通产业科学发展"主题，以解放思想、顺应大势、找准问题、整改创新为重点，突出实践特色，解决突出问题取得明显成效，群众测评满意率为95.2％，受到省委学习实践活动领导小组办公室和第九指导检查组充分肯定。积极动员和组织机关干部、龙头企业支援四川地震灾区，通过捐款捐物、缴纳"特殊党费"等形式奉献粮食人的爱心。坚持依法行政，大力推行政务公开。持之以恒地推进机关效能建设，大力推行首问负责制、AB岗制、服务承诺制、办文办事限时制和责任追究制，不断完善效能建设长效机制。深入持久开展"反腐败、反违规、反造假"和"反腐倡廉制度建设年"活动，党风廉政建设受到省党风廉政建设责任制领导小组的高度评价，实现了党风、政风、行风持续好转。成功举办改革开放30年安徽粮食流通产业发展成果展暨第四届安徽粮油精品展示展销会，"省四大班子"和国家粮食局主要负责同志为大会题词祝贺，场面隆重，反响很大，得到国家粮食局和省领导充分肯定及社会各界广泛好评。

◆　**安徽省粮食局领导班子成员**

桂梅生　　党组书记、局长（任职至2008年4月）

孙良龙　　党组书记、局长（2008年4月任职）

刘　惠　　党组成员、副局长（2008年4月任职）

戴绍勤　　党组成员、副局长

谢胜权　　党组成员、副局长（2008年8月任职）

王用华　　党组成员、纪检组长

刘伯林　　副巡视员

2008年1月4日雪灾期间，安徽省副省长赵树丛检查成品粮供应工作。

2008年7月9日，安徽省副省长赵树丛检查夏粮收购工作。

2008年12月27日，国家粮食局副局长曾丽瑛、安徽省政协主席杨多良出席改革开放30年安徽省粮食流通产业发展成果展示暨第四届安徽粮油精品展示展销会。

2008年9月10日，安徽省粮食局局长孙良龙在安庆调研检查秋粮收购工作。

福建省粮食工作   基本情况

福建省地处东南沿海，与台湾隔海相望，在海峡西岸经济区中居主体地位，是我国粮食主销省之一。2008年全省粮食种植面积121万公顷，比上年增加0.9万公顷，粮食总产量652.3万吨，比上年增加17万吨，其中：小麦1.5万吨、早籼稻122万吨、中晚籼稻358.2万吨、粳稻28.6万吨、玉米13.6万吨、大豆13.1万吨、薯类及其他115.3万吨。2008年度全省粮食企业购进经营量1182.59万吨，比上年增加171.48万吨；销售经营量1077.04万吨，比上年增加115.25万吨。2008年度全省从港口、码头、铁路渠道调入的粮食共1125.6万吨，其中进口242.9万吨；销往省外粮食18.64万吨，其中出口1.5万吨。

截至2008年末，全省共有国有粮食企业500家，企业在册职工人数9585人，其中：购销企业274家，在册职工6968人。全省共有粮食仓储企业731户，仓容总量为598.1万吨，其中国有粮食仓储企业577户，仓容435.1万吨，占全社会总仓容的72.7%。全省油罐容量28.3万吨；铁路专用线14565米；专用码头泊位11个，总吨位40万吨。

2008年粮食工作

一   粮食调控

（一）粮食储备

2008年省政府第5次常务会议决定新增50万吨储备粮和3万吨储备油，调增后全省地方储备粮油规模符合现阶段福建省粮食安全需要。同时根据大部分居民消费习惯，将储备品种比例由稻谷55%、小麦45%调整为稻谷65%、小麦35%，储备品种结构得到优化。对2008年新增粮油储备规模所需的粮食风险基金，除在历年节余中开支外，省财政追加预算1.08亿元，2009年起全额列入预算。全省各级粮食部门抓紧进度，落实粮源，落实仓容，落实措施。截至2008年12月底，新增储备粮油已基本到位，配套的粮食风险基金也全部落实到位，粮食安全保障系数进一步提高。

（二）粮食收购

2008年，省政府批准省级粮食储备订单收购量从2007年的20万吨增加到30万吨，同时提高最低收购价，早籼稻最低收购价由每50公斤70元提高到77元，中晚籼稻最低收购价由每50公斤72元提高到79

元，由于2008年市场粮食收购价格均高于最低收购价，未启动粮食最低收购价执行预案。各级粮食部门认真贯彻落实省委省政府粮食订单收购政策，广泛开展"优化服务方式、促进粮农增收"活动，积极探索新形势下服务"三农"的新举措和新机制，创新收购方式，改善收购环境，方便农民售粮。各地直补工作落实较好，收购服务质量明显提高，收购进度和收购数量也好于往年。截至2008年底，国有粮食购销企业累计收购稻谷50.17万吨，同比增加17.29万吨，省级粮食储备订单和市县级粮食储备订单收购任务全面完成。

（三）粮食产销协作

2008年在举办第七届省内产销区粮食购销协作洽谈会的基础上，在武夷山举办了"第四届七省粮食产销协作福建洽谈会"，除了黑龙江、吉林、河南、山东、江西、安徽6个粮食主产省参加外，还邀请了江苏、湖南两个产粮省参加，为拓宽粮食产销协作面，扩大粮源渠道创造条件。2008年各类产销协作洽谈会共签订粮食购销合同、协议696万吨，约占全省粮食总缺口的87%。积极组织各类粮食经营企业采购调运东北粳稻(大米)，2008年上半年就达23.89万吨。

（四）粮食应急保障

一是认真做好骨干粮食加工企业、骨干粮店的年检和审核确认工作。2008年审核确认骨干粮食加工企业131家、骨干粮店255家。二是调整充实应急机构人员。针对粮食安全应急指挥部人员变动情况，对各成员单位及其联络员名单进行了重新核实、确认，并对应急工作实施办法进行修订。三是加强行情监测。除了做好日常的全省社会粮食流通统计、粮油工业统计、流通基础设施统计，开展粮食供需和农户存粮专项调查分析等分类专项工作外，2008年前8个月还增加了市场价格监测一日一报工作和市场粮食库存定点监测报告制度，掌握供需动态，做到及时预警。

二　粮食物流体系建设

（一）仓储设施

2008年，省政府决定参照中央储备粮仓储设施水平按高标准新（扩）建55万吨仓容省级储备粮库，总投资近6亿元(不含土地征用费)，力争3年见成效。同时，从2008年起3年内每年安排4000万元，专项用于对市县级粮库建设、维修、维护等改扩建补助。成立了省级粮食储备库建设领导小组，制定了省级粮库建设规划，确定了新（扩）建仓库的选址布点；修订下发了《市县粮库建设要求及补助管理办法》，2008年度下拨各地市县粮库建设补助资金4000万元，其中：市县级粮库新扩建项目的补助3500万元，市县级粮库因灾受损的维修补助300万元，省级储备粮代储库点的维修补助200万元。2008年度全社会粮食企业仓储设施建设投资57247万元，新竣工仓容50.5万吨，油罐容量1.4万吨；仓储设施改造投资3727万元，完成大修仓容30.1万吨。

（二）物流设施

2008年度全省粮食物流设施完工项目8个，在建项目5个，总投资11268.85万元，主要集中在福州、厦门、漳州三个市，投资额较大的有：福州松下码头有限公司4467万元，新建立筒仓3万吨，粮食专用码头泊位2个，总吨位20万吨（年中转粮食能力258万吨）；厦门港务发展股份有限公司3514万元，新建立筒仓6万吨；漳州招商局码头有限公司920万元，新建立筒仓1.2万吨。

（三）批发市场

福州粮食批发市场、泉州·中国粮食城、漳州浦口粮食交易市场、龙岩闽西粮油饲料城4个省级粮食批发市场均如期完成当年建设任务。福州粮食批发市场经国家粮食局批准组建"福州国家粮食交易中心";泉州·中国粮食城交易街正式开业,入驻商户100多家,黑龙江等6个粮食主产省在该市场设立办事处,国家粮食信息中心在该市场设立信息测报点;三明、南平2个区域性粮食批发市场已建成运行;福鼎闽浙粮食边贸批发市场已开工建设。至2008年底,各级粮食批发市场共吸纳各种经济成分企业1585家,交易量达到584万吨,交易金额121.6亿元。

三 粮食依法行政

(一)监督检查

全省9个设区市粮食局全部成立了监督检查内设机构;69个县(市、区)粮食局成立了监督检查内设机构,占县级粮食局总数的91%;有18个市、县(区)粮食局成立了执法大队,粮食流通监督检查工作机构正逐步形成网络。2008年全省共开展执法检查2365次,依法处理行政处罚案件总数67例,其中,警告42例,罚款5例,取消粮食收购资格13例,移交有关部门处理7例。

(二)制度建设

对《福建省实施〈粮食流通管理条例〉办法》进行完善和补充,并重新上报省政府,列入省政府2009年规章的立法项目。出台了《福建省油料食用植物油最低库存量与异常情况下最高库存量标准(试行)》和《福建省粮食流通监督检查工作考评暂行办法》,进一步规范行政执法行为和油料、食用油市场主体经营行为。

(三)行政审批

按照"能取消的取消、该废止的废止、该修改的修改"的原则,保留3项行政审批项目(粮食收购资格许可、陈化粮购买资格许可、国家粮油仓库设施拆迁审批),下放1项行政审批项目(骨干粮店与骨干粮食加工企业认定),取消1项行政审批项目(陈化粮销售许可)。2008年,全省共年检审批粮食收购企业许可证939家(其中82家为初次审核发证),陈化粮购买资格6家。

四 国有粮食企业改革

2008年,各级粮食部门继续推进国有粮食企业产权制度改革、优化产业布局结构,有5家企业完成改制工作。全省组建规模较大、具有一定实力的粮食购销企业274家,其中按公司法规范运作125家。国有粮食购销企业以确保新增储备到位为抓手,外抓粮源,内抓管理,经济效益有所提高,2008年全省国有粮食企业利润5768万元,其中粮食购销企业实现利润6859万元,比上年同期增加4736万元,共有75个县(市、区)粮食购销企业实现盈利,占全省县(市、区)总数的98.7%。

五 行业发展

(一)粮油质量管理和服务

一是初步建立了粮食质量监测体系,确认了18家粮食质量监测机构承担粮食质量监测任务。同时,通过对30个检验机构进行比对考核,加大粮食质量监测机构大型通用设备、专用检测设备的配置投入,提高了机构的检测精度和全省粮食卫生质量检测水平。二是加强"餐桌污染"治理和粮食收获质量品质调查测报工作。组织开展粮油产品质量抽查、专项检查等共9522批次；开展了32个县粮食收获质量调查和17个县粮食收获品质测报，从检测和调查结果看，总体质量良好。三是以"三鹿奶粉事件"为教训，强化各地粮食行业协会加强质量安全管理意识。遵照有关规定取消"放心粮油"和"放心粮油企业"授牌活动。

（二）粮食加工业

全省2008年入统粮油加工业企业393个，其中：大米加工企业257个，小麦粉加工企业46个，饲料加工企业36个，食用植物油加工企业33个，粮食食品加工企业17个，玉米加工企业3个，粮油机械制造企业1个。年产量达到5万吨以上的企业26个，比上年增加8个。全省入统企业工业总产值309.4亿元，同比提高39%，产品销售收入301.2亿元，工业增加值32.4亿元，出口交货值1.4亿元，利税总额10.3亿元，利润总额7.1亿，资产总计130.9亿元，固定资产原价49.2亿元，固定资产净值34.2亿元，固定资产投资4.3亿元，年末从业人数22208人。

（三）粮食产业化

通过"多元合作、典型引路、示范带动"，各级粮食部门培育粮食产业化龙头企业45家；通过引种带订单等方式，建立优质粮食生产基地20多万公顷，带动农户70万户，落实粮食收购订单150多万吨。其中在省内建设粮食生产基地10万多公顷，带动农户35万户。全省开展购、加联营的75对企业，累计获得农发行贷款6.9亿元，联营数量达到45多万吨，取得经济效益500多万元。

（四）教育科研

一是科技部中小企业公共技术服务机构补助资金项目，累计服务企业700家，实现工程配套服务30项，服务项目9800项，实现全省粮食行业产值从150亿元增至200亿元以上。二是省重点科技项目"福建省粮油深加工工程技术研究中心成果转化平台建设"（项目编号：2006H0082），顺利通过福建省科技厅组织的专家组验收。平台建设核心项目《年加工2万吨福建省特色植物油料资源茶籽深加工成套技术的开发与应用研究》，研发出机械化烘焙剥壳技术和低温入榨工艺，创新性地开发出PQ硅胶结合白土脱色技术工艺。《方便面煎炸油品质改良及降低吸油率的研究》已完成项目的研究和成果转化工作以及项目的实施生产阶段；《麻疯树种植推广及麻疯树籽油制备生物柴油的研究》已建立麻疯树种植示范基地33.3公顷，完成实验室工艺研究，产业化生产基地项目投标。

六　党群工作

一是深入开展学习实践科学发展观活动。根据省委的统一部署，按照《福建省第一批开展深入学习实践科学发展观活动的实施方案》，紧紧围绕"党员干部受教育、科学发展上水平、人民群众得实惠"的总体要求，以"围绕科学发展，确保粮食安全"为实践主题，以"保障粮食安全，服务海西先行"为实践载体，加强组织领导，突出实践特色，统筹兼顾，扎实推进学习实践活动各阶段的工作，取得了预期的成效，有力推动粮食工作上新的水平。共查找和梳理影响制约科学发展的突出问题43个，其中近期整改的32条，中长期随着改革的深化而不断完善的11条。二是组织召开全省"三级联创"活动经验交流会，了解"三级联创"活动开展情况，并给予指导，进一步推动"三级联创"活动稳步推进、取得实效。三是加强廉政建设。认真传达胡锦涛总书记在中央纪委全会上发表的重要讲话、中央纪委十七届二次全会、省纪委八届四次全体会议精神，认真开展"学党章、守纪律、作表率"主题教育活动，加强廉政教育，促进领导干部廉洁自律。加强对储备粮油轮换、工程建设等项目、"两个条例"贯彻落实情况等监督检查，认真贯彻《工作规划》，组织各地围绕如何预防粮食部门权力运行以及重点环节、岗位等可能诱发的腐败问题开展调研活动，努力推进治本抓源头工作，更好地为保障粮食安全服务。

◆ **福建省粮食局领导班子成员**

黄希敏（女）	党组书记、局长 (2008年4月任职)
黄恩盛	党组成员、纪检组长
徐桂春	党组成员、副局长
冯利辉	党组成员、副局长

第四届七省粮食产销协作福建洽谈会会场。

福州国家粮食交易中心授牌仪式。

福建省粮食局深入学习实践科学发展观活动动员大会主席台。

江西省粮食工作   基本情况

江西省是全国13个粮食主产省之一，省委、省政府认真落实中央部署，切实加强"三农"工作，农业和农村发展出现了积极变化，迎来了新的发展机遇。2008年全省粮食种植面积357.8万公顷，比上年增长1.5%。粮食产量1958.1万吨，比上年增产53.9万吨，增长2.8%，连续五年增产，实现了确保江西粮食主产区地位不动摇，确保江西对国家粮食安全贡献不减少的目标要求。

2008年粮食工作

2008年，在省委、省政府的领导及国家粮食局的指导下，全省粮食工作者以深入学习实践科学发展观为动力，全面落实国家粮食政策，强化粮食宏观调控，深化国有粮食企业改革，推进粮食依法行政，完善粮食行政管理，加强行业自身建设，有力地推动了全省现代粮食流通产业发展。

一 以服务"三农"为己任，坚持抓好市场信息和粮食收购工作，促进粮食稳定增产和农民持续增收

全省粮食部门通过提供信息服务、争取政策支持、开展订单收购、创新粮食购销新模式，粮食购销实现新突破。

（一）强化信息服务，促进粮食生产与经营

2008年初春播前，省粮食局在广泛调查的基础上向种粮农民推荐了9个市场适销对路的优质粮食品种，引导农民种植。收购中及时采集和公布收购市场动态，强化价格指导。

（二）争取政策支持，缓解农民"卖粮难"

针对2008年中晚稻"卖粮难"的情况，省粮食局积极争取国家粮食局等有关部门的支持，会同省

发展改革委、省财政厅和农发行省分行向国家发展改革委和国家粮食局争取了三批共250万吨国家临时存储稻谷收购计划，并督促地方国有粮食企业较好地执行了国家临时存储稻谷收购政策。

（三）做好粮食购销，促进农民增收

2008年全省收购粮食698.5万吨，比上年增加80.5万吨。其中国有粮食企业收购456万吨，占65.3%，同比多收91万吨。全省粮食订单面积达到10.33万公顷，占播种面积的30.4%，带动农户167万户。早稻收购平均价格每50公斤达95元以上，中晚稻收购平均价格每50公斤达92元以上，分别高于国家最低收购价格18元和13元。从设区市来看，粮食收购量列前两位的吉安、宜春收购粮食分别达146.5万吨、133.5万吨；增幅列前两位的抚州、景德镇市收购粮食增幅分别达49.5%、43.3%。2008年，全省粮食企业销售粮食767万吨，比上年增加54万吨。其中国有粮食企业销售361万吨，同比多销49万吨。

二　以保障粮食安全为核心，坚持强化粮食宏观调控，确保粮食供应，维护市场稳定

（一）应对市场波动保供应

全省各级粮食部门积极参与2008年初抗击低温雨雪冰冻灾害工作，黎川、上犹、武宁等20多个重灾县（市、区）粮食部门临时装置了200多台柴油机、碾米机为缺粮群众加工大米；赣州、景德镇、鹰潭、赣州市章贡区、崇义、奉新等市、县（区）及时启动粮食应急预案，主动应对灾情带来的粮食供应紧张状况；萍乡、丰城、南城等30多个市、县（区）粮食部门将1350万公斤大米送到灾区缺粮群众家里，保障了300万缺粮人口的口粮供应。全省军粮供应部门实行跟随服务，确保了驻赣部队和援赣救灾部队的军粮供应。同时，筹措并投入了30余万条麻袋支援交通部门抗冰救灾，完成了省委、省政府交给的任务，为"九保一安全"目标的顺利实现做出了贡献。

在国际国内粮食价格大幅波动的情况下，省粮食局和各地粮食部门加强对市场粮油价格的监测，采取积极有效措施，保证了重点用粮单位的粮油供应和全省粮油市场供应及价格的基本稳定。

（二）完善地方储备保安全

建立完善了省、市、县三级地方储备粮体系，强化了粮食宏观调控手段。积极协调有关部门报经省政府同意，确定了全省地方储备粮规模并下达各地执行；经省政府批准，组建成立了省储备粮管理有限公司，使省级储备粮纳入规范化管理；对申报省级储备粮承储库点的118个企业进行了认真审核，对大部分新轮入的省级储备粮进行了验收入库。同时各地积极争取当地政府支持落实市县级粮食储备，当年市县级储备粮到位率达50%以上，其中新余、景德镇、鹰潭三市地方储备数量超过上级下达的规模。

（三）强化应急措施保稳定

各地进一步抓好粮食应急预案的完善，重点落实应急粮食储存点、加工点、供应点、运力保障和应急协调指挥系统，并吸取雨雪冰冻灾害教训，进一步完善和细化了粮食应急预案。省粮食局还会同省发展改革委制定并经省政府同意发布了《江西省粮食经营者最低和最高库存量标准》。

三 以创新体制机制为突破口，坚持推进企业改革和扭亏增盈工作，增强国有粮食企业活力

（一）完善产权制度改革、培育龙头企业和发展粮食产业化"三位一体"的国有粮食企业改革思路

组织全系统认真学习江西省委书记苏荣对国有粮食企业改革的重要批示精神，开展"推进国有粮食企业'三位一体'改革"主题实践活动，举办"国有粮食企业'三位一体'改革"金佳论坛。使全省粮食干部职工坚定了改革信心，达成了改革共识。各地开展了多种形式的学习讨论和为推进改革提"金点子"建议活动，共提出"金点子"建议983条。新余市粮食局提出从六个方面进一步解放思想，探索国有粮食企业与非国有企业股份制合作模式；九江市粮食局提出了"一年试点、两年完善、三年推广"的工作思路。

（二）推进组建和培育粮食集团

省粮食局组织各地落实省政府提出的加快培育若干个年加工稻谷百万吨粮食龙头企业集团的要求。省粮油集团加快整合步伐，与吉安市各县区粮食购销企业签订了合作协议，组建了省粮油集团吉安分公司。宜春天地粮食集团已初具规模，目前已拥有1个母公司、3个子公司及6家核心企业和100多家合作企业，通过招商引资成功签订了年产20万吨大米加工投资项目合作协议。抚州市组建了八达米业集团，鹰潭市组建了中穗粮油集团。

（三）推进企业"三位一体"改革

各地按照省粮食局部署积极推进"三位一体"改革，已取得初步成效。景德镇市粮食局成立了企业改革组织机构，开展企业状况摸底，组织人员外出学习考察，结合企业实际拟定了新一轮改革方案。九江县粮食局大力实施政企分开，既较好地履行了行政管理职责，又调动了企业经营的积极性，全县国有粮食企业经营效益创下近年来最好成绩。萍乡、上饶、高安、上高、浮梁、会昌、金溪等市县粮食局也推出实际举措，切实推进国有粮食企业"三位一体"改革。

（四）全行业连续三年实现统算盈利

2008年，在国有粮食企业经营较为困难的情况下，省粮食局和各地粮食行政管理部门加强了对国有粮食企业扭亏增盈工作的督导，一方面落实扭亏增盈工作目标责任，指导和督促企业建立健全各项规章制度，加强财务监督，规范会计核算，提高企业经济运行效益；另一方面积极争取政策支持，切实减轻企业负担，为企业发展创造良好环境。争取省地税部门支持，对有困难的国有粮食购销企业，继续从2008年起减免征3年土地使用税和房产税，每年可减少企业负担近亿元。据统计，全省国有粮食企业实现毛利同比增加1.9亿元，节省开支1.2亿元，在全行业政策性收入减少3.9亿元的情况下实现全行业统算盈利3906万元。其中宜春、新余、南昌、吉安、赣州、上饶、九江、萍乡8个设区市实现了全行业统算盈利。

四 以服务和规范粮食流通秩序为宗旨，坚持依法行政，完善粮食行政执法体系建设

（一）做好"三定"规定，调整落实执法组织机构

全省11个设区市中已有10个设区市粮食局"三定"规定已重新确定，38个事业性质的县级粮食局均列入参照公务员法管理单位。92个县级粮食行政管理部门设立了监督检查工作机构。

（二）进一步完善粮食依法行政制度

制定出台了《江西省粮食行政管理部门行政处罚自由裁量权适用规则（试行）》和《江西省粮食行政管理部门行政处罚自由裁量权参照执行标准（试行）》。

（三）强化市场监管

全省各级粮食流通监督检查机构坚持日常监管与专项监督检查相结合，全年共开展日常执法检查4267起，查办案件1855件，还开展了全省粮食经营台账和执行粮食流通统计制度、最低收购价粮食竞价销售出库及全省粮食库存三大专项检查。

（四）强化粮食流通基础设施建设

争取国家财政专项补助资金2868万元及省财政配套资金1132万元，各地自筹部分资金对国有粮食企业300万吨仓容的仓库进行了维修。

（五）加强储备粮管理

落实管理责任，建立粮食安全管理责任体系，全省99%的储备粮实现了"四无"管理。

五 以深入学习实践科学发展观为动力，坚持着眼行业科学发展，干部职工执行力、操作力有了新提高

（一）开展深入学习实践科学发展观活动

按照中央统一部署，江西是第一批开展深入学习实践科学发展观的试点省份，江西省粮食局成为率先在全国粮食系统开展深入学习实践科学发展观活动的粮食行政管理机构，活动中坚持突出实践特色、紧密结合行业特点、注重取得实际效果，干部职工贯彻落实科学发展观的理解力、执行力、操作力和创造力进一步提高，形成了粮食流通产业科学发展的共识，并得到广大干部职工的普遍赞同，即粮食工作贯彻落实科学发展观，必须坚持服务"三农"，把保护种粮农民利益作为工作的出发点；必须坚持培育市场主渠道，把推进国有粮食企业改革作为工作的着力点；必须坚持以人为本，把关注民生作为工作的着眼点；必须坚持加强和改善粮食宏观调控，把确保粮食安全作为工作的落脚点。在活动结束时进行的群众满意度测评中，满意和基本满意率为100%。

（二）开展政风行风建设

按照省委、省政府统一部署，全省粮食系统认真开展了行风评议活动，共梳理出需要整改的意见建议1089条，制定落实整改措施1145条。省粮食局和南昌、宜春等市粮食局还开展了机关作风、机关效能建设活动，进一步推进了全系统政风行风建设，提升了行业形象，促进了粮食工作。南昌、吉安、萍乡市粮食局被授予"2008年全省民主评议政风行风工作先进单位"荣誉称号。

（三）加强党风廉政建设和干部队伍建设

狠抓党风廉政责任制的落实，深入开展反腐倡廉教育，坚决纠正损害群众利益的行为，为做好粮食工作提供了政治和纪律保障。大力推进党的思想建设、组织建设和作风建设，加强干部职工教育培训。省粮食局举办各类培训班15期，培训1605人次，562人经考核鉴定取得职业资格。特别是首次与著名高校联合，在北京大学举办了两期经济管理高级研修班，省粮食局处级以上干部和部分市县粮食局长共116人参加研修。

（四）做好综治维稳工作

各地按照省粮食局和当地政府的部署，扎实抓好安全生产和社会治安综合治理工作，实现了全行业的平安和谐。

（五）积极参与"5·12"抗震救灾

"5·12"汶川特大地震后，全省粮食系统迅速投入到支援灾区人民抗震救灾行动中，省粮食局及时向四川省粮食局发出慰问电，表达全省粮食系统广大干部职工对灾情的关切。省粮食局组织局机关及直属单位干部职工踊跃捐款和交"特殊党费"活动。省粮食局所属江西工业贸易职业技术学院接纳10名四川省受灾学生就读，并发给慰问金帮助他们渡过难关。同时，第一时间向四川省地震灾区捐赠赈灾大米120吨。

六　**以创新发展为抓手，坚持发挥省粮食局直属单位的示范带动效应，直属各企事业单位建设取得新成效**

（一）江西省粮油集团公司

积极应对各种困难和风险，全年经济效益实现较快增长，完成销售收入12亿元，实现利润1789万元，各项费用开支得到了有效控制，销售收入和利润完成了年初确定的目标；积极探索农业合作社组织运作模式，引导农户种植适销对路的优质稻品种，较好地发挥了龙头企业的辐射带动作用；资源整合取得重大进展，围绕上市目标，稳步推进了金佳谷物的重组，并按照上市公司的要求规范运作，为上市做了较充分的准备。成功引进战略投资者上海新黄浦置业股份有限公司参股瑞奇期货公司，使瑞奇公司在资金实力、市场影响、渠道拓展等方面得到明显增强，并取得较好业绩，全年实现利润1546万元，比上年增加412万元，增长36.3%。新干项目二期工程有序推进。与吉安市所属12个县（区）的粮食购销企业全部签订了加入集团公司的协议，成立了省粮油集团吉安分公司，推动了分公司与各仓储、加工企业的业务合作。还与铅山、黎川等地粮食企业进行了资源整合的实质性磋商，正朝着做大做强的目标稳步发展。

（二）江西省储备粮管理有限公司

建立完善了各项内部管理制度及省级储备粮管理规章制度，协助省粮食局有关处室完成了对省级储备粮承储库点的考核验收，与省级储备粮各承储库点签订了省级储备粮四方监管协议，完成了对新轮入省级储备粮早稻的数量、质量的验收，对省级储备粮承储库点的基本信息进行了收集整理，加强省级储备粮信贷资金的管理，确保了省级储备粮有关资金及时到位。

（三）江西工业贸易职业技术学院

扎实开展高职高专人才培养水平评估迎评工作，得到了评估专家组的高度评价；克服不利因素，积极争取省教育厅支持，及时调整招生策略，开设多种类别办班，实际招收新生2653人；量力而行实施新校园二期工程建设，完善一期工程功能，完成老校园整体置换，从根本上改善了学院办学条件，为学院持续发展奠定了坚实的基础。

（四）江西省粮油质监中心

继续完善硬件设施建设，自筹资金添置了必需的检测设备，进一步拓展了食品卫生检测项目。全年共完成检测样品近4000批次，检测的样品数量和检测费用收入实现了平稳增长。积极为市、县粮油质监站申报国家粮食监测站资格提供优质服务，承办全国新收获早稻质量会检和开展粮食质量调查、原粮卫生状况及品质测报工作，为完善粮食质监体系建设，保证粮食质量安全做了富有成效的工作。

（五）江西省粮油科研所

坚持两手抓发展思路，粮油科研和技术开发稳步发展，干部职工队伍稳定。全年成功申报省级农业科技攻关计划和科技支撑计划重点科研项目5项，获科技资助资金43.5万元。完成研究项目4项，出版学术专著1部，多篇应用论文在核心期刊上发表；承接工程技术服务项目9项，项目实施区域遍布海内外，业务范围涵盖粮油初精加工到副产品综合利用各环节，产业链条日趋完整，经济和社会效益日益显现，全所实现技术服务收入120多万元。

（六）江西省粮油批发市场

完善南方粮食交易市场电子商务平台建设，市场功能得到有效提升，并争取国家粮食局支持，组建"南昌国家粮食交易中心"。继续做好原有省级储备粮销售交割工作，完成了储备粮轮出交易任务。进一步做好粮油信息服务工作，及时准确向国家有关主管部门报送粮油月报和市场价格信息，"中国谷物网"被评为第四届全国农业百强网站。

经过全省粮食系统广大干部职工的共同努力，2008年全省粮食工作取得了优异成绩，获得不少荣誉。经省粮食局综合考评及各设区市粮食局推荐，吉安、新余、南昌、九江市粮食局被评为2008年度全省粮食系统优胜单位，会昌、丰城、渝水区等19个县（市、区）粮食局被评为2008年度全省粮食工作先进单位。近年来，省粮食局荣获全省文明单位、连续五届省直文明单位、全省双拥工作先进单位、全省综治工作先进单位、全国国有粮食企业改革工作先进单位、连续四年全国粮食流通监督检查工作先进单位等诸多荣誉。

◆ **江西省粮食局领导班子成员**

熊根泉	党组书记、局长
路　线	党组成员、副局长
刘承芳	党组成员、副局长
邱吉玲（女）	巡视员
尹国柱	副巡视员
夏胜利	副巡视员

江西省委书记苏荣（前排右二），省委常委、南昌市委书记余欣荣（后排右一）在省粮食局局长熊根泉、中粮集团控股有限公司副总经理杨红陪同下，视察中粮（江西）米业。

江西省委副书记、省长吴新雄视察省粮食行风评议咨询台。

江西省委常委、省委秘书长赵智勇视察江西粮油集团新干分公司产品展示。

江西省粮食局隆重举行纪念改革开放30周年座谈会。

山东省粮食工作　基本情况

　　山东省位于中国东部沿海，地处黄河下游。境域东临海洋，西接大陆，西北与河北接壤，西南与河南交界，南与安徽、江苏毗邻。陆地东西最长约700公里，南北约420公里，总面积15.71万平方公里，约占全国总面积的1.6%。境内地形以平原、丘陵为主，平原、盆地约占全省总面积的64%；山地、丘陵约占34.9%；河流、湖泊约占1.1%。山东海岸线全长3024.4公里，占全国的1/6，居第二位。

　　全省分济南、青岛、淄博、枣庄、东营、烟台、潍坊、济宁、泰安、威海、日照、莱芜、临沂、德州、聊城、滨州、菏泽17个省辖地级市，省会济南市；140个县级行政单位，其中49个市辖区、31个县级市、60个县。2008年末，全省总人口9417.2万，自然增长率5.1‰。2008年全省实现生产总值31072.1亿元，按可比价格计算，比上年增长12.1%，人均生产总值33083元，增长11.4%；地方财政一般预算性收入1956.9亿元，比上年增长16.8%；实现进出口总额1581.4亿美元，比上年增长29.0%；城镇居民人均可支配收入16305元，比上年增长14.3%，农村居民人均纯收入5641元，增长13.2%。

　　2008年，全省粮食播种面积695.6万公顷。粮食连续6年实现增产，总产量达到4260.5万吨，粮食商品率达到58%。纳入统计范围的粮食经营企业累计完成商品粮收购2904.9万吨，销售2019万吨。根据2008年度社会粮食供需平衡调查，全省社会粮食总消费总量4214.6万吨，其中城镇口粮566.1万吨，农村口粮1146.1万吨；工业用粮652.6万吨、种子用粮102.6万吨、饲料用粮1413.1万吨。

　　2008年底，全省纳入统计范围的粮油加工企业1012家，其中：大米加工企业48家，年生产能力90.5万吨；小麦粉加工企业512家，年生产能力2330.8万吨；食用植物油加工企业96家，年生产能力1235.3万吨，精炼能力289万吨。纳入统计范围的仓储企业899家，仓容总量1563万吨。

2008年粮食工作

　　2008年，全系统共完成销售收入244亿元，实现综合经济效益2.8亿元，连续四年保持全国首位。

一　进一步保障粮食供需平衡

提高粮食购销市场化水平。全省共核发粮食收购资格证5254个，其中国有及国有控股1087个，多种经营主体参与市场竞争的流通格局进一步形成。搞活粮食流通。全省粮食经营企业从生产者购进粮食2905万吨，销售2019万吨，其中夏粮收购684万吨，同比增加126%，秋粮收购1291.5万吨，同比增加36.5万吨；为调节粮食余缺，签订省际协作粮食购销合同116.3万吨，争取国家跨省移库粮食40.8万吨，集中采购东北稻谷到位59.7万吨。加强军供工作。全省设立军供粮油超市60家，建立了食用油、大米等应急储备规模。全力保障奥运期间特别是青岛奥帆赛期间的粮油供应。提出了确保青岛奥帆赛期间粮油供应的意见，指导青岛市制定了奥帆赛期间粮油市场保障供应方案和奥帆赛粮油质量安全百日专项整治方案，对青岛市经营粮食实行"封闭管理、现场检测、批批检验、严格准出"，对进入批发市场和新入库的粮食实行逢进必检，并强化安保措施，保证了奥帆赛期间的粮油供应安全。

二　进一步增强粮食应急调控能力

完善应急保障体系。省市粮食应急预案全部出台，县级预案出台106个，济南、枣庄等10个市组织了应急模拟演练；全省认定应急加工、供应企业已达1320家，比上年末增加967家；济宁、泰安等8个市出台了粮食经营者最低最高库存制度，应急手段进一步完善。加强社会粮食统计和价格监测，全省纳入统计范围的企业3750家，设立农户粮情调查点6160个，国家和省粮油价格监测点50个。

三　进一步完善地方粮油储备体系

充实粮油储备规模。粮食储备规模到位数量，居全国第二位；建立食用油储备制度，准确把握市场行情，适时组织轮换，地方储备粮库存中近两年入库的粮食占一半以上。提高储备粮管理水平。全年累计投入信息化建设资金400万元，省级储备粮信息系统基本完成；储备粮集中管理迈出新步伐，省级储备和东营等7市、50县的地方储备粮实现了集中管理；地方储备粮63%采用了科学储粮三项新技术，省粮食局及滨州粮食储备库荣获国家环保部和粮食局联合颁发的"中国粮食仓储行业淘汰甲基溴贡献奖"。改善粮食流通基础设施。全省累计投资3亿多元，新建及维修改造地方储备库仓容130多万吨，维修基层收纳库仓容229万吨；粮食物流建设有新发展，全省争取国家物流项目5个，项目补助资金近4000万元。扩大农户科学储粮试点。全年争取中央及地方财政专项经费320万元，发放示范仓1万个，人民日报、中央电视台等主流媒体报道了全省指导农户科学储粮工作。

四　进一步加强依法管粮

抓体系建设，16个市粮食局经政府批准设立了监督检查机构，119个县（市、区）粮食局设立了监督检查科，81个成立了执法大队，各级质检机构达到52家，1494名同志具备粮食执法资格。抓制度建设，制定印发了《山东省粮食流通监督检查人员行为规范（试行）》等20多项监督检查制度。抓住日常监管不放松，全年共检查业户15763家；粮食收购政策落实情况等专项检查成效显著，有力地维护了生产者、经营者、消费者合法权益；在全省开展小麦收获质量调查、地方储备粮和商品粮库存质量抽检等工作。山东省粮食局连续四年被国家粮食局评为全国粮食流通监督检查工作先进单位。

五　进一步提升粮食产业化发展水平

突出龙头带动，全省粮食行业国家级和省级农业产业化重点龙头企业已达到116家，省粮食局重点指导的"四个十"工程，全年实现产品销售收入460亿元，利税25亿元。发展连锁经营，把发展粮油连锁经营作为一项"民心工程"，大力发展城镇粮油食品连锁经营和农村粮油连锁超市。全省粮油食品快餐连锁供应企业已发展到近20家，其中"十佳"企业年营业收入12亿元，安排就业5000多人。狠抓科技兴粮和品牌建设，积极运用现代科技改造传统产业，粮食产业链条进一步延伸。全省粮油食品企业中，中国名牌11个，山东名牌50个。

六　进一步加强行业建设

根据省委统一部署，省粮食局以"搞活粮食流通，保证粮食安全，促进粮食事业又好又快发展"为载体，扎实开展深入学习实践科学发展观活动，干部职工责任意识明显增强，粮食部门社会形象明显提升，省粮食局被省文明委授予"省级文明机关"荣誉称号。加大行业宣传力度，为群众解读粮食政策，通过"阳光政务热线"节目，协调解决群众投诉的问题。大力支援四川灾区抗震救灾，通过捐款捐物、缴纳"特殊党费"等形式奉献爱心，全省有2个单位和3名同志受到国家粮食局通报表彰。组织举办新任市县粮食局长培训班，开展粮食执法、统计等业务培训和仓储职业技能大比武，粮食行业学业务、比技能的氛围日渐浓厚。抓好干部队伍管理，开展廉政文化建设，党风廉政建设责任制得到较好落实。

◆ 山东省粮食局领导班子成员

孟庆秀　　党组副书记、局长（2008年2月任局长）

李永健　　省发改委副主任、党组副书记、局党组书记（2008年2月任局党组书记）

张翠玉　　巡视员（2008年2月任职）

乔延亭　　党组成员、副局长

王顺厚　　党组成员、纪检组长

猴怀祯　　党组成员、副局长

丁兆石　　副巡视员

2008年7月22~24日，国家粮食局局长聂振邦带领有关司室的负责同志在山东省检查夏粮收购工作(前排右二：国家粮食局局长聂振邦；前排左一：山东省粮食局局长孟庆秀)。

2008年3月27~28日，全国粮食流通监督检查工作会议在济南召开(中间：国家粮食局副局长任正晓；右四：山东省政府特邀咨询张昭福；左四：山东省粮食局局长孟庆秀)。

2008年6月17日，山东省粮食局举办全省市县粮食局长培训班，山东省粮食局局长孟庆秀（中）作动员讲话。

河南省粮食工作   基本情况

河南省是全国农产品主产区之一，粮棉油肉等主要农产品产量均居全国前列，已成为全国最大的粮仓，赢得了"中原熟，天下足"的美誉。2008年全省第一产业实现增加值2658.8亿元，比上年增长5.5%；粮食总产量达到5365万吨，增长2.3%，连续3年超过5000万吨、连续5年创历史新高、粮食购销总量连续9年居全国首位。粮食单产实现了从中低产向中高产的跨越。每年向省外输出原粮及制成品1500万吨，为保障国家粮食安全作出了重要贡献。

河南大力发展农副产品精深加工和综合利用，加快推进农业产业化经营，实现了由"卖原粮"到"卖产品"、由"国人粮仓"到"国人厨房"的转变。食品工业成为全省工业第一大支柱产业，居全国第二位。各类农业产业化组织达到11674个，龙头企业5742个，其中省级以上龙头企业366家，销售收入超亿元企业421家，位居全国前列。粮食、肉类和乳品加工能力分别达3450万吨、703万吨和300万吨，火腿肠、味精、面粉、方便面、挂面、面制速冻食品等产量均居全国首位。

2008年粮食工作

一   粮食生产

全省耕地面积为792.6万公顷，人均0.08公顷，低于全国人均耕地面积。为稳定提高粮食生产能力，河南正在实施国家粮食战略工程河南核心区建设规划，实行最严格的耕地保护制度和耕地节约制度，连续10年实现耕地占补平衡，粮食播种面积稳定在900万公顷左右。主要农作物有小麦、玉米、水稻、大豆、红薯、花生、油菜和多种小杂粮，农作物良种覆盖率在95%以上，优质粮食种植面积达到687.4万公顷，占粮食播种面积的71.6%。粮食总产量达到5365万吨，其中小麦3051万吨，玉米1615万吨，水稻443万吨，大豆89万吨，薯类和其他杂粮167万吨。

二　粮食流通

全省国有粮食企业收购粮食2845万吨，其中执行小麦最低收购价政策收购2475万吨，占全国6个主产省执行最低收购价政策收购总量的59%；完成粮食销售2150万吨，其中最低收购价小麦拍卖、出库1760万吨。

三　粮食调控

（一）粮食市场调控能力不断增强

认真落实《河南省省级储备粮管理办法》，优化省级储备粮布局和品种结构，适当增加成品粮油库存和食用植物油储备。会同有关部门研究提出了河南省地方粮食储备和食用植物油增储规模，对省级储备粮实行统一管理，规范了轮换计划下达、轮换备案、出入库管理、检验验收等程序，确保了储备粮数量真实、质量完好。指导和督促市、县充实粮食储备，增强了粮食调控的物质基础。

（二）粮油市场和价格保持基本稳定

完善粮油价格监测体系，全省建立了28个价格直报点，对主要粮食品种收购、销售、批发价格实时监测，每周一报；夏粮收购实行5日报制度，增强了粮食调控的有效性。及时下达轮换计划并督促实施，全年轮换省级储备粮17万吨，占轮换计划的94%，有效地保证了市场供应。

（三）粮食应急保障能力得到提高

制定下发了省级粮食应急预案，确定了粮食预警调控指标、责任单位和应急保障的原粮、加工、储运、供应等部门。进一步明确了粮食购销企业、加工企业应急储备规模和必须保持的最低和最高粮食库存，健全应急工作机制，全省粮食应急保障网络初步建立。

四　粮食流通体制改革

（一）粮食市场主体多元化体系逐步完善

认真做好粮食收购资格许可工作，做到随申请、随受理、随审核，规范许可程序。在全省范围内组织开展了粮食收购资格审核复查，对已取得资格的企业和个人，加强指导、服务和管理。鼓励各类符合条件的多元市场主体进入粮食市场，培育和规范农村经纪人队伍，促进公平竞争，活跃了粮食流通。全省累计批准了4934家多种所有制粮食经营企业从事粮食购销活动，其中非国有粮食经营企业2685家，占54%。

（二）国有粮食非购销企业改革任务基本完成

按照"一企一策、因企制宜、成熟一个、改革一个"的原则，采取股份合作制、兼并、租赁、破产、出售等形式，有力地推进了改革顺利进行。全省国有粮食购销企业改制面达到95%。

（三）国有粮食经营企业经济效益明显提高

继续规范国有粮食购销企业改革，推进企业经营机制转换，加强企业管理，严格控制经营风险，广泛开展增收节支活动，认真落实扭亏增盈工作目标管理责任制，国有粮食购销企业盈利水平大幅提高，剔除历史包袱影响，实现盈利5亿元。全省16个省辖市盈利，其中：122个县市实现盈利，盈利面达到89.7%。加强省局直属企业绩效管理，局直企业健康发展。全年完成经营收入16.8亿元，实现利润4938万元。

（四）认真做好政策性粮食供应工作

严格执行军供政策，修订了军粮省级统筹采购办法，完善配送供应机制，加强军粮质量监管，保质保量地完成了军粮供应任务，驻豫部队对军供工作满意率达98%以上。汶川特大地震发生后，省军供中心迅速启动军粮供应应急预案，全省军供企业和各军供站加班生产，备足粮源，及时供应，为参加抗震救灾的驻豫部队提供了坚强的后勤保障。妥善安排好节日和灾区、城镇低收入群体、高校等单位的粮油供应工作，确保了社会和谐稳定。

五　行政执法

（一）粮食行政职能转变稳步推进

各级粮食行政管理部门加快职能转变，把工作重点转移到粮食调控、监管和行业指导、服务上来。大力推进粮食依法行政，认真落实依法行政目标管理责任制，积极推行行政复议工作，建立了规范性文件审核备案制度。深入宣传贯彻《粮食流通管理条例》和河南省实施办法，以"维护市场秩序、服务宏观调控"为主题，组织开展了"五五"普法、"5·26"《条例》宣传日、"10·16"世界粮食日和"12·4"全国普法日等一系列宣传活动，全省共张贴宣传画和标语14000多张，出动宣传车2360多台次，散发宣传资料48万多份，提高了粮食依法行政能力和社会认知度。

（二）粮食监督检查工作机制逐步健全

积极争取当地党委、政府和有关部门支持，加快建立健全粮食监督检查工作机构，充实人员，落实经费。全省18个省辖市粮食局全部设立监督检查机构；132个县级粮食局设立监督检查机构的有106个，县级机构设立比例达到80%。制定了《河南省粮食流通监督检查人员行为规范》，规范了检查工作流程和行政执法人员行为。加强粮食行政执法队伍建设，全省已取得粮食行政执法资格人员1556人，为有效开展各项粮食监督检查工作奠定了良好基础。

（三）粮食流通市场执法监管活动有效开展

严格检查国家粮食购销政策执行情况，加强对最低收购价粮食购销、储备粮油库存及其他政策性用粮的专项检查。重点检查了最低收购价小麦的"转圈粮"问题，与中储粮河南分公司组成联合工作组，共查处违规收购和质量不符合国家标准的小麦25万吨。认真组织开展了春季粮食库存大检查，对全省18个市48个粮食企业的246万吨粮食库存进行了复查，全省粮食库存账实相符。积极配合有关部门开展了食品质量安全专项整治活动。继续加大涉粮案件查处力度，严厉打击各种违法经营活动。全年各级粮食行政管理部门共组织各种形式的粮食行政执法活动5612次，处理涉粮案件2317起，维护了正常的粮食流通秩序。

六　行业发展

（一）粮食现代物流业发展明显加快

按照《国家粮食安全中长期规划纲要》要求，积极配合国务院赴河南调研组，对全省粮食仓储物流情况进行了深入调研，并提出了符合省情粮情的规划建议，部分粮食流通基础设施和粮食物流节点建设项目被纳入《国家粮食战略工程河南核心区建设规划》。认真落实《河南省粮食现代物流发展规划》，以省粮食交易物流市场为龙头，完成了国家散粮汽车试点示范项目，散粮运输车辆已发展到65部，全年粮食散运量48万吨。河南省粮食物流园区建设进展顺利，完成征地94公顷，累计投资1.2亿元。新乡、鹤壁、固始等市、县等区域性物流园区也初具规模。

（二）粮油精品产业化迈出可喜步伐

大力发展农副产品精深加工和综合利用，加快推进粮食产业化经营，努力实现由"卖原粮"到"卖产品"、由"国人粮仓"到"国人厨房"的转变。继续推广延津县"公司+合作社+基地+农户"的粮食产业化经营模式。全省粮食企业发展订单粮食种植面积160万公顷，订单收购400万吨。大力发展粮食精深加工，充分发挥龙头企业带动作用，50家企业被国家粮食局和农业发展银行确定为国家粮食产业化龙头企业。目前，全省工厂化粮食加工转化企业2900余家，年加工转化能力超过3000万吨，位居全国第一。

（三）粮食行业对外开放交流得到加强

精心组织粮食企业参加全国性投资洽谈和展览活动，大力宣传省内粮油精品，全面展示了河南省粮食行业改革开放30年发展成果。先后组织40多家企业参加了南京第八届中国国际粮油产品展交会和在河南省驻马店市举办的2008年全国农产品加工业博览暨东西合作投资贸易洽谈会，交易金额达1.5亿元。河南世通公司"世通"牌豆制品和河南爱厨植物油有限公司"爱厨"牌食用调和油分别被评为金奖产品和优质奖产品，展示了全省粮食企业良好形象。

（四）库存粮油储存安全

按照《国家粮油仓库仓储设施管理试行办法》规定，严格仓储设施的转让、改用、报废和拆除等审批手续，确保了仓储设施性能完好和正常运行。扎实做好仓库维修改造工作，中央财政仓库维修资金补助款2924万元全部落实到库点，扩大了仓储能力。坚持防汛组织、责任、措施和物资器材四落实，保证了粮油安全度夏度汛。强化安全储粮责任制，组织开展了春、冬季粮油安全大普查和粮情检查，重点对外垛、外租仓进行了检查。全省储备粮油"一符三专四落实"达到100%，"四无"粮油率达98%，科学储粮率达到86%以上。落实粮食安全生产责任制，加强储粮化学药剂管理，确保了全年未发生重大人为事故。

（五）粮食统计信息、质量检验检测工作不断加强

在全省范围内组织了2007年度全社会粮食供需平衡调查工作，抽调1000多人，采取抽样调查、入户询问等方式，对6000个农户、1300户城镇居民、2400家粮食经营企业的收入、支出和库存情况进行了调查，顺利完成了调查报告。初步确立了全社会油料及食用植物油的供需平衡调查体系，加强粮油加工业统计，提高了粮食统计服务水平。认真贯彻实施国家粮油新标准，举办两期国家小麦新标准培训班，培训质检业务骨干3684人，推广配备小麦硬度检测仪器3533台。推进粮食质量调查和品质测报工作，采集、抽检小麦样品8104个。加强粮食质检机构建设，全省共有9家质检机构获得国家级粮油质量监督检验机构称号，省、市、县三级粮食质量检测体系初步建立。

（六）粮食第三产业健康发展

积极参与农业结构调整，大力发展农产品、农业生产资料和农村消费品经营，鼓励和支持龙头企业与农民共建农村经济合作组织，加快农村社会化服务体系建设。充分发挥基层粮食企业在仓储设施、经营网络等方面的优势，积极探索以代储、代加工、品种兑换为主要内容的"粮食银行"经营业务。全省粮食行业城镇连锁经营店及农村服务网点新增1683个，累计达到13025个。粮食行业协会充分

发挥中介作用，继续扎实推进"放心粮油"进农村、进社区活动，积极为城乡居民提供优质粮油产品。

（七）推进粮食科技创新

积极组织筛选内资食用植物油加工企业申报国家发展改革委2009年食用油加工投资补助项目。成功举办了以"提倡科学膳食，推进主食工业化"为主题的全国粮食科技周活动，全省45家主食加工企业展示了最新成果，并向全国同行业发出《科学膳食和推动主食工业化的倡议书》。

七　党群工作

（一）主题教育活动成效明显

坚持用党的十七大精神，指导粮食工作实践，强力推进基层党组织的思想、组织、作风和制度建设，各级党组织和领导班子建设明显加强。扎实开展"新解放、新跨越、新崛起"大讨论活动，做到了学习时间、内容、人员、效果四落实，达到了预期目的。10月中旬开始，作为第一批开展深入学习实践科学发展观活动单位，全面组织局直各单位深化开展了学习实践活动，共集中学习培训110次，专题辅导71次，形成调研成果53篇，召开不同层次的座谈研讨交流会169次，征求意见建议183条，召开了局党组民主生活会，形成了高质量的领导班子分析检查报告，查找梳理了5个方面问题，提出10条有针对性解决措施，顺利完成了学习调研和分析检查阶段7个环节的各项任务，取得了阶段性成效，为学习实践活动深入开展奠定了坚实基础。

（二）党风廉政建设取得新成绩

认真贯彻中纪委、省纪委和省政府廉政工作会议精神，坚持标本兼治、综合治理、惩防并举、注重预防的方针，深入推进惩治和预防腐败各项工作。严格落实党风廉政建设责任制，签订责任目标，分解工作任务，强化监督检查，建立完善各项监督制度，进行了廉政档案信息采集和专项清理登记，开展了自查自纠，不断提高领导干部廉洁从政和拒腐防变能力。严肃查处违法违纪案件，全省粮食纪检监察组织共受理信访举报188件，初查核实102件，立案调查81件，58人受到党纪政纪处分。省局赴平顶山市奥运期间信访督查和维稳工作，受到了省委通报表扬。

（三）粮食行业政风行风明显好转

认真落实"两转两提"要求，坚持依法管粮，科学行政，不断提高行政效能和服务水平。继续在全系统广泛开展民主评议政风行风活动和"履行职能、贴近民生、努力服务新农村建设"主题实践活动，发放征求意见表440多份，对社会各界和群众反映的80多条意见和建议进行认真梳理和归纳分类，狠抓落实整改，取得明显成效。在全省50个政府部门综合考评中，粮食部门位列第26名，排名位次较去年明显提升。积极推进政务公开，认真落实服务承诺，自觉接受社会监督，树立粮食行业良好形象。积极组织开展"送温暖、献爱心"活动，向汶川地震灾区捐赠衣被2096件，连续三次共计捐款272万元。加强精神文明建设，深入开展群众性精神文明创建活动，省局连续第三次被省委、省政府命名为"省级文明单位"。

◆ **河南省粮食局领导班子成员**

曹濮生　　党组书记、局长
杨天义　　党组成员、副局长
黄东民　　党组成员、巡视员
于前锋　　党组成员、纪检组长

刘大贵　　党组成员、副局长

李国范　　党组成员、副局长

乔心冰　　党组成员、副局长

葛巧红　　党组成员、副局长（2008年10月任职）

李志强　　副巡视员

河南省粮食局局长曹濮生陪同国家粮食局领导在驻马店市调研夏粮收购工作。

河南省粮食局局长曹濮生、副局长刘大贵在延津查看优质小麦长势。

2008年1月11日，河南省粮食局同甘肃省粮食局举行建立长期稳定粮食购销关系协议签字仪式。

湖北省粮食工作　基本情况

　　湖北省位于我国的中部，长江中游的洞庭湖以北，故称湖北，简称"鄂"。现设12个省辖市、1个自治州、3个直管市、1个林区、24个县级市、39个县。2008年末，全省常住人口5711万，城镇人口2581.4万，乡村人口3129.6万。2008年，全省完成生产总值11330.4亿元，地方财政一般预算收入710.2亿元，城镇居民人均可支配收入13152.9元，农村居民人均纯收入4656.4元。

　　湖北省地势呈三面高起、中间低平、向南敞开、北有缺口的不完整盆地。地貌类型多样，山地、丘陵和岗地、平原湖区各占湖北省总面积的56％、24％、20％。全省除高山地区外，大部分为亚热带季风性湿润气候，光照充足，热量丰富，无霜期长，降水充沛，雨热同季。湖北省是粮食主产省和全国重要的商品粮生产基地。粮食作物主要有水稻、小麦、油菜籽。全省粮食商品率一般在35％左右。

　　湖北省土地面积185897平方公里，占全国土地总面积的1.9％。2008年末全省耕地面积446.4万公顷。2008年，全省粮食播种面积390.7万公顷，粮食总产量2227.2万吨，油料播种面积134万公顷，油料总产量283.6万吨。2008年，全省纳入统计的各类粮食经营主体共收购粮食970.5万吨，其中国有粮食企业收购粮食501.3万吨，占收购总量的51.7％；纳入统计的各类粮食经营主体共销售粮食1194.7万吨，其中国有粮食企业销售粮食701.5万吨，占销售总量的58.7％。

　　湖北省现有国有粮食企业628家，在岗人员18540人，其中国有粮食购销企业536家，在岗人员16693人。

2008年粮食工作

　　2008年，湖北省粮食部门深入学习实践科学发展观，积极应对全球金融危机的冲击和我国南方雨雪冰冻灾害、汶川特大地震等重大自然灾害的考验，切实加强粮食宏观调控，大力发展现代粮食流通产业，不断深化国有粮食企业改革，圆满完成了各项目标任务。截至2008年12月底，纳入统计的各类粮食经营主体共收购粮食970.5万吨，其中国有粮食企业收购粮食501.3万吨；各类粮食经营主体共收购食油33.55万吨，其中国有粮食企业收购食油2.08万吨；各类粮食经营主体共销售粮食1194.7万吨，其中国有粮食企业销售粮食701.5万吨；各类粮食经营主体共销售食油65.8万吨，其中国有粮食企业销售食油3.29万吨。国有粮食企业在粮食流通中发挥了主渠道作用。通过进一步深化改革、创新体制机制，搞活粮食经营，完善扭亏增盈目标责任制，国有粮食企业的经济效益进一步好转。截至2008年底，全省国有及国有控股粮食企业实现盈利7786万元，其中国有粮食购销企业盈利7181万元。

一　粮食宏观调控

2008年，面对我国重大自然灾害影响和国际粮价大幅波动的严峻局面，湖北省粮食部门着力加强粮食宏观调控，保证了全省粮油市场供应和价格基本稳定，经受住了考验。一是适时组织粮食竞拍，保障市场供应。在国家粮食局的统一组织下，华中粮食中心批发市场全年竞拍粮食110余次，竞价销售粮食325万吨。全省市场粮源充足，减缓了粮价波动。二是加强粮食市场监测预警。做好粮食市场价格直报工作，实行大中城市食用植物油和大米日报监测制度，及时掌握全省粮油收购、销售、库存、价格情况和市场走势。组织开展全省社会粮食供需平衡调查，摸清农户存粮真实情况。加强统计监测分析，及时编印报送粮油统计资料和收购情况简报，为省委、省政府领导掌握粮情、科学决策提供可靠依据。三是充实粮油储备。根据国家要求，省政府同意扩大地方储备粮油规模，分步落实到位，进一步增强粮食宏观调控能力。其中新增的省级储备食用油已于当年落实到位。四是完善粮食应急管理。在抗击雨雪冰冻灾害期间，积极组织调剂粮油资源，增加市场投放量，保证市场供应。加强监管，稳定粮价，维护正常的流通秩序。及时发布粮油市场信息，引导民众理性消费。四川汶川特大地震发生后，为抗震救灾部队官兵紧急供应粮油，受到驻鄂部队官兵好评。贯彻落实《突发事件应对法》，加强全省粮食应急保障体系建设，确定省级粮食应急加工企业100家、应急供应企业99家、粮食市场预警监测点30个，督促粮食经营者落实粮食库存规定。五是促进粮食产销衔接。鼓励产区与销区建立长期稳定的粮食产销合作关系，推动武汉城市圈粮食产销协作。按照国家安排，做好东北粳米的采购工作，满足省内市场需要。

二　执行粮食最低收购价政策

湖北省粮食部门始终把保护农民利益作为粮食工作的出发点和落脚点，认真落实国家粮食收购政策。2008年，湖北省小麦上市价格低于最低收购价，湖北省粮食局及时与中储粮湖北分公司和农发行省分行联系，并向省政府建议全面启动小麦最低收购价预案。5月21日，襄樊市率先启动预案。除恩施、咸宁、仙桃因收购量少未启动外，其他小麦产区相继启动了预案。全省共收购最低收购价小麦140万吨。在中晚稻收购期间，国家启动了临时收储预案，湖北省完成了171万吨的稻谷临时存储计划。湖北省粮食局切实加强对粮食收购工作的指导，先后召开全省稻谷收购工作电视电话会议和中晚稻收购工作专题会议，对稻谷收购工作进行研究和部署。支持国有粮食企业发挥主渠道作用，鼓励和引导各类粮食经营主体和加工企业入市收购，方便农民售粮，搞活粮食流通。超额完成了全年粮食收购目标任务，纳入统计的各类粮食经营主体全年共收购粮食970.5万吨，超目标任务49.3%，其中国有粮食企业收购粮食501.3万吨，超目标任务43.2%。

三　国有粮食企业改革

2008年初，全省粮食工作会议对进一步深化国有粮食企业改革进行了动员部署，要求各地以产权制度改革和体制机制创新为核心，以确保全省粮食安全、实现国有资产保值增值和发展现代粮食流通产业为目的，按照有利于加强粮食宏观调控、有利于保护种粮农民利益、有利于搞活粮食流通的原则，着力改革和完善国有粮食企业资产管理体制，创新经营机制，提高企业市场竞争能力。改革的具体模式是：以粮食储备库为基础，集中优势资产，发展壮大骨干粮食企业，对粮食储备库和军供站实行国有国营、目标管理，在调控粮食市场、保障粮食安全中发挥主导作用；探索新的国有粮食购销企业经营模式，实行所有权和经营权分离、国有民营、租赁经营，在保护农民利益、搞活粮食流通中发挥主渠道作用；对国有粮油加工等附营企业，实行联合重组、股份制改造，培育大型粮食产业化企业集团；对少数粮食仓储设施简陋、收购量很小、交通不便的国有粮食购销企业站点，采取租赁、出售等多种形式放开搞活。湖北省粮食局以学习实践科学发展观活动为契机，切实加强对各地改革的指导，先后组成8个调研组，由局领导带队，深入基层调研，分赴山东、江苏、山西考察学习，不断完善改革思路，大力推进全省国有粮食企业改革。各地按照省粮食局的统一部署和要求，坚持购销市场化的改革方向，结合实际，因地制宜，在企业股份制改造、战略重组、组织结构创新、租赁经营、目标责任制管理等方面进行了积极的探索，并取得了不少成功经验。通过改革，进一步精减了人员，完善了机制，增强了活力，提高了效益。截至2008年底，全省国有及国有控股粮食企业在岗职工1.85万人，比上年减少4613人。全省国有粮食购销企业改革改制面达到82%，国有粮食附营企业基本上实现了民营改制。17个市（州）、76个县(市、区)国有粮食购销企业全面实现盈利，盈利额7181万元，超目标任务43.6%。2008年11月21日，湖北省粮食局组织召开全省粮食部门纪念改革开放30周年大会，回顾了全省粮食流通体制改革的历程，总结了改革的成就和经验，并提出了进一步深化改革、加快发展的思路。

四　现代粮食流通产业发展

湖北省粮食局根据粮食流通工作的新形势，在认真调研分析的基础上，旗帜鲜明地提出了大力发展现代粮食流通产业，突出抓好粮食宏观调控体系、粮食市场体系、粮油食品工业体系、粮食现代物流体系、粮食仓储设施体系和粮食质量检测体系等六大体系建设的战略任务和总体目标，并切实加强规划和指导，推动全省粮食经济又好又快发展。一是粮油食品工业实现较快发展。重点培植20强粮食产业化龙头企业，围绕核心企业和知名品牌抓整合，形成规模优势、技术优势、品牌优势。京山国宝桥米公司技术装备和产品档次位居全国同行业前列，武汉友谊皇冠成为全国最大的油机生产、出口企业。实施粮油精品名牌战略，监利"福娃"荣获中国驰名商标，全省粮食行业拥有中国名牌2个、湖北名牌32个。成功举办第十届粮油食品展示交易会，国家粮食局局长聂振邦、省长李鸿忠等领导亲临展会并给予充分肯定。积极推动粮油工业技术进步和产业升级，提升了全省粮油加工整体水平和综合实力。2008年，全省粮油加工企业总销售收入达到310.6亿元，超目标任务10.9%。二是粮食现代物流体系建设取得新进展。积极申报粮食现代物流中央预算内投资补助项目，争取国家下拨武汉、襄樊2008年中央预算内投资补助1100万元，荆州、宜昌、荆门、利川的粮食现代物流项目被列入2009年中央预算内投资补助项目。武汉国家稻米交易中心项目建设取得重大进展，完成了征地和工商注册登记，并开工进行"三通一平"基础设施建设，2008年11月20日，国家粮食局局长聂振邦和副省长田承忠为武汉国家稻米交易中心揭牌。宜昌三峡粮食物流中心一期工程全部完成并投入使用，成为全省粮食现代物流体系建设新亮点。襄樊、荆州、荆门、京山、利川等地物流节点完成前期准备工作，进入项目建设阶段。三是实施中心粮库建设改造工程。按照统一规划、突出重点、分批实施、新建与改造并举的原则，将中央财政下拨湖北的2204万元仓库维修资金和省级财政安排的2100万元仓库维修资金捆绑使用，重点支持40个中心粮库建设改造项目，提升粮食仓储设施功能和管理水平。

五　粮食行业管理

按照全面落实科学发展观和推进依法行政的要求，进一步强化粮食流通管理，改进行业指导，提高服务水平。一是开展政策理论研究。坚持在全省组织开展粮食流通软科学课题研究工作，着力提高各级粮食部门研究解决实际问题的能力和科学决策水平。湖北省粮食局获得国家粮食局软科学研究成果二等奖1项、优秀调研报告三等奖1项。按照国家粮食局的统一部署，在全省粮食部门组织开展了纪念改革开放30年"国粮杯"征文活动，有12篇文章获奖，湖北省粮食局获得优秀组织奖。二是开展粮食法制宣传教育。在全省粮食部门组织开展了《粮食流通管理条例》颁布实施四周年宣传活动和"遵纪守法，诚信经营"法制宣传教育月活动，切实推进行业普法依法治理工作。湖北省粮食局被评为全国粮食系统"五五"普法中期先进集体。三是加强粮食流通管理配套制度建设。创新工作方式，进一步推进粮食行政执法工作。2008年6月，省粮食局与省工商行政管理局、省质量技术监督局、省卫生厅、省物价局联合下发了《湖北省粮食市场监管联合执法实施意见》，明确了全省粮食市场监管联合执法的组织机构和工作职责，建立了联席会议制度、联合执法制度、执法案件移送制度和执法巡查制度，要求各级粮食行政管理部门负责牵头，各成员单位积极配合，每年开展不少于2次的粮食联合检查。修改完善了《湖北省地方储备粮管理办法》并上报省政府，拟以政府规章颁布，进一步规范地方储备粮管理。四是突出抓好粮食库存监管。针对少数地方粮食企业库存管理中的违纪违规问题，认真开展了全省粮食库存核查整改专项治理。对粮食库存管理中存在违纪违规行为的县市进行通报批评，限期整改，并依法依纪严肃处理相关责任人。通过集中整治，发现的违纪违规问题基本整改到位，粮食库存账实基本相符。五是规范粮食收购市场秩序。认真做好粮食收购许可证年度审核换证工作，对严重违规企业或不再符合条件的收购企业责令退出。认真开展粮食流通专项监督检查和粮食行政执法工作，组织粮食经营者签订责任承诺书，规范粮食经营行为，加强行业自律。六是坚持开展粮油品质测报和质量监测。在主流媒体及时发布粮食品质测报信息，推介优质适销品种，引导粮农调整种植结构，促进农民增收。"三鹿奶粉事件"发生后，迅速组织对市场粮油质量进行抽查监测，对全省300多个"放心粮油"产品质量进行全面抽查，防止不合格粮油流入市场。七是加强粮食行政管理部门自身建设。按照省委、省政府的统一部署，认真开展效能建设暨"两项活动"（执行力大讨论活动和文明执法教育活动）、深入学习实践科学发展观活动，切实改进机关作风，提高行政效能和服务科学发展的水平。

◆ **湖北省粮食局领导班子成员**

沈昌发　　党组书记、局长（任职至2008年11月）

孙永平　　党组书记、局长（2008年11月任职）

沈桥梁　　党组成员、副局长

赵启玉　　党组成员、副局长

马木炎　　党组成员、副局长（2008年4月任职）

余日福　　党组成员、副局长（2008年7月任职）

闵建华　　党组成员、纪检组长

朱运清　　党组成员、华中粮食中心批发市场管理委员会办公室主任（副厅级）

王新堂　　巡视员(2008年10月退休)

2008年11月20日，国家粮食局局长聂振邦、湖北省副省长田承忠为武汉国家稻米交易中心揭牌。

湖北省粮食局局长孙永平到武汉粮食物流园区调研。

2008年11月20日，湖北省粮食局举行全省粮食部门纪念改革开放30周年大会。

湖南省粮食工作　基本情况

　　湖南省地处长江中游，位于东经108° 47′ ~ 114° 15′，北纬24° 38′ ~ 30° 08′，东西宽667公里、南北长774公里，总面积211875平方公里，其中耕地面积为323万公顷。辖14个市（州）、122个县（市、区）。2008年末，全省总人口6845.20万，比上年增加39.50万人，增长5.8‰。其中，城镇人口2885.25万，乡村人口3959.95万。2008年，全省地区生产总值突破万亿元，达到11156.64亿元，比上年增长12.8%。按常住人口计算，人均生产总值17521元，增长12.5%。财政总收入1308.55亿元，增长16.5%。

　　2008年全省粮食总产量创历史新高，达2805万吨，比上年增长4.2%；全省累计收购粮食586万吨，比上年增长1.8%；全省共销售粮食694.3万吨，比上年增长0.7%。

2008年粮食工作

　　2008年，在省委、省政府的正确领导和国家粮食局的指导下，省粮食局党组按照省委、省政府"一化三基"战略和"两型社会"建设要求，紧紧围绕富民强省宏伟目标，始终站在确保粮食安全的高度，坚持"大粮食、大市场、大物流、大产业"发展理念，全面谋划全局工作，着力构建粮食安全保障体系、产业化经营体系、监督检查体系，坚定不移地以新型工业化理念引领粮食产业健康快速发展，立足部门实际，创新发展思路，狠抓工作重点，全省粮食产业呈现出又好又快发展的喜人局面。

一　粮食购销

　　一是在确定企业信贷资格的基础上，按市场定价和购得进销得出的原则，尽早发放收购资金贷款，支持国有粮食购销企业和农业产业化龙头企业优先入市收购。落实早稻收购信贷资金规模60亿元，中晚稻收购资金18亿元。二是督促国有粮食购销企业积极做好收购仓容、政策宣传、服务等各项工作，重点做好粮食的集腾并转，满足收购需要，全年安排仓库维修资金3584万元（其中中央拨付2084万元），全省早稻接新前空仓400万吨，中晚稻接新前可利用仓容达550万吨。三是对收购工作进行指导检查，确保"多收粮，收好粮"，使农民满意，政府放心。2008年全省累计收购粮食586万吨（不含中储粮系统收购数量），比上年增加10.4万吨，其中国有粮食企业收购202.6万吨，比上年增加

36.5万吨。2008年全省共销售粮食694.3万吨，比上年增销4.9万吨，其中销往省外105.9万吨，比上年增加4.4万吨。

二　仓储设施建设

一是继续推进骨干粮库建设。制定印发了《湖南省骨干粮库体系建设方案》，从仓储设施建设、配套设施建设、粮库环境建设、管理信息系统建设、管理体制建设、队伍素质建设等方面全面规划了骨干粮库网络建设与配套完善。建立了骨干粮库动态管理机制，提出通过5年努力，使全省骨干粮库完好仓容达到500万吨，仓容完好率达到98%以上，建成骨干粮库信息管理系统并正常运行。目前，63家骨干粮库总仓容达480余万吨，其中近几年维修改造以及新扩建仓容100余万吨。二是切实抓好仓库维修改造。2008年全省完成大修仓容103.5万吨，新建竣工仓容32万吨，投入仓库维修改造资金8269.7万元，投入仓库建设资金31640万元，其中省财政对63家骨干粮库投入建设资金1500万元，最低收购价仓库维修资金2100万元。粮食流通设施、仓储设施和保粮设备逐步完善，仓容完好率稳定在80%以上。三是严格储备粮管理，保证数量真实，质量良好。加大了储备粮的库存检查力度。4月，结合粮食库存检查，重点对省级静态和动态储备粮库存及安全储粮情况进行检查，11月，组织开展了2008年省级储备粮轮换验收及库存核查，对全省省级储备粮轮换及管理情况进行了全面检查，对省级调节储备粮企业进行了全面的库存检查，并对省储粮轮入新粮和部分调节储备粮进行了质量抽检和原粮卫生调查。督促充实了地方粮食储备。提出了落实国家下达全省的地方储备计划和建立省级储备油的规划意见。积极推进地方储备粮规范化管理。3月，会同省财政厅制定下发了《湖南省省级调节储备粮库存核查办法》。9月，完成了《湖南省地方储备粮管理办法》的申报、论证和省政府立法答辩，列入省政府2009年立法计划项目。四是全面完成了2007年度全社会粮食仓储设施统计。

三　积极抗灾救灾，保障市场供应

2008年初，湖南省遭遇罕见的特大雨雪冰冻灾害。各级粮食部门在当地党政的坚强领导和统一部署下，尽职为民，一面采取果断措施，确保市场粮油供应和粮油价格基本稳定；一面积极抗灾减损，把灾害降到最低限度。一是紧急动员，全面部署。明确了做好冰冻和春节期间粮油购销、保证市场供应、稳定市场价格的工作措施和要求。二是有序调度，保障供给。针对部分地区粮源紧张问题，商省财政厅同意吉首动用省储粮1000吨，从长沙等地组织530吨大米调往郴州重灾区。冰灾期间全省军粮系统组织车辆300多台次，向部队紧急配送成品粮油600多吨，为社会居民供应粮油1100吨。三是加强指导，恢复生产。及时核实灾损情况，指导生产自救，仓库维修资金向重灾区倾斜。汶川特大地震后，省粮食局在第一时间组织捐献，涌现了一批先进单位和先进个人。非震区省市仅10人荣获全国粮食系统抗震救灾先进个人，湖南省陈克明、李步凡榜上有名。

四　粮食应急

一是切实做好网上直报工作，完善建立了国家粮油市场监测直报点13个，省粮油市场监测直报点51个，涵盖了各市州和重点县市所在地及主要粮食批发市场，并将广东等地重点粮油批发市场纳入监测范围。二是扎实做好规模以上大米加工企业产销存情况日报工作。三是有效做好特殊时期的市场监测。2008年初特大雨雪冰冻灾害及春节期间，实行了各地粮油市场供应、价格情况的日报制度，为特殊时期保障市场粮油供应、稳定市场粮价提供了较全面及时的决策参考依据。四是建立完善粮食应急保障体系。确定了粮食应急粮源、加工、供应保障指定企业254家。建立了《湖南省粮食应急预案简明操作手册》和《湖南省粮食、食用植物油应急监测调控系统建设规划》。五是注重做好粮食种植和生产成本调查。全面组织开展了2008年稻谷种植和生产成本调查预测分析，形成了调查分析报告。

五　粮食产业化

　　2008年，省粮食局认真贯彻以新型工业化引领粮食产业健康发展的思路，积极推进粮油精深加工和循环粮食经济。全省粮食产业化龙头企业共创办基地140多万公顷，投入建设资金7200万元，订单收购400多万吨，带动农户增收13.3亿元。规模以上粮食产业化龙头企业实现销售收入192亿元，实现利润3.5亿元。省粮食局主要推进措施，一是引导企业进行技术提升改造，31家龙头企业采用新技术、新工艺、新设备完成技改总投资2.84亿元，财政贷款贴息1124万元。二是建立省市级动态粮食储备支持龙头企业发展，新增国家级龙头企业3家、省级27家，目前湖南省有国家级龙头企业7家、省级64家、市级166家，各级龙头企业资产总额超过100亿元。三是推进品牌整合，金健、金霞、天龙、银光、隆平、洞庭湖等企业实施品牌整合并已初见成效。四是加大粮油产品推广展销力度，先后组织粮油加工和粮机制造企业参加了第八届中国粮油精品展示交易会、第十届湖南（国际）农博会。五是加强调查研究，探索发展新思路。

六　粮食物流

　　在建项目进展顺利，2008年全省在建2000万元以上项目27个，规划总投资51.3亿元，已完成投资15.2亿元。制定了物流发展规划，按照《湖南粮食现代物流规划》要求，各市州分别制定了各地物流发展规划。争取了政策支持，2008年中央财政支持投资的两个项目补助已到位，新争取2009年中央投资补助粮食物流项目4个。建立了湖南粮食物流项目库，储备在建项目27个、已审批项目26个、规划项目20个。

七　粮食行政执法

　　截至2008年底，全省14个市州局已全部由当地编办批准建立监督检查工作机构，其中 7个市局成立了行政执法队；116个县市局中有102个建立了监督检查工作机构，占87.9%，94个县市局成立了行政执法队，占81.0%。全省已落实监督检查专项经费705.4万元。目前全省粮食行政管理部门已有1331人获得监督检查行政执法资格，34人取得粮食库存检查证。

　　截至2008年底，全省办理《粮食收购资格许可证》的经营主体共有3815家，其中国有及国有控股企业424家，占11.1%；个体工商户2718家，占71.2%；非国有企业673家，占17.7%。2008年，全省共执行行政处罚案件1240例，其中责令改正768例，警告234例，罚款69例，暂停、取消粮食收购资格106例，其中执行罚款、暂停、取消粮食收购资格的案件占总案例的14.1%。

八 粮食质量监管

一是加强粮食质量与原粮卫生监管。质量调查、品质测报和卫生调查样品分别达1000份、400份和200份。按产量权重分配扦取村级混合早籼稻样品286份参加国家粮食局会检，结果表明：整体质量良好，一等品率有所下降。开展粮食质量督查活动20余批次，重点对各级粮食产业化龙头企业、大型粮油批发市场和"放心粮油"产品进行了质量抽查，共检样600余份。上半年针对全部省储粮及部分地市储备粮和部分商品粮为检查对象扦样144份，下半年针对新入库储备粮及部分调节（动态）省储粮抽样246份，宜存率达100%。二是加强全省粮食质量监督检测体系建设。张家界、株洲、益阳、怀化和湘潭5市粮油质量检测站获得国家粮食局的国家粮食质量监测站授权挂牌，形成了以湖南省粮油产品质量监测中心和8个区域站（另外三个站为常德、邵阳和娄底市粮油质量检测站）为主体的全省粮食质量监督检测体系。湖南省粮油产品质量监测中心在国家粮食质量监测机构比对考核中得分第一。全省粮食系统举办了粮食行业质检员培训班9期共培训780余人。

九 粮食财务

2008年，全省粮食企业实现利润1774万元，比上年增加1474万元。其中粮食购销企业实现利润2523万元，比上年增加2137万元。2008年末全省粮食企业资产总额85亿元（已剔除政策性粮食财务挂账），其中固定资产净值21亿元；负债总额67亿元（已剔除政策性粮食财务挂账），其中银行借款余额41亿元；所有者权益18亿元。2008年全省粮食企业营业收入总额352344万元，营业成本总额387581万元，补贴收入总额33836万元，费用开支总额59485万元。

十 加强综合治理

抽调专门人员，组建了维稳、信访、应急三位一体的省局总值班室。出台了加强党风廉政建设和社会治安综合治理等举措，省局领导与处室及局直单位主要负责人签订了相关责任书。应急管理和综合治理工作得到省政府肯定，继2007年之后，2008年省粮食局再度被省政府评为社会治安综合治理先进单位。

十一 政务公开

2008年，按照省政府的统一部署和要求，省粮食局大力推进政务公开工作，精心组织，落实具体人员和必要的经费，保质保量地完成了《湖南省粮食局政府信息公开目录》及《湖南省粮食局政府信息公开指南》的编制，并在湘粮政务网显著位置开通了"政府信息公开"专栏。出台了省粮食局政府信息公开制度，建立完善了主动公开、依申请公开、发布协调制度和监督约束机制。改进《湖南省粮食收购资格审核网上办理系统》，形成了全国粮食系统首家功能完备、全省统一的网上政务厅。全面开通了在线审批、资源下载等10余项网上项目，及时发布粮食政策和价格信息，方便群众和企业办事。网站点击已达70万人次。

十二　深入学习实践科学发展观

　　自2008年9月至2009年2月，在省委的正确领导下，在省委深入学习实践科学发展观活动指导检查组第十二组的指导下，省粮食局精心组织，周密部署，紧紧围绕党员干部受教育、科学发展上水平、人民群众得实惠、富民强省新跨越，以创新体制机制，推动湖南粮食经济又好又快发展为主题，狠抓各阶段各环节的落实，学习实践活动进展顺利，取得明显成效，达到预期目标。

　　按照省委的统一部署和安排，省粮食局这次深入学习实践科学发展观活动参加对象包括局机关、局直单位共26个党支部、486名党员（含离退休）。为切实加强对学习实践活动的组织领导，省粮食局党组成立了学习实践活动领导小组，党组书记、局长吴奇修任组长，领导小组下设办公室。认真按照中央和省委的统一部署，抓好各阶段各环节工作任务的落实。学习实践活动启动后，局党组深入开展思想发动，扎实做好各项准备，为活动开好局、起好步打下了坚实的基础。在学习调研阶段，重点抓好学习培训、深入调研、解放思想大讨论三个环节；在分析检查阶段，重点抓好领导班子专题民主生活会、形成高质量局党组分析检查报告、组织群众评议三个环节；在整改落实阶段，重点抓好制定整改落实方案、解决突出问题、完善体制机制三个环节。据统计，在学习实践活动期间，组织"推动湖南粮食行业科学发展对策建议"征文活动，收到应征文稿近百篇，评选出一等奖1篇、二等奖6篇、三等奖14篇。开展"问计基层群众，共谋科学发展"大调研，收到调研报告40多篇，局党组书记、局长吴奇修关于加快湖南粮食产业发展的专题调研报告，得到了张春贤书记、周强省长和于来山常务副省长的高度肯定。征求到群众意见71条。查找和梳理出影响制约粮食行业发展的突出问题4个。制定整改落实措施10大项50条，建立健全体制机制10项。出台保增长、保民生、保稳定的重要措施10项。实现了提高思想认识、解决突出问题、创新体制机制、促进科学发展的目标要求。取得了较好成效：一是在提高思想认识、深化对科学发展观的理解上取得了新收获；二是在突出实践特色、解决事关人民群众生活和社会和谐稳定等方面的问题上取得了新进展；三是在推进改革创新、完善有利于促进科学发展的粮食管理体制机制上取得了新突破；四是在坚持边学边改，推动粮食经营管理各项工作上取得了新成绩；五是在加强队伍建设、提高科学发展的能力上取得了新成效。做到了学习工作两不误、两促进，得到中央督查指导组和省委学习实践活动领导小组办公室的充分肯定。

十三　全省粮食系统学习实践科学发展观理论研讨会

　　2008年11月15～17日，省粮食局在长沙召开了全省粮食系统学习实践科学发展观理论研讨会，与会人员围绕"坚持科学发展、加快富民强省"主题，交流了学习实践科学发展观的心得体会和调研成果，结合粮食工作实际展开理论探讨，站在振兴湖南粮食经济、服务富民强省的高度，为促进本省粮食行业又好又快发展各抒己见、出谋划策。国务院发展研究中心党组成员、农村部部长韩俊与宏观经济部部长余斌分别作了十七届三中全会政策解读和当前经济运行与科学发展的专题辅导报告。局党组书记、局长吴奇修作了总结讲话，要求面对当前全球金融危机和粮食危机的严峻形势，要坚定信心，化"危"为"机"，切实增强责任感和使命感，坚持以新型工业化引领粮食产业健康快速发展，争创粮食产业新优势，拓宽粮食发展新空间，提高湖南对全国粮食安全的贡献率，提高粮食产业对"富民强省"的贡献率。本次研讨会形式活、气氛浓、效果好，特别是两位专家的辅导报告在与会人员中引起了强烈反响，及时认清了当前经济形势和政策动态，增强了责任感和使命感。湖南卫视、湖南经视、湖南日报、红网、中华粮网等媒体进行了报道。

◆ **湖南省粮食局领导班子成员**

吴奇修	党组书记、局长
向才昂	党组成员、副局长
焦小毅	党组成员、副局长
李昌浩	党组成员、纪检组长
邓德林	党组成员、副局长
石少龙	党组成员、副局长
皮祖玉	巡视员
罗传尧	副巡视员

2008年8月27日，湖南省委书记、省人大常委会主任张春贤（主席台左二）在省委常委、省委秘书长杨泰波（主席台右二）的陪同下到省粮食局视察工作，听取了省粮食局局长吴奇修（主席台左一）的工作汇报。

2008年5月14日，湖南省粮食工作会议在长沙召开。省委常委、常务副省长于来山同志到会并作重要讲话，省粮食局局长吴奇修作工作报告。

2008年7月30～31日，湖南省委副书记、省长周强（前排右一）在省政府秘书长袁建尧（前排右二）、省粮食局局长吴奇修（第二排左一）等省直有关部门负责人陪同下赴岳阳考察夏粮收购情况。

2008年9月10～13日，国家粮食局局长聂振邦（右三）到湖南考察粮食工作。湖南省委副书记、省长周强，省委常委、常务副省长于来山同志就做好粮食生产与流通工作与聂振邦同志交换了意见，省粮食局局长吴奇修（右二）全程陪同考察。

广东省粮食工作　基本情况

广东省地处祖国大陆南部，共辖2个副省级市，19个地级市，23个县级市、54个市辖区、44个县（其中3个自治县）。2008年末常住人口9544万人，其中：城镇人口占63.4%，乡村人口占36.6%。全省陆地面积18万平方公里，约占全国陆地面积的1.9%，耕地面积284.4万公顷。2008年，全省生产总值35696.5亿元，比上年增长10.1%；人均生产总值37588元，增长8.7%；来源于广东的财政总收入8470.8亿元，全省地方一般预算收入3310亿元；城镇居民人均可支配收入19732.9元，农村居民人均纯收入6399.8元。

2008年，全省粮食作物播种面积250万公顷，比上年增长0.8%。粮食产量1243万吨，比上年下降3.2%，其中：谷物1003.5万吨、玉米63.5万吨、大豆13.9万吨。按照常住人口计算，年人均粮食占有量130公斤。粮食商品量284.8万吨，商品率22.9%。粮食总需求量3770万吨，其中：口粮1778.8万吨，饲料用粮1504.4万吨，工业用粮99.8万吨，其他用粮387万吨。粮食产需缺口2527万吨。全年从外省购入粮食1981万吨，进口533.5万吨。2008年末，全省国有粮食企业713家，在岗从业人员11063人。其中，国有粮食购销企业597家，在岗从业人员8217人。

2008年粮食工作

2008年全省粮食工作经受住国际粮食市场大幅波动、严重低温雨雪冰冻灾害、强台风袭击等多种不利因素的考验，粮食市场供应和价格保持稳定。全省粮食安全保障制度建设、机构建设和能力建设实现突破，在全国率先推进粮食安全保障立法，率先实行粮食安全责任考核，率先建立省、市、县三级粮食流通监督检查部门协作机制，率先向部队统一供应食用植物油，粮食储备和应急体系不断完善，粮食安全保障能力进一步增强，粮食工作进一步科学发展。

一　粮食安全保障工作经受住多种不利因素的考验

面对世界粮食危机、国际粮食市场大幅波动、严重低温雨雪冰冻灾害、强台风袭击等多种不利因素的影响，全省及时采取有效措施稳定粮食市场。省政府常务会议专门听取了全省粮食市场供应情况汇报，研究分析粮食市场形势，制定了保障全省粮食安全的八项措施，要求抓好本省粮食生产，加强政府粮油储备，做好舆论宣传等工作。《广东省粮油市场监测报告制度》印发实施，全省粮油市场监测网络进一步健全。粮油市场供求和价格形势日报、旬报以及专报工作有效开展，多渠道组织粮源保障市场粮食供应工作取得良好成效。

在年初严重低温雨雪冰冻灾害造成南下粮食运输受阻、大量返乡过年人员滞留、粮食供应出现局部紧张的情况下，省粮食局及时制定了动用省级储备粮保障粮食应急供应以及支援有关市粮食供应的实施方案。韶关市启动了市级粮食应急预案，克服天寒地冻、冰封路阻等困难，组织粮食应急加工和运输，实现了灾区路断桥断粮食供应不断。茂名市针对市场异常情况，紧急加工了3000多吨大米保证春节市场供应。各地特别是广州市和惠州市军粮供应单位，按照部队要求积极筹措军粮等应急物资，有力支持了部队抗灾救灾。

汶川特大地震发生后，省粮食局迅速转发了国家粮食局《关于做好抗震救灾确保灾区粮油供应工作的紧急通知》，部署各地保障市场粮油供应，支援救灾防灾工作；迅速拟订了《关于动用全省省级储备粮支援四川地震灾区粮食供应的实施方案》，做好随时支援灾区粮食供应的准备工作。

台风汛期，多个强台风相继袭击广东省。全省粮食系统认真做好防灾和应急准备，积极加强安全隐患排查，确保了汛期粮食安全。阳江市在遭受"黑格比"强台风袭击后，迅速启动市级粮食应急预案，紧急调运大米250多吨保障了灾区粮食供应。

此外，针对国际市场粮价大幅上涨和香港地区发生抢购大米风波的情况，全省粮食系统积极引导媒体正面宣传，稳定人民群众粮食消费心理，防止发生抢购粮食现象。省粮食局主动约请或积极接受10多家媒体采访，以电视、电台、报纸等形式数十次正面报道全省市场粮食供应和价格情况以及政府稳定粮食市场的政策措施，促进了粮食市场稳定。

全省粮食市场供应平稳，受灾地区粮食供应实现不断档、不脱销。全省城乡居民粮食消费价格指数上涨8.1%，低于居民消费食品价格指数13.2%的涨幅。

二　粮食安全保障制度机制进一步健全

在全国率先推进粮食安全保障立法。为适应粮食流通市场化体制下保障全省粮食安全的客观需要，广东省在全国率先推进粮食安全保障立法。《广东省粮食安全保障条例（草案）》业经省政府常务会议讨论通过。省人大常委会已对该草案进行二读审议。

在全国率先开展粮食安全责任考核。2008年2月，省政府出台了《广东省粮食安全责任考核办法》（粤府办〔2008〕10号），在全国率先实行粮食安全责任考核。该办法规定，省政府对各地级以上市每届政府的粮食安全责任实行届中和届满前考核，促进各级政府切实承担起确保行政区粮食安全的责任。2008年，全省启动了首次粮食安全责任考核工作。

在全国率先推进建立省、市、县三级粮食流通监督检查部门协作机制。经省政府同意，省粮食局等九部门印发了《关于建立和健全粮食流通监督检查工作部门协作机制的意见》（粤粮监〔2008〕490号），推进全省逐步建立省、市、县三级粮食流通监督检查部门联合执法协作机制，实现各有关部门对粮食流通监管的"无缝"对接，加强监管合力，提高监管效能。

《广东省粮食安全中长期规划》编制工作启动。结合《国家粮食安全中长期规划纲要》和本省实际，省粮食局联合省发展改革委等八部门启动了《广东省粮食安全中长期规划》编制工作。该规划将全面回顾广东省粮食安全保障工作取得的成就，研究分析面临的形势和挑战，研究提出保障全省粮食安全的基本思路、原则、主要目标、任务以及政策措施，科学构建富有主销区特色的粮食安全保障长效机制。

粮食经营者最低最高库存制度实施。根据国务院《粮食流通管理条例》的有关规定，经省政府同意，省发展改革委、省粮食局印发了《关于实施粮食经营者最低和最高库存量标准的规定》（粤发改粮调〔2008〕329号），从制度安排上确保全省粮食经营者保有一定数量的粮食库存，推进建立政府储备与企业储备相结合的粮食储备体系。

三　粮食安全保障能力进一步增强

粮食储备和应急体系建设得到加强。全省地方储备粮规模增加。各地积极落实成品粮应急储备，已有11个地级以上市建立了成品粮储备制度。食用植物油储备制度建立。同时，全省大力加强粮食应急体系建设，增强粮食应急能力。韶关、惠州、江门等市开展了粮食应急演练。省及各有关市积极做好粮食应急演练的准备工作。

粮食流通基础设施建设进一步推进。《广东省粮食流通基础设施建设五年规划》编制工作有序推进。省储备粮东莞直属库一期工程通过竣工预验收，码头等二期工程以及汕头直属库项目前期工作启动。市县粮库建设和维修工作继续推进。韶关市粤北粮食交易中心完成主体工程建设。佛山市启动了"十一五"市本级和区粮库建设，规划仓容35万吨。中山市启动了中心粮库二期6万吨仓容建设。

粮食产销合作不断发展。全省继续巩固和发展与吉林、湖南、江西、湖北、江苏、安徽、广西、河南等省（区）的粮食产销合作关系。各地赴主产区开展了多种形式的粮食购销合作，拓宽了粮源供给渠道。中山市表彰奖励了成效突出的粮食流通企业。广州国家粮食交易中心年交易量突破200万吨，交易金额38亿多元，比上年增长一倍以上。全省五大港口和东莞两大粮食批发市场全年来粮1835万吨，同比增加1.3%。

粮食流通监督检查得到加强。省粮食局印发实施了《广东省地方储备粮库存检查暂行办法》。汕尾市粮食局制定了粮食流通监督检查实施细则、行政执法过错责任追究办法。全省完成了粮食收购政策落实情况专项检查、春秋两季粮食库存检查、地方储备粮质量抽查等多项监督检查，维护了良好的粮食流通秩序，确保了储备粮数量真实、质量良好、存储安全。

军粮供应管理工作实现新突破。全省粮食系统坚持"以兵为本，服务部队；平战结合，主副并进"的宗旨，继续保质保量按时做好驻粤部队大米和面粉供应工作，着力推进向驻粤部队统一供应食用植物油工作。截至2008年底，全省粮食系统与驻粤部队共签订食用植物油供应协议173份，占应签协议量的81%；协议内实际供应数量占应供数量的92.3%。广州、惠州市把地方储备粮适当调整为适合军粮供应的品种，将储备粮轮换与军粮供应结合起来，较好地满足了部队后勤需要。

四　粮食系统战斗力进一步提高

国有粮食企业不断发展。18个有政策性粮食财务挂账消化任务的地级以上市已消化挂账占2010年底前应消化总额的60%。国有粮食企业全年粮食收购量达103万吨，比上年增长27%。韶关南雄市和乳源县按照"二次结算"方式吸引农民售粮，确保农民利益。全省国有粮食企业继续保持盈利势头，全年利润总额4800多万元，同比增长22%。广州、深圳、珠海、佛山、汕尾、东莞、江门、肇庆、揭阳、阳江等10个市以及省直国有粮食企业实现盈利7900多万元。

粮食工作机构逐步健全。省粮食局重新组建，负责全省粮食行政管理和粮食安全工作。惠州市粮食局机构升级，局领导职数增加；揭阳市粮食行政管理人员编制和科室增加；深圳市发展改革局专门设立了负责粮食行政管理的业务处，充实了工作人员。省粮食行业协会换届工作顺利完成。

学习实践科学发展观活动和廉政建设取得良好成效。省粮食局认真、系统地开展了深入学习实践科学发展观和争当实践科学发展观排头兵学习讨论活动。各级粮食部门以学习贯彻中纪委《建立健全惩治和预防腐败体系2008～2012年工作规范》为契机，构筑和完善教育、制度、监督并重的惩治和预防腐败体系。按照省委要求，各级粮食部门切实开展纪律教育学习月活动，进一步增强粮食部门干部职工的组织纪律性，打造了一支政治合格、纪律严明、业务精湛、作风过硬的粮食行政管理队伍。

省粮食局获得全国粮食系统"五五"普法中期先进集体、全国粮食流通统计工作先进单位称号，获国家粮食局粮食流通体制改革30年征文优秀组织奖、国家粮食局会计报表考核三等奖；组织撰写的文章分别获得国家粮食局粮食流通体制改革30年征文一、二、三等奖，国家粮食局优秀调研报告一、三等奖以及优秀软科学研究成果二等奖。省粮食局1人被省委、省政府和国家粮食局评为抗震救灾先进个人，广州市储备粮管理中心被国家粮食局评为抗震救灾先进单位。全省118名干部职工获得国家粮食局颁发的粮食流通监督检查证书。

◆ 广东省粮食局机构设置和领导班子成员

2008年3月，广东省粮食局重新组建，负责全省粮食行政管理和粮食安全工作，行政编制45人，设6个职能处（室）：办公室、调控财会处、政策法规处（军粮供应办公室）、监督检查处、科技储运处、监察室（纪检组、党委办、人事处）。

张军同志为广东省粮食局局长（兼任广东省发展和改革委员会副主任、党组成员）。

李敏、冯晓光、骆裕根同志为广东省粮食局副局长。

2008年2月初，在严重低温雨雪冰冻灾害期间，广东省委常委、常务副省长黄龙云代表赴韶关市慰问抗灾救灾一线的部队官兵，视察粮食供应保障工作（图中持扩音器者为广东省委常委、常务副省长黄龙云）。

2008年3月，广东省粮食局重新组建。广东省委常委、常务副省长黄龙云为广东省粮食局揭牌（右二：广东省委常委、常务副省长黄龙云；左二：广东省发展和改革委员会副主任、粮食局局长张军；右一：广东省粮食局副局长李敏；左一：广东省储备粮管理总公司总经理龙红辉）。

2008年5月，广东省粮食局召开全省粮食局长座谈会，交流各地粮食工作情况，推进全省粮食工作科学发展（右二：广东省发展和改革委员会副主任、粮食局局长张军；左二：广东省粮食局副局长李敏；右一：广东省粮食局副局长冯晓光；左一：广东省储备粮管理总公司总经理龙红辉）。

广西壮族自治区粮食工作   基本情况

广西壮族自治区地处祖国南疆，位于北纬20° 54′～26° 24′，东经104° 26′～112° 04′。东临广东省，南临北部湾与海南省隔海相望，西连云南省，东北接湖南省，西北靠贵州省，西南与越南毗邻。广西设14个地级市，7个县级市，56个县，12个民族自治县，34个市辖区。2008年末全自治区人口总数为5049万人，其中城镇人口1838万，乡村人口2978万；广西世居有壮、汉、瑶、苗、侗、仫佬、毛南、京等12个民族，另有40多个其他民族。少数民族人口1959万，其中壮族人口1666万，分别占自治区总人口的38.8%和33.0%。少数民族人口总数在全国各省份中居第1位，壮族是中国人口最多的少数民族。全自治区土地面积23.67万平方公里，约占全国土地总面积的2.5%。2008年末全区粮食播种面积297.31万公顷，比上年减少0.37%。

2008年，广西生产总值（GDP）7150亿元，比上年增长12.5%。全年财政收入843.56亿元，比上年增长19.5%。城镇居民人均可支配收入14000元，增长15%；农村居民人均纯收入3700元，增长15%。

广西是一个结构性缺粮的省区，以生产稻谷和食用大米为主，丰年大米自给有余，小麦、玉米、大豆均产不抵消。2008年粮食总产量1397万吨，人均粮食占有量276.5公斤，粮食商品率为26.7%。全年全区国有和重点非国有粮食经营转化企业共购进粮食约841万吨(贸易粮，下同)，比上年同期增加107万吨；共销售粮食524万吨，2008年全区粮食消费量1900万吨，比上年增加41万吨，其中农村口粮881万吨，城镇口粮168万吨，工业用粮132万吨，饲料用粮708万吨，种子用粮11万吨。

2008年末，广西国有粮食企业共1146家，从业人员0.87万人。其中国有购销企业574家，从业人员0.70万人；粮食附营企业572家，从业人员0.17万人。2008年末全区粮食仓容总量为619.90万吨，其中有效仓容511.16万吨，需大修仓容80.70万吨，待报废仓容28.04万吨。

2008年粮食工作

2008年，在自治区党委、自治区人民政府领导下，自治区粮食系统克服国际能源危机、金融危机、粮食危机的冲击和雨雪冰冻灾害、洪涝灾害、汶川特大地震等自然灾害的影响，坚持以科学发展观统领粮食工作全局，认真贯彻落实党中央、国务院和自治区党委、政府关于粮食工作的一系列方针政策，深化粮食流通体制改革，加强粮食宏观调控，加快粮食产业发展，积极应对困难和挑战，确保了粮食安全，为全区经济发展和社会和谐稳定作出了重要贡献。

一　开展继续解放思想大讨论活动和深入学习实践科学发展观活动取得明显成效

2008年2月至5月，自治区粮食局按照自治区党委关于开展继续解放思想大讨论活动的统一部署和要求，切实围绕解放思想，改革创新，实现科学发展、加快发展的主题，紧密联系粮食工作实际，扎实开展继续解放思想大讨论活动，努力查找影响和阻碍发展的突出问题，着力破解发展难题，实现"六个突破"新目标。9月以来，自治区粮食局按照中央和自治区的统一部署，开展深入学习实践科学发展观活动。围绕"创新体制机制、确保粮食安全、推动科学发展"这一主题，坚持把学习实践活动与贯彻落实十七届三中全会精神和胡锦涛总书记、吴邦国委员长、温家宝总理在本区考察指导工作时的重要讲话精神结合起来，与深入调查研究解决实际问题结合起来，与做好当前粮食工作结合起来，统一思想，形成合力，确保学习实践活动与业务工作"两手抓、两不误、两促进"。通过开展继续解放思想大讨论活动和深入学习实践科学发展观活动，党员干部的思想得到进一步解放，综合素质有了进一步提高，加快改革与发展的意识进一步增强，有力推动各项粮食工作顺利开展。

二　粮食安全得到有力保障

2008年，全区国有和重点非国有粮食经营、转化企业共购进贸易粮841万吨，同比增加107万吨，其中，区外购进粮食480万吨，同比增加18万吨；销售粮食524万吨，同比增加39万吨，转化用粮239万吨，同比增加27万吨。粮食储备体系进一步完善，各级粮食储备规模基本足额到位，储备粮管理水平进一步提高；在全国率先建立军粮供应应急保障机制，军粮供应保障能力进一步增强；粮食应急体系进一步建立，全区已建立了成品粮油应急储备，落实了应急加工、供应企业，应急能力得到加强。年初雨雪冰冻灾害发生后，迅速启动粮食应急预案，组织6万多吨大米供应灾区市场，安排因灾缺粮农户64万户、290万人。广西农乐米业公司荣获全区抗击雨雪冰冻灾害集体二等功。部分地区发生洪涝灾害后，各地政府和有关部门迅速采取措施，及时转移抢运和处理受灾粮食，安排好灾区群众生活。

三　国有粮食企业改革稳步推进

截至2008年底，全区有7个地级市和91个县（市、区）已基本完成国有粮食企业职工分流安置工作。全区累计筹措改革资金13.45亿元，分流安置粮食企业职工3.3万人，占职工总人数的78.84%。全区国有粮食企业职工已纳入养老保险体系，企业分流人员得到妥善安置。国有粮食企业产权制度改革进一步加快，非公有制经济快速发展，多元经济结构逐步形成。国有粮食企业历史遗留问题逐步得到解决，减轻了企业的负担。企业经营管理进一步加强，扭亏增盈工作成效显著。2008年，全区国有粮食企业盈利4000多万元，自1996年以来首次实现扭亏为盈。

四　储备粮直补订单粮食收购工作成效显著

近几年，全区积极探索和创新粮食直补机制，实施对种粮农民实行直接补贴与储备粮订单粮食收购挂钩的办法，取得了良好效果。2008年，全区直补订单粮食收购总量由上年60万吨增加到80万吨，直接补贴标准由上年的普通稻每公斤补0.08元、优质稻每公斤补0.14元统一提高到不分品种每公斤补贴0.20元。各级党委、政府高度重视储备粮直补订单收购工作，及时解决直补订单粮食收购工作中出现的问题，各级财政、粮食等有关部门密切配合，积极做好储备粮直补订单粮食收购工作。2008年全区累计收购直补订单粮食78.43万吨，基本完成了计划，比上年增加25万吨，增长9个百分点，是实行储备粮直补订单收购政策以来完成计划最好的一年。在直补订单粮食收购价格的推动下，市场早籼稻收购价格也比上年同期提高，全区种粮农民因此增收10亿元。切实保护了种粮农民的利益，有力促进了粮食生产。

五　粮食产业化经营和粮油加工加快发展

各地进一步加大了对农业产业化龙头企业的扶持力度，粮食产业化经营龙头企业进一步发展壮大。"公司＋科研＋基地＋农户"等形式的粮食产业经营迅速发展，优质稻、优质茶油示范种植基地建设稳步推进。全区粮食行业现有自治区级农业产业化龙头企业9家，其中桂林力源食品有限公司、广西黑五类食品集团有限责任公司、广西国泰粮食集团有限公司被评为国家级农业产业化重点龙头企业。粮油加工业发展步伐加快，2008年全区粮油工业实现产值156亿元，创历史最好水平，同比增加7.58%，实现利税5.32亿元。

六　招商引资和重点项目建设进展顺利

各级粮食部门充分发挥粮食行业资源优势，积极开展招商引资，引进了一批项目、资金和技术。自治区粮食局引进中国海洋石油总公司，在生物质能源原料基地建设、产品精深加工、物流配送等领域与自治区开展全方位合作；各地粮食部门抓住北部湾经济区开发建设的难得机遇，充分发挥仓储设施和网络体系等优势，大力发展粮食现代物流。目前，几个物流项目建设进展顺利，其中，总投资8亿多元的防城港粮食物流中心项目一期工程和总投资5亿多元的贺州金泰农副产品交易中心已开工建设。广西南宁国际粮油食品物流中心项目一期工程征地工作已基本完成，正式进入项目运作阶段。柳州粮食物流中心、贵港粮农产品物流中心和凭祥粮农产品物流中心项目也在积极推进。

七　依法行政和粮食市场监管工作进一步加强

一是《粮食流通管理条例》和《粮食流通监督检查暂行办法》得到有效贯彻落实。2008年全区粮食行政管理部门内设市级检监督查机构11个、县级28个，其中经编制部门批准成立的市级粮食流通监督检查科有9个市，经编制部门批准成立的县(市)级粮食流通监督检查股有18个。全区已发放粮食收购资格许可证1529家(国有及国有控股723家、私营169家、个体606家、其他31家)。二是粮食质量监管工作得到进一步加强。认真做好收购粮食的品质测报工作，积极开展市场粮油质量及粮油食品卫生监督检查活动。粮食收购、销售质量基本符合质量标准的要求。三是加强对粮食直补和储备粮订单收购工作的检查，有效地保证了这一项惠农政策的贯彻落实。四是加强对粮食收购资格和粮食流通统计制度执行情况的检查和监管，促进粮食有序流通，维护粮食生产者、经营者和消费者的合法权益。开展国家临时储存最低收购价粮食竞价销售出库专项检查。各承储企业严格按照《国家临时存储粮食销售办法》和最低收购价粮食交易细则等有关规定执行，没有发现违法违纪等问题。

八　党风廉政建设和精神文明建设卓有成效

　　各级粮食部门认真贯彻执行党中央和自治区党委关于加强党风廉政建设的各项规定，加强党风廉政教育，强化对党员干部的监督管理工作，党风廉政建设得到有效加强。紧紧围绕中央和自治区关于北京奥运会期间维护社会稳定的工作目标，落实责任，完善措施，做好信访突出问题的排查化解工作，积极配合当地党委政府开展领导干部大接访工作，全力维护社会和谐稳定。社会主义精神文明建设深入开展，积极组织干部职工参加各种文体活动，粮食科技、教育培训、安全生产等各项工作都取得了新成效。科研、教育、干部全员培训工作加快发展，离退休人员管理工作进一步改善，扶贫支教工作成效明显，安全生产形势良好。

◆ 广西壮族自治区粮食局领导班子成员

　　庞栋春　　党组书记、局长

　　黄显阳　　党组成员、副局长

　　谢　俊　　党组成员、副局长

　　刘文志　　党组成员、纪检组长

　　何孔健　　副巡视员

2008年10月30日至11月1日，广西壮族自治区粮食局局长庞栋春率调研组考察了柳江县成团镇，深入农家与农民亲切交谈，了解农民种粮卖粮以及粮食直补工作情况。

广西壮族自治区粮食局领导班子(从左至右依次为刘文志、黄显阳、庞栋春、谢俊、何孔健)。

海南省粮食工作   基本情况

海南省位于我国最南端，北接广东、广西省（区）海域，隔琼州海峡与祖国大陆相望。陆地面积3.4万平方公里，海洋面积200多万平方公里。海南岛上土地肥沃，资源丰富，物种众多，阳光雨量充沛，四季常春，风光旖旎，素有"南海珍珠"之美誉。

2008年末，全省生产总值（GDP）1459.2亿元，比上年增长35%。全省人均GDP 17175元，城镇居民人均可支配收入12608元，比上年增长14.6%，农村居民人均纯收入4390元，比上年增长15.8%；全省粮食耕地面积42.1万公顷，全年粮食总产量183.5万吨，其中稻谷143.8万吨，比上年减少3.4%。海南是结构性缺粮省，全年从省外购进135万吨，其中国有粮食企业购进37.9万吨。当年食品及工业用粮50万吨，种子用粮2万吨，饲料用粮130万吨，城乡居民口粮178万吨。全省国有粮食企业61个，职工1063人。

2008年粮食工作

2008年，受国际市场粮食供求趋紧价格大幅上涨和国际金融危机影响，粮食工作面对着多变复杂的形势。海南省粮食局认真学习贯彻党的十七大、十七届三中全会的精神，认真学习贯彻省第五次党代会和省委五届二次全会精神，认真学习贯彻胡锦涛总书记视察海南的重要讲话精神，认真贯彻省政府关于进一步做好粮油供应稳定市场价格的工作部署，始终坚持以确保全省粮食供应安全和市场稳定为工作目标，以学习实践科学发展观活动为契机，进一步解放思想，理清思路，努力构建以粮情监测预警应急、储备粮管理、政策性粮食供应和社会粮食流通监管体系的粮食工作新机制，扎扎实实做好各项粮食工作，实现全省粮食供求平衡，确保了粮食市场供应和价格基本稳定。

一　加强调控，保持全省粮食市场供应和市场价格基本稳定

（一）根据粮食市场变化和要求，把粮食调控工作作为首要任务切实抓好

2008年初，受世界粮荒加剧，全球粮价大幅度上涨影响，国内粮食价格持续上涨，海南省粮食市场价格与上年同期比，地产早籼米、晚籼米、特一面粉分别上涨8.8%、7.1%、4.5%；东北粳米、

江苏晚籼米分别上涨3%；玉米、豆油、地产花生油和桶装调和油分别上涨16.4%、43.7%、23.6%和37.7%。据此，省粮食局组织了对全省主要粮食集散地和大型超市及省内外粮食生产、流通、消费、价格、库存等情况进行调查。贯彻《国务院办公厅关于进一步做好粮油供应稳定市场价格工作的通知》和《国家粮食局关于进一步做好当前粮油购销和市场供应工作的通知》，加强粮食市场监测、适时适度轮换销售储备粮调节市场、充实地方粮食储备落实成品粮储备、做好粮食应急准备工作、加强粮食流通管理、正确引导社会舆论、加快海口粮食物流园区建设、落实承储中央食用植物油储备等八条保证粮油供应、稳定粮油价格的措施。以《海南省粮食局关于贯彻落实国办〔2007〕15号文保持粮食市场供应稳定市场价格情况的报告》报省政府，省政府采纳省局的意见，下发《海南省人民政府办公厅关于进一步做好粮油供应稳定市场价格工作的通知》。全省各级粮食部门认真贯彻省政府对粮食工作的各项部署，认真应对粮食价格上涨，把实现粮食供求平衡，确保粮食市场供应和价格基本稳定作为粮食工作的首要任务切实抓好。

（二）组织国有粮食购销企业有效投放粮食调控市场

加大对全省国有粮食购销企业的指导，适时适度轮换销售储备粮和从省外购进粮食调控市场。为贯彻省政府确保"两节"、"两会"和建省办大特区20周年庆典期间粮食供应和粮价稳定的部署，切实加强对国有粮食购销企业的指导，根据海南省早稻5月下旬开始上市和一季度粮食供应高峰的实际，在严格控制先轮出后购进的挂空轮换量不超过储备总量30%的基础上，将第一季度省级储备粮轮出粮食的挂空期从4个月延长到6个月，增加市场投放量。2008年末，会同有关部门将第一季度省级储备粮轮出的挂空期延长到6个月的做法行文明确，使之制度化，以适应粮食调控的需要。全省国有粮食购销企业第一季度集中轮换销售储备粮15.3万吨，比上年同期增加37%，增加了市场粮源。全年全省国有粮食购销企业共从省外购进粮食30万吨、食用植物油6800吨，并保持相当于全省城镇居民1个月消费量的食用植物油周转库存3000吨，有效调控市场，保证市场供应。

（三）组织从东北三省采购粳稻（大米）供应省内市场

根据国家发展改革委、财政部、国家粮食局、农发行、中储粮总公司《妥善解决黑龙江省粳稻"卖粮难"问题的实施方案》和《财政部关于对关内销区采购东北粳稻（大米）入关运费补贴财务管理办法》，本着"政府引导，企业运作；产销协作，互惠互利；市场行为，自负盈亏"的原则，研究制定《组织从东北三省集中采购粳稻（大米）供应省内市场工作方案》，召开企业座谈会，传达国家政策，分析省内粳稻（大米）需求情况，引导有关企业根据省内粮食市场需求的实际，自主确定采购品种和数量。积极与国家粮食局和东北三省粮食局协调供应关系，协调省内采购企业与东北三省有关卖粮企业签订购销合同，落实采购粮源，协调落实运输工具，保持粮食调运顺畅。会同省财政厅按照从黑龙江、吉林、辽宁采购粳稻（大米）分别每斤补贴0.14元、0.08元、0.065元的运费补贴政策，做好运费补贴的审核、申拨工作。全年共组织粮食经营主体从东北三省购进粳稻4万吨，粳米6.4万吨。

（四）搞活流通、加强监管、保证供应

一是根据《海南省发展与改革厅转发国家发展改革委关于对部分重要商品及服务实行临时价格干预措施的实施办法的通知》，对全省的粮食经营企业进行全面的调查摸底，提出粮食提价申报企业名录6个，食用植物油提价申报企业名录6个，积极配合发展改革部门做好提价申报和调价备案工作，保证粮食调控临时价格干预政策落实，省内的粮食价格控制在国家粮食调控价格的合理区间之内。二是指导粮食经营、转化用粮企业建立质量档案制度，配合有关部门对食用植物油生产企业进行监督检

查，开展粮食市场流通领域的监督检查，查处不符合国家质量标准粮食。三是两次组织召开粮食购销大户座谈会，征求意见、沟通信息、改进工作。通过各种途径，为多元粮食经营主体提供信息服务。四是指导粮食经营主体加强与粮食主产区合作，开展省际间的粮食购销活动，建立起长期稳定的互惠互利的合作关系，确保省内粮源持续补给，保证市场供应。全年多元粮食经营主体共从省外购进粮食135万吨，食用植物油12.4万吨。

（五）做好粮食应急日常工作

一是核实省粮食应急指挥部领导成员、办公室成员及联系方式，核实全省粮食应急加工企业，粮食应急销售网点，对粮食应急有关情况和数据进行更新，编制年度《海南省粮食应急工作手册》，分发省直各成员单位和各市、县执行。二是指导各市、县落实好粮食应急的各项措施，明确粮食应急责任单位和责任人，健全日常应急工作机制。与粮食应急加工、销售点签订粮食应急加工、销售协议，确保应急时用得上。三是指导尚未制定粮食应急预案的市、县根据《海南省粮食应急预案》和有关规定，制定本市、县的粮食应急预案。

（六）正确引导社会舆论

加强与新闻媒体的沟通协调，向海南广播电台、电视台、海南日报、南国都市报等新闻媒体提供全国、全省的粮油供求和市场价格情况。让人民群众了解我国粮食的真实粮情，重点宣传政府发展生产、保证粮油市场供应、稳定市场价格、妥善安排低收入居民生活采取的措施。8月，省局局长宋建海做客海南广播电视台《公仆在线》，以"手中有粮 心里不慌"为主题，就现行的粮食流通体制、粮食部门职能、粮食供求平衡情况、粮食储备情况、省委省政府确保粮食供应稳定粮食价格的措施和工作机制等诸多问题与大众进行广泛的交流。

二　以学习实践科学发展观活动为契机，推动粮食工作上新水平

（一）联系粮食工作实际，深入开展调研工作

在抓好文件学习的基础上，结合粮食工作的实际，围绕适应粮食购销市场化改革，提升粮食调控能力，进一步完善确保粮食供应安全和市场稳定的长效机制，组织了"建立粮食经营者最低和最高库存量标准"、"建立地方食用植物油储备制度"、"建立成品粮储备管理优化粮食储备结构"、"加强社会粮食流通监督管理"为主要内容的专题调研。

（二）广泛听取干部群众意见和建议

以"落实科学发展观，促进思想大解放，推动粮食工作上水平"为主题，通过召开座谈会、发放意见表、问卷调查、设置意见箱、个别访谈等形式，围绕着影响和制约粮食工作科学发展存在的突出问题，广泛听取机关干部职工、直属单位负责人、归口或业务联系单位、服务或工作对象以及市县粮食部门的意见和建议。增强了贯彻落实科学发展观的自觉性和坚定性，对事关粮食工作科学发展全局的重大问题形成共识。

（三）查摆贯彻科学发展存在的问题，制定措施并组织实施

围绕"深入贯彻落实科学发展观，进一步推动科学发展"这一主题，局党组通过召开专题民主生活会，查摆班子和个人在贯彻落实科学发展观方面存在的突出问题，党性党风党纪方面群众反映强烈的突出问题。推进粮食工作科学发展的基本思路《深入学习实践科学发展观活动分析检查报告》，制

定《深入学习实践科学发展观活动整改方案》，制定了17项具体措施，并明确各项措施的负责领导和负责处室，确保各项措施的组织实施。

1. 抓增强粮食调控能力。一是建立粮食经营者最低和最高库存制度，增强市场稳定的因素。起草《海南省粮食经营者最低和最高库存量规定》，会同省发展改革委上报省政府，经省法制办审核后省政府已同意，省发展改革委和省粮食局联合发文实施。二是推进粮情监测预警应急系统省级枢纽应用。海南粮情信息系统已经在全省粮食系统专用虚拟网中投入运行，实现信息资源共享和远程数据交换。三是做好组织从东北三省采购大米粳（稻）米工作，推进粮食产销合作，构建省外粮源补充供应的稳定渠道。

2. 抓优化粮食储备。一是在开展省级食用植物油储备专题调研的基础上，并商发展改革、财政部门形成共识，提出建立省级食用植物油储备规模的意见已报经省政府同意，《海南省省级储备食用植物油管理办法》正与发展改革、财政部门会商下发。二是依据海南省粮食储备管理工作的实际，调研全省大米市场供应、仓储条件以及实际库存情况，提出建立成品粮应急储备的意见并下达指导性计划实施，进一步优化地方储备粮品种结构，提高粮食供应的时效性。三是对现行的省级储备粮保管、轮换费用的成本费用深入调查、统计和测算，会同发展改革、财政部门提出调整省级储备粮的费用补贴标准，已报省政府审批。

3. 抓提升粮食流通行政监管水平。一是已向省编委上报请求在省局办公室增加粮食流通监督检查职能，增挂监督检查处牌子，并在省局机关内部调配人员，以更好地履行粮食行政部门依法监督管理全社会粮食流通职能。二是加强社会粮食流通行政监督管理。建章立制，根据《粮食流通管理条例》及其相配套的法规规章，正在制订海南省粮食流通管理具体制度及管理办法，全方位规范粮食流通管理的行为。

4. 抓粮食各项基础建设。一是多方形成合力，加快推进海口粮食物流园区建设。海口粮食物流园区作为重点建设项目，向国家发展改革委申报国债资金。项目启动前期工作已完成。二是加快马村油库扩容和分装厂项目建设。增加建设库容9800吨油库，建设一个日分装能力50吨分装厂，已完成项目的可行性研究和评审工作。三是建设海南省储备粮管理信息系统，项目硬件设备按照政府规定的采购程序已购置到位，省局总控室正安装调试。四是深入推进国有粮食购销企业的改革与发展，加快推进国有粮食购销企业改革与发展的意见并组织实施，进一步整合政府实施粮食调控的基本队伍，充分发挥其主渠道作用。五是加强粮食行业专业技术教育培训。组织初、中级粮食保管员、质检员职业技能培训班，组织了粮食行业特殊工程技能鉴定专题调研。

三　加强管理，保证储备粮数量真实质量良好

（一）加强储备粮的监管

一是组织夏季、冬季省级储备粮普查，开展省级储备粮质量抽样检验。4月夏季普查共检查27家企业162座仓库9.4万吨粮食，稻谷、大米的质量合格率分别为96%和100%，对质量不合格或不宜存的粮食，指导督促企业及时轮换。冬季从12月中旬开始，共检查27家企业11万多吨粮食。二是开展全省国有粮食企业库存检查。根据国家相关要求，会同发展改革等4部门对全省55家国有粮食企业（含中央在琼企业）3月末粮食库存进行全面检查。检查结果账账相符；账实相符；地方储备粮质量抽查结果：质量合格粮和宜存粮分别占97%、96%，原粮卫生检验结果全部符合国家标准。三是开展省级

储备粮承储管理年度考核工作。对26家省级承储企业的管理情况进行量化考核，评定优秀等级企业9家，合格等级企业13家，基本合格等级企业4家。对检查考核中的漏洞及存在问题，及时提出整改意见，并跟踪督促整改到位。

（二）指导储备粮承储企业抓好日常管理工作

一是加强对省级储备粮轮换工作的指导督促。指导和督促各承储企业严格按照《省级储备粮轮换管理办法》的要求，积极参与市场竞争，经营轮换省级储备粮。省级储备粮库存中当年生产的粮食占了78%，完成了省下达的年度轮换计划。二是抓好粮食安全生产。督促企业建立健全安全生产责任制、节假日、汛期24小时值班和领导带班制度；指导企业做好防风防汛工作，确保汛期储粮安全；指导企业做好储粮化学药剂管理。三是加强仓储管理的指导，推广科学储粮技术，提升储粮科技水平。积极推广应用机械通风、电子测温、低温低氧等科学储粮技术，省级储备粮27家企业都不同程度地采用了"双低"储粮技术。

（三）建立成品粮应急储备

按照《国务院办公厅关于进一步做好粮油供应稳定市场价格工作的通知》关于落实地方储备中确保可供市场10天以上成品粮应急储备要求，结合地方储备的分布、加工等实际，提出地方储备粮成品粮应急储备预案，联合省发展改革厅、财政厅、省农发行下发《关于加强地方储备粮轮换调节市场供应的紧急通知》执行。

（四）加强粮食储备基础设施建设

一是建设海南省储备粮管理信息系统。与信息系统开发公司洽商软件开发的具体内容，签订软件开发合同；深入承储企业现场配合做好软件开发需求分析调研工作；编制第一批项目采购计划，按照政府采购的有关规定对项目的设备进行公开招标，年底硬件设备已购置到位，省局总控室正在安装调试。二是抓好洋浦粮食储备库的重新启动工作，认真履行洋浦粮食储备库项目建设领导小组办公室的职责，抓紧项目的重新启动工作，为衔接洋浦保税港区和洋浦港的最新布局规划，会同有关部门调整项目初步设计方案，该方案通过了国家粮食局、国家发展改革委组织的两轮专家评审。为项目建设重新启动做好其他方面的前期准备工作。

（五）协助做好在琼中央储备粮管理工作，指导做好市县级储备粮管理工作

协助管理在琼中央储备粮，指导省直企业做好中央储备粮的代储管理工作。督促市、县抓紧落实市、县级储备规模，截至年末，市、县级储备完成计划达82%，同时加强对市、县级储备粮管理的指导，搞好轮换，充分发挥了储备粮的吞吐调节作用。

四　保证质量，做好军队粮食供应

（一）积极筹措粮源，保证军队粮食供应

从省军粮"丰歉调剂"资金专户安排落实军粮筹措资金，加大粮源筹措力度，及时筹措特等晚籼米、特等粳米、特制一等小麦粉以及其他粮食品种充实库存，满足部队需求。

（二）加强军粮质量管理

认真执行《海南省军粮质量监管办法》，落实军供站长军粮质量第一责任人制度、出入库检验、岗位责任制度和军粮质量检查制度，建立军粮质量档案，每月汇总军粮质量报表，不定期组织军粮质量检查。"八一"期间，组织开展军粮质量抽检，重点检查军供企业供应粮食品种、等级、

标签、质量、进货记录、销售台账和粮食库存等，抽查率达90%，检验结果表明，粮食标签和粮食质量合格。

（三）维护军用购粮卡系统正常运转

指导和规范各市、县对军用购粮卡系统设备的使用、维护和管理，做到专人保管、专柜存放，证、卡、粮、款及报单一致，及时、准确编报各种报单、报表。对设备故障或其他原因造成供应衔接不上时，采取"先供应，后刷卡"的办法，保证部队的粮食供应。

（四）搞好优质服务

认真履行《军粮供应服务公约》，通过走访、座谈会、发放调查表等多种形式，了解部队需求，掌握反馈情况，改进工作。实行24小时预约服务，精心组织优质粮源满足部队需求，全省送粮率达75%。在法定节日军供部门及早筹措优质军粮充实库存，丰富供应品种，做好节日增供优质军粮和品种串换工作，并积极与当地驻军单位开展形式多样、健康向上的文体联谊活动。

五　加强监管，维护粮食流通秩序

（一）加强粮食流通统计和粮情监测工作，掌握粮食流通的基础数据

一是执行《海南省粮食经营、转化用粮企业粮食收支存统计台账》，做好粮食统计旬报、月报和年报的审核汇总上报和统计资料的整理、分析预测等工作。二是组织开展2007年度海南省社会粮食供需平衡6项调查，全省共调查农户580户，城镇居民户608户，非国有粮食经营企业386家，粮食转化企业47家。三是完善省级31个粮情监测点和国家级6个粮情监测直报点，调整监测品种15个，做好粮情监测周报、月报工作；从4月开始实行粮情监测日报制度，加强对粮食库存数量、品种及价格的跟踪监测，通过《海南粮情监测情况》和其他途径，向省政府和有关部门提供粮情监测资料。

（二）做好粮食收购许可管理工作

加强对各市、县粮食收购许可管理工作的指导和监督，严格粮食收购许可准入制度，按照规定和程序发放粮食收购许可证，对外地收购的粮食企业办理备案，粮食收购许可管理工作平稳顺利进行。全省已发放许可证197家，其中国有粮食购销企业61家，其他经济组织和个体工商户136家。

（三）配合有关部门做好粮食市场监管工作，严防不合格粮油流入口粮市场

指导粮食经营、转化用粮企业建立质量档案制度，配合质量技术监督部门对食用植物油生产企业进行监督检查，对海口区域的花生油生产企业进行监督抽查，配合工商行政管理部门开展市场粮食质量执法检查，配合有关部门开展粮食市场流通领域的监督检查，查处不符合国家质量标准粮食，并参加省食安办组织的全省食品安全综合评价工作。

（四）组织散装食用棕榈油流通情况调研

针对散装食用棕榈油在加工分装、流通销售和餐饮消费环节存在的不规范行为，组织开展散装食用棕榈油流通情况调研，掌握散装食用棕榈油流通和执行国家标准基本情况，提出严格食用棕榈油质量标准、食用棕榈油包装和标签必须符合国家规定、加强散装食用棕榈油的监管、加强企业自律等加强散装食用棕榈油流通管理意见。

| 六 | **继续做好国有粮食企业改革的相关工作** |

（一）做好全省国有粮食企业改革工作先进单位和先进个人的通报表彰工作

在省政府组织4个检查组对全省各市、县和省直国有粮食企业改革工作进行检查验收基础上进行了汇总，并征集国有粮食购销企业改革联席会议成员单位意见，提出国有粮食企业改革先进单位和先进个人名单，报经省政府审定，印发了《海南省人民政府关于表彰全省国有粮食企业改革工作先进单位和先进个人的通报》，对在国有粮食企业改革工作中成绩显著的12个先进市县和156名先进个人予以通报表彰。

（二）做好国有粮食企业改革收尾工作

指导督促各市、县和省直企业认真贯彻落实《海南省人民政府办公厅关于全省国有粮食企业改革工作情况的通报》的要求，积极做好国有粮食企业改革收尾工作。一是做好职工安置收尾工作。2007年年底省政府组织对全省国有粮食企业改革进行检查验收时，全省尚有101名职工未处理劳动关系，已处理劳动关系的57名。二是筹措资金兑现经济补偿金等各项安置费。省检查验收时，2007年就全省尚有932万元经济补偿金等各项安置费未兑现，有关市县通过变现资产、政府拨款等方式筹措资金，兑现经济补偿金等各项安置费，已兑现881万元。三是认真做好政府承诺事项的兑现工作。通过跟踪督促检查和沟通协调，2007年年底省检查验收时对4个市县承诺缴交的社保费、发放职工经济补偿金等方面的事项，都如期兑现。

（三）做好国有粮食购销企业政策性粮食财务挂账从企业剥离工作

通过沟通协商，协同省财政厅等5部门联合印发《关于做好国有粮食购销企业新发生粮食政策性财务挂账从企业剥离工作的通知》和《海南省国有粮食购销企业新发生政策性粮食财务挂账剥离划转操作办法》，将新发生政策性粮食财务挂账7342万元从国有粮食购销企业剥离，集中到县以上（含县级）粮食行政管理部门集中管理，其中省直6家企业4125万元已剥离划转到省局专户。

| 七 | **加强机关自身建设，提高领导班子政治素质** |

（一）坚持理论学习制度

把学习贯彻党的十七大精神，贯彻落实科学发展观作为党员干部理论学习的重中之重，利用学习会、讨论会、报告会等形式开展学习活动，组织学习胡锦涛总书记今年4月视察海南时的重要讲话、党的十七届三中全会、省委五次党代会精神，组织观看中央党校专题学习辅导录像。局党组组织召开了5次理论学习会开展学习活动，组织收集"贯彻党的十七大精神，加强领导班子建设"学习资料，汇编成册，印发中心组成员和直属单位主要负责人学习，并出版各类学习宣传栏9期。

（二）深入开展学习实践科学发展观活动

根据省委的部署，从10月7日起开展为期半年的深入学习实践科学发展观活动。一是组织党员领导干部和全体党员学习党的十七大、十七届三中全会和省委五次党代会、五届三次全会精神，学习胡锦涛总书记视察海南讲话，学习《毛泽东、邓小平、江泽民论科学发展》等学习书籍。二是紧密联系粮食工作的实际，开展了由局领导带队各处室业务骨干参加的建立食用植物油储备、建立粮食经营者最低最高库存、调整粮食储备结构建立成品粮食储备、加强粮食流通行政监管等专题为主要内容的学习实践活动调研。三是各党支部积极组织开展"落实科学发展观，促进思想大解放，推动粮食工作上水平"大讨论。四是通过召开座谈会、发征求意见函等形式，向直属单位、业务联系单位及党员群众征集对局党组贯彻科学发展观和领导干部党性党风党纪方面的意见。五是对照征求到的意见，局党组认真进行检查，深刻分析原因，召开班子民主生活会，开展批评与自我批评，并形成班子学习实践活动分析检查报告。六是通过召开座谈会和发放征求函对班子分析检查报告进行评议、进一步修改、补充、完善分析检查报告。较好完成了学习实践科学发展观活动"学习调研、分析检查"阶段的任务。

（三）坚持领导班子集体议事制度

坚持领导班子集体议事制度，重大问题集体讨论决策。25次局党组会议和26次局务会议研究讨论的议题，都是通过深入调查研究，提出建议，集体决策的。同时，建立执行决议督查反馈制度，抓好重大问题执行情况的落实，进一步落实了局领导班子议事决策程序。

（四）严格执行选拔任用干部的有关规定

贯彻落实《党政领导干部选拔任用工作条例》，推行公开选拔领导干部制度。通过公开选拔、民主推荐任用领导干部，严格按照领导干部选拔任用程序，征求纪检部门意见，党组研究决定任用。同时抓好新任领导干部任前廉政教育，党组书记和分管局领导分别与新任干部进行廉政谈话。

（五）进一步贯彻执行党内监督各项制度，抓好领导干部廉洁自律各项规定的落实

局领导班子主持召开2次以学习贯彻科学发展观为主要内容的民主生活会，组织召开领导干部年度述职述廉会，坚持局党组成员同分管联系的部门和单位主要负责人廉政谈话制度。认真执行领导干部廉洁自律各项规定，研究制定局机关党员领导干部报告个人有关事项工作方案，填报《个人有关事项申报表》，按照干部管理权限，做好备案和上报省委组织部、省纪委。结合省直机关实施"五五"普法教育，给局机关和直属单位发放《学习宗教法规调查问卷》，开展普法规宣传教育活动。

◆ **海南省粮食局领导班子成员**

宋建海	党组书记、局长
郭泽云	党组成员、副局长
黄　驹	党组成员、副局长
王新华	党组成员、副局长

海南省粮食局召开深入学习实践科学发展观调研座谈会。

海南省食品安全宣传活动海南省粮食局展台。

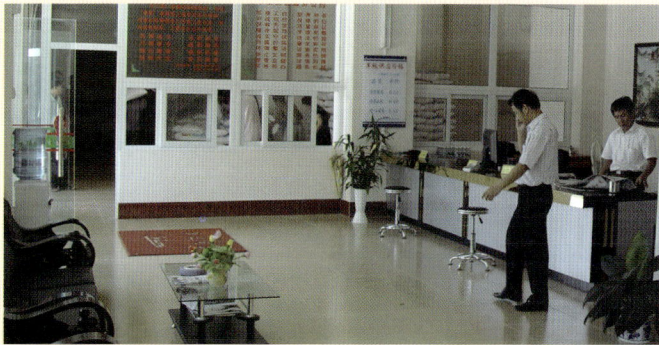

全国军粮供应工作先进单位琼海军供站营业大厅。

中储粮三亚直属库园林式库区。

重庆市粮食工作   基本情况

重庆市土地面积8.24万平方公里。2008年末耕地面积223.6万公顷，比上年净减少3150.2公顷。粮食播种面积221.5万公顷，平均每公顷产量5205公斤，油料种植面积21.6万公顷。全年粮食总产量1153万吨，增长5万吨，其中稻谷524万吨，增长27万吨；小麦58万吨，减少23万吨；玉米250万吨，增长15万吨。油料产量35万吨，减少9万吨，其中油菜籽产量27万吨，减少6万吨。

重庆市2008年粮食总消费量1254万吨，产需缺口101万吨。其中城镇人口口粮181万吨，占总消费14.4%；农村人口口粮382万吨，占总消费30.5%；饲料用粮584万吨，占总消费46.6%；工业及行业用粮73万吨，占总消费5.8%；种子用粮23万吨，占总消费1.8%。

重庆市2008年末常住人口2839万，增加23万人，其中城镇人口1419.1万人，增加57.7万人，城镇化率50.0%，提高1.7个百分点。全年完成库区移民安置5.4万人，累计搬迁库区移民112.8万人。全年实现地区生产总值5096.7亿元，增长6.8%，人均地区生产总值18025元，增长13.7%。地方财政一般预算收入577.2亿元，增长30.4%。农村居民人均纯收入4126元，增加617元，增长17.6%。城市居民消费价格总水平上涨5.6%，其中食品价格上涨15.7%，主要食品猪肉上涨22.4%，油脂上涨28.5%。

2008年粮食工作

一   粮食流通

2008年，全市国有粮食企业发展订单粮油面积14万公顷，数量40万吨，履约率50%。全社会各类粮食经营企业购进粮食207万吨，市内收购115万吨，市外购进92万吨。其中国有粮食企业市内收购粮食61万吨，同比减少12.4%。全社会各类粮食经营企业销售粮食267万吨，销售食用油24万吨，其中国有粮食企业销售粮食100万吨，同比减少14.2%；销售食用油5.9万吨，同比减少28.9%。

2008年，全市国有粮油工业产值11.32亿元，同比减少22.8%，其中大米产量23.7万吨，同比减少6.4%；食用油产量3.9万吨，同比减少14.9%。全市国有粮食企业实现"四无"储粮达到99.97%，储备粮"四无"达到100%，双低储粮达到95.3%，规范化储粮达到93.2%。

二　粮食宏观调控

一是启动《重庆市粮食应急预案》。市和区县（自治县）粮食行政管理部门成立粮食应急工作领导小组。2008年5月12日四川汶川特大地震抗震救灾期间，启动《重庆市粮食应急预案》，落实应急粮食加工厂、储备库、供应网点，有力保障了全市粮食应急加工和市场供应。二是动用市级储备油保障市场供应。年初，食用油价格大幅上涨，市场供应日趋紧张，市政府及时动用市级储备油5500吨投放市场，稳定了元旦、春节期间食用油价格。三是做好地震灾区粮油供应。组织落实救灾粮1888吨供应32个区县（自治县）、2.9万户灾民。在维护藏区稳定、抗震救灾中，重庆作为抗震救灾大后方，为救灾部队和受灾地区供应粮食900吨、食用油100吨、食盐20吨、面包2000份、方便面600箱、火腿肠400件。重庆市粮食局荣获国家粮食局表彰的抗震救灾先进集体称号，全市粮食系统有3名同志荣获先进个人称号。四是落实增加地方粮油储备。落实新增5000吨市级储备食用油，其中小包装食用油4000吨，建立21000吨应急大米储备；落实地方储备粮、储备食用油规模；按时保质完成64000吨市储粮的轮换，6465吨市储食用油的补库采购。

三　粮食流通监督检查

一是建立粮油市场监管的长效机制。把粮油市场日常监管与开展联合执法检查有机结合起来，全年全市共组织监督检查801次，出动执法人员4151人次，检查5333户粮油经营户，查处违法经营涉粮案件354件。市和区县（自治县）粮食局会同工商、物价等部门积极开展联合执法检查，对主要农贸市场、粮油批发市场、大型超市的粮油经营户进行了重点检查，有力打击了假冒伪劣、囤积居奇、哄抬物价等违法违规行为。二是加大粮油监管执法的指导力度。开展对各区县（自治县）监督检查执法人员的培训，充实了基层监督检查执法力量，满足了执法人员持证上岗、依法行政的需要。做好粮食收购资格证的审核和发放，指导解决在粮食收购资格证办理过程中的问题。全市办理粮食收购资格证的企业956家，其中国有粮食收购企业300家，非国有粮食收购企业656家。三是创新粮油市场监管的方式。在万州、涪陵、巴南、江津等4个区试行粮食流通监督检查分类监管试点的基础上，借鉴外省先进经验，结合实际制定了《重庆市粮食流通监督检查分类监管办法》在全市全面推行，研发的《重庆市粮食流通分类监管管理软件》正在全市推广试用。四是在全市粮食行政执法队伍中开展了"依法行政、文明执法、树立形象"专项教育培训活动，提高了粮食行政执法人员的思想素质和业务水平。重庆市粮食局2005年以来连续四年荣获全国粮食流通监督检查工作先进集体称号。

四　国有粮食企业改革

一是组建重庆粮食集团。按照市政府统一部署，全市区县（自治县）国有粮食企业资产无偿划转，组建重庆粮食集团。重庆粮食集团于2008年2月26日正式挂牌成立，3月31日召开重庆粮食集团32个子公司成立授牌大会。重庆粮食集团现下设子公司51个，现有职工21507人，其中在岗职工11246人，离退休人员10261人，总资产47.7亿元，总负债39.3亿元，资产负债率82.4%，当年落实再就业资金3000万元，分流安置职工1521人，实现营业收入20.3亿元，同比增长5.4%；非粮产业营业收入同比增长20%；完成固定资产投资2.96亿元，占计划118%。全市国有粮食企业户数从300户减少到60户，总资产近50亿元。二是推进重点项目建设。充实修改完善粮食物流基础设施建设规划，启动重庆粮油水陆联运中心（九龙坡铜罐驿）、重庆粮油物流中心（沙坪坝土主镇）等重点项目规划工作，加快大足、涪陵、万州、丰都等6个粮油物流节点重点项目建设，实施一批粮油应急仓储、加工设施的新建和维修改造。三是落实粮食财务挂账划转。全市政策性粮食财务挂账已消化37%，剩余政策性粮食财务挂账已分两批划转24个单位。

五　粮食产业化经营

一是发展优质粮油生产基地。抓好江苏盐城和潼南油菜籽基地、秀山优质水稻基地等建设工作；依托骨干粮油加工企业，开展优质订单粮油收购。二是加大粮油购销指导力度。采取设立临时收购点、委托收购、上门收购等方式，加大收购力度，采取外购外销、外购内销、内购内销、内购外销相结合的方式，扩大销售范围。三是推进"放心粮油"进农村、进社区。进一步规范"放心粮店"管理，制定放心粮油超市和"放心粮店"资质条件、认定程序和管理办法，制作下发500个"放心粮店"的牌匾和证书。

六　粮食会展宣传活动

2008年1月5～8日，重庆市粮食局组团参加在重庆国际会展中心举办的重庆中国国际西部农产品交易会，30余家粮食产业化龙头企业和加工骨干企业参展。展示了以"红蜻蜓"品牌为主的8大类35个品种食用油精品；以"人和"牌、"铜梁龙"牌为主的91个大米产品。零售各类粮油食品18吨，销售金额15.4万元，签约金额突破1.9亿元。重庆市粮食局获最佳组织奖，"红蜻蜓"食用色拉油和"人和"牌大米获最受消费者欢迎产品称号。5月17日，重庆市粮食科技活动周活动在渝中区朝天门广场启动，全市40个区县（自治县）粮食局同时组织开展了粮食科技活动周活动，设宣传咨询点40多个，发送宣传资料7万余份，接待群众咨询3万余人。

七　廉政建设

一是认真落实党风廉政建设责任制。制定完善了《2008年重庆市粮食局党风廉政建设和反腐败工作分工责任制》，与直属单位签订了党风廉政建设目标责任书。研究拟定了《市粮食局党组关于建立健全惩治和预防腐败体系2008～2012年工作方案》。二是切实加强党风廉政制度建设。制定出台了《重庆市粮食局党风廉政建设责任制考核与责任追究暂行办法》、《重庆市粮食局廉政档案建立与管理暂行办法》、《重庆市粮食局内部审计工作制度》等规章制度。三是着力强化对权力运行的监督。完成了对四个单位原法人代表的离任审计；开展对政府信息公开、行政审批权行使、行政执法责任制落实等依法行政的监督检查；健全完善了干部选拔任用、工程项目招投标、公务卡结算等监督机制。四是切实加大办信办案工作力度。及时处理群众来信来访，全年共收到群众来信来访19件，全部按规定处理。集中治理重信重访8件，办结率达到100%。

◆　**重庆市粮食局领导班子成员**

胡君烈　　　　党组书记、局长（2008年6月离任）

张　敏　　　　党组书记、局长（2008年6月任职）

张钟灵　　　　副局长（2008年4月任职）

陈伟国　　　　党组成员、副局长

刘天高　　　　党组成员、副局长

蒋寿光　　　　党组成员、副局长

闵　卫（女）　党组成员、纪检组长

尤祖才　　　　党组成员、局长助理

2008年2月26日，重庆市委常委、副市长马正其（左二），国家粮食局副局长任正晓（右一）为重庆粮食集团成立授牌。

重庆市委常委、副市长马正其视察粮油市场。

2008年7月27日，重庆市粮食局召开全市粮食局长会议。

2008年1月5～8日，重庆市粮食局组团参加重庆中国国际西部农产品交易会。

四川省粮食工作　基本情况

2008年，四川省粮食生产总量3140万吨，比上年增产113万吨，增长3.7%。其中，稻谷产量1497.6万吨，小麦产量426.8万吨，玉米产量637万吨。全省全年收购粮食644.03万吨，销售粮食832.59万吨，收购油菜籽68.06万吨，销售菜油58.05万吨，发展优质、专用粮油订单面积101万公顷，新（改）建农户科学储粮仓库23000个。安全生产无重特大事故发生。

全省粮食行业现有省粮食行政管理部门1个（四川省粮食局）；市、州粮食行政管理部门21个（市、州粮食局），其中行政机关20个，参照公务员管理的事业单位1个；县（市、区）粮食行政管理部门178个，其中行政机关40个，参照公务员管理的事业单位103个，行使粮食行政管理职能的事业单位35个；粮食经营企业单位1095个，其中国有及国有控股独立核算企业789户。粮食从业人员29018人，含行政管理人员2930人，事业单位1893人；粮食经营企业24195人，其中国有及国有控股企业17375人。全系统总资产158.79亿元，其中：固定资产52.45亿元、固定资产净值36.07亿元、流动资产96.39亿元；负债总额127.12亿元。粮食仓库总数796个，储存能力1222.5万吨；储油罐1753个，储存能力34.1万吨；铁路专用线32.62千米；专用码头4个。

2008年粮食工作

2008年是极不平凡的一年。四川先后经历了雨雪凝冻灾害、粮油价格大幅波动、藏区反分裂斗争和"5·12"汶川特大地震等重大事件。全省粮食系统在省委、省政府的坚强领导和国家粮食局的指导下，团结一心，顽强拼搏，应对挑战，接受考验，圆满完成了各项工作目标任务。四川省委副书记、省长蒋巨峰批示："2008年以来，全省粮食系统在抗震救灾、市场供应和发展粮食产业经济等方面成绩显著。"

一　抗震救灾成效显著

在特大地震灾害面前，全省粮食系统反应迅速，自觉行动，主动作为，千方百计保护生命财产、保障军需民食，为全省夺取抗震救灾斗争的伟大胜利作出了积极的贡献。

（一）抢险救援

地震发生后，绵阳、广元、阿坝、成都等重灾地区粮食部门紧急动员，迅速组成抢险队，卓有成效地开展了抢险救人、保护粮食的工作。北川、汶川、都江堰、青川等地粮食部门的党员干部，强忍失去亲人的悲痛，冒着余震危险，冲锋在前，在危难时刻发挥了重要作用。

（二）加工抢运

全省粮食系统顾全大局，听从指挥，克服困难，突击加工粮食，运往灾区一线，确保了800多万灾区困难群众和救援大军口粮需求。乐山市粮食局历尽艰辛把首批救灾粮送到告急的茂县，甘孜州粮食局冒着生命危险把粮油运到汶川。在中储粮成都分公司的支持配合下，省粮食局及时将中央划拨的49.8万吨救灾粮和1.4万吨食用油分配到市州，使"1斤粮"政策落到了实处。国有粮食企业在救灾粮油保障中发挥了中流砥柱作用，成为应急保供的中坚力量。

（三）收购灾区小麦

各重灾地区粮食部门加强领导，明确责任，创新粮食收购方式，方便农民储粮，全省收储灾区小麦59万吨。德阳、绵阳等重灾区收购粮油数量超过往年，国家给灾区小麦收储补贴金额达7000多万元，增加了农民和企业的收入。

（四）编制重建规划

全省组织精干力量，以科学发展观为指导，结合粮食流通产业发展趋势，编制了受损粮食流通设施恢复重建和发展提高的规划方案，有39个县621个项目列入了国家"总体规划"和市场服务体系"专项规划"，规划总投资35.9亿元，涉及粮食储备库、军粮供应站、批发市场、质量监测网络等建设内容。

（五）争取国家支持

经过多方努力，争取到国家仓房应急维修资金1.5亿元，应急设备采购资金2200万元，最低价收购网点维修资金2246万元，军供网点应急保障资金695万元及救灾粮加工运输费用3300多万元。什邡、绵竹、江油等地在争取国家支持方面作出了积极的贡献。同时，各地切实加强对救灾粮油质量、救灾资金物资的监管，认真落实了灾区和高寒边远山区越冬粮油储备。整个粮食系统抗震救灾工作得到了各方面的高度评价，全省有37个先进集体、74名先进个人受到国家粮食局通报表彰。

二　宏观调控卓有成效

2008年，受国际市场影响，国内和省内粮油市场出现了较大的震荡，采取了一系列应对措施，保持了全省粮油市场和价格的基本稳定。

（一）抓购销

全年收购粮食644万吨，收购油菜籽68万吨，销售粮食832万吨，销售食用油58万吨，粮油购销数量大大超过往年。粮油收购直接增加农民收入10多亿元，充足的粮源为宏观调控和企业经济发展奠定了坚实的基础。

（二）抓储备

面对市场粮油价格的大幅波动，及时收集报送监测情况，提出了建立地方食用油和小包装成品粮油储备的建议，经省政府批准并及时落实到位，提高了应急调控能力。成品粮油储备满足了藏区维稳的应急需要，平抑了个别地方菜油抢购风潮的蔓延。

（三）抓轮换

适时把握省级储备粮轮换节奏，有效发挥其吞吐调节功能，促进了市场粮价的基本稳定。

（四）抓协作

积极推进产销协作，组织签订省内购销协议88份，购销量达106万吨，建立了较为稳定的产销协作关系。同时，争取到国家100多万吨粮食移库四川。充足的粮源和良好的供应，有效地稳定了市场和价格，四川粮食市场在特大地震灾害之后没有改变稳定的格局。

三　重点工作进展良好

（一）粮油产业化经营

2008年全省订单粮油面积达172.9万公顷，其中优质专用粮油124.9万公顷，带动农民增收8亿元以上。全省100家粮油产业化龙头企业中已有54家跻身省级农业产业化龙头企业。为支持龙头企业发展壮大，各地在基地建设、加工技术、资金筹措等方面做了大量工作，全省有10个龙头企业获得各级财政支持，中央和地方投资总额达5595万元。

（二）乡村粮油超市和连锁店建设

全省2008年建成4278个，比上年增加1006个，增长31%。多数便民连锁店开展购销双向业务，努力开拓发展空间，扩大经营收入。据不完全统计，全省连锁经营收入实现23亿元，粮油经营量近100万吨。崇州、江油等地的乡村粮油超市和连锁店在抗震救灾粮油保障中发挥了很好的作用。

（三）农户科学储粮工程

四川作为全国3个试点省之一，有25个县开展了试点工作。全省完成了国家下达的试点任务，建成小粮仓2.3万个。新仓防潮防虫防鼠效果明显，促进了农民减损增收。按照6%减损率计算，年助农减损增收314万元，户均136.5元。

（四）市场体系建设

各地加大了工作力度，区域性粮食批发市场建设取得新的进展。"成都国家粮食交易中心"获国家粮食局批准挂牌交易，成为全国区域性交易中心之一，已成为稳定市场粮价的重要调控载体。

（五）粮食物流项目建设

各地通过退城进郊、招商引资、工商联合等多种方式，培育设施先进、功能配套的区域性粮食物流中心，全省完成可研和已开工项目10个以上。成都、绵阳、遂宁、广元、眉山、宜宾、达州等区域性物流项目规模大、进展快。粮油产业园区建设呈现出"高起点、多元化、多功能"的蓬勃发展态势。

四　依法管粮全面推进

粮食监督检查工作体系建设取得重大进展，全省21个市州粮食局全部建立了监督检查机构，有153个县（市、区）设立监督检查科（股）。甘孜州实现了执法机构和执法经费双到位。全省有2153人取得粮食监督检查资格证书，全年落实执法专项经费590万元。在总结推广遂宁、绵阳、德阳试点经验的基础上，省局与省发展改革委、财政厅等7个部门制定了《四川省粮食流通监督检查实施细则》。各地认真开展了粮食收购资格、粮食库存、救灾粮质量、地方储备粮管理等多项监督检查，特别是按国家局和省局的要求，采取自查与互查、抽查与核查相结合，在全省开展了为期一个月的粮食库存专项检查，收到了很好的效果。全省累计开展各项监督检查3300多次，依法对1510例涉粮案件实施了行政处罚，有效地规范了粮食流通市场秩序。四川省"五五"普法、监督检查、粮食统计等工作获全国先进。

五　企业改革不断深化

继续深化国有粮食企业产权制度改革，拓展发展空间，创新经营机制，增强竞争能力，提高盈利水平，收效较为明显。全省国有粮食购销企业实现销售收入79亿元，毛利收入达到2.16亿元，同比增长36%，在特大地震灾害、市场大幅震荡的情况下，仍实现了统算盈利。各地加强协调沟通，落实市县储备粮油费息补贴政策，实现补贴收入2亿多元，创历史最高水平。全省大多数国有粮食购销企业，经受住了粮油市场跌宕起伏的严峻考验，涌现出一批经营机制活、竞争能力强、盈利水平高的粮食企业，特别是达州、宜宾、江油等地的一些国有粮食企业表现尤为突出。

六　机关建设得到加强

按照省委部署，省局开展了深入学习实践科学发展观活动试点工作，抗震救灾斗争丰富了学习实践内容，解决了一些影响和制约粮食科学发展的突出问题，增强了领导班子和领导干部推动科学发展的能力。经群众测评，学习实践活动满意率为96.3%。加强机关行政效能建设，认真落实"三项制度"，强化"认真负责"的工作理念，机关干部的敬业精神、能力素质、服务意识和整体形象有了明显改善。全省粮食系统轻灾援重灾、无私作奉献，广大干部职工踊跃向重灾区捐款捐物、缴纳特殊党费等，展现了四川粮食人的高尚情怀。政务信息宣传工作得到加强。"四川粮网"点击率明显上升。切实加强党风廉政建设，认真开展反腐倡廉专项治理，党员干部精神振奋，推动粮食事业科学发展的热情高涨。

◆ **四川省粮食局领导班子成员**

谭嘉林　　党组书记、局长

侯　勇　　党组成员、副局长

石恩祥　　党组成员、副局长(2008年11月任职)

黎　明　　党组成员、副局长

张书冬　　党组成员、副局长

刘孟元　　党组成员、纪检组长

黄自友　　党组成员、机关党委书记

四川省常委、副省长钟勉同志调研粮食工作。

四川省副省长张作哈到四川粮油批发中心调研粮食工作。

国家粮食局局长聂振邦在四川地震灾区调研。

国家粮食局支援四川灾区的烘干设备投入使用。

四川省委常委、组织部长在抗震指挥部听取省粮食局局长谭嘉林汇报救灾粮调运情况。

四川省粮食局局长谭嘉林在地震灾区察看调粮道路。

四川省粮食局抗震救灾送粮车队。

四川省粮食部门为地震灾区农户排忧解难，增设网点，流动收购，干湿都收，不扣水不扣杂，让利农民。

贵州省粮食工作　基本情况

2008年，贵州省GDP为3333.40亿元，比上年增长10.2%；财政总收入为674.56亿元，增长21.11%；全省城镇居民人均可支配收入为11758.76元，增长10.12%；农村居民人均纯收入为2796.93元，增长17.82%；粮食总产量为1158万吨（2007年粮食总产量统计调整数为1100.86万吨），增长5.2%；油菜籽产量60.38万吨（2007年油菜籽产量统计调整数为64.59万吨），比上年减少6.5%。

2008年，全省购进粮食61.46万吨，销售粮食38.37万吨；收购油菜籽6.5万吨，销售食用植物油3.92万吨。其中，国有粮食企业购进商品粮34.55万吨（贸易粮，下同），购进油菜籽3.53万吨，销售粮食25.66万吨。全省粮食商品量233万吨（原粮，下同），社会粮食消费量1333万吨，其中工业用粮60万吨，种子用粮33万吨，饲料用粮506万吨，城镇居民口粮166万吨，农村居民口粮556万吨，食品及副食酿造业用粮12万吨。

2008年，全省国有粮食企业亏损1553万元，比上年减亏4670万元，减幅75%。其中，国有粮食购销企业亏损990万元，比上年减亏2606万元，减幅72%；其他粮食企业亏损563万元，比上年减亏2064万元，减幅79%。

2008年，全省粮食行业独立核算单位2926个，在职职工21399人。其中，粮食行政机构95个，在职职工1436人；事业机构38个，在职职工458人；流通企业1434个，在职职工11446人；多种经营企业779个，在职职工3277人；加工企业580个，在职职工4782人。

2008年粮食工作

一　抗灾保供和灾后恢复重建取得显著成绩

2008年1月12日至2月上旬，贵州省遭遇了60年未遇的凝冻灾害。这场灾害持续时间长，影响范围广，危害程度深，电力、交通和通信等设施损失巨大，给群众的生产生活造成了极大的困难。全省因凝冻灾害造成的直接经济损失达198.3亿元，其中，粮食系统因灾直接经济损失1.18亿元。凝冻灾害发生后，全省粮食系统干部职工认真贯彻党中央国务院和省委省政府抗灾救灾的一系列安排部署，讲政治、顾大局，切实履行"抗凝冻、保民生"的社会责任，把确保粮油供应、稳定粮食市场价格作为粮食部门最紧迫的任务来抓，发扬不怕困难和团结协作的精神，以卓有成效的工作，确保了全省粮油供应和粮价稳定，为打好打赢抗灾救灾这场硬仗发挥了重要的作用，作出了积极的贡献。凝冻灾害期间，全省粮食系统13000余人次的干部职工投入到粮食市场巡查和粮食应急加工、调运、销售等工作中，调入成品粮食57820吨，应急加工粮食1.97万吨，紧急调入粮食5.78万吨，紧急供应粮食13.56万吨、食用油0.95万吨，确保了军需民食，全省88个县（市、区）没有一个发生脱销断供的情况。在灾后恢复重建中，省财政及时下拨3700万元资金，帮助国有粮食企业对受损仓房、输电线路、变压器等设施进行维修改造，在最短的时间内使绝大部分粮食企业的生产经营能力恢复到灾前水平。此外，省财政拨400万元专项资金，用于宏观调控和应急供应设施新项目建设。

二　地方粮食储备进一步充实

在全省各级粮食部门的努力下，粮食行政首长负责制得到进一步落实，地方粮食储备得到进一步充实。据统计，截至2008年12月底，已经明确储备粮规模的县（市、区）已从2007年的66个增加到74个；地方储备粮库存比2007年末净增6.4万吨；地方储备油库存比2007年末增加0.63万吨；各地新增成品粮储备0.32万吨；省会城市贵阳市建立了小包装食用油储备。

三　粮食购销市场活跃，粮价稳定

各级粮食部门始终把粮食购销作为搞好粮食宏观调控、保障市场粮食供给和促进农民增收的重要工作来抓。截至2008年12月底，国有粮食企业购进商品粮28.72万吨；购进食用植物油2.78万吨，同比增加0.08万吨；销售商品粮19.35万吨；销售食用植物油3.88万吨，同比增加0.72万吨。贵阳谷丰等三大粮食批发市场粮食进场量达75.72万吨，同比增加5.35万吨；交易量达76.58万吨，同比增加17.14万吨。全省粮食购销市场活跃，粮价保持稳定。

四　粮食产业化发展取得新成效

2008年9月，在惠水县召开了全省粮食产业化现场会议，省委常委、常务副省长王晓东出席会议并作重要讲话。会议明确了今后5年全省粮食产业化发展的目标任务，制定了加快粮食产业化发展的措施。全省各地把粮食产业化经营作为促进农户增收和企业发展的重要工作来抓。2008年全省粮食企业"订单粮食"种植面积达到13.9万公顷，农户从"订单粮食"中增收超过2亿元。

五　国有粮食企业经营状况改善

全省国有粮食企业同比减亏4670万元，减亏幅度75%。43个县全行业实现盈利，44个县粮食购销企业实现盈利；安顺市粮食全行业已经连续第3年保持盈利；贵阳市、遵义市国有粮食企业首次扭亏，分别盈利325万元、165万元；黔南州有7个县（市）扭亏为盈；铜仁地区在当地政府和金融部门支持下，妥善解决了铜仁市、石阡县、玉屏县、万山特区、德江县国有粮食企业6127万元历史债务，为企业发展创造了条件；贵阳市穗金粮食发展有限公司、铜仁梵净山米业集团等粮食产业化龙头企业相继成立，粮食企业开始向集团化迈进。

六　粮食流通监督检查工作得到加强

2008年，息烽县等5个县（市、区）粮食局新成立了监督检查机构和执法稽查队，全省粮食行政执法机构的数量从64个增加到了69个；全省持有粮食收购许可证的经营户已达2036户；粮食监督检查机构与工商、物价等部门联合开展粮食市场专项检查725次，投入检查人员2934人（次）。贵州省粮食局被评为"2008年全国粮食流通监督检查工作先进单位"。

七　军粮保障服务水平进一步提高

在凝冻灾害和"5·12"汶川特大地震期间，全省军供站点克服困难，全力保障了驻黔部队、抗震救灾部队及其他过境部队的军粮供应，为抗灾救灾作出了积极的贡献，军粮供应工作做到了"政府放心，部队满意"。

八　学习实践科学发展观活动取得实效

从2008年9月开始至2009年3月，根据省委的统一部署，省直粮食系统认真开展了深入学习实践科学发展观活动，取得了阶段性的明显成效。

（一）形成了推动粮食经济科学发展的共识

通过开展《保障贵州粮食安全的思路与对策》、《解放思想、创新机制，走贵州特色粮食产业化发展之路》等专题调研，形成了全面反映全省粮食工作情况和发展要求的课题调研报告。在此基础上，通过广泛征求意见建议、开展解放思想大讨论、召开省粮食局党组专题民主生活会，形成了《省粮食局党组贯彻落实科学发展观情况分析检查报告》。《报告》查找了影响和制约全省粮食经济科学发展的突出问题，进一步理清了推动粮食经济科学发展的思路，形成了"进一步解放思想，在新的历史起点上推动粮食工作新跨越"的发展共识，并制定了促进发展的措施。

（二）形成了一批制度成果

认真抓好"废、改、立"工作，对近年来形成的37个工作规章制度进行了修改和完善。同时根据新时期、新任务对粮食工作科学发展的要求，着眼于解决制度缺失和体制机制障碍的问题，研究制定了粮食安全保障工作考核、省级储备粮代储工作监管、干部考核管理等12项制度，初步建立了粮食工作科学发展的保障机制。

（三）形成了一批实践成果

针对自身查找和群众反映出来的粮食产业化水平低、粮食流通及宏观调控基础薄弱、国有粮食企业改革有待深化、粮食流通监管亟需加强、粮食干部队伍素质不高等5个重点问题，实行省粮食局党组成员负责制，通过制订整改方案，逐一认真加以解决。组织市（州、地）粮食局长到湖北、山东两省就粮食产业化发展工作进行考察学习；及时以省政府的名义召开了全省粮食产业化发展现场会；举办了两期由100名省地县粮食行政管理部门负责人参加的"科学发展观与新时期粮食工作"培训班；制定了粮食产业化发展规划和扶持龙头企业发展的政策措施，分别投入670万元财政扶持性资金和680

万元"简建费"扶持粮食产业化龙头企业；首次开展了贵州省粮食安全保障工作的年度考核，从领导班子建设、粮食宏观调控等6个方面对市（州、地）粮食工作进行考核，促进了全省粮食工作的开展。在2008年省直机关目标绩效考核中，省粮食局首次获得一等奖。

◆ **贵州省粮食局领导班子成员**

　　沈　健　　党组书记、局长（2008年6月任职）

　　张和林　　党组成员、副局长

　　林元惠　　党组成员、纪检组长

　　乔鲁毅　　党组成员、副局长

　　章　萍　　党组成员、机关党委书记

　　何武林　　党组成员、总经济师

　　吴青春　　党组成员、副局长

2008年元月，贵州省委常委、常务副省长王晓东(右一)在贵阳市粮食市场检查工作。

2008年10月，贵州省粮食局局长沈健(中)率市(州、地)粮食局长赴山东考察。

2008年10月，贵州省粮食局局长沈健 (左二)、总经济师何武林(右二)率团赴湖北参观考察。

2008年2月，抗雨雪冰冻期间粮食部门粮食紧急供应工作。

云南省粮食工作　基本情况

　　云南简称"滇"或"云"，地处中国西南，北回归线横贯南部。总面积39.4万平方公里，占全国总面积的4.1%。东与广西壮族自治区和贵州省毗邻，北以金沙江为界与四川省隔江相望，西北隅与西藏自治区相连，西部与缅甸相邻，南部和东南部分别与老挝和越南接壤，共有陆地边境线4060公里。全省下辖16个州、市，129个县、市、区。2008年末全省总人口为4543万，比上年末增加29万人。其中城镇人口1499.2万，乡村人口3043.8万。

　　云南省委、省政府历来高度重视粮食工作，为促进粮食生产稳定发展，确保粮食安全，近年来出台了一系列支农惠农政策，有效地调动和保护了农民种粮的积极性，粮食生产连续多年获得丰收。2008年全省粮食总产量1518.6万吨，比上年增长4.0%，其中：稻谷621万吨，小麦83.1万吨，玉米529.6万吨，大豆26.2万吨，薯类和其他杂粮258.7万吨。

　　2008年全省粮食收购量190.6万吨，其中国有粮食购销企业收购94万吨；粮食总销售262.5万吨，其中国有粮食购销企业销售141.8万吨。粮食商品量388万吨，进口粮食20万吨。粮食消费量1719万吨，其中：城镇口粮158万吨，农村口粮690万吨，饲料用粮718万吨，工业用粮41万吨，种子用粮70万吨，食品、副食用粮42万吨。全年调入粮食278万吨，比2007年多调了57万吨，增幅25.8%；销往省外粮食22万吨，比2007年增加2万吨，增幅10%，销往省外的粮食主要以薯类和杂粮为主。从今后发展趋势看，随着工业化、城镇化的发展以及人口增加、旅游业和人民生活水平提高，粮食消费需求将继续呈刚性增加。

2008年粮食工作

　　2008年，面对国际粮价大幅波动、国内连续发生重大自然灾害等严峻形势，云南省粮食局坚决执行省委、省政府领导关于确保云南粮油有效供给和市场基本稳定的一系列决策和指示，充分发挥粮食流通工作在统筹城乡、服务"三农"、保障民生、维护稳定、促进发展、构建和谐中的重要作用，认真落实粮食行政首长负责制，不断完善粮油购销市场机制和政府粮食调控机制，着力保障全省粮油的有效供给，保障粮食市场的基本稳定，保障粮食的质量安全，积极构建职责明确、分工合理、生产发展、供给稳定、储备充足、调控有力、反应灵敏、运转高效的粮食安全保障体系。加强对各地粮食流通体制改革的指导，进一步创新发展思路，积极探索"以粮为本求生存、跳出粮字谋发展"的工作新思路，深化粮企改革，开展资产经营，实行科技创新，狠抓扭亏增盈，全省粮食系统全年实现利润9000余万元。为保障粮农利益，云南粮食企业小幅提升了省内粮食收购价格，省内小麦、玉米、中晚稻收购价每公斤都比国家最低收购价高0.3～0.4元，粮食收购价格适当提高，较好地调动了粮农生产积极性，为粮农增产增收、确保粮油有效供给和市场基本稳定打下了基础。同时，大力发展粮食产业化经营，全省粮油加工业发展迅速，企业品牌意识、科技创新意识、市场竞争力不断增强，产业化经营水平有所提升，一批有实力、有效益的粮油企业继续做优、做强、做大。目前，全省有21户粮食企业分别被授予省级粮食产业化龙头企业。

一　坚持完善粮食行政首长负责制

2008年，云南省粮食局认真履行粮食行政首长负责制考核领导小组办公室的职责，积极与省级有关部门做好2007年度粮食行政首长负责制考核工作，报经省政府同意，兑现了2007年度考核奖励，进一步增强了各级政府和相关部门的粮食安全意识和工作责任意识。同时，经省政府同意，修改完善了《云南省粮食行政首长负责制考核指标和奖惩办法》，充实了内容，加大了奖惩力度，有效统筹了粮油生产、流通，充分调动了州（市）、县（市、区）政府和相关部门重农抓粮保供应的积极性，有效保障了云南粮油供应和市场稳定。

二　保障粮油市场供应

2008年，连续发生低温雨雪冰冻灾害、世界粮食危机和汶川特大地震等特殊困难。省委副书记、省长秦光荣，省委常委、常务副省长罗正富等领导深入粮食部门和粮油市场听取汇报、调查研究，对保障粮油有效供给和市场基本稳定多次作出重要批示和指示。1月15日，秦光荣、罗正富等领导到昆明市五里多粮油批发市场调研。省长秦光荣强调，保障粮油市场供应，保持粮油价格基本稳定，关系到广大人民群众的切身利益，对于推动科学发展、促进社会和谐、维护社会稳定具有十分重要的意义。秦光荣省长要求各地各部门充分认识保障市场供应、保持价格稳定的重要性，以对党和人民高度负责的精神，加强领导，精心组织，统筹兼顾，狠抓落实，强化协调配合，通过扎扎实实的工作切实保障市场供应，稳定市场价格。在省委、省政府的直接指挥下，云南省认真落实粮食行政首长负责制，积极推行省级动态储备，加强与粮食主产区及国内大型粮油生产企业的合作，及时组织粮油调运，及时加强产销协调，及时部署入市收购，及时下达储备计划，及时安排吞吐调控，确保了全省粮油有效供给和市场基本稳定。

"5·12"汶川特大地震，"8·21"盈江地震，"8·30"四川攀枝花、会理地震发生后，省粮食局领导带队，深入昭通市、德宏州、楚雄州及受灾比较严重的盐津、水富、绥江、盈江、永仁、元谋等县查看灾情，要求灾区粮食部门加强向政府的请示报告和与民政部门的工作联系，全力以赴做好救灾救济粮的供应工作，并及时将中央安排云南省的三批抗震救灾成品粮2154吨（原粮3240吨）迅速供应到灾民手中。灾区粮食部门认真开展粮情调查，及时组织加工成品粮油投放市场，保障了灾区灾民不断粮，保障了市场粮食供应不断档。

三　扩大粮食动态储备

2008年，省政府领导同意与省外粮食主产区建立一定规模的省级动态储备，并根据国家发展改革委等部门的要求，建立地方食用植物油储备。5月份以来，省粮食局与省级相关部门分别向各州市和有关企业下达了新增省级储备粮规模、省级动态储备计划和食用油储备规模、州市级储备规模建议。云南省粮食局与吉林、湖南和黑龙江等粮食主产区签订了省级动态储备合作协议，三省承诺如果云南出现粮食供给紧张的情况，将按合作协议确保调供云南100万吨以上的粮食。12月末，吉林、湖南、黑龙江3省已组织部分大米供应云南市场。据调查统计，实际调动了吉林、湖南、黑龙江等省企业在云南省销售数量多增加70多万吨。

四　加强粮油产销合作

2008年，为满足日益增加的市场需要，确保云南粮油有效供给和市场平稳，云南省粮食局着力建立稳定流畅的粮油货源渠道。2月底3月初，组织28户粮食企业到东北三省采购粮食。到2008年12月末，全省调入粮食278万吨，比上年多调了57万吨，增幅25.8％。进一步加强了与国内大型食用油脂企业益海嘉里集团合作，在云南组建分公司，建设年周转10万吨储油罐和中包装生产线，目前，该项目已经在昆明南国家粮食储备库建成投产。3月初，昆明等地出现部分小包装食用植物油缺货断档，引起市场供应紧张。在省政府的直接指挥下，省粮食局协调益海嘉里集团，按原供货价组织增供云南小包装食用植物油2047吨，并针对云南部分地方5升金龙鱼油缺货，从广西通过铁路和公路就近调入云南市场，确保云南充足的食用油货源，全省各地食用油市场销售很快恢复正常。

五　加强粮食市场监管

2008年，云南省粮食局加强全省38个价格监测点监测密度和频率，实行日报告、周分析，并加大调控和调售力度。掌握粮食供求和价格变动情况，分析国际国内粮价变动对全省市场的影响，积极与有关部门配合，研究市场变动应对措施。4月份，全球爆发粮食危机，云南省从容应对，在国际粮价暴涨期间，云南粮价仅上涨3.31％。汶川特大地震后，省粮食局及时下发紧急通知，要求抗震救灾期间，全省国有粮食企业销售的粮食一律不得涨价。通过组织专项督查，各州市粮食局、国有粮食企业，包括民营企业能坚决贯彻紧急通知要求，与5月12日相比，没有一家企业调高价格。

六　搞好粮食库存检查

4月份以来，全省抽调4116人（次），对190多户国有和国有控股粮食经营企业及仍承担政策性粮食业务的其他所有制企业储存的中央储备粮、地方储备粮、其他政策性粮食和商品粮的库存实物、库存账务、库存粮食质量和储粮安全情况，以及涉及粮食库存管理的其他情况进行了认真检查。采取企业自查、组织复查和突击抽查三种形式。做到"有仓必进、有粮必查、查必彻底"，经过对全省2/3以上的企业进行检查表明，地方储备粮和商品周转库存的实物、数量、品种账账相符、账实相符，库存粮食质量良好，中央和地方需要时调得出、用得上、有保障。目前，全省各级储备粮库存处于历史最多时期，中央储备和地方储备分别比2002年增长70.3%和70.5%。

七   抓好粮食基础设施建设

2008年，云南省粮食局积极落实中央扩大内需政策措施，组织云南昆明国家粮食储备中转库等4家单位，向国家申报总投资52951万元的粮食流通基础设施建设项目。组织实施云南省第一批粮油质检基础设施建设项目，完成曲靖、昭通、玉溪、红河、普洱、楚雄、大理、保山、德宏等9个州（市）质检站的128台（套）检验检测仪器的配置、验收和30名检验员仪器操作培训。积极争取《云南省粮食物流基础设施建设"十一五"规划》其他项目的立项和实施。对云南省三批（14个）国债粮库建设项目建设资料、照片等资料进行收集、整理。云南商务信息工程学校完成农副产品加工专业实训基地建设并投入使用，云南省粮油工业公司完成平房包堆仓及配套储粮设施建设。组织完成全省8个州（市）18家企业粮食基础设施固定资产投资项目贷款贴息申报工作。认真开展粮食仓储物流及农户储粮设施需求情况调查。申报云南昆明国家粮食储备中转库平房仓粮食控温技术为国家专利，推荐省粮科所编制的《茶叶籽油》和《青刺果油》两个地方标准参加中国粮油科学技术奖项目申报。

八   深入开展科学发展观学习实践活动

按照省委的要求，4月至9月，云南省粮食局用半年时间组织开展"解放思想、深化改革、扩大开放、科学发展"大讨论活动，结合粮食系统实际，总结经验，查找问题，明确思路，提出了完善粮食购销市场机制、完善各级政府调控机制，保障粮油有效供给、保障粮油市场基本稳定、保障粮食质量安全的工作思路，形成了全省粮食系统的共识。9月底以来，根据中央和省委关于第一批开展深入学习实践科学发展观活动的实施意见，认真组织开展深入学习实践科学发展观活动。加强领导，精心组织，周密安排，及时动员，扎实推进，并结合粮食系统实际，提出了"加强队伍建设、完善两个机制、实现三个保障、促进科学发展"的目标和着力解决的九个问题。注重突出实践特色，扎实解决实际问题，围绕"党员干部受教育、人民群众得实惠、科学发展上水平"的总体要求，认认真真、扎扎实实地完成了各阶段的工作任务，并结合粮食工作实际，在思想观念上明确了"六个要"，即 一要牢记宗旨，牢固树立立党为公、执政为民的理念。二要心系群众，服务人民，切实和人民群众保持血浓于水的真挚感情。三要转变作风，狠抓落实，切实提高凝聚力、执行力和落实力。四要完善体制、堵塞漏洞。五要创新机制、促进发展。六要统筹兼顾、协调发展。在工作中坚持了"六个必须"，即一是必须牢固树立正确的政治观，使我们的工作经得起实践、历史、人民的检验。二是必须长期坚持"三个全心全意、一个尽心竭力"。三是必须充分发挥粮食流通工作在统筹城乡、服务"三农"、保障民生、维护稳定、促进发展、构建和谐中的积极作用。四是必须着力构建职责明确、分工合理、生产发展、供给稳定、储备充足、调控有力、反应灵敏、运转高效的粮食安全保障体系。五是必须不断增强政治意识、大局意识、责任意识、忧患意识，不断提高应对复杂局面的本领，真正做到冷静观察、沉着应对、把握机遇、规避风险、稳定市场、积极工作。六是必须始终保持共产党员的浩然正气、昂扬锐气和蓬勃朝气，以强烈的事业心、高度的责任感、严密的纪律性、自觉的能动性做好各项工作。

九　加强干部队伍建设和党风廉政建设

　　紧紧围绕提高领导水平和执政能力，坚持不懈地抓好班子，带好队伍，为推动全省粮食系统科学发展、和谐发展提供坚强的组织保证。组织行政问责办法等"四项制度"学习培训，制定实施细则，强化党员领导干部依法行政、执政为民的信念，进一步转变工作作风，改善服务态度，提高行政效能。结合孟连"7·19"事件、"阳宗海砷污染事件"，认真开展马克思主义群众观和正确的政绩观教育，认真贯彻执行《党政干部选拔任用工作条例》、《公开选拔党政领导干部工作暂行规定》等一系列干部人事制度规定。大力开展干部教育培训工作，教育引导干部把心思和精力用在思发展、谋发展、促发展上，不断营造民主、团结、务实、和谐的政治氛围，不断营造扎实奋斗、开拓进取的工作氛围。加大行业职业准入制度建设，积极组织行业职业技能鉴定工作，全年完成初、中、高级粮食行业特有工种国家级考核鉴定797人次，提高了从业人员队伍素质。

　　认真开展"讲党性、重品行、作表率"活动。搞好基层党组织领导班子换届工作，在机关各支部推行"一岗双责"工作机制，积极创建"学习型、创新型、服务型"机关，加强基层组织建设和党员管理。围绕胡锦涛同志倡导树立八个方面良好风气的要求，加强学风、思想作风、工作作风、领导作风和生活作风建设。营造和谐机关氛围，进一步加强工青妇工作，推进机关精神文明建设。

　　深入开展党风廉政建设和反腐败工作。在加强教育、完善制度、强化监督上下功夫，严格遵守"四大纪律、八项要求"，继续履行局党组的六条承诺，认真落实党风廉政建设责任制和责任追究制，抓好2007年度、2008年度党风廉政建设责任制考核。组织开展党建和党风廉政建设调研，培训党务纪检干部，进一步加强党风廉政建设教育，推进机关作风建设制度化、规范化，不断提高党员干部反腐倡廉、勤政廉政、依法行政的自觉性。坚持和完善反腐败领导体制和工作机制，以优良的党风和政风保证科学发展观落到实处。

◆ **云南省粮食局领导班子成员**

苏全忠	党组书记、局长
何庄元	党组成员、副局长
张　睿（苗族）	党组成员、副局长
许建平	党组成员、副局长（2009年1月任职）
杨韵玲（女，白族）	党组成员、纪检组长
马红跃	党组成员、副局长
孙卫平	副巡视员
李国文	副巡视员

2008年1月15日，云南省委副书记、省长秦光荣，省委常委、常务副省长罗正富，省委常委、昆明市委书记仇和，省委常委、省政府党组成员曹建方，省政府秘书长丁绍详，省发改委主任米东生，昆明市市长张祖林等领导在云南省粮食局局长苏全忠陪同下，到昆明市五里多粮油批发市场调研。

2008年8月25日，云南省人大副主任程映萱在省粮食局局长苏全忠陪同下，到云南昆明南国家粮食储备库调研。

2008年10月9日，云南省粮食局召开深入学习实践科学发展观活动动员大会，对省级粮食系统深入学习实践科学发展观活动进行动员和部署。

西藏自治区粮食工作　基本情况

　　西藏自治区位于青藏高原西南部，北临新疆，东连四川，东北紧靠青海，东南连接云南，南与缅甸、印度、不丹、锡金、尼泊尔等国毗邻，西与克什米尔地区接壤。全区为喜马拉雅山脉、昆仑山脉和唐古拉山脉所环抱，地势由西北向东南倾斜，气候和地形地貌复杂多样。全区面积122.84万平方公里，占全国总面积的1/8，仅次于新疆。西藏平均海拔4000米以上，素有"世界屋脊"之称。

　　西藏自治区现设6地1市，即拉萨市、日喀则地区、山南地区、林芝地区、昌都地区、那曲地区、阿里地区；73个县（市、区），140个镇，543个乡。2008年末全区常住人口为287.08万，比上年增长1.0%，其中城镇人口64.9万，乡村人口222.18万。

　　2008年，全区GDP为395.91亿元，比2007年增长10.1%；人均GDP达13861元，比2007年增长9%。全年完成地方财政收入28.43亿元，比2007年增长22.9%。农村居民人均纯收入3176元，比2007年增长13.9%。

2008年粮食工作

　　2008年，在自治区党委、政府的坚强领导下，在国家粮食局的指导下，在自治区发展改革委的直接领导和有关部门的大力支持下，全区各级粮食部门认真学习贯彻党的十七大、十七届三中全会精神，坚持科学发展观，按照全区经济工作会议的总体部署和全国粮食局长会议的总体要求，紧紧围绕"一个中心、两件大事、三个确保"和"保障粮食供给，确保粮食安全"的工作方针，团结拼搏，克服了拉萨"3·14"事件、仲巴和当雄地震、山南等地强降雪灾和复杂多变经济形势等诸多不利因素的影响。特别是拉萨"3·14"事件发生后，面对严峻的斗争形势，广大粮食职工迅速统一思想认识，与全区各族人民一道，深入揭批达赖集团的反动本质，强烈谴责不法分子的滔天罪行，万众一心、同仇敌忾，形成了共克时艰的强大合力，夺取了这场斗争的胜利，全体粮食职工经受住了血与火的严峻考验。同时，着力抓好粮食宏观调控，确保粮食市场稳定，突出抓好以切实解决"老人、老账、老粮"为重点的粮改政策措施的贯彻落实，重点抓好国有粮食企业改革，始终抓好自治区储备粮管理，扎实推进依法行政和依法管粮，确保粮食安全，不断推进粮食流通工作科学发展，各项工作取得了较好的成绩，为全面建设小康西藏、平安西藏、和谐西藏和维护社会稳定、促进本区经济社会发展作出了积极贡献。

一　粮食生产、流通情况

2008年，自治区党委、政府高度重视粮食生产，采取切实有力措施保护和稳定粮食生产，落实各项支农惠农政策，进一步加大投入。全年共落实粮食直补、良种补贴、油料补贴、农机具补贴和牲畜出栏补贴等各类支农惠农补贴27亿元，增长28.6%，有力地促进了农牧业增产增效。

2008年，全区耕地面积23.1万公顷，粮食播种面积17万公顷，其中青稞11.5万公顷，小麦3.8万公顷。粮食总产量达95万吨。油菜籽播种面积2.4万公顷，产量达6.01万吨。

2008年，国有粮食企业收购粮食1.94万吨，其中收购青稞1.35万吨，小麦0.51万吨，油菜籽0.04万吨；国有粮食企业粮食销售7万吨，食用油0.16万吨。

二　加大粮食宏观调控力度，确保粮食市场和价格基本稳定

（一）采取有效措施，确保市场供应和价格基本稳定

2008年，受国际、国内粮油市场波动和拉萨"3·14"事件的影响，粮食市场、粮食经营者的经营信心和消费心理受到较大冲击，保供稳市压力增大，为及时准确掌握了解全区粮食市场供求信息，为政府宏观调控决策提供参考，建立了大米等主要粮食品种价格日报制度和市场动态周报制度，加大了市场动态监测频率和密度，多次下发通知对粮源组织采购和市场投放工作进行部署，加强对非国有粮食经营大户的宣传和管理工作。同时，从服务"三农"、支持粮食生产的大局，积极做好粮食收购工作，搞活流通，夯实了调控粮食市场的基础。

（二）积极投入抗灾救灾工作，确保灾区群众的粮食供应和市场稳定

2008年，全区各级粮食部门和广大干部职工按照自治区抗灾救灾工作部署，讲政治、讲大局、保民生，把确保仲巴、当雄地震和山南雪灾区群众的粮油供应作为最紧迫的任务，迅速行动，全力以赴投入到抗灾救灾工作中，积极组织调运粮食和饲料粮到灾区，保障了灾区群众生活，稳定了市场，为打赢抗灾救灾这场硬仗发挥了重要作用。

（三）积极推进粮食行政管理部门职能转变

各地市粮食行政管理部门继续积极推进职能转变，加快政企分开，把粮食行政管理工作的重心转到粮食市场调控、监督和行业指导、服务上来。进一步加大政策宣传力度，加强与非国有粮食经营者的沟通与协调，努力完成各项统计工作任务。

（四）建立地市级应急粮食储备，制定粮食经营者最低和最高库存量制度

指导各地市按照自治区粮食应急预案要求，落实地市级粮食储备，以有效应对自然灾害或突发事件引起的粮食市场异常波动。截至2008年底，全区已有五地市制定了各县市粮食最低和最高库存量的具体标准。

（五）始终抓好自治区储备粮管理，为粮食宏观调控服务

为进一步规范自治区储备粮库存质量、安全、设备的管理，加强监督检查，结合自治区实际，制定出台了一系列管理办法。逐步健全和完善自治区储备粮管理机制。

三　突出抓好粮改政策的贯彻落实

（一）积极稳妥解决"三老"问题

一是按照粮改政策，全区国有粮食企事业单位的"老人"问题得以妥善解决。二是"老账"问题。针对西藏没有农业发展银行，对清理认定的政策性粮食财务挂账无法按照国家统一政策落实剥离上划到自治区统一管理的实际情况，由自治区人民政府召开协调会议，商定采取过渡性措施，由农行西藏自治区分行对各国有粮食企业政策性粮食财务挂账占用的贷款予以临时锁定管理。同时，由自治区财政厅先筹集资金，承担经清理认定的政策性粮食财务挂账占用贷款的利息。自治区虽然想方设法对国有粮食企业政策性粮食财务挂账采取临时过渡性措施，但是尚未按照统一政策得到有效解决，国有粮食企业仍承担沉重包袱，改革发展举步维艰。三是彻底解决了"老粮"问题。到2008年底，"老粮"全部销售完毕。

（二）国有粮食企业改革稳妥向前推进

2008年，各级粮食部门按照自治区粮改政策精神，结合实际，积极探索国有粮食企业改革的有效形式，整合资源、合并重组，特别是自治区粮食局直属四个单位的内部"三项制度"改革迈出了新步伐，取得了实质性成效。

（三）健全粮食行政管理体制工作逐步得到落实

按照自治区《关于健全本区粮食行政管理体制的意见》，全区粮食行政管理部门的管理体制和工作机制得到进一步的健全和完善，自治区粮食局和部分地市落实了监督检查机构、编制和工作经费，为确保粮食流通体制改革顺利推进提供了有力的组织保障。

四　着力推进依法行政和依法管粮工作

（一）加大《粮食流通管理条例》等政策法规的宣传力度

采取多种有效形式，加大粮食政策的宣传力度，进一步提高了社会对粮食流通政策的认知度，维护了正常的粮食流通秩序。

（二）切实规范粮食行政执法行为

制定了粮食流通监督检查人员行为规范和监督检查考核暂行办法，进一步用制度约束行政执法人员的行为。

（三）进一步完善了非国有粮食经营者档案管理制度

对所有非国有粮食经营者实行了分类和动态管理，为做好粮食宏观调控和开展粮食监督检查工作奠定了基础。

（四）加强对库存粮食的监督检查

对国有粮食企业库存的中央、自治区储备粮和商品粮实物、账务及安全储粮等情况进行了检查，确保账实相符、数量真实、质量符合标准。

（五）认真开展粮食市场专项监督检查工作

各级粮食行政管理部门认真开展粮食市场专项监督检查工作，严厉打击了粮食经营活动中以次充好、短斤少两、囤积居奇、哄抬物价等扰乱粮食市场的违法违规行为，有效维护了正常的粮食流通秩序。

五　加强队伍建设，维护社会稳定

（一）扎实开展深入学习实践科学发展观活动

按照党中央的要求和区党委的决策部署，各级粮食部门紧紧围绕"一贯彻、三坚持、两推进"和"党员干部受教育、科学发展上水平、社会稳定见成效、人民群众得实惠"的总要求，紧密联系粮食部门实际，以领导班子和党员干部为重点，着力在坚定不移抓发展、尽心竭力抓民生、旗帜鲜明反分裂、扎扎实实抓党建上下功夫，做到在理论学习上求深，在查找问题上求准，在解决问题上求实，取得了明显成效。广大党员干部以饱满的政治热情广泛开展学习讨论，进一步加深了对科学发展观的理解，在事关西藏发展稳定全局，特别是新形势下粮食部门改革发展稳定的重大问题上形成了共识，在推进科学发展的认识上有了新提高；各级领导班子把科学发展观贯彻落实到抓好保增长、保民生、保稳定的各项工作中，想大事、议大事、抓大事，在保持粮食经济平稳较快发展、保持社会和谐稳定中增添了新动力；在积极为干部职工排忧解难，在解决影响和制约科学发展的突出问题上取得了新突破；按照"要精、要管用"的原则，着力建立健全推进粮食事业科学发展、促进社会和谐稳定的规章制度，在完善体制机制上取得了新进展。通过学习实践活动的有效开展，一些不符合科学发展要求的思想观念被破除，制约科学发展的突出问题被破解，促进粮食事业科学发展的体制机制正在不断完善。

（二）深入揭批达赖，全力维护稳定

各级粮食部门的干部职工，始终把反对分裂摆在维护稳定工作的首位，坚定不移地贯彻中央和自治区党委关于对达赖集团斗争的一贯方针，自觉坚定地维护祖国统一，维护西藏稳定和发展。特别是拉萨"3·14"事件发生后，局党委从讲政治、讲党性、讲大局的高度，全力抓好局直系统的维护稳定工作。重点从抓好"反对分裂、维护稳定、促进发展"主题教育活动；从统一党员、干部思想，提高认识；从加强基层基础工作，筑牢维护社会稳定的第一道防线；从坚持发展这个第一要务，不断夯实反分裂斗争的物质基础等方面下功夫、求实效。以领导责任、工作任务、协作配合、督促检查的落实为抓手，确保了局直系统的安全与稳定。

（三）狠抓反腐倡廉工作

全面贯彻落实中纪委、国务院，区纪委和国家粮食局纪检监察工作会议精神，积极推动廉洁自律各项规定和党风廉政建设工作任务的落实。结合自治区粮食局实际，与局直属各单位、机关各处室签订了《自治区粮食局党风廉政建设责任书》，做到了党风廉政建设与各项业务工作统筹安排，同部署、同检查、同考核，以扎实的工作推进党风廉政建设责任制的落实。

◆ **西藏自治区粮食局领导班子成员**

吴国汉　　　　　党委书记、副局长

次旺诺布（藏族）　党委副书记、局长

达　拥（女，藏族）党委委员、副局长（2008年4月任职）

何长春　　　　　党委委员、副局长（2008年4月任职）

西藏自治区全区粮食流通工作会议参会代表合影。

西藏自治区粮食局学习实践科学发展观活动动员大会。

西藏自治区粮食局与地区粮食局签订储备粮责任书。

陕西省粮食工作   基本情况

2008年末，陕西省常住人口为3762万，比上年增加14万人。其中城镇人口1583.8万，占42.1%；乡村人口2178.2万，占57.9%。当年全省人均粮食占有量305.9公斤。

2008年，陕西省生产总值6851.3亿元，比上年增长15.6%。城镇居民人均可支配收入12858元，比上年增加2095元，增长19.5%，扣除价格因素实际增长12.5%。农村居民人均纯收入3136元，比上年增加491元，增长18.6%，扣除价格因素实际增长10.6%。

2008年，陕西省粮食收购量为499.5万吨，销售量为591.9万吨。工业用粮205.6万吨，饲料用粮319.8万吨，城镇口粮221万吨，农村口粮562.2万吨。

2008年末，陕西省有国有粮食企业526家，职工11222人，其中国有粮食购销企业362家，职工7901人。改制后新组建国有或国有控股粮食企业232家。全省粮食仓容总量663.9万吨，同比增加44.2万吨，其中有效仓容588.8万吨，同比增加35.3万吨。

2008年粮食工作

一   粮食生产和流通

2008年，陕西粮食播种面积323.5万公顷，较上年增长4.4%；粮食总产量1111万吨，比上年增长4.0%。其中小麦391.5万吨，玉米483.6万吨，稻谷83.1万吨。

2008年，全省粮食部门认真做好粮食购销工作，确保粮食市场平稳。为了做好粮食收购工作，5月省粮食局与农发行省分行联合下发了《关于切实做好2008年夏粮收购工作的通知》，10月联合下发了《关于做好今年秋粮收购工作的通知》。6月和8月，省粮食局先后两次在陕西人民广播电台举办了《秦风热线》访谈节目，宣传粮食政策，解答群众疑惑，主动接受群众监督。积极办理粮食收购许可证，动员各类收购主体积极入市收购。全年，全社会各类粮食经营主体累计收购粮食499.5万吨，超额完成了省委、省政府年初下达的收购250万吨的任务，同比增加36.5万吨。其中国有粮食经营企业收购粮食168万吨，同比增加3.2万吨，占全社会收购总量的33.6%。

全省粮食部门根据市场变化情况，多次召开会议，分析市场情况，搞好粮食销售，稳定粮食市场。根据国家发展改革委、国家粮食局《关于尽快规定并公布粮食经营者最低和最高库存量具体标准的通知》要求，省粮食局对2004年出台的粮食经营者最低和最高库存量标准作了修订。3月24日，省政府办公厅印发了《关于发布粮食经营者最低和最高库存量标准的通知》。全年全社会各类粮食经营主体累计销售粮食591.9万吨，超额完成275万吨的年度任务，同比增加了2.2万吨。其中国有粮食经营企业销售197.4万吨，同比减少14.25万吨，占全社会销售总量的33.4%。

截至2008年12月底，全省各级粮食行政管理部门累计办理粮食收购资格许可证1750户，其中国有及国有控股粮食企业600户，非国有粮食经营企业1150户，非国有粮食经营主体所占比例达到65.7%。

二　粮食调控

根据粮食市场供需变化情况，适时做好省级储备粮油的轮换工作，先后轮换省级储备粮油10.8万吨。进一步优化省级储备粮布局，对省级储备粮承储库点再次进行集并，使省级储备粮承储库点由2006年的83个减少到35个，减少58%。加强省级储备粮管理制度建设，与有关部门联合下发了《省级储备粮轮换管理办法》和《省级成品粮油储备管理办法》。进一步增加地方储备粮规模，特别是增加省级储备稻谷和省级食用油储备规模，充实了省、市、县级粮食储备库存。截至2008年底，省、市、县三级储备粮库存均达历史最高水平。全省有74个县建立了县级粮食储备。

三　粮食流通体制改革

到2008年底，全省104个有改革任务的县（市、区）中，98个完成了新企业组建任务。新组建国有或国有控股粮食企业232户，63个县完成产权制度改革，国有粮食企业法人治理结构更加规范。在省财政、农发行等有关部门的支持下，通过诉讼减债、银行呆坏账核销、打包处置、破产等多种形式，累计化解企业历史债务10.5亿元。

省粮食局直属单位改革发展步伐加快，省油脂集团组建工作全面完成，经济效益大幅度提高；省粮食批发市场被国家粮食局批准为"西安国家粮油交易中心"；西瑞集团建立起规范的法人治理结构，完成了子公司的资产重组和股权调整；省粮油质检所被国家确定为首批标准验证实验室；省粮科院组建国家工程技术中心前期准备工作顺利进行；省经贸学校牵头组建的陕西经贸职教集团作为全省五大职业教育集团之一已正式挂牌运作，学校的综合实力进一步增强。

四　粮食应急体系建设

在2007年12月举行省重大粮食应急预案演练活动后，省粮食局及时对演练活动进行了总结评估，向省应急管理办公室上报了《关于陕西省重大粮食应急预案演练总结评估的报告》。对演练资料进行了全面整理，编印了1000本《陕西省重大粮食应急预案演练资料汇编》，刻录了300个光盘，发送给全省市、县两级粮食部门学习。加强与各兄弟省（区、市）的学习交流，不断提高粮食应急管理工作水平。4月下旬，由省粮食局分管局领导带队，赴贵州省学习抗击冰冻雪灾、保障市场粮油供应的经验，撰写了考察报告，印发各地粮食部门和省局直属单位学习借鉴。先后接待天津、宁夏、广东、安徽等省（区、市）粮食局学习考察团，交流了粮食应急工作的做法和经验。

五 抗震救灾

发生在四川汶川的"5·12"特大地震灾害，波及陕西部分市县，造成人员和财产严重损失。灾害发生后，陕西省粮食部门迅速动员和组织广大干部职工，采取紧急措施，全力以赴抗震救灾，做好抗震救灾粮的出库、加工、调运和供应工作，保证了抗震救灾部队和地震灾区粮油市场供应。按照"每人每天1斤口粮"的政策，会同有关部门及时下达中央储备粮抗震救灾计划。加强对救灾粮加工、供应工作的检查。主动配合国家审计署西安专员办和省审计厅对中央抗震救灾粮的检查。积极协调抗震救灾粮的加工、调拨，完成了31045吨中央抗震救灾粮的出库、加工、调拨和供应任务，保证了全省灾区群众生活需要。全省9个军供站为抗震救灾部队紧急供应军粮535吨，食用油、蔬菜、副食品120吨，满足部队需要，受到了部队和国家军粮办的好评。省粮食局机关和局属各单位积极参加抗震救灾捐款、交纳特殊党费、捐赠棉衣被、运送救灾粮等各种献爱心活动，共计捐款94万元，个人捐款74797元，交纳特殊党费107412元。抗震救灾期间，省粮食局加强信息收集上报工作，累计向省委、省政府和国家粮食局上报抗震救灾信息31期，重要情况16期。全省各级粮食部门在抗震救灾工作中涌现出一批先进典型。在全国粮食局长会议上，汉中市粮食局、陕西西瑞（集团）有限责任公司、西安爱菊粮油工业集团、宝鸡市粮食局等4个单位荣获全国粮食系统抗震救灾先进集体光荣称号。汉中市粮食局局长李志宏、宁强县粮食局局长刘晨光、略阳县粮食局副局长马云智、陕西省军粮采购供应站主任沈里、商洛市粮食局宏观调控科科长郭树立、西安爱菊粮油工业集团党委副书记、纪委书记汪秋枝、宝鸡市益门堡粮食仓库主任秦根川、宝鸡祥和面粉有限责任公司董事长马元奇等8位同志被授予全国粮食系统抗震救灾先进个人光荣称号。

六 粮食产销合作

2008年初，陕西组团并由省粮食局领导带队先后参加了国家粮食局在黑龙江省哈尔滨市、吉林省长春市举办的"关内销区与东北三省粳稻（大米）产销衔接见面会"，组织省内10家有代表性的企业参加了会议，共签订粳稻（大米）购销合同38份，协议采购东北粳稻（大米）13万吨。4月份，省粮食局领导带队，再次赴黑龙江省协调落实产销合作协议。按照2007年陕西、青海两省粮食部门产销合作约定，10月份，与青海省粮食局举行座谈会，就国际国内粮食形势及两省粮食产销合作情况进行了广泛交流。组织粮油经营企业参加了"2008·黑龙江金秋粮食交易合作洽谈会"，巩固和强化与黑龙江等主产省（区）粮食产销合作关系，发挥了企业在产销合作中的主体地位。

七 粮食流通统计调查和价格监测体系建设

从2008年元月份开始，历时两个月，在全省范围内开展了社会粮食供需平衡调查工作，对2007年全省社会粮食供需状况进行了认真调查，按时完成了调查工作任务，5月19日向国家粮食局上报了《关于2007年度全省社会粮食供需平衡调查情况的报告》。7月份全国社会粮食供需平衡调查工作会议后，又对个别加工企业上报数据进行核查，9月4日再次向国家粮食局上报了社会粮食供需平衡调查报告。结合近年全省粮食供需情况，编制完成了2008年全省国民经济发展粮食供需计划。陕西省粮食局被评为2008年度全国粮食流通统计工作先进单位，姜旭红被评为2008年度全国粮食统计工作先进个人。做好市场分析工作，定期报告价格信息监测情况，共完成价格信息监测报告30份。并通过政务信息、《陕西粮食》及时上报粮食市场变化情况和价格监测信息，为各级政府决策提供服务。

八　扭亏增盈

年初对扭亏增盈工作进行了全面安排，确定凤翔县为全省扭亏增盈试点县，制定了试点工作方案。由省粮食局领导带队，组织力量深入亏损大县户县、蓝田、周至及盈利大县凤翔县进行调研，检查指导扭亏增盈工作。全省国有粮食企业加强管理，搞活经营，扩大购销，降低费用，提高效益，积极落实各项财务政策。全年全省国有粮食企业累计实现营业收入34.4亿元，同比增加2亿元；累计实现毛利16247万元，同比增加6271万元，毛利率达到4.7%。全省国有粮食企业盈亏相抵后实现盈利1225万元，与上年相比减亏18424万元，实现了扭亏为盈。新组建国有或国有控股粮食企业实现盈利2830万元，同比增加3295万元。

九　全社会粮食流通监督检查

2008年，陕西省全社会粮食监督检查工作有了新成效。监督检查机构建设取得重大进展。全省有9个市级粮食局设立了监督检查机构，占90%，比上年提高50个百分点；有91个县级粮食局设立了监督检查机构，占85%，比上年提高54个百分点。全省成立了47个粮食行政执法队。加强制度建设，构建粮食监督检查行政执法长效机制。制定出台了《陕西省粮食流通监督检查工作考评暂行办法》，逐步在全省建立起分级负责的监督检查评比机制。在全省组织开展了粮食库存检查、元旦春节市场供应、抗震救灾粮、夏粮收购、军粮供应、最低收购价粮食竞价销售出库、粮油质量安全整治等专项监督检查，保证了粮食政策的贯彻执行和产品质量安全。搞好培训和持证上岗工作，监督检查人员素质进一步提高。组织96人参加国家举办的行政执法培训班；对省粮食局机关执法人员进行培训考核，46人取得了《陕西省行政执法证》；对符合条件的334名市县粮食行政执法人员颁发了《粮食监督检查证》。严肃查处违规粮食经营活动和涉粮案件。省粮食局被评为2008年度全国粮食流通监督检查工作省级先进单位，渭南市粮食局和富平县粮食局、麟游县粮食局分别被评为市、县级先进单位。

十　粮食基础设施建设和产业发展

一是以杨凌、兴平和泾阳等粮食物流园区建设为重点，推进全省现代粮食物流建设。截至2008年末，三大粮油物流园区建设已累计完成投资1.7亿元，新增仓容30.1万吨。二是认真做好粮食流通领域项目筹划和申报工作。在中央出台扩内需保增长的政策措施后，省粮食局按照省委、省政府的要求，千方百计做好项目的筹划和申报工作。全省正式报送国家粮食局各类粮油项目56个，规划总投资32.3亿元，申请中央投资补助12.3亿元。其中西瑞集团和西粮集团两个粮食物流园区建设项目，总投资6亿多元，已通过了国家发展改革委组织的专家评审，初步确定安排中央投资补助1000万元。粮食批发市场重点建设项目已列入陕西省政府印发的《全省商品市场体系建设规划》（2008～2012年）。三是认真做好灾后恢复重建项目申报工作。先后申报4个重灾县的20个重建项目，总投资1.9亿元，已全部列入国家《汶川地震灾后恢复重建市场服务体系专项规划》。四是以宣传贯彻《小麦》新标准为重点，加强粮食质检体系建设和质量管理工作。在《陕西日报》和陕西省人民广播电台《秦风热线》直播节目和省粮食局网站上宣传新标准。落实省级财政补助，为全省130户收购企业统一购置143台小麦硬度仪，培训229名质检人员。开展收获粮食质量调查和品质测报工作。五是继续加强行业管理。组织开展粮食科技宣传周活动，投入40万元在华县启动了农村科学储粮示范工程，为农户发放新型储粮装具448套。陕西已被确定为2009年全国农村粮食产后减损8个试点省份之一。陕西省粮科院棉蛋白生产加工技术产业化项目取得突破，其自主研发的"一步法脱酚棉籽蛋白生产技术"获得了1项国家发明专利和2项实用新型专利，已在山东、新疆和陕西渭南投入生产，进入产业化应用阶段。

十一　粮食依法行政

年初研究提出了2008年的依法行政工作任务，并将其细化分解为7大项14个小项。11月份，对依法行政工作进行了认真检查。在《粮食流通管理条例》颁布实施四周年之际，全省粮食部门上下联动，采取多种形式，广泛开展《粮食流通管理条例》及相关法规政策的宣传咨询服务活动，为推动粮食行政执法工作创造了良好的社会氛围。认真做好"五五"普法督导检查，深入开展普法依法治理工作。不断完善政务信息公开制度，推行政务公开。对《陕西省粮食局政务和信息公开暂行办法》进行全面修订，制定出台了《陕西省粮食局政府信息公开暂行办法》和《陕西省粮食局新闻发布工作暂行办法》。加强电子政务建设，强化门户网站信息公开工作。实现了陕西省粮食局门户网站与国家粮食局和陕西省政府网的链接。全年通过门户网站发布各类信息1658篇，其中被国家粮食局和省政府网站采用106篇。一年多时间，陕西省粮食局门户网站点击达到11万余次，起到了宣传政策、传递信息、交流经验、促进工作的作用。

十二　党风廉政建设、粮食行业职工队伍建设和精神文明创建工作

（一）党风廉政建设

年初制定了2008年党风廉政建设和反腐败工作意见，明确年度工作总体要求、工作目标、主要任务以及完成任务的主要工作措施，并纳入年度目标考核。认真落实"一岗双责"制度。将党风廉政建设和反腐败工作任务分解细化为28项，分解到党组每个成员和相关处室。并与各处室、各单位签订了《2008年党风廉政建设和反腐败工作目标责任书》，强化了各处室、各单位"一把手"党风廉政建设和反腐败工作的领导责任。加强粮食系统行风建设，聘请了粮食系统行风建设监督员，主动接受群众监督。

（二）粮食行业职工队伍建设和精神文明创建工作

加强领导班子和党员干部队伍建设，不断提高全省粮食职工队伍素质。广大党员干部积极向地震灾区捐献，缴纳"特殊党费"，支持地震灾区抗震救灾。扎实开展深入学习实践科学发展观活动。确定了省粮食局学习实践活动以"推动科学发展、创新体制机制、搞活粮食流通、确保粮食安全"为载体，开展"开门纳谏"、调查研究、解放思想大讨论等活动。开展干部教育培训，加强对年轻干部的培养锻炼，在全省粮食系统推行就业准入制度。组织了两期粮油保管员、检验员技能鉴定，全省397名保管员参加了培训、考试，370人考试合格，通过率为93%。开展精神文明建设暨"创佳评差"竞赛活动。年初与各设区市和杨凌示范区粮食局签订了2008年"创佳评差"竞赛活动任务书，12月对各

单位竞赛活动进行了联评，西安市粮食局等32个单位被评为精神文明建设先进单位。陕西西瑞集团和陕西省经贸学校分别被陕西省委、省政府命名为省级文明单位和省级文明校园。纪念改革开放30年，省粮食局组织了机关书画展，与西安市粮食局联合组织了纪念改革开放30周年文艺汇演。

◆ **陕西省粮食局领导班子成员**

姚增战	党组书记、局长
王　勇	党组成员、副局长
秦克勤	党组成员、纪检组长
岳万民	党组成员、副局长
路震霄	巡视员（2009年2月退休）
李延长	副巡视员
王英朝	副巡视员

2008年2月27日，陕西省全省粮食工作会议在西安召开，副省长景俊海（中）到会讲话。右为省政府副秘书长梁和平，左为省粮食局局长姚增战。

2008年5月24日，陕西省副省长景俊海（前排左三）在省粮食局局长姚增战（前排左二）、副局长王勇（前排左四）陪同下，在西瑞集团出席省粮食局组织的运送抗震救灾粮车队发车仪式。

2008年10月20～22日，陕西省粮食局举办深入学习实践科学发展观活动研讨班，局长姚增战（中）在研讨班作动员讲话，副局长王勇（右）作总结，省委党校副校长郑志飚（左）作辅导报告。

甘肃省粮食工作　基本情况

　　甘肃省位于黄河上游，地处黄土高原、内蒙古高原和青藏高原交汇处，总面积45.4万平方公里，占全国总面积的4.72%，居第七位。省境地形狭长状，东西长1655公里，南北宽530公里。现辖12个地级市、2个自治州，4个县级市、58个县、7个自治县、17个市辖区。

　　2008年，甘肃省实现生产总值3176.1亿元，比上年增长10.1%，人均生产总值12110元，比上年增长9.7%。农民人均纯收入2723.8元，增长14.5%。大口径财政收入470.9亿元，比上年增长20.3%。一般预算收入264.9亿元，增长39.0%。全省粮食种植面积268.3万公顷，比上年下降0.15%，粮食总产量888.5万吨，比上年增长7.8%，人均粮食占有338公斤。其中，夏粮总产351.3万吨，增长10.9%；秋粮总产537.2万吨，增长5.8%。全省常住人口2628.1万人，比上年末增加10.9万人。其中，城镇人口844.9万人，占常住人口的32.2%；乡村人口1783.2万人，占常住人口的67.8%。

2008年粮食工作

　　2008年，全省粮食系统在省委、省政府的正确领导和国家粮食局的有力指导下，深入学习实践科学发展观，认真落实中央和省委、省政府关于粮食工作的一系列方针政策，奋力开拓，狠抓落实，确保了全省粮食供需基本平衡和粮食市场基本稳定，完成了抗震救灾阶段性工作任务，为全省经济社会又好又快发展作出了积极贡献。

　　全年全省各类市场主体收购粮食245.5万吨（其中从省内收购粮食193.5万吨，同比增加5.4%，从省外采购粮食52万吨）；收购食用油1.09万吨，同比增加36%。销售粮食263万吨，同比减少24.2%；销售食用油2.466万吨，同比减少3.3%。

　　截至12月底，全省粮食经营企业1907家，其中国有购销企业255家；全省粮食经营企业从业人员25769人，其中国有购销企业7006人。现有仓容359.2万吨，其中国有企业有效仓容319.4万吨。全省国有粮食企业资产总额103亿元，其中固定资产净值13亿元，流动资产50亿元；国有粮食企业资产负债率93.2%。全省国有粮食企业发生亏损2985万元，同比下降70%，其中粮食购销企业亏损2804万元，同比下降67%；经营性企业亏损181万元，同比下降85%。嘉峪关、张掖、平凉、酒泉、庆阳、陇南6市和40个县、120户企业实现盈利。省直粮食企业全年实现利润780万元。

一　加强粮食宏观调控，粮食供需保障能力进一步增强

（一）内外兼营、扩大收购

一是在7月份召开了全省夏粮收购工作座谈会，传达了省委常委、副省长刘永富对粮食购销工作的批示，各级粮食行政管理部门进一步统一了思想认识，把做好粮油收购作为搞好粮食工作、保障粮油消费安全的重要工作来抓。二是督促各类粮食市场主体采取预约收购、上门收购、代收代储、品种串换等多种行之有效的措施，增加粮油收购。面对省内商品粮源有限的实际，在充分利用与黑龙江、河南等省粮油购销协作关系的同时，积极组织企业参加东北大米产销衔接会等各种措施，较好补充了保供稳市的粮源。三是引导多元市场主体及时向市场投放适销对路的粮油，注重发挥国有粮食企业主渠道作用，确保了全省粮油市场供应不脱销、断档。另外，落实完成了中央储备油的省外定向销售计划3165吨，其中销往新疆2165吨、天津1000吨。

（二）加强粮食储备建设

省政府决定新增省级储备油3000吨，已完成入库。14个市州全部建立起了粮食储备；按照省政府"大中城市要建立10天以上成品粮油应急储备"的要求，兰州、天水、嘉峪关、平凉、庆阳、临夏等市州建立起了1.56万吨的面粉储备和1900吨的食用油储备，调控全省粮油市场的能力进一步增强。

（三）不断完善粮油市场价格监测机制

各级粮食部门针对粮食市场的新形势、新变化，在及时掌握省内小麦、玉米、特一粉、粳米和菜籽油等主要粮油品种价格变化情况的同时，关注国内外粮食行情变化，科学分析判断价格走势，为各级政府决策提供可靠信息支持。根据国家宏观调控需要，4月份以来，对兰州市大米和省内重点企业的食用油价格实行了日报制度，市场机制进一步完善。

（四）加快粮食应急体系建设

以确保粮油消费安全为目标，综合考虑粮源分布、加工能力、交通运输等因素，省局制定了《全省粮油应急供应实施方案》。兰州、嘉峪关、白银、张掖、陇南、临夏等市州也制定和完善了粮食应急预案，确定了应急粮油加工企业和成品粮油供应商。根据《粮食流通管理条例》和国家发展改革委、国家粮食局要求，省粮食局会同省发展改革委制定了甘肃省粮食经营者最低和最高库存量标准规定，经省政府批准向社会进行了公布，为特殊情况下政府粮食应急工作的顺利开展提供了制度保障。金昌、嘉峪关、定西3市把库存量标准核实到了具体经营企业，平凉市已落实最低库存1.3万吨。

（五）军粮供应保障有力

各军粮供应单位认真贯彻国家军粮供应政策，以构建全天候、全方位的军粮保障体系为目标，不断推进规范化管理工作，切实抓好军粮储备、筹措、加工、配送、供应各个环节的工作，军粮供应呈现出了渠道畅通、质量稳定、服务优质、保障有力的良好局面。为更好地服务部队，融入部队后勤，探索出了定点保障、伴随保障、联合保障等多种保障方式。在"3·14"打砸抢烧不稳定事件中，为维稳部队的伴随保障线最长达2600多公里。在"5·12"特大地震灾害中，仅应急抢险阶段就为抗震救灾部队供应军粮等物资390吨，赢得了部队官兵的好评。

二　全力以赴，抗震救灾工作效果明显

（一）组织领导有力

"5·12"特大地震灾害发生后，省抗震救灾总指挥部确定省粮食局为生活安置组成员，省局立即成立抗震救灾领导小组，启动了《全省粮油应急供应实施方案》。受灾较重的陇南、甘南、天水、平凉、庆阳等市县粮食局也成立了抗震救灾工作机构。省、市、县三级粮食局实行24小时值班，确保通信、信息畅通。为了加强对抗震救灾工作中的救灾粮供应、军粮保障、生产自救等工作的指挥，省局先后8次派出工作组，局领导带队深入灾区。全省粮食系统抗震救灾工作得到了上级领导的有力支持，省委、省政府领导多次听取汇报，作出明确指示，及时协调解决困难。国家粮食局郄建伟、任正晓、曾丽瑛3位副局长分别带队来甘肃省检查指导工作，专门听取了省局的情况汇报。国家粮食局对甘肃省粮食系统抗震救灾工作给予了充分肯定，认为省粮食局的指挥系统统一、协调、有序、调度、指导全系统抗震救灾工作有力，各项决策果断，工作反应迅速。

（二）切实做好中央救灾粮加工供应

震灾发生后，陇南、甘南市州重灾区的群众口粮告急。在国家政策还未明确的情况下，按照省总指挥部和省委、省政府领导的指令，当即组织动员在兰州、白银、平凉、定西的6个面粉加工应急企业借出粮源、垫支费用、落实运力，开足马力加班加点生产，尽最大努力向重灾区紧急调运救灾面粉。从5月14日开始，在3天时间内，以"省政府抗震救灾面粉"名义，向陇南灾区紧急调运了第一批面粉1000吨，这也是全国第一批批量到达灾区的救灾面粉，人民日报、中央电视台等中央级新闻媒体均进行了报道。到5月30日，共向陇南、甘南加工运送"省政府抗震救灾面粉"5750吨（其中陇南4000吨，甘南1750吨），完成了向重灾区运送应急救援面粉的任务。

中央决定对遭受严重困难群众实行免费救助3个月口粮的政策出台后，省粮食局按照省委、省政府部署，以高度的政治责任感和使命感抓好这项工作。一是接到每次下达计划后，及时向省委省政府汇报，主动加强与省财政厅、省民政厅、中储粮兰州分公司的协调配合，及时制定具体操作方案；二是采取原粮出库下达通知、面粉加工运输签订协议、各环节进度实行日报制度，确保了救灾粮的出库、加工和调运工作有序进行；三是严把原粮、加工、包装、运输和储存各个关口，确保了救灾面粉质量安全；四是主动将工作延伸到面粉发放环节，督促检查，加快了面粉发放进度。国家粮食局等四部门先后三批共下达全省出库中央储备小麦9.25万吨、加工救灾面粉6.4万吨的任务，于11月10日全面完成，供应给了10个受灾市州的138.8万"三无"人口。灾区干部群众普遍反映，这次救灾面粉质量很好，面色白、有劲道，非常满意。另外，吉林省粮食部门对甘肃省遭受地震灾害表示慰问，援赠了50吨救灾大米。省局及时安排接运，并根据省抗震救灾总指挥部的统一安排，及时分配发运到了灾区，把粮食系统的关爱转达给了灾区群众。

（三）积极做好灾区恢复重建

据统计，全省10个受灾市州粮食部门因灾共造成损失1.66亿元，主要是仓库、办公楼、职工宿舍和围墙倒塌、墙体裂缝、地基下沉。其中：仓房受损541个，容量近50万吨，损失1.18亿元；办公楼

及职工宿舍受损5万多平方米，损失2870万元。经各级粮食部门共同努力，78个粮食流通设施灾后恢复重建项目按照属地纳入了整体恢复重建规划，其中重灾区的14个项目纳入国家规划。为支援甘肃省粮食系统灾后重建，国家粮食局下达临时军粮网点应急保障补助资金120万元。省粮食局在下拨陇南、甘南、天水三市州抗震救灾应急资金60万元的基础上，积极协调有关部门将1000万元的简易建筑费主要安排用于地震受损仓储设施的恢复重建。全省粮食职工发扬"一方有难、八方支援"的优良传统，积极捐款捐物，据不完全统计，共捐款62.6万元，缴纳特殊党费24.1万元。其中省局捐款11.6万元，缴纳特殊党费13.3万元，捐助衣物910件。

三　强化仓储管理，粮食保管水平不断提升

（一）粮食仓储管理机制不断完善

各级粮食部门坚持"以防为主，综合防治"的保粮方针，以国有粮食企业储粮安全为中心，进一步落实安全保管分级管理、分级负责制，普遍制定了防火、防汛、防盗等处理突发事件的应急预案。坚持粮情定期分析和粮油安全隐患处理督查制，推行量化考核、绩效挂钩激励机制，有效推动了仓储管理规范化。坚持抓好"一符四无"粮仓建设，全省有213个粮仓单位实现了"一符四无"粮仓标准，占总数的95%；有78个县（市、区）实现了"一符四无"粮仓县，占考核县的98%；"一符四无"仓容量达到了总仓容量的99%。

（二）仓储管理不断精细化

坚持依靠科技进步储粮，机械通风、粮情检测、环流熏蒸等国内先进储粮技术在全省的应用取得了长足进步，全省37.2%的仓容装备了机械通风系统，27.5%的仓容装备了环流熏蒸系统，40.1%的仓容装备了粮情测控系统。目前，全省科学保粮率达到了79%，代储的中央储备粮科保率达到了100%，省级储备粮科保率达到了97%。坚持开展春秋两季粮油大普查，按照"有仓必到、有粮必查、查必彻底"的原则，两次组织4564人次对224个储粮单位进行了普查，普查的储粮单位和储粮数量均达到100%。对查出的少量虫粮和高水分粮及时进行了处理，消除了储粮隐患，有效降低了粮食在仓储环节的损失。

（三）各级储备粮油管理进一步加强

各级粮食部门以各类储备粮监管为重点，严格落实管理责任和管理制度，普遍做到了各级储备粮与商品粮分开储存，中央、省级、市县级储备粮分开，不同收获年份和质量等级的储备粮分开。重点抓好省级储备粮油管理，对2003年以前入库的11.95万吨省级储备粮、2006年以前入库的1975吨省级储备粮全部进行了轮换。经检查验收，轮入的储备粮质量均符合要求。坚持省级储备粮油质量档案管理和承储企业资格年审制度，及时更新品质档案，对不符合规范化要求的12户承储单位及时进行了整改，确保了储粮安全，促进了承储企业主动改善储粮条件，提高储粮管理水平。

（四）农户科学储粮试点工作开始起步

针对农户储粮技术落后、产后损失较大的实际，积极探索为农户储粮提供技术服务的路子。平凉市在7县（区）、24个乡（镇）确定787个农户为首批示范户，已安装玻璃缸瓦圆筒仓和铁皮仓900套。定西市确定临洮县为试点县，开展了对农村储粮大户的指导。金昌市充分利用现有仓储设施和技术力量开办了"粮食银行"。天水市与5331户农户签订了"藏粮于民"合同，落实农户储粮1000吨，为增加粮食供给、抵御粮食市场风险起到了积极作用。

四　深化国有粮食企业改革，工作重点转向增强发展后劲

目前，全省有74个县的国有粮食企业和省、市（州）粮食局的直属企业基本完成了阶段性改革任务，其余6个县的企业正在抓紧进行人员的分流安置。全省已有983户企业完成改革（其中，改制为国有独资83户、国有控股84户、合并重组188户、兼并破产87户、租赁承包162户、出售拍卖199户、其他方式改制180户），占1028户应改企业的95.6%，初步实现了粮食企业产权多元化。有32783人实行了转换身份、内退、退休等形式的分流安置，占原有职工35519人的92.3%，已经有15066名转换身份的职工实现了再就业，职工劳动关系调整基本到位。新组建的167户国有独资、国有控股企业根据《公司法》等法律法规，普遍制定了公司章程和配套制度，明确了股东会、董事会、监事会和经理层的职责，各司其职、协调运转、有效制衡的公司法人治理结构模式开始运转，企业内部三项制度改革进一步深化。

为了认真贯彻全国国有粮食企业改革工作座谈会精神，省局在开展两个多月全省调研的基础上，于11月召开了全省国有粮食企业改革与发展座谈会，不断促进国有粮食企业转机制、谋发展、增效益、强实力。2008年，全省国有粮食企业在网点大幅减少、市场竞争日趋激烈的情况下，国有粮食企业发生亏损2985万元，同比下降70%。其中，粮食购销企业亏损2804万元，同比下降67%；经营性企业亏损181万元，同比下降85%。全省6个市（州）、40个县（市、区）、120户企业实现扭亏为盈。一部分企业在搞好粮油购销业务的同时，充分利用现有仓储设施和经营网络，不断寻求新的利润增长点，开展代储、代运及租赁业务，发展多种经营，势头良好。

五　加强全社会粮食流通监管，依法行政水平逐步提高

（一）粮食执法机构和制度建设日趋完善

在各级党政和有关部门的大力支持下，粮食执法机构建设取得了重要进展。目前，全省有14个市州、71个县区设立了粮食执法机构，分别占100%和88.8%，其中经编制部门批准，嘉峪关、张掖、白银、金昌、武威5市和3县设立了监督检查科；兰州、天水、张掖、平凉、庆阳、临夏、甘南7个市州和58个县区成立了粮食执法队。实行粮食行政执法人员资格审核和持证上岗制度，全省有715人经各级政府法制机构批准取得了监督检查行政执法资格，其中233人经省政府法制办批准获得了粮食监督检查证。兰州、天水2市和崆峒、华亭、静宁、清水、张家川5县区较好落实了粮食执法专项经费共计27万元。《甘肃省储备粮管理条例》纳入了立法规划，列入全省粮食执法重点工作的《兰州市粮食流通监督管理条例》通过了省人大批准，2009年1月1日起实施。

（二）粮油市场监管切实得到加强

各级粮食部门根据《粮食流通管理条例》和《甘肃省粮食收购资格审核管理暂行办法》，对粮食经营者进行了全面核查，对经营项目发生变化已不具备粮食收购资格的许可证进行了注销，目前全省持有粮食收购资格证的粮食经营者共1623户。进一步加大对粮食市场的监督检查力度，积极配合工商、物价、质监等部门加强对大型批发市场、重点超市、农村集贸市场等重点环节的监管，特别是加强了对节假日期间粮食市场的监督检查力度。天水、嘉峪关、平凉、定西等市坚持日常巡查与节日重点检查相结合，加大了对粮食市场的监管。金昌、武威、张掖等市对粮食经营单位进行了逐一检查，对不规范行为给予了整改指导和帮助。据不完全统计，全省共开展监督检查活动1667次，出动7277人

次，查处举报案件37起，有效维护了粮食生产者、经营者和消费者合法权益。

（三）成功举办粮食法制宣传活动

5月份，在《粮食流通管理条例》颁布实施四周年之际，除重灾区以外的10个市州围绕"维护市场秩序，服务宏观调控"、"提倡科学膳食，推动主食工业化"，利用10天时间开展了多层次的宣传。全省共设宣传点101个，宣传227场次，出动宣传车34台次，悬挂张贴条幅和标语1481条，散发宣传资料23万多份，现场接受宣传的群众人数约为30万人次，9家新闻媒体对宣传活动作了报道，粮食经营者依法经营、粮食消费者安全消费的意识有了进一步增强。10月份，在第28个世界粮食日和全国爱粮节粮宣传周到来之际，在全省开展了以"科学用粮，节约用粮，共建节约型社会"为主题的粮食宣传活动。10月16日，省、市粮食局在兰州市东方红广场进行了宣传，设立了政策法规、市场监管、粮油质量、安全储粮等咨询台，16户粮食企业展示了粮油精品，电子屏幕连续滚动播出粮食日主题内容，散发宣传资料21万份，广泛宣传了《粮食流通管理条例》、《兰州市粮食流通监督管理条例》等法律法规，倡导节约粮食、爱惜粮食的优良风尚，收到了良好的社会效益。

六　加强粮食行业基础工作，整体实力继续增强

（一）项目建设稳步推进

省政府重点督办的兰州国家粮食交易中心建设项目，争取到省预算内资金350万元、财政配套资金300万元，市场自筹资金102万元，将于近期整体完工投入使用。植物油技改项目确定以股份制形式在景泰三福粮油公司建设，设计年加工能力5万吨，总投资2430万元，正在进行开工前的各项前期工作。兰州省级粮食现代物流中心和天水、武威两个区域中心项目《资金申请报告》已上报国家发展改革委和国家粮食局，武威、天水两个区域中心项目有望列入2009年国家投资计划。兰州方鑫面业重组项目已全面开机生产，新兰面粉厂资产重组项目已完成前期投资3600万元，昌盛植物油公司出城入园项目新厂区土地合同签订等前期工作已准备就绪。临夏粮油物流园区项目已经完成投资1000万元，一期新建州粮食仓库项目主体工程已基本完工。武威凉州区年产1500万条塑料编织袋生产线已建成投产，民勤万亩苁蓉产业化项目年内已完成示范种植面积2150亩。古浪万头猪养殖场项目已完成投资206万元。

（二）粮食行业各项统计工作进一步规范

面向全社会开展的粮食流通统计、粮食供需平衡调查、粮食行业机构人员统计、粮油加工业统计、粮食仓储设施统计等5项行业统计工作有序开展。各级粮食部门克服工作量大、外部配合环境差等困难，主动加强与统计、工商、税务、农业等部门的沟通协调，深入被调查户宣传政策，积极争取理解和配合，及时完成相关报表，统计的质量和时效性有了明显提高。

（三）"放心粮店"建设继续扩大

各地继续开展"放心粮店"建设工作，并由城市逐步向农村延伸，有效规范了粮油市场。兰州市全年新建"放心粮店"30个，被列为市政府"为民办实事"之一，全市"放心粮店"总数达到了158个。天水市从便民、利民、惠民的理念出发，成立"天绿粮油食品有限公司"，开办了8个连锁店、1个食品加工厂，积极发展绿色安全粮油食品。武威评选出了首批"放心粮店"3个。金昌市对全市120多户粮油门店、超市进行了普查，为"放心粮店"评定管理奠定了基础。

（四）行业职业技能培训鉴定工作取得新进展

按照国家粮食局安排，开展了2期中级粮油保管员、1期高级粮油保管员和中级粮油质检员的培训鉴定工作，共培训鉴定222人（其中中级保管员125人，高级保管员51人，中级质检员46人），鉴定合格率88%(其中保管员合格率91%，质检员合格率79%)，比2007年提高了20个百分点。目前，全省共有346人经培训合格取得了资格证，其中中级保管员237人，高级保管员43人，中级质检员66人。

另外，成功举办了全省粮食安全问题研讨会，来自省政府、省政协、省内科研机构和高校、基层粮食部门的领导、专家、学者共52人参加了会议。研讨会共收到论文34篇，围绕确保全省粮食安全问题，23篇进行了书面交流，13篇进行了发言交流，使我们在确保全省粮食安全方面有了新的认识和思路。

七　深入学习实践科学发展观，思想建设、作风建设进一步增强

（一）深入学习实践科学发展观活动成效显著

按照中央决定和省委部署安排，从2008年9月开始，省局机关及局系统24个单位、82个党组织、900多名党员和400多名干部以饱满的政治热情，积极参加深入学习实践科学发展观活动。在省委第12指导检查组的帮助指导下，按照规定程序，突出行业特色，创新活动载体，扎实认真搞好每个阶段各个环节的工作，圆满完成了第一、二阶段的工作任务，第三阶段的工作正在认真进行。

在学习调研阶段，采取集中培训、座谈讨论、制作板报专栏和学习园地等方式，组织全体党员干部认真学习了党的十六大以来的文献、十七大报告，学习了十七届三中全会精神、中央和省委关于学习实践科学发展观活动的重要文件。围绕"坚持科学发展、确保粮食安全"的总目标，局领导班子成员分别带队深入兰州、平凉、张掖、酒泉等6市和直属单位开展调研，共形成调研报告33篇。通过专题辅导报告、组织党员干部撰写读书笔记和学习心得体会、开展解放思想大讨论，帮助党员干部更好地学习、理解和掌握科学发展观，进一步增强了学习实践的自觉性和坚定性。

在分析检查阶段，采取发放征求意见函、发放征求意见问卷、召集干部职工座谈会、设置意见箱、公布电话等方式，共征求到各市州粮食局、直属各单位、机关各处室及省发展改革委、省财政厅、省农发行等涉粮部门有关促进行业发展、加强宏观调控、完善体制机制、保障粮食安全、强化企业管理、扶植企业发展、改善办公设施、关心职工生活等8个方面的意见建议53条，并区分轻重缓急和难易程度，逐一制定了整改措施，目前已完成整改13条。按照开展专题民主生活会的要求，认真召开了民主生活会，深刻查找剖析问题根源，明确了努力方向。充分吸纳学习调研、意见建议和民主生活会的成果，形成了务实有针对性的领导班子分析检查报告。在12月23日召开的由机关全体干部职工、在兰直属单位领导班子全体成员、直属单位群众代表、机关离退休老同志代表参加的群众评议大会上，对局领导班子分析检查报告满意度达到了96%，得到了省委指导检查组的充分肯定。

（二）纪检监察工作全面落实

深入贯彻落实十七届中纪委二次全会、国务院第一次廉政会议、省纪委十一届二次全会精神，紧密结合粮食工作实际，进一步健全完善党风廉政建设各项制度，坚持标本兼治、综合治理、惩防并举、注重预防的方针，教育在先、预防为主，对9个处室、20个直属单位领导班子及88名领导干部进行了2007年度工作和执行党风廉政建设责任制考核。提出了2008年度党风廉政建设7个方面54项任务，分解下达到各牵头处室和有关单位，并与直属单位党委签订了责任书，各单位、各处室都层层落

实了反腐倡廉的工作责任。继续开展"反腐倡廉学习宣传教育季"活动，重点抓好各级领导干部的教育、监督和廉洁自律，研究制定了《关于贯彻落实中共甘肃省委〈建立健全惩治和预防腐败体系2008～2012年实施办法〉的工作方案》，惩防体系建设各项工作任务不断落实。

(三) 机关作风建设不断加强

甘肃省粮食局以加强党的执政能力和先进性建设为目标，围绕全省落实工作重点，组织84名县处级干部参加了十七大精神轮训班，组织党员干部深入学习了党的十七大报告、党章等一系列文件，广大干部职工对十七大精神的理解进一步深入。省粮食局行政执法主体资格通过了审核，局机关39名行政执法人员参加了第三轮持证执法和执法监督人员法律知识培训考试。深入开展了"继续解放思想、推动科学发展"的讨论活动，组织收看收听了抗震救灾英雄事迹报告会和图片展，甘南打砸抢烧事件纪实录像、台海形势报告会，党员干部的党性观念和党的意识进一步增强。1个党支部被评为省直机关抗震救灾先进党组织，2人被评为省直机关抗震救灾优秀共产党员，3人被评为"双优一文明"优秀共产党员，其中1人还被省委评为了全省抗震救灾优秀共产党员。6月和12月，分别组织实施了省粮油质量监督检验所所长和机关4个副处级、事业单位2个副处级领导职位的竞争上岗，在干部人事制度改革方面进行了有益的探索。

全省粮食工作虽然取得了新的成绩，但仍然存在一些突出的矛盾和问题。一是品种结构不平衡。2008年全省粮食总产量888.5万吨，创历史最高水平。从总体上看，基本实现了自求平衡。但品种结构矛盾突出，小麦产量只有268万吨，年消费量450多万吨，缺口仍有200万吨；甘肃省基本不产大米，40万吨大米的年消费量全部需要从省外采购，粮食流通工作在调剂品种、平衡余缺中的任务依然繁重。二是企业商业库存偏小，还未达到合理库存水平。三是国际市场粮油价格大幅下跌与全国、全省粮食丰收的情况同时出现，增加了粮价下行压力，保护种粮农民积极性的难度加大。要高度重视这些问题，切实采取有效措施，在今后的工作中妥善应对，认真加以解决。

◆ **甘肃省粮食局领导班子成员**

朱　红	党组书记、局长（任职至2008年3月）
何水清	党组书记、局长（2008年4月任职）
张曼丽（女）	党组成员、纪检组长
韩卫江	党组成员、副局长
成文生	党组成员、副局长
陈玉皎	党组成员、副局长

国家粮食局副局长曾丽瑛在甘肃省检查指导抗震救灾粮食供应工作。

甘肃省粮食局局长何水清在平凉市调研粮食工作。

甘肃省粮食局召开全省国有粮食企业改革与发展会议。

青海省粮食工作   基本情况

青海省位于祖国西部、青藏高原东北部，总面积72.2万平方公里，占全国土地面积的7.5%，全省平均海拔在3000米以上。全省所辖6州1地1市及49个县级行政单位。2008年末全省总人口为554.3万，其中城镇人口226.5万，乡村人口327.8万；全省国内生产总值961.53亿元，人均17389元，分别比上年增长12.7%和12.1%；全年全省财政一般预算收入136.51亿元，比上年增长23.6%。其中，地方一般预算收入71.56亿元，增长26.2%；农牧民人均纯收入3061.24元，城镇居民可支配收入11648.3元。

青海省主要农作物有春小麦、青稞、马铃薯、蚕豆、豌豆和油菜籽。2008年末全省耕地面积54.2万公顷，农作物播种总面积51.4万公顷，其中粮食种植面积27.2万公顷，下降1.1%，粮食总产量101.8万吨，比上年增长2.8%，人均占有粮食183.7公斤；粮食商品量21.6万吨，商品率为26%。油料种植面积17.3万公顷，比上年增长0.2%，总产量35.2万吨，比上年增长10%。受自然条件的制约，青海一直是个缺粮省，粮食自给率低，产需缺口逐年扩大。全年全省粮食需求量为204万吨，产需缺口为103万吨，自给率为49.7%，粮食供需平衡主要通过省际间购入解决。全年全省粮食消费量为195万吨，其中，农村居民口粮79万吨、城镇居民口粮35.6万吨、种子用粮9.1万吨、饲料用粮59万吨、工业用粮5.8万吨。

2008年末，全省登记备案涉粮企业1060户。其中，国有及国有控股粮食企业86户。

2008年粮食工作

一　狠抓落实，确保全省粮油市场供应

2008年食用油、大米市场先后发生震荡，对市场供应和抑制通胀带来了压力，省委、省政府高度重视。根据省政府市场和物价专题会议精神和省政府领导的有关批示，省粮食局认真落实、积极应对，及时下发了《关于做好当前粮油购销存工作确保市场供应的紧急通知》和《关于充实储备粮油库存确保市场粮油供应的通知》两个特急明传电报，要求各地粮食行政管理部门认清当前形势，把保证粮油供应作为当前的中心工作来抓，切实落实粮油市场供应的各项措施，重点落实粮（油）源，充实库存，防止市场脱销、断档。

（一）做好油源的落实和小包装转化工作

协调省财政厅、农业发展银行省分行落实贴息和贷款，落实食用油6000吨，用于"两节"市场供应；与省财政厅、省农业发展银行研究制定了《省级动态储备油管理办法》，并按照《办法》进行现场考察，选择了具有一定生产、经营、储存规模，资信较好、管理规范的7家油脂加工、经营企业为省级动态储备油承储企业，分解下达了省级动态储备油计划4000吨，各企业按照要求及时完成了任务。同时，各企业按照"四无"油罐的标准，严格管理，设立了动态储备油的财务、仓储专门账簿、实施专人管理，进、销、存记录清楚，入库手续齐全、工作到位。为了延伸和细化供应工作，与省内重点油脂加工经营企业协调，落实了成品油小包装的灌装准备和食用油出库的演练工作；安排黄南、果洛、玉树供应薄弱地区完成了小型油罐的建设。

（二）增加了面粉储备

为提高面粉的应急供应能力，调整了省、州级面粉储备规模，使省级面粉储备调增至5700吨，州级面粉储备增加至6070吨。调增后全省的面粉储备达到11770吨，再加上8000吨的社会商品库存，可供城镇人口（包括流动人口及牧民）近23天消费。

（三）增加大米应急库存

针对大米库存少、应急能力差的实际，积极做好大米应急准备工作。增加省级应急大米库存1500吨；西宁市、海西、果洛州三地共增加900吨储备大米。同时，调整储备品种结构，在省级储备中增加1200吨大米，全省大米应急保障能力明显增强。

（四）认真落实新增省级储备粮补库计划

根据省政府关于适时落实5万吨省级储备粮计划的要求，2008年先落实2.5万吨，其余的下一年择机安排补库。当年2.5万吨已全部入库，品种以省外硬质小麦为主，适当补充了一定数量的特粳米和面粉，对入库的大米和面粉实行动态管理，即承储单位在储存结算价格、数量、质量不变的前提下，可以参与企业周转，保证做到数量真实、质量可靠、常储常新。通过以上措施，使青海省的粮食调控能力和应急供应能力有了进一步的提升。

二　围绕维稳工作积极做好军粮供应

认真落实省维稳工作会议精神，扎实做好全省军粮供应工作。按照省维稳指挥部的要求，及时成立了维稳工作领导小组和军粮供应领导小组，下设办公室，抽调有较强工作能力的人员集中办公，实行24小时值班。每日对全省各地粮油市场供应和军粮供应、储备粮油库存、商品粮油库存以及粮油市场价格等情况进行收集汇总和分析，按时上报省维稳指挥部，共计上报《粮油市场情况反映》48期。开展维稳工作以来，全省各级军粮供应站点高度重视，快速反应，精心组织，保障供给，积极做好军队粮油供给工作。还制定了《青海省军粮应急保障供应预案》，设立粮油供应管理组、粮油运输保障组、应急通信联络组。根据省军区要求，成立了果洛州久治县、玉树州玉树县野战军粮供应站，建立军粮供应值班制度，做到部队走到哪里，"放心"军粮就供应到哪里；同时，加强了军供粮源组织力度，在原有军供粮库存的基础上又紧急从省外采购了一批粮食，迅速调拨到全省各军粮供应站，保证了各站供应量；加强了军供服务工作，打破先刷卡后供粮的结算方式，采取先由驻训部队出具购粮介绍信供应粮油，后进行刷卡结算的供应办法，做到了不欠供、及时供、不断供，确保了全省驻军部队的军粮供应。还分别对玉树、果洛、黄南的驻训部队进行了走访和慰问，军粮供应和军供服务受到驻训部队的一致好评。

三　积极推进全省国有粮食购销企业发展

（一）以推进"放心粮油工程"为切入点，以扭亏增盈及全面预算管理工作为抓手，不断推进全省国有粮食购销企业发展

1. 按照《省政府办公厅转发省发展改革委等部门关于促进全省国有粮食购销企业发展的意见》（青政办〔2007〕179号）文件要求，会同有关部门制定下发了《关于推进全省国有粮食购销企业实施"放心粮油工程"的意见》（青粮财〔2008〕120号）。并在海北州、互助县先期进行了试点。10月中旬，在"放心粮油店"工程开展步伐快、经营好、效益明显的互助县召开了推动全省"放心粮油工程"座谈会，参观了互助县的5个"放心粮油"连锁店，座谈讨论了推动"放心粮油工程"及促进企业发展的思路、方法、步骤、措施。组织有关人员赴宁夏考察学习"放心粮油工程"建设的做法和经验。11月中旬，又对西宁市、海西州等地的"放心粮油工程"开展情况进行了调研督导。目前，全省各地共开办"放心粮油店"20个和4个配送中心。"放心粮油工程"已在部分城镇和农村推开并取得了初步成效，向消费者提供30种营养、卫生、安全、放心的粮油产品。这对遏制不符合质量标准产品，确保粮油产品质量安全，净化粮油市场，保证市场供应和加快企业发展等方面起到了积极的作用，得到当地政府的肯定和消费者的好评。随着"放心粮油工程"建设逐步推进，国有粮食购销企业在宏观调控、应急购销和确保粮油产品质量安全中的主渠道和载体作用也逐步显现。

2. 积极开展了扭亏增盈工作。制定下发了《青海省粮食局关于做好国有粮食购销企业扭亏增盈工作的指导意见》（青粮财〔2008〕169号），引导国有粮食购销企业结合实际，不断创新经营方式，积极开展多种经营，多渠道拓展经营领域，扩大营销，提高企业经济效益。各企业通过开展农副产品收购、养殖、种植和代储代销等业务，增加收入，使企业资产状况和效益有了明显好转。全省国有粮食购销企业1～11月份盈亏相抵后实现利润198万元，较上年同期亏损285万元增盈483万元，实现了自1961年以来首次盈利。

3. 在局属单位全面推行预算管理工作，有效促进了局属单位财务管理水平的提升。

（二）以认真做好油菜籽的收购加工转化工作为着力点，解决农民"卖难"，促进省内重点油脂加工企业发展

1. 会同有关部门拟定了《关于促进全省食用油生产流通企业发展的政策意见》、《关于扶持省内重点菜籽油加工企业扩大生产保障供给的意见》两个意见，上报省政府审定通过被批转执行。

2. 与有关部门协调，落实了1000吨新增省级储备油及4000吨动态储备油的续接工作，以拉动油菜籽的收购。

3. 督导企业做好油菜籽收购的各项准备工作。

4. 协调省财政厅，安排财政资金517万元，解决重点企业原料的烘干、清选和小包装设备及改造基础设施等，增加罐容1.2吨，增加烘干设备5套、清选设备2套，改造小包装生产线3条，扩建小包装成品库2座，建原料堆跺场3座，使企业收购加工转化能力得到提升。

5. 针对下半年国内油菜籽市场收购价格连续大幅下跌，青海省油菜籽喜获丰收后，市场出现农民卖难、企业收难、市场销难的"三难"问题，积极向省政府和国家粮食局汇报情况，省委、省政府高度重视，积极向国家争取政策，国家有关部委在已下达1.5万吨油菜籽收购计划的基础上，又新增加了15万吨的油菜籽收购计划，以每公斤4.4元的挂牌价向农民收购。积极协调中储粮兰州分公司落实收购和承储库点，做好收购加工转化的组织实施，确保完成油菜籽收购任务。上述工作的开展，为解决今年油菜籽收购中存在的"三难"问题，保护农民的利益，促进青海省油脂加工企业发展起到了积极的作用。

（三）以外引内联的方式，积极扶持省内面粉加工企业发展

引进山东发达面粉集团与省大通粮食储备库合资建设了发达面粉青海面粉有限责任公司，吸引甘肃"金三角"面粉加工厂在西宁落户建厂，支持贵德、尖扎两县恢复了面粉生产线。4条面粉加工生产线的投产对修复青海省粮食流通链条，促进粮食产业化发展，拓宽储备粮轮换渠道，缓解储备粮轮换"两头"在外的瓶颈制约，推动粮食企业的综合发展，增强政府宏观调控和市场应急能力，确保粮食安全发挥了积极的作用。

（四）以做规划、抓项目为突破口，推动全省粮食工作不断发展

根据《国务院关于支持青海等省藏区经济社会发展的若干意见》和省政府召开的贯彻落实国家扩大内需促进经济增长争取中央投资专题会议精神，及时成立了抓项目落实领导小组，抽调人员组成办公室，对全局抓项目落实工作进行了动员和安排部署，明确了工作的方向、目标，并以倒计时的方式推进工作进程，全局上下按照"敢想、敢做、会做项目"的要求，争分夺秒，抢抓机遇，把抓项目作为全局的工作重点，全力以赴，认真做好承办的县城和中心城镇粮食批发市场建设项目，配合牵头主办的主要农副产品、重要生活必需品储备体系、完善应急调控工程项目，配合承办县城和中心城镇商业零售网点及配送中心建设项目和涉及争取中央投资新开工项目的编制、可研、论证、衔接、争取工作，以求通过落实项目推动全省粮食产业协调可持续的发展。

四　加强粮食应急体系建设

（一）进一步完善粮食应急工作平台，粮食应急保障能力得到提高

在上年完善应急制度体系建设的基础上，按照年初工作安排，会同有关部门认真落实省内粮油应急供应网点的布点和30户应急供应、加工、运输定点企业的审核，进一步完善了粮食应急的工作平台，使粮食应急保障能力得到了提高。

（二）本着"上下联动、由内到外、先易后难、虚实结合、分级实施"的原则，开展了州（地、市）和省级粮食应急演习

为确保演习的实效性，演习统一模拟在恶劣的冰雪天气下，若干地区交通受阻、电力中断和供应断档等需要启动州级和省级粮食应急预案，以应对突发事件，平抑市场。演练前我们提前进行了安排布置，分别召集州（地、市）和直属单位有关人员参加的协调指导会，演习过程中选派了观察员进行督导。各地在演习中采用逐级实施的方式检验了应急响应、应急指挥、应急通信联络、应急加工、应急运输、应急供应各环节的联动衔接配合和反应能力，共运送粮油173.5吨，动用车辆17辆，最长运输距离700公里，参与演习的省级、州地市县的单位共66个，参演人员399人。通过演习，强化了各级粮食应急人员对应急预案、实施方案的熟悉程度，提升了粮食应急工作的决策、指挥、协调和快速反应能力，提高了全省各级粮食管理部门和企业处置突发公共事件的能力，为实战积累了经验，达到了预期目的。

（三）加强了市场监控，提高了信息的应急能力

主要是通过健全信息工作制度，加强与国家粮食局信息中心及北京等省区粮食局的联系，密切关注国内主要粮油品种的市场行情走势，每日测报省内主要粮油品种价格，定期形成粮油市场情况及后期走势分析报告，对信息工作人员进行业务培训，为全省23个粮油信息监测点配备设施设备，实现粮油信息网上直报等工作的推进和落实，确保了各类粮油信息测报及时全面准确。

五　加大了对全社会粮食流通的管理，扎实开展了各项专项检查工作

（一）加强对全社会粮食流通的监管

积极协调省工商行政管理局、省质量技术监督局先后制定了《青海省粮食经营者最低和最高库存量实施办法》和《关于完善粮食经营者粮油经营台账有关问题的通知》等规范性文件。并组织开展了粮食经营者保持必要库存量和最低收购价粮食竞价销售出库专项检查工作。同时，加强了涉粮企业的备案管理和涉粮案件的查处力度。对不符合粮食收购资格和退出粮食收购市场的企业进行了注销，对个别台账建立混乱、报表不及时的经营者进行了责令整改的行政处罚，维护了正常的粮食流通秩序。加强了市场粮油质量的监督检查，会同工商部门对全省最大的粮油批发市场的粮油质量进行了专项检查。

（二）完成了全省粮食库存检查任务

各级粮食行政管理部门和企业在人员少、任务重、时间要求紧的情况下，按照国家粮食局《关于结合春季粮食库存普查开展2008年全国粮食库存检查工作的通知》和省局的要求，主动协调工商、质监等部门，加班加点，梳理核对粮食库存账务和实物，特别对储粮品种、数量、质量、储存年限、入仓时间等储藏状况进行了详细检查、登记和核对，保证了检查的质量。被检粮食宜存率均为100%，卫生指标合格率为100%，数量真实，质量良好，储存安全。

六　认真组织开展《粮食流通管理条例》和粮食科技宣传活动

（一）认真组织开展了以"维护市场秩序，服务宏观调控"为主题的《粮食流通管理条列》颁布四周年的系列宣传活动

在全省粮食行业系统组织举办了《粮食流通管理条列》（以下简称《条例》）知识大赛，共收到答卷623份；组织了由各州、地、市和局属各单位等18支参赛队参赛的《条例》现场知识竞赛；组织各级粮食管理部门和粮食购销企业进行贯彻《条例》经验交流，共收到论文14篇；及时组织各地粮食行政管理部门和粮食企事业单位在各地主要街道、广场、超市等粮食经营场所张贴《条例》颁布四周年的宣传画3000余张。通过宣传活动，进一步扩大了《条例》的宣传覆盖面和普及率。

（二）按照国家粮食局和省科技厅的统一要求与部署，在5月17日至23日组织举办了以"提倡科学膳食，推动主食工业化"为主题的粮食科技宣传周活动

利用青海省粮油信息网，采取设立宣传台、张贴宣传画、宣传标语和现场发放宣传品等形式，向广大群众宣传介绍科学膳食的知识。共发放宣传画400张、宣传手册660本、宣传赠品330件。

　　（三）按照国家粮食局的统一部署，于10月16日，在全省组织了"世界粮食日"粮食安全暨爱粮节粮主题宣传活动

　　（四）组织局机关干部和直属单位领导班子成员进行了粮食法规知识考试，考试成绩均在良好以上

七　认真开展了党建工作，不断提高干部职工队伍的整体素质

　　加强全局党的思想、组织、作风、反腐倡廉和制度建设。通过制定下发《省粮食局直属机关党支部目标管理考核细则》，邀请省委讲师团教授辅导讲解十七大理论，组织召开党风廉政建设会议，签订党风廉政目标责任书，开展"抓作风建设，促工作落实"主题实践活动和解放思想大讨论活动，着力解决了机关作风建设和工作落实方面存在的突出问题，确保政令畅通，树立了局机关为基层服务的意识，针对全省粮食企业职工素质整体状况，制定了《2008～2010年青海省粮食行业教育培训方案》，安排并完成了今年共34期培训班的培训工作。为基层部分单位解决饮水、职工宿舍等问题，调整了企业职工的工资。积极开展了社会公益捐助活动，全系统为地震和冰雪灾害地区捐款13.098万元。

八　深入开展学习实践科学发展观活动

　　根据省委及省发改委党组《关于开展深入学习实践科学发展观活动实施意见》要求，着眼于实现"党员干部受教育、科学发展上水平、人民群众得实惠"的总要求，围绕"继续解放思想，坚持求真务实，努力闯出一条欠发达地区实践科学发展观的成功之路"这一活动总载体，突出粮食工作特色，精心部署，开展了深入学习实践科学发展观活动。及时成立了由局班子成员，各处室负责人、各单位党政负责人组成的领导小组，抽调人员设立了办公室，加强对学习实践活动的领导和组织，制定了青海省粮食局深入开展学习实践科学发展观活动实施方案，召开了局直属机关党委扩大会议和深入开展学习实践科学发展观动员大会。通过局域网、宣传栏加强宣传工作。从抓全局系统党员干部学习，抓调研课题，分析典型案例，抓局属单位各处室重点工作落实，抓征求意见入手，着力破解粮食工作中的突出问题。较好地完成了第一阶段的规定动作和自选动作，按时转入第二阶段的学习，使学习实践活动的各项工作按要求及时推进，推动了我局各项业务工作顺利进行，做到两不误、两促进。

　　一年来，全省粮食流通工作取得了长足的进步，但由于粮食缺口不断增大，粮食流通基础设施较差，现代物流市场设施薄弱，功能缺失，粮食"四散化"及接卸能力弱，仓储设施功能不完善等问题依然突出，仍需进一步改善，虽然这些问题通过抓项目落实可以逐步解决，但项目的争取需要省政府、国家粮食局及省发改委等部门的大力支持。

◆ **青海省粮食局领导班子成员**

　　顾艳华　　　　党委书记、局长
　　商卫国　　　　党委副书记、副局长
　　侯宝健　　　　党委委员、副局长（2008年7月调离）
　　乔正善（土族）党委委员、副局长（2008年7月任职）

2008年12月17日，青海省委副书记、省长宋秀岩（左三）和副省长骆玉林（右二）检查指导青海省落实新增15万吨中央储备油菜籽收购工作，省粮食局局长顾艳华（左二）陪同。

2008年4月，青海省粮食局局长顾艳华调研互助县开办在农村的"放心粮油店"。

2008年10月，青海省粮食局召开粮食应急定点企业工作会议，向30个粮食应急供应加工运输定点企业颁发粮食应急定点单位牌匾。

宁夏回族自治区粮食工作　基本情况

　　2008年，宁夏回族自治区的粮食工作以邓小平理论和"三个代表"重要思想为指导，深入学习实践科学发展观，增加粮食生产，完善粮食储备制度，提高调控粮食市场的能力，推进粮食产业化经营，推动粮食经济实现跨越式发展。

　　积极开展粮食购销业务，增加农民收入、提高储备能力、保证库存质量、保证政策性粮食供应；全面提升粮食预警及应急供应能力；全面加强原粮收购、储存、加工环节的粮食质量管理；强力领导国有粮食企业扭亏增盈工作，国有粮食购销企业亏损大幅度减少，储备企业全面盈利。在机关效能建设中，自治区粮食局获得自治区人民政府直属事业单位组一等奖。在围绕依法行政、勤政为民、作风建设、廉政建设等4个方面进行的政风行风民主评议中，自治区粮食局在"政府直属机构、直属事业单位、管理机构、中央驻宁单位、企业"类中排名第四。

　　在省级政府机构改革中，自治区党委、人民政府决定，中共中央办公厅、国务院办公厅以厅字〔2008〕30号文件批准，自治区粮食局由直属事业单位调整为自治区人民政府直属机构，设6个内设机构，核定行政编制41名。

2008年粮食工作

一　粮食生产

　　2008年，自治区党委、人民政府坚持"三个稳定"，稳步提升粮食综合生产能力：稳定农村基本政策不动摇、稳定基本农田不减少、稳定粮食产量不降低。

　　采取12条强农惠农发展粮食生产的政策措施，落实对农民的各项政策性补贴资金7.67亿元，比2007年增长49.5%；确保全区耕地109.8万公顷、永久性基本农田88.5万公顷，年底实有耕地110.7万公顷，全年粮食种植面积84.7万公顷；2008年粮食产量329.2万吨，比2007年增长1.8%，实现连续5年增产，再创历史新高。全区人均粮食产量533公斤，比2007年增加15公斤。

　　全区主要粮食作物为小麦、水稻、玉米，优质率为75%，比2007年提高3个百分点。马铃薯种植面积23.3万公顷，比2007年增长2.5%，单产平均增长13.6%，全区马铃薯产量（折粮）为42.28万吨。

二　粮食购销

（一）粮食收购

2008年，全区国有粮食企业收购原粮52.1万吨，比2007年减少15.4万吨。春小麦收购指导价比2007年每公斤高0.26元，冬小麦高0.22元，由此拉动全区农民收入增长2个百分点以上。

4月，中宁、同心、红寺堡一带农民因运力受阻出现玉米卖难。自治区粮食局立即成立解决"卖粮难"工作协调小组，局长刘金定担任组长、副局长严彦召担任副组长。协调小组组织储备企业、代储企业，引导区内外其他各类企业入市收购。自治区粮食局副局长王少英赴兰州铁路局协调铁路运力，自4月25日至6月9日，共增加铁路运输车皮2067节，外销玉米12.5万吨。

9月，受连续低温阴雨天气等因素影响，大量稻谷因整精米率低而不符合国家收购质量标准。自治区粮食局局长刘金定、副局长严彦召先后6次到国有农场、粮食收储企业和粮食加工企业、产粮大县及粮食生产者家中调查研究，提出解决办法。10月，自治区人民政府决定由储备企业以指导价敞开收购整精米率为50%～55%的稻谷，建立自治区临时稻谷储备，财政承担临时储备稻谷的收购和储存费用及价差损失。11月23日，已收购临时储备稻谷1.4万吨，整精米率平均为53%，平均价格为每公斤1.76元。截至2009年1月底，全区共收购临时储备稻谷8万吨。

（二）粮食销售

2008年，全区国有粮食企业销售原粮72.4万吨，比2007年增加1.6万吨。

继续在军供企业中开展创建"放心粮油店"活动。2007年6月至2008年6月，军供企业共创建"放心粮油店"总店9家，连锁、加盟店70家，"放心粮油店"实现军供、民供销售收入2100多万元，供应品种达1500多个。这种实施"放心粮油"工程，军供、民供相结合的军供做法成为亮点。2008年8月26日，全国军粮供应工作经验交流会在银川召开，自治区粮食局党组书记、局长刘金定在会上介绍宁夏粮食工作情况，自治区粮食局党组成员、副局长严彦召以《探索军粮供应新机制　利军惠民强企促发展》为题，在会上作经验交流发言，与会代表还参观了宁夏军粮供应企业。

2008年，退耕粮补助实行每亩退耕地供应原粮30公斤、发90元现金的新政策。截至11月13日，全区共竞价采购小麦63960吨、玉米63960吨，全面完成退耕粮筹集任务，及时供应，保证退耕户用粮。小麦价格不断上扬，退耕县采购退耕粮困难很大。

三　粮食调控

（一）平抑粮价

2008年1月3日，自治区粮食局向区内15家应急成品储备定点加工企业和面粉加工龙头企业公开拍卖自治区级储备小麦21399吨，要求中标的加工企业多生产小包装面粉投放区内市场，平抑粮价。对塞北雪面粉公司等8家粮油加工企业实行提价申报临时价格干预措施。年底，粮价平稳，临时价格干预措施于12月5日解除。

（二）市场监测

2008年，粮油市场监测范围覆盖全区粮食经营（含加工企业）、国有粮食储备企业、粮食批发市场、粮食集贸市场、国营农（牧）场。监测内容扩大到小麦、稻谷、玉米、大豆、胡麻籽以及成品粮油的生产、库存、流通、消费、价格、质量等情况。各监测点按规定时间上报监测数据，出现市场异常情况随时上报。自治区粮食局综合分析供求形势，预测价格走势，为政府、企业、种粮农民服务。

（三）粮油储备

2008年，自治区人民政府以保证全区总人口2个月口粮供应为标准调增原粮储备规模，以保证5市城区人口10天的口粮供应为标准增加应急成品粮储备，以保证全区人口1个月的食油供应为标准增加应急食用植物油储备。

自2008年1月1日起，《宁夏回族自治区储备粮管理条例》正式实施，自治区粮食局修订与之有关的各项制度。在储备企业中，结合精细化管理推广年活动，实行精细化管理、全面预算管理、库存粮食单仓核算、轮换粮食质量法人代表跟踪责任制、建立粮食质量档案。

储备库的化验室普遍增加硬件设施，检验工作直接对法人代表负责。储备粮入库时车车检验，入库后综合检验，储存期间坚持日常检测和每年3月、9月的重点检验。2008年，自治区级储备小麦、稻谷品质宜存率为98%。

推广应用现代技术保管储备粮。上半年，应用低压缓速通风处理粮食27.2万吨、低温密闭保湿储粮2.5万吨、就仓干燥粮食2.4万吨，降耗折价为68万元，储粮损耗降低0.4%，人工费用支出减少36万元。全年，储备企业储粮机械通风普及率、计算机粮情监测覆盖率均为100%，以粮面压盖和"单面封"为主要形式的低温密闭储粮和地下储粮达到45%，"一符四无"粮仓巩固率为100%。

2008年，在青铜峡、石嘴山国家粮食储备库开展调质技术应用试验。11月26日，自治区粮食局验收组对该试验作出评价：试验方案、方法可行，结果真实，具有一定的经济效益和推广价值。

（四）提升应急供应能力

全面落实《宁夏回族自治区粮食应急预案》，成立自治区人民政府分管粮食工作的副主席担任总指挥的自治区粮食应急处置指挥部，自治区人民政府副秘书长、自治区粮食局局长担任副总指挥，成员单位有17个。自治区储备粮承储企业、应急成品粮油承储单位、应急粮食加工、销售企业及确定的社会运输能力能够及时地对指挥部的命令、指示做出应急响应。

9月5日，自治区粮食局在银川市首次举行宁夏重大（Ⅱ级）粮食应急预案演习。演习以银川市粮食市场粮价上涨过快为背景，自治区粮食应急指挥中心向储备库下达调出区级储备小麦、稻谷的指令；向粮食应急加工企业下达小麦、稻谷的接收、加工以及应急成品粮调出的指令；向银川市粮食局下达接受应急成品粮，安排供应的指令。动用自治区应急成品粮储备4000吨、应急食用油储备300吨，原粮储备6500吨，动用应急车辆20多台，有25个部门、单位的400余人参加演习。各项指令通过计算机网络系统下达，采取影像、声讯现场同期传输方式，实行远程指挥和控制，以检验统一指挥、分级负责、部门协调、社会参与的应急体制的应急能力，检验成员单位的响应速度及配合状况。自治区领导对反应迅速、处置果断、保障有力的粮食应急体系建设给予很高评价。

受国际粮食危机、我国南方冰雪灾害、汶川地震等事件影响，粮食应急供应问题令人关注。自治区党委书记陈建国作出"在银川、石嘴山、吴忠市试点建设国有或国有控股粮店"的批示。自治区粮食局认真学习领会批示精神，决定在3市整合资源，试建在业务上与原粮储备、应急成品粮油储备轮换相结合，与委托加工相结合，与放心粮油工程相结合的国有或国有控股粮店。

12月18日，《宁夏日报》登载记者文章：宁夏国字号粮店"二次出山"实行联号发展，前移宏观调控平台，平抑价格稳定市场。文章说，从2008年7月下旬，自治区粮食局在较短时间内制定出建设国有或国有控股粮店实施方案，在银川、石嘴山、吴忠市采取连锁经营方式，试点建设80家国有或国有控股粮店，由此形成以国有粮食零售网点为主干，以个体私营粮商为羽翼的新型粮食零售市场服务网络。截至11月，成立仅3个月的石嘴山市7家国有粮店累计供应市民平价优质粮油500多吨。

四　监督检查行政执法

8月，市县粮食收购许可证年检结束。在727家应检企业中，通过年检的604家，注销粮食收购许可证的94家，其余的均未通过年检，须在限期内整改。

1月7日至1月11日，自治区粮食局副局长王少英、严彦召分别带领联合检查组检查各类粮食经营者收购资格证、生产许可证、营业执照、仓储设施、收购价格、粮食质量和卫生状况，检查成品粮食质量、添加剂使用情况、粮食出入库检验情况、粮食流通统计台账、报表以及执行国家有关法律、法规、规章等情况。检查结果表明，粮食经营者守法经营意识普遍增强，各类统计报表规范、准确，退耕还林补助粮、军供用粮的质量均符合国家规定的标准。企业质量安全意识普遍增强，纳入粮食流通统计范围的粮食经营企业在粮食销售中检验报告出证和索证率达到90%以上。

9月10日至9月15日，自治区粮食局、公安厅、工商局根据自治区党委主要领导同志的批示精神联合开展宁夏粮食流通市场专项调查。这次调查由自治区粮食局牵头，以实地检查、查阅报表和有关资料、找知情人谈话等方式，摸清2008年1月至8月底这一时段里，全区粮食经纪人、粮食加工企业的粮食收购、加工、销售的数量、流向情况。还抽调人员组成两个抽查组，抽查28家粮食加工、流通企业。自治区党委、人民政府准确掌握了关于宁夏粮食市场情况的详细数据。调查抽查结果表明，宁夏对粮食市场监管得力，粮食市场运行平稳。

11月11日至20日，自治区粮食局副局长王少英带领有关人员检查全区放心粮油店、应急成品粮承储企业、军粮定点加工企业的质量管理情况，共检查应急成品粮（油）定点承储和军粮定点加工企业43家、日生产能力20吨以上大米、面粉加工企业66家、放心粮油店70家。检查结果显示，成品储备粮油和放心粮店产品质量基本良好，粮食市场货源充足、价格稳中有降。

2008年，自治区粮食局组织扦取放心粮油店及应急成品储备的96个批次的米面油，抽查面在30%以上，主要检测面粉过氧化苯甲酰、大米黄曲霉毒素B$_1$、食用植物油的酸值、过氧化物4个项目。检验结果显示，面粉添加剂合格率为96%，大米卫生指标合格率为100%，食用植物油卫生指标合格率为98%。

五　标准质量管理

截至2008年底，全区粮食部门共有粮食质量检验机构13个，通过计量认证的检验机构7个，国家粮食局授权的国家粮食质量检验机构3个。

6月12日，国家粮食局副局长任正晓到银川为宁夏国家粮食质量监测机构揭牌、授牌、挂牌。宁夏国家粮食质量监测中心由宁夏粮油质量检测中心升格成立，是国家粮食局认定的第一批省级国家级质量监测机构。任正晓在宁夏期间，调研了宁夏粮食质量监测体系建设情况，并为石嘴山、吴忠国家粮食质量监测站挂牌。这两个监测站是国家粮食局于2008年1月13日授牌的第二批区域国家级质量监测机构。任正晓高度评价宁夏粮食质检体系建设，他说，宁夏在全国144家挂牌的国家级粮食质量监测机构中取得3块牌子，无论从人口、粮食产量、土地面积等方面，都占了较大比例，走在全国前列。

6月17日，自治区粮食局举办计量认证工作培训班，储备企业的分管领导、质检科长及工作人员近20人参加学习。10月，中卫、固原、平罗、永宁4个国家储备库的化验室接受自治区质量技术监督局组织的专家评审组的计量认证评审。4家储备库化验室顺利通过计量认证评审，取得小麦、稻谷、玉米3大品种22个检验项目的计量认证及向社会提供公正检验数据的资格。

2008年，自治区粮食局在银川等4市小麦种植区采集冬春小麦样品310份，涉及10个市县260个村。检测结果表明，灌区春麦整体质量三等以上达到94.1%。永良4号在灌区总体质量和品质比较稳定，表现好。宁春39号在种植地区质量不稳定，表现一般。宁春11号、永良15号在中宁县表现良好。根据对"5010"、"5012"和"5088"冬小麦样品的检测，自治区粮食局建议扩大"5010"、"5012"的种植面积，用于生产专用馒头粉，或作为配麦生产中高筋优质专用粉、通用粉，以解决优质小麦产量不足问题。并提出同品种规模化种植、提高种子纯度、运用测土配方施肥技术、加强管理等生产建议。

在10个县600个村，扦取572个稻谷样品。会检结果显示，银川以南整精米率均在55%以上，银川以北地区多在50%以下。2008年，宁夏稻谷的谷外糙米率为3.0%～6.0%。如果执行小于2.0%的国家标准，储备企业收不到多少合乎标准的稻谷轮换库存，必须从外省采购。而从外省采购费用大，也影响宁夏的稻谷生产和稻农收入。经试储，在正常储存期内，黄粒米可以控制在国家标准之内，不影响加工品质。据此，自治区粮食局请示国家粮食局调整收购质量标准。国家粮食局做出《关于适当放宽宁夏储备稻谷谷外糙米入库标准的复函》后，宁夏在本地稻谷收购中，控制谷外糙米在4.0%以内，整精米率不低于55%。谷外糙米超过2%的稻谷扣价收购，毛粮经整晒、清理后入库，分开管理。区外采购的稻谷仍执行国家标准。

继续实施放心粮油工程。自10月21日至29日，自治区粮食局根据新制定的放心粮油店考评办法，考评第一批放心粮油店的经营管理情况。上半年，自治区粮食局开展第二批自治区放心粮油店评审工作。市县粮食局、食品药品监督管理局推荐上报75家，其中通过自治区粮食局复审的有64家。4月，自治区放心粮油店评审会议确认这64家企业符合放心粮油店条件，授予"放心粮油店"称号，颁发"放心粮油店"牌匾。下半年，自治区粮食局开展第三批放心粮油店评审工作，新增71家放心粮油店。据统计，8月至9月吴忠市第一批放心粮油店平均利润率为11.56%、银川市7.40%、固原市7.35%、中卫市6.31%、石嘴山市4.4%。

六　强力领导国有粮食企业扭亏增盈工作

2008年，自治区粮食局强力领导国有粮食企业扭亏增盈工作，制定《进一步做好国有粮食企业扭亏增盈工作意见》，层层签订责任书，将扭亏增盈目标与企业负责人的业绩考核挂钩，与职工的工资福利挂钩。

自治区粮食局适时召开企业经营状况、经济形势分析会，总结推广经验、通报扭亏增盈工作进展情况，指导推动扭亏增盈工作。国有粮食企业加强管理，改善经营，开展增收节支活动。自治区粮食局争取政策支持，帮助企业扭亏增盈。

2008年，全区国有粮食企业盈亏相抵统算比2007年减少亏损70.3%。在直属储备库、代储库中，除固原库之外，全部盈利。截至2008年12月底，全区国有粮食购销企业还有9500万元经营性亏损挂账没有消化，其中本金为3125万元，累计欠息6375万元。

七　推进粮食产业化经营

据自治区粮食局统计，2008年各级粮食部门组织签订粮食订单47443份，订单面积增长12%，订单数量增长5%。截至2008年底，订单收购粮食88.5万吨，履约率为81%。粮食加工龙头企业普遍建立自己的原料粮生产基地，提供产前、产中、产后服务。

2008年，自治区粮食局颁发《关于进一步完善储备企业购销联营机制的意见》，试运行收储企业与加工企业联营体制。

2008年，农业部等8部委授予兴唐米业集团公司为农业产业化国家重点龙头企业称号。"塞北雪"牌挂面获"中国名牌"称号，这是宁夏粮食行业的第一个"中国名牌"。"银春面粉"等老"宁夏名牌"全部通过复审。经综合评审，又有"鑫河"牌食用植物油（玉米胚芽油）等9个粮油产品获得"宁夏名牌"称号。8月7日，银春面粉公司等7家企业获得自治区级农产品加工龙头企业称号。8月16日，宁夏大米、盐池荞麦成为地理标志产品。

2008年，冬小麦产品配粉研发课题组机构健全、领导得力、技术人员和设备到位，研发过程设计科学、严谨。课题组今年新开发的12个产品，配粉科学、合理，投放市场后受到消费者的欢迎。

八　加强党风廉政建设和机关效能建设

自治区粮食局开展深入学习实践科学发展观活动，加强领导班子建设，发挥党组织的战斗堡垒作用。改革干部人事制度，调整充实直属单位领导班子，在机关以竞争上岗方式选拔部分处级领导干部。落实党风廉政建设责任制，查处违纪行为，处理亏损严重、责任心不强的干部。深入开展精神文明建设，机关及直属单位向汶川地震灾区捐款527445元，党员缴纳特殊党费90890元。

2008年，自治区粮食局制定《机关效能建设实施方案》、《自治区粮食局效能建设投诉工作暂行规定》、《自治区粮食局岗位责任制》等11项制度，层层签订目标管理责任书，分解落实各项目标，加强机关效能建设。7月，自治区粮食局检查机关各部门落实效能目标情况并作出通报。8月，组成6个检查组，检查全系统政风行风建设开展情况。10月，自治区粮食局领导班子成员分别到全区各市县检查指导民主评议政风行风工作。11月，开展政风行风民主评议。自治区粮食局实现全年政风行风工作零投诉的目标。

2008年底，自治区人民政府组成考核组对区直机关单位效能目标完成情况进行量化评价综合排序的考核，自治区粮食局的考评等次为优秀，获得自治区人民政府直属事业单位组一等奖，获得奖金10万元。在全区2008年度民主评议政风行风排行榜中，自治区粮食局在"政府直属机构、直属事业单位、管理机构、中央驻宁单位、企业"类中排名第四。

◆ **宁夏回族自治区粮食局领导班子成员**

刘金定	党组书记、局长
王少英（回族）	党组成员、副局长
严彦召	党组成员、副局长
叶 宁	党组成员、纪检组长
吴长青	党组成员、副局长
解 涛	副巡视员

2008年1月30日，宁夏回族自治区主席王正伟（右一）在自治区粮食局局长刘金定(右二)陪同下到银川市放心粮油店实地考察粮油市场供应情况。

2008年5月7日，宁夏回族自治区党委书记陈建国(右一)在银川会见中国储备粮管理总公司总经理包克辛(右二)一行，他希望中储粮总公司一如既往地关心宁夏，在扩大储备规模、加强储备粮基础建设等方面给予更多支持。

2008年8月26日，全国军粮供应工作经验交流会在银川召开，图为与会代表参观宁夏军供企业。

新疆维吾尔自治区粮食工作　　基本情况

　　新疆维吾尔自治区位于祖国的西北部，总面积160多万平方公里，是全国面积最大的省区。2008年，全区生产总值4203.4亿元，比上年增长11%。全社会固定资产投资2314亿元，比上年增长25%。2008年末总人口2130.8万，比上年增长1.7%，城镇居民人均可支配收入11432元，农村居民人均纯收入3503元，分别增长10.9%和10.1%。全口径财政收入819亿元，比上年增长27.9%。安排财政支持"三农"资金223亿元，增长30%，其中落实粮食直补资金4亿元，兑现农资综合直补资金12.1亿元。

　　2008年，新疆粮食播种面积165万公顷，增长19.7%。其中小麦87.8万公顷，水稻7万公顷，玉米54.5万公顷，油料种植面积28.7万公顷。全年粮食总产量930.5万吨，增长7.3%。其中，小麦406.5万吨，水稻41万吨，玉米425.3万吨。油料产量56.8万吨。

　　截止到2008年底，全区共有国有粮食购销企业126家，在职职工人数6700人，其中40家企业已完成改制，大多数企业已进入改制程序。全区有10个地州市国有粮食购销企业实现整体盈利，统算盈利6887万元。

2008年粮食工作

一　粮食流通

　　2008年，新疆地方国有粮食经营企业商品粮总收入206.1万吨（原粮，下同），同比增加10万吨，增幅5%。其中收入小麦162.3万吨，同比增加0.7万吨，与去年基本持平；大米21.6万吨，同比增加13.3万吨；玉米7.7万吨，同比减少9.2万吨。粮食总收入按渠道划分，从生产者购进133.3万吨；从企业购进36.1万吨；储备粮转入13.1万吨；其他渠道购进23.6万吨。

　　2008年，新疆国有粮食经营企业商品粮总支出212.2万吨，同比减少69.9万吨，减幅24.8%。其中小麦162.7万吨，同比减少90.7万吨；大米19.8万吨，同比增加12.4万吨；玉米14.6万吨，同比增加5.4万吨。粮食总支出按渠道划分，销售162.5万吨，同比减少79.2万吨。其中小麦119.7万吨，同比减少99.3万吨；大米16.7万吨，同比减少11万吨；玉米14.1万吨，同比增加7.2万吨；转作储备粮21万吨；其他支出28.7万吨。

二　粮食调控

2008年，粮食流通工作面临国际粮价大起大落，国内粮食市场起伏波动，区内遭遇严重干旱等影响，粮食市场出现许多新情况、新变化。全区粮食部门在自治区党委、自治区人民政府及各级党政的领导下，在有关部门的大力支持下，认真执行粮食收购政策，加强粮食宏观调控，强化粮油价格监测，积极推进粮食流通体制改革，大力培育和扶持龙头企业，推进粮食产业化经营，加大粮食仓储基础设施建设力度，加强规范化管理，保障了粮食市场供应和储粮安全。

（一）认真执行粮食收购政策，切实保护农民利益

一是采取有效措施，切实抓好夏粮收购。年初，自治区粮食局在认真分析全年粮食供求形势的基础上，对收购工作早研究、早准备、早部署，落实粮食收购计划。各地粮食部门及时签订粮食收购订单，提前做好腾仓并库、空仓消毒、仪器检测和人员培训等准备工作，做到了组织领导到位、政策宣传到位、部门协调到位、各项准备到位。

二是认真执行粮食收购政策。2008年自治区继续对种粮农民实行直接补贴政策，进一步提高补贴标准，加大补贴力度。对种植小麦农民的农资综合直补标准，由去年全区每亩补贴31元大幅提高到南疆五地州97元，其他地州（市）94元。对小麦的价外直补仍执行按农民交售给国有粮食购销企业的商品量给予每公斤0.20元的补贴，同时敞开收购；对大米给予每公斤0.30元的补贴，也实行敞开收购。为贯彻落实政策，自治区粮食局分别于6月中下旬召开了南北疆片会，具体安排部署夏粮收购工作。及时组成工作组，多次深入南北疆各地调研、督促夏粮收购工作，检查政策落实情况，协调解决存在的问题。

三是积极做好大米收购工作。2008年是自治区实施大米敞开收购、敞开直补政策的第一年，各地国有粮食购销企业严格执行政策，坚持敞开收购，广大农民积极踊跃交售，收购量同比大幅度增加，农民利益得到充分保护。

四是坚持敞开收购油料。2008年，由于受国际、国内诸多因素影响，全区油料价格出现连续下跌态势。为切实保护农民利益，自治区党委、政府决定实施按最低保护价敞开收购油料政策，并及时下发了《关于做好油料收购工作的通知》（新政办发明电〔2008〕366号），明确提出自治区2008年先在伊犁州直、博州、塔城地区、阿勒泰地区、昌吉州、巴音郭楞州和阿克苏地区等8个油料产区实施最低保护价敞开收购政策。收购品种为油菜籽和油葵籽，收购最低保护价为每公斤油菜籽4.4元（三等，等级差0.04元）、油葵籽3.6元（二等，等级差0.1元），最低保护价收购政策执行至2009年3月31日。当市场价高于保护价时，由市场购销；当市场价低于保护价时，由当地国有粮食购销企业按最低保护价敞开收购。随后，由自治区粮食局、自治区发展和改革委员会、自治区财政厅和中国农业发展银行新疆分行联合下发通知，对做好油料收购工作有关事宜做出具体安排。政策实施以来，国有粮食企业克服仓容场地不足、保管器材紧张、安全储存难度大等困难，在确保油料安全储存的前提下，做到了敞开收购，切实保护了农民利益。截至年末，伊犁州直等8个油料产区国有粮食购销企业按最低保护价收购油料15.44万吨，其中油葵籽15.42万吨，油菜籽0.02万吨。

（二）稳定粮食价格，确保市场供应

2008年是新疆自治区小麦连续第二年产不足需，加上受国内外粮食价格波动等因素影响，全区粮食价格波动较大，市场面粉销售价格一度偏高，引起了社会各界的关注。针对粮食供需形势出现的新

变化，按照自治区党委、人民政府的部署，自治区粮食局认真贯彻落实自治区小麦顺价销售政策，对全区粮食市场和供需平衡多次进行专项调研，及时研究制定应对措施，按照"三定"(定向、定量、定价)原则，适时向市场投放政策性锁定"老粮"共31.5万吨，及时加强了全区粮食市场有效供给，保持了粮食价格的基本稳定，维护了正常的粮食流通秩序。

（三）加强粮油价格监测，密切关注市场动态

各地州市粮食行政管理部门指定专人对23个粮油价格监测点的粮油销售价格实施重点监测，适时分析市场行情，密切关注市场动态，及时深入重点粮油市场及大型超市对面粉价格和货源情况进行现场调研，认真研究分析粮油供求形势及其变化趋势，为政府决策提供粮情信息和科学依据。

（四）加强规范化管理，切实做好军粮供应

按照先前方、后后方，先军队、后地方的原则，坚持军粮供应标准，强化规范化管理，扩大军粮供应品种，做到了保质、保量、及时供应，满足了部队需要。为全区军粮工作人员统一制作了《新疆粮食系统军粮供应业务证》，重新审核认定了军粮供应站(点)的军粮供应资格，并举行了授牌仪式。由新疆粮油中心批发市场对2009年军供大米实行公开招标采购，取得良好效果。不断加强基础设施建设，及时下拨军供网点维修改造补助资金。

三　粮食流通改革

一是及时安排部署国有粮食企业改革工作。2008年初，下发了《关于切实做好国有粮食购销企业改革工作的通知》，对全年工作提出了明确要求。5月派出4个工作组赴各地州市，对国有粮食企业改革工作进行调研督查。9月召开了全区国有粮食购销企业改革工作座谈会，针对改革中存在的问题提出了解决办法。二是稳步推进企业产权制度改革。为适应粮食市场化的需要，各地以产权制度改革为突破口，创建了一批国有独资、国有控股和国有参股的有限责任公司。三是落实各项优惠政策。根据自治区人民政府新政发〔2007〕17号文件精神，重点落实了产业化发展和仓储建设维修资金，以及国有粮食购销企业免税政策。与自治区财政厅、劳动与社会保障厅联合制定了《新疆维吾尔自治区国有粮食购销企业改制经济补偿金自治区财政补助资金管理办法》，第一批资金已经下拨，为妥善安置分流职工创造了条件。

四　粮食产业化发展

（一）积极培育、扶持龙头企业，推进粮食产业化经营

2008年，自治区粮食局积极培育、扶持粮食产业化经营龙头企业，共下拨粮食产业化发展专项资金1000万元，支持粮食产业化项目22个，拉动投资6亿多元，其中4个已经完工投产，15个项目工程正在进行之中，预计明年可先后完工投产。同时自治区粮食局积极组织有关企业申报国家2009年度食用植物油加工投资补助项目。经筛选审核，推荐新疆康优美粮油集团海奥油脂科技发展有限公司、新疆康鑫粮油有限责任公司、新疆金鑫生物科技发展有限公司、新疆泰昆集团有限责任公司4家企业的项目报国家粮食局。目前，全区粮食行业已涌现出一批经营规模较大、辐射面较广、带动力较强的产业化龙头企业，初步形成了沿天山北坡小麦加工产业带，南疆阿克苏、喀什棉籽油加工产业带以及伊犁、塔城特色粮油加工产业带，培育创建了一批名牌产品，为自治区粮食经济发展增添了动力。

（二）积极推进"放心粮油"工程，实施品牌战略

2008年是全区"放心粮油工程年"，各级粮食部门大力推进"放心粮油"进社区、进农村工程，"放心粮油"产品在市场上的影响力不断提高，越来越受到广大消费者的认可和欢迎。自治区粮食局会同新疆粮食行业协会组织专家评委对2008年度申报全区"放心粮油"产品和"放心粮油销售店"进行了评审，有9个企业的产品、22个粮油销售店被评为2008年度全区"放心粮油"产品、"放心粮油销售店"。同时，自治区粮食局还主持召开了2008年度新疆名牌产品粮食专业委员会初评会，全区8个企业的粮油产品经会议初审，被推荐为2008年度新疆名牌产品。

（三）积极组织企业交流，大力宣传粮食知识

一是组织全区粮油科技周活动。根据国家粮食局《关于组织开展2008年粮食科技活动周的通知》（国粮办展〔2008〕33号）的要求，自治区粮食局在全区组织开展了粮食科技活动周活动，把粮食科技活动周方案纳入自治区科技活动周总体方案之中。粮食科技周活动突出重点、讲求实效，体现了知识性、趣味性、科普性和大众性，受到了广大消费者的普遍欢迎。二是10月16～18日，新疆自治区粮食局和新疆粮食行业协会统一组织区内粮食企业组成新疆展团，参加了由国家粮食局和江苏省人民政府主办的第八届中国国际粮油产品及设备技术展览会。全区共有14个企业的40多个米、面、油产品参加了展示。三是新疆粮食行业协会、粮食经济学会于12月5日在乌鲁木齐召开了首届新疆粮油加工企业论坛。全区近40家粮油加工企业的董事长、总经理及企业代表参加了会议。积极探讨在新形势下新疆粮油加工业发展之路，并积极号召全区粮油加工企业面对复杂的经济形势，要鼓足勇气、坚定信心，以科学发展观为指导，以改革创新为动力，调整产业结构，转变发展方式，团结起来共同迎接挑战、战胜困难，为自治区的经济建设又好又快发展作出积极贡献。

五　粮食仓储工作

（一）积极推进现代物流体系建设

2008年，自治区粮食局会同自治区发展改革委在《新疆维吾尔自治区粮食现代物流设施"十一五"及中长期建设规划》的基础上，拟定了《新疆维吾尔自治区粮食现代物流设施"十一五"及中长期建设规划》，明确了建设重点，细化了建设项目，提出依托南北疆铁路和国道、省道公路网，构建"两大通道、三级节点"的总体框架，即新疆粮食外运通道和自治区内产区至销区的粮食物流通道，在乌鲁木齐、伊犁州和阿克苏建设3个一级节点，在喀什、塔城地区额敏县等基础条件较好的中转库建设16个二级节点，在全区粮食主产县建设15个三级节点。目前，各项工作正在稳步推进。

（二）加大粮食仓储设施基本建设力度

在自治区粮食仓储基础设施建设资金的引导下，各地多渠道筹措资金，不断加大粮食基础设施建设维修投资力度，喀什地区国家粮食储备库"退城进郊"项目已经完工，克拉玛依腾飞粮油公司新库建设项目完成主体工程，自治区粮食仓储基础设施建设方案和旧仓维修改造方案已初步确定。2007年、2008年全区国有粮食购销企业累计投入资金约6000万元用于仓储设施的维修新建，共计新建仓容近9万吨。

（三）加强制度建设，逐步推进规范化管理

结合全区安全储粮的要求，自治区粮食局先后下发了《自治区新建粮食平房仓执行GB50320-2001标准补充通知》、《自治区地方储备粮轮换办法》和《自治区地方储备粮承储资格认

定办法》等规定，推进了粮食仓储工作的规范化管理。

（四）加强品质测报，促进品种改良

完成了《2007年度新疆维吾尔自治区（地方）粮食质量调查和品质测报及原粮卫生专项调查报告》。2008年又在全区39个重点产粮县继续开展粮食品质测报工作。通过连续两年的粮食品质测报，初步筛选出一批适合当地土壤、气候条件的优良品种，为全区粮食品种优化改良和加工产品质量升级提供了科学依据。

（五）积极引导农户科学储粮

制定下发了《新疆维吾尔自治区2008年度农户科学储粮试点工作实施方案》和《关于开展本区农户储粮损失调查工作实施方案》，积极推动农户科学储粮试点工作，改善了农户储粮条件，减少了农村粮食产后损失，受到广大农牧民欢迎，社会效益明显。财政安排专项资金80万元，在南疆地区的12个县开展了农户科学储粮试点工作。

六　粮食依法行政

（一）围绕粮油购销工作，依法开展粮食流通监督检查

2008年，各地严格规范行政执法主体资格、工作程序、执法依据，认真履行粮食行政管理部门监督职责，适时开展专项监督检查，联合工商行政管理、质量技术监督、发展改革(物价)等部门开展粮食流通联合执法，对无照经营、哄抬粮价、囤积居奇、掺杂使假等违法行为给予了严厉打击，有效维护了正常的粮食流通秩序，切实维护了广大粮农利益。全年共查处收购活动违规案件102起，责令整改34起，警告34起，罚款14起。

（二）加强粮食监督检查制度建设，积极推进依法管粮

会同自治区工商局印发了《新疆粮食收购资格监督检查工作规程》，对已取得粮食收购资格的企业按规定程序进行年审。为加强粮食流通领域的联合执法，与自治区工商局、质量技术监督局建立了跨部门粮食流通监督检查联席会议制度。制定了粮食流通监督检查工作流程，明确了检查内容、计划实施、报告和终结等方面的工作要求。同时，采取多种形式，组织开展了《粮食流通管理条例》实施四周年宣传活动，制定自治区粮食系统依法行政监督检查的培训方案，加大了对涉粮企业人员的培训力度。

（三）健全监督检查机构和人员

重点加强了地区监督检查队伍建设，部分条件成熟的地州和县市已成立了粮食执法大队，如阿克苏地区各县市成立了副科级粮食执法大队，并由地区编办统一新增了53名人员编制。

七　党群工作

2008年，自治区粮食局在党的十七大精神的指引下，进一步深入贯彻落实科学发展观，不断树立科学发展理念、增强科学发展信心、凝聚科学发展共识，切实做到党员干部受教育、科学发展上水平。始终坚持以邓小平理论和"三个代表"重要思想为指导，全面贯彻落实党的各项方针政策，紧紧围绕自治区粮食经济工作的重点，按照促进社会和谐稳定发展的大局，以群众性精神文明创建为主要内容，以科学发展观为先导，不断加强机关建设、作风建设、和谐建设和制度建设，在改变机关作风

上取得了一定成效，在提高干部职工的文明素质上取得了新的进展。按照"抓住根本，围绕核心，服务发展，强化基础，务实创新"的思路，以加强机关党建、作风、效能建设为重点，有效促进了粮食工作的全面开展，并取得了较好成绩。

◆ **新疆维吾尔自治区粮食局领导班子成员**

雍其新	党委书记、副局长
米尔扎依·杜斯买买提（塔吉克族）	党委副书记、局长
刘会军	党委委员、副局长（2008年12月任职）
王卫军	党委委员、副局长
杨　力（回族）	党委委员、纪委书记（2008年8月任职）
折为民	党委委员、总经济师（2008年8月任职）
唐阿塔尔·克力马洪（哈萨克族）	党委委员、副局长（2009年4月任职）
黄国粹	党委委员、副巡视员
张河维	副巡视员
徐立文	副巡视员（2008年8月任职）

新疆维吾尔自治区粮食局局长米尔扎依·杜斯买买提考察粮食工作。

新疆维吾尔自治区粮食局党委书记雍其新调研粮食工作。

新疆维吾尔自治区粮食局召开全区粮食工作会议。

青岛市粮食工作   基本情况

2008年，青岛市实现生产总值（GDP）4436.18亿元，增长13.2%。其中，第一产业增加值223.4亿元，增长1.4%；第二产业增加值2255.45亿元，增长11.1%；第三产业增加值1957.33亿元，增长17.1%。全市财政总收入实现1251.6亿元，增长16.9%；地方财政一般预算收入342.4亿元，增长17.0%。农民人均纯收入达8509元，增长13.8%。

2008年，全市粮食播种面积为51.06万公顷，增长7.3%；总产量达到333.66万吨，增长10.9%。2008年末全市实有耕地面积41.79万公顷，增长1.2%。

2008年，全市粮食购销总量为272.07万吨，其中国有粮食企业购销156.8万吨，粮食购进量为140.94万吨（从生产者购进94.44万吨），销售量为131.13万吨。全市城镇居民口粮为88.8万吨，农村居民口粮为89.2万吨，工业及食品业用粮为26.1万吨，种子用粮为3.6万吨，饲料用粮为175.9万吨，其他用粮21.8万吨。

2008年末，全市纳入统计范围的粮食企业35家，从业人员3569人。其中，规模以上面粉加工企业21家，规模以上食用油加工企业10家。

2008年，全市粮食系统实现销售收入13.56亿元。全市规模以上粮油加工企业实现销售收入105亿元。

2008年粮食工作

一 粮食生产

2008年，青岛市农业生产条件继续改善。2008年末，全市拥有农业机械总动力697.38万千瓦，增长2.5%。农用拖拉机17.62万台。农村用电量42.43亿千瓦时。地膜覆盖面积16.23万公顷。粮食生产实现较大幅度增长，总产量达到333.66万吨，其中：小麦162.07万吨，同比增长16.1%；玉米162.09万吨，同比增长8.3%；花生47.14万吨，同比减少5%。

二　粮食流通

受国际、国内粮食市场价格大幅波动影响，2008年青岛粮食市场形势复杂多变。夏收期间，粮价上涨、农民惜售，托市收购预案难以启动；秋收期间粮价出现较大幅度下跌。青岛市粮食部门准确判断，超前决策，组织全市粮食企业广开收购渠道，多方掌握粮源，较好地落实了国家粮食收购政策，保护了种粮农民利益，保证了青岛地区粮食供应和价格稳定。中央电视台等多家媒体报道了青岛市粮食订单收购的成功经验。全市国有粮食企业累计收购粮食71.6万吨，同比增长52%，购销总量同比增长20%，较好发挥了国有粮食企业购销主渠道作用。

三　粮食调控

2008年，国际粮价大起大落，青岛地区粮价调控难度增加。青岛市粮食部门积极应对复杂粮食市场形势，建立起覆盖全市粮食流通各环节、反应灵敏的粮情粮价监测网络。全市设立农村收购、批发市场、零售企业监测点40余个，35个规模以上骨干粮油加工企业经济运行状况全部纳入监测范围。适时启动价格监测日报制度，对小麦、玉米、花生等原粮的购销价格和数量，面粉、大米、食用油等成品粮油价格和销售情况实施重点监测。进一步完善粮食应急机制，市和各区市粮食应急预案全部出台，部分区市通过组织预案演练，进一步完善了应急预案。强化对全市粮食应急供应保障网点的监管，市区全年及时调整并新确定保供加工企业13个，销售企业32个，保供网点100个。由于监控手段到位，调控措施得力，2008年青岛地区粮食价格总体平稳，市场供应充足，没有出现大的波动，较好满足了青岛地区粮食消费需求，确保了地区粮食安全。

四　地方储备

2008年，青岛市增加两级地方储备6万吨。根据青岛市人口数量和社会经济发展要求，经测算并报市政府批准，青岛市本级储备新增4万吨，当年落实了2万吨。青岛开发区、胶南市也分别新增储备规模1万吨。省政府确定青岛市新增3000吨花生油应急成品储备全部按期落实到位，储备规模位居全省前列。

2008年，青岛市地方储备粮库建设取得重要进展。根据地方储备粮集中存放、统一管理的需要，经市政府同意，规划并启动了青岛市市级储备库三期工程建设。项目总投资3630万元，拟建高大平房仓8栋，仓容5万吨。

2008年，青岛市地方储备粮规范化管理水平进一步提升。本年度新创省级规范化管理示范粮库1个，全市省级示范粮库数量达5个，继续位居全省首位。大力推动粮食仓储科技研究和应用。12月，青岛市粮食局组织开展仓储科技成果评选交流活动，创新仓储科技成果29项。

五　市场建设

2008年，第三粮库投资700万元对青岛市粮油综合批发市场实施股权回购，使其成为青岛第三粮库全资所有国有企业，为青岛市粮食部门提高粮食市场调控能力打下了坚实基础。经过全面整合市场功能，增加经营项目，入市经营者数量和经营规模进一步增大。2008年，该市场实现成品粮油现货交易量28万吨，达到市区口粮需求量的50%以上。全年实现大宗原粮竞价交易2万余吨。年内，青岛市下辖各区市积极推进专兼粮油批发市场建设。胶州市粮食批发市场交易量达到2万吨，交易额达到1.2亿元。胶南市投资1000万元新建综合批发市场一个，交易面积2万平方米。

年内，市粮食现代物流中心项目开始启动，项目预计总投资5000多万元，建设面积36698平方米，建成后，预计粮食年流通能力将达到100万吨，青岛市粮食市场流通能力将显著增强。

六　行政执法

2008年，青岛市粮食局入驻市行政审批大厅，实现了粮食行政审批一站式服务。根据市政府统一要求，在认真梳理执法依据的基础上，青岛市粮食局做好入驻市行政审批大厅的各项准备，保证了按期入驻，优质服务。

2008年，青岛市粮食部门认真开展了夏收和秋收粮食市场秩序专项检查。组织全市粮食执法机构进行了联合执法，全年累计出动执法人员850余人次，检查收购企业和收购网点450余家，对违反粮食收购政策的业户进行了行政处罚，较好维护了青岛地区粮食收购市场秩序。

2008年，青岛市粮食局开展了农村粮食经纪人试点推广工作，取得了显著成效，进一步规范了收购者收购行为，有效地保护了粮食生产者、经营者和消费者的利益。年内，青岛市粮食部门着力加强了粮食执法能力建设，通过走出去、请进来、树典型，召开研讨会、现场会等多种形式，有效提升了全市粮食执法人员的执法能力和水平。

粮食质量检测机构建设加速。市粮油质量检测中心投资120万元购置了重金属检测设备，填补了青岛市空白，扩大了检测范围。即墨市粮油检测站落实了事业编制，胶南市粮食局投资新建了一座检测楼，改善了检测条件。市粮油质量检测中心每季度都对政策性用粮进行质量抽检，对进入市批发市场的粮油产品进行批检，全年共检测11000批次，较好完成了粮食质量监管任务，保障了全市粮食消费质量安全。

七　行业发展

截至2008年底，全市拥有规模以上面粉加工企业21家，油料加工企业10家。粮食品牌建设取得显著成果，全市有两个粮食品牌被评为中国名牌，14个品牌的19个产品获得全国"放心粮油"产品称号，12个品牌的26个产品荣获山东省"放心粮油"产品称号。

粮食部门加大龙头企业支持力度，主要粮油加工企业快速发展。长生、嘉里、渤海、星华、维良等主要粮油加工企业生产规模进一步扩大，市场占有率提高，青岛地区粮油加工产业集中度明显提升。

粮食行业管理推出新举措。青岛市粮油行业协会力量进一步增强，较好发挥了粮食企业与政府之间的桥梁沟通作用。

八　军粮供应

军供规范化建设取得新进展。青岛市军供站、即墨市军供站通过了全省规范化管理示范站的复审，胶南市军供站新评为规范化管理示范站，城阳区军供站新评为规范化管理先进站。全市军供示范站数量继续位居全省首位。全市主要军供站员工编入预备役部队，实现了标识、管理制度、工作标准三统一。

军粮供应质量、服务质量管理得到加强，军粮统筹和军粮供应能力进一步提高。在粮价变动频繁，筹措粮源困难的情况下，保持了军粮供应不断档、军粮质量、服务质量零投诉，全市军供站高质量完成了抗击浒苔灾害和奥运安保任务部队的军粮保障。

军供应急保障机制进一步完善。7月，青岛市粮食局圆满完成了山东省奥运安保军供应急演练承办任务，创建了军供应急保障新型模式，受到部队首长和上级部门的高度评价。青岛市军供应急保障机制建设获得全市机关优秀调研成果三等奖。

九　奥运保障

2008年，青岛市作为北京奥运会协办城市，承办了奥运会帆船比赛。粮食部门组织全市粮油生产企业和流通企业加大生产和货源组织力度，加强粮食质量监测，保证了奥帆赛期间粮食供应稳定和质量安全。同时全面加强安全生产管理，加大信访工作力度，确保了系统安全稳定。青岛市粮食局被青岛市委评为"青岛市奥帆赛突出贡献先进单位"。在抗击浒苔灾害中，粮食部门从粮库调集输送设备支援浒苔清理，大大提高了清理速度，得到了全市军民的肯定和赞扬。

十　党群工作

2008年，市局机关建设取得丰硕成果。以"建设一流队伍、培育一流作风、创造一流业绩"为主题，集中开展了机关作风教育活动，机关干部作风和精神面貌明显改善。青岛市粮食局"细微精良"机关品牌被评为青岛市机关服务名牌，被山东省粮食局在全省推广交流。局机关连续六年被市委市政府命名为"青岛市文明机关标兵"。

党建和廉政建设扎实开展。"党建品牌创建"活动成果突出，全系统共树立党建品牌34个；7项党建研究成果受到国家粮食局表彰。廉政谈话、党建联系点等系列廉政制度全面建立，青岛市廉政建设工作经验在全国、全省粮食系统纪检工作会上推广。

大力实施"人才兴粮"战略。出台了《青岛市粮食局人才引进、培养、管理暂行办法》，采取竞争上岗、轮岗交流、挂职锻炼、引进人才、选拔站长（主任）助理等多种方式，促进年轻干部成长，完善人才梯队建设，打造了一支思想素质高、创新能力强的粮食干部队伍。市局交流轮岗处级干部4人，提拔调整处、科级干部20余人，机关工作积极性明显提高。对局直单位实行主任（站长）助理制，选拔了一批年富力强的干部充实企业领导班子，为企业未来发展储备人才。

粮食宣传工作实现重要突破。围绕粮食职能和工作重心的转变，青岛市粮食局加大了粮食对外宣传力度，与全市主要电视台、报纸、电台均建立经常性联系，全年在各级主流媒体宣传报道80余次，显著扩大了粮食工作的社会影响力。

◆ **青岛市粮食局领导班子成员**

黄润华　　党委书记、局长

安郁宏　　党委委员、副局长

邓开明　　党委委员、副局长

岳　军　　党委委员、副局长

孙一宇　　党委委员、纪委书记

2008年3月10日，青岛市市委副书记、市长夏耕视察青岛市粮食工作，调研市粮油综合批发市场、市军队粮油供应站、市粮油检测中心建设情况。

2008年7月23日，山东省奥运安保军供应急保障演练在青岛举行。山东省粮食局、济南军区联勤部、山东省军区及青岛市有关部门的领导现场观摩指导。

2008年12月23日，青岛市粮食局举办全市粮食仓储科技成果交流会，青岛市粮食局局长黄润华出席会议并讲话。

宁波市粮食工作   基本情况

宁波市地处我国大陆海岸线中段，长江三角洲南翼，是我国首批沿海对外开放城市、计划单列市和副省级城市，素有"港城、商城、名城、绿城"的美誉。全市总面积9817平方公里，其中市区面积为2462平方公里，拥有户籍人口568.09万，其中市区人口220.12万。宁波辖海曙、江东、江北、镇海、北仑、鄞州6个区，宁海、象山2个县，慈溪、余姚、奉化3个县级市。共有78个镇、11个乡、63个街道办事处、548个居民委员会和2558个村民委员会。

2008年，全市GDP 3964.1亿元，比上年增长10.1％，财政一般预算收入810.9亿元，比上年增长12.0％。市区居民人均可支配收入25304元，比上年增长13.4％。农村居民人均纯收入11450元，比上年增长13.9％。2008年宁波成功蝉联全国文明城市，同时被评为全国十大最具幸福感城市之一。

2008年，农作物播种面积33万公顷，增长4.9％。其中粮食播种面积14.7万公顷，增长8.9％；粮食产量86万吨，增长14.9％。春粮实现面积、单产、总产"三增"，分别净增1.3万亩、7.9公斤、0.4万吨。全市粮食总需求量288万吨，其中口粮196万吨，饲料用粮51万吨，工业用粮19万吨，食品业及酿造业用粮21万吨，其他用粮1万吨。全市粮食产需缺口203万吨，全年向外采购粮食275万吨，向外销售粮食68万吨，省外购销渠道已拓展到15个省（区）。

截至2008年末，全市共有粮食经营企业93家（包括粮食加工、粮食批发企业，不包括粮食零售企业），国有粮食购销企业20家，全市国有粮食从业人员1439余人（其中市本级国有粮食购销企业从业人员168人）。

2008年粮食工作

2008年，宁波市粮食局以科学发展观为指导，认真学习贯彻党的十七大和十七届三中全会以及省、市粮食工作会议精神，紧扣构筑粮食安全体系这一主题，深度推进粮食宏观调控体系、市场培育体系、产销合作体系、现代物流体系和组织保障体系建设，重点突出，措施落实，圆满完成了各项工作任务和考核目标。

一　加强市场调研、监测和协调，切实保障粮食供应和价格稳定

定期分析和准确把握国内外粮食形势的宏观环境与粮情动态，认真组织社会调查和市场调研，掌握全市粮食的供需总量、品种结构、区域差异和流通动态，为科学决策提供了翔实依据。同时，深入粮食批发市场、加工经营企业了解粮油购销、库存情况，协调关系，把握调控节奏，为落实稳定市场、保障供给的各项措施奠定了基础。2007年下半年开始，粮食供给相对偏紧，粮价趋涨的心理预期开始显现。2008年春节前后，冰雪灾害雪上加霜，引发群众心理恐慌，市场波动濒临一触即发的界点。针对这种情况，市粮食局精心研究部署，确定应对措施，指导各地抓好保障粮食供应和启动应急预案的准备工作，组织好4500吨应急大米的出库加工准备。加强粮油市场监测，增加测报频率，定期分析价格变化及其趋势。全面落实应急供应措施，与企业商议加强货源采购，动员加工企业加大加工力度，动员经营大户紧急向东北采购大米，仅3家经营大户就从东北调入大米2400吨，使批发市场成品粮库存迅速回升到9500吨。保持加工、批发、零售三个环节紧密衔接，督促各类企业主动向零售网点及时供货，保持粮油货源不断档，市场价格不上涨，确保了春节供应、冰雪灾害期间乃至全年粮食市场的持续稳定。进一步完善粮食供给应急预案，落实各项应急救助措施，确定应急加工企业28家、供应网点262处。切实加强军粮的供应链管理，全面落实"四统一、二定点"军粮筹措办法，保质保量保品种，深受驻地官兵的好评，经省质检站鉴定，全市军供粮油质量全部合格。

二　抓好粮食收购储备，全面落实政府宏观调控措施

认真贯彻中央关于加强社会主义新农村建设和加大扶持粮食生产力度的指示精神，坚持从有利于保护农民种粮积极性、稳定粮食生产和掌握本地粮源的统筹角度出发，研究制定粮食收购政策，扩大补贴范围，提高补贴标准，向农民发出了最直接、最有力的激励信号。确定2008年早稻保底收购价为每50公斤88元，价外补贴12元，合计100元，比上年发布价格提高了14元；每50公斤中等质量标准晚粳稻订单价为98元，价外补贴12元，合计110元，比上年提高了12元。同时，全市共发放预购定金243万元，帮助种粮大户解决生产资金短缺问题。收购价格的提高和预购资金的发放，有效地保护了农民的种粮收益和种粮积极性，进一步稳定了宁波市的粮食生产。2008年，全市共收购粮食12.19万吨，其中早籼谷4.80万吨，晚粳稻7.39万吨，分别比上年减少16.08%和增加66.06%。国有粮食收储企业广泛开展优质服务活动，向农民提供上门订单、粮情咨询、政策宣讲等服务，增配烘干、大吨位地磅、入库输送机等设备，大大减轻了农民晒粮和售粮的劳动强度，博得广大农民尤其是种粮大户的赞誉。市委、市政府更加重视粮食问题，几次听取专题汇报、召开专题座谈会，研究和部署粮食工作，确定新增地方储备粮规模6.5万吨，并建立了1.97万吨应急成品粮和500吨食用油储备。各地按照市政府下达的计划和要求，认真抓好粮食储备工作，基本上落实了粮食货源，其中应急成品粮储备库存业已全部到位。适度增加适合居民口粮消费的晚稻库存，以便充分发挥储备粮调控调节市场供求的作用。督促抓好储备粮轮换工作，全年计划安排轮换出库14.25万吨，轮换补库15.28万吨，现已完成出库12.34万吨，完成补库15.40万吨。在大幅度增加储备规模的同时，严格执行储备粮管理规定，落实质量检测和粮情检查制度，把好库存粮食的质量关，并以争创"星级粮库"为先导，以点带面，全面推进"一符四无"粮仓建设，经各地自查和全市循环检查，地方储备粮库点合格率达到99%以上，为迎接

2009年全国统一部署开展的清仓查库工作充分做好了准备。

三　巩固粮食产销合作关系，积极扶持多元经营主体发展

按照年初确定的"远交北粮仓、近联毗邻省和国有民营并重"的思路，继续推进产销代转的合作关系，建立稳固、持久、高效的粮源渠道。2008年3月初，副市长徐明夫带队赴黑龙江省进行考察调研，并对当地粮食和铁路部门予以答谢，为宁波市粮食采购创造了更好的环境。与宁波市地方储备早籼稻的重要外购基地江西高安等地经常保持互动，部门与部门联络，企业与企业对接，建立异地收储基地，拓展代购代销业务。协调和指导龙头加工企业在黑龙江、内蒙古、吉林、辽宁等地买田租地，建造仓库和加工厂，建立异地加工基地。2007年东北秋粮大丰收，粮源充裕，粮质上好，宁波市粮食局因势利导，鼓励加工厂和经营户多购粮食，增加库存。2008年春节前夕，宁波市仅7家单位就在黑龙江、吉林采购到稻米7万余吨，但由于受到铁路运输极度紧张的瓶颈制约，到手的粮食无法南运。为解决这一难题，宁波市粮食局积极向上反映情况，引起省和国家有关部门的重视，争取到铁道部和哈尔滨铁路局的大力支持，为专列直运解决了运输问题，加上前后协调好的水铁联运，采购粮源如数运抵宁波市。及时联系市运输联合指挥部、交警等部门，协助解决疏运问题。国有粮食购销企业充分利用基础设施的优势，为粮食加工、批发企业提供储存、中转服务，支持多元主体稳定增加粮食库存，促进了本市粮食的供需平衡。国家为了解决东北地区卖粮难问题，出台了对关内粮食主销区采购东北稻米实行运费补贴政策，宁波市粮食局帮助购粮企业搞好申报衔接工作，得到补贴金额2135万元，占全省的2/3，真心实意地扶持多元经营主体做大做强。同时，充分发挥市场机制作用，积极探索国有企业与民营企业合作收购和轮换储备粮的新路子，全年代购代轮换地方储备粮2万吨，并与黑龙江冰灯米业集团开展储加销项目合作，生产大米0.5万吨。

四　推进规划前期和实施进度，加快改善粮食流通基础设施

根据粮食宏观形势及流通设施发展态势，结合全市粮食基础设施现状，宁波市粮食局按照年初确立的"抓基础、谋全局、图长远"的指导思想，坚持抓规划与抓实施相结合、抓适应与抓超前相结合、抓重点与抓全局相结合，着力推进立项工程的实施、规划项目的调研和中心粮库的督导工作，拉开了本市粮食流通基础设施开始由传统格局向现代模式转变的序幕。市（庄桥）粮油批发市场是当前粮食基建工作的重中之重，全局上下殚精竭虑，攻艰克难，步步为营，扎实推进，相继完成了土地转让协议签订，建设用地规划许可证办理，工程设计方案审批，地质勘察，交通、环境、安全评估，初步设计，扩初会审，相关规费减免，代理单位确定以及招投标准备等一系列前期工作。市政府决定在镇海后海塘规划兴建大宗货物海铁联运枢纽港之后，宁波市粮食局立即组建班子，广泛考察学习，有序推进粮食现代物流中心项目的规划调研工作，修订和完善了调研报告，初步确定了该项目的功能定位和基建规模，制订了初步设计意向图，并与枢纽港建设管委会等有关部门紧密保持沟通和衔接，与中国城市规划设计院、河南工业大学和市发展改革委的专家们进行了研讨与论证，几次向国家粮食局、省局和市政府有关领导作专题汇报，使工作始终处于主动，走在前列。作为本市粮食现代物流体系的重要支撑点，各县（市）区中心粮库建设进展顺利。余姚、象山中心粮库早已建成并投入运营，鄞州、慈溪、奉化、宁海中心粮库相继开工建设，镇海、北仑项目筹建工作也已列入议事日程。庄市

粮食物流"四散"项目的续建工程于3月份开工，包括新增立筒仓、输送机以及码头配套设施等，8月份全面竣工并交付使用，适时缓解了北粮南运流量与日俱增的新压力。

五　　抓好自身建设和内部管理，不断强化支撑保障体系

以开展十七大主题教育为主线，以"狠抓落实之年"、"创新突破之年"和民主评议机关为载体，切实加强自身建设和各项内部管理，保证了粮食中心工作的顺利进行。通过中心组学习、专题辅导、先进事迹报告、集体学习考察、处级以上干部轮训、系统知识竞赛等多种形式，不断强化理论学习和党性锻炼。加强党风廉政建设，制定了《建立健全惩治和预防腐败体系2008～2012年实施细则》，并把党支部建立在各处室，使机关党务工作更加深入。认真制定第六轮文明机关创建活动总体规划和年度计划，召开动员大会，及时调整和充实了工作班子。加强系统干部职工队伍建设，深入各县（市）区和市本级企业开展调研，基本摸清了粮食队伍在年龄、文化、专业知识结构方面存在的问题，初步提出了对策建议，为下一步优化粮食队伍结构打下了基础。与局属企业签订综合治理和安全生产工作责任状，加大监管力度，强化日常管理，扎实开展了"安全生产月活动"和迎接奥运、排除隐患工作，全年全系统未发生一起安全生产上报责任事故、越级信访和众访事件以及刑事、治安案件，确保了一方平安。热忱做好人大建议、政协提案的受理工作，做到主动造访、虚心采纳、规范办理，真正让代表、委员们满意。认真贯彻《劳动合同法》，花大力气清理了大量历史遗留问题，全面规范了企业用工制度。组织开展抗震救灾捐款活动，局机关和市本级企业捐得善款、交纳特殊党费10万多元，体现了宁波粮食人良好的思想觉悟、精神风貌和道德情操。加强网络建设和信息工作，积极投入"长三角"粮食信息平台，局门户网站被评定为市级优秀单位，政务信息工作被授予全国粮食系统优秀单位，是全国唯一获此荣誉的市级粮食机关。

◆ **宁波市粮食局领导班子成员**

杜钧宝　　党委书记、局长

胡望荣　　党委委员、副局长

徐常升　　党委委员、副局长

杨久义　　党委委员、副局长

姚敬文　　巡视员

2008年12月，宁波市粮食局局长杜钧宝向宁波市副市长徐明夫一行作局党建工作情况汇报。

2008年6月5日，宁波市粮食局召开新一轮文明机关创建暨民主评议机关动员会，局长杜钧宝作动员发言。

2008年3月11日，局长杜钧宝在市粮食局十七大精神主题宣传教育大会上讲话。

2008年11月11日，宁波市粮食局召开直属企业中层干部培训会，局长杜钧宝发言。

厦门市粮食工作　基本情况

　　厦门市是我国东南沿海、濒临台湾海峡的一个国际性海港风景城市，与台湾和澎湖列岛隔海相望，是我国对台工作的前沿。全市陆地面积1573平方公里，海域面积300多平方公里。2008年末户籍人口173.7万，常住人口249万（比上年增加6万人）。在户籍人口中，城镇人口为118.6万，比上年增加4.4万人（增幅3.9%），乡村人口55.1万。

　　2008年，厦门市加大推进海峡西岸经济区重要中心城市的建设力度。土地资源制约全市经济和社会发展的"瓶颈"问题仍然突出，因此继续实行调优调减农业和粮食生产政策。全年粮食作物播种面积7988公顷，比上年减少4062公顷。粮食总产量3.6万吨，下降32.1%。全市粮食总需求238.1万吨（增加25.6万吨），其中：粮食总销售126.8万吨，比上年增加10万吨；粮食总消费111.3万吨，比上年增加15.6万吨，增幅16.3%。人均粮食产量14.4公斤，人均粮食消费量447公斤，粮食自给率3.2%，属于粮食主销区。

　　年末全市涉粮企业1042家，其中具有粮食收购资格企业48家（含国有粮食购销企业8家）。按经营类别分，粮食加工企业69家，粮食转化企业115家，粮食经营企业858家。

　　主要粮油加工企业31家（有14家被确认为骨干粮食加工企业），其中：大米加工16家，面粉加工9家，食用油加工6家。大米日加工能力略大于本市需求量；面粉和面制品、食用油加工能力较强，产品畅销省内外。全市较大型供应网点49个，其中骨干粮店21家。

　　年末全市粮库有效仓容57.3万吨，其中国有粮食企业36.4万吨，增加12万吨。全市储油罐容量28000吨，其中国有粮食企业3600吨。

　　全市粮食系统独立核算单位为10家（减少4家），在册职工总数396人（减少18人），其中行政管理部门35人、事业单位43人、企业318人。

2008年粮食工作

　　2008年，厦门市粮食工作面对国际粮价大幅上涨、南方部分地区罕见冰冻雨雪灾害和国际金融形势急剧变化的严峻局面，紧紧围绕确保全市粮食安全目标，推进粮食流通体制改革，扎实开展储备粮、军粮和粮食行业管理等基础工作，有效确保全市粮油市场供应平稳有序和价格基本稳定，粮食工作走在全省前列，荣获福建省粮食局"设区市粮食局工作综合考评优秀单位"第一名。

一　粮食生产

2008年，厦门市粮食作物播种面积比上年减少了1/3。粮食作物主要是稻谷（品种仍为优质籼稻），其次是甘薯和马铃薯。在粮食作物中，稻谷播种面积4778公顷，产量为2.7万吨；甘薯、大豆和杂粮播种面积分别为1898公顷、202公顷和172公顷，产量分别为10877吨、448吨和815吨。

二　粮食流通

厦门市自产粮均为本地村民自用，仅可满足乡村8.1万人(约占全市55.1万乡村人口的1/7)的需求，仍未有国有粮食企业对本市自产粮的收购业务。2008年原粮购入量242.1万吨，其中国内购进157.2万吨、进口43.2万吨（增加4.1万吨）和区间内贸易41.7万吨。再加上自产粮3.6万吨，粮食总供给245.7万吨，比上年增加27.7万吨。粮食总需求238.1万吨，比上年增加25.6万吨，其中本市社会消费量111.3万吨（含城乡居民口粮48.0万吨），中转、贸易和出口126.8万吨。年末粮食总库存比上年增加10万吨。

三　市场价格

全年粮油价格总体概况为粮价上涨、高位运行而油脂价格先升后降、期末下沉的走势。第一季度大米、面粉等主要粮食品种快速上涨，4月份起开始回调；食用植物油在3月份涨到高点后逐月下行，8月份又加速回落。全市主要粮油品种2008年12月零售均价与1月份相比，涨跌情况为：每500克早籼米从1.45元上涨到1.56元，涨幅7.6%；晚籼米从1.73元上涨到1.81元，涨幅4.6%；粳米从1.82元下跌到1.71元，跌幅6.1%；面粉从1.74元下跌至1.71元，跌幅1.7%。食用植物油方面，每500克散装大豆油年初为6.02元，3月中旬曾爬高到7.98元（涨幅32.6%），后震荡下行，12月中旬跌至4.51元，比年初下降了25.1%；散装菜籽油从7.0元上涨到3月份的9.2元，12月收于6.4元，比年初跌8.6%；花生油从12.2元上涨到最高13.3元，12月跌至10.9元，比年初跌10.9%；瓶装调和油从年初7.62元上涨到8.6元后在12月落至6.46元，比年初下跌15.2%。

四　粮食宏观调控

（一）贯彻落实国家订单粮食补贴政策

2008年，向与本市建立粮食产销协作关系的湖南省、湖北省、江西省的粮食主产市（县）和本省的南平市、三明市、龙岩市共采购1.72万吨订单粮食，及时给予产区172万元的种粮补贴和良种补贴。

（二）扩大地方粮食储备规模

针对2007年以来世界粮食危机助推国内粮食价格上涨的状况，分别调增市级粮食储备规模5000吨、食用油储备规模2500吨。6月下旬组织储备粮招标采购会，因有效投标客户数未达到规定（3家以上）等原因而流标；8月以政府采购的竞争性谈判方式完成小麦采购，10月底全部完成入库。

（三）深化粮食产销协作、多方引粮入厦

在巩固与省内外主产区粮食友好协作关系的同时，积极拓展粮食产销协作地域，新增与湖北省武

汉市建立粮食协作关系。当年分别组织15家粮食企业参加2008年省内产销区粮食购销协作洽谈会，13家粮食企业参加"第四届七省粮食产销协作福建洽谈会"。全年通过各类粮食购销洽谈会签订的入厦粮食超过50万吨。

（四）进一步建立和完善市地方储备粮油管理机制

一是修订《厦门市储备食用油管理办法》，确保本市当年增加的储备食用油以库厂结合、滚动轮换的方式得到及时落实。二是根据国内外粮价上涨的实际，调增了市级应急储备大米成本价格，确保应急储备管理顺利运行。

（五）完善粮食安全应急保障机制

贯彻落实《国家突发事件应对法》，修订《厦门市粮食安全应急预案》和《厦门市粮食储备工作预案》；制订《厦门市粮食动员预案》；完成《国防动员基础设施"十一五"规划的中期评估报告》；完善由15个基层测报点组成的粮油价格信息监测网络；坚持实行储备粮应急加工路线计划图编制、储备成品粮油应急出库安排的月度工作制度。

（六）增加全市粮食风险基金规模

2008年全市粮食风险基金规模比上年增加985万元，达到5027万元（其中省级配套1027万元），全部及时落实到位。

五　流通体制改革

（一）改革完善市级地方储备粮招标采购和轮换方式

一是建立市级储备粮采购和轮换处理定价联席会议制度。制定实施《厦门市粮食储备定价联席会议制度》，进一步规范储备粮行政管理，提高决策效率。二是探索储备粮轮出新方式。根据"利用轮储建立平抑市场粮价机制"的要求，试行轮出储备粮直接加工并优惠供应给特定对象的做法，将轮换粮加工并以优惠价格供应给高校、大型伙食团体和社会低收入群体，使储备粮直接用于惠民利民和稳定市场粮价。

（二）完成政策性国有粮食购销企业整合，企业经济效益继续提高

开展企业清产核资及资产、业务整合。建立市粮食购销有限责任公司（市托管企业）内部组织机构，组建企业党委、常委和纪委班子，成立监事会，建成以市托管企业市粮食购销公司为投资主体、4个区级粮食购销企业为子公司的政策性国有粮食企业结构。健全各子公司基层党组织，完善企业内部运作管理制度，推进企业人、财、物一体化管理。国有粮食购销企业实现利润203万元。

（三）统一军粮供应管理体制

集美区军供站、同安区军供站上收归市军粮供应站管理后，进行资源整合，实行统一管理。对供应点实行报账管理，统一报表和报送流程。规范内部管理制度，编制《内部岗位职责与制度汇编手册》，促进军粮业务管理规范化。

六　粮食行政执法

（一）加强粮食法制建设

开展纪念《粮食流通管理条例》颁布实施四周年系列宣传活动；制定和实施本市粮食企业最低库

存量与异常情况下最高库存量标准的管理办法并开展专项检查，未发现违反法规现象。

（二）依法审批粮食收购许可证

严格按照《行政许可法》、《粮食流通管理条例》和有关规定，做好粮食收购许可证审批和证后动态跟踪管理，新审批3家企业粮食收购许可证并完成年度粮食收购许可证年审。年末全市有粮食收购许可证企业48家。

（三）着力抓好粮油质量监管

一是依法开展常规与专项、普遍与重点相结合的粮食流通监督检查，主要有元旦、春节期间对社会储备成品粮和应急大米落实情况的大检查、"五一"前粮食经营企业库存情况的监督检查、治理"餐桌污染"建设放心粮油工程半年专项检查和9月份国家部署的粮食流通监督大检查等，确保了全市粮食市场流通正常有序，市粮食局连续2年被国家粮食局评为全国粮食流通监督检查工作先进单位。二是落实储备粮半年质量检测和进出库品质鉴定制度，做好系统内每半年米、面、油等粮油制品质量专项检查工作，确保国有粮食系统单位粮油质量合格。三是坚持实行全市粮油市场季度质量考评制度并上网公布考评结果，引导生产和消费。全年共随机抽取58家粮油企业93批次产品检查，必检的四大卫生指标均符合标准。四是加强粮油价格监测，做好市场变化分析和预测，为领导决策提供参考。做好市场动态实时监测工作，将粮食价格监测和库存调查由周报改为日报，将市场价格分析从每月改为每周一次。注意与省内外大型粮食批发市场联系，及时掌握毗邻地区市场动态。五是加强与工商、物价等部门的配合，加大对大卖场、超市和农副产品市场的粮食价格巡查力度，防止囤积居奇、哄抬价格等违法行为。六是主动引导舆论宣传，稳定粮食社会心理预期，维护粮食市场安定局面。

（四）做好粮食流通统计和信息工作

市发展改革、粮食、统计等部门专门召开粮食流通统计和粮食供需平衡调查工作会议，通过新闻媒体、信息刊物和有关部门网站宣传粮食流通统计制度。向社会公开粮食统计数据和分析报告，发挥统计信息的社会服务和决策参考功能。粮食政务信息连续三年双获市委、市政府的先进单位表彰。

七　行业发展

（一）粮食仓储设施建设全面铺开

成立厦门市粮食储备库工程建设协调小组，加强粮库建设的组织领导和综合协调，抓紧设计方案优化、概算调整、征地拆迁等前期工作。总仓容超过22万吨的集美、翔安、旗山等三个市级储备粮库于年初陆续开工，工程建设全面铺开。

（二）粮食科技成果、粮食产业化

粮食企业注重科技研发，延伸产业链条，发展粮食产业化经营。厦门盛宝、中盛粮油、好年东米业、金香穗米业等企业借助科研机构力量，拓展育种栽培、良种提供、运输仓储、粮油及其附属产品深加工等经营领域，扩建粮食生产基地，开设粮油专营店。有1家大米企业通过"有机食品"认证，1家企业商标荣获"中国驰名商标"。

（三）开展纪念世界粮食日暨全民爱粮节粮宣传活动

连续两天在《厦门日报》等主要媒体开辟纪念世界粮食日宣传专版，大力宣传《粮食流通管理条例》和国内外粮食形势，介绍市情粮情，号召爱粮节粮。同时面向市民举办爱粮节粮宣传暨粮油质量知识现场咨询，发放科学用粮宣传册500份。

（四）安全生产平稳有序

一是着力抓储备粮安全管理。推进技术改造，提升科技储粮和库区安全防范水平；采用双人指纹锁管理新技术，大力提升化学危险品管理水平。二是着力抓宣传教育。印发"增强安全意识遵守交通法规"信件，将宣教工作向职工家庭延伸；邀请市防火中心专家授课并组织到防火训练大队学习；组织力量编印《粮食行业安全生产工作300问》，干部职工人手一册，安全工作拓展至全行业。三是着力制度建设。进一步完善突发事件应急处置预案；建立安全生产监管检查制度、目标责任制考核标准；在海沧购销公司库区召开粮库安全保卫演练观摩现场会，提高粮库安保正规化建设水平。四是着力抓隐患排查。抓日常自我查治、加大节日和重大活动期间检查；抓重要时节反复查治、抓不定期领导督查、抓薄弱环节的整治。全系统共投入120.58万元用于隐患整治。五是着力抓应急预案演练。应急预案演练任务分解到各单位，6月份在翔安购销公司库区举办市粮食系统大规模、高标准的应急消防演练观摩会议，有效提升了应对突发事件的处置能力。

八　党建工作

（一）加强党的思想建设和组织建设

一是抓好思想教育。认真学习领会十七大和十七届三中全会精神，组织党员观看《党课一小时》等电教片，编印《党建工作简报》，多篇党课教案参加市直机关党工委优质党课教案评选。二是抓好组织建设。市粮食局领导班子进行调整充实。完成企事业单位整合上收后有关党组织调整工作，按市委要求设立市粮食购销公司党委，成立市军粮供应站党总支、市粮油质量监督站党支部。三是认真开展党建活动。召开粮食系统党建会和庆祝建党87周年暨表彰大会；坚持党建工作例会、理论中心组学习、各级领导班子民主生活会制度；推进党建"三级联创"活动，承办全国粮食系统党建研究会会员大会。

（二）加强纪检监察工作和党风廉政建设

一是加强反腐倡廉教育。认真学习胡锦涛总书记重要讲话和贺国强同志工作报告，贯彻十七届中纪委二次会议精神；6月份开展以"学党章、守纪律、做表率"为主题的"党风廉政宣传教育月"活动；抓好警示教育，组织党员干部观看职务犯罪案例电教片，做到警钟长鸣。二是加强制度建设。制定《局党组理论中心组学习制度》和《党组议事规则》，完善科学民主决策机制，规范领导班子议事程序，提高议事效率和质量。三是加强廉政监督。加强对储备粮轮换的监督，贯彻实施《厦门市粮食储备定价联席会议制度》，市监察部门全程参与监督；加强工程建设项目的监督，对局办公楼装修工程和市军供站办公场所改造项目严格实行招标；坚持干部任前谈话制度，对廉洁自律和工作作风提出新要求。

（三）推进精神文明建设

一是开展献爱心捐款等活动。全系统各单位参加市"见义勇为"捐款、"万人献爱心"和"慈善一日捐"等活动。四川汶川特大地震发生后，干部职工和党员多次向灾区捐款，全系统共捐款227224元，其中党员交纳"特殊党费"64074元。二是开展迎奥运活动。参加奥运火炬传递庆典仪式，举办"为奥运加油"系列体育活动，召开"迎奥运、促和谐"职工运动会。三是开展评先评优等活动，推进机关效能建设。

◆ **厦门市粮食局领导班子成员**

曾耀民	党组书记、局长
郭勇鹏	党组成员、副局长
林育周	党组成员、纪检组长
林勇鹏	党组成员、副局长
张伟生	党组成员、副局长

国家粮食局副局长张桂凤在厦门好年东米业公司调研。

2008年，厦门市地方储备粮食订单产销协作会共签订粮食订单1.72万吨。

厦门市2008年第一批地方储备轮换粮拍卖会现场。

即将竣工验收的厦门集美粮食储备库。

大连市粮食工作　基本情况

　　2008年，大连市粮食播种总面积为28.38万公顷，其中，水稻2.95万公顷、玉米18.29万公顷、大豆4.13万公顷、薯类2.42万公顷、其他0.59万公顷。2008年共为全市69.9万户农民发放粮食综合补贴资金2.67亿元、良种补贴资金3122万元、农机补贴资金1590万元，投入种植业新技术引进推广资金1750万元。当年全市粮食总产量162.5万吨，是大连历史上第二个高产年。主要品种产量分别为：玉米117.7万吨，水稻20.1万吨，大豆11万吨，其他13.7万吨。

　　全地区粮食仓储行业总储存能力770万吨，大连港、北良港全年共实现粮食吞吐量1547万吨，大连口岸继续保持了在全国粮油仓储物流中的龙头地位。大连商品交易所期货粮油成交量34.7亿吨，同比增长62.5%；成交额116799.46亿元，同比增长104%，继续保持了全球第二大农副产品期货交易市场的地位。大连保税区稻米交易市场电子商务交易量1.4亿吨，同比增长74.5%；实现交易额2761.17亿元，同比增长91.3%。大连北方粮食交易市场实现粮食现货交易量220万吨，比同增长46.7%；实现交易额34.5亿元，同比增长72.5%。全地区4个较大型成品粮油批发市场销售粮油31.8万吨，销售额达12.5亿元，有效地保证了市场需求。

　　大连市、县两级国有粮食企业连续三年保持盈利，2008年实现盈利1839万元。

2008年粮食工作

　　2008年，全市各级粮食行政主管部门积极适应粮食流通工作的新形势，着眼《粮食流通管理条例》赋予粮食系统的新职能、新任务，认真执行国家粮食政策，加强宏观调控，加大监督检查，克服了国际粮油市场价格大起大落带来的不利影响，圆满完成了粮食收购、保管、轮换和军粮供应等各项任务，保证了粮油供给，保持了粮食市场的平稳，为大连经济发展和社会稳定奠定了坚实可靠的物质基础。

一　粮食生产喜获全面丰收

　　种粮补贴增加，收购价格提高，销售顺畅，部分粮食作物效益提高，新品种新技术推广，全年气候条件总体良好。这是大连市2008年粮食喜获丰收的主要因素。与2007年相比，大连市粮食播种面积稳中有增，并呈现出"三增两减"的特点。全市播种总面积28.38万公顷，增加733公顷；种植效益高的大豆面积明显增长，播种4.13万公顷，增加5267公顷；水稻播种2.95万公顷，增加133公顷。玉米和薯类两类作物种植面积有所减少，其中玉米播种18.29万公顷，减少2667公顷，薯类播种2.42万公顷，减少1400公顷。在提高粮食总体播种面积的同时，各涉农区（市、县）还增加了优质粮的播种面积，继续扩大专用玉米、高油大豆、优质水稻和优质薯类的种植面积，使粮食内部结构更趋合理。2008年，全市发展优质粮18.93万公顷，比2007年增加6.5万公顷，其中专用玉米11.3万公顷，比2007年增加6万公顷；高油大豆3.6万公顷，比2007年增加1333公顷；优质水稻2.93万公顷，与2007年基本持平；新增优质薯类1万公顷。

二　粮食流通规范有序

为做好粮食收购，市粮食局组织人员深入农村、农户家中进行现场调研，共走访4个区（市、县）、9个乡镇、13个农户，调查了解2008年粮食生产、粮食质量、农民粮食储存、粮食市场行情等情况。根据调研情况于10月27日召开了粮食收购会议，部署2008年秋粮收购工作，安排好储备粮轮换、腾出仓容，维修仓房设备，进行业务培训，组织各粮食经营企业积极入市收购，为2008年秋粮收购做好充分准备，确保农民增产增收。全年共收购粮食28.4万吨（水稻5.6万吨，玉米22.8万吨），其中国有粮食企业收购粮食8.6万吨（水稻4.4万吨，玉米4.2万吨）。根据国家和省粮食局要求，组织普兰店市、庄河市按市场价敞开收购水稻3227吨，确保了农民手中余粮能够及时出售，实现了增产增收。把握市场行情及时进行储备粮轮换，共轮出市级储备粮12.5万吨（小麦1.5万吨，水稻5万吨，玉米6万吨），轮入14.2万吨（小麦3.6万吨，水稻4.6万吨，玉米6万吨），轮换市级储备豆油8000吨，保证了储备粮油常储常新。

三　粮食宏观调控成效显著

（一）完成了成品粮油临时储备任务

为稳定粮食市场，加强粮食调控，根据国家和省政府要求，2008年1～4月份，按照大连市区人口10天成品粮油消费量，将8000吨成品粮（其中：大米4874吨，面粉3126吨、）、3000吨大豆油（其中200吨豆油小包装）落实到位。通过建立临时成品粮油储备，对稳定粮食市场价格，保障粮食供给发挥了重要作用。

（二）建立了市级成品粮油长效储备机制

大连市是国家确定必须建立成品粮油储备的36个大中城市之一。根据国家和省、市政府的要求，为保证市区人口10天的成品粮油消费储备，在市财政、农发行等部门的支持下，对成品粮油的储备结构进行了重新调整，按照10000吨成品粮和8000吨（其中200吨小包装）大豆油进行长期储备，依托本地具有加工、储存、物流等市场功能的企业，特别是能力强、信誉度高的中直粮食加工企业承储，制定了管理制度和考核监管办法，建立起了成品粮油储备长效机制。同时，有关区（市、县）参照市级成品粮油储备机制，对原粮储备进行了调整，在总量不变的前提下，适当增加了成品粮油储备，为各级政府实施粮食调控提供了可靠基础。

（三）全面落实了区（市、县）粮食储备规模

2008年以来，大连市政府首次把地方储备粮油指标落实情况纳入到对区（市、县）政府绩效年度考核内容。按照市政府的要求，对全市7个区（市、县）的地方储备粮油计划指标落实及储备管理情况进行了专项督查，到2008年底各区（市、县）全面完成了市政府确定的粮油储备任务。通过督查，有力地推动了县级粮油储备体系建设，省政府督查组对大连市粮食储备工作给予了高度评价和充分肯定。

（四）加强了粮食应急保障机制建设

针对年初国内粮油市场出现的新情况，组织召开了大连市粮油市场应急供应工作座谈会，对《大连市粮油市场应急供应预案》（简称《预案》）做了详尽的讲解和辅导，并就完善和落实《预案》对应急加工、运输、供应企业提出了相关要求，明确了责任、义务和权利。2008年底，大连市人民政府将《预案》纳入到全市应急工作管理体系中，以《大连市人民政府关于印发大连市粮油市场应急供应预案的通知》下发执行。

（五）加强了粮食统计和市场信息监测

认真贯彻《统计法》和《辽宁省粮食流通统计制度》，搞好统计分析交流，提高了统计工作的覆盖面和准确性，为各级领导决策提供可靠依据。特别是针对2008年春节后食用油价格出现的异常波动，加强了对重点植物油价格和大型油脂加工企业生产情况的每日监测，及时与省内外粮食部门沟通，掌握周边部分城市粮油价格情况，做好分析预测。全年共编写《粮油市场信息》16期，通过政府网站和新闻媒体向社会公布市场信息，对正确引导居民消费，维护市场稳定发挥了重要作用。

四　流通监督检查措施有力

认真贯彻落实《粮食流通管理条例》，依法开展了粮食流通监督检查、收购资格审核、社会粮食流通统计、粮食质量监管等一系列监督检查工作，维护了粮食市场秩序，保护了农民的利益和消费者的权益，粮食行政管理部门的职能转变迈出了新的步伐。

（一）开展了粮食库存专项检查

按照省粮食局的统一部署，先后两次在全市开展了粮食库存专项检查。全面参与了23个粮食储存企业的库存自查，对5个粮食企业进行了实地核查。通过检查，全面了解了地区粮食库存品种、数量、质量及企业财务状况，增强了工作的针对性。

（二）开展了粮食收购资格专项检查

截至2008年底，全市共取得粮食收购资格的企业295家（市内四区173家、区市县122家），其中，私营性质企业225家，占总数的76.3%；全民性质企业34家，占总数的11.5%；国有或国有控股企业12家，占总数的4.1%；个体工商户1家，占总数的0.33%；其他类型企业23家，占总数的7.8%。对市内四区171家粮食收购企业的资质进行了核查，对符合条件的163家企业给予了年检，对不符合年检条件的8家企业移交有关部门处理，其中对4家粮食收购企业给予了取消粮食收购资格处理。通过检查，进一步规范和净化了粮食收购市场秩序。

（三）开展了对社会粮食仓储企业的监督检查

依据《粮食流通管理条例》赋予的职能，对社会粮食仓储企业进行监督检查，共检查社会粮食仓储企业28家，其中国有企业10家，民营企业和股份制企业18家。通过检查，提高了对全社会粮食仓储

企业的服务指导水平。

（四）开展了成品粮油市场专项检查

为维护消费者的正当权益，给居民放心消费提供安全保障，联合工商、质检等部门，对23家成品粮油市场进行了质量抽检。共抽检成品粮油样品29份，其中小麦粉20份、玉米面1份、大米3份、食用油5份。经检测，绝大部分成品粮油质量合格，对个别水分和杂质超标的产品送交相关部门进行了处理。

（五）开展了粮食经营企业信用等级评定活动

全年共有46家粮食经营企业参加了信用等级评价，经过评估机构评定，评出A级以上粮食经营企业44家，其中取得AAA级信用等级资格的粮食经营企业35家、AA级8家、A级1家。评定结果在《大连日报》和《大连新商业》上刊登，向社会予以公示，提高了监督工作的透明度。

五   粮食行业建设水平有新提升

（一）市级粮食储备库获得立项

为确保粮食安全和集中管理，全力推进市级粮食储备库项目建设，完成了21万吨市级粮库建设的立项和选址，各项前期准备工作进展顺利。

（二）粮食基础设施建设得到加强

利用国家扩大内需的有利时机，争取国家发展改革委、国家粮食局支持，大连市5个粮食企业的粮食烘干设施项目获得立项，总投资3617万元，其中获得国家资金支持702万元，有效提升了大连的粮食基础设施建设水平。

（三）粮食市场体系建设日趋完善

坚持科学规划，分类指导，有序推进，对全市各类粮食市场的布局和功能定位进行了认真研究，充分运用行政和经济手段，加大包括成品粮油批发市场在内的各类粮食市场建设，逐步形成了城乡结合、规模适度、功能各异具有大连特色的粮食市场体系。2008年底，大连市从事粮油经营的各类市场269个，其中具备一定规模的原粮市场4个、成品粮油批发市场4个，综合集贸市场171个、自由市场90个。既有国家级的期货市场大连商品交易所，也有区域性从事原粮现货交易的大连北方粮食交易市场，还有从事成品粮油现货交易的大连粮食批发市场和双兴粮食交易市场，这些市场对保证大连地区居民日常生活消费和企业生产用粮需求发挥着重要的作用。开发区的金谷川粮油批发市场，通过引进QS产品准入制和ISO9001国际质量管理体系认证，现已发展成为综合性粮油批发市场，粮油交易量占全区居民年消费量的50%以上；规划建设了庄河市12000平方米的粮食交易市场；瓦房店市10000平方米的成品粮油市场正在招商中；金州区1000平方米的成品粮油市场已经纳入在建的永乐农产品市场中。粮食市场体系建设工作呈现了良好的发展态势，为增强政府粮食宏观调控，稳定社会，保证粮食安全，促进城乡城市发展奠定了坚实基础。

（四）全市粮食仓储行业淘汰甲基溴工作圆满顺利

根据国家环保部、国家粮食局及大连市人民政府关于在粮食仓储行业淘汰甲基溴熏蒸药剂的要求，会同市环保局、市港口与口岸局联合下发《大连市粮食仓储行业淘汰甲基溴工作方案》，并对全市粮食仓储企业进行了专项清理。大连市商业局（粮食局）、辽宁大连金州国家储备库获得国家环保部、国家粮食局颁发的"中国粮食仓储行业淘汰甲基溴贡献奖"，推动了大连粮食行业科技工作水平的提升。

（五）加强了粮食品牌建设

组织部分粮油加工企业参加了全国第八届粮油精品展示交易会及76届世界榨油商大会。通过参加粮油精品展示交易会，引导粮油企业树立品牌经营理念，培育发展粮油品牌，提升企业知名度。大连市商业局（粮食局）被评为全国优秀组织单位、优秀展出单位。

六　军粮供应工作水平进一步提升

通过指导军供企业完善制度建设，健全军供网络体系，加强军粮质量管理和发展多种经营，提高了军供企业的服务保障水平和自身发展能力，做到了部队满意、政府放心，为大连"双拥模范城市"建设作出了积极贡献。

（一）实行了军供粮源的统一筹措

按照《辽宁省军粮供应粮源统筹暂行办法》要求，加大了对军供粮源统筹工作的管理。根据国家和省局的要求，对军粮供应生产厂家的企业资质、生产环境、经营状况、特别是产品质量、诚信经营等综合资质情况进行核查，从军粮源头上加强了质量管理。

（二）积极推进军供企业文化建设

举办了大连市军粮供应系统纪念改革开放30周年趣味体育比赛，促进了干部、员工之间的交流、沟通，强化了相互配合、相互支持的团队协作意识，充分展示了军供人积极向上的精神面貌，激发了军供系统广大干部员工牢固树立科学发展观、进一步解放思想、开拓创新的工作热情，受到省粮食局、市双拥办及部队首长的高度评价。

七　自身队伍建设进一步加强

（一）加强了行业技能培训

组织全市粮食企业26名保管员、29名检验员参加了国家和省粮食局举办的培训班。举办了由全市军供系统30多人参加的军供业务知识技能和业务政策培训班，促进了军供企业员工队伍整体素质的提高，目前，全地区各军供站均实现了军供工作微机化管理。同时，还完成了全地区的信息管理系统的模拟草案，为下步实现全市军供信息化管理奠定了基础。

（二）加强了粮食保密工作

认真贯彻落实国家保密局、国家粮食局的有关规定，举办全市军供保密培训班一期，进一步明确了保密工作的范围、内容及责任追究，加强了全市粮食安全保密工作。

（三）加强了队伍廉政建设

坚持标本兼治、综合治理、惩防并举、注重预防的方针，紧密联系粮食中心工作，对涉及粮食重大事项的行为实施全过程监督。加强领导干部廉洁自律，积极推进党风廉政建设，在全局系统党员干部中开展了"学法纪，守清廉，促发展"主题教育活动，通过学习党章和党纪条规，学习国家法律法规，不断提高党员领导干部学习、遵守、贯彻、维护党章和严格执行党纪条规的自觉性、坚定性，增强了廉洁从政观念，提高了拒腐防变的能力。

（四）积极参加抗震救灾

组织全市各级粮食企业踊跃为四川地震灾区捐款，指导全地区各军供站做好慰问抗震救灾部队，局党委领导班子成员看望慰问了大连市消防支队赴北川、青川、平武地区抢险救灾凯旋归来的消防官兵，进一步密切了军地军民关系。

◆ **大连市商业局（粮食局）领导班子成员**

韩玉明	党委书记、局长
李　光	党委委员、副局长
方健伟	党委副书记、纪委书记
闫　敏（女）	副局长
陈祥立	党委委员、副局长
朱保奎	副巡视员

大连市政府督察组检查粮食工作。

大连市商业局（粮食局）局长韩玉明和县区粮食局签订粮食保管责任状。

2008年全市粮食工作会议会场。

大连市粮油市场应急供应座谈会会场。

深圳市粮食工作　基本情况

　　深圳市1979年设市，1980年设立经济特区，现为国家副省级计划单列城市。深圳市东临大亚湾和大鹏湾，西濒珠江口，北与东莞、惠州两市接壤，南与我国香港特别行政区一河之隔。全市土地总面积1952.84平方公里，其中经济特区面积395.81平方公里。现辖特区内罗湖、福田、南山、盐田等四个行政区和特区外宝安、龙岗两个行政区，2008年末常住人口为876.83万人，其中户籍人口为228.07万人。

　　2008年，深圳市国内生产总值7806.54亿元，比上年增长12.1%。其中：第一产业增加值6.66亿元，下降13.4%；第二产业增加值3815.78亿元，增长11.9%；第三产业增加值3984.10亿元，增长12.5%。三次产业结构由上年的0.1：50.9：49.0发展为0.1：48.9：51.0。按初步测算的年平均人口计算，2008年深圳市人均GDP为89814元，按国家外管局公布的供计划统计用的人民币对美元折算率计算，人均GDP为13153美元，增长10.2%。

　　2008年，深圳市纳入粮食流通统计范围的粮食企业共39家，国有粮食企业13家。政府和国有粮食企业粮食仓容总量为12.9万吨。据测算，深圳市2008年度粮食需求总量501万吨，食用植物油需求总量84万吨。粮食按照品种划分：小麦173万吨，稻谷227万吨，玉米59万吨，大豆42万吨；食用植物油按照品种划分：菜籽油17万吨，花生油6万吨，豆油30万吨，棕榈油25万吨，葵花油0.8万吨，其他油5.2万吨。由于深圳市是粮食纯销区，粮食供给全部依靠国内调入和进口解决，每年由市外调入各种粮食约480万吨，进口各类粮食约50万吨。

2008年粮食工作

一　深入学习实践科学发展观开展思想作风整顿

　　市发展和改革局根据市委市政府的统一部署，深入学习实践科学发展观开展干部思想作风整顿活动，认真学习党的十七大文件精神和胡锦涛总书记、温家宝总理在全党深入学习实践科学发展观活动动员大会上的重要讲话精神，深刻剖析自身在工作、思想、作风等方面存在的问题，增强实践科学发展观的自觉性和能力，提高宗旨意识、责任意识、忧患意识和大局意识。

二　切实加强粮食储备管理工作

一是根据广东省政府下达的粮食储备任务和深圳市粮食储备管理的有关规定，结合本市实际，及时下达2008年粮食储备计划，明确储备规模、储备结构、储存库点、粮食轮换和费用补贴等规定。二是对计划执行情况实行月度跟踪和现场检查相结合的监管方式，使储备计划按照要求落到实处。三是积极协调加快市属新粮库建设进度，市属新粮库预计于2009年投入使用。积极协调政府老储备库曙光粮库的维修改造工作，确保在库粮食的储存安全。四是认真开展在库粮食储存安全和质量安全检查。结合国家春秋两季粮食库存普查开展全市粮食库存检查工作，安排专款委托粮食质检机构对储备粮质量进行专项检测。

三　建立健全粮食管理法规

一是制定《深圳市储备粮管理暂行办法》，并以政府令发布，自2008年3月1日起实施，为深圳市依法管理储备粮提供保障。二是制定《深圳市粮食应急预案》并经市政府常务会议通过，于2009年初颁布实施。三是拟定《深圳市粮食承储资格管理办法》，现正根据市法制办的审核意见进行修改完善。

四　逐步完善军粮供应行政管理

一是以改善深圳市军粮供应条件为出发点，在充分调查研究的基础上，由政府安排专项投资资金，对全市七个军粮供应站点进行一次性补贴，以配备安防设备、运输车辆及军供站点的维修改造，确保军粮供应的保密安全，改善军粮供应的运输和站点条件。二是及时报送军粮供应各类报表，掌握军粮供应工作情况。三是按时做好军粮供应差价补贴款的汇总、上报和下拨等工作。四是委托粮食质检机构对各军粮供应站点的库存粮食质量进行抽查检验。五是根据《驻粤部队食用植物油供应管理办法》（试行）规定，合理确定军供植物油筹措单位，确保驻深部队食用植物油供应。六是按照国家、省军粮管理相关规定，及时将军粮供应计划下达给各军供站点。七是根据广东省粮食局统一要求，做好全市各军粮供应站点资格初审和上报工作。

五　积极组织协调东北粳稻调运和费用补贴工作

根据国家相关部委关于妥善解决东北粳稻"卖粮难"问题的规定，组织全市粮食经营企业参加关内销区与东北地区粳稻（大米）产销衔接见面会，加强产销衔接，与粮食主产区初步建立合作关系。据统计，2008年1月21日至6月30日，深圳市从东北采购粳稻（大米）到货量为11万多吨。2008年11月1日至2008年12月31日，采购粳稻（大米）约6万吨。2009年4月底前按政策规定继续组织东北调粮。东北粳稻调运对稳定深圳市粮食价格，增强粮食市场供给能力起到了重要作用。

六　开展"世界粮食日"宣传活动

2008年10月16日，深圳市首次开展"世界粮食日"宣传活动。根据第27届"世界粮食日"主题和深圳的粮食管理情况，由市发展和改革局撰文并组织相关资料，在《深圳特区报》专版刊登，并请深圳电视台进行粮食储备库现场采访和新闻报道，通过不同途径和方式对当时国内外粮食经济形势和深圳市粮食管理政策法规、储粮管理、粮食流通等方面的情况和知识进行宣传。

七　落实粮食工作考评和安全责任考核

一是按照广东省关于粮食考评工作的要求，由市发展和改革局会同市财政局等相关部门对全市2007年度粮食工作进行了考评，考评结果符合省政府要求。二是按照广东省政府《印发广东省粮食安全责任考核办法的通知》和省发改委等九部门《关于做好今年全省粮食安全责任考核工作的通知》要求，由市发展和改革局会同市财政局等相关部门和单位，对本市粮食安全责任工作进行了考核，并将自查自评情况上报省政府。

八　认真做好粮食工作统计

·是做好2007年度粮食行业机构从业人员及职工教育培训情况统计工作。二是做好粮食流通、库存粮油等粮食统计月报和年报的上报工作。三是做好2007年度粮食供需平衡调查。四是对深圳市2009年度粮食供需平衡进行测算。五是对全市国有粮食企业改革、政策性财务挂账消化、经营性财务挂账和税收等情况进行全面调查。六是进行粮食流通基础设施建设投资和粮食批发市场建设有关情况调查统计。

◆ **深圳市发展和改革局领导班子成员**

陈　彪	局长
沈　毅	副局长
秦群力	副局长
李干明	副局长
吴德林	副局长
王庭珠	机关党委书记（分管粮食工作）
吴　优	副局长

2008年3月14~18日，深圳市发展和改革局局长陈彪率队到东北对粮食产销合作相关情况进行调研和考察，并与当地政府部门领导、粮食部门和粮库负责人进行交流，就深圳与东北地区开展粮源基地建设和粮食产销合作等相关问题进行探讨。

2008年5月7日，深圳市发展和改革局机关党委书记王庭珠主持接待吉林省粮食局副局长李贺军一行，双方就两地如何进一步推进粮食产销合作进行了深入交流。

新疆生产建设兵团粮食工作　基本情况

　　新疆生产建设兵团（以下简称兵团）成立于1954年10月7日，承担着国家赋予的屯垦戍边职责，是在自己所辖的垦区内，依照国家和新疆维吾尔自治区的法律、法规，自行管理内部的行政、司法事务，在国家实行计划单列的特殊社会组织，受中央政府和新疆维吾尔自治区人民政府双重领导。也称中国新建集团公司。兵团辖有14个师，阿拉尔、图木舒克、五家渠、石河子4个城市，175个农牧团场，4000多户工业、建筑、运输、商业企业(其中上市公司13家)，分布在新疆14个地州市境内。与蒙古、哈萨克斯坦、吉尔吉斯斯坦3国接壤，管辖着2019公里的国界线。辖区内土地总面积7.46万平方公里，其中耕地总面积109万公顷。总人口257.31万人。兵团有健全的科研、教育、文化、卫生、体育、金融、保险等社会事业和公安、人民检察、人民法院、人民武装、人民警察、司法等司法机构。

　　2008年，兵团农作物总播种面积106.89万公顷，其中粮食作物22.59万公顷，占农作物总播种面积的21%，较上年提高5个百分点；粮食总产量142.33万吨，较上年增加21.86万吨，增幅18.15%。现有粮库111个，总仓容63.46万吨，较上年增加1.45万吨，增幅3%。有各类粮食机构159个，其中行政管理部门14个，事业单位3个，粮油经营企业142个。粮食系统现有从业人员3210人，较上年减少139人，其中粮食行政管理部门61人，事业单位32人，粮食经营企业3117人。

2008年粮食工作

一　粮食生产情况

　　2008年，兵团粮食播种面积22.59万公顷，较上年增加5.9万公顷，增幅35.31%，其中：小麦播种面积11.97万公顷，较上年增加4.67万公顷，增幅63.91%；水稻播种面积2.39万公顷，较上年减少0.15万公顷，减幅6%；玉米播种面积5.96万公顷，较上年增加1.66万公顷，增幅38.49%。全年粮食总产量142.33万吨，较上年增加21.86万吨，增幅18.15%，其中：小麦57.90万吨，较上年增加12.40万吨，增幅27.25%；水稻22.86万吨，与上年基本持平；玉米53.76万吨，较上年增加17.01万吨，增幅46.29%。

二　粮食流通情况

2008年，新疆维吾尔自治区人民政府下达兵团粮食收购计划46.255万吨，其中小麦45.055万吨，大米1.2万吨。由于疆内多数地区粮食受灾减产、粮源趋紧，全兵团实际交售粮食33.98万吨，完成计划的73.46%。其中小麦29.37万吨，完成计划的65.19%；稻谷4.61万吨，完成计划的384.17%。除收购计划以外的粮食基本上由团场留用为种子粮、饲料粮或由团场粮油加工企业加工成成品粮供应市场。

三　粮食调控工作

2008年，新疆维吾尔自治区人民政府继续实行直接补贴粮农的粮食补贴政策，并进一步提高了补贴标准。种植小麦农资综合直补由2007年31元/亩提高到南疆五地州97元/亩、其他地州（市）94元/亩。粮食价外直补继续执行小麦0.20元/公斤、大米0.30元/公斤的补贴标准，并在小麦实行敞开收购的基础上，大米也实行了敞开收购，即不受收购计划限制、不分品种、产地按实际交售量进行补贴。是年自治区人民政府公布的最低粮食收购信息参考价全疆统一：小麦（白麦，标准级）1.54元/公斤、粳稻1.64元/公斤，实际交售价格继续随行就市。兵团各国有粮食购销企业认真贯彻落实国家、新疆维吾尔自治区粮食收购政策，采取上门收购、预付粮款、免费提供粮食包装物、公开粮食收购价格、收购标准、检斤验质过程等便民措施，积极开展粮食收购工作，累计收购小麦53107吨，落实粮食直补资金1062万元。兵团所属粮食储备库完成粮食轮换32695吨，较好地完成了中央储备粮轮换和稳定垦区粮食市场的双重任务。

四　粮食流通体制改革

根据兵编发〔2007〕155号文件精神，兵团粮油储备总站自2008年1月1日起由自收自支事业单位转为全额拨款事业单位，编制3人，为切实管理好中央储备粮及垦区内各类储备粮油提供了组织保障。

五　行政执法工作

根据《国家粮食局办公室关于做好〈粮食流通管理条例〉四周年宣传活动的通知》精神，结合兵团实际，通过张贴宣传画、向群众发放宣传资料、进行新闻报道等形式开展了《条例》四周年宣传活动。按照《国家粮食局关于结合春季粮食库存普查开展2008年全国粮食库存检查工作的通知》（国粮检〔2008〕46号）和《国家粮食局关于切实做好2008年粮食库存检查工作的紧急通知》（国粮电〔2008〕10号）要求，认真开展了清仓查库工作。经查，兵团所属8个粮油储备库储备的中央储备粮油均储存安全、质量良好、数量真实、卫生达标、账实相符。根据《国家粮食流通统计制度》的要求，对国有粮食购销企业执行粮食流通统计制度的情况进行了专项检查。经查，各国有粮食购销企业报表处理及时准确真实，库存统计账记载的期末库存品种、数量账实相符。根据《国家发展和改革委员会 国家粮食局关于开展粮食收购政策落实情况专项检查的通知》（国粮检〔2008〕122号）精神，对粮食补贴政策落实情况等进行监督检查，保证了国家粮补政策的落实。并通过对粮食经营者是否具备粮食收购资格，是否存在压级压价、缺斤短两行为；使用的粮食仓储、运输设施是否符合国家技术、卫生和安全标准；是否建立粮食经营台账，是否认真执行国家粮油标准，粮食卫生、质量是否达标等情况加强监督检查，加大了粮食市场整规工作力度。

六　行业发展情况

为深入贯彻落实党中央、国务院关于确保粮食安全的指示精神，编制完成了《兵团粮食储备体系建设专项规划》和《兵团粮食储备体系建设实施方案》，进一步明确了兵团粮食储备发展思路、建设目标、措施途径和实施步骤。按照国家粮食局流通与科技发展司《关于开展油脂储存设施专项调查和编写规划的函》（司便函发展〔2008〕251号）要求，及时组织开展了兵团油脂储存设施专项调查，编制完成了《兵团食用植物油仓储物流设施建设专项规划》，提出了促进兵团食用植物油加工业加快发展的总体思路，明确了目标任务、重点项目、政策措施等。按照《国家粮食局办公室关于组织开展2008年粮食科技周的通知》（国粮办展〔2008〕33号）精神，于5月22日在乌鲁木齐市组织开展了以"提倡科学膳食，推动主食工业化"为主题的兵团2008年粮食科技周宣传活动，积极开展行业宣传、普及粮油科普知识，收到良好效果。新《小麦》国家标准（GB1351-2008）于2008年1月1日正式发布，于5月1日起实施，属于强制性国家标准。按照国家粮食局要求，积极推动新《小麦》国家标准宣传贯彻，大力推广应用小麦硬度指数检测技术，规范垦区内粮食检验方式。按照《国家粮食局关于开展粮食行业安全生产隐患排查治理工作的通知》（国粮展〔2008〕62号）精神，积极组织所属粮油仓储企业深入开展安全生产隐患自查，完善突发安全生产事故应对预案、落实安全生产事故应对措施、切实消除安全生产隐患，实现兵团粮食行业全年无安全生产事故发生，确保了各项工作顺利开展。

（一）粮食基础设施建设

农一师四团粮库项目于2008年8月通过竣工验收，新增仓容1.5万吨，将对改善垦区粮食仓储条件，促进粮食生产发挥积极作用。阿拉尔市2.5万吨粮库项目于2008年7月开工建设，年底已完成主体工程建设。克孜勒布拉克国家粮食储备库1万吨仓容扩建项目进展顺利。"金农"工程兵团粮食流通数据中心项目顺利完成可研批复，85万元资金已全部到位，积极响应国家扩大内需政策，向国家粮食局上报了8个粮食仓储设施项目和7个食用油仓储物流设施项目资金申报报告。

（二）粮油加工业

2008年，兵团纳入统计61家粮油加工企业中，大米加工企业13个，年加工能力160000吨；小麦粉加工企业17个，年加工能力296250吨；食用植物油加工企业29个，年加工能力1490750吨；饲料加工企业2个，年加工能力186500吨。大部分企业是团场所属综合性加工厂，既加工小麦粉、大米，也加工食用植物油等。全年大米产量44378吨，较上年下降5%；面粉产量53435吨，较上年下降26%；食用植物油产量115573吨，较上年增加51.66%。

（三）粮食产业化

2008年，兵团共有2个国家级农业产业化重点龙头企业，分别是新疆赛里木现代农业股份有限公司和新疆天康畜牧生物技术股份有限责任公司。11个兵团级农业产业化重点龙头企业，分别是小麦粉生产企业1个：新疆乔尔玛食品有限责任公司；大米加工企业2个：新疆天山雪米有限责任公司和新疆察布查尔伊香米业有限责任公司；油脂加工企业8个：新疆天锦油脂化工有限公司、农六师新湖总场绿业油脂有限公司、农六师芳草湖芳馨油脂有限公司、农十三师火箭农场粮棉油加工厂、新疆阿拉尔溢盛集团有限公司、新疆震企油脂有限公司、新疆新光油脂有限公司、石河子汇昌豆业有限责任公司。

（四）行业人才队伍建设

利用兵团发展改革（粮食）系统行政执法培训的机会，于2008年3月在乌鲁木齐市完成了兵团粮食系统执法培训。经培训考核，共有35人获得了粮食流通监督检查行政执法证，为开展垦区粮食流通执法工作奠定了基础。是年，兵团粮油质量（监督）检验员资格证书有效期到期（2005年培训发证、证书有效期3年）。为确保各师、团及粮油企业的粮油质量（监督）检验人员能够及时培训换证、确保合法持证上岗，切实维护兵团各级和粮油企业在粮食流通中的合法权益，分别于9月、11月在石河子市兵团粮油产品质量监督检验中心举办两期粮油质量（监督）检验员资格证书培训班，108人考核合格颁发或换发了兵团粮油质量（监督）检验员资格证书。按照《国家粮食局办公室关于印发2008年粮食行业特有工种职业技能鉴定计划的通知》（国粮办人〔2008〕12号）精神，为提高兵团粮食行业从业人员职业技能水平，按照国家粮食局统一安排，于9月在石河子市兵团粮食行业特有工种职业技能鉴定站组织开展了本年度鉴定工作。共有25人通过资格审核报名参加了粮油质量检验员中级的鉴定，经过理论考试和实际技能操作考核24人成绩合格取得国家粮食局认证的粮油质量检化验员（中级）职业技能资格证书。

七　党群工作

2008年，按照中央的统一部署和兵团党委的安排，兵团粮食系统认真组织开展了深入学习实践科学发展观活动。以"四抓四看"为活动载体——抓宗旨意识教育，看各项惠民政策措施是否落到实处；抓能力建设，看各级领导干部促进发展和解决实际问题的能力是否提高；抓政治纪律，看各级党组织和领导干部是否做到政令畅通、令行禁止；抓基层组织建设，看基层党组织的凝聚力、战斗力是否加强。以"三个转变"为活动主题——促进观念转变、职能转变、作风转变，深化宗旨意识、大局意识、创新意识、服务意识。以"两个提高"为活动内容——推动思想认识提高、树立科学发展理念，推动工作水平提高、建立健全科学发展的体制机制。以"一个建设"为活动目标——建设一支在政治上始终同党中央和兵团党委保持高度一致，坚持解决思想、实事求是、开拓创新，想干事、能干事、能干成事的干部职工队伍。采取党组中心组带头学习、机关各支部分组学习、个人自觉学习相结合的方式抓好经常性党性教育，开好专题民主生活会。委(局)主要领导与分管领导、分管领导与分管处(室)分别签订了2008年党风廉政建设责任书，认真开展了第十个党风廉政建设教育月活动，筑牢拒腐防变的思想基础，切实加强党组班子能力建设。研究制定了《兵团发展改革(粮食)系统社会诚信体系建设规划（2008～2020年）》，以创建"文明部局"、"文明处室"为抓手，从简化办事手续、提高办事效率，规范公务接待、降低接待费用，精简会议、提高会议质量，严格出差审批、节约差旅费开支等六个方面做出了具体规定，进一步改进了机关工作作风。

◆ **新疆生产建设兵团发展改革委（粮食局）领导班子成员**

傅援朝　　党组书记、副主任

朱新祥　　党组副书记、主任（2008年9月任职）

郭毅峰　　党组成员、副主任

肖秀荣　　党组成员、副主任

张德云　　党组成员、副主任

张叔俊　　党组成员、副主任
赵世民　　党组成员、副主任
刘新兰　　党组成员、副主任
朱东方　　党组成员、副主任（援疆干部，2008年9月任职）
房生修　　党组成员、副主任（援疆干部，2008年9月任职）
闫新梅　　助理巡视员(2008年11月任职)

新疆生产建设兵团发展改革委(粮食局)主任朱新祥(中间左)与纪检组长肖秀荣(中间右)召开兵团发展改革委(粮食局)青年干部座谈会会场。

新疆生产建设兵团发展改革委(粮食局)副主任房生修(左二)参加2008年兵团粮油仓储工作会议。

5

第五篇

粮食政策与法规文件

国务院办公厅文件

关于开展全国粮食清仓查库工作的通知

（国务院办公厅 国办发〔2008〕118号 2008年10月24日）

各省、自治区、直辖市人民政府，国务院各部委、各直属机构：

粮食是关系国计民生的重要商品，准确掌握粮食库存是国家实行宏观调控的重要依据，确保粮食库存账实相符和真实可靠，对稳定粮食市场，保障粮食安全，保持社会稳定具有重要意义。为了全面准确地掌握粮食库存的真实情况，更好地落实宏观调控任务，国务院决定在全国开展粮食清仓查库工作。经国务院同意，现将有关事项通知如下：

一 清查范围和内容

重点检查所有中央储备粮、国家临时存储粮(含最低收购价粮、中央临时储备和临时储存进口粮以及国家临时储存粮，下同)、地方储备粮的数量、品种和质量情况，国有及国有控股(以下简称国有)粮食企业储存商品粮的数量、品种、质量和粮权归属情况。其中，对库存粮食质量，重点检查中央储备粮、国家临时存储粮和地方储备粮的质量合格率与品质宜存率。严格核查国有企业粮食库存账实相符、账账相符的情况，重点核查农业发展银行粮食贷款与粮食库存的对应情况、企业会计账和统计账的相符情况。严格检查政策性粮食存储企业的补贴资金下拨和使用情况。全面核查纳入粮食流通统计范围的重点非国有粮食经营企业及转化用粮企业执行统计制度的情况，并选择部分在当地市场具有一定代表性的企业，进行粮食库存情况的典型调查。

二 清查时点、方式和人员

（一）清查时点

以2009年3月末粮食库存统计结报日为检查时点。

（二）清查方式

清查分为企业自查、市(地)级人民政府全面普查、省级人民政府重点复查和国务院有关部门随机抽查四个阶段。企业自查是整个清查工作的基础环节，县级人民政府要精心组织部署，督促本行政区域内纳入检查范围的所有企业按照全国粮食库存清查的统一要求，切实做好自查工作。市(地)级人民政府要按照"有仓必到、有粮必查、有账必核、查必彻底"的原则，对本行政区域粮食库存情况进行全面普查。省级人民政府要采取随机抽样、突击检查和暗查等多种方式对重点地区、重点企业和重点环节进行严格复查。国务院有关部门要在省级复查的基础上，采取随机选点的方式进行抽查。

（三）检查人员

普查、复查要采取综合交叉的检查方式，按照"统一抽调、混合编组、集中培训、综合交叉、本地回避"的原则择优选调和安排检查人员。参加普查的人员不得参与对本县(市、区)的普查工作，参加复查的人员不得参与对本市(地)的复查工作。

三　进度安排

（一）准备阶段

2009年3月底前，国务院有关部门及县级以上地方各级人民政府按照职责分工，细化并下发粮食库存清查实施方案，并完成清查动员、人员培训和相关资料、查库器具准备等工作。

（二）自查阶段

2009年4月5日前，县级人民政府要督促和指导本行政区域内纳入清查范围的企业完成自查工作。

（三）普查阶段

2009年4月20日前，市(地)级人民政府组织对本行政区域内粮食库存情况进行全面普查，确保不留死角。

（四）复查阶段

2009年4月底前，由省级人民政府进行重点复查，复查比例为本行政区域内纳入检查范围粮食库存总量的20%～30%。质量复查的抽样代表数量为被复查企业所储中央储备粮、国家临时存储粮和地方储备粮库存量的25%左右。复查样品实行跨省(区、市)交叉检验。

（五）抽查阶段

2009年5月上中旬，国务院有关部门对重点省(区、市)粮食库存情况进行随机抽查，抽查企业个数每省(区、市)不少于10个。质量抽查的抽样代表数量为被抽查企业所储中央储备粮、国家临时存储粮和地方储备粮库存量的25%左右。抽查样品实行集中统一检验。

（六）汇总整改阶段

2009年5月下旬，省级人民政府向发展改革委提交本地区粮食清仓查库工作报告和结果汇总报表，并对清查发现的问题进行整改。2009年6月底前，国务院有关部门向国务院报送全国粮食清仓查库工作总结报告。

四　工作要求

（一）加强领导

为加强对全国粮食清仓查库工作的领导，成立由发展改革委牵头，监察部、财政部、农业部、审计署、质检总局、统计局、粮食局、农业发展银行、中储粮总公司参加的全国粮食清仓查库工作部际联席会议，负责制订全国粮食清仓查库工作实施方案并组织实施，协调解决有关问题，重大情况及时报告国务院。部际联席会议有关具体工作由粮食局承担。县级以上地方各级人民政府要成立由政府分管领导同志牵头的粮食清仓查库工作机构，结合本地实际，制订具体实施方案，并加强组织协调和监督检查，确保清查工作的进度和质量。中储粮总公司各分支机构参加省级粮食清仓查库工作机构。

（二）明确责任

县级以上地方各级人民政府要对本地区粮食库存清查结果的真实性、准确性负全责。要建立和完善明确的工作责任制和责任追究制，企业法人代表、地方有关部门主要负责人和县级以上地方各级人民政府主要负责人都要逐级在清仓查库工作报告及相关报表上签字。各环节检查的原始记录必须保证完整、准确、真实，并妥善保存、留底备查，不得擅自篡改、损毁。对故意掩盖真实情况、弄虚作假、妨碍清仓查库工作的，要追究当事人和有关领导的责任。

（三）严明纪律

各地区、各有关部门要选派政治素质高、业务能力强的人员参加检查工作，加强业务培训和廉洁自律教育，严明纪律，严格要求。参加检查的人员要坚持原则，不得参加可能影响清仓查库工作的活动，不得吃请、受礼，对违反廉政工作纪律的要严肃查处。

（四）公开透明

要增强粮食库存清查工作的透明度。各地区可邀请人大代表、政协委员对清查工作的全过程进行监督。要加强宣传报道，向社会公布粮食库存检查的政策、内容、程序、方法和工作要求。各级监察、审计部门要设立举报电话，接受群众监督，及时查处各类违规违法行为并选择典型案件公开曝光。

（五）落实经费

各地区要本着勤俭节约、提高效率的原则，安排落实粮食库存清查工作经费。此次清仓查库工作新发生的必要开支，由省级财政核实后专项列支，中央财政给予适当补助。任何地方和部门不得将清查费用转嫁给被查企业和单位。

各地区、各有关部门要从促进经济社会又好又快发展和维护社会和谐稳定的大局出发，充分认识做好全国粮食清仓查库工作的重要意义，本着对国家和人民群众高度负责的态度，精心组织，稳妥实施，确保粮食清仓查库工作不走过场、清查结果真实可靠。

联合发文

关于印发2008年小麦最低收购价执行预案的通知

（国家发展和改革委员会 财政部 农业部 国家粮食局
中国农业发展银行 中国储备粮管理总公司
发改经贸〔2008〕1185号 2008年5月19日）

各省、自治区、直辖市发展改革委、财政厅、农业厅、粮食局、物价局、农业发展银行分行，中储粮有关分公司：

为认真贯彻落实《中共中央国务院关于切实加强农业基础建设进一步促进农业发展农民增收的若干意见》（中发〔2008〕1号）精神，做好今年小麦收购工作，保护种粮农民利益，经国务院批准，现将《2008年小麦最低收购价执行预案》（以下简称《预案》）印发给你们，并就做好小麦收购工作通知如下：

一 明确最低收购价格水平、执行区域和时间

2008年小麦最低收购价格水平，白小麦（标准品，下同）每市斤0.77元，红小麦、混合麦每市斤0.72元。执行区域为河北、江苏、安徽、山东、河南、湖北等6个小麦主产省。

今年小麦最低收购价执行预案适用时间为2008年5月21日至9月30日。在此期间，当小麦市场价格低于最低收购价格时，由中储粮总公司和有关省地方储备粮管理公司（或单位）按照最低收购价格，在上述小麦主产区挂牌收购农民交售的小麦。具体操作时间和实施区域由中储粮分公司根据市场情况商省级粮食行政管理部门和农业发展银行省分行确定，并由中储粮总公司报国家粮食局备案。

二 严格执行新的小麦国家标准

新的《小麦》国家标准（GB 1351–2008）已于2008年5月1日起正式实施。按照小麦新的国家标准规定，白麦分为硬质白小麦和软质白小麦，其中种皮为白色或黄白色的麦粒不低于90%，硬度指数不低于60的为硬质白小麦，硬度指数不高于45的为软质白小麦。红麦分为硬质红小麦和软质红小麦，其中种皮为深红色或红褐色的麦粒不低于90%，硬度指数不低于60的为硬质红小麦，硬度指数不高于45的为软质红小麦。不符合以上标准的为混合麦。

各地要按照上述规定和《国家粮食局关于实施新〈小麦〉国家标准的通知》（国粮发〔2008〕3号）的有关要求，切实做好收购过程中执行新标准的各项工作。

关于印发2008年早籼稻最低收购价执行预案的通知

（国家发展和改革委员会 财政部 农业部 国家粮食局
中国农业发展银行 中国储备粮管理总公司
发改经贸〔2008〕1771号 2008年7月9日）

各省、自治区、直辖市发展改革委、财政厅、农业厅、粮食局、物价局、农业发展银行分行，中储粮有关分公司：

为认真贯彻落实《中共中央国务院关于切实加强农业基础建设进一步促进农业发展农民增收的若干意见》（中发〔2008〕1号）精神，做好今年早籼稻收购工作，保护种粮农民利益，经国务院批准，现将《2008年早籼稻最低收购价执行预案》印发给你们。

各地方、各部门要高度重视，按照预案的要求，精心安排，周密部署，密切配合，认真做好今年早籼稻最低收购价执行预案的各项准备和组织实施工作。各地要抓紧腾仓并库和仓库维修，确保新粮收购仓容。各省（区、市）有关部门要在省级人民政府的统一领导下，认真研究、及时解决本地早籼稻收购中出现的矛盾和问题，确保早籼稻收购工作的顺利进行。

2008年早籼稻最低收购价执行预案

第一条 为认真贯彻落实早籼稻最低收购价政策，切实保护种粮农民利益，根据《中共中央国务院关于切实加强农业基础建设进一步促进农业发展农民增收的若干意见》（中发〔2008〕1号）和《粮食流通管理条例》有关精神，制定本预案。

第二条 执行本预案的早籼稻主产区为安徽、江西、湖北、湖南、广西等5省（区）。

其他早籼稻产区是否实行最低收购价政策，由省级人民政府自主决定。

第三条 早籼稻最低收购价每市斤0.77元，以2008年生产的国标三等早籼稻为标准品，具体质量标准为：杂质1%以内，水分13.5%以内，出糙率75%~77%（含75%，不含77%），整精米率不低于44%。执行最低收购价的早籼稻为2008年生产的等内品。相邻等级之间等级差价按每市斤0.02元掌握。最低收购价是指承担向农民直接收购的收储库点的到库收购价。

非标准品早籼稻的具体收购价格水平，由委托收购企业根据等级、水分、杂质等情况，按照《国家计委、国家粮食局、国家质检总局关于发布〈关于执行粮油质量标准有关问题的规定〉的通知》（国粮发〔2001〕146号）有关规定确定。对整精米率低于44%的早籼稻也按上述规定执行。

第四条 在安徽、江西、湖北、湖南、广西5个早籼稻主产区执行最低收购价的企业为：（1）中储粮总公司及其有关分公司；（2）上述5省（区）地方储备粮管理公司（或单位）；（3）北京、天津、上海、浙江、福建、广东、海南等7个主销区省级地方储备粮管理公司（或单位）。

第五条 中储粮有关分公司要按照"有利于保护农民利益、有利于粮食安全储存、有利于监管、有利于销售"的原则，合理确定执行早籼稻最低收购价的委托收储库点（含中储粮直属库，下同）。委托收储库点应具有农发行贷款资格，有一定的规模和库容量，仓房条件符合《粮油储藏技术规范》要求，具有较高管理水平和良好信誉。为充分利用现有仓储资源，对符合上述条件的中央大型粮食企业在主产区的闲置粮库，要列为委托收储库点。委托收储库点可根据需要设点延伸收购，在不增加国家费用补贴的前提下，自行负责将延伸收购点收购的早籼稻集并到委托收储库点或指定库点储存。

委托收储库点由中储粮有关分公司负责提出，商省级粮食行政管理部门和农业发展银行省分行后，报中储粮总公司审核确定，并报国家有关部门和省级人民政府备案后对外公布。

地方储备粮管理公司（或单位）也要根据实际需要，设定一定数量的委托收储库点，并积极入市收购，充实地方储备。

中储粮分公司拟定的委托收储库点与地方储备粮管理公司（或单位）设定的委托收储库点要相互衔接。

委托收储库点确定后，由中储粮分公司和地方储备粮管理公司（或单位）分别与其委托收储库点签订委托收购合同，明确有关政策及双方权利、义务等。委托收储库点要严格按照国家有关规定进行收购，中储粮总公司及相关分公司要加强对收购入库粮食质量的监管。

第六条　第三条规定的最低收购价适用时间为2008年7月16日至9月30日。在此期间，当早籼稻市场价格低于最低收购价格时，由中储粮公司和有关省地方储备粮管理公司（或单位）按照本预案第三条规定的最低收购价格，在上述早籼稻主产区挂牌收购农民交售的早籼稻。具体操作时间和实施区域由中储粮分公司根据市场情况商省级粮食行政管理部门和农业发展银行省分行确定，并由中储粮总公司报国家粮食局备案。

第七条　早籼稻上市后，地方各级政府和粮食行政管理部门要引导和鼓励各类粮食经营和加工企业切实履行收购义务，积极入市收购新粮。国有和国有控股粮食企业要按照《粮食流通管理条例》有关规定，切实发挥主渠道作用。农业发展银行要积极为各类收购主体入市收购提供信贷支持，保证具备贷款条件的国有和国有控股粮食企业资金供应。

第八条　预案执行期间，中央和地方储备轮入的早籼稻应不低于国家规定的最低收购价格水平。主销区地方政府要督促当地储备粮管理公司（或单位）按照不低于国家规定的最低收购价格积极到主产区收购早籼稻。

第九条　预案执行期间，中央和地方储备粮的承储企业应积极入市收购新粮用于轮换。

为调动企业参与早籼稻收购和经营的积极性，预案执行期间，原则上停止中央、地方储备库存早籼稻的大批量集中拍卖活动。对确有长期供货合同的中央和地方储备早籼稻，分别由中储粮总公司和省级粮食行政管理部门报国家发展改革委、财政部、国家粮食局备案后，定向销售给稻谷加工企业。

预案执行期间，粮食经营企业不得故意低价销售，冲击市场。

第十条　中储粮公司委托的收储库点按最低收购价收购早籼稻所需贷款（含收购费用），由所在地中储粮直属企业统一向农业发展银行承贷，并根据早籼稻收购情况及时预付给委托收购库点，保证收购需要。对于没有中储粮直属企业的地区，为保证收购需要，可暂由中储粮分公司指定具有农发行贷款资格、资质较好的收储企业承贷；收购结束后，贷款要及时划转到中储粮公司直属企业统一管理。农业发展银行要按照国家规定的最低收购价格和合理收购费用及时足额供应收购资金。收购费用为每市斤2.5分（含县内集并费），由中储粮总公司按照国家有关规定包干使用。

第十一条　地方储备粮管理公司（或单位）按最低收购价收购的早籼稻主要用于充实地方储备，所需收购贷款由农业发展银行按照国家规定的最低收购价格及时足额发放。有关收购、保管费用和利息按地方储备粮管理的有关规定执行。

第十二条　预案执行期间，中储粮总公司和有关省粮食局每五日分别将中储粮分公司和地方储备粮管理公司（或单位）按最低收购价收购的早籼稻品种、数量汇总后报国家粮食局。中储粮总公司汇总的数据要同时抄送中国农业发展银行。具体报送时间为每月逢五日、十日期后第二天中午12时之前。

省级农发行在每月初五个工作日内将上月最低收购价收购资金的发放情况抄送当地中储粮分公司。同时，中储粮有关分公司将最低收购价早籼稻月度收购进度情况抄送当地农发行省分行、省级粮食行政管理部门。各收储库点要每五日将收购进度抄报所在地县级粮食行政管理部门。

第十三条　早籼稻最低收购价执行情况，分别由中储粮总公司和省级粮食行政管理部门，于本预案执行结束后一个月内，报告国家发展改革委、财政部、农业部、国家粮食局、中国农业发展银行。

第十四条　中储粮总公司及其相关分公司执行最低收购价政策收购的早籼稻，粮权属国务院，未经国家批准不得动用。本预案执行结束后，中储粮总公司及其相关分公司要按有关规定，及时对委托收购库点收购的早籼稻品种、数量、等级等进行审核验收。对验收合格的早籼稻，由中储粮总公司及其相关分公司负责就地临时储存，并与委托储存库点签订代保管合同，明确品种、数量、等级、价格和保管责任等。对验收不合格的早籼稻，由当地中储粮分公司、农业发展银行分支行和收购贷款承贷企业与委托收购库点及时研究处理。国家粮食局结合每年的清仓查库对委托收储库点进行抽查，对质价不符、账实不符、不按规定及时出库等行为，将参照《粮食流通管理条例》、《中央储备粮管理条例》等有关规定严肃处理。

第十五条　中储粮总公司管理的临时储存最低收购价早籼稻，保管费用补贴和贷款利息补贴，由中央财政负担，先预拨，后清算。委托收储库点的保管费用补贴标准为每市斤3.5分/年；贷款利息根据入库结算价与同期银行贷款利率计算；中储粮总公司执行早籼稻最低收购价政策发生的质检、监管等日常费用标准，按《财政部关于调整完善中储粮公司最低收购价粮食质检、监管、省内跨县集并及跨省移库包干政策的通知》（财建〔2007〕405号）文件执行。中央财政根据中储粮总公司上报的最低收购价利息费用补贴的申请报告，按季度将保管费用、贷款利息及质检、监管等日常费用拨付给中储粮总公司。中储粮总公司要将保管费用及时足额拨付到存储库点。事后，由中央财政根据实际保管数量、核定的库存成本等对中储粮总公司进行清算。

第十六条　中储粮总公司管理的临时储存最低收购价早籼稻，由国家有关部门按照顺价销售的原则，在粮食批发市场或网上公开竞价销售，销售盈利上交中央财政，亏损由中央财政负担。中储粮总公司对销售盈亏进行单独核算，中央财政对中储粮总公司及时办理盈亏决算。

第十七条　执行最低收购价的委托收购库点，要按时结算农民交售早籼稻的价款，不得给农民打白条，不得压级压价和代扣各种收费，不得将农业发展银行贷款挪作他用。按最低收购价收购的早籼稻销售后及时归还农业发展银行贷款。对违反上述规定的，由当地粮食、物价、工商、农业发展银行等部门按照《价格法》、《粮食流通管理条例》等有关规定查处。

第十八条　国家发展改革委负责协调落实早籼稻最低收购价政策的工作，监测早籼稻收购价格变化情况，会同有关部门解决最低收购价政策执行中的矛盾和问题。财政部负责及时拨付中储粮总公司按最低收购价格收购早籼稻所需的费用和利息补贴。农业部负责了解各地执行最低收购价政策情况，监测早籼稻市场价格，反映农民的意见和要求。国家粮食局负责监督中储粮总公司、地方储备粮管理公司（或单位）委托收储库点最低收购价政策执行情况，督促国有和国有控股粮食企业积极入市收购，发挥主渠道作用。中国农业发展银行负责向执行最低收购价任务的贷款企业及时提供收购资金和费用贷款。中储粮总公司及其有关分公司作为国家委托的最低收购价政策执行主体，对其执行最低收购价政策收购的早籼稻的数量、质量和库存管理等负总责。省级人民政府负责对最低收购价政策的落实情况进行监督检查，切实落实仓库维修工作，确保在新粮收购前投入使用，并督促、协调地方各部门，支持和配合中储粮总公司的工作，共同完成托市收购任务。

第十九条　本预案由国家发展改革委、财政部和国家粮食局负责解释。

关于印发2008年中晚稻最低收购价执行预案的通知

（国家发展和改革委员会 财政部 农业部 国家粮食局
中国农业发展银行 中国储备粮管理总公司
发改经贸〔2008〕2394号 2008年9月9日）

各省、自治区、直辖市发展改革委、财政厅、农业厅、粮食局、物价局、农业发展银行分行、中储粮有关分公司：

为认真贯彻落实《中共中央国务院关于切实加强农业基础建设进一步促进农业发展农民增收的若干意见》（中发〔2008〕1号）精神，做好今年中晚稻收购工作，保护种粮农民利益，经国务院批准，现将《2008年中晚稻最低收购价执行预案》印发给你们。

各地方、各部门要高度重视，按照预案的要求，精心安排，周密部署，密切配合，认真做好今年中晚稻最低收购价执行预案的各项准备和组织实施工作。各地要抓紧腾仓并库和仓库维修，确保新粮收购仓容。各省（区、市）有关部门要在省级人民政府的统一领导下，认真研究、及时解决本地中晚稻收购中出现的矛盾和问题，确保中晚稻收购工作的顺利进行。

2008年中晚稻最低收购价执行预案

第一条 为认真贯彻落实中晚稻最低收购价政策，切实保护种粮农民利益，根据《中共中央国务院关于切实加强农业基础建设进一步促进农业发展农民增收的若干意见》（中发〔2008〕1号）和《粮食流通管理条例》有关精神，制定本预案。

第二条 执行本预案的中晚稻（包括中晚籼稻和粳稻）主产区为辽宁、吉林、黑龙江、江苏、安徽、江西、河南、湖北、湖南、广西、四川等11省（区）。

其他中晚稻产区是否实行最低收购价政策，由省级人民政府自主决定。

第三条 中晚籼稻最低收购价每市斤0.79元，粳稻最低收购价每市斤0.82元，是指2008年生产的国标三等质量标准的中晚稻，具体标准为：籼稻杂质1%以内，水分13.5%以内，出糙率75%~77%（含75%，不含77%），整精米率不低于44%；粳稻杂质1%以内，水分14.5%以内，出糙率77%~79%（含77%，不含79%），整精米率不低于55%。执行最低收购价的中晚稻为2008年生产的等内品。相邻等级之间等级差价按每市斤0.02元掌握。最低收购价是指承担向农民直接收购的收储库点的到库收购价。

非标准品中晚稻的具体收购价格水平，由委托收购企业根据等级、水分、杂质等情况，按照《国家计委、国家粮食局、国家质检总局关于发布〈关于执行粮油质量标准有关问题的规定〉的通知》（国粮发〔2001〕146号）有关规定确定。对整精米率低于44%的中晚籼稻、整精米率低于55%的粳稻，也按上述规定执行。

第四条　在辽宁、吉林、黑龙江、江苏、安徽、江西、河南、湖北、湖南、广西、四川11个中晚稻主产区执行最低收购价的企业为：（1）中储粮总公司及其有关分公司；（2）上述11省（自治区）地方储备粮管理公司（或单位）；（3）北京、天津、上海、浙江、福建、广东、海南等7个主销区省级地方储备粮管理公司（或单位）。

第五条　中储粮有关分公司要按照"有利于保护农民利益、有利于粮食安全储存、有利于监管、有利于销售"的原则，合理确定执行中晚稻最低收购价的委托收储库点（含中储粮直属库，下同）。委托收储库点应具有农发行贷款资格，有一定的规模和库容量，仓房条件符合《粮油储藏技术规范》要求，具有较高管理水平和良好信誉。为充分利用现有仓储资源，对符合上述条件的中央大型粮食企业在主产区的闲置粮库，要列为委托收储库点。委托收储库点可根据需要设点延伸收购，在不增加国家费用补贴的前提下，自行负责将延伸收购点收购的中晚稻集并到委托收储库点或指定库点储存。

委托收储库点由中储粮有关分公司负责提出，商省级粮食行政管理部门和农业发展银行省分行后，报中储粮总公司审核确定，并报国家有关部门和省级人民政府备案后对外公布。

地方储备粮管理公司（或单位）也要根据实际需要，设定一定数量的委托收储库点，并积极入市收购，充实地方储备。

中储粮分公司拟定的委托收储库点与地方储备粮管理公司（或单位）设定的委托收储库点要相互衔接。

委托收储库点确定后，由中储粮分公司和地方储备粮管理公司（或单位）分别与其委托收储库点签订委托收购合同，明确有关政策及双方权利、义务等。委托收储库点要严格按照国家有关规定进行收购，中储粮总公司及相关分公司要加强对收购入库粮食质量的监管。

第六条　第三条规定的最低收购价适用时间：江苏、安徽、江西、河南、湖北、湖南、广西、四川8省（区）为2008年9月16日至2008年12月31日，辽宁、吉林、黑龙江3省为2008年11月16日至2009年3月31日。在此期间，当中晚稻市场价格低于最低收购价格时，由中储粮公司和有关省地方储备粮管理公司（或单位）按照本预案第三条规定的最低收购价格，在上述中晚稻主产区挂牌收购农民交售的中晚稻。具体操作时间和实施区域由中储粮分公司根据市场情况商省级粮食行政管理部门和农业发展银行省分行确定，并由中储粮总公司报国家粮食局备案。

第七条　中晚稻上市后，地方各级政府和粮食行政管理部门要引导和鼓励各类粮食经营和加工企业切实履行收购义务，积极入市收购新粮。国有和国有控股粮食企业要按照《粮食流通管理条例》有关规定，切实发挥主渠道作用。农业发展银行要积极为各类收购主体入市收购提供信贷支持，保证具备贷款条件的国有和国有控股粮食企业资金供应。

第八条　预案执行期间，中央和地方储备轮入的中晚稻应不低于国家规定的最低收购价格水平。主销区地方政府要督促当地储备粮管理公司（或单位）按照不低于国家规定的最低收购价格积极到主产区收购中晚稻。

第九条　预案执行期间，中央和地方储备粮的承储企业应积极入市收购新粮用于轮换。

为调动企业参与中晚稻收购和经营的积极性，预案执行期间，原则上停止中央、地方储备库存中晚稻的大批量集中拍卖活动。对确有长期供货合同的中央和地方储备中晚稻，分别由中储粮总公司和省级粮食行政管理部门报国家发展改革委、财政部、国家粮食局备案后，定向销售给稻谷加工企业。

预案执行期间，粮食经营企业不得故意低价销售，冲击市场。

第十条　中储粮公司委托的收储库点按最低收购价收购中晚稻所需贷款（含收购费用），由所在地中储粮直属企业统一向农业发展银行承贷，并根据中晚稻收购情况及时预付给委托收购库点，保证收购需要。对于没有中储粮直属企业的地区，为保证收购需要，可暂由中储粮分公司指定具有农发行贷款资格、资质较好的收储企业承贷；收购结束后，贷款要及时划转到中储粮公司直属企业统一管理。农业发展银行要按照国家规定的最低收购价格和合理收购费用及时足额供应收购资金。收购费用为每市斤2.5分（含县内集并费），由中储粮总公司按照国家有关规定包干使用。

第十一条　地方储备粮管理公司（或单位）按最低收购价收购的中晚稻主要用于充实地方储备，所需收购贷款由农业发展银行按照国家规定的最低收购价格及时足额发放。有关收购、保管费用和利息按地方储备粮管理的有关规定执行。

第十二条　预案执行期间，中储粮总公司和有关省粮食局每五日分别将中储粮分公司和地方储备粮管理公司（或单位）按最低收购价收购的中晚稻品种、数量汇总后报国家粮食局。中储粮总公司汇总的数据要同时抄送中国农业发展银行。具体报送时间为每月逢五日、十日期后第二天中午12时之前。

省级农发行在每月初五个工作日内将上月最低收购价收购资金的发放情况抄送当地中储粮分公司。同时，中储粮有关分公司将最低收购价中晚稻月度收购进度情况抄送当地农发行省分行、省级粮食行政管理部门。各收储库点要每五日将收购进度抄报所在地县级粮食行政管理部门。

第十三条　中晚稻最低收购价执行情况，分别由中储粮总公司和省级粮食行政管理部门，于本预案执行结束后一个月内，报告国家发展改革委、财政部、农业部、国家粮食局、中国农业发展银行。

第十四条　中储粮总公司及其相关分公司执行最低收购价政策收购的中晚稻，粮权属国务院，未经国家批准不得动用。本预案执行结束后，中储粮总公司及其相关分公司要按有关规定，及时对委托收购库点收购的中晚稻品种、数量、等级等进行审核验收。对验收合格的中晚稻，由中储粮总公司及其相关分公司负责就地临时储存，并与委托储存库点签订代保管合同，明确品种、数量、等级、价格和保管责任等。对验收不合格的中晚稻，由当地中储粮分公司、农业发展银行分支行和收购贷款承贷企业与委托收购库点及时研究处理。国家粮食局结合每年的清仓查库对委托收储库点进行抽查，对质价不符、账实不符、不按规定及时出库等行为，将参照《粮食流通管理条例》、《中央储备粮管理条例》等有关规定严肃处理。

第十五条　中储粮总公司管理的临时储存最低收购价中晚稻，保管费用补贴和贷款利息补贴，由中央财政负担，先预拨，后清算。委托收储库点的保管费用补贴标准为每市斤3.5分/年；贷款利息根据入库结算价与同期银行贷款利率计算；中储粮总公司执行中晚稻最低收购价政策发生的质检、监管等日常费用标准，按《财政部关于调整完善中储粮公司最低收购价粮食质检、监管、省内跨县集并及跨省移库包干政策的通知》（财建〔2007〕405号）文件执行。中央财政根据中储粮总公司上报的最低收购价利息费用补贴的申请报告，按季度将保管费用、贷款利息及质检、监管等日常费用拨付给中储粮总公司。中储粮总公司要将保管费用及时足额拨付到存储库点。事后，由中央财政根据实际保管数量、核定的库存成本等对中储粮总公司进行清算。

第十六条　中储粮总公司管理的临时储存最低收购价中晚稻，由国家有关部门按照顺价销售的原则，在粮食批发市场或网上公开竞价销售，销售盈利上交中央财政，亏损由中央财政负担。中储粮总公司对销售盈亏进行单独核算，中央财政对中储粮总公司及时办理盈亏决算。

第十七条　执行最低收购价的委托收购库点，要按时结算农民交售中晚稻的价款，不得给农民打白条，不得压级压价和代扣各种收费，不得将农业发展银行贷款挪作他用。按最低收购价收购的中晚稻销售后及时归还农业发展银行贷款。对违反上述规定的，由当地粮食、物价、工商、农业发展银行等部门按照《价格法》、《粮食流通管理条例》等有关规定查处。

第十八条　国家发展改革委负责协调落实中晚稻最低收购价政策的工作，监测中晚稻收购价格变化情况，会同有关部门解决最低收购价政策执行中的矛盾和问题。财政部负责及时拨付中储粮总公司按最低收购价格收购中晚稻所需的费用和利息补贴。农业部负责了解各地执行最低收购价政策情况，监测中晚稻市场价格，反映农民的意见和要求。国家粮食局负责监督中储粮总公司、地方储备粮管理公司（或单位）委托收储库点最低收购价政策执行情况，督促国有和国有控股粮食企业积极入市收购，发挥主渠道作用。中国农业发展银行负责向执行最低收购价任务的贷款企业及时提供收购资金和费用贷款。中储粮总公司及其有关分公司作为国家委托的最低收购价政策执行主体，对其执行最低收购价政策收购的中晚稻的数量、质量和库存管理等负总责。省级人民政府负责对最低收购价政策的落实情况进行监督检查，切实落实仓库维修工作，确保在新粮收购前投入使用，并督促、协调地方各部门，支持和配合中储粮总公司的工作，共同完成托市收购任务。

第十九条　本预案由国家发展改革委、财政部和国家粮食局负责解释。

关于划转96个粮库为中国储备粮管理总公司直属库的通知

（国家发展和改革委员会 财政部 国务院国有资产监督管理委员会
国家粮食局 中国农业发展银行 中国储备粮管理总公司
发改经贸〔2008〕2619号 2008年10月8日）

有关省、自治区发展改革委、财政厅（局）、国资委、粮食局、农业发展银行分行，中储粮有关分公司：

为进一步完善中央储备粮垂直管理体系、优化中央储备粮直属库布局，增强国家粮食宏观调控能力，经国家有关部门研究，财政部专项审计，决定将96个粮库划转为中国储备粮管理总公司（以下简称中储粮总公司）直属库。现就有关事项通知如下：

一 同意划转河北辛集粮食储备库等96个粮库为中储粮总公司直属库，命名为中央储备粮×××直属库

这96个粮库划转工作按照《关于明确部分新建粮库为中国储备粮管理总公司直属库的通知》（计综合〔2000〕1564号）和《关于划转部分粮库为中国储备粮管理总公司直属库的通知》（计综合〔2001〕361号）文件规定执行。中储粮总公司要积极落实好国家关于国债投资建设粮库资产的有关政策，与地方政府积极协调，严格把关，尽快办理以上粮库国有产权划转手续并做好产权登记工作。

二 这次划转96个粮库为中储粮总公司直属库，是进一步完善中央储备粮垂直管理体系、增强国家对粮食市场宏观调控能力的一项重要工作

各级人民政府要大力支持中央储备粮直属粮库的划转工作，有关部门要积极配合，确保以上粮库划转接收工作顺利进行。

三 对国家尚未上收的国债投资建设的粮库，国家和地方有关部门和单位要加强监督和管理，密切关注中央投资建设粮库的动态，不得借改制之机造成国有资产流失

（附件略）

关于印发2009年全国粮食清仓查库工作实施方案的通知

（国家发展和改革委员会 监察部 财政部 农业部 审计署
国家质量监督检验检疫总局 国家统计局 国家粮食局
中国农业发展银行 中国储备粮管理总公司
发改经贸〔2008〕3676号 2008年12月31日）

各省、自治区、直辖市人民政府：

为贯彻落实《国务院办公厅关于开展全国粮食清仓查库工作的通知》（国办发〔2008〕118号）精神，做好2009年全国粮食清仓查库工作，特制定《2009年全国粮食清仓查库工作实施方案》，经全国粮食清仓查库部际联席会议审议通过，现印发给你们，请按照执行。

2009年全国粮食清仓查库工作实施方案

根据《国务院办公厅关于开展全国粮食清仓查库工作的通知》（国办发〔2008〕118号）精神，为了全面查清国家库存粮食的数量和质量，准确掌握粮食库存的真实情况，确保国家粮食安全，按照全国粮食清仓查库部际联席会议研究确定的原则，提出2009年全国粮食清仓查库工作实施方案如下：

一 清仓查库的范围和内容

本次清仓查库的范围包括所有中央储备粮、国家临时存储粮（含最低收购价粮、临时储存进口粮以及国家临时储存粮，下同）、地方储备粮，国有及国有控股（以下简称"国有"）粮食企业储存的商品粮。以上所称粮食包括大豆，不含食用植物油。具体内容如下：

（一）库存粮食数量检查

重点查清中央储备粮、国家临时存储粮、地方储备粮和国有粮食企业（包括中储粮总公司、中粮集团有限公司、中国华粮物流集团公司等中央直属企业）储存商品粮的数量、品种情况。对国有粮食企业代收、代储的商品粮，要查清粮权归属情况。

（二）库存粮食账务检查

重点检查粮食库存实物与保管账、统计账、会计账、银行资金账的账实相符、账账相符情况，账务处理的合规情况，以及不同性质和品种的粮食按规定进行分账管理、分仓储存情况。对利用农发行粮食收购资金贷款收购的粮食，要重点检查粮食库存与贷款是否对应，资金占用是否合理。

（三）库存粮食质量检查

重点检查中央储备粮、国家临时存储粮和地方储备粮的质量合格率和品质宜存率。其中，地方储备成品粮只检查质量合格率。

（四）中央和地方储备粮轮换管理情况检查

重点检查2008年度中央储备粮和地方储备粮轮换计划执行情况。包括轮换计划下达是否规范，轮换的品种、数量、时间与计划是否一致，轮入粮食的生产年限和质量是否符合政策规定，是否存在擅自串换品种、变更轮换库点和数量以及未轮报轮、转圈轮换、超轮空期轮换等问题。

（五）成品粮库存情况检查

重点检查地方储备成品粮的数量和质量情况。

（六）政策性粮食财政补贴资金拨补情况检查

重点检查2007年和2008年中央储备粮和地方储备粮保管费和轮换费是否及时足额拨补到代储企业，最低收购价粮食收购和保管费用是否及时足额拨补到委托收购库点。

（七）重点非国有粮食经营及转化用粮企业执行统计制度情况检查

重点检查纳入粮食流通统计范围的重点非国有粮食经营企业和转化用粮企业执行统计制度情况。每个市（地）选择3～5家在当地市场具有一定代表性的企业，进行粮食库存情况的典型调查。

二　清仓查库的组织领导

（一）全国清仓查库的组织领导

为加强对全国粮食清仓查库工作的组织领导，成立由国家发展改革委牵头，监察部、财政部、农业部、审计署、国家质检总局、国家统计局、国家粮食局、中国农业发展银行、中储粮总公司参加的全国粮食清仓查库部际联席会议（以下简称"部际联席会议"），负责制定全国粮食清仓查库工作实施方案并组织实施，协调解决有关问题，重大事项向国务院报告。部际联席会议在国家粮食局设立办公室，负责组织落实清仓查库的各项具体工作。办公室下设综合协调组、技术专家组、案件核查组、新闻宣传组、工作保障组等专项工作组。

部际联席会议的主要任务：一是统一部署并组织实施全国粮食清仓查库工作。二是制定全国粮食清仓查库工作实施方案并指导各地政府组织实施。三是协调解决清仓查库中的重大事项和问题。四是组织各地师资和抽查人员业务培训。五是组织国务院部门联合抽查工作组（以下简称"国务院抽查工作组"）对重点省份粮食库存及检查工作情况进行抽查。六是汇总全国粮食清仓查库结果，向国务院报送全国粮食清仓查库工作报告。七是受理举报，核查重大案件。

（二）各地清仓查库的组织领导

各省（区、市）人民政府要按照国办发〔2008〕118号文件和本实施方案的要求，负责组织对本辖区内所有纳入检查范围的粮食库存进行检查，新疆生产建设兵团所属企业粮食库存的检查由新疆维吾尔自治区人民政府统一组织。县级以上地方人民政府都要成立由政府分管领导担任组长，同级发展改革、监察、财政、农业、审计、质检、统计、粮食、农发行等部门和单位为成员的粮食清仓查库工作领导小组及其办事机构。各部门和单位要科学组织协调，落实职责分工，细化工作要求，加强监督检查，确保清仓查库工作的质量和进度。中储粮分支机构参加省级粮食清仓查库工作领导小组，积极配合做好粮食清仓查库工作。

省级粮食清仓查库工作领导小组（以下简称"省级领导小组"）的主要任务：一是按照国务院的统一部署，组织领导本辖区清仓查库工作，协调解决重大事项和问题。二是根据本实施方案的要求，结合实际制定本辖区清仓查库具体方案并组织实施。三是组织本辖区参加企业自查、市（地）级普查及省级复查的工作人员进行清仓查库业务培训。四是派出复查工作组，对重点地区、重点企业的粮食库存及清仓查库工作开展情况进行复查。五是协助国务院抽查工作组开展粮食库存抽查。六是向部际联席会议办公室报送清仓查库工作情况和结果。七是汇集本辖区至具体承储库点的2009年3月末粮食库存统计报表，按市、县行政区域分解并下达到市（地）。八是受理、核查举报，并配合国务院抽查工作组对重大案件进行核查。九是协助其他省做好异地储粮检查工作。

市（地）级粮食清仓查库工作领导小组（以下简称"市级领导小组"）的主要任务：一是按照国务院和省级人民政府的统一部署，组织领导本地区清仓查库工作。二是制定本地区粮食库存普查工作方案，并组织实施。三是将本地区具体承储库点的2009年3月末粮食库存统计报表下达到县。四是汇总本地区的粮食库存普查结果，并向省级领导小组办公室提交报告。五是协助国务院和省级工作组开展复查、抽查工作。六是受理、核查举报，并配合国务院和省级工作组对重大案件的核查。

县级粮食清仓查库工作领导小组（以下简称"县级领导小组"）的主要任务：一是按照省（区、市）、市（地）人民政府的统一部署，组织领导本辖区清仓查库工作。二是组织和督导辖区内纳入清仓查库范围的全部企业开展粮食库存自查。三是审核、汇总企业自查结果，向市级领导小组办公室提交工作报告。四是协助各级工作组开展粮食库存普查、复查、抽查和案件核查等工作。

（三）直属企业清仓查库的组织

按照所在地原则，由地方各级清仓查库领导小组统一组织对辖区内中央和地方直属企业不同性质粮食库存进行检查。从中央企业直属库抽调的人员，不得参与对本库及其所监管粮食的检查；从省直和市直企业抽调的人员，不得参与对本企业及其所监管粮食的检查。

（四）清仓查库信息资料的整合

中储粮分支机构负责向省级领导小组办公室提供辖区内2009年3月末分市、县，分实际承储库点的中央储备粮、国家临时存储粮和直属企业库存商品粮统计报表，各类政策性粮食管理的文件制度和规范，以及轮换、销售计划等资料。省级粮食行政管理部门负责向省级领导小组办公室提供2009年3月末地方储备粮和商品粮具体到实际承储库点的统计报表，以及地方储备粮轮换、销售计划等资料。各级农业发展银行分支机构向同级粮食清仓查库工作领导小组办公室提供2009年3月末具体到承贷企业的银行贷款明细和台账资料（分品种、分性质）。

省级领导小组办公室对上述资料进行整合、分解，在市级普查开始前下达至各市级领导小组办公室。各级清仓查库领导小组办公室要对分库点资料进行分析，发现库存异常变化的地区和库点，应列为重点检查对象。省级领导小组办公室应将整合后的分库点统计报表资料，及时抄报部际联席会议办公室。

三 检查时点和方式

（一）检查时点

以2009年3月末粮食库存统计结报日为检查时点。

（二）检查方式

本次清仓查库按县级人民政府组织和督导企业自查。市（地）级人民政府全面普查，省级人民政府重点复查和国务院抽查工作组随机抽查的方式组织实施。

县级人民政府组织和督导企业自查是整个清仓查库的基础环节，对提高清仓查库的效率具有重要作用。县级人民政府要精心组织部署，按照全国清仓查库的统一要求，督促本地纳入检查范围的所有企业，切实做好自查工作。企业在完成自查的同时，要为下一步市（地）级普查、省级复查和国家抽查做好充分准备。

市（地）级普查是确保清仓查库工作质量的关键环节。市（地）级人民政府要切实按照"有仓必到、有粮必查、有账必核、查必彻底"的原则，对本地区纳入检查范围的粮食企业库存情况逐一进行全面普查，确保检查结果真实、准确。

省级复查由省级人民政府采取随机抽样、突击检查和暗查等多种方式，对市（地）级普查和县级自查的工作质量进行复核。省级复查要突出对重点地区、重点企业和重点环节的深入检查，并对市级普查和县级自查工作质量情况和检查结果作出评估。

普查、复查均采取省内综合交叉的检查方式，对参与检查的人员按照"统一抽调、混合编组、集中培训、综合交叉、本地回避"的原则在辖区内择优选调和安排。从县（市、区）抽调参加市（地）级普查的人员不得参与对本县（市、区）的普查工作，从市（地）抽调参加省级复查的人员不得参与对本市（地）的复查工作。

国务院抽查工作组抽查，在省级复查的基础上采取不事先打招呼、随机选点的方式进行。

自查、普查、复查和抽查的具体检查方法，按照《2009年全国粮食清仓查库检查方法》执行，由部际联席会议办公室另文下发。

四　清仓查库进度安排

（一）准备阶段

1. 成立机构。2009年1月20日前，各省（区、市）人民政府要成立粮食清仓查库工作领导小组及办事机构，并将机构设置和人员名单等情况报送部际联席会议办公室备案。2009年3月底前，各市、县人民政府均要相应成立粮食清仓查库工作领导小组及办事机构，并将机构设置和人员名单等情况报送上一级粮食清仓查库工作机构备案。

2. 制定和下发清仓查库实施方案。各地要根据国办发〔2008〕118号文件精神和本实施方案要求，结合本地实际，逐级细化制定和下发本辖区内清仓查库的具体实施方案，并报上一级清仓查库领导机构备案。省级实施方案要在2009年2月底前报部际联席会议办公室备案。

3. 动员和培训。2009年2月中旬前，部际联席会议办公室完成对各省业务骨干和师资的培训。2009年3月中旬前，省级领导小组办公室完成辖区内参加省级复查、市级普查和督导企业进行自查的全体检查人员的培训任务。培训内容以本实施方案、《2009年全国粮食清仓查库检查方法》为主。2009年3月下旬，各级人民政府要完成清仓查库工作的动员和部署。

4. 其他准备。各级领导小组办公室和被查企业，应按照本实施方案和上级领导小组办公室制定的具体方案要求，备齐相关文件、账务和报表资料，提前准备工作底稿，对不规则货位进行形态整理，备齐经质量技术监督部门严格校正的称重、计量和质量扦样等检查工具。考虑到个别存粮数量较少、粮堆形状难以规范的货位需要采用称重法检查粮食数量，各地应提前配置少量移动式散粮自动秤（建议单机检斤能力不低于15吨/小时，配备数量一般不少于两台）。

（二）自查阶段

4月5日前，县级人民政府要督促和指导本地纳入检查范围的所有企业认真自查，完成情况汇总，并上报市级领导小组办公室。确因统计、账务等资料汇总分解任务重的，自查阶段可延至4月10日完成。被查企业要根据自查情况认真填写各类工作底稿和汇总表格，准备与检查当日粮食库存实际情况一致的货位平面图、货位明细表，以及分仓保管账、保管总账、统计报表、会计报表、辅助账表、原始凭证等账务资料，合同、运单、发票等反映粮食出入库业务的凭证，粮食测温、测湿、熏蒸等作业记录，为后续普查、复查、抽查做好准备。

（三）普查阶段

4月20日前，由市（地）级人民政府按综合交叉的原则组织对本行政区域内粮食库存情况进行全面普查，确保不留死角。普查范围应严格与3月末国有粮食库存统计月报口径一致。重点非国有粮食经营企业及转化用粮企业执行粮食流通统计制度情况检查及粮食库存典型调查，结合各市普查工作一并开展。典型调查可选择在当地市场具有一定代表性的3～5家库存规模较大的企业。普查期间要保留完整的工作底稿、原始记录等资料。普查结果应汇总上报省级领导小组办公室。

（四）复查阶段

4月底前，由省级人民政府组织对辖区内重点地区、重点企业和重点环节进行复查，复查比例为辖区内纳入检查范围粮食库存总量的20%～30%。质量复查的抽样代表数量为被复查企业所承储中央储备粮、国家临时存储粮和地方储备粮库存量的25%左右，对上述三种性质粮食的抽样比例要大致均衡并考虑地区布局。复查样品实行跨省交叉检验，质量承检机构在5月25日前将所有样品的检验报告交送检省省级领导小组办公室。

（五）抽查阶段

5月10日开始，国务院抽查工作组对重点省（区、市）粮食库存情况进行随机抽查，每个省（区、市）抽查的企业不少于10个。质量抽查的抽样代表数量为被抽查企业所承储中央储备粮、国家临时存储粮和地方储备粮库存量的25%左右，抽查样品实行集中统一检验。

（六）检查结果汇总上报和整改阶段

各地要在全面检查粮食库存的基础上，对清仓查库工作进行认真总结，逐级汇总检查结果，编制相关报表和检查工作报告。各级粮食清仓查库工作领导小组要对库存检查结果层层把关，数据汇总中发现有错统、漏统、重复统计、虚报库存数量等问题，要及时纠正，对检查认定的账实差数要做出详细的书面说明。对检查中发现的问题，要在认真核实的基础上提出整改措施，由主管部门下发整改通知书，并督促企业限时报送整改结果，有关资料存档备案。并在检查报告中如实反映，视问题成因和严重程度进行问责。

5月30日前，省级人民政府向部际联席会议办公室提交清仓查库工作总结报告及相关汇总报表。省级总结报告包括市（地）级普查工作汇总情况和省级复查工作情况。6月15日前，省、市、县级清仓查库领导小组办公室应办理完毕所接收的与粮食库存数量和质量相关的举报案件，并向上一级领导小组办公室提交核查报告。6月底前，部际联席会议办公室完成全国粮食清仓查库结果汇总，并向国务院报告。

五　清仓查库工作要求

（一）逐级落实责任

本次清仓查库工作是国务院组织开展的全国性粮食库存专项检查，时间紧，任务重，涉及部门多，各有关职能部门和单位必须在同级人民政府的统一领导和部署下，密切配合，协同工作。切实做到思想认识到位，组织机构到位，检查人员到位，措施落实到位。

地方各级人民政府要对本地区清仓查库结果的准确性负全责。要建立和完善明确的工作责任制和责任追究制，企业法人代表、地方有关部门主要负责人和县级以上地方人民政府主要负责人，都要逐级在清仓查库工作报告及相关报表上签字。各级清仓查库工作组负责人都要在检查报告上签字，对检查结果的真实性负责。要严格工作底稿制度，各环节检查的原始记录必须保证完整、准确、真实，并妥善保存、留底备查，不得擅自篡改、损毁。发现有工作走过场，弄虚作假，妨碍清仓查库工作，造成检查结果失实的，要追究当事人和有关领导的责任。

（二）保证质量和进度

地方各级人民政府和有关部门要根据国务院的统一部署，依据本实施方案和《2009年全国粮食清仓查库检查方法》的有关规定，结合当地实际，周密制定具体工作方案，细化工作内容和步骤，加强组织领导，严格执行检查方法，明确时限要求，确保所有检查工作在规定时间内保质保量完成。

（三）真实反映粮食库存状况

各类企业要积极配合清仓查库工作，实事求是地反映粮食库存的真实情况。对已销售出库的粮食要及时进行账务处理，核减当月统计账，未回笼的销售货款计入相应结算账户，不得以任何理由虚增库存。严禁以虚购虚销方式掩盖亏库。

（四）增强清仓查库透明度和公信力

各级领导小组要强化对清仓查库过程的监督，增强工作的透明度和社会公信力。各地可邀请人大代表、政协委员对清仓查库全过程进行监督。要加强宣传报道和舆论引导，向社会公布粮食库存检查的政策、内容、程序、方法和工作要求，组织新闻媒体进行正面宣传，防止负面炒作，正确引导市场预期，稳定市场，安定民心。各级监察、审计部门要设立举报电话，接受群众监督，严肃查处违规违法案件并选择典型案件公开曝光。

（五）严明纪律清正廉洁

各地区、各部门要选派政治素质高、业务能力强的人员参加清仓查库工作。要对检查人员加强业务培训和廉政教育，严明工作纪律。检查人员要坚持原则，自觉遵守工作纪律和廉洁自律有关规定，不准参加可能影响清仓查库工作的活动，不得吃请、受礼，对违反纪律的要严肃查处。

（六）加强保密工作

国家粮食库存的数量和布局属于国家秘密事项，对检查过程中涉及的中央政策性粮食库存及省级粮食库存的数量、布局要严格保密。各地要按照国家保密规定，制定清仓查库保密措施，配备必要硬件设施，明确保密责任，特别是在数据传输、新闻宣传等环节要严格执行保密纪律，防止发生泄密事件。

六　清仓查库的经费保障

各地应本着勤俭节约、提高效率的原则，安排落实本次清仓查库工作经费。粮食行政管理部门要严格控制经费开支，对清仓查库工作新发生的必要开支进行严格审核，并向同级财政部门如实申报。本次清仓查库工作新发生的必要开支，由省级财政核实后专项列支，中央财政适当补助。任何地方和部门不得将清仓查库费用转嫁给被查企业。有关清仓查库经费的安排、拨付和管理等事项，由财政部另行规定。

| 七 | 清仓查库文件资料的保存 |

　　全国粮食清仓查库工作中形成的大量文件资料，是清仓查库工作的真实记录，对于今后工作查考、经验借鉴具有十分重要的意义。各级粮食清仓查库工作领导机构和检查小组要指定专人负责，做好每个阶段清仓查库相关文件材料的收集和整理工作，保证文件材料齐全完整。检查结束后，要将全部资料移交同级粮食行政管理部门。

　　需要整理归档的资料包括：清仓查库有关文件、通知、工作方案、领导讲话、会议记录；自查、普查、复查、抽查工作原始记录、工作底稿、汇总表格；各级粮食清仓查库工作报告；检查期间收到的举报材料、原始记录及相关处理材料；其他库存检查相关资料、文件、报表、凭证。资料形式包括纸质文件、电子文档、照片、音像材料等。资料归档按照国家档案管理的有关要求办理。

关于公布2008年稻谷和小麦最低收购价格的通知

**（国家发展改革委 财政部 农业部 国家粮食局 中国农业发展银行
发改电〔2008〕51号 2008年2月8日）**

各省、自治区、直辖市发展改革委、物价局、财政厅（局）、农业厅（局）、粮食局、农业发展银行
分行：

为贯彻落实《中共中央国务院关于切实加强农业基础建设进一步促进农业发展农民增收的若干
意见》（中发〔2008〕1号），引导农民合理调整种植结构，促进粮食生产发展，保护农民种粮积极
性，经报请国务院批准，2008年在稻谷、小麦主产区继续实行最低收购价政策，并适当提高2008年
生产的稻谷和小麦最低收购价水平。其中，每50公斤早籼稻（三等，下同）由70元提高到75元；中晚
籼稻由72元提高到76元；粳稻由75元提高到79元；白小麦由72元提高到75元；红小麦由69元提高到70
元；混合麦由69元提高到70元。

关于再次提高2008年稻谷和小麦最低收购价格的通知

（国家发展改革委 财政部 农业部 国家粮食局 中国农业发展银行
发改电〔2008〕100号 2008年3月27日）

各省、自治区、直辖市发展改革委、物价局、财政厅（局）、农业厅（局）、粮食局、农业发展银行分行：

2月8日，国家发展改革委、财政部、农业部、国家粮食局、中国农业发展银行联合下发了《关于公布2008年稻谷和小麦最低收购价格的通知》（发改电〔2008〕51号），提高了2008年生产的稻谷和小麦最低收购价水平。考虑到今年粮食生产成本上升较多，为稳定农民种粮积极性，进一步促进粮食生产发展，经国务院批准，决定从新粮上市起再次提高2008年生产的稻谷和小麦最低收购价水平。即：每50公斤早籼稻、中晚籼稻、粳稻最低收购价格分别提高到77元、79元、82元，比2月8日公布价格分别提高2元、3元、3元，两次累计比2007年均提高7元；白小麦、红小麦、混合麦最低收购价格分别提高到77元、72元、72元，比2月8日公布价格均提高2元，两次累计比2007年分别提高5元、3元、3元。2008年生产的粳稻最低收购价执行范围由黑龙江、吉林两省扩大到黑龙江、吉林、辽宁三省。

考虑到今年在较短时间内两次提高2008年生产的稻谷和小麦最低收购价，可能会对市场预期产生一定的影响，因此，各地要密切关注粮食市场供应和价格变化情况，并做好应急预案，以确保粮食市场稳定。有关情况要及时上报。

关于提高2009年小麦最低收购价格的通知

（国家发展改革委 国家粮食局 财政部 农业部 中国农业发展银行
发改电〔2008〕323号 2008年10月19日）

各省、自治区、直辖市发展改革委、物价局、财政厅（局）、农业厅（局）、粮食局、农业发展银行
分行：

为贯彻落实十七届三中全会精神，进一步加大对种粮农民的支持力度，保护农民种粮积极性，
促进粮食生产发展，经国务院批准，决定从明年新粮上市起较大幅度提高2009年生产的小麦最低收购
价水平。每50公斤白小麦（三等，下同）、红小麦、混合麦最低收购价格分别提高到87元、83元、
83元，比2008年分别提高10元、11元、11元。稻谷最低收购价格也要较大幅度提高，具体水平另行公
布。当前正值秋冬种季节，各地要做好宣传工作，以调动农民种粮积极性，促进粮食生产稳定发展。

国家粮食局文件
局文部分

关于实施新《小麦》国家标准的通知

（国家粮食局 国粮发〔2008〕3号 2008年1月7日）

各省、自治区、直辖市、计划单列市及新疆生产建设兵团粮食局，中国储备粮管理总公司、中粮集团有限公司、中国华粮物流集团公司：

新的《小麦》国家标准（GB 1351-2008）将于2008年5月1日起正式实施，为做好新标准的实施工作，现就认真贯彻执行新标准的有关问题通知如下：

一　充分认识贯彻实施新标准的重要性和紧迫性

《小麦》国家标准（GB 1351-2008）是强制性国家标准，根据我国的有关法律法规要求，强制性标准必须执行，不符合强制性标准的产品，禁止生产、销售和进口。在小麦生产、收购、储存、加工、销售等环节都必须严格执行小麦国家标准。

二　抓紧做好新标准实施前的各项准备工作

各地粮食行政管理部门要加强对新标准实施工作的领导，尽快组织宣传贯彻，把各项工作落到实处。要充分利用新闻媒体，加强对粮食收储企业、加工企业和种粮农户的宣传，提高贯彻实施新标准的自觉性和积极性。同时，要对相关问题做好解释说明工作，增强农民的质量意识和市场意识，引导农民提高小麦质量品质。

三　尽快开展新标准的推广培训工作

国家粮食局将于2008年1月下旬组织对各省粮食局和省级粮油质检机构质量管理和检验技术骨干进行培训。各地粮食行政管理部门也要根据国家执行粮油标准的有关规定，结合当地实际情况，制定培训计划，自上而下组织粮油质检机构、粮食收储企业、加工企业的有关质量和标准化管理人员及检验人员认真学习，准确理解新标准和国家有关粮食政策，通过开展技术培训，掌握新的检验技术，提高业务水平，在粮食收购工作中切实做到依质论价。

四　切实做好小麦收购过程中执行新标准的各项工作

有关小麦生产省份的省级粮食行政管理部门应根据《粮食流通管理条例》的规定，按照新标准的技术要求，将对本省小麦收购活动经营者应具备的小麦质量检验能力的规定，上报省级人民政府进行发布。各小麦收购预案实施省份承担托市收购任务的企业，应及早配备必需的小麦质量检验仪器，完善各项规章制度，改善小麦储运条件。各小麦收购点要加大宣传力度，在显著位置公布新标准和国家粮食收购政策规定的质价标准，将各品种小麦的收购价格上榜、质量指标上墙、标准样品上台，让农民明白售粮。对售粮农民提出关于新标准方面的问题，要耐心解释、清楚说明，确保小麦收购工作准确、快速、有序地进行。

五　加强对贯彻实施新标准的监督检查

各地粮食行政管理部门要加强对新标准贯彻实施情况的监督检查，同时要注意调查了解执行新标准中的问题和建议，逐级汇总后，报国家粮食局标准质量管理办公室。在夏粮收购期间，要按照《粮食流通管理条例》和《粮食流通监督检查暂行办法》的有关规定，对夏粮收购工作中执行国家标准的情况进行重点监督检查，对不执行新标准的行为，要依据有关法规严肃查处。夏粮收购期间，国家粮食局将对质价政策和国家标准的执行情况进行巡查，并对各地有关单位进行督查。

关于同意建立福州国家粮食交易中心的复函

（国家粮食局 国粮政〔2008〕4号 2008年1月2日）

福建省人民政府：

你省《关于申请在福州粮食批发交易市场设立福州国家粮食交易中心的函》（闽政函〔2007〕131号）收悉。

为贯彻落实《国务院关于完善粮食流通体制改革政策措施的意见》（国发〔2006〕16号）中关于"重点扶持大宗粮食品种的区域性、专业性和成品粮油批发市场"的精神，根据《全国粮食市场体系建设"十一五"规划》中组建国家粮食交易中心的有关规定，同意你省在福州粮食批发交易市场基础上组建"福州国家粮食交易中心"。福建省是我国粮食主销区，在我国粮食流通大格局中具有重要战略地位。组建"福州国家粮食交易中心"，有利于整合粮食流通基础设施和相关资源，发挥你省交通和区位优势，促进粮食产销衔接和粮食省际间顺畅流动，在搞活粮食流通、调节粮食供求、服务国家宏观调控、保障国家粮食安全方面发挥积极作用。

专此函复。

关于公布第二批国家粮食质量监测机构名单的通知

（国家粮食局　国粮发〔2008〕5号　2008年1月8日）

各省、自治区、直辖市及新疆生产建设兵团粮食局，各有关粮食质量检验机构：

为贯彻落实《粮食流通管理条例》（国务院令第407号），进一步加强粮食质量安全监管工作，推进粮食质量监测体系建设，按照《国家粮食局关于建立国家粮食质量监测体系的通知》（国粮发〔2006〕146号）要求，在各省级粮食行政管理部门推荐、专家组考核和公示的基础上，经研究，现公布国家粮食局授权挂牌的第二批国家粮食质量监测机构名单。我局授权挂牌的机构，其原来的隶属关系不变，人、财、物管理关系不变，相关业务工作接受国家粮食局粮食质量管理部门的监督指导。

（附件略）

关于同意建立长春国家粮食交易中心的复函

（国家粮食局 国粮政〔2008〕7号 2008年1月9日）

吉林省人民政府：

你省《关于申请组建长春国家粮食交易中心的函》（吉政文〔2007〕137号）收悉。

为贯彻落实《国务院关于完善粮食流通体制改革政策措施的意见》（国发〔2006〕16号）中关于"重点扶持大宗粮食品种的区域性、专业性和成品粮油批发市场"的精神，根据《全国粮食市场体系建设"十一五"规划》中组建国家粮食交易中心的有关规定，同意你省在吉林粮食中心批发市场基础上组建"长春国家粮食交易中心"。吉林省是我国粮食主产区和重要商品粮生产基地，特别是玉米商品量大。组建"长春国家粮食交易中心"，有利于整合粮食流通基础设施和相关资源，发挥你省粮食资源优势和交通、区位优势，促进粮食生产发展和产销衔接，在搞活粮食流通、调节粮食供求、服务国家宏观调控、保障国家粮食安全方面发挥积极作用。

专此函复。

关于同意建立银川国家粮食交易中心的复函

（国家粮食局 国粮政〔2008〕19号 2008年1月21日）

宁夏回族自治区人民政府：

你区《关于申请建立银川国家粮食交易中心的函》（宁政函〔2007〕125号）收悉。

为贯彻落实《国务院关于完善粮食流通体制改革政策措施的意见》（国发〔2006〕16号）中关于"重点扶持大宗粮食品种的区域性、专业性和成品粮油批发市场"的精神，根据《全国粮食市场体系建设"十一五"规划》中组建国家粮食交易中心的有关规定，同意你区在宁夏粮油批发交易市场基础上组建"银川国家粮食交易中心"。宁夏回族自治区是我国西北地区重要的粮食生产、周转和集散地。组建"银川国家粮食交易中心"，有利于整合粮食流通基础设施和相关资源，发挥你区粮食资源优势和交通、区位优势，促进粮食生产发展和产销衔接，在搞活粮食流通、调节粮食供求、服务国家宏观调控、保障国家粮食安全方面发挥积极作用。

专此函复。

关于印发2007年工作总结和2008年工作要点的通知

（国家粮食局 国粮发〔2008〕36号 2008年2月14日）

各司室、直属联系单位：

《国家粮食局2007年工作总结和2008年工作要点》已经局领导批准，现印发给你们，请认真组织学习、讨论，结合本单位实际，总结经验、发扬成绩，找准差距，切实改进，同时注意分析当前粮食工作面临的形势，明确新一年工作目标，做好工作安排。

国家粮食局2007年工作总结和2008年工作要点

在2008年1月召开的全国粮食局长会议上，总结回顾了粮食系统一年来的主要工作，研究部署了2008年的工作任务。现对全局2007年工作进行认真总结，讲成绩，找差距，谋发展，明确2008年工作思路，以利于全局干部职工以坚定的信念、饱满的热情、扎实的工作，切实履行党中央、国务院赋予我们的职责。

一   2007年工作总结

（一）认真学习贯彻党的十七大精神，研究提出粮食系统贯彻落实科学发展观的基本思路

举世瞩目的中国共产党第十七次全国代表大会是在我国改革开放关键阶段召开的一次十分重要的大会。胡锦涛同志在十七大上所作的重要报告，以邓小平理论和"三个代表"重要思想为指导，深入贯彻落实科学发展观，回顾了十六大以来各项事业的新进展，总结了改革开放以来的新经验，提出了实现全面建设小康社会奋斗目标的新要求，分析了国际国内形势的新变化，回答了党在改革发展关键阶段举什么旗、走什么路、以什么样的精神状态、朝着什么发展目标继续前进等重大问题，对我国社会主义经济、政治、文化、社会建设和党的建设作了全面部署，为继续推动党和国家事业发展指明了方向，是推进党和国家事业发展的纲领性文献，对于夺取全面建设小康社会新胜利、开创中国特色社会主义新局面具有十分重大的现实意义和深远的历史意义。党的十七大对于进一步做好新时期粮食流通工作提出了新任务新要求，指明了前进方向。

局党组对学习贯彻十七大精神高度重视。十七大开幕当天，局党组成员和局机关、直属联系单位的党员干部收看了开幕盛况，聆听胡锦涛总书记代表十六届中央委员会所作的报告，有的单位收看结束即进行了讨论。通过收看十七大开幕盛况，同志们一致认为，中国特色社会主义道路，是实现国家富强、民族振兴、人民幸福的唯一正确的道路，只有社会主义才能救中国，只有中国特色社会主义才能发展中国。大家纷纷表示，要高举中国特色社会主义伟大旗帜，以邓小平理论和"三个代表"重要思想为指导，深入贯彻落实科学发展观，把思想统一到党的十七大精神上来，进一步做好粮食流通工作，适应经济社会又好又快发展需要，为推动科学发展、促进社会和谐、夺取全面建设小康社会新胜

利做出应有贡献。

十七大胜利闭幕后，局党组即召开会议，学习十七大文件，研究学习贯彻大会精神的工作措施。10月23日，召开全局党员干部大会，就我局学习贯彻十七大精神工作进行动员部署。会后印发了党组通知，对全局学习贯彻工作提出明确要求，号召全局各级党组织和党员要把认真学习贯彻十七大精神作为首要政治任务，坚持以处级以上干部为重点，认真开展学习，统一思想认识，进一步增强政治意识、大局意识、责任意识，围绕主题，把握灵魂，狠抓落实，迅速掀起学习贯彻十七大精神的热潮。要求党员领导干部以身作则，带头学习，努力成为勤奋学习、善于思考的模范，解放思想、与时俱进的模范，勇于实践、锐意创新的模范。

根据中央的要求，局党组研究提出了传达动员、深入学习和贯彻落实三个阶段的学习贯彻方案。在第一阶段，局党组召开专题会议，集体学习了中共中央关于认真学习宣传贯彻党的十七大精神的通知、人民日报题为"在中国特色社会主义伟大旗帜下奋勇前进"的社论等文件，研究贯彻落实工作。党组理论学习中心组召开扩大会议，利用3天时间集中学习，为全局学习贯彻工作做出了表率。各单位也按照要求保证了适当时间的集中学习，并结合粮食工作实际，积极开展形式多样的学习讨论活动。

为了帮助全局党员深入理解、深刻领会十七大精神，进一步增强贯彻落实科学发展观的自觉性和坚定性，邀请中央党校哲学部主任庞元正教授作专题辅导报告，并组织党员干部开展专题学习研讨，结合工作实际进行交流，为在粮食流通工作中全面贯彻落实十七大精神打好基础。

在第二、第三阶段，局党组和全局各单位结合十七大报告中提出的新观点、新论断和一些理论问题，进行了深入研讨。通过学习讨论，全局上下就粮食部门学习贯彻十七大精神、深入落实科学发展观形成了共识。大家一致认为，粮食系统全面贯彻十七大精神，就是要全面落实科学发展观，根据十七大的战略部署，按照胡锦涛总书记"确保国家粮食安全"的要求，紧密结合改革开放和现代化建设的生动实践，全面把握科学发展观的科学内涵和精神实质，认真开展学习，切实增强贯彻落实科学发展观的自觉性和坚定性，坚持把科学发展观贯彻落实到粮食流通工作的各个方面，着眼于粮食行业的改革、发展、稳定，深入研究粮食工作中带有前瞻性、战略性、导向性的问题，进一步明确粮食工作的奋斗目标，理清粮食行业未来发展的总体思路，努力适应我国改革发展关键阶段粮食流通工作面临的新形势，围绕确保国家粮食安全、切实保护种粮农民利益和种粮积极性、保障城乡消费者口粮安全开展工作，加强粮食宏观调控，加强面向全社会的粮食流通监管，大力推进放心粮油工程，不断加强粮食基础设施建设，努力探索新的流通组织形式，推动粮食生产和流通协调发展。

2007年12月5日，中央国家机关工委检查组对我局学习宣传十七大精神、贯彻落实科学发展观的情况进行了检查指导。检查组对我局的工作给予了充分肯定，认为我局在学习宣传贯彻十七大精神方面，部署明确，措施得力，学习方式多样，方法得当，学习效果明显，并对我局下一阶段学习贯彻工作提出了具体要求。

（二）贯彻落实科学发展观，全面完成2007年各项粮食工作任务

2007年是党和国家事业发展进程中非常重要的一年。保证粮食市场供应，稳定粮食市场价格，确保国家粮食安全，事关国家发展、社会稳定和人民群众生活大局。围绕这个大局，在党中央、国务院的正确领导下，在国家发展改革委党组的指导下，认真贯彻落实科学发展观，落实中央经济工作会议、中央农村工作会议精神，按照年初的工作部署，狠抓落实，粮食流通的各项工作取得了新的成绩。

一是切实做好粮食宏观调控工作，保障粮食市场供应和价格基本稳定。

——针对粮食流通出现的新情况、新问题，深入研究分析粮食供求形势发展变化规律和特点，密切关注粮食和食用植物油供求形势及价格走势，加强对玉米深加工发展、食用植物油外资依存度过高等粮食供求和流通中重大问题的研究，提出宏观调控的措施建议。配合有关部门研究制定粮食安全中长期规划。

——服从和服务于国家宏观调控需要，进一步完善中央和地方粮食储备调节体系。会同有关部门及时下达中央储备粮年度轮换计划并督促实施，督促中央和地方储备粮轮换把握好时机和节奏。会同有关部门研究和落实中央储备食用植物油和大豆增储计划。研究提出地方储备粮分省规模的指导性意见，指导地方进一步完善成品粮油储备，增强市场调控能力。

——落实粮食调控措施，稳定粮食市场和价格。经国务院批准，在京津沪和东南沿海等主销区安排抛售中央储备食用植物油4亿斤，定期安排销售国家临时存储进口小麦，加大最低收购价稻谷和小麦竞价销售力度，在南方主销区、养殖大省和冀鲁豫等地区追加中央储备玉米轮换计划，安排在批发市场分批投放40亿斤中央储备玉米，保证市场供应，稳定市场预期，保持粮油市场价格基本稳定。

——健全粮食应急监测预警系统，增强粮食应急保障能力。完成2006年度全国粮食供需平衡调查工作；完善粮食流通统计制度，建立重点食用植物油企业统计信息直报制度，做好粮食收购进度和旬（月）报统计，提高统计数据质量；建立并完善全国粮食市场信息监测网上直报体系，及时掌握粮油市场新情况和新动态。督促各地建立健全粮食应急保障系统，组织编写"十一五"期间国家粮食应急体系建设重点项目推进计划。

二是完善粮食流通法制体系，依法加强对全社会粮食流通监管。

——开展《粮食流通管理条例》宣传，完善配套规章制度。以"依法经营粮食，保障消费安全"为主题，通过举办局领导在线访谈、组织知识竞赛等方式，深入开展《条例》宣传活动。研究起草《粮食流通法》初稿，正式向国务院法制办申请立项。协助有关部门完成涉粮法规规章和2000年以来我局制定的规范性文件的清理工作。对粮食收购市场准入制度建设和资格审核情况进行调查摸底。开展粮食依法行政示范创建活动，确定32个县市级粮食行政管理部门作为我局依法行政示范单位。研究制定全国粮食行业普法依法治理工作要点，指导各地推进普法依法治理工作。完善粮食行政复议制度，提高行政复议效率。

——健全粮食监督检查体系，加强粮食市场监管。指导各地推进粮食流通监督检查机构建设，为开展粮食流通行政执法工作提供组织保障。开展监督检查执法培训，提高粮食流通监督检查队伍整体素质。举办粮食库存检查专业培训，组织开展粮食流通立法及监督检查行政执法工作开展情况交叉检查，指导各地开展对全社会的粮食流通监管。对小麦最低收购价政策落实情况、临时存储粮食竞价销售出库和移库等情况进行巡查，促进相关政策的贯彻落实。进一步加大对陈化粮销售处理的监管力度。认真查办涉粮案件。

——依法实施行政许可项目，做好中央储备粮代储资格认定工作。组织对20个省（区、市）285户企业进行代储资格认定专项检查及调研，对控制代储资格企业总量、优化代储资格企业布局、加强代储资格企业管理、细化认定标准进行了深入研究。开展了第六批中央储备粮代储资格认定工作，同时对不符合资格要求的企业进行处理。

——做好粮食库存检查工作，确保国家粮食宏观调控物质基础更加坚实可靠。会同国家发改委、财政部、农发行，联合组织全国粮食库存检查工作，对全国国有及国有控股粮食企业的粮食库存进行了全面检查。在各地自查、复查的基础上，组织10个联合工作组，对北京等10个省（区、市）共83个库点的库存情况进行了抽查。从结果看，近年来，随着粮食库存检查工作的逐步规范和对粮食库存监管力度的加强，各地粮食库存管理水平不断提高，账实相符情况明显改善，粮食库存结构更加合理，粮食质量和储存安全有较好保障。针对检查中反映出的问题，提出了进一步优化粮食库存结构和布局、规范中央储备粮库存管理、充实地方储备、改善粮食质量和卫生情况等一系列措施和建议。

——加大对粮食质量的监管力度，确保粮食质量安全。积极推进粮油标准体系和国家粮食质量监测体系建设，组织开展全国粮食质量调查、品质测报、原粮卫生调查。组织开展了粮食质量安全专项整治行动和库存粮食质量安全抽查，强化了粮食质量和卫生监管，研究提出建立粮食质量安全长效机制的建议。完成小麦等主要粮食质量标准的修订和食用调和油国家标准等急需标准的制修订，加快粮油标准更新。

三是落实粮食最低收购价政策，做好粮食购销工作。

——分析粮食产销形势，及时部署粮食收购工作。在新粮上市前，分别召开小麦、稻谷、玉米等主要粮食品种收购工作座谈会，认真分析粮食生产、收购形势和价格走势，对收购工作提出明确要求。会同有关部门先后下发2007年小麦、早籼稻和中晚稻最低收购价执行预案，完善预案启动机制和补贴机制、细化操作措施。小麦最低收购价预案启动后，先后组成多个工作组，由局领导带队分赴主产区进行指导和检查，及时协调解决收购过程中的问题。在收购旺季，加强了对最低收购价粮的收购进度统计和分析，及时反映最低收购价粮食收购中存在的问题，保证收购工作的顺利进行。

——开展向库存薄弱地区移库工作，改善地区粮食库存品种结构和布局。会同有关部门共下达4批最低收购价粮食跨省移库计划185.69亿斤。目前，前两批计划已全部完成，第三、四批计划正在执行。

——根据市场供求形势认真组织最低收购价粮食竞价销售，保证市场供应。根据市场供求、价格以及用粮企业需求等情况，及时安排最低收购价粮食在粮食批发市场公开竞价销售，进一步扩大销售渠道，完善交易规则，简化出库手续。

——积极促进粮食产销合作发展，做好政策性粮食供应工作。鼓励和支持地方举办产销合作贸易洽谈会，做好粮食产销衔接工作。帮助地方协调解决有关铁路运输困难等问题。配合有关部门做好退耕还林、退牧还草调研工作，完善后续政策，完成退耕还林面粉营养强化试点工作。

——完善军粮供应工作机制，切实加强军粮供应保障能力。树立"以兵为本"思想，落实"十一五"军粮供应工作指导意见，指导粮食系统军供部门改进军供粮源筹措供应机制，加强军粮质量监管，深化军粮供应企业改革，优化网点布局，加强设施建设，实施军用购粮卡改革，拓展军粮供应服务领域，提高服务水平，切实提升军粮供应综合应急保障能力，军粮供应工作保持了粮源稳定、质量优良、供应积极、服务热情、部队受益、政府放心的良好局面。

四是落实和完善粮食流通体制改革政策措施，切实解决粮食财务挂账等历史遗留问题。

——加强对各地粮食流通体制改革工作的跟踪指导，进一步落实改革政策措施。及时跟踪各地粮改进展情况，总结交流各地贯彻国务院〔2006〕16号文件的实施方案和落实措施，推进粮改各项政策措施的贯彻落实，在规范政府调控与企业经营关系、充实地方粮食储备、完善粮食企业国有资产管理制度、发展粮食产业化经营、加强粮食市场体系和物流设施建设、健全粮食流通监管办法等方面有了新的举措和新的突破。

——加强粮食流通重大问题的调查研究，提出相关政策措施建议。开展现代粮食流通产业发展战略研究，进一步理清工作思路和发展重点。积极参与粮食最低收购价政策落实、粮食生产形势、价格走势、食用植物油产销等情况的调研，分析粮食生产和流通工作面临的新形势和出现的新问题，研究提出进一步落实中央惠农政策、加强和改善粮食宏观调控的措施建议。配合国家发改委研究发布促进玉米深加工业发展的指导意见，在保障国家粮食安全前提下，推进玉米深加工健康发展。

——加强对国有粮食企业改革的指导，进一步解决企业历史遗留问题。了解和掌握各地国有粮食企业改革的进展情况，研究提出相关政策措施，推动国有粮食企业深化改革。督促和指导各地切实解决国有粮食企业富余职工分流安置中的遗留问题。截至2007年11月，全国国有粮食企业职工参加养老保险、失业保险和医疗保险的人数分别占职工总数的86.1％、77.7％和65.4％。当年安置国有粮食企业下岗职工再就业10.5万人，其中粮食部门安置6.6万人。指导各地做好政策性粮食财务挂账的上划和集中管理工作，积极解决政策性粮食财务挂账认定和剥离中的遗留问题，研究经营性粮食财务挂账的处置办法和措施。

——争取和落实有关财务政策，支持粮食产业化发展。认真开展粮食产业化工作专题调研，以专题报告形式报国务院办公厅及有关部门，积极争取政策支持。会同农业发展银行在2006年已公布第一批1212个重点支持的粮食产业化企业的基础上，共同审核确定第二批472个重点支持的粮食产业化企业，在粮食收购资金、技术改造、基地建设等方面优先提供贷款支持。

——认真处理人民来信和做好来访接待工作，切实维护职工权益。学习贯彻《信访条例》，落实第六次全国信访工作会议精神，进一步扎实做好信访工作。我局全年共接待群众来访190批次、366人次，处理群众来信145件。在各有关方面的配合支持下，负责信访工作的同志，认真接待，积极协调，妥善处置，尽最大努力维护职工的权益，化解了矛盾，维护了稳定。

——加强粮食财会指导，抓好国有粮食企业扭亏增盈工作。指导各地粮食企业从2007年开始实行新的《企业会计制度》，适时调整和完善粮食财务报表指标体系，进一步提高财会管理水平。及时了解和掌握企业扭亏增盈动态，加强对国有粮食企业扭亏增盈情况的分析，总结各地典型单位的做法，指导国有粮食企业扭亏增盈。2007年1～11月，国有粮食购销企业比上年同期减亏31.3亿元，减幅达72％。其中，北京、天津、河北等12个省（区、市）实现了盈利。

五是积极推进现代物流体系、粮食市场体系建设和农户储粮产后减损工程，指导粮食行业科技创新和安全生产。

——发布实施《粮食现代物流发展规划》，推进粮食现代物流体系建设。组织对粮食物流设施建设需求和六大物流通道上重要节点项目的专题调研，开展全国物流设施建设情况调查分析，研究提出改善我国粮食物流设施条件、加快建立粮食现代物流体系的政策建议。修改完善并由国家发改委发布实施《粮食现代物流发展规划》。协助发改委启动2007～2008年中央投资补助粮食现代物流设施建设专项。加强粮油加工产业化政策措施调研和指导，推进粮油加工业布局调整，促进粮油深加工产业化经营，抓好示范工程建设。

——加强粮食市场体系建设，促进粮食批发市场发展。编制和实施《全国粮食市场体系建设"十一五"规划》，进一步完善国家粮食局重点联系粮食批发市场制度。建立全国粮食竞价交易系统，构建体系完善、运转高效、成本节约的国家粮食调控载体，全国已有10个国家粮食交易中心在承担国家政策性粮竞价交易中发挥了服务粮食宏观调控的重要作用。指导大中城市成品粮批发市场发展，配合相关部门加强场内交易粮食的质量监管。

——积极推进粮库仓房维修改造，缓解仓容紧张。研究提出小麦主产区和南方稻谷主产区仓库维修改造投资需求和实施方案，争取中央财政安排专项补助资金2.1亿元，加上地方财政配套和企业自筹共计投入资金约8亿多元，维修改造库点1万多个，维修仓容2200多万吨。制订了《粮食仓房维修改造技术规程》，进一步规范维修改造工作。

——认真落实国家科技支撑计划，启动农户储粮产后减损专项工程。落实"十一五"国家科技支撑计划项目，与12个粮食主产省签订粮食丰产科技示范工程农户储粮技术示范点合同，落实3420户新技术示范户。优化集成并推广农户储粮技术，开发了8种农户储粮新仓型，为农户储粮专项的实施创造了有利条件。成功举办以推进农户科学储粮、建设社会主义新农村为主题的"第二届粮食科技活动周"。研究提出农村粮食产后安全保障工程总体方案，经发改委批准，筹资2120万元用于辽宁、四川、山东三省试点，为3.2万个农户配置新型粮仓。

——加强粮食流通科技工作，建立行业科技创新体系。组建粮食储藏等工程技术研究中心，初步形成由公益科研院所和大专院校、科研型企业、省级院所、大型骨干企业研发中心共同构成的粮食科技创新体系。加强粮食流通科技支撑能力建设，推进高新技术改造，组织开展"小麦硬度指数测定技术及仪器"升级及应用推广工作，组织开展粮情检测专用传感器、生物杀虫剂、植物性粮食保护剂等科学研究，启动粮食收购快速数据采集、物流信息化技术等课题研究。继续购置先进的仪器设备，切实改善基础公益科研条件。

——做好国债粮库建设项目收尾工作，加强中央预算内投资基本建设"储藏平台"等项目管理。除海南洋浦库外，其他项目都完成验收并全部批复竣工财务决算。重点开展粮食储藏实验室建设、信息系统安全基础设施改造等项目，完成科研院小汤山中试基地改造。制定发布《粮食工程建设标准管理办法》，相继启动15项建设标准的编制，批准发布《粮食立筒仓设计规范》等3项行业标准。

——落实全国安全生产会议精神，指导粮食行业安全生产。组织编写《粮食行业安全生产培训教程》，对省级安全生产管理人员进行培训。结合代储资格企业检查等工作，对全国近300户企业安全生产情况进行检查。根据不同季节的安全生产形势和特点，有针对性地指导做好安全生产工作。在汛期，编印《汛期粮食仓储情况简报》，及时反映各地汛情，指导地方开展安全储粮。

（三）围绕粮食工作中心任务，加强行业指导，推动粮食行业新发展

一是加强政务信息报送、粮油市场动态监测和新闻宣传报道，搞好粮食流通信息服务。

紧扣粮食流通工作重点和粮食市场热点，及时向党中央、国务院报送粮食政务信息，供领导决策参考。除了直接呈送国务院领导同志的专题报告外，全年向中办、国办共报送"粮食信息"200余条，编印《情况通报》100多期。党中央、国务院领导对报送的粮食政务信息十分重视，多次作出重要批示，对相关工作提出要求。完善全国粮油市场监测系统，充分发挥粮油信息监测点作用，加强对全国粮油市场的动态监测，提高信息分析预测水平，为粮食生产者和经营者提供良好的市场信息服务，为粮食宏观调控提供决策参考。加快粮食电子政务建设，完成全国粮食调控信息系统建设任务，积极推动"金宏"工程、"金农"工程等粮食信息化项目建设，粮食动态信息系统项目顺利推进。建设和完善全国粮食电子竞价交易平台，实现了17家省级粮食批发市场的计算机联网，构建了全国政策性粮食统一交易平台，做到了临时存储粮食常年常时公开竞价销售和中央储备玉米、油脂网上销售，

有利于国家随时把握销售节奏，控制投放数量和价格，稳定市场供应。按照国务院办公厅的要求，对局政府网进行全面整合和改造，全年共发布信息1万余条，被中国政府网采用140余条，成为我局政务信息公开的重要载体。加强新闻宣传报道，完善新闻发言人制度，围绕粮食中心工作抓好粮食流通新闻宣传。编印《粮食工作通讯》，介绍情况、交流经验，促进粮食系统上下、平行的沟通，服务粮食流通工作。《中国粮食经济》杂志牢牢把握粮食流通工作重点，宣传报道国家粮食工作重大部署，在交流工作经验、反映粮食工作新情况新问题、开展理论探讨等方面发挥了积极作用。

二是加强行业教育培训和职业技能鉴定工作，促进行业人才队伍建设。

行业职业技能培训和鉴定工作得到较快发展，全年组织技能鉴定和培训超过1万人次，其中7500人取得职业资格证书。完善了职业技能培训教程和题库。联合劳动和社会保障部，开展了新中国成立以来首次全国粮食行业职业技能大赛，31个代表队186名选手参加了比赛，14个代表队和50名选手受到表彰，其中6名选手荣获劳动和社会保障部授予的"全国技术能手"称号，24名选手获得"全国粮食行业技术能手"称号。组织举办全国粮食系统财会知识竞赛，检验和提高了粮食行业财会人员水平，增强了财会人员职业道德意识，促进粮食财会队伍建设。加强粮食行业高级专业技术人才选拔培养。

三是大力开展放心粮油进农村、进社区和食品安全信用体系建设试点工作，搞好粮油名牌产品申报和评价。

深入推进放心粮油进农村、进社区工作，加强粮食行业食品安全信用体系建设，推动粮油企业加快实行质量追溯和退市召回制度，积极争取开展行业信用评价试点，促进粮油企业管理水平和产品质量水平的提高，保障粮油食品消费安全。据国家质检总局抽样调查，目前全国粮油产品总体合格率位居食品合格率榜首，小麦粉、大米合格率分别达到98%和99%。结合放心粮油工程，积极培育名牌，促进粮油加工业发展。

四是关注国际粮油市场变化，办好展会和学术研讨活动，促进行业交流与合作。

及时编译世界粮食生产、消费、价格、库存和贸易等变化的最新预测与分析材料，得到国务院领导和有关方面的重视。促进粮食行业的对外交流与合作，接待国外来访粮农代表团30多个，召开科技外事工作座谈会，邀请国外专家来华介绍先进的粮食科技和管理经验，推进与中亚粮油企业合作项目，推动有关机构和企业与国外著名粮油机械厂商签订《粮食科技合作框架协议》，成立"油脂及蛋白深加工技术联合实验室"。成功举办第七届中国国际粮油精品展示交易会暨第七届中国粮油产品及设备技术展览会、中国（衢州）粮交会、首届中国国际玉米产业博览会、国际标准化组织谷物与豆类技术委员会第32次会议、中日大米食品深加工及综合利用新技术研讨会、国际谷物科技协会第十三届年会、中国企业跨国投资研讨会暨中国粮油企业走出去战略研讨会、中国—中亚粮油企业合作发展研讨会。筹备组建了中国粮机出口联合体。完成粮食仓储行业淘汰甲基溴国际援助项目示范库验收工作。组织开展世界粮食日纪念活动和爱粮节宣传活动。

五是总结粮食行业发展成果，加强行业基础性建设。

组织编写《2007中国粮食年鉴》和《2007中国粮食发展报告》，全面、系统地反映粮食系统工作，总结经验，积累资料，传播信息。开展粮食课题研究，在粮食行业形成良好的学术氛围，并取得较好效果。做好《现代粮食辞典》审改工作，对辞典框架进行调整和细化，完成全部词条审核和填补工作，年底前完成了大部分词条审改工作。

（四）加强机关建设，搞好协调服务，机关面貌呈现新气象

一是抓好机关党建工作，为全局中心任务的顺利完成提供有力的政治保障。

坚持以邓小平理论和"三个代表"重要思想为指导，认真学习贯彻党的十七大精神，全面贯彻落实科学发展观，按照"以人为本、和谐发展"的原则，加强思想政治工作，努力推进和谐机关建设。以抓好党组中心组学习为重点，积极组织全体党员干部采取集中学习、专题研讨、专家辅导和座谈交流等形式，扎实开展政治理论学习。先后在全局范围内发起"迎接党的十七大召开，保持共产党员先进性"主题党日活动和"为民、务实、清廉"主题教育实践活动，全局各级党组织和广大党员干部对照党章和新时期共产党员先进性具体要求，开展专题教育，增强党员干部理想信念和党性原则。按照"严格标准，保证质量，改善结构，慎重发展"的方针，做好党员的发展工作。在全局范围内开展"两优一先"评选活动，表彰先进，树立榜样，加强党员队伍建设。进一步加强党建工作宣传教育，及时、全面地反映和交流我局学习贯彻十七大精神、机关党建工作、党组中心组学习、支部活动开展等情况。认真完成党内统计填报，积极开展党建工作调研和探索，不断推进党建研究工作实现新突破、取得新成果，为实现粮食行业全面、协调、可持续发展，提供有力的思想、理论保证。认真做好十七大召开期间和元旦、春节、五一、十一等重大节日以及敏感时期的安全稳定工作，严防"法轮功"等不法分子滋事，确保安全稳定。

二是贯彻落实中央反腐倡廉各项措施，加强党风廉政建设。

认真贯彻中央纪委七次全会和国务院第五次廉政工作会议精神，制定党风廉政建设和反腐败工作实施意见及任务责任分解意见，分解任务，逐项落实。深入分析粮食系统商业贿赂的特点，继续开展治理商业贿赂专项工作。围绕粮食流通工作和改革，加强对贯彻执行国家粮食政策的行政监察。在夏粮和秋粮收购、粮食清仓查库工作中，有重点地开展行政监察，及时查处、纠正损害群众利益和违反国家收购政策等行为。开展对有关评比达标表彰活动的全面清理，对局机关公务员津贴补贴和固定资产、政府采购等进行专项清查，对有关项目的招投标加强监督。制定关于局管干部任职前听取纪检机关意见的实施办法，对选拔任用干部严格把关，防止带病上岗。对局属单位领导班子贯彻民主集中制、任用干部、资金使用情况进行监督检查，督促健全相关制度。开展"加强作风建设、促进廉洁从政"专题教育活动，选择发生在粮食系统内部的典型违法违纪案例开展廉政警示教育，促进廉洁从政。坚决查处和纠正山西"粮神殿"问题，并在粮食系统开展警示教育，认真总结教训。加强损害群众利益的案件查处。今年以来，共受理群众举报件及领导交办件共53件，自查、督办13件，进行诫勉谈话5人次。

三是推进机关和事业单位人事制度改革，促进行业人才队伍建设。

深入贯彻实施《公务员法》，出台关于干部选拔任用工作程序的暂行规定，修订党政机关竞争上岗工作暂行规定的实施细则等文件，规范公务员录用、干部选拔任用、竞争上岗、任职试用期、任职公示、考核、交流等工作，进一步完善干部管理工作机制。以司级领导班子配备为重点，严格执行《公务员法》和《党政领导干部选拔任用工作条例》，坚持正确的用人导向，加强领导班子建设。以基层锻炼为重点，加强机关干部的培养锻炼。开展粮食科技知识讲座和业务培训活动，提高干部队伍素质。完成收入分配制度改革，进一步规范机关津贴补贴。多渠道吸引人才，努力做好拴心留人工作。以实施岗位设置管理为重点，深化事业单位人事制度改革。

四是进一步落实"三个转变"，促进机关作风建设。

加强机关自身建设，创新管理方式和工作机制，健全制度、狠抓落实，规范程序，明确职责，促进机关工作制度化、规范化。认真贯彻《政府信息公开条例》，研究提出政务公开工作要点，规范政府信息公开的内容、方式和工作流程，推动政务公开工作。加强政务督察和机关办公组织协调，实现政务、事务、服务一体化；进一步精简会议和文件，提高机关效能。切实转变机关工作方式，大兴调查研究之风。局领导班子成员以身作则，带着问题深入一线开展调查研究，指导粮食流通工作。加强事前调研，及时对形势分析和预测，提高工作的前瞻性；加强事中调研，及时反映和分析工作中出现的新情况、新问题，研究提出改进措施，提高工作的针对性；加强事后调研，及时总结贯彻落实政策措施的经验，查找不足，研究提出改进措施，提高工作的完整性。做好全国人大代表建议、政协委员提案的办理工作，倾听代表、委员和社会各界的意见和建议，切实改进工作。

五是加强对现代粮食流通产业发展等重大问题的研究，进行相关理论探索。

做好新形势下国家粮食安全及相关课题的研究，重点确立"现代粮食流通产业发展战略"课题，提出发展现代粮食流通产业的主要任务和保障措施。组织粮食系统软科学课题研究，开展优秀调研报告评选，及时发布2007年软科学课题研究方向，并对有关单位申报的60个课题进行审核立项。开展对2006年粮食工作调研报告的评选，选出优秀调研报告26篇，其中《21世纪初期中国粮食安全发展战略与对策研究》被国家发改委学术委员会评为一等奖。

六是提高服务能力，努力落实离退休干部各项待遇。

认真抓好离退休干部的经常性政治学习，组织开展"纪念中国共产党成立86周年和建军80周年党史党建知识竞赛"、"迎接党的十七大书画展"等一系列适合老年人特点的文体活动。积极开展学习、交流活动，支持老同志为粮食流通工作献计献策，充分发挥老同志在精神文明建设和构建和谐社会中的作用。及时落实离退休干部生活待遇和遗属困难补助政策，保证医药费及时报销；在解决南菜园旧房改造的基础上，又解决了报国寺宿舍二次供水污染问题，对三义里老干部宿舍进行维修改造；投入专款帮助198位老同志或家庭安装了999急救呼叫器；开展经常性走访慰问活动，巡诊和看望老同志320人次。

七是注重实效，努力提高机关后勤服务质量。

按照"优质、文明、安全、便捷"的要求，做好各种会议的后勤服务工作。交通运输、文件资料印制等工作努力做到万无一失，为机关工作提供有力保障。对互助巷47号院原锅炉房进行加层改造，建成机关小型印刷厂，解决机关及局属事业单位资料印制问题。做好南菜园旧房改造的收尾工作。开展机关节水节电等节能降耗活动。及时更新公务用车，确保公务活动的交通运输安全。完成中央国家机关奥运办公室要求的房屋外墙立面粉刷工作。落实机关单身职工宿舍，内装修及房间物品配置工作正在抓紧进行。

八是开展行政事业单位资产清查工作，加强机关和直属单位财务管理。

制定行政事业单位资产清查工作实施方案，组织对行政事业单位资产清查结果进行审核、鉴定、摸清行政事业单位资产状况及资产管理中存在的问题。落实改革措施，努力筹集经费，确保机关公务员工资和津贴补贴改革顺利进行。加强部门预算管理，改善办公条件，确保机关和直属单位正常运转，支持重点粮食事业项目开展。

九是加强精神文明建设，积极创建和谐机关。

在精神文明建设、创建和谐机关活动中，我局连续四年被评为中央国家机关精神文明先进单位。

按照"以人为本、和谐发展"的要求，在丰富干部职工文化生活、营造和谐机关氛围等方面，开展了一系列工作。先后组织春节联欢会等多项健康的文体活动。认真落实中央扶贫工作会议精神，积极做好贫困地区的对口帮扶工作。围绕扶贫济困开展各类募捐活动，组织全局干部职工积极参加"送温暖、献爱心"社会捐助活动。一年来，全局为贫困地区捐款捐物，折合人民币61185元，棉衣、毛衣等938件，为建设和谐社会贡献了力量。

2007年，在全局干部职工的辛勤努力下，我局各方面工作都取得了新的成绩。一年来，我们坚持以邓小平理论和"三个代表"重要思想为指导，深入贯彻落实科学发展观，牢固树立执政为民的思想，正确运用人民赋予的权力，勤于思考，勇于实践，在实践中不断学习，在学习中不断实践，推动工作不断进步；一年来，我们在政治上、思想上始终和党中央保持高度一致，坚定不移地贯彻执行党中央、国务院制定的粮食流通政策措施，想大事，议大事，抓大事，始终围绕粮食流通中心任务开展全局各项工作；一年来，我们全局同志很好地处理了分工与协作的关系，相互支持，互相帮助，团结进取，无私奉献，营造出一个团结协作、积极进取的工作氛围，形成了强大的凝聚力和战斗力。过去的一年，我们的工作量大，任务繁重，但全局同志都能不计个人得失，克服种种困难，以饱满的热情，千方百计做好工作。为了保证按时完成工作任务，不少同志常常连续出差，经常牺牲节假日，经常加班加点工作，很多会议、出差和调查研究都是利用节假日进行的。这种敬业精神和奉献精神，是我们做好粮食工作的重要条件，是我们很好地完成各项工作任务的重要保证。

在肯定成绩的同时，也应该看到，粮食流通工作中还存在不少难点和问题需要研究和解决，在机关建设方面，转变职能、转变作风、改进服务和创新管理等，还有很多工作要做，还需要加倍努力。

二　2008年工作要点

2008年是全面贯彻落实党的十七大作出的战略部署的第一年，也是立足新起点、顺应新期待、按照新要求继续全面建设小康社会的重要一年，做好粮食流通工作意义重大。党的十七大和中央经济工作会议、中央农村工作会议，为做好粮食流通工作指明了方向。我们要坚定不移地贯彻落实中央的部署，在日益复杂的环境中经受考验，争取主动，努力做好粮食流通各项工作，确保国家粮食安全。

做好2008年粮食流通工作的总体要求是：认真学习贯彻党的十七大精神，高举中国特色社会主义伟大旗帜，以邓小平理论和"三个代表"重要思想为指导，深入贯彻落实科学发展观，按照中央经济工作会议、中央农村工作会议关于粮食工作的部署以及发展改革工作会议的要求，着力加强和改善粮食宏观调控，保障粮油市场供应和价格基本稳定；着力深化粮食流通体制改革和国有粮食企业改革，继续完善和健全体制机制；着力加强粮食行业管理，提高服务水平；着力推进现代粮食流通产业发展，更好地保护种粮农民利益和调动农民种粮积极性，确保国家粮食安全。

主要任务和具体措施是：

（一）深入学习贯彻党的十七大精神，推动粮食流通事业又好又快发展

认真学习贯彻党的十七大精神，关系党和国家工作全局，关系中国特色社会主义事业长远发展，现实意义重大，历史意义深远。学习好、领会好、贯彻好、落实好党的十七大精神，仍然是我局当前和今后一个时期的首要政治任务。我们将按照中央的要求，继续组织全体党员干部认真研读党的十七大文件，学深、学透，全面、准确领会十七大精神，坚定不移地高举中国特色社会主义伟大旗帜，坚定不移地坚持中国特色社会主义道路，坚定不移地坚持中国特色社会主义理论体系。坚持理论联系实

际，学以致用、用以促学。紧密联系思想实际，加强主观世界改造，切实解决思想认识问题。紧密结合粮食工作实际，全面把握十七大对粮食工作提出的新任务和新要求。坚持用十七大精神武装头脑、指导实践、推动工作。各党委、支部要科学安排，周密组织，扎实推进，确保学习贯彻活动健康、顺利开展。要通过学习贯彻十七大精神，进一步统一全体同志的思想和行动，进一步明确工作思路，加强粮食宏观调控，推进粮食流通依法行政，继续深化粮食流通体制改革，推进粮食流通产业化，努力实现粮食流通事业又好又快发展。

（二）进一步提高粮食宏观调控水平，维护粮食市场秩序和价格基本稳定

认真研究分析粮食供求形势，及时提出调控措施建议，促进粮食总量、区域和品种平衡。加强对粮食市场的分析预测，定期发布粮食供求及市场价格信息，引导生产和流通。继续完善粮食储备调节体系，增强宏观调控能力。加强中央储备粮行政管理，完善中央和地方食用植物油两级储备体系。督促各地进一步落实地方储备规模，优化布局和品种结构。继续做好最低收购价粮食移库工作，改善和优化粮食库存布局。完善促进产销合作发展的政策措施，建立粮食产、销区利益协调机制，妥善解决产销合作中出现的新问题，积极推动粮食产销合作。继续做好粮油市场供应和军队、退耕还林、救灾等政策性粮食供应工作，切实保障大中城市和敏感薄弱地区的粮油有效供给，确保不脱销、不断档。

（三）密切监测粮油市场供求和价格变化，提高粮食预警和应急调控能力

加强粮食市场监测和分析，指导地方粮食部门建立健全市场信息监测网络，密切关注市场粮价变化。完善粮食应急保障体系，抓好各项工作的落实。督促各地特别是主销区和库存薄弱地区，进一步充实成品粮油应急库存，增强应急保障能力。继续加强粮食统计工作，修订完善《国家粮食流通统计制度》，做好粮油统计旬（月）报和粮食收购快报工作。组织完成社会粮食、食用植物油和油料供需平衡调查。加强全社会口径的粮油加工统计，健全加工生产监测预警服务机制。

（四）积极推进粮食流通法治建设，提高依法行政能力和水平

以宣传学习《粮食流通管理条例》为重点，深入开展粮食行业普法工作。规范粮食行政制度和工作方式，指导各地建立健全行政复议机构。加强粮食流通立法的基础工作，为粮食流通立法打好基础。健全粮食收购市场准入和审核认定制度。进一步做好中央储备粮代储资格认定工作。加大对粮食收购的监督检查力度，加强对中央储备粮的监督检查。做好粮食库存检查工作，切实发挥库存检查对于摸清国家库存粮食家底、推动企业加强管理、提高企业的管理水平的积极作用。组织对中央储备油库存进行专项检查。加大粮食质量和原粮卫生检查力度。建立健全覆盖粮食收购等环节和政策性粮食购销活动全过程的质量安全监管体系，落实粮食质量安全追溯制度和责任追究制度。抓好原粮卫生专项调查。进一步完善粮油标准体系，推进采用国际标准。加强对粮食流通秩序的监管，重点对以最低收购价政策执行情况为主的各项政策措施落实情况进行监督。对群众反映强烈、领导关注的涉粮案件和扰乱正常粮食流通秩序的重大违规案件进行重点查处。

（五）认真落实国家粮食购销政策，切实保护种粮农民利益和生产积极性

完善和落实最低收购价政策，配合有关部门研究提出适当提高稻谷最低收购价方案，发挥国有粮食企业主渠道作用，引导和鼓励各类粮食企业积极入市收购，切实保护种粮农民利益。根据宏观调控需要和市场供求形势，继续做好最低收购价粮食的竞价销售工作，把握好销售节奏，稳定市场粮食供应和价格水平。加强对交易过程和合同履约情况的监督，督促承储企业认真履行合同，按时出库。

（六）继续落实和完善粮食流通体制改革政策措施，推动改革不断深化

开展现代粮食流通产业发展等重大问题调查研究，推进粮食行政管理部门职能转变和企业经营机制转换。及时掌握各地改革进展情况，总结推广经验，研究提出相关措施建议。协调有关部门研究解决国有粮食购销企业政策性财务挂账认定、剥离中的遗留问题，完善政策性财务挂账的消化办法。研究提出企业经营性财务挂账的处理意见。指导企业利用现有资源，开展多种经营，创造更多就业岗位，把推进改革和创造就业结合起来，切实维护职工利益。加强对国有粮食企业产权制度改革的指导，推进企业兼并重组，优化企业布局结构。协调好粮食收购资金，支持企业搞好粮食购销和产销衔接。加强对国有粮食企业扭亏增盈工作的指导，督促和指导企业加强财务管理。继续争取和落实支持粮食产业化发展的政策，扶持骨干龙头企业。依靠科技进步和创新，推进粮油加工产业升级。

（七）推进粮食市场体系和现代物流体系建设，推动粮食科技发展

落实全国粮食市场体系建设"十一五"规划，研究起草《粮食批发市场管理办法》和《粮食竞价交易管理办法》，规范粮食市场发展。完善粮食批发市场重点联系制度，总结推广典型经验。推动全国粮食竞价交易平台和大中城市成品粮市场建设，为合理配置粮食资源、衔接产销和政府宏观调控服务。落实《粮食现代物流发展规划》，推进粮食现代物流体系建设，逐步建立粮食物流标准体系。抓好主产区粮库仓房维修改造，加强粮油仓储设施建设和国家粮库设施资产管理。发挥重点科研院所引领作用和龙头企业主体作用，加快建立粮食科技创新体系。加强"十一五"粮食科技支撑计划课题管理和生物、信息技术的集成应用。加快建立农村储粮产后技术服务体系，做好农户储粮减损工作。完善试点项目实施办法，指导农户安全储粮。

（八）进一步加强粮食行业指导，提高行业服务水平

认真做好政务信息报送工作，为领导决策提供参考和为地方粮食工作服务。继续加强电子政务建设，完善粮油市场信息监测体系和机制，提高行业信息服务水平。完善国家粮食局政府门户网站，推动地方粮食政府网站建设。进一步发挥《中国粮食经济》的舆论宣传作用，做好粮食新闻宣传工作。落实粮食行业教育培训工作规划要点，抓好粮食行业高层次和高技能人才选拔培养，推进培训教程和试题资源库建设，完善培训教材体系，加强考务管理。加强粮食领域的国际合作交流，进一步提高展会质量和规范会展行为。加强粮食仓储和安全生产指导，健全粮食行业安全生产应急体系。深入开展放心粮油进农村、进社区活动，推进城乡放心粮店网点建设，搞好粮油食品安全专项整治，确保粮油食品安全。

（九）进一步加强机关建设，推动粮食流通工作新发展

以深入学习贯彻十七大精神为重点，做好机关党建工作。充分发挥党组理论学习中心组的示范带动作用，加强理论武装。组织好机关党委换届选举，加强党建调研和党员发展工作。引导基层党组织开展主题鲜明、形式多样的主题实践活动，增强基层党组织的战斗力和凝聚力。坚持正确的舆论导向，加大宣传教育工作力度。广泛深入地开展精神文明创建活动，努力在全局上下形成团结友爱、和睦相处、安定有序、充满活力的和谐氛围。进一步发挥机关工会、共青团、妇委会等组织的作用，开展形式多样的文化娱乐活动，丰富业余文化生活，推进和谐机关建设。巩固安全稳定工作成果，建设平安机关。进一步做好对口扶贫工作。

围绕粮食流通中心任务开展纪检监察工作，推进行风建设。加大对粮食行政管理和行业指导各方面工作的监督检查力度，促进各项政策措施的落实。以制度建设为重点，狠抓反腐倡廉各项措施的落

实，推进惩防体系建设。以加强干部作风建设为重点，继续深入开展理想信念教育、社会主义荣辱观教育、廉洁自律教育，不断增强领导干部廉洁意识。认真研究新形势下违法违纪案件特点，继续加入案件查处力度。坚决查处粮食购销活动中不执行国家粮食政策、侵吞国家粮款、非法牟利、严重侵害群众利益的案件。

抓好机关各项工作制度的完善和落实检查，进一步推进机关作风建设。全面推进政务公开和政府信息公开，促进机关职能转变和管理创新。深入贯彻实施公务员法及各项配套文件，做好人事人才工作。深化事业单位人事制度改革，强化岗位管理，完善分配激励机制。全面做好离退休干部工作，充分发挥老同志在粮食流通产业发展中的作用。办实事、重实效，进一步做好机关后勤服务工作。做好软科学课题研究，完成《现代粮食辞典》审改。加强部门预算管理，严格财务管理。

我国正处在发展的重要战略机遇期，做好2008年的粮食流通工作意义十分重大。在新的一年里，我们要在以胡锦涛同志为总书记的党中央的坚强领导下，全面贯彻党的十七大精神，高举中国特色社会主义伟大旗帜，以邓小平理论和"三个代表"重要思想为指导，深入贯彻落实科学发展观，按照党中央、国务院的要求，认真履行职责，刻苦学习，开拓奋进，更加扎实、更加深入地做好各项粮食流通工作，为推动科学发展、促进社会和谐、夺取全面建设小康社会新胜利作出更大的贡献。

关于印发《2008年全国粮食行业普法依法治理工作要点》的通知

（国家粮食局 国粮政〔2008〕43号 2008年2月27日）

各省、自治区、直辖市及新疆生产建设兵团粮食局：

为深入贯彻党的十七大精神，继续抓好《全国粮食行业法制宣传教育第五个五年规划》的贯彻落实，做好2008年粮食行业普法依法治理工作，根据全国普法办印发的《二〇〇八年全国普法依法治理工作要点》，我局制定了《2008年全国粮食行业普法依法治理工作要点》，现印发给你们。请结合实际情况，作出具体安排，认真贯彻执行。

2008年全国粮食行业普法依法治理工作要点

根据《全国普法办公室关于印发〈二〇〇八年全国普法依法治理工作要点〉的通知》（普法办〔2008〕1号）和《全国粮食行业法制宣传教育第五个五年规划》（国粮政〔2006〕106号）精神，结合粮食工作重点，制定2008年全国粮食行业普法依法治理工作要点。

2008年是"五五"普法依法治理承上启下的重要一年。做好2008年的粮食行业普法依法治理工作，对于认真学习贯彻十七大精神，全面落实粮食行业"五五"普法规划，具有重要的意义。

2008年普法依法治理工作的指导思想是：全面贯彻党的十七大精神，高举中国特色社会主义伟大旗帜，以邓小平理论和"三个代表"重要思想为指导，深入贯彻落实科学发展观，全面落实粮食行业"五五"普法规划，深入开展法制宣传教育，扎实推进依法治理，弘扬法治精神，提高粮食行业广大干部职工的法律意识和法律素质，推进依法行政，实现依法管粮。

一　认真学习贯彻党的十七大精神，全面落实粮食行业"五五"普法规划

1. 把认真学习贯彻党的十七大精神作为粮食行业法制宣传教育工作首要政治任务抓好抓实。按照十七大对普法工作提出"深入开展法制宣传教育，弘扬法治精神，形成自觉学法守法用法的社会氛围"的要求，深入开展粮食行业法制宣传教育，认真做好2008年粮食行业普法依法治理工作，把党的十七大精神落实在粮食行业普法依法治理的各方面、全过程。

2. 认真开展粮食行业"五五"普法中期检查，推进粮食行业"五五"普法规划的全面落实。积极开展调查研究，总结"五五"普法以来取得的成绩和经验，找出问题，制定措施，及时改进。各地粮食部门要认真做好"五五"普法中期自查和互查工作。

二 以学习贯彻两个《条例》为重点，积极推动普法依法治理工作

3. 突出抓好宪法的学习宣传。牢固树立宪法意识，维护宪法权威，努力提高粮食行业从业人员特别是各级粮食行政管理部门领导干部和公务员的宪法意识，在粮食行业形成崇尚宪法、遵守宪法、维护宪法的良好氛围。

4. 深入开展《粮食流通管理条例》的学习宣传。进一步创新宣传方法和形式，提高宣传效果。紧紧围绕粮食流通工作中心任务，认真组织好《粮食流通管理条例》四周年的学习宣传活动，继续做好《粮食流通管理条例》的贯彻落实工作。

5. 继续开展《中央储备粮管理条例》的学习宣传。抓好《中央储备粮管理条例》五周年的学习宣传，做好《中央储备粮管理条例》的贯彻落实。各地粮食部门要加强地方储备粮管理规章的学习宣传和贯彻落实工作，提高依法管理的能力和水平。

6. 加大粮食行政复议制度的学习宣传力度。以粮食行业"五五"普法依法治理工作为契机，继续宣传普及行政复议等相关法律知识，重点开展《行政复议法实施条例》、《粮食行政复议工作规程（试行）》的学习宣传，增强粮食生产者、经营者和消费者利用粮食行政复议制度依法维护自身合法权益的意识，提高粮食行政复议工作人员的法律意识和法律素质。

7. 继续做好粮食行业密切相关法律法规和新颁布法律法规的学习宣传。深入学习宣传依法行政、整顿和规范市场经济秩序、劳动就业、社会保障等与粮食行业密切相关的法律法规，有计划、有重点地学习宣传新颁布的法律法规，弘扬社会主义法治精神，在粮食行业形成遵守法律、崇尚法律、依法办事的社会风尚。

三 抓好重点对象普法，促进普法工作深入开展

8. 以提高依法执政意识为重点，推进领导干部的法制宣传教育。认真落实中组部、中宣部、司法部、全国普法办《关于进一步加强领导干部学法用法，提高依法执政能力的意见》，丰富领导干部学法内容，坚持领导干部法制讲座，理论中心组集体学法，局机关办公会会前学法等制度，提高领导干部依法执政的能力；继续推进干部任职前法律知识考试制度，完善考试内容和形式。

9. 以提高依法办事能力为重点，加强公务员的法制宣传教育。积极组织开展专业法律法规的学习培训，进一步落实公务员学法考试考核制度，培养公务员树立有权必有责、用权受监督、违法要追究的法治观念，推进依法管粮建设。

10. 以规范行政执法行为为重点，加强粮食行政执法人员的法制宣传教育。粮食行政执法人员要带头学法用法，提高依法行使公共权力的能力，促进严格执法、公正执法和文明执法。完善粮食行政执法人员有关行政管理法律法规的学法用法考试考核制度，规范粮食行政执法行为。

11. 以推进依法诚信经营为重点，加强粮食经营者的法制宣传教育。加大对粮食经营者在粮食经营活动中应履行法定义务的宣传，实现从单纯注重法定权利的宣传向注重法定权利和法定义务相统一的宣传的转变，培养粮食经营者树立依法经营、诚信守法的观念，提高粮食企业依法经营的自觉性。

12. 以维护自身合法权益为重点，加强粮食生产者和消费者的法制宣传教育。通过重点宣传国家粮食政策和法律法规中保护种粮农民和消费者利益的有关规定，培养和增强粮食生产者和消费者依法维权的意识和能力。

| 四 | **注重创新方式方法，扩大法制宣传教育覆盖面** |

13. 狠抓"法律六进"活动，把粮食法制宣传落实到基层。按照中宣部、司法部、全国普法办《关于开展"法律六进"活动的通知》要求，结合本地粮食工作实际，制定粮食"法律六进"活动方案，重点推进粮食法制进乡村、进企业活动。

14. 深入开展粮食依法行政示范创建活动。完善县市级粮食行政管理部门依法行政示范单位联系制度，加强对示范联系单位依法行政的工作指导，总结推广粮食依法行政典型经验做法，充分发挥示范联系单位的模范、带动作用，提高基层粮食部门整体依法行政能力和水平。

15. 丰富传统宣传手段，创新丰富法制宣传形式。充分利用电视、广播、报刊等传统新闻媒体，国家粮食局政府网站、地方粮食部门网站等互联网平台，增强法制宣传的针对性、服务性、创新性、实用性和群众的参与性，不断扩大法制宣传的效果。

16. 加大粮食行业法制宣传教育工作新闻宣传力度。继续组织好"12·4"全国法制宣传日宣传活动。

| 五 | **加强研究和队伍建设，实现法制宣传教育工作的新发展** |

17. 加强法制宣传教育工作的调研和理论研究。结合法制宣传教育和粮食工作的特点，深入基层粮食部门，广泛开展法制宣传教育工作调研活动，指导工作实践，进一步推动粮食行业普法依法治理工作的全面深入开展。

18. 加强规范化、制度化建设。研究建立、完善和落实法制宣传教育考核评估、检查督促、工作激励等制度。

19. 发挥法制宣传教育工作者的主导作用。组织开展粮食行业法制宣传教育工作者培训研讨交流工作，不断提高队伍的政治思想素质、业务指导能力、组织协调能力。有条件的粮食部门组织粮食法制讲师团，开展法律讲座、咨询、服务活动。

20. 落实法制宣传教育经费保障。把法制宣传教育经费列入财政专门预算，做到专款专用，保证粮食普法依法治理工作的正常开展，并根据形势发展，不断加大法制宣传教育经费的投入。

关于同意建立成都国家粮食交易中心的复函

（国家粮食局 国粮政〔2008〕48号 2008年3月6日）

四川省人民政府：

你省《关于成立成都国家粮油交易中心的函》（川府函〔2008〕9号）收悉。

为贯彻落实《国务院关于完善粮食流通体制改革政策措施的意见》（国发〔2006〕16号）中关于"重点扶持大宗粮食品种的区域性、专业性和成品粮油批发市场"的精神，根据《全国粮食市场体系建设"十一五"规划》中组建国家粮食交易中心的有关规定，同意你省在四川省粮油批发市场基础上组建"成都国家粮食交易中心"。四川省是我国的粮食主产区和西部地区主要的副食品基地，组建"成都国家粮食交易中心"，有利于整合粮食流通基础设施和相关资源，发挥你省粮食资源优势和交通、区位优势，促进粮食生产发展和产销衔接，在搞活粮食流通、调节粮食供求、服务国家宏观调控、保障国家粮食安全方面发挥积极作用。

专此函复。

关于印发《国家粮食局政府信息公开暂行办法》和《国家粮食局政府信息公开指南》的通知

（国家粮食局　国粮发〔2008〕90号　2008年4月23日）

各司室、直属单位、联系单位：

《国家粮食局政府信息公开暂行办法》和《国家粮食局政府信息公开指南》已经2008年4月7日局长办公会讨论通过，现印发给你们，请认真组织学习，并遵照执行。

国家粮食局政府信息公开暂行办法
（2008年4月7日局长办公会讨论通过）

第一章　总　则

第一条　为建立公正透明的行政管理体制，保障公民、法人和其他组织依法获取政府信息，提高政府工作的透明度，促进依法行政，充分发挥政府信息对人民群众在粮食生产、流通、消费等过程中的服务作用，依据《中华人民共和国政府信息公开条例》等法律法规的有关规定，结合国家粮食局工作职能，制定本办法。

第二条　本办法所称的政府信息，是指国家粮食局在履行粮食流通行政管理职责过程中制作或者获取的，以一定形式记录、保存的信息。

第三条　国家粮食局政府信息公开工作领导小组负责国家粮食局政府信息公开的领导工作。

第四条　国家粮食局公开政府信息，遵循公正、公平、便民的原则。

第五条　国家粮食局及时、准确地公开政府信息。若发现影响或者可能影响社会稳定、扰乱社会管理秩序的虚假或者不完整信息的，应在职责范围内发布准确的政府信息予以澄清。

第六条　国家粮食局建立健全政府信息发布协调机制。发布的信息涉及其他行政机关的，应当与有关行政机关进行沟通、确认，保证发布的政府信息准确一致。

国家粮食局发布政府信息依照国家有关规定需要批准的，未经批准不得发布。

第七条　国家粮食局公开政府信息，不得危及国家安全、公共安全、经济安全和社会稳定。

第二章　公开的范围

第八条　国家粮食局对符合下列基本要求之一的政府信息应当主动公开：

（一）涉及公民、法人或者其他组织切身利益的；

（二）需要社会公众广泛知晓或者参与的；

（三）反映本机关行政设置、职能、办事程序等情况的；

（四）反映本机关制定的有关规章和规范性文件的；

（五）其他依照法律、法规和国家有关规定应当主动公开的。

第九条　除本办法规定的应主动公开的政府信息外，公民、法人或者其他组织还可以根据自身生产、生活、科研等需要，向国家粮食局申请获取相关政府信息。

第十条　建立健全政府信息发布保密审查机制，明确审查的程序和责任。

国家粮食局在公开政府信息前，应当按照《中华人民共和国保守国家秘密法》以及其他法律、法规和国家有关规定进行审查。

国家粮食局对政府信息不能确定是否可以公开时，应当依照法律、法规和国家有关规定报国家保密局确定。

国家粮食局不得公开涉及国家秘密、商业秘密、个人隐私的政府信息。但是，经权利人同意公开或者国家粮食局认为不公开可能对公共利益造成重大影响的涉及商业秘密、个人隐私的政府信息，可以予以公开。

第三章　公开的方式和程序

第十一条　本办法要求的主动公开的政府信息，可通过政府网站、政府公报、新闻发布会以及报刊、广播、电视等便于公众知晓的方式公开。

第十二条　国家粮食局根据需要设立公共查阅室、资料索取点、信息公告栏、电子信息屏等场所、设施，公开政府粮食信息，方便公众检索、查询、复制，并及时向国家档案馆、公共图书馆提供主动公开的政府粮食信息。

第十三条　属于主动公开范围的政府信息，应当由产生该政府信息的主办单位按照本办法的要求，自该政府信息形成或者变更之日起20个工作日内通过国家粮食局政府网等方式予以公开。法律、法规对政府粮食信息公开的期限另有规定的，从其规定。

第十四条　国家粮食局编制、公布政府信息公开指南和政府信息公开目录，并及时更新。

政府信息公开指南，包括信息的分类、编排体系、获取方式，政府信息公开工作机构的名称、办公地址、办公时间、联系电话、传真号码、电子邮箱等内容。

政府信息公开目录，包括信息的索引、名称、内容概述、生成日期等内容。

第十五条　公民、法人或者其他组织依照本办法第九条规定向国家粮食局申请获取政府信息的，应当填写《国家粮食局政府信息公开申请表》（包括数据电文形式），可从国家粮食局政府网站下载或者从国家粮食局政府信息公开领导小组办公室领取。

政府信息公开申请应当包括下列内容：

（一）申请人的姓名或者单位名称、联系方式；

（二）申请公开的政府信息的内容描述；

（三）申请公开的政府信息的形式要求。

第十六条　对公民、法人或单位申请公开的政府信息，要根据下列情况在规定时间内分别作出答复：

（一）属于公开范围的，应当告知申请人获取该政府信息的方式和途径；

（二）属于免予公开范围的，应当答复申请人并告知理由；

（三）依法不属于本行政机关公开或者该政府信息不存在的，应当告知申请人，对能够确定该信息的公开机关的，应当告知申请人该行政机关的名称、联系方式；

（四）申请内容不明确的，应当告知申请人作出更改、补充。

第十七条　申请公开的政府信息中含有免予公开的内容，但是能够作区分处理的，应当向申请人提供可以公开的信息内容。

第十八条　认为申请公开的政府信息涉及商业秘密、个人隐私，公开后可能损害第三方合法权益的，应当书面征求第三方的意见；第三方不同意公开的，不得公开。但是，认为不公开可能对公共利益造成重大影响的，应当予以公开，并将决定公开的政府信息内容和理由书面通知第三方。

第十九条　国家粮食局收到政府信息公开申请，能够当场答复的，应当当场予以答复。不能当场答复的，应当自收到申请之日起15个工作日内予以答复；如需延长答复期限的，应当经国家粮食局政府信息公开工作领导小组负责人同意，并告知申请人。延长答复的期限最长不得超过15个工作日。

申请公开的政府信息涉及第三方权益的，征求第三方意见所需时间不计算在本条第二款规定的期限内。

第二十条　国家粮食局依申请公开政府信息，应当按照申请人要求的形式予以提供；无法按照申请人要求的形式提供的，可以通过安排申请人查阅相关资料、提供复制件或者其他适当形式提供。

第二十一条　国家粮食局依申请提供政府信息，除可以收取检索、复制、邮寄等成本费用外，不得收取其他费用。不得通过其他组织、个人以有偿服务方式提供政府信息。

收取的检索、复制、邮寄等成本费用按照国务院价格主管部门会同国务院财政部门制定的标准执行。

第二十二条　申请公开政府信息的公民确有经济困难的，经本人申请、国家粮食局政府信息公开工作领导小组负责人审核同意，可以减免相关费用。

申请公开政府信息的公民存在阅读困难或者视听障碍的，应当为其提供必要的帮助。

第四章　监督和保障

第二十三条　国家粮食局政府信息公开工作领导小组和监察部驻国家粮食局监察局负责对国家粮食局政府信息公开的实施情况进行监督检查。

第二十四条　国家粮食局在每年3月31日前公布本机关的政府信息公开工作年度报告。

第二十五条　政府信息公开工作年度报告应当包括下列内容：

（一）主动公开政府信息的情况；

（二）依申请公开政府信息和不予公开政府信息的情况；

（三）政府信息公开的收费及减免情况；

（四）因政府信息公开申请行政复议、提起行政诉讼的情况；

（五）政府信息公开工作存在的主要问题及改进情况；

（六）其他需要报告的事项。

第二十六条　若违反本办法规定的，由监察部驻国家粮食局监察局、上级主管部门责令改正；有下列情形之一的，对直接负责的主管人员和其他直接责任人员给予处分。

（一）不依法履行政府信息公开义务的；

（二）违反规定收取费用的；

（三）通过其他组织、个人以有偿服务方式提供政府信息的；

（四）公开不应当公开的政府信息的；

（五）违反本办法规定的其他行为。

第五章　附　则

第二十七条　本办法由国家粮食局政府信息公开领导小组办公室负责解释。

第二十八条　本办法自2008年5月1日起施行。

国家粮食局政府信息公开指南
（2008年4月7日局长办公会讨论通过）

一　政府信息的分类

（一）主动公开的政府信息分类

1. 涉及公民、法人或者其他组织切身利益的；

2. 需要社会公众广泛知晓或者参与的；

3. 反映本机关行政设置、职能、办事程序等情况的；

4. 国家粮食局制定的有关规章和规范性文件；

5. 其他依照法律、法规和国家有关规定应当主动公开的。

（二）依申请公开的政府信息分类

如果需要了解国家粮食局主动公开以外的政府信息，例如资格证书、社会保障等与公民、法人或其他组织利益相关的政府信息，可以向国家粮食局申请获取。

二　编排体系

国家粮食局主动公开的政府信息按年度进行编排。

年度目录下再按相关业务进行编排。

三　获取方式

（一）国家粮食局主动公开的政府信息

主要是通过国家粮食局政府网站等媒体公开。

（网址为www.chinagrain.gov.cn）

（二）依申请公开的政府信息

公民、法人或其他组织依照《国家粮食局政府信息公开实施办法》规定向国家粮食局申请获取政府信息的，可采用信函、传真、电子邮件等形式或当面向国家粮食局政府信息公开领导小组办公室提出申请，并填写《国家粮食局政府信息公开申请表》。

政府信息公开申请应当包括下列内容：

1.申请人的姓名或者名称（法人及其他组织）、联系方式；

2.申请公开的政府信息的内容描述；

3.申请公开的政府信息的形式要求。

四　政府信息公开工作机构名称、办公地址

国家粮食局政府信息公开机构名称：国家粮食局政府信息公开工作领导小组

国家粮食局政府信息公开工作的受理机关：国家粮食局政府信息公开领导小组办公室

办公地址：北京市西城区木樨地北里甲11号国宏大厦C座

五　受理时间及联系方式

受理时间：周一至周五（法定节假日除外），8：30～11：30、13：30～16：30

联系电话：010-63906197

电子信箱：zfxx@chinagrain.gov.cn

六　应答时限

收到政府信息公开申请，能够当场答复的，应当当场予以答复。不能当场答复的，应当自收到申请之日起15个工作日内予以答复；如需延长答复期限的，应当经政府信息公开工作领导小组负责人同意，并告知申请人，延长答复的期限最长不得超过15个工作日。

申请公开的政府信息涉及第三方权益的，征求第三方意见所需时间不计算在规定的期限内。

关于同意成立中国粮食行业协会粮食储备分会的批复

（国家粮食局 国粮人〔2008〕101号 2008年5月12日）

中国粮食行业协会：

你会《关于成立中国粮食行业协会粮食储备分会的请示》（中粮协函〔2008〕第008号）收悉。经研究，同意你会成立粮食储备分会。请按有关规定办理登记手续。

关于同意建立南昌国家粮食交易中心的复函

（国家粮食局 国粮政〔2008〕104号 2008年5月13日）

江西省人民政府：

你省《关于恳请增挂"南昌国家粮食交易中心"牌的函》（赣府文〔2008〕18号）收悉。

为贯彻落实《中共中央、国务院关于促进中部地区崛起的若干意见》（中发〔2006〕10号）中关于"重点发展粮食及鲜活农产品、重要生产资料及工业品交易市场"的战略决策和《国务院关于完善粮食流通体制改革政策措施的意见》（国发〔2006〕16号）中关于"重点扶持大宗粮食品种的区域性、专业性和成品粮油批发市场"的精神，根据《全国粮食市场体系建设"十一五"规划》中关于组建国家粮食交易中心的规定，同意你省在江西省粮油批发市场基础上组建"南昌国家粮食交易中心"。江西省是我国稻谷主产区和重要的稻米生产、周转和集散地。组建"南昌国家粮食交易中心"，有利于整合粮食流通基础设施和相关资源，发挥你省粮食资源优势和交通、区位优势，促进粮食生产发展和产销衔接，在搞活粮食流通、调节粮食供求、服务国家宏观调控、保障国家粮食安全方面发挥积极作用。

专此函复。

关于成立抗震救灾工作领导小组的通知

（国家粮食局 国粮发〔2008〕108号 2008年5月13日）

各司室、直属单位、联系单位：

为贯彻落实党中央、国务院关于抗震救灾工作的决策部署，加强对粮食行业抗震救灾工作的领导，确保抗震救灾工作顺利开展，2008年5月13日国家粮食局党组会议研究决定，成立国家粮食局抗震救灾工作领导小组。

组　长：

聂振邦　国家粮食局党组书记、局长

副组长：

郗建伟　国家粮食局党组成员、副局长

任正晓　国家粮食局党组成员、副局长

张桂凤　国家粮食局党组成员、副局长

杨　兵　国家粮食局党组成员、中纪委驻国家粮食局纪检组长

曾丽瑛　国家粮食局党组成员、副局长

成　员：

孙鉴奇　办公室主任

卢景波　调控司司长

颜　波　政策法规司副司长

刘小南　监督检查司司长

邓亦武　财务司司长

何　毅　流通与科技发展司司长

金　刚　机关党委副书记

辛志光　中纪委驻国家粮食局纪检组副组长、监察局局长

尚强民　信息中心主任

张本初　军粮中心主任

杜　政　质检中心主任

领导小组下设办公室。办公室设在调控司，具体负责抗震救灾的粮食保障工作，局办公室等有关单位协助做好相关工作。

关于印发《国家粮食局公务卡管理暂行规定》的通知

（国家粮食局　国粮财〔2008〕135号　2008年6月27日）

各司室，有关直属单位：

为进一步深化国库集中支付制度改革，减少现金结算，提高支付透明度，加强预算执行监督和财务管理，方便各有关单位用款，保证我局公务卡正常使用和安全运行，根据《财政部、中国人民银行关于印发〈中央预算单位公务卡管理暂行办法〉的通知》（财库〔2007〕63号）和《国家粮食局机关和直属事业单位财务管理办法》（国粮财〔2006〕77号）、《国家粮食局项目经费管理暂行办法》（国粮财〔2005〕184号）等相关规定，结合我局实际，我局制定了《国家粮食局公务卡管理暂行规定》，现印发你们，请遵照执行。

根据财政部有关规定，局机关各司室自本规定发布之日起执行，局直属财政预算单位从2009年1月1日起执行。各有关单位在执行中有何问题，请及时向我局财务司反映。

国家粮食局公务卡管理暂行规定

为进一步深化国库集中支付制度改革，减少现金结算，提高支付透明度，加强预算执行监督和财务管理，方便各有关单位用款，保证我局公务卡正常使用和安全运行，根据《财政国库管理制度改革试点方案》（财库〔2001〕24号）、《银行卡业务管理办法》（银发〔1999〕17号）、《财政部、中国人民银行关于印发〈中央预算单位公务卡管理暂行办法〉的通知》（财库〔2007〕63号）和《国家粮食局机关和直属事业单位财务管理办法》（国粮财〔2006〕77号）、《国家粮食局项目经费管理暂行办法》（国粮财〔2005〕184号）等相关规定，结合我局实际，制定本规定。

一　公务卡基本规定

（一）本规定所称公务卡，是指我局机关工作人员（包括机关公务员，中纪委、监察部驻局纪检监察人员，局机关占用事业编制人员）持有的，主要用于日常公用支出和财务报销业务的信用卡。

（二）公务卡主要用于公务支出的支付结算，也可用于私人支付结算。私人消费结算不得办理财务报销手续，单位不承担个人因私消费行为引致的一切责任。

（三）公务卡为银联标准信用卡，原则上每张公务卡的信用额度为2万～5万元，且仅用于办理人民币支出结算业务。

（四）我局公务卡的发卡行是财政部批准的我局办理国库集中支付业务的代理银行，即中国光大银行（天宁寺支行）。

（五）与公务卡管理有关的信息维护、财务报销、银行划款和动态监控等业务，通过专门的公务卡支持系统辅助办理。

二　公务卡开支范围

（一）财政授权支付业务中原使用现金结算的公用经费和项目经费支出，包括差旅费、会议费、零星招待费和5万元以下的零星购买支出等，一般应当使用公务卡结算。

（二）原则上同一持卡人信用消费单笔不得超过2万元，月透支额不得超过本卡信用额度。

（三）特殊情况下公务卡信用额度不能满足公务支付需要时，持卡人可通过财务司提前向发卡行申请临时增加信用额度，增加的额度和使用期限等具体事项，按照发卡行有关规定执行。

（四）持卡人在执行公务中不允许通过公务卡提取现金。确有特殊需要，应当事前经过财务司批准，未经批准的提现业务，提现手续费等费用由持卡人承担。

三　公务卡开支报销

（一）持卡人使用公务卡消费结算的各项公务开支，仍需按现行规定进行事前审批后，方可用公务卡进行支付。

1.差旅费。差旅费开支严格执行《财政部关于印发〈中央国家机关和事业单位差旅费管理办法〉的通知》（财行〔2006〕313号）、《财政部关于印发〈中央国家机关出差和会议定点管理办法〉的通知》（财行〔2006〕312号）、《国家粮食局项目经费管理暂行办法》（国粮财〔2005〕184号）、《国家粮食局差旅费开支暂行规定》（国粮办财〔2006〕54号）等相关规定。出差人员乘坐飞机的，仍然执行现行有关审批规定。

2.会议费。各司室承办的未列入我局年度会议计划的会议，需由承办司室提出开会申请，会签财务司后，报局领导或局党组会议批准方可召开。各类会议均需严格执行《国务院机关事务管理局、财政部关于印发〈中央国家机关会议费管理办法〉的通知》（国管财〔2006〕426号）和财政部财行〔2006〕312号以及国家粮食局国粮办财〔2006〕54号等文件规定。

3.购置办公设备和办公用品、支付印刷和出版费、开发（购买）各类软件、购买书籍（资料）等各项公务开支，仍需执行政府采购等相关规定。

4.其他公务开支有事前审批要求的，各司室或持卡人应事先按规定要求履行相关审批手续。

5.各项公务开支超过规定标准部分或未执行规定的开支，以及应当事前审批而未审批的开支，财务司不予报销，由持卡人自行负担。

（二）持卡人使用公务卡消费结算的各项公务支出，可在规定的信用额度和免息还款期内先支付，后还款。公务卡的免息还款期为20～50日，当月6日（含）至下月5日（不含）期间发生的消费，由银行在消费月的下月24日统一划款（当月5日的消费在本月24日划款）。一般情况下，持卡人应在公务支出发生或出差返京后10个工作日内到财务司办理报销手续。因特殊原因不能在10个工作日内报销的，最迟必须在15个工作日内办理报销手续，但从消费日到报销日之间的时间不得超出本笔消费的免息还款期。因持卡人报销不及时造成的罚息、滞纳金等相关费用，由持卡人承担。

（三）确因情况特殊或工作需要，持卡人不能在免息期内返回单位办理报销手续的，经本司室领导批准，可由持卡人或其所在司室相关人员向财务司提供持卡人姓名、交易日期和每笔交易金额等详细信息，经财务司审核同意后，办理相关借款手续，由财务司在到期还款日之前，先将资金转入公务卡，待持卡人返回单位后5个工作日内补办报销手续。

（四）持卡人办理公务卡消费支出报销业务时，应按规定填写《国家粮食局零余额账户开支（公务卡）审批单》或《差旅费报销表》等单据，并附公务卡消费凭证（刷卡机打印小票等）和对应正式发票，以及有关文件、局领导批示、签报、通知、事前批准同意开支单据、政府采购审批单、购买商品机打清单等所需其他资料，按规定程序送财务司审核。

（五）财务司登录公务卡支持系统，根据持卡人提供的姓名、交易日期和消费金额等信息，查询核对公务消费的真实性，审核报送凭证、资料是否齐全且符合规定，对审核无误的开支，按规定程序经批准后办理报销手续。

（六）财务司对不真实、不合法、不合规和所需凭证、资料不完整的，以及应当事前审批而未事前审批的、超过规定标准部分的公务卡开支，有权予以退回，不予报销。对严重弄虚作假的，要及时向纪检监察等部门报告。

（七）对经批准报销的公务卡消费支出，财务司通过公务卡支持系统，及时按规定格式编制"还款明细表"，生成"还款汇总表"，并以电子文档形式将"还款汇总表"及"还款明细表"提交发卡行。同时，按规定签发财政授权支付指令(支票等支付凭证)，附加盖单位财务公章且与电子信息完全一致的"还款汇总表"，通知发卡行向指定的公务卡还款。财务司原则上在公务卡免息还款期到期前的3个工作日内，统一办理报销资金的还款手续。

（八）财务司应当按月与发卡行核对公务卡报销信息。

（九）因向供应商退货等原因导致已报销资金退回公务卡的，持卡人应在5个工作日内将相应款项退回财务司，由财务司退回我局零余额账户，并按财政部有关规定进行相应的账务处理。

四　公务卡管理和使用职责

（一）财务司在公务卡管理中的主要职责

1. 在局党组和局领导的领导下，统一组织局机关工作人员向发卡行申办公务卡，并做好公务卡的日常管理等工作。

2. 在局机关工作人员新增或调动、退休或相关信息变动时，根据有关方面提供的信息，及时审核、办理公务卡的申领、更换或停止使用等手续，并通知发卡行及时维护公务卡支持系统。

3. 负责公务卡消费结算等公务支出的事前审核。

4. 通过公务卡支持系统，审核各单位持卡人提请报销的公务卡消费信息，对于批准报销的公务卡消费支出，应当按规定时间，通过零余额账户办理向公务卡的资金还款手续，并做好相关账务处理和对账等工作。

5. 督促持卡人及时办理公务卡项下公务消费支出的财务报销手续。

6. 严禁违规办理公务卡报销业务或查询、泄露本单位公务卡持卡人的私人交易信息。

7. 配合财政部做好公务卡监督管理等有关工作。

8. 自觉接受驻局纪检监察部门的监督。

（二）各司室在公务卡管理中的主要职责

1. 协助财务司做好本单位工作人员公务卡的申请、办理、停用等工作。

2. 督促本单位持卡人及时办理公务卡项下公务消费支出的事前审批和财务报销手续。

3. 持卡人在办理公务卡消费支出事前审核和事后报销业务时，应当按要求填写相应的报销审批单，并附所需凭证和资料，由持卡人（经办人）签字，并经本司室负责人把关签字后，送财务司审核。

4. 督促本单位持卡人严格执行公务卡管理的有关规定，不得弄虚作假，不得扩大结算开支范围，不得超标准开支。保证本单位公务卡消费支出开支真实、合法、有效。

（三）持卡人的主要职责

1. 按照财政部和发卡行以及我局的统一要求，认真、如实、详细地填写公务卡申请表，按规定申请办理公务卡。

2. 公务卡的卡片和密码均由个人负责保管。持卡人应当妥善保管公务卡，因个人保管不善等原因引起的公务卡损失等有关费用，由持卡人自行承担。公务卡遗失或损毁后的补办等事项，原则上由个人自行到发卡行申请办理，并由财务司通知发卡行维护公务卡支持系统。

3. 严格遵守国家关于银行卡使用管理的法律法规和财政部、中国人民银行及我局有关规定，规范使用公务卡。执行公务所需支出，主动履行事前报批手续，按规定办理公务支出的结算业务，及时按规定程序申请办理报销手续。自觉接受财政部门和我局有关部门对公务支出的监控管理。

4. 按照与发卡行约定的方式，及时核对公务卡账户资金变动情况和还款提示等重要信息。持卡人对公务消费交易发生疑义，可按发卡行的相关规定等提出交易查询。

5. 及时归还公务卡项下银行欠款。因离职、退休等原因离开局机关，应按要求清理公务卡项下债权债务，停止公务卡的使用。

6. 严禁持卡人违规使用公务卡、恶意透支、拖欠还款或将非公务支出用于公务报销。违反规定的，追究相应的责任。

五　其他有关规定

（一）使用公务卡消费结算公务开支后，我局机关现行财务开支审批程序和权限保持不变，报销时间维持不变。

（二）在公务卡试点工作正式实施后，财务司一般不再办理公务支出现金预借和现金报销业务。对于个别特殊情况的，包括暂不具备公务卡使用条件的地区和场所的开支，工作人员可按现行规定程序，向财务司申请办理现金预借和报销手续。

（三）公务卡取代原用现金和小额支票、电汇结算的公务支出后，现行用支票和电汇结算的公务支出仍然有效执行。

（四）局直属财政预算单位公务卡管理参照本规定执行。

（五）本规定由财务司负责解释和修订。

关于进一步加强粮食库存监督检查工作的通知

（国家粮食局 国粮检〔2008〕146号 2008年7月16日）

各省、自治区、直辖市、新疆生产建设兵团粮食局，中国储备粮管理总公司、中粮集团有限公司、中国华粮物流集团公司：

继2001年国务院首次组织全国粮食清仓查库以来，国家有关部门和单位连续七年组织开展全国粮食库存检查，对改善粮食库存管理、准确掌握库存数量、优化结构和质量、提高粮食安全保障水平发挥了重要作用。但是，近年来粮食库存管理仍然存在一些薄弱环节，突出表现在，个别地区和部分企业对粮食库存管理工作重视不足，管理松懈，粮食库存账实差数大，质量和储存安全存在隐患，有的甚至出现虚列虚报库存、擅自动用储备粮、违规销售导致粮食库存亏空等违规违法问题。为贯彻落实国务院领导同志关于"加强粮食库存监管，强化责任，完善检查办法，使制定的制度和措施落到实处"的批示精神，现就进一步加强粮食库存监督检查工作的有关问题通知如下：

一 进一步提高认识，加强对粮食库存监督检查工作的领导

去年以来，国际经济形势发生了深刻变化，全球性通货膨胀压力加大，国内居民消费价格指数涨幅较大。加强对粮食库存的监督检查，确保库存粮食数量真实、质量良好、储存安全，对加强和改善粮食宏观调控，保障国家粮食安全，维护社会安定，促进国民经济又好又快发展，具有十分重要的意义。各地粮食行政管理部门要以科学发展观为指导，切实增强政治意识、大局意识和责任意识，从确保国家粮食安全的高度出发，进一步提高对做好粮食库存监督检查工作的重要性和必要性的认识。要紧紧围绕确保粮食库存数量真实、质量良好、储存安全的核心任务，认真履行《粮食流通管理条例》、《中央储备粮管理条例》赋予的职责，以对国家、对人民高度负责的精神，进一步加强粮食库存监督检查工作，既做到政府心中有数，也让群众感到放心。要强化组织领导，各地粮食行政管理部门主要负责同志要亲自抓，分管领导具体抓，监督检查机构具体负责落实，努力构建责权一致、分工明确、执行顺畅、监督有力的粮食库存监督检查工作体系和长效的监管工作机制，推动检查工作的制度化、规范化和科学化。

二 强化责任，建立粮食库存管理和监督检查责任追究制度

切实做好粮库的仓储管理工作，实现粮食的安全储存，是确保库存粮食数量真实、质量良好的前提和基础，必须实行严格的仓储管理责任制。各地粮食部门要把粮食仓储管理工作摆上重要日程，严格落实粮食仓储管理的有关制度和规定，要明确各级仓储管理机构和人员对储粮安全的责任，切实加强储粮安全日常管理工作，把储粮安全的责任落实到仓到人，坚决杜绝库存粮食结露、发热、霉变、虫害和其他可能导致粮食数量减少、品质劣变等储粮安全问题的发生。

要根据库存粮食的粮权属性，逐级落实对粮食库存数量、质量、储存安全的管理和监督检查责

任，把粮食库存账实相符、质量良好和储存安全作为责任目标，全面建立起粮食库存监督检查责任追究制度。按照"保管人员向仓储企业负责，承储企业向主管部门负责，下级单位向上级单位负责，各级一把手负全责，分管人员承担具体责任"的原则，层层签订粮食库存管理责任状，并将落实责任承诺的情况纳入年度考核内容。对中央储备粮和国家临时存储粮（包括最低收购价粮、中央临时储备和临时储存进口粮、国家临时储存粮，下同），由中储粮总公司负总责，各地分支机构负直接管理责任；各级地方储备粮，由同级粮食行政管理部门负总责；国有及国有控股企业的自营商品粮，县（市）粮食行政管理部门对其账实相符情况负全责。上述各类责任主体要根据本地实际情况，进一步细化责任目标，把粮食库存的日常管理工作落到实处，并强化对下级机构工作的指导和督查。

各责任主体实施监督检查时，要按照《粮食库存检查暂行办法》的有关规定依法检查，详细记录检查情况，并由检查人员、被检查企业负责人双方签字确认，报主管负责人审阅后存档。对检查中发现的问题，要依照责任制度及时进行整改，并严肃追究相关人员的责任。对检查走过场，未能及时发现问题，或检查人员故意隐瞒真相、掩盖问题的，要追究检查机构负责人及相关检查人员的责任。

三　严格落实相关制度，确保粮食库存真实可靠

近年来检查中发现，少数地区和部分企业粮食库存账实不符的问题比较突出。主要表现在：一是企业粮食销售出库后，因货款未回笼或坐支销货款，不按照粮食统计制度的规定及时核减库存；二是历史原因积累的粮食损失、损耗及因灾借粮未核销；三是为体现政策性贷款规模与粮食库存一致，在未实质发生购销活动或贷款未全额用于收购的情况下，在粮食库存统计账上虚列库存；四是执行粮食库存统计制度不规范，储备粮轮换架空、最低收购价粮食拍卖出库未及时核减实物库存；五是个别企业违规销售或利用政策性粮食进行市场投机发生亏空；六是少数中央储备粮未按规定存放在中央储备粮代储资格企业和仓房内。针对上述问题，各地粮食行政管理部门要切实采取有效措施，完善管理制度，强化管理措施，加大监督检查力度，严查各类虚报库存的行为。严肃重申，粮食企业要严格执行粮食库存统计制度，粮食销售出库后必须当月核减统计账面库存，对粮食损失、损耗要按照有关规定及时核销，严禁在统计账上出现虚数，确保做到账实相符、账账相符。

四　完善检查方式方法，努力推进粮食库存检查工作科学化

各地粮食行政管理部门要将监督检查工作落实到粮食库存管理的每一个环节，推进粮食库存监督检查工作常态化、科学化。要前移监督检查关口，采取预防为主的方式，通过检查帮助企业查找管理中的漏洞，及时进行整改，防范风险于未然。要提高检查工作的质量和效率，确保检查结果真实准确地反映粮食库存的实际情况。在做好常规例行检查的基础上，加大专项检查、突击抽查、不定期随机抽查的力度，必要时通过暗访方式了解粮食库存管理的真实情况。粮食库存检查要突出重点，加大对重点地区、重点企业、重点环节的检查力度，当前要重点做好对国有大中型粮库的仓储管理情况、粮食库存统计制度执行情况、地方储备粮规模落实情况、储备粮轮换及费用补贴管理情况、最低收购价政策执行情况的监督检查。对检查中发现和举报查实的重大违规违纪案件，按照国家有关法规政策的规定严肃处理，决不姑息迁就，提高监督检查工作的威慑力。在检查中要加强与有关部门的协调与沟通，及时研究和通报粮食库存管理工作动态，针对存在的问题提出完善政策的意见和措施。检查工作

要切实做到公开、公平、公正，主动接受有关部门监督和社会监督、舆论监督，重要检查工作可邀请人大代表、政协委员进行监督，检查结果及时向政府及审计、纪检监察等有关部门通报，典型案例要通过媒体曝光。

五　保证人员、经费、措施到位，进一步健全粮食库存检查体系

　　粮食库存监督检查是粮食行政管理部门的重要职责，是粮食流通监督检查工作的重要内容。近年来，随着粮食流通市场化改革的逐步深入，以及政策性粮食库存规模的扩大，各地粮食行政管理部门承担的监督检查任务十分繁重，但在一些地区受机构不健全、经费不落实、人员不到位等方面因素影响，粮食库存监督检查工作开展得不够深入、有力，甚至出现监管缺失、工作走过场、推诿责任的现象，导致个别企业存在的问题不能及时有效发现和处理。因此，各地粮食行政管理部门要采取有效措施，积极争取地方党委、政府和有关部门的支持，进一步加强粮食流通监督检查工作体系建设，健全检查机构，稳定检查队伍，落实工作经费。要选拔骨干力量充实到一线，采取培训、集中学习等多种方式，努力提高检查人员业务素质、政策水平和法律知识，落实粮食库存检查持证上岗制度，明确工作职责，严肃工作纪律，为各项工作有序开展奠定基础。要将监督检查与粮食调控、质量监管、仓储管理、财务管理等业务工作有机地结合起来，努力建立目标统一、分工明确、责任落实、相互协作的工作机制，形成粮食库存监督检查合力。

关于同意建立太原国家粮食交易中心的复函

（国家粮食局 国粮政〔2008〕172号 2008年8月6日）

山西省人民政府：

你省《关于商请设立太原国家粮食交易中心的函》（晋政函〔2008〕46号）收悉。

为贯彻落实《中共中央、国务院关于促进中部地区崛起的若干意见》（中发〔2006〕10号）中关于"重点发展粮食及鲜活农产品、重要生产资料及工业品交易市场"的战略决策和《国务院关于完善粮食流通体制改革政策措施的意见》（国发〔2006〕16号）中关于"重点扶持大宗粮食品种的区域性、专业性和成品粮油批发市场"的精神，根据《全国粮食市场体系建设"十一五"规划》中组建国家粮食交易中心的有关要求，同意你省在山西省粮油批发市场基础上组建"太原国家粮食交易中心"。山西省是我国主要杂粮产地，组建"太原国家粮食交易中心"，有利于整合粮食流通基础设施和相关资源，发挥你省粮食资源优势和交通、区位优势，促进粮食生产发展和产销衔接，在搞活粮食流通、调节粮食供求、服务国家宏观调控、保障国家粮食安全方面发挥积极作用。

专此函复。

关于国家临时存储稻谷收购等有关问题的通知

（国家发展和改革委员会 国家粮食局 财政部 中国农业发展银行 国粮调〔2008〕218号 2008年10月19日）

中国储备粮管理总公司：

为加强粮食市场调控，掌握调控粮源，保护种粮农民利益，经报请国务院同意，由你公司在稻谷主产区收购部分新稻谷，作为国家临时存储。现将有关问题通知如下：

一　收购数量

为引导企业合理把握收购节奏，国家临时存储稻谷收购数量分批下达。此次先安排收购2008年新产稻谷600万吨，由你公司组织在江苏、安徽、江西、河南、湖北、湖南、四川等省收购。具体分省收购数量见附件1。

二　执行主体

你公司负责组织在粮源比较集中的地区合理布设收储库点，要选择中央储备粮直属库、具有中央储备粮代储资格的企业或其他有一定规模和库容量、仓房条件符合《粮油储藏技术规范》要求、具有较高管理水平和良好信誉的国有粮食企业，执行国家临时存储稻谷收购任务。指定的收储库点名单由中储粮有关分公司提出，商省级粮食行政管理部门和农发行省级分行后，报你公司审核确定，并由你公司及时报国家有关部门备案。

三　入库粮食质量

这次收购入库的稻谷为2008年生产的新粮，并达到国标三等以上（含三等）质量标准，不符合标准的粮食不得入库。收购品种为早籼稻、中晚籼稻和粳稻。不同品种的稻谷不得混仓储存。严禁从现有库存陈粮中划转或移库，违者将依照有关规定严肃处理。

四　入库结算价格

分省国标三等稻谷入库结算价格（已包含收购费用），参照新稻谷市场价格水平确定，等级差价按0.02元/斤掌握。根据国家发展改革委、国家粮食局、财政部和中国农业发展银行《关于中央储备稻谷收购补库问题的通知》（国粮调〔2008〕163号），中央储备稻谷收购补库结算价格也按上述原则确定。分省（区、市）中央储备和国家临时存储稻谷入库结算价格见附件2。入库结算价实行一省（区、市）一价。实际收购过程中，你公司可根据各省（区、市）稻谷市场情况，合理确定省（区、市□内不同地□的挂牌收购价。但同一地区的承储企业收购相同品质的稻谷入库结算价格原则上应当一致。

五　收购资金

农业发展银行按有关政策规定和入库结算价安排贷款解决本次稻谷收购所需资金，由收购所在地中储粮直属企业统一向农业发展银行承贷，并根据收购情况及时预付给指定收储库点，保证收购需要。对于没有中储粮直属企业的地区，为保证收购需要，可暂由中储粮分公司指定具有农发行贷款资格、资信较好的企业承贷；收购结束后，贷款要及时划转到中储粮公司直属企业统一管理。

六　财务处理

这次国家临时存储稻谷收购入库后，由中央财政按入库结算价给予贷款利息补贴。国家临时存储稻谷的保管费用补贴标准为每市斤4分/年，由中央财政对中储粮总公司实行包干。

七　统计处理

这次国家临时存储稻谷的收购执行期截止到2008年12月底。在统计处理上，你公司应在"政策性粮食收支存月（年）报表"中增设稻谷品种，作"收购"统计，并相应增加国家临时存储库存。你公司要督促承储库点认真做好收购进度统计工作，并负责每5天将有关分公司国家临时存储稻谷的分省（区、市）收购品种、数量等情况汇总后报国家粮食局、财政部和中国农业发展银行。具体报送时间为每月逢5日、10日（或月底）后的第2个工作日下班前。同时，中储粮有关分公司将稻谷月度收购进度情况抄送当地省级农发行和省级粮食行政管理部门。

请你公司按照本通知精神督促有关分公司和指定收储库点严格执行国家粮食收购政策，认真做好国家临时存储稻谷收购工作，确保收购工作顺利进行和储粮安全。有关收购工作情况和问题，要及时报告国家有关部门。

（附件略）

关于表彰2008年度粮食系统政务信息报送先进单位的通知

（国家粮食局 国粮发〔2008〕231号 2008年10月30日）

各省、自治区、直辖市、计划单列市及新疆生产建设兵团粮食局：

2008年，国家粮食局全面贯彻党的十七大和十七届一中、二中、三中全会精神，深入学习实践科学发展观，认真贯彻落实《粮食流通管理条例》和《中央储备粮管理条例》，进一步完善粮食宏观调控体系，认真落实粮食最低收购价政策，切实保护种粮农民利益，深化粮食流通体制改革，推动现代粮食流通产业发展，加强粮食库存和粮食市场监管，加大粮食流通设施建设力度，提高行业服务水平，为稳定粮食市场、保障国家粮食安全和全面夺取抗击南方部分地区严重低温雨雪冰冻灾害、四川汶川特大地震抗震救灾斗争的重大胜利，做出了积极贡献。一年来，粮食部门政务信息报送单位紧密围绕粮食工作中心任务，以高度负责的精神，切实改进信息工作方式，及时主动地报送粮食信息。2008年度（2007年10月至2008年9月），各地共报送粮食政务信息2600余条，内容涉及粮食工作的各个方面，为各级领导及时了解粮食流通情况、指导粮食工作和宏观调控决策发挥了重要作用。

为进一步做好粮食信息报送工作，按照中办、国办的有关要求和《全国粮食系统政务信息工作管理暂行办法》的有关规定，我局决定对江苏省粮食局等20个信息报送先进单位予以通报表扬。希望受到表彰的单位再接再厉，在新的一年里取得更好的成绩，其他单位要向先进单位学习，切实重视和加强信息报送工作，创新信息报送方式，努力提高信息质量，在新的一年里争取新的进步。

2009年粮食政务信息报送工作面临新的形势和任务。各地粮食部门要以党的十七大精神为指导，深入学习实践科学发展观，紧密围绕粮食工作中心任务，更加积极主动和全面、准确、及时、规范地报送粮食工作信息，努力使信息报送工作迈上新的台阶。

2008年度粮食系统政务信息报送先进单位名单

一　地方粮食部门

1. 江苏省粮食局
2. 四川省粮食局
3. 黑龙江省粮食局
4. 内蒙古自治区粮食局
5. 陕西省粮食局
6. 安徽省粮食局
7. 山东省粮食局
8. 江西省粮食局

9. 宁夏回族自治区粮食局

10. 河南省粮食局

11. 上海市粮食局

12. 湖北省粮食局

13. 山西省粮食局

14. 浙江省粮食局

15. 天津市粮食局

16. 宁波市粮食局

17. 青海省粮食局

18. 甘肃省粮食局

二　局机关及直属联系单位

1. 办公室

2. 调控司

关于同意建立西安国家粮食交易中心的复函

（国家粮食局　国粮政〔2008〕235号　2008年11月3日）

陕西省人民政府：

你省《关于申请组建西安国家粮食交易中心的函》（陕政函〔2008〕48号）收悉。

为贯彻落实《国务院关于完善粮食流通体制改革政策措施的意见》（国发〔2006〕16号）中关于"重点扶持大宗粮食品种的区域性、专业性和成品粮油批发市场"的精神，根据《全国粮食市场体系建设"十一五"规划》中组建国家粮食交易中心的有关要求，同意你省在陕西省粮食批发市场基础上组建"西安国家粮食交易中心"。陕西省是我国西北地区的产粮大省，组建"西安国家粮食交易中心"，有利于整合粮食流通基础设施和相关资源，发挥你省粮食资源优势和交通、区位优势，促进粮食生产发展和产销衔接，在搞活粮食流通、调节粮食供求、服务国家宏观调控、保障国家粮食安全方面发挥积极作用。

专此函复。

关于同意建立通辽国家粮食交易中心的复函

（国家粮食局 国粮政〔2008〕244号 2008年12月1日）

内蒙古自治区人民政府：

你区《关于商请组建通辽国家粮油交易中心有关事宜的函》（内政字〔2008〕117号）收悉。

为贯彻落实《国务院关于完善粮食流通体制改革政策措施的意见》（国发〔2006〕16号）中关于"重点扶持大宗粮食品种的区域性、专业性和成品粮油批发市场"的精神，根据《全国粮食市场体系建设"十一五"规划》中组建国家粮食交易中心的有关要求，同意你区在内蒙古通辽玉米批发交易市场基础上组建"通辽国家粮食交易中心"。内蒙古自治区是我国重要的粮食主产区，通辽市位于内蒙古自治区东部玉米主产区，辐射呼伦贝尔、兴安盟、赤峰等地区，该地区粮豆产量占你区粮豆总产量的60%，商品量占你区粮豆商品量的70%，组建"通辽国家粮食交易中心"，有利于整合粮食流通基础设施和相关资源，发挥粮食资源优势和交通、区位优势，促进你区粮食生产发展和产销衔接，在搞活粮食流通、调节粮食供求、服务国家宏观调控、保障国家粮食安全方面发挥积极作用。

专此函复。

关于印发《国家粮食流通统计制度》的通知

（国家粮食局 国粮调〔2008〕258号 2008年12月15日）

各省、自治区、直辖市粮食局，中国储备粮管理总公司：

根据《粮食流通管理条例》和《国务院关于印发国家粮食安全中长期规划纲要（2008~2020年）的通知》（国发〔2008〕24号）等有关文件精神，为更好地适应粮食流通发展对统计工作的新要求，在认真调查研究的基础上，我局制定了《国家粮食流通统计制度》（2009~2010年度）。该制度已经报国家统计局审核批准（国统函〔2008〕133号），现印发给你们，请遵照执行。有关事项通知如下：

一 制度修订的主要内容

（一）补充食用油及国家政策性粮油统计报表

1. 增设"重点食用植物油企业油脂油料统计月报表"。该报表在2007年底作为统计制度补充规定开始试行。现对其中的品种指标和报送频率进行调整，增加棉籽油、葵花油品种，将旬报改为月报，取消粕类指标。

2. 增设"粮食和油脂油料省际间流向季报表"。按季度统计原粮、成品粮、食用油和油料的跨省流通数量。

3. 增设"粮食和油脂油料折合率年报表"。折率分为统计折率和实际折率，品种包括小麦、稻谷、油菜籽、花生仁、芝麻、大豆、葵花籽等。

4. 增设"社会食用植物油及油料供需平衡调查表"。调查食用植物油及油料总供给和总需求情况，品种包括：食用植物油中的菜籽油、豆油、花生油、棉籽油、棕榈油、葵花油和其他油等，油料作物中的油菜籽、花生果、葵花籽和其他油料等。调查对象为涉及油料、食用植物油生产、流通和消费的单位和个人。

5. 增设"国家临时存储等政策性粮油收支平衡月（旬）报表"。

（二）完善粮油加工业统计指标体系

1. 补充粮油加工业企业基本情况统计指标。保留原有指标项目，新增对粮油加工企业"主要生产设备、仓储设施及研究开发投入"、"粮油食品"、"粮油机械"、"大宗粮油原料消费"等项目统计调查指标；新增玉米、其他杂粮和食用植物油及油料等主要粮油品种指标。

2. 增设"重点粮油加工业企业生产情况半年报表"。统计日处理原料在400吨及以上粮油加工企业的主要产品产量、原料消费量、库存量、经济技术和能源消耗量等指标内容。

（三）调整部分报表统计指标和表式

1. 收购进度报表中增加收购价格指标。新增"收购价格"指标，价格标准为中等、区间价格，报送范围为收购进度报表所列的所有填报地区。小麦增加"白麦、红麦和混合麦"分品种指标。早籼稻、中晚籼稻起报时间分别调整为7月20日、9月20日。

2. 国有和非国有粮食经营企业以及转化用粮企业报表中增加粮食加工和代收代储指标。在国有企业报表中增加"代外商投资企业收购和储存";国有和非国有粮食经营、转化企业报表中增加"加工成品收回"、"加工原料付出";转化企业报表中增加"未转化粮销售"、"其中销往省外"和"出口"等指标。

3. 地方储备粮油报表中增加"成品粮油"和"小包装粮油"指标。

4. 商品油脂收支平衡表中增加"加工成品收回"、"加工原料付出"、"成品油库存"、"小包装油库存"和"商业周转储备库存"等项指标。

5. 粮食库存分年限报表中取消"陈化粮库存",增加"国家临时存储粮食库存"分年限统计指标。

6. 粮食、食用油经营和转化企业单位数年报表中增设了对食用油企业单位数量的统计。分项指标中增加重点"非国有经营企业、饲料企业、养殖企业和粮食批发市场"、"工业用粮、用油企业",并在各分类项目中增加"外商投资企业"和"外资企业"。

7. 重点粮食批发市场报表中增加食用植物油及油料成交品种。将最低收购价等国家政策性粮食拍卖纳入批发市场统计范围。增加"成交量"、"成交金额"、"实际履约量"和"实际履约量中外省购买"等指标。

8. 调整价格监测周报表式。原粮和油料统计收购价和出库价;成品粮油统计批发价和零售价;进出口粮油统计进口到岸价和出口离岸价。

9. 调整报送频率。将商品油脂收支平衡表和重点粮食批发市场报表由季报改为月报。

10. 粮食仓储设施统计报表取消"基础设施投资情况",增加"粮油经营量"指标。

11. 粮食流通基础设施建设投资情况报表取消"新建仓房项目",增加"储备粮库"、"仓房维修改造"、"粮食检验检测"、"粮食批发市场"、"粮食流通应急设施"、"农户储粮设施"和"其他设施"等项目,增补了新增建设内容和投资完成情况等指标。

二　落实新制度的有关要求

　　为适应粮食流通形势发展的需要,此次印发的新制度对原制度作了较大的修订和完善,请各省（区、市）粮食局认真做好新制度贯彻执行工作,切实履行职责,进一步提高统计工作质量。

（一）加强食用植物油统计工作,逐步建立食用植物油安全监测体系

　　按照《国务院办公厅关于促进油料生产发展的意见》（国办发〔2007〕59号）和国务院领导同志的批示精神,建立油料和食用植物油产销预警体系,了解和掌握生产、购销、进出口、库存等信息。各省（区、市）粮食局要做好日常食用植物油基础数据的统计工作,扩大统计范围,提高数据质量。配合国家粮食局做好对辖区内规模较大的食用植物油企业的产销存统计信息定期直报工作;建立全社会油料及食用植物油供需平衡抽样调查机制;完善食用植物油信息监测体系,及时掌握市场动态,进行跟踪研究和分析,提供有参考价值的分析报告。

（二）提高数据质量,认真做好日常各项报表统计工作

　　1. 在做好国有粮食企业各项统计报表的同时,着重加强其他各类粮油企业的购销存统计,扩大统计范围。搞好调查摸底,建立企业基本情况名录库,提高统计的覆盖率和数据的准确率。

　　2. 按照我局制定的价格监测方案,健全市场监测体系。各地要适应形势发展要求,适当增补大中城市连锁超市作为监测对象,增补主要成品粮、油出厂价格的监测对象,扩大监测范围。

3. 将纳入日常统计范围的各类粮油企业作为调查重点，每季统计企业粮油经营的省际间流向。省际间粮油流通量统计数据应注意与当地铁路、交通等部门粮食和食用油及油料的运输量，最低收购价粮跨省移库计划的执行量，批发市场公开竞价拍卖后的出省量，以及粮食产销合作协议履约量等有关数字相衔接。对口流出、流入省份的有关数据要及时进行核对，注意搞好衔接。

4. 省级粮食行政管理部门负责组织对粮油实际折率进行年度典型调查。可选择辖区内具有代表性的10家以上粮油加工企业做实际折合率调查工作，根据各企业生产的不同等级成品粮油产量和实际出品率，加权平均后作为本地区的实际折合率。

5. 中央和地方储备粮承储企业在储备粮轮换过程中，购进的用于轮入的粮食，以及轮出的粮食，均须纳入企业商品粮统计。为避免重复统计，凡中央储备粮代储企业由中储粮直属企业统贷统还的用于中央储备轮换的商品粮，统一由承贷方中储粮直属企业负责汇总，由中储粮总公司负责向我局报送。中储粮总公司各分支机构要及时当地粮食行政管理部门抄送直属企业商品粮报表。

6. 为确保最低收购价等国家临时存储粮油统计数据不重、不漏、全面准确，该性质的粮油统一由中储粮总公司各分支机构负责统计报送。中储粮总公司各分支机构要及时向当地粮食行政管理部门抄送国家临时存储粮油相关统计数据。

三　认真做好新制度的实施工作

此次印发的《国家粮食流通统计制度》自2009年1月1日起正式施行。为做好新制度的实施工作，各省（区、市）粮食局要根据《国家粮食流通统计制度》的要求，结合本地实际，抓紧制定本地区粮食流通统计制度，及时报国家粮食局备案。要积极推进粮食统计制度、方法和手段改革，建立能够反映粮食流通总体状况的统计调查和监测体系。要进一步加强统计基础建设工作，规范统计行为，充实统计力量，落实统计经费，切实履行对全社会粮食监管的职责。要做好统计制度的宣传和业务指导工作，督促企业自觉履行报送义务，保证统计数据及时、全面、准确。各地在本制度实施过程中如发现新情况、新问题，请及时向国家粮食局反映，以便我局进一步调整和完善统计制度，更好地为国家粮食宏观调控服务。

关于表彰全国粮食系统"五五"普法中期先进集体、先进工作者和先进个人的通知

（国家粮食局 国粮政〔2008〕283号 2008年12月17日）

各省、自治区、直辖市及新疆生产建设兵团粮食局：

"五五"普法以来，各地粮食部门按照《全国粮食行业法制宣传教育第五个五年规划》要求，及时部署"五五"普法相关工作，积极开展粮食法制宣传教育，"五五"普法初见成效。为进一步推动粮食法制建设和普法工作，根据《中央宣传部、司法部、全国普法办关于做好全国"五五"普法中期先进集体和先进个人评选表彰工作的通知》（司发通〔2008〕157号）有关要求，经认真评选，决定授予北京市大兴区粮食局等20家单位"全国粮食系统'五五'普法中期先进集体"荣誉称号，授予刘畅等15名同志"全国粮食系统'五五'普法中期先进工作者"荣誉称号，授予李春超等15名同志"全国粮食系统'五五'普法中期先进个人"荣誉称号。

希望受到表彰的先进单位和先进个人，珍惜荣誉，发扬成绩，再接再厉，在粮食法制宣传教育中再立新功。

全国粮食行业广大干部职工要以受到表彰的单位和个人为榜样，与时俱进，开拓创新，扎实推进粮食普法工作，努力开创粮食行业普法依法治理工作的新局面。

（附件略）

关于印发《粮食监督检查和行政处罚文书》的通知

（国家粮食局　国粮检〔2008〕290号　2008年12月24日）

各省、自治区、直辖市及新疆生产建设兵团粮食局：

为进一步规范粮食监督检查行政执法程序，依法做好粮食流通监督检查工作，在广泛调研和征求各地粮食行政管理部门意见的基础上，我局对2005年印发的《粮食监督检查和处罚文书参考表式》（国粮检〔2005〕31号）进行了修订。现将修改后的《粮食监督检查和行政处罚文书》和新编制的《粮食监督检查和行政处罚流程图示》印发给你们，请参照执行。原《粮食监督检查和处罚文书参考表式》（国粮检〔2005〕31号）自本通知印发之日起废止。各地在文书使用过程中遇到的新情况新问题，请及时报告我局监督检查司。

关于表彰全国粮食系统抗震救灾先进集体和先进个人的决定

（国家粮食局 国粮人〔2008〕296号 2008年12月30日）

各省、自治区、直辖市、计划单列市及新疆生产建设兵团粮食局：

2008年5月12日，四川省汶川县发生8.0级强烈地震，造成巨大生命财产损失。灾情发生后，国家粮食局坚决贯彻党中央、国务院对抗震救灾工作的统一部署，立即启动应急预案，快速反应，紧急动员，对全国粮食系统积极参与抗震救灾工作提出了明确要求。全国粮食系统广大干部职工讲政治、讲大局、讲奉献，坚持人民利益高于一切，迎难而上，特别是灾区各级粮食部门的广大军供干部职工认真实践"三个代表"重要思想和科学发展观，积极投身抗震救灾工作，全力以赴投入到保障救灾部队军粮供应和灾区粮油市场稳定工作中，涌现出了一大批先进集体和先进个人，有力地保障了救灾部队和受灾群众的粮食供应，为抗震救灾取得阶段性胜利发挥了重要作用。

为大力弘扬万众一心、众志成城、不畏艰险、百折不挠、以人为本、尊重科学的伟大抗震救灾精神，激励全国粮食系统广大干部职工为保障国家粮食安全做出更大的贡献，国家粮食局决定，授予四川省粮食局军粮供应中心等64个单位"全国粮食系统抗震救灾先进集体"荣誉称号；授予曾树林等124名同志"全国粮食系统抗震救灾先进个人"荣誉称号。希望被授予荣誉称号的集体和个人珍惜荣誉，再接再厉，争取更大的成绩。

全国粮食系统广大干部职工要以受表彰的先进集体和先进个人为榜样，更加紧密地团结在以胡锦涛同志为总书记的党中央周围，以邓小平理论和"三个代表"重要思想为指导，深入贯彻落实科学发展观，切实把伟大抗震救灾精神化为艰苦奋斗的坚强意志，转化为扎实工作、开创粮食流通事业新局面的实际行动，以更加坚定的信心、更加饱满的热情、更加扎实的工作，为夺取全面建设小康社会新胜利、开创中国特色社会主义事业新局面而不懈奋斗！

（附件略）

局办文部分

关于同意河南省粮食交易物流市场作为国家粮食局重点联系单位的批复

（国家粮食局 国粮办政〔2008〕4号 2008年1月14日）

河南省粮食局：

你局《关于将河南省粮食交易物流市场列为国家重点联系批发市场的请示》（豫粮文〔2007〕65号）收悉。现批复如下：

河南省是我国小麦的重要产区，每年粮食购销交易量较大，及时收集、整理和发布这些粮油品种的价格及交易情况，对搞活各地粮食流通，实施市场信息引导，调节粮食市场供求都具有重要的参考作用。为进一步健全和完善重点联系批发市场制度，扩大粮食市场信息来源，增加粮食市场信息量，经研究，同意将河南省粮食交易物流市场列为国家粮食局重点联系单位。请你局和河南省粮食交易物流市场按照《国家粮食局办公室关于确定重点联系粮食批发市场的通知》（国粮办政〔2001〕273号）有关要求，做好相关工作，并于2008年1月27日前将单位负责人和信息员的姓名、职务、电话传真至国家粮食局政策法规司。

联系电话：010 - 63906276 63906277

传　　真：010 - 63906248

电子邮箱：fgs@chinagrain.gov.cn

关于做好国有粮食企业改革调研工作的通知

（国粮办财〔2008〕24号　2008年2月28日）

各省、自治区、直辖市及新疆生产建设兵团粮食局：

2006年以来，各地认真贯彻落实国务院《关于完善粮食流通体制改革政策措施的意见》（国发〔2006〕16号）精神，按照国家发展改革委、国家粮食局等六部门联合印发的《关于进一步推进国有粮食企业改革和发展的意见》（国粮财〔2006〕123号）要求，结合当地实际，积极推进国有粮食企业改革，取得了明显成效。但在改革中也面临一些老问题和新情况，需要研究解决。为贯彻落实党的十七大精神，加强对国有粮食企业改革工作的指导，更好地发挥国有粮食企业主渠道作用，我局决定，在2008年上半年组织开展国有粮食企业改革调研工作。现就有关事项通知如下：

一、各地粮食行政管理部门要认真组织开展国有粮食企业改革调研工作，了解本地区国有粮食企业改革的现状，存在的主要问题，研究提出下一步深化改革的意见和建议，并将有关调研情况以书面报告形式于2008年6月30日前报送我局财务司。同时，我局将组织有关人员赴部分省（区、市）开展重点调研。

二、为做好国有粮食企业改革调研工作，各地要重点调研以下内容：

1. 各地解决国有粮食购销企业政策性粮食财务挂账的遗留问题，以及处理企业经营性粮食财务挂账方面的做法和建议。

2. 根据粮食主产区、主销区和产销平衡区的实际情况，进一步优化国有粮食企业的布局和结构，更好地发挥国有粮食企业主渠道作用的做法和建议。

3. 各地加快推进企业产权制度改革，建立现代企业制度的进展情况，存在的主要问题及建议。

4. 各地培育粮食产业化龙头企业，开展粮食产业化经营的现状、存在的突出问题，以及进一步促进粮食产业化发展的建议。

5. 为推动现代粮食流通产业发展，服务社会主义新农村建设，各地利用国有粮食企业现有资源，发展城乡连锁店和连锁经营的典型做法及建议。

6. 当前国有粮食企业经营管理情况，存在的问题，及进一步做好国有粮食企业扭亏增盈工作的建议。

三、各地粮食行政管理部门要高度重视这次国有粮食企业改革调研工作，加强组织领导，选派业务骨干，深入基层调查研究，了解和掌握第一手资料，按时、高质量完成调研工作任务。

关于公布国家粮食局优秀软科学研究成果奖2007年度获奖项目的通知

（国家粮食局 国粮办政〔2008〕38号 2008年3月8日）

各省、自治区、直辖市及新疆生产建设兵团粮食局：

根据2007年初国家粮食局软科学评审专家委员会办公室发布的课题研究方向，各有关单位申报并完成了60项课题。按照《国家粮食局优秀软科学研究成果奖励办法》的有关规定，经国家粮食局软科学评审专家委员会的认真评审，共评出国家粮食局优秀软科学研究成果一等奖6项，二等奖9项，三等奖13项。现予公布。

（附件略）

关于转发国家发展改革委
《粮食现代物流项目管理暂行办法》的通知

（国家粮食局 国粮办展〔2008〕40号 2008年3月7日）

各省、自治区、直辖市及计划单列市、新疆生产建设兵团粮食局，黑龙江省农垦总局，中国储备粮管理总公司，中国华粮物流集团有限公司，中粮集团有限公司：

为贯彻落实《粮食现代物流发展规划》（发改经贸〔2007〕2136号），加强粮食现代物流项目管理，提高投资效益，国家发展改革委近日印发了《粮食现代物流项目管理暂行办法》（发改经贸〔2008〕413号），现转发你们，并就有关贯彻落实工作提出以下意见，请遵照执行。

一　提高认识，高度重视粮食现代物流体系建设工作

发展粮食现代物流是国家粮食安全的重要保障。当前我国粮食跨省流通不畅，物流成本高、效率低、损耗大的问题已经成为制约我国粮食安全的重要因素。《中共中央国务院关于切实加强农业基础建设进一步促进农业发展农民增收的若干意见》（中发〔2008〕1号）和《国务院关于完善粮食流通体制改革政策措施的意见》（国发〔2006〕16号）都对加强粮食现代物流体系建设提出了明确要求。《粮食现代物流发展规划》提出了在今后十年大力推广散粮运输方式，建设跨省粮食"四散化"运输体系和应急调控体系，形成现代化的粮食物流体系的规划目标。各级粮食行政管理部门和中央大型粮食企业要提高认识，高度重视粮食现代物流体系建设工作，把贯彻落实《粮食现代物流发展规划》作为今后相当长时期粮食流通工作的一项重要任务抓紧抓好。

二　认真组织，做好《粮食现代物流发展规划》目标任务的落实工作

各省粮食行政管理部门和中央大型粮食企业要按照《粮食现代物流发展规划》确定的目标和任务，认真做好以下工作：一是根据国家规划，结合本地区、本企业粮食物流特点和工作基础，做好本地区、本企业粮食现代物流发展规划的编制和完善工作，并请在规划发布后及时将规划报送我局备案。二是根据国家规划和本地区规划，按照《粮食现代物流项目管理暂行办法》的要求，认真分析本地区粮食流量、流向，确定发展粮食现代物流的主要线路和节点，按照市场运作、政府扶持、效益优先的原则筛选确定本地区、本企业重点物流项目，积极向省级发展改革部门推荐。三是切实采取措施，加强产销区粮源组织和衔接工作，积极协调铁路、交通部门创造条件开通散粮运输定点班列、班轮，尽快建立"北粮南运"散粮运输主通道。四是做好粮食物流设施新技术、新设备的研发、试点和推广工作，完善粮食现代物流标准体系，指导企业加强物流信息平台建设和散粮检验检测体系建设。

三　积极配合，做好粮食现代物流项目的申报和管理工作

　　各省粮食行政管理部门要积极配合省级发展改革部门做好粮食现代物流项目的申报和管理工作：一是做好本地区重点物流项目的筛选和支持工作，积极向省级发展改革部门推荐条件成熟、符合《粮食现代物流项目管理暂行办法》各项要求的项目申报中央投资补助项目。在向省级发展改革部门推荐的同时，也请同时将有关项目的情况报送国家粮食局。筛选和推荐国家支持的粮食物流项目要确保建成后能真正发挥作用，有利于形成跨省散粮运输线路，避免造成闲置和浪费。二是配合国家有关部门做好对国家支持粮食物流项目的监督检查。内容包括建设进度、建设内容是否符合国家批复要求，建设资金是否到位，国家补助专项资金管理和使用是否符合有关规定，建设项目是否按规定建立项目法人责任制和招标采购制度，工程质量和安全生产是否符合要求等。三是配合省级发展改革部门做好国家支持项目的竣工验收工作。四是做好本地区在建粮食物流项目贯彻落实各项工程建设国家标准、行业标准和技术规范的检查工作，确保各项物流设施建设项目严格执行国家工程建设标准和粮食工程建设标准。五是各省粮食行政管理部门和中央大型粮食企业要按照我局要求，及时调查了解国家支持粮食物流项目的建设和运营情况，按要求报送有关情况。

关于促进粮食增产 减少粮食浪费
确保国家粮食安全的意见

（国家粮食局 国粮办政〔2008〕50号 2008年3月21日）

人大法工委经济法室：

　　按照你室电话要求，我局领导对王兆国、乌云其木格副委员长的批示高度重视，对李振声院士在《求是》杂志第6期发表的题为"保面积 攻单产 节消费——关于我国粮食生产与消费几点思考"一文所提的问题进行了认真研究，提出如下意见，供参考。

一　促进粮食生产稳定发展的任务依然艰巨

　　针对我国粮食生产自2000年至2003年连续四年下降、产需缺口不断扩大的实际情况，2004年以来，党中央、国务院连续出台包括减免农业税、对种粮农民实行直接补贴、农资增值综合直补、良种补贴、农机具购置补贴以及对重点地区、重点粮食品种实行最低收购价等一系列支农惠农政策，并不断加大力度、完善措施，粮食产量呈恢复性增长，2007年我国粮食总产量超过1万亿斤，粮食产需基本平衡，部分粮食品种供求矛盾显著改善。但考虑到耕地面积减少、水资源短缺和科技发展水平等因素制约，粮食稳定增产的难度加大，因此在人口数量增加，粮食刚性消费不断增长的情况下，必须采取更加有力的强农惠农政策措施，不断加大对粮食生产的支持力度，完善实施办法，促进粮食生产稳定发展。一是落实最严格的耕地保护制度，坚决守住全国耕地不少于18亿亩这条红线，这是保证粮食安全的前提。二是加大对农业基础设施、农业科技投入和支持力度，利用科技手段提高粮食单产，这是增强我国粮食综合生产能力的重要手段。三是根据粮食产销格局的变化，进一步完善粮食风险基金政策，加大对粮食主产区的扶持力度。四是根据保障粮食供给和调动农民种粮积极性的需要，统筹研究粮食补贴政策，确保补贴向主产区种粮农户、种粮大户倾斜。五是完善最低收购价政策，稳定农民种粮预期，保护和调动农民种粮积极性，进一步促进粮食稳定增产和种粮农民持续增收，确保国家粮食安全。

二　减少粮食产后损失和消费中的浪费十分必要

　　据有关部门调查统计，我国每年约有占当年粮食产量60%以上（约6000亿斤）的粮食分散在2.4亿多农民家中储存。由于长期以来农村储粮的传统、落后的技术和方式没有改变等原因，鼠害、虫害、霉害造成的粮食损失严重，平均损失率为5%～8%（约400亿斤）。为减少粮食产后损失，国家粮食局在有关部门支持下，组织地方粮食部门积极推进"粮食产后减损工程"，做了大量工作。下一步，要按照落实科学发展观和建设资源节约型、环境友好型社会的要求，需要进一步加大投入力度，加快科研技术攻关，加快研制和推广应用符合我国农村储粮以及粮食流通要求的关键技术和设备。同时，在粮食消费过程中，粮食损失和浪费数量也是相当惊人的，迫切需要采取切实有效的措施，节约粮食消费，降低粮食损失损耗，减少粮食浪费。

三	确保国家粮食安全需要强有力的法律保障

　　我们非常赞同"节消费、不浪费、人人有责"，同意制定"节粮法"，但可能内容比较单薄。目前，我国尚未出台粮食方面的基本法律，仅有《粮食流通管理条例》和《中央储备粮管理条例》两部行政法规规范粮食收购、储藏等流通行为和中央储备粮管理。为贯彻落实党的十七大关于确保国家粮食安全的精神，适应当前粮食依法行政、保护和促进粮食产业发展、加强粮食宏观调控、确保国家粮食安全形势的需要，我们建议制定一部内容更为广泛的《粮食安全法》或者《粮食流通法》，其中包括有关节约粮食的内容，对于保障国家安全的作用会更大一些。

关于公布国家粮食局2007年度粮食工作优秀调研报告获奖名单的通知

（国家粮食局 国粮办政〔2008〕51号 2008年3月21日）

各省、自治区、直辖市及新疆生产建设兵团粮食局：

为推动粮食行业深入开展调查研究，不断提高粮食调研工作水平，发挥调研报告的借鉴和参考作用，2007年我局组织了粮食系统优秀调研报告征集和评选活动。各有关单位共提交的百余篇调研报告，经国家粮食局软科学评审专家委员会组织有关专家认真评审，共评出获奖调研报告40篇，其中一等奖8篇，二等奖13篇，三等奖19篇。现予公布。

（附件略）

关于印发2008年粮食流通监督检查工作要点的通知

（国家粮食局 国粮办检〔2008〕56号 2008年4月7日）

各省、自治区、直辖市及新疆生产建设兵团粮食局：

《2008年粮食流通监督检查工作要点》已经国家粮食局领导批准，现印发给你们，请结合当地实际，认真贯彻落实。

2008年粮食流通监督检查工作要点

2008年，粮食流通监督检查工作要以党的十七大精神为指导，全面贯彻落实科学发展观，认真贯彻中央经济工作会议、中央农村工作会议和全国人大第十一届第一次全体会议精神，落实全国粮食局长会议提出的粮食流通监督检查工作任务，服务粮食流通工作大局，围绕保障粮食供应、稳定粮食价格的调控目标，加强对粮食宏观调控政策和有关法律法规落实情况的监督检查，加强对粮油库存的检查，进一步推进对全社会粮食流通的监管，继续抓好监督检查体系建设、制度建设和队伍建设，提高监督检查效果和工作水平，切实维护粮食流通秩序，保障国家粮食安全，促进经济又好又快发展。

一　加大专项检查力度，确保粮食宏观调控政策落实

加强粮食收购政策落实情况的监督检查。及时组织粮食最低收购价政策执行情况专项检查，督促收储库点严格执行有关政策和新的小麦标准，防止出现压级压价和抬级抬价等问题，确保中央惠农政策落实到位。加强对粮食收购资格的定期审核，组织开展对粮食收购市场的检查，进一步规范粮食收购市场秩序。

开展对国家临时存储粮食销售出库和跨省移库情况的检查。加强对国家临时存储粮食销售出库和跨省移库计划执行情况的监管，督促承储库点按国家有关规定及时出库。对违反规定人为设置障碍拖延出库、阻挠购粮企业竞买粮食或干扰粮食出库等行为进行严肃处理，对有关典型案件进行通报。

开展粮食经营者保持必要库存量的检查。积极推动粮食经营者最低最高库存量标准制定工作。检查指导粮食经营者认真履行最低和最高库存量义务。防止囤积居奇，稳定粮食市场和价格。

开展粮食流通统计制度执行情况检查。检查督促各类粮食经营企业和转化用粮企业及时准确报送统计报表和有关资料，落实粮食流通统计制度。

协调和配合有关部门开展成品粮油市场检查。配合有关部门加强对粮油加工、批发、零售等重点环节经营行为的监督检查，加强对大型粮油批发市场、超市和农贸市场的巡查，督促企业加强自律和承担社会责任。适时组织开展军粮、救灾粮等政策性粮食的专项检查，进一步提高政策性粮食供应和管理水平。

二　搞好粮食库存检查，确保粮食库存真实可靠

认真组织好粮食库存检查。按照《粮食库存检查暂行办法》的要求，结合春季储粮安全普查，认真组织好今年的粮食库存检查工作。督促粮食企业认真开展自查。认真组织库存检查的复查工作，复查覆盖面不低于自查企业数量的10％。发挥监督检查机构在粮食库存检查中的牵头作用，落实好检查工作具体任务。检查结果要严格把关，及时报送，确保真实可靠。

加强各级储备油专项检查。切实做好储备油检查的前期准备工作，做好调研，制定方案，抓好培训。今年下半年开展对中央和地方储备油库存的全面检查。督促企业提高管理水平，确保各级储备油数量真实、质量良好、储存安全。

建立健全粮食库存监督检查的长效机制。在做好粮油库存检查的同时，完善相关检查制度和措施，逐步建立经常性的随机抽查机制，进一步提高粮食库存检查的有效性。

三　加强粮食质量检查，健全粮食质量监督长效机制

做好库存粮食质量检查。巩固和扩大粮食质量安全专项整治行动的成果。认真开展地方储备粮质量状况检查。检查粮食经营企业执行粮食质量管理制度、出证索证及出入库检验制度情况，检查督促企业建立质量档案。

加大对政策性粮食质量的监督检查力度。强化采购、加工、包装、储存、运输、配送和销售全过程的质量监管，确保政策性粮食质量良好。

加强对粮食收购入库质量的检查。严格执行粮食最低收购价政策，加大检查力度，确保按质定等、依质论价，坚决查处压级压价、坑害粮农的行为。

建立健全粮食质量安全监管的长效机制。落实粮食质量安全追溯制度和责任追究制度，严格粮食销售出库的质量检验监管，加强对有毒有害粮食的监管，逐步健全覆盖粮食收购、储存、运输环节和政策性粮食购销活动全过程的质量安全监管体系。

四　加大涉粮案件查处力度，提高办案质量和效率

规范案件查处工作机制。高度重视涉粮案件查处工作，进一步完善案件查处工作机制，提高粮食行政执法的严肃性、权威性、威慑性。落实涉粮案件查处责任，做到案件线索不查实不放过，责任追究不到位不放过，整改措施不落实不放过，保证查办案件质量。

严格保证办案时限。增强办案时效意识，做到案件及时查结，杜绝久拖不结。上级转办的案件不得层层转办。

建立跟踪督办机制。建立案件查处结果通报制度，落实案件的处理结果，公开曝光重大涉粮案件。及时分析总结查处案件中反映出来的问题，查找粮食流通管理的薄弱环节和漏洞，提出有针对性的完善政策措施和相关制度的建议，更好地发挥监督检查的作用。

五　继续抓好机构和制度建设，夯实监督检查工作基础

继续推进粮食流通监督检查机构建设。积极推动基层机构建设，做好督促和指导工作，努力实现2008年机构建设目标。设区市粮食局内设监督检查机构比例要达到85%以上，县级粮食局设立监督检查机构比例要达到75%以上。确有必要且条件具备的市、县粮食局要成立粮食行政执法队。

完善监督检查工作制度建设。认真执行并进一步完善已出台的各项粮食流通监督检查规章制度。修改完善《粮食行政执法文书》。开发《粮食监督检查信息管理系统》。推广应用粮食库存检查专用软件。

加大工作指导和层级监督力度。加强调查研究、工作指导、交流学习和层级监督，带动和促进本地监督检查工作整体水平的提高。找准工作定位，理清工作思路，抓住工作重点，突出当地特色，扩大监督检查行政执法的影响力。继续组织跨地区的监督检查行政执法交叉调研，召开专题研讨会、现场交流会，编发信息简报。加强对关系粮食流通监督检查工作重大问题的调查研究，推广交流典型经验。完善监督检查工作考核办法，加强工作考核。

六　抓好作风建设和业务培训，提高队伍政治和业务素质

加强监督检查队伍业务培训。制定有针对性的培训计划，采取多种方式，抓好执法资格培训和执法实务培训。继续搞好粮油库存检查培训，充实粮食库存检查专家库。

进一步加强作风建设。督促监督检查行政执法人员自觉加强学习，提高政治、业务素质和工作能力。严格遵守党风廉政建设的规定，遵守行政执法规定和程序。坚持依法执法，文明执法，廉洁执法。树立粮食行政执法的权威，维护粮食监督检查队伍的良好形象。

关于公布2007年度全国粮食系统
会计报表和财务分析工作考核结果的通知

（国粮办财〔2008〕63号　2008年4月21日）

各省、自治区、直辖市及新疆生产建设兵团粮食局：

2007年是全国粮食企业执行《企业会计制度》和《关于粮油有关业务会计处理的规定》的第一年，各地粮食部门认真贯彻新制度，指导国有粮食企业规范会计核算，较好地完成了会计报表编报和财务分析工作，为服务粮食宏观调控、推动粮食流通产业发展发挥了积极作用。根据对各地粮食会计报表和财务分析的工作的考核结果，我局评选出河北省粮食局等20个全国粮食系统会计报表工作优胜单位和河南省粮食局等16个全国粮食系统财务分析工作优胜单位，现予以公布。

2008年，各地粮食部门要适应新形势下粮食流通工作的需要，进一步做好粮食财务信息的报送工作，提高粮食财务信息质量，搞好财务分析，更好地为粮食流通发展服务。

附件：

一、2007年度全国粮食系统会计报表工作优胜单位名单

1. 河北省粮食局
2. 安徽省粮食局
3. 福建省粮食局
4. 黑龙江省粮食局
5. 江西省粮食局
6. 内蒙古自治区粮食局
7. 河南省粮食局
8. 山西省粮食局
9. 北京市粮食局
10. 新疆维吾尔自治区粮食局
11. 湖北省粮食局
12. 浙江省粮食局
13. 吉林省粮食局
14. 广东省粮食局
15. 青海省粮食局
16. 辽宁省粮食局
17. 重庆市粮食局
18. 甘肃省粮食局

19. 新疆生产建设兵团粮食局

20. 天津市粮食局

二、2007年度全国粮食系统财务分析工作优胜单位名单

1. 河南省粮食局

2. 湖北省粮食局

3. 江苏省粮食局

4. 山东省粮食局

5. 云南省粮食局

6. 四川省粮食局

7. 广西壮族自治区粮食局

8. 湖南省粮食局

9. 上海市粮食局

10. 陕西省粮食局

11. 安徽省粮食局

12. 辽宁省粮食局

13. 宁夏回族自治区粮食局

14. 贵州省粮食局

15. 江西省粮食局

16. 海南省粮食局

关于成立国家粮食局行政复议委员会的通知

（国家粮食局 国粮办政〔2008〕68号 2008年4月22日）

各司室、直属单位、联系单位：

为做好我局行政复议工作，根据中共中央办公厅、国务院办公厅《关于预防和化解行政争议 健全行政争议解决机制的意见》（中办发〔2006〕27号）精神和《行政复议法实施条例》的相关规定，经报请局领导同意，决定成立国家粮食局行政复议委员会。现将有关事项通知如下：

一　国家粮食局行政复议委员会组成人员

主　任：聂振邦　国家粮食局党组书记 局长

副主任：郄建伟　国家粮食局党组成员 副局长

　　　　杨　兵　国家粮食局党组成员 中纪委驻国家粮食局纪检组组长

成　员：孙鉴奇　国家粮食局办公室主任

　　　　徐京华　国家粮食局人事司司长

　　　　卢景波　国家粮食局调控司司长

　　　　颜　波　国家粮食局政策法规司副司长

　　　　刘小南　国家粮食局监督检查司司长

　　　　邓亦武　国家粮食局财务司司长

　　　　何　毅　国家粮食局流通与科技发展司司长

　　　　辛志光　中纪委、监察部驻国家粮食局纪检组、监察局纪检组副组长 监察局局长

　　　　张本初　国家粮食局军粮中心主任

　　　　杜　政　国家粮食局标准质量中心主任

涉及具体行政复议事项时，相关副局长参加国家粮食局行政复议委员会的讨论和复议。

国家粮食局行政复议委员会负责对国家粮食局受理的重大疑难案件进行讨论和会审，作出行政复议决定。国家粮食局行政复议委员会下设办公室，办公室设在政策法规司，具体办理行政复议有关事项。

今后国家粮食局行政复议委员会成员因工作变动需要调整，由所在单位提出意见，经国家粮食局行政复议委员会办公室报行政复议委员会主任审批。

二　国家粮食局行政复议办公室组成人员名单

颜　波　国家粮食局政策法规司副司长

韩继志　国家粮食局政策法规司副司长

杨绪珍　国家粮食局政策法规司副处长

肖　玲　国家粮食局政策法规司干部

于　涛　国家粮食局政策法规司干部

关于严格执行新《小麦》国家标准和采用合格的硬度检测仪器的通知

（国家粮食局 国粮办展〔2008〕81号 2008年5月15日）

各省、自治区、直辖市、计划单列市及新疆生产建设兵团粮食局，中国储备粮管理总公司，中粮集团有限公司，中国华粮物流集团公司：

2008年小麦即将上市，为确保国有和国有控股粮食企业在小麦收购中的价格与品质判定相符，请各有关省份粮食行政管理部门通知粮食经营企业及检验机构在收购过程中严格执行新《小麦》国家标准，积极使用小麦硬度指数检测技术，并加强监督检查。

为使各收购企业使用合格的小麦硬度指数测定仪，请各仪器生产企业按照《小麦硬度指数测定仪技术条件与试验方法》（LS/T 3704-2007），保证仪器生产质量，并经相关技术部门鉴定。未经认可的小麦硬度指数测定仪，不得购买和使用。

关于切实做好地震灾区企业粮食仓储工作的通知

（国家粮食局 国粮办展〔2008〕84号 2008年5月27日）

各省、自治区、直辖市及新疆生产建设兵团粮食局，中国储备粮管理总公司，中粮集团有限公司，中国华粮物流集团公司：

四川汶川地震给部分地区的粮食仓储设施带来严重损坏，为尽量降低因地震造成的损失，确保受灾企业库存粮食安全，增加灾区粮食的有效供给，现就有关事项通知如下：

一　抓紧抢救受灾的库存粮食

灾区各级粮食行政管理部门和粮食企业要迅速行动起来，把抢救受灾库存粮食作为当前重要工作来抓，抓紧恢复生产，一手抓救灾，一手抓仓储，尽量减少受灾粮食损失，增加灾区粮食有效供给，确保库存粮食安全。抢救粮食所发生的费用要单独核算。要抓紧清理倒塌仓房内的粮食，并转运到周边条件较好的粮食企业内。受灾地区周边粮食企业要发扬一方有难、八方支援的精神，从人员、设备、资金和材料等方面支援灾区企业生产自救，并做好抢救粮食的接收工作。

二　尽快修复受损仓房和设施

灾区各级粮食行政管理部门和粮食企业要抓紧查清灾情，多渠道筹措维修资金和材料，制订维修方案，在确保人员安全的情况下，抓紧仓房、设施和设备维修工作，尽快恢复仓储能力。要优先维修维护正在存储粮食的仓房，防止粮食淋雨、返潮。要积极创造条件，开展代农储粮业务，为受灾农户分忧。要积极开展夏粮收购工作，保护农民利益，力所能及地帮助灾民生产自救。

三　重点加强粮情监测工作

地震可能对粮食仓库的屋面防水、地面防潮等造成隐性损坏，在确保人员安全的情况下，粮食仓储企业要加强检查监测，发现问题，及时处理。要加大粮情检测频率，及时掌握粮食储藏状态，防止出现储粮安全事故。要重点关注粮堆的温度和水分变化趋势，对于已经出现储粮安全隐患的粮食，要及时采取通风、倒仓或优先安排出仓加工等措施进行处理，减少粮食损失。

四　切实做好安全生产工作

当前全国正处于支援灾区做好灾后重建的关键时期，各地粮食行政管理部门及有关单位要督促粮食仓储企业加强安全生产工作，做好粮食企业的安全保卫工作，加强储粮化学药剂、安全用火、安全用电管理。要严格按规定程序组织生产，预防发生生产事故。地震灾区的企业还要加强受损仓房的裂缝、沉降观测，为科学鉴定提供数据。要全面客观鉴定设施受损情况，科学组织恢复生产，防止在粮食出仓、维修过程和恢复生产中发生次生事故。对于被鉴定为危房的仓房，在加固处理完成前，不得投入使用。

关于吉林省粮油卫生检验监测站等7个粮食行业职业技能鉴定培训基地准予备案的通知

（国家粮食局　国粮办人〔2008〕109号　2008年6月11日）

吉林、江苏、浙江、江西等省粮食局：

　　为加强粮食行业职业技能培训工作，根据国家粮食局办公室《关于粮食行业职业技能鉴定培训基地实行备案管理的通知》（国粮办人〔2005〕209号），经审核，吉林省粮油卫生检验监测站等7个粮食行业职业技能培训基地符合条件，现准予备案。新批准备案的培训基地要严格按照国家粮食局《关于加强粮食行业特有职业（工种）技能培训工作的通知》（国粮人〔2006〕44号）的要求，组织开展粮食行业特有职业（工种）技能培训，为提高粮食行业从业人员的素质和业务水平做出新的贡献。

关于印发《粮食行政复议法律文书文本》的通知

（国家粮食局 国粮办政〔2008〕135号 2008年7月31日）

各省、自治区、直辖市及新疆生产建设兵团粮食局：

为认真贯彻《中华人民共和国行政复议法》和《中华人民共和国行政复议法实施条例》，全面落实《粮食行政复议工作规程（试行）》（国粮通〔2007〕4号），进一步规范粮食行政复议工作，我们根据《国务院法制办公室关于印发〈行政复议法律文书示范文本〉的通知》（国法函〔2008〕196号），对原有粮食行政复议法律文书进行了修订。现将修订后的《粮食行政复议法律文书文本》印发给你们，请与国粮通〔2007〕4号文件配套使用。

关于同意陕西省粮食批发市场作为国家粮食局重点联系单位的批复

（国家粮食局　国粮办政〔2008〕158号　2008年9月23日）

陕西省粮食局：

你局《关于将陕西省粮食批发市场列为国家重点联系批发市场的请示》（陕粮字〔2008〕22号）收悉。现批复如下：

陕西省是我国西北地区的产粮大省，每年粮食购销交易量较大，及时收集、整理和发布这些粮油品种的价格及交易情况，对搞活各地粮食流通，实施市场信息引导，调节粮食市场供求都具有重要的参考作用。为进一步健全和完善重点联系批发市场制度，扩大我局重点联系范围，增加粮食市场信息量，加强对地方粮食批发市场建设的指导，经研究，同意将陕西省粮食批发市场列为国家粮食局重点联系单位。请你局和陕西省粮食批发市场按照《国家粮食局办公室关于确定重点联系粮食批发市场的通知》（国粮办政〔2001〕273号）有关要求，做好相关工作，并于2008年10月15日前将单位负责人和信息员的姓名、职务、电话传真至国家粮食局政策法规司。

联系电话：010－63906276　63906277

传　　真：010－63906248

电子邮箱：fgs@chinagrain.gov.cn

关于印发《全国粮食流通监督检查工作考核暂行办法》的通知

（国家粮食局 国粮办检〔2008〕162号 2008年9月27日）

各省、自治区、直辖市及新疆生产建设兵团粮食局：

为加强对粮食流通监督检查工作的指导和层级监督，推动粮食流通监督检查工作的开展，促进粮食行政执法水平的提高，根据《国务院全面推进依法行政实施纲要》、《粮食流通管理条例》、《粮食流通监督检查暂行办法》、《粮食库存检查暂行办法》的规定，在征求各省（区、市）粮食局意见的基础上，制定本考核办法。经国家粮食局领导批准，现将《全国粮食流通监督检查工作考核暂行办法》印发给你们，请遵照执行。

全国粮食流通监督检查工作考核暂行办法

第一条 为加强对粮食流通监督检查工作的指导和层级监督，推动粮食流通监督检查工作的开展，促进粮食行政执法水平的提高，根据《国务院全面推进依法行政实施纲要》、《粮食流通管理条例》、《粮食流通监督检查暂行办法》、《粮食库存检查暂行办法》的规定，制定本考核办法。

第二条 国家粮食局依照本办法对各省级粮食管理部门的监督检查工作开展情况进行考核，省级及以下粮食管理部门开展监督检查工作考核可参照本办法。

第三条 考核工作每年一次，一般在每年年度末进行考核，根据考核结果对做出突出成绩的单位或个人给予表扬。

第四条 考核采取百分制，考虑加分因素，满分为110分，考核内容分8个项目。

（一）日常监督检查（30分）

（二）专项检查（25分）

（三）监督检查体系建设（10分）

（四）规章制度（5分）

（五）监督检查培训（10分）

（六）信息报送（5分）

（七）其他（15分）

（八）加分及扣分项目（10分）

第五条 日常监督检查，总分30分。主要考核各地粮食管理部门按照《粮食流通管理条例》、《粮食流通监督检查暂行办法》以及本省有关粮食流通的法规、规章开展例行检查和对收到的举报案件的查处情况，分7项：

（一）粮食收购资格检查，分值4分。评分标准是省级粮食管理部门组织地、县粮食管理部门严格检查辖区内粮食收购者是否取得了粮食收购许可证；对已获得粮食收购许可证的粮食收购者，认真核查其是否符合收购许可资格条件。

（二）粮食收购活动检查，分值5分。评分标准是省级粮食管理部门组织地、县粮食管理部门认真检查辖区内粮食收购者执行国家粮食质量标准、粮食收购者向售粮者支付售粮款、粮食收购者是否违反条例规定代扣、代缴税费和其他款项情况。

（三）粮食流通统计制度执行情况检查，分值5分。评分标准是省级粮食管理部门组织地、县粮食管理部门严格检查辖区内粮食经营者是否建立了粮食经营台账，是否按规定执行粮食流通统计制度。

（四）政策性用粮购销活动检查，分值5分。评分标准是省级粮食管理部门组织地、县粮食管理部门严格检查辖区内从事政策性用粮购销活动的粮食经营者是否执行了有关法律、法规、规章和政策。

（五）粮食质量检查，分值4分。评分标准是省级粮食管理部门组织地、县粮食管理部门积极开展对辖区内粮食收购、销售、储存各个环节的粮食质量检查。

（六）粮食仓储设施及运输工具检查，分值4分。评分标准是省级粮食管理部门组织地、县粮食管理部门认真检查辖区内粮食经营者使用的仓储设施、设备及运输工具，是否符合有关标准和技术规范。

（七）举报案件的查处，分值3分。评分标准是省级粮食管理部门认真查处收到的举报案件，及时妥善处理有关问题。

第六条　专项检查工作，总分25分。主要考核各地按照《粮食库存检查暂行办法》在全国粮食库存检查和国家粮食局统一组织在全国范围内的专项检查工作开展情况。

（一）全国粮食库存检查考核内容4项，分数设定暂按25分，如同时有其他专项考核，分数按比例调整。

1.库存检查工作的组织，分值5分。评分标准是库存检查工作布置及时，方案制定完整详细，与有关部门做好衔接、协调。

2.库存检查自查（或县级普查）和复查，分值8分。评分标准是认真完成自查（或县级普查）和复查工作，自查（或县级普查）范围与统计月报口径一致，复查覆盖面达到相关要求且兼顾代表性。对自查（或县级普查）和复查中发现的问题提出明确整改措施，并督促落实到位。

3.库存检查报告报送时效性，分值4分。评分标准是在规定时间内报送检查报告。

4.库存检查结果真实性，分值8分。评分标准是报告内容完整，数据准确，表格之间钩稽关系正确，对检查结果认真分析，提出有针对性的措施或建议。

（二）其他专项检查的考核内容参照库存检查设定。

第七条　监督检查体系建设，总分10分。主要考核各省（区、市）及辖区内粮食行政管理部门在机构、经费、人员队伍建设方面的工作进展情况，分7项：

（一）省级监督检查机构建设，分值1分。评分标准是省级粮食管理部门已按要求设立了监督检查机构。

（二）地（市）级监督检查机构建设，分值2分。评分标准是已设立监督检查机构的地（市）级粮食管理部门数占地（市）级粮食管理部门总数的比例。

（三）县级监督检查机构建设，分值2分。评分标准是已设立监督检查机构的县级粮食管理部门数占县级粮食管理部门总数的比例。

（四）行政执法队建设，分值1分。评分标准是没有监督检查行政机构的地、县成立执法队的比例。

（五）省级落实监督检查专项经费（包括列入财政专项经费，或纳入财政预算范围，或有开展工作的必要经费），分值1分。评分标准是省级粮食管理部门落实了开展工作需要的专项经费。

（六）地、县级落实监督检查专项经费，分值1分。评分标准是已落实专项经费的地、县级粮食管理部门数占地、县级粮食管理部门总数的比例。

（七）经培训考核取得粮食监督检查证或行政执法证的人数，分值2分。评分标准是省、市、县三级粮食管理部门取得粮食监督检查证或行政执法证的平均人数（即：省、市、县三级粮食管理部门取得粮食监督检查证的总人数除以省、市、县三级粮食管理部门的单位总数）。

第八条　规章制度，总分5分。主要考核各项监督检查规章制度建立和效力情况。评分标准是相应的规章制度建立，内容完善，效力高。

第九条　监督检查培训，总分10分。主要考核各地粮食管理部门对从事监督检查工作人员的培训情况。评分标准是每年参加各级轮训的监督检查执法人员数占监督检查执法人员总数的比例。

第十条　信息报送，总分5分。主要考核各地粮食管理部门及时报送监督检查调查表和有关信息的情况，分3项：

（一）调查表报送时效性，分值1分。评分标准是调查表在规定时间内及时报送。

（二）调查表报送准确性，分值1分。评分标准是调查表数据准确，钩稽关系正确。

（三）信息报送的质量和数量，分值3分。评分标准是信息报送及时，数量多，质量好，被国家粮食局采用数量多。

第十一条　其他，总分15分。主要考核各地粮食管理部门监督检查卷宗、文书的规范建立和管理，各省级粮食管理部门年度工作规划和总结，国家粮食局交办案件办理，以及一些临时性任务的完成情况，分5项：

（一）监督检查执法文书的使用，分值3分。评分标准是监督检查文书使用规范，记录齐全。

（二）监督检查卷宗的建立和管理，分值3分。评分标准是监督检查卷宗的建立和管理规范、齐全。

（三）各省级粮食管理部门年度工作规划和总结，分值3分。评分标准是工作规划和总结详细认真，按时报送。

（四）国家粮食局交办案件办理，分值3分。评分标准是认真查办国家粮食局交办案件，及时反馈查办结果。

（五）其他，分值3分。评分标准是认真完成国家粮食局交办的其他各项任务。

考核标准可参见《全国粮食流通监督检查工作考核标准表》。

第十二条　加分及扣分项目，分值10分。分2项：

（一）加分项目，分值10分。评分标准是创新监管方式和监管制度，自主开展有关专项检查活动并取得良好效果等。

（二）扣分项目，分值10分。评分标准是辖区内发生重大涉粮案件未及时处理造成恶劣影响的、被投诉不作为的、违法办案被追究责任的、行政复议或行政诉讼败诉的、未认真查处上级交办的案件导致重复查办的等。

第十三条　本办法中涉及"以上"的含本数，涉及"以下"的不含本数。

第十四条　本办法所涉及到的内容，已有相关规定的，按相关规定办理；没有相关规定的，按照本办法执行。

第十五条　本办法由国家粮食局监督检查司负责解释。

关于同意内蒙古通辽玉米批发交易市场作为国家粮食局重点联系单位的批复

（国家粮食局 国粮办政〔2008〕188号 2008年10月16日）

内蒙古自治区粮食局：

你局《关于推荐内蒙古通辽玉米批发交易市场加入国家粮食局重点联系市场的请示》（内粮字〔2008〕31号）收悉。现批复如下：

内蒙古是我国玉米的重要产区，每年粮食购销交易量较大，及时收集、整理和发布这些粮油品种价格交易情况，对搞活各地粮食流通，实施市场信息引导，调节粮食市场供求都具有重要参考作用。为进一步健全和完善重点联系批发市场制度，扩大粮食市场信息来源，增加粮食市场信息量，经研究，同意将内蒙古通辽玉米批发市场列为国家粮食局重点联系单位。请你局和内蒙古通辽玉米批发交易市场按照《国家粮食局办公室关于确定重点联系粮食批发市场的通知》（国粮办政〔2001〕273号）有关要求，做好相关工作，并于2008年10月30日前将单位负责人和信息员的姓名、职务、电话传真至国家粮食局政策法规司。

联系电话：010－63906276 63906277

传　　真：010－63906248

电子邮箱：fgs@chinagrain.gov.cn

公告部分

《小麦》国家标准编号和名称

（国家粮食局 2008年第1号 2008年1月4日）

新修订的《小麦》国家标准已由国家质量监督检验检疫总局和国家标准化管理委员会于2008年1月1日批准发布，将于2008年5月1日起正式实施。标准编号和名称为：GB 1351－2008《小麦》。

GB 1351－2008《小麦》为强制性国家标准，小麦收购、储存、加工、销售等粮食经营者及检验机构应严格遵照执行。各地粮食行政管理部门应做好新标准实施前的各项准备工作，国家粮食局将依法对各地执行新标准的情况进行监督检查。

通告部分

2008年度大米、小麦粉加工精度标准样品行业标准

（国家粮食局 国粮通〔2008〕1号 2008年1月4日）

为了配合《大米》、《小麦粉》国家标准的实施，确保大米、小麦粉加工精度检验结果的一致性，现发布2008年度大米、小麦粉加工精度标准样品行业标准。

大米、小麦粉加工精度行业标准样品目录

名称	评定等级或参数	标准编号	代替标准	适用标准
早籼米 加工精度标准样品	特等	LS/T 15121：1－2008	LS/T 15121：1－2007	GB 1354
	标准一等	LS/T 15121：2－2008	LS/T 15121：2－2007	
	标准二等	LS/T 15121：3－2008	LS/T 15121：3－2007	
晚籼米 加工精度标准样品	特等	LS/T 15122：1－2008	LS/T 15122：1－2007	
	标准一等	LS/T 15122：2－2008	LS/T 15122：2－2007	
	标准二等	LS/T 15122：3－2008	LS/T 15122：3－2007	
晚粳米 加工精度标准样品	特等	LS/T 15123：1－2008	LS/T 15123：1－2007	
	标准一等	LS/T 15123：2－2008	LS/T 15123：2－2007	
	标准二等	LS/T 15123：3－2008	LS/T 15123：3－2007	
南方小麦粉 加工精度标准样品	特制一等	LS/T 15111：1－2008	LS/T 15111：1－2007	GB 1355
	特制二等	LS/T 15111：2－2008	LS/T 15111：2－2007	
	标准粉	LS/T 15111：3－2008	LS/T 15111：3－2007	
北方小麦粉 加工精度标准样品	特制一等	LS/T 15112：1－2008	LS/T 15112：1－2007	
	特制二等	LS/T 15112：2－2008	LS/T 15112：2－2007	
	标准粉	LS/T 15112：3－2008	LS/T 15112：3－2007	
注：标准样品有效期限为一年。				

上述标准自2008年4月1日起实施。

特此通告。

小麦硬度指数标准样品行业标准

（国家粮食局 国粮通〔2008〕3号 2008年4月8日）

为配合《小麦》国家标准（GB 1351–2008）和《小麦硬度测定 硬度指数法》国家标准（GB/T 21304–2007）的实施，确保小麦硬度检验结果的一致性，现发布小麦硬度指数标准样品行业标准。

行业标准样品名称：小麦硬度指数标准样品

行业标准样品编号：LS/T 1531.1–2008

硬度指数标准值：64.5

不确定度：1.5

批准日期：2008.3.31

有效期：2008.3.31–2009.3.26

研制单位：无锡粮食机械厂

河南工业大学

江苏省粮油质量检测所

2008年度第一批小麦储存品质品尝评分参考样品行业标准

（国家粮食局 国粮通〔2008〕4号 2008年4月16日）

为配合《小麦储存品质判定规则》国家标准的实施，确保小麦储存品质检验结果的一致性，小麦储存品质品尝评分参考样品已通过专家评审，现发布2008年度第一批小麦储存品质品尝评分参考样品行业标准：

行业标准名称：小麦储存品质品尝评分参考样品

评定参数：馒头品尝评分分值76分

标准编号：LS/T 15211.1-2008

适应标准：GB/T 20571

有效期：2008年7月30日

本标准代替LS/T 15211.3-2007，自2008年4月20日起实施。

发布1项强制性行业标准和2项推荐性行业标准

（国家粮食局 国粮通〔2008〕5号 2008年4月22日）

现发布1项强制性行业标准和2项推荐性行业标准，其编号和名称如下：

强制性行业标准：

LS 1212 – 2008 《储粮化学药剂管理和使用规范》

推荐性行业标准：

LS/T 1211 – 2008 《粮油储藏技术规范》

LS/T 1213 – 2008 《二氧化碳气调储粮技术规程》

上述标准自2008年5月1日起实施。

特此通告。

发布稻谷整精米率标准样品行业标准

（国家粮食局　国粮通〔2008〕6号　2008年6月4日）

为配合《稻谷》国家标准（GB 1350-1999）和《稻谷整精米率检验法》国家标准（GB/T 21719-2008）的实施，确保稻谷整精米率检验结果的一致性，现发布稻谷整精米率标准样品行业标准。

行业标准样品名称：稻谷整精米率标准样品

标准编号：LS/T 15321-2008（籼稻）、LS/T 15322-2008（粳稻）

标准值：籼稻45.8%、粳稻74.6%

不确定度：1.5%

适应标准：GB/T 21719-2008《稻谷整精米率检验法》

有效期：2009年12月

小麦硬度指数标准样品制备技术规范
小麦硬度指数测定仪检定技术规范

（国家粮食局　国粮通〔2008〕7号　2008年8月31日）

现发布2项推荐性行业标准，其编号和名称如下：

LS/T 1214－2008《小麦硬度指数标准样品制备技术规范》

LS/T 1215－2008《小麦硬度指数测定仪检定技术规范》

上述标准自2008年10月1日起实施。

特此通告。

电报部分

关于做好防范雪灾等冬季灾害性天气的通知

（国家粮食局 国粮电〔2008〕2号 2008年1月21日）

各省、自治区、直辖市及新疆生产建设兵团粮食局，中国储备粮管理总公司，中粮集团有限公司，中国华粮物流集团公司：

最近一段时间，我国部分地区发生了比较严重的雪灾，给人民生产生活带来不利影响。为了全面贯彻落实"全国安全生产电视电话会议"精神，在粮食行业深入开展安全生产"隐患治理年"活动，防范雪灾、风灾和火灾可能给粮食企业带来的安全隐患，现就有关事项通知如下：

一　加强检查，切实消除安全生产隐患

受冬季气候条件影响，在冬季比较容易发生雪灾、风灾和火灾等安全生产事故。各地区、各单位要组织地方粮食行政管理部门和下属企业，结合"两节"安全生产工作部署，开展一次全面的安全生产检查工作。本次检查工作的重点是：简易粮仓、铁路罩棚、机械罩棚、各类批发市场以及粮食企业的其他设施的结构是否安全，露天储粮设施的防风、防火措施是否到位，是否已经将安全生产措施纳入粮食烘干方案，烘干机操作人员是否经过专业培训，各类电器及线路是否安全等。对于检查中发现的问题、隐患，检查单位要逐一登记，责成企业立即整改，并落实专人负责跟踪验收。

二　加强管理，切实做好事故防范工作

粮食企业要加强库区、厂区管理，及时清除库区、厂区的杂草杂物，保持库区、厂区的整洁。要加强企业生产管理，严格按规程组织作业。要加强企业应急能力建设，做好人员、物资准备，一旦发生险情，要在第一时间做出反应，消除隐患。在雪、风天气，要加强对露天设施、各类罩棚、临时建筑的监测，及时清除积雪或采取有效的防风措施，防止上述建筑物倒塌。要加强库区、厂区火源管理，要及时掌握库区、厂区周边企事业单位和居民的用火情况，防范外来火灾隐患。节日期间，还要特别关注燃放鞭炮可能带来的火灾隐患。

三　加强值班，切实保障信息畅通

各级粮食行政管理部门和粮食企业要建立节日期间的安全生产值班和领导带班制度，保障信息畅通。一旦发生安全生产事故，各地区、各单位要按照《国家粮食局关于加强粮食行业安全生产工作的指导意见》（国粮展〔2006〕190号）文件的精神，及时向国家粮食局报送有关信息。国家粮食局的安全生产值班电话是：010-63906078。

关于进一步做好雨雪冰冻天气
粮油市场供应工作的紧急通知

（国家粮食局 国粮电〔2008〕5号 2008年2月2日）

各省、自治区、直辖市及新疆生产建设兵团粮食局，中国储备粮管理总公司：

2008年1月中旬以来，我国南方地区出现了罕见的低温、雨雪冰冻等极端天气，给受灾地区人民群众生产生活带来了严重的影响。为贯彻落实国务院第207次常务会议精神，妥善安排好人民生活，进一步做好当前粮油市场供应工作，保持粮油价格基本稳定，现就有关事项通知如下：

一   高度重视，加强领导

这次发生在南方地区的雨雪冰冻等灾害性天气，持续时间长、影响范围大。党中央、国务院领导同志高度重视，多次作出重要指示和批示，召开专门会议安排部署救灾工作，中央领导同志亲赴灾区指挥抗灾救灾。各地粮食行政管理部门一定要提高认识，进一步加大工作力度，采取积极有效措施，把确保粮油市场供应作为当前一项中心工作来抓，明确责任，狠抓落实。受灾地区粮食行政管理部门要加强领导，密切关注粮油市场供应情况，结合本地实际制定详细的应急工作方案，实行24小时值班制度，保证信息畅通。主要领导要深入一线，靠前指挥，一级抓一级，层层抓落实。

二   加强粮油市场监测

目前，贵州省部分市县已经启动粮食应急预案，广西壮族自治区在部分地市也启动了《保证市场粮油供应和抗灾救灾粮食供应工作预案》。各地要进一步加强粮油市场监测，认真分析粮油市场供求形势，随时掌握粮油储备、成品粮油应急储备库存和市场供应情况。必要时要及时启动粮食应急预案。

三   保证粮油市场供应

各地粮食部门要积极做好粮油调运和调配工作，加强货源组织调度，必要时要投放地方储备粮油，确保市场供应不断档、不脱销。贵州、湖南、广西、安徽等受灾较重地区要重点关注灾区、山区和低收入困难群众的粮油供应情况，及早安排落实粮源，保证口粮供应。受2007年下半年粮油价格上涨的滞后效应和灾情等影响，预计2008年上半年主要粮油品种价格仍有较大上涨压力，各地要千方百计帮助粮油加工企业组织好货源，保证充足的大米、面粉、食用油等成品粮油库存。中央储备粮和国家临时存储粮食的跨省移库工作，调出和调入地区要紧密配合，确保调运工作顺利进行。对粮油运输有困难，或当地粮油加工能力不能满足救灾需要的，要及时向当地人民政府和上级主管部门报告，以便协调有关部门妥善解决。重要情况和重大问题要及时向省级人民政府和国家有关部门报告。

| 四 | 继续做好秋粮收购工作 |

　　目前秋粮收购特别是东北地区秋粮收购已进入关键时期，各地粮食行政管理部门要引导各类粮食经营企业积极入市收购，发挥国有粮食企业主渠道作用，积极掌握粮源，为国家宏观调控打好物质基础。东北地区要积极做好最低收购价粳稻、中央储备和国家临时储存玉米的收购工作，认真执行国家粮食收购政策，切实保护好种粮农民利益。各地粮食部门要主动加强与农发行沟通协调，配合农发行做好粮食收购资金供应工作，积极支持具备条件的粮食企业入市收购，保证收购资金需要，确保收购工作顺利进行。

| 五 | 强化市场监管和督查 |

　　各地粮食行政管理部门要按照《粮食流通管理条例》的规定，认真履行粮食市场监管职责。要与有关部门加强沟通协调，密切合作，加强粮油质量卫生检查，严禁将不符合卫生质量标准的粮油投放市场，保证人民群众吃上放心粮油。抗灾救灾粮油必须做到专粮专用，保证受灾群众需要。要进一步加大对粮油加工、批发、零售等重点环节经营行为的监督检查力度，加强对大型粮油批发市场、超市和农贸市场的巡查，督促企业加强自律和承担社会责任，严格执行提价申报制度，坚决打击囤积居奇、哄抬价格等违法行为，维护正常的市场流通秩序。

| 六 | 正确引导社会舆论 |

　　各地要加强与新闻媒体的沟通协调，正确引导社会舆论，坚持正面宣传，准确适度，稳定群众心理预期，为促进粮油市场价格基本稳定创造良好的社会环境。

　　各地粮食行政管理部门要以党的十七大精神为指导，深入贯彻落实科学发展观，在当地党委、人民政府的领导下，明确任务，落实责任，切实做好粮油供应工作。粮食系统广大干部职工要积极响应党中央、国务院号召，积极投入到抗灾救灾工作中，保障粮油市场供应，保持市场价格基本稳定，以夺取抗灾救灾的最后胜利，让人民群众度过一个安定祥和的新春佳节。

关于切实做好受灾地区和缺粮地区粮油市场供应工作的通知

（国家粮食局 国粮电〔2008〕6号 2008年2月18日）

各省、自治区、直辖市及新疆生产建设兵团粮食局：

2008年1月中旬以来，我国南方地区出现了罕见的低温、雨雪和冰冻等极端天气，持续时间长，影响范围广，危害程度深，给灾区工农业生产和人民生活带来了严重影响，部分灾区一度出现粮油市场供应紧张的状况。各级粮食行政管理部门积极组织货源，加强调度，保证了灾区粮油市场供应和价格基本稳定。当前，抗击冰雪灾害正在由应急抢险抗灾转入全面恢复重建阶段。为认真贯彻落实国务院第208次常务会议精神，妥善安排好灾区人民群众生活，切实做好受灾地区和缺粮地区群众的粮油供应工作，帮助农民顺利度过春荒，现就有关事项通知如下：

一　充分认识做好灾区群众粮油供应工作的重要意义

做好灾区群众的粮油供应工作，是深入贯彻落实科学发展观和构建社会主义和谐社会的根本要求，对于灾区恢复生产和灾后重建具有重要意义。各地粮食行政管理部门一定要高度重视，加强领导、强化措施、落实责任，把做好灾区和缺粮地区群众粮油供应工作作为当前的中心任务，以高度的政治责任感和使命感，切实解决好受灾地区粮油供应问题。要重点关注受灾较重地区特别是山区、边远地区和低收入困难群众的粮油供应情况，及早安排落实粮源，确保灾区群众粮油供应，帮助农民度过春荒。

二　积极采取有效措施，保证受灾缺粮地区的粮油市场供应

地方各级粮食行政管理部门要在当地人民政府的统一领导下，进一步加大工作力度，抓紧制定和细化保证灾区粮油供应的具体方案，并认真抓好落实。一是摸清底数。要迅速组织人员深入受灾地区，逐乡逐村逐户进行认真核实和排查，摸清灾区断粮、缺粮、断电等情况，掌握当地粮油库存、加工能力及布局情况底数。二是制定和完善具体工作方案。各地粮食行政管理部门要根据辖区内灾民缺粮、市场供应和粮食库存等情况，制定切实可行的粮油供应工作方案，积极组织筹措粮源，落实加工能力，保障市场供应。目前尚未恢复供电的地区，要主动与电力部门保持联系，及时掌握电力设施修复和恢复供电的日程，确定需要调集供应成品粮的重点地区和时段，及早安排粮食加工和调运计划。同时，可利用柴油发电机、小水电等，就地加工供应。对于有稻谷等原粮的农户，可采取组织大米等成品粮下乡的方式，开展以原粮兑换成品粮的业务。必要时要及时投放地方储备粮油，保证粮油供应不断档、不脱销。三是搞好协调配合。各地粮食部门要加强与民政等有关部门的沟通联系，做好衔接工作，积极配合民政部门做好救灾救济粮的供应工作，确保缺粮人口能吃得上、吃得饱，不断粮、不挨饿。对有自救能力而暂时无钱买粮的农户，可以按照当地政府的要求给予借粮，各级粮食部门要完

善相关手续，明确还粮责任和供粮发生的费用来源。各地要切实抓好灾区粮油供应方案的落实，千方百计做好粮油调配工作，加强货源组织调度，保证粮油市场供应。粮食库存薄弱地区靠自行组织粮源有困难的，要及时向当地政府和上级粮食部门报告，以便及时协调解决。受灾省（区、市）粮食行政管理部门要将灾区缺粮情况及保证粮油供应的具体工作方案，及时报送国家粮食局。

三　进一步做好粮食跨省移库和调运工作，保障受灾缺粮地区粮食市场需要

各地粮食行政管理部门要积极支持和配合当地中储粮分公司做好中央储备粮和国家临时存储粮食的跨省移库工作，进一步加快调粮进度，优先安排落实调往灾区的跨省移库计划，为保障灾区粮油市场供应打好物质基础。各地粮食部门要树立全国"一盘棋"的思想，发扬"一方有难、八方支援"的优良传统，积极帮助灾区粮食部门做好粮油市场供应工作。对灾区需要到产区采购和调运粮油的，各相关地区要给予大力支持，积极落实粮源，妥善安排运输，确保受灾地区粮油供应的需要。

四　进一步完善粮油应急预案，加强粮油市场监测

这次灾情发生后，湖南、广西、贵州等省（区）的部分市县启动了粮食应急预案。各地要结合实际情况，进一步对粮食应急预案进行完善和细化，调整充实粮油应急加工和供应网点，特别要在灾害发生频繁地区、山区、库区和缺粮地区增设必要的网点。同时，要进一步优化地方储备品种结构，按照有关规定切实落实应急成品粮储备，特别是大中城市及缺粮地区，地方储备中必须有一定数量的成品粮油应急储备，包括部分小包装成品粮油，以保证应急需要。各地粮食行政管理部门要继续加强对粮食价格及市场动态的实时监测和预警，随时掌握粮油收购与库存、加工与供应及市场价格等情况。重要情况和重大问题要及时向省级人民政府和国家有关部门报告。

五　加强粮食市场监督检查，维护正常的市场流通秩序

各地粮食行政管理部门要积极与有关部门沟通协调，密切合作，加强粮油质量卫生检查，严禁将不符合卫生质量标准的粮油投放市场，保证人民群众吃上放心粮油。抗灾救灾粮油必须做到专粮专用，保证受灾群众需要。要进一步加大对粮油加工、批发、零售等重点环节经营行为的监督检查力度，加强对大型粮油批发市场、超市和农贸市场的巡查，督促企业加强自律和承担社会责任，严格执行提价申报制度，坚决打击囤积居奇、哄抬价格、合谋涨价、假冒伪劣等违法行为，维护正常的市场流通秩序。

各级粮食部门要以党的十七大精神为指导，按照党中央、国务院关于抢险抗灾和灾后恢复重建工作的总体部署和要求，在当地党委和政府的领导下，切实把保证灾区和缺粮地区粮油供应的各项措施落到实处。要严格落实工作责任制，主要领导要亲自抓，负总责，一级抓一级，层层抓落实。粮食系统广大干部职工要继续发扬不怕疲劳和连续作战的作风，讲政治、讲大局、讲奉献，全力以赴做好灾区粮油市场供应工作，以实际行动迎接全国"两会"的胜利召开。

关于做好抗震救灾
确保灾区粮油供应工作的紧急通知

（国家粮食局 国粮电〔2008〕16号 2008年5月13日）

各省、自治区、直辖市及新疆生产建设兵团粮食局，中国储备粮管理总公司：

2008年5月12日，四川省汶川县发生7.8级强烈地震，造成重大生命财产损失。灾情发生后，党中央、国务院高度重视，立即对抗震救灾工作做出部署，提出了明确要求。为指导各地粮食部门做好抗震救灾工作，确保受灾地区粮油供应和市场稳定，现就有关事项紧急通知如下：

一　加强组织领导，全力做好抗震救灾工作

做好抗震救灾工作是当前的首要任务。灾区各级粮食行政管理部门要紧急行动起来，在当地党委、政府的领导下，把抗震救灾、确保灾区群众和救灾部队粮油供应作为当前粮食工作的重中之重，切实抓紧抓好。要加强组织领导，以高度的政治责任感和使命感，积极投入到抗震救灾第一线去，认真落实抗震救灾的各项具体措施，尽最大努力将地震灾害造成的损失减少到最低程度。

二　采取有效措施，确保受灾地区粮油供应

各地粮食部门要加大工作力度，迅速制定和落实保证灾区粮油供应的具体措施。一是及时投放成品粮油储备。各地粮食部门要加强与民政等有关部门的沟通联系，积极配合民政部门做好救灾救济粮的供应工作。要根据抗震救灾工作需要，及时将地方储备中成品粮油储备投放到抗震救灾第一线，确保受灾群众和救灾军民有饭吃、吃得饱。二是摸清受灾情况，制定工作方案。粮食部门要迅速组织人员深入灾区，摸清灾区粮油库存、加工、供应及市场需求等情况，并制定切实可行的粮油供应工作方案，保证粮油供应。三是组织好粮油加工和投放工作。受灾地区要加强货源组织调度，千方百计做好粮油调配工作，督促粮油加工企业开足马力生产，增加成品粮油市场投放，保证粮油市场供应。要根据实际需要，及时组织地方储备粮油加工，迅速运送到灾区。四是各地粮食部门要树立全国"一盘棋"的思想，发扬"一方有难、八方支援"的优良传统，积极帮助灾区粮食部门做好粮油市场供应工作。对灾区需要到临近地区及产区采购、加工和调运粮油的，各相关地区要给予大力支持，积极落实粮源，及时组织加工，妥善安排运输，确保受灾地区粮油供应的需要。五是中储粮总公司要做好动用中央储备粮油、最低收购价粮及跨省移库粮的各项准备工作，确保在需要时能调得动，用得上，支援地方做好抗震救灾工作。

三　加大工作力度，认真做好军粮供应工作

灾区各级军粮供应部门要全面进入应急状态，及时、安全地把军粮运送到部队抢险救灾第一线。

要迅速恢复受灾的军供设施，确保正常的军粮供应。一时难以恢复的网点，要及时增加临时网点保证供应。要积极创造条件，尽可能为部队供应熟食、热食和方便食品。在做好军粮供应的同时，还要积极做好抗震救灾预备役官兵、抢险救援队、医疗队等相关人员的粮油供应。积极为跨区抢险救灾部队提供及时的粮油供应，对没带购粮卡、证的，要特事特办，在查询基本资讯的情况下，要优先确保供应，之后再按规定办理结算。

四　及时排除隐患，切实保障库存粮食安全

灾区要组织粮食企业及时排除安全隐患，保证安全生产，确保储粮安全。一是要随时观察受损仓房的沉降和裂缝变化情况，加强储油油罐、输油管道、阀门的检查，防止事故损失扩大。处于灾区的浅圆仓、立筒仓，在启动进出仓作业线前，必须组织检修，确保安全。二是要做好受损仓房内粮食的保护工作，避免粮食损失。在确保安全的前提下，要及时将受灾粮食转移到安全仓房和安全地带。组织受损仓房粮食出仓前，必须制定切实可行的工作方案，防止在出仓过程中出现仓房倒塌事故。对地震可能导致屋面防水、地面防潮等隐性损伤的，要密切关注库存粮食粮情变化趋势，加大粮情监测频率。对发现粮食温度变化的，要及时采取措施，保证库存粮食安全。三是要做好安全保卫工作，特别是对地震导致粮库围墙等大面积倒塌的，要防止储粮化学药剂丢失等事故的发生。四是要密切跟踪粮食企业周边环境变化，防止泥石流、山体滑坡、水库垮坝等次生灾害给粮食企业造成新的损失。

五　加强市场监测，适时启动粮油应急预案

各地粮食行政管理部门要继续加强对粮食价格及市场动态的实时监测和预警，随时掌握粮油收购与库存、加工与供应及市场价格等情况，并根据实际情况做好粮食应急预案的启动工作。要及时与粮油应急加工和供应网点保持联系，做好应急成品粮油的加工和供应工作。抗灾期间，各地粮食部门要保证信息畅通，承担应急和保供工作任务的同志要24小时开机，及时上报抗灾救灾工作进展情况和各项救灾措施落实情况。要规范信息披露工作，正确引导社会舆论。

六　加强市场监管，确保灾区粮油市场秩序的稳定

各地粮食行政管理部门要积极与有关部门沟通协调，密切合作，加强粮油质量卫生检查，严禁将不符合卫生质量标准的粮油投放市场，保证人民群众吃上放心粮油。抗震救灾粮油必须做到专粮专用，保证受灾群众需要。要加强对粮食市场的监管，加大对粮油加工、批发、零售等重点环节经营行为的监督检查力度，加强对粮油批发市场、超市和农贸市场的巡查，督促企业加强自律和承担社会责任，坚决打击囤积居奇、哄抬价格、合谋涨价、假冒伪劣等违法行为，确保灾区粮油市场秩序的稳定。

各地粮食部门要以党的十七大精神为指导，按照党中央、国务院关于抗震救灾工作的总体部署和要求，在当地党委和政府的领导下，切实把保证灾区粮油供应的各项措施落到实处。要严格落实工作责任制，主要领导要亲自抓，负总责，一级抓一级，层层抓落实。粮食系统广大干部职工要讲政治、讲大局、讲奉献，坚持人民利益高于一切，要迎难而上，全力以赴做好灾区粮油市场供应工作，为夺取抗震救灾全面胜利作出贡献。重要情况和重大问题要及时向省级人民政府和国家有关部门报告。

与粮食有关的其他部门文件

关于进一步加强粮食收购贷款管理的通知

（中国农业发展银行 农发银发〔2008〕4号 2008年1月3日）

各省、自治区、直辖市分行，总行营业部：

为贯彻落实2007年总行第73次行办会议精神。总结汲取内蒙古自治区乌兰察布市分行和辽宁省丹东市宽甸县支行粮食收购贷款被挤占挪用形成风险的深刻教训，切实加强粮食收购贷款封闭管理，确保粮食收购资金有效供应，现就粮食收购贷款发放和管理有关问题通知如下：

一　严格执行粮食收购贷款办法

粮食收购贷款是专项用于企业从粮食收购市场直接收购粮食所需资金的贷款，必须坚持专款专用的原则和有效落实风险防范措施。各行要严格按照《中国农业发展银行粮食收购贷款办法》规定的用途使用资金，不得挪作他用，严禁假借异地收购、委托收购和联营收购之名、违规发放粮食收购贷款；严禁粮食收购贷款用于贷款企业从批发市场和其他企业调入粮食的资金需要；严禁粮食收购贷款不按购销贷款还的要求由贷款企业周转使用。各行贷款发放前要严格审查企业自有资金和粮食风险准备金来源的真实性和可靠性。决不允许变相使用农发行贷款转作企业粮食收购的自有资金和风险准备金。粮食企业风险准备金比例要适当。但要根据市场粮价的变化实行浮动管理，对粮食市场价格风险较大的企业，要相应提高风险准备金的比例。

二　决不放松收购资金封闭管理

对收购资金实行封闭管理是农发行经过十几年努力创造和总结的成功管理经验。是被实践证明符合农发行业务特点的管理办法。各行必须始终不渝地坚持落实封闭管理的各项制度措施，在任何时候、任何情况下，绝不能放松对收购资金的封闭管理。一要严格粮食收购贷款专户管理。粮食收购贷款实行专户管理，是确保粮食收购贷款封闭运行的重要环节。为此，总行重申：粮食收购贷款发放和使用必须在农发行收购资金存款账户中核算。凡承借粮食收购贷款的企业，必须在贷款行开设收购资金存款账户，发放的粮食收购贷款首先进入收购资金存款账户；到异地设点收购或异地储存收购的，还应同时在收购地和储存地农发行开设收购资金存款账户；对委托收购的，受托企业也需在属地农发行开设收购资金存款账户。企业到异地设点收购或受托企业使用的粮食收购贷款，一律由贷款行通过农发行系统内收购资金存款账户之间转账划汇。二要严格审查企业签订的粮食购销合同。购销双方签订的购销合同必须真实有效，要件齐全。合规合法，严防企业利用假合同骗取贷款。三要按收购进度发放贷款。粮食收购要首先使用自有资金，然后使用农发行贷款。收购期间，客户经理要及时核查入库粮食的数量和价格、核实收购凭证，按照粮食入库进度发放贷款。严禁将审批的贷款额度一次性或集中发放。企业收购粮食所需现金，要经客户部门负责人审核签字后从收购资金存款账户支取。对异地收购或委托收购，收购资金需划转到其他农发行的，应由主管行长审批同意后交会计部门办理。会计部门对收购资金存款账户的资金划汇、支取等使用情况要按规定严格把关，切实履行柜台监督责任。四要强化库存监督。收购结束后，开户行必须组织一次全面的库存核查，及时收回企业结余货币资金，并提前收回无库存对应的贷款。客户经理必须坚持定期查库制度，全面掌握库存变化情况，认真做好查库记录。发现库存不实问题要及时纠正解决，并向上级行报告。地市级分行要按规定组织开展交叉查库。五要及时收回贷款。客户经理必须跟踪、监督企业粮食销售、出库情况，异地储存粮食销售时，企业必须向贷款行和受托行同时通报。粮食销售货款要全额回笼到贷款行。粮食销售必须坚持钱货两清的原则，只要粮食出库，就要收回贷款。对签订了购销合同，合同到期购货方不能履约的，贷款行要督促贷款企业首先用合同定金归还贷款。购销双方同在农发行开户的，要在农发行系统内实行此增彼减的结算方式。六要加大对粮食收购贷款大户的监管。对收购贷款余额较大的贷款客户，省级分行要重点监督管理，逐企业按月掌握粮食库存和贷款占用情况，对收购贷款余额2亿元以上的企业，按月向总行上报企业经营和贷款使用情况。

三　切实加强异地粮食收购的贷款管理

为切实防止企业利用异地收购挤占挪用粮食收购贷款，各行要从严控制粮食收购贷款用于异地收购，切实加强异地收购粮食各环节的贷款管理。一是进一步明确粮食收购贷款异地收购政策。粮食收购贷款的异地收购只限于农业产业化龙头企业、粮食加工企业自身加工转化用粮的异地收购粮食资金需要。为解决农民"卖粮难"问题，有计划地组织大型粮食贸易企业开展异地收购粮食业务，须经省级分行批准，报总行备案。除此之外，对一般粮食购销企业原则上不发放粮食收购贷款用于异地收购。二是严格贷款审批。使用粮食收购贷款开展异地收购业务的企业，收购贷款资格认定由省级分行确认，所需粮食收购贷款，一律由省级分行审批。三是对跨省收购粮食要一律上报总行，实行总行备案制。具体操作程序是：省级分行对跨省收购的粮食收购贷款审批后，由省级分行客户部门将贷款审批情况上报总行客户部门，待总行客户部门与有关省级分行核实回复后，方可发放贷款。四是加强委托监管。对发放粮食收购贷款异地收购粮食的，委托行（即贷款行，下同）、委托企业、受托行（即监管行，下同）和受托企业必须签订四方监管协议。为了进一步明确委托行和受托行的责权利关系，总行决定，异地粮食收购贷款的利差收入按7:3的比例分配。即按系统内借款利率标准扣除后的利差收入，30%划汇给受托行（按实际监管时间计算）。利差收入分配比例必须写入四方监管协议。受托行要按照协议规定，将监管责任落到实处，切实强化管理。因监管不力造成的贷款损失，将追究受托行的责任。

四　鼓励大型用粮企业通过产销衔接到产区委托收购粮食

为促进全国粮食大市场、大流通的形成，减少交易成本，稳定市场粮价，保障农民增产增收，各行要充分发挥农发行系统优势,为粮食产销衔接提供良好的金融服务,优先支持农业产业化龙头企业、粮食加工企业等用粮企业,通过购销合同方式到产区委托粮食经营企业收购粮食。为防止产销衔接发放的粮食收购贷款出现信用风险,用粮企业必须提前向粮食收购企业支付不低于合同金额10%的合同定金,合同定金不能占用农发行贷款,并存入粮食收购企业在农发行的存款账户。用粮企业要具有承借农发行商业性短期借款的条件,有与调入粮食所需资金相匹配的自有资金或可用的银行授信额度。粮食主产省在审批跨省粮食企业产销衔接贷款时,要及时上报总行备案,由总行负责协调用粮企业所在省分行核实合同定金的真实性,以及用粮企业的资信状况和履约能力等情况。对省内产销衔接的,由省级分行全面掌握用粮企业和收粮企业情况,确保产销双方农发行信息沟通及时、全面和真实。

五 加强粮食收购贷款基础管理

各行要继续坚持收购资金贷款台账管理制度,进一步夯实粮食收购贷款管理的基础工作。基层行客户经理必须在完成库存检查的前提下,依据企业真实的库存数量、库存价值及时准确登记库存台账。确保台账反映的粮食库存数量真实、质量完好和账实相符。对异地收购的,受托行必须通过农发行Notes系统或其他信息传递方式,每旬向委托行通报粮食收购进度、现金支付进度和粮食库存变化情况,由委托行登录CM2006系统和台账。受托行设立辅助台账和有关辅助报表监督反映。同时,各行还要按照总行的规定,做好粮食收购各项统计监测工作。及时准确上报各类统计监测报表,真实反映粮食购销调存和贷款发放与收回情况。对粮食收购库存和贷款挤占挪用重大问题,必须在3个工作日内上报总行。

各行执行中遇到问题,要及时向总行反馈。

关于印发《中国农业发展银行粮食收购资金贷款封闭运行管理办法》的通知

（中国农业发展银行 农发银发〔2008〕79号 2008年4月2日）

各省、自治区、直辖市分行，总行营业部：

为贯彻落实全国分行行长会议精神，加强粮食收购资金贷款管理，进一步完善粮食收购资金贷款封闭运行管理措施，现将《中国农业发展银行粮食收购资金贷款封闭运行管理办法》（以下简称《办法》）印发给你们，请各行认真学习，准确把握，结合实际贯彻执行。现就贯彻落实《办法》有关问题通知如下：

一 充分认识粮食收购资金封闭运行管理的重要意义

收购资金封闭运行管理是中国农业发展银行（以下简称农发行）经过长期努力探索和总结的成功管理经验，是被实践证明符合农发行业务特点的管理办法。粮食市场放开后，实行收购资金封闭运行管理依然是农发行贯彻落实国家粮食宏观调控政策、履行政策性银行职责的重要途径，是促进企业理性经营、有效防控信贷风险的管理手段。各行必须始终不渝地坚持落实封闭运行管理的各项制度措施，在任何时候、任何情况下，不仅不能放松对收购资金的封闭运行管理，还要适应新形势，充分考虑企业经营管理特点和需要，不断完善封闭运行管理手段，发挥农发行系统优势，不断增强封闭运行管理的渗透力。

二 严格落实封闭运行管理要求、规范操作

坚持贷款封闭运行管理，核心是盯住借款人第一还款来源，即监督粮食库存的增减变化，做到"钱随粮走、购贷销还、专款专用、库贷挂钩、封闭运行"。在实际操作中，应按照《办法》要求规范操作，狠抓贷款发放、库存监管和收贷收息三个关键环节管理，对贷款实施全程监控，确保粮食收购资金贷款专款专用，实现贷款本息按期足额收回。

三 明确封闭运行管理适用范围

封闭运行管理作为收购资金贷款贷后管理的有效手段，政策性贷款、准政策性贷款必须严格实行封闭运行管理；对从事粮食流转以及原粮初加工、产品结构简单、生产周期明显用粮企业，对其发放用于粮食购入的短期流动资金贷款，也应按封闭运行管理要求实施贷后管理。

此件有关省级分行须转发至县级支行，并抓紧贯彻落实。

中国农业发展银行粮食收购资金贷款封闭运行管理办法

一、总　则

第一条　为进一步加强粮食收购资金贷款管理，保障信贷资产安全，依据中国农业发展银行（以下简称"农发行"）信贷基本制度、贷款基本操作流程，制定本办法。

第二条　本办法所指粮食收购资金贷款包括中央储备粮贷款（含轮换贷款）、地方储备粮贷款（含轮换贷款）、粮食调控贷款和粮食收购贷款。

第三条　本办法所称封闭运行管理，是指农发行按照购贷销还、库贷挂钩的方式，对贷款从发放到收回全过程的监督和控制。封闭运行管理的核心是盯住贷款企业（以下简称"借款人"）第一还款来源；基本要求是钱随粮走、购贷销还、专款专用、库贷挂钩、封闭运行；关键是抓住贷款发放、贷款使用和收贷收息三个环节，监督粮食库存的增减变化，确保贷款本息及时足额收回。

第四条　本办法适用于政策性、准政策性贷款的管理。对借款人从事粮食调销等发放的粮食流转贷款，对从事原粮初加工、产品结构简单、生产周期明显的用粮企业发放的用于购入粮食的短期流动资金贷款，参照本办法实施管理。

二、封闭运行的保障措施

第五条　实行粮食收购资金贷款专户管理。获准使用粮食收购资金贷款的借款人，必须在农发行开立粮食收购资金存款账户（亦称"专户"，下同）。粮食收购资金贷款发放后应全额进入收购资金存款账户核算，通过专户支取和汇划。借款人需将粮食收购资金贷款汇划到异地收购粮食的，应在收购地农发行开立收购资金存款账户；借款人委托其他企业（以下简称"受托企业"）收购粮食的，受托企业应在属地农发行开立收购资金存款账户，比照借款人收购资金存款账户管理；粮食收购资金贷款必须在农发行的收购资金存款账户之间汇划。

第六条　核实自有资金或风险准备金。对采取信用贷款方式的准政策性粮食收购贷款，原则上要求借款人有一定比例自有资金参与收购或一定比例风险准备金。

（一）参与粮食收购的自有资金应是借款人的权益性资金，具体比例由省级分行确定。借款人收购粮食原则上应先使用自有资金，后使用农发行贷款。

（二）企业风险准备金原则上应为借款人的非债务性资金，不包括借款人的预收货款、职工集资款、金融机构借款和其他借款及购货方的合同定金。企业风险准备金比例由省级分行根据实际情况具体确定，存入农发行的企业风险准备金存款账户，并根据市场粮食价格的波动状况实行浮动管理，对粮食市场价格风险较大的企业，相应提高风险准备金的比例。

第七条　明确借贷双方封闭运行管理责任。开户行应在借款合同中补充明确封闭运行管理的相关条款，包括贷款使用报账、定期核查粮食库存、粮食出库通报等有关要求，借款人应接受并配合贷款封闭运行管理。

第八条　加强异地粮食收购信贷管理。异地收购是指借款人跨省（自治区、直辖市）、跨地市

（州、区）收购粮食。

（一）信贷协管。对异地粮食收购，原则上贷款行（委托行）应委托收购存储地行（受托行，下同）协同管理，由贷款行牵头与借款人、受托行（异地委托收购还应与受托企业）签订信贷协管协议，明确责权利关系，加强管理。协管协议可在《中国农业发展银行异地收购粮食信贷协管委托代理协议》基础上，由贷款行和受托行协商制定。对借款人在异地租库自行收购，且所租企业与当地农发行无贷款关系，贷款行又有条件实行信贷直管的，可派客户经理驻库管理。

（二）异地收购备案。对借款人省内跨地市收购粮食的，贷款应由省级分行审批，或由地市级分行向省级分行备案；借款人跨省收购粮食的，贷款应由省级分行审批，贷款前由省级分行向总行备案。实行统贷统还的集团客户，其子公司在异地自行收购的，按集团客户管理规定执行。

三、贷款使用管理

第九条　收购资金支取。借款人（或受托企业）用款前，应向开户行报送书面用款计划，一般情况下现金计划应按5至7天的正常需要量编制，并在用款前3天送达开户行。客户经理应审查借款人报送的用款计划和现金计划，确认资金支取额度的合理性，填制《粮食收购资金专户资金支付通知单》，报经客户部主管签批后，交财务会计部门办理相关信贷资金支付手续。借款人将贷款汇划异地收购的，需经贷款行行长或主管行长审批，汇划到受托企业（或借款人）在异地农发行开设的收购资金存款账户。会计部门对收购资金存款账户的资金汇划、支取等实施柜台监督。

第十条　贷款使用报账制。客户经理应核实借款人（或受托企业）粮食收购的原始凭证，核对粮食实际收购的数量、价值与结算的数量、价值是否相符，根据核对结果登记相关台账。对异地收购的，受托行应将核对结果及时书面通报贷款行。经核实的粮食收购资金使用情况是开户行发放后续贷款的依据。

对借款人依据市场行情自主收购，贷款行还应根据当地粮食市场价格、收购形势，借款人自有资金或风险准备金到位及使用进度等情况，判断借款人是否理性收购，把握后续贷款发放。

第十一条　结余资金归行管理。一个收购季节或企业一项收购业务结束后，客户经理应将借款人在农发行专户的存款、库存现金和资金使用与贷款额进行核对，在10个工作日内将结余资金收回贷款。受托行应在业务结束后10个工作日内，收回受托企业或异地收购点的结余货币资金，并汇划到贷款行收购资金存款账户，由贷款行收回贷款。

四、库存管理

第十二条　实行粮食收购入库核查制度。粮食收购入库后，客户经理应及时登记信贷管理台账，并与企业会计账和库存保管账进行核对，确保银企粮食库存数量相符。一个收购季节结束或企业一项粮食收购业务完成后，开户行应对所辖企业粮食库存组织一次全面核查。

第十三条　实行粮食库存定期核查制度。贷款行应将借款人所有权属的全部粮食库存纳入核查范围，掌握借款人库存粮食的品种、数量、质量、成本及变化情况。客户经理应定期以企业的会计、统计账务和农发行的台账等数据为依据，与实际粮食库存进行核对，确保银企账账相符、企业账实相符。二级分行至少每半年组织一次粮食库存核查；省级分行至少每年组织一次粮食库存核查；总行根据需要对粮食库存组织重点检查。省级以下（含省级分行）分支行定期查库时间由省级分行根据实际情况确定。

第十四条　粮食异地存储库存的管理。凡借款人使用粮食收购资金贷款收购的粮食存储不在开户行所辖区域内的，都必须要落实粮食异地存储管理措施。跨县市的粮食异地存储由二级分行落实库存管理措施。跨地市和跨省（自治区、直辖市）异地存储的粮食，存储企业属于集团公司子公司的，可以由集团公司总部所在行直管，也可委托子公司所在地行协管；属于存储地开户行的贷款企业，必须要委托存储地的开户行进行协管，并签订《中国农业发展银行异地收购粮食信贷协管委托代理协议》。异地存储粮食的库存进行核查时，必须通知受托行，与之同时进行库存核查。库存核查结果必须经过受托行及其负责人盖章签字后才能确认。

第十五条　粮食收购加工一体化企业库存的管理。对收购加工一体化的粮食加工企业和农业产业化龙头企业，库存管理应由原粮延伸到成品粮。客户经理可根据实际情况对企业库存在产品、产成品、副产品建立相关辅助台账，定期核查原材料、在产品、产成品、副产品的实际库存数量及价值，与企业的会计、统计账务和农发行的台账等核对，确保账实相符。

五、贷款收回管理

第十六条　粮食销售出库通报制。借款人销售及调出库存粮食应及时向开户行通报，具体通报方式、方法由当地分支行结合实际情况确定。通报的内容应包括品种、数量、仓号、价格、销售对象及结算方式。

委托存储粮食销售出库时，借款人应同时向贷款行和受托行提交出库报告，受托行应监督企业粮食出库，必要时贷款行可直接派人监督粮食出库情况。

对农业产业化龙头企业和粮食加工企业，要加强原粮出库、加工、产成品销售等生产全过程的监督，并根据企业的生产经营周期，监督收回相应库存占用贷款本息。

第十七条　监督销售货款结算。粮食销售应坚持"钱货两清"原则，客户经理应根据企业出库粮食的货款结算方式，实施相应的监督措施。

对购销双方采取定期结算方式的，要核查结算的货款是否与当期出库的全部粮食销售收入一致；对采取分批次结算的，要核查本批次结算货款是否与销售收入相符；对实行粮食收购加工一体化经营的，还应监督粮食产成品、副产品的销售结算情况。

第十八条　监督销售货款回笼。借款人粮食销售出库后，客户经理应根据企业出库进度、结算方式等，监督销售货款全额回笼至借款人基本存款账户，借款人未在农发行开立基本存款账户的，应回笼至在农发行开立的一般存款账户。对货款未按期回笼的，应查明原因，督促借款人采取措施清收。

第十九条　按时收回贷款本息。借款人销售货款回笼后，贷款行应及时收回已出库粮食占用的收购贷款本金及利息，剩余部分由贷款行与借款人协商，在收回部分其他不合理贷款及欠息后由借款人自主支配。

（一）借款人自主收购的粮食应及时销售，按期归还贷款本息。借款人粮食尚未销售，不能按期归还贷款的，贷款行应监督借款人首先用风险准备金归还贷款，并采取促销措施销售粮食，销售货款及时归还贷款。对确属市场原因贷款到期不能归还的，可按相关办法规定办理贷款展期。

（二）借款人销售货款不能全部偿还应还贷款的，贷款行应及时采取风险补偿措施，从借款人风险准备金或处置抵押（质押）物收回，属于保证担保的贷款，应及时向保证人追偿。

六、信息反馈

第二十条　信息登记。客户经理应按规定采集有关信息，根据贷款发放、使用、收回情况，以及库存管理情况，及时登记信贷管理台账，准确反映粮食收购、库存及贷款增减变化情况。

第二十一条　挤占挪用报告制度。对借款人发生的粮食库存亏库、短库问题，客户经理应及时向本行领导报告，立即采取措施进行纠正，防止贷款损失。粮食收购贷款被挤占挪用的，有关分支行应在3个工作日内逐级报告至总行，同时向当地银监局、人民银行、当地政府等有关部门反映，积极采取措施收回贷款。

七、附　则

第二十二条　本办法自印发之日起施行，由总行负责解释、修订。

第二十三条　中央储备粮贷款、地方储备粮贷款和粮食调控贷款的贷款管理，国家及总行另有规定及要求的，按相关规定要求执行。

第二十四条　油脂、油料的政策性及准政策性贷款参照本办法执行。

关于抓好企业自主收购粮食促销收贷工作的通知

（中国农业发展银行 农发银函〔2008〕145号 2008年5月14日）

各省、自治区、直辖市分行，总行营业部：

当前，2007年秋粮跨年度收购工作基本结束，各级行要及时将粮油信贷工作的重点转向促销收贷上来，抓住新的年度粮食收购旺季开始前、粮食价格稳中趋升的有利时机，积极督促和帮助企业销售库存粮食，及时收回贷款本息，同时为新粮收购腾仓备库。现就有关要求通知如下：

一　认清形势，高度重视企业自主收购粮食促销收贷工作

自年初以来，各级行认真落实全国分行行长会议精神，促销收贷收息工作总体顺利。但面临的形势不容乐观，一是地区进展不平衡，少数地方2006年度以前收购的粮食库存和贷款本息仍未结清，其中：2004、2005年度企业自主收购的小麦库存主要集中在陕西（0.7亿斤）、甘肃（0.46亿斤）；2005年度企业自主收购的玉米还有山西（0.59亿斤）尚未销售；2006年度企业自主收购的小麦购销比93%、玉米购销比94%。二是2007年度企业自主收购粮食的销售进展缓慢。非预案区购销企业收购2007年度小麦销售进展缓慢，购销比仅为55%，其中：甘肃、山西分别为23%和48%；东北三省和内蒙古自治区购销企业收购2007年度玉米销售刚刚启动。三是企业自主收购粮食库存总量较大，销售任务十分艰巨。截至2008年3月末，我行企业自主收购粮食库存1532亿斤，其中：小麦269亿斤、稻谷363亿斤、玉米900亿斤。

各级行必须清醒地认识到，支持粮食收购仅是收购信贷工作的一个环节，更为重要的是库存粮食的促销和收贷收息工作，只有库存粮食销售和贷款本息结清，收购贷款才真正实现了封闭运行。当前，国家对粮食市场的调控力度不断加大，粮价总体水平虽有所提高，但受稳定物价总体水平宏观调控目标的支配，今年粮食价格大涨大跌的可能性不大。因此，企业存粮获利的空间有限，特别是粮食购销企业存粮时间越长，经营成本越高，如不及时销售，我行粮食贷款风险就会加大。各级行要帮助企业准确把握市场，克服盲目"赌后市"思想，认真抓好粮食的促销收贷工作，有效防控贷款风险。

二　采取有效措施，积极督促和组织企业有序销售

各级行要结合实际，发挥我行整体优势，组织企业抓住有利时机有序销售、均衡销售，争取在同品种新粮上市前收回粮食贷款本息。一是督促粮食购销企业按计划销售。要督促企业制定粮食销售计划，逐企业监督库存粮食的销售计划执行情况。对已签订购销合同的，要督促企业按期履约，购销双方均在我行开户的，双方开户行应加强联系沟通，贷款实行此增彼减，或开立承兑汇票，促进企业粮食销售。销售缓慢的要逐企业分析原因，对问题突出的重点企业和地区要加强督导。二是积极支持产销衔接。产区行要积极主动与销区行联系，为企业提供相关购销信息和客户资源；销区行要及时了解和掌握粮食加工转化企业需求信息和资信状况，引导企业到产区农发行开户购销企业购入粮食。对销

区企业5月31日前到东北三省采购粳稻（大米），中央财政给予运费补贴的，要积极发放相应的粮食跨省调销贷款，促进东北粳稻销售。三是积极促进粮食购销企业与储备企业对接。配合国家粮食宏观调控政策的实施，借助储备粮增储和轮换机制，各级行要大力支持储备企业从产区粮食购销企业购入粮食，扩大粮食销售。

三　发挥好粮食流转贷款功能，促进粮食地区间、企业间流通

为促进粮食地区间、企业间流通，促进粮食产业链之间的顺畅衔接，各级行要积极发放粮食流转贷款，支持用粮企业从购销企业调入粮食。一是对其备条件的农业产业化龙头企业和粮食加工转化企业从我行开户的粮食购销企业购进粮食，双方签订合法有效购销合同，在采取了一定的风险保障措施后，即可采用信用贷款方式发放粮食流转贷款。二是对用粮企业仅使用粮食流转贷款品种或粮食收购贷款和粮食流转贷款两个贷款品种的，应将贷款审批权限转授给二级分行。三是对农业产业化龙头企业和粮食加工转化企业从粮食购销企业一个批次或单笔购销合同约定调入粮食，所需粮食流转贷款超过其最高综合授信额度的，可及时申请并核批追加特别授信。

四　强化封闭运行管理，全力抓好收贷收息工作

各级行要对粮食收购贷款实行严格的封闭管理，有效防控贷款风险。一是监督企业销售货款结算及回笼。各级行要切实加强粮食销售结算资金监管，逐笔分析、摸清去向，督促企业将粮食销售货款及时回笼到开户农发行相关账户，防止企业虚假销售挤占挪用收购资金。二是回笼销售货款及时收贷收息，严格按先贷款本息、后企业财务资金的顺序进行处理，不得人为滞留。对企业粮食销售货款，不能足额收回贷款本息的，应按借款合同约定动用风险准备金归还。按规定严格审查办理粮食收购贷款展期。三是对确因市场因素形成价差损失的，要按规定登记台账和进入相应科目正确反映，通过风险准备金及时收回相应的贷款本息；暂时不能偿还的，要督促企业落实价差占用贷款本息归还来源。四是将企业自主经营粮食情况与新贷款发放工作相结合，对按期归还贷款本息的企业，优先给予贷款支持；对企业自主收购粮食库存积压严重，贷款无法按期收回的，新年度的粮食收购贷款要适当限制。五是发现粮食收购贷款被挤占挪用的，有关分支机构应及时报告，积极采取措施收回贷款。

关于做好今年油菜籽收购信贷工作的通知

（中国农业发展银行 农发银函〔2008〕147号 2008年5月20日）

各省、自治区、直辖市分行，总行营业部：

今年油菜籽上市在即。为贯彻落实全国分行行长会议精神，准确把握当前油菜籽市场形势，认真做好油菜籽收购信贷工作，切实防控信贷风险，现将有关要求通知如下：

一　密切关注油菜籽市场形势，把防控风险放在突出位置

油菜籽是今年率先上市的粮油品种。据有关方面分析，今年油菜生产形势整体良好，种植面积大幅增加，尽管因冰雪冻害而单产略降，但总产量同比基本持平，部分省区产量略有增加。油菜籽是我行信贷支持收购的大宗油料品种，对于落实好国家关于促进油料生产发展的政策措施，促进我国油料生产和市场稳定，切实保护农民利益，具有重大意义。同时，各行要清醒地认识到，油菜籽收购虽具有较强的政策性，但与粮棉收购相比有其自身的特殊性：一是油菜籽的市场化程度更高，大多数地区国有粮食购销企业基本退出油菜籽收购市场，加工企业和产业化龙头企业占主要份额。加之油菜籽加工能力明显过剩，而油菜籽资源相对有限，在加工效益看好的形势下，油菜籽收购市场竞争将更趋激烈，预计今年油菜籽开秤收购价将明显高于往年。二是各品种油脂之间的可替代性强，油脂与饼粕等副产品供求的关联度加大，其他品种油脂生产供求状况以及饲料市场的波动，对油菜籽收购及加工的影响越来越大。三是国内、国际油脂市场高度联动，我国植物油消费的2/3依赖进口，少数跨国油脂企业已大举进入国内，在油料市场定价中作用日趋明显。上述各种因素相互作用，使得今年油菜籽市场形势更加复杂，市场波动难以把握。因此，做好油菜籽信贷工作，应当将风险防控放在更加重要的位置。各行既要认识到支持油菜籽收购的准政策性，更要认识到油菜籽市场的特殊性；既要深入分析油菜籽和菜油的市场状况，更要关注宏观经济形势和整个油料油脂市场走势；既要落实好总行粮油信贷政策的一般要求，更要从当地实际出发，创造性地开展工作，严格防控风险。

二　因企制宜，择优扶持，认真做好油菜籽收购信贷各环节工作

各行要严格按照总行《关于做好支持今年粮食收购准备工作的通知》（农发银发〔2008〕75号）文件要求，把油菜籽收购信贷各项工作做实做细。

一是切实把好贷款准入关。优先支持有一定加工规模、市场份额和较强风险承受能力的油脂加工企业和产业化龙头企业入市收购。各行要根据油菜籽市场走势及竞争状况，切实把好准入关，可实行择机分期、分批核批贷款的办法，从源头上控制好我行信贷支持节奏。同时要重视舆论宣传和沟通协调，收购贷款资格确认后，及时向社会公告，与政府有关部门沟通汇报。

二是合理核定收购贷款额度。油菜籽收购贷款额度核定要坚持适时、适度原则。除了根据企业近几年平均收购、加工量和当前收购价格测算资金需求外，对在多家金融机构融资、特别是基本存款账

户不在我行的企业，要格外关注，在综合考虑和掌握企业其他资金来源、落实好自有资金的基础上，核定合理的贷款额度，予以适度支持，不搞"垒大户"和寻求独家贷款。鉴于我国油料加工产能过剩严重，各行要严格控制扩大大宗油料加工能力的中长期贷款投放。对市场前景好、地方优势突出的特种油料加工的中长期资金需求，可以适当支持。

三是把握好放款节奏，促进企业理性收购。各行要密切关注市场变化，按市场定价、企业自主的原则，支持企业理性收购，不设收购价格上限。收购价格明显偏高、信贷风险缺乏保障时，应加强与企业沟通，适时控制贷款发放节奏，同时根据不同的价格水平，因企制宜规定浮动的风险准备金比率和自有资金比率。严防企业利用我行信贷资金，哄抬价格，盲目抢购，放大信贷风险。对同属我行支持的开户企业之间的竞争性收购，相关开户行要加强沟通，切实把握好贷款投放。

四是选择适当贷款方式。对优先或重点支持的企业，在企业有效资产应抵尽抵后，可发放信用贷款，支持企业抓住商机适时收购。

五是强化贷后管理。要根据企业油菜籽加工经营周期从严掌握贷款期限。对使用收购贷款的企业，严格实行购贷销还。积极支持企业快购快销。对加工企业和产业化龙头企业，要根据其生产经营的特点，制定落实有效的库存核查和贷后管理措施，督促企业及时销售，跟踪货款流向，及时收贷收息。密切关注企业从事期货套期保值和投机交易行为，严禁企业挪用我行收购信贷资金从事期货交易。

三　加强市场监测与分析，强化客户服务

一是加强价格监测。各油菜籽主产省（江苏、浙江、安徽、江西、河南、湖北、湖南、重庆、四川、贵州）要根据总行要求，认真做好对本省重点企业的油菜籽收购价、四级菜油出厂价和菜粕销售价的监测工作，通过全国粮油价格信息系统及时上报。总行对有关信息汇总分析后及时反馈各行。

二是因企制宜，灵活使用贷款品种。各行要根据不同企业的生产经营和资金运行特点，结合银行内部对不同贷款品种的操作管理和风险控制要求，研究设计相应的信贷服务方案，灵活使用不同贷款品种，更好地满足客户需求。对企业收购加工油菜籽的资金需要，既可使用油料收购贷款，也可使用短期贷款，还可以是两者组合。对只使用收购贷款的企业，要按照现行贷款办法规定，尽可能简化手续。

三是提高办贷效率，降低企业办贷成本。油菜籽收购季节短，资金时效要求强。各行要及早做好收购贷款各项准备工作，提高办贷效率，及时发放贷款，帮助企业抓住商机。对客户服务要讲求整体效益，不允许超量放贷以追求存款增长，不允许将贷款与保险等代理业务挂钩，人为增加企业贷款交易成本，影响客户对农发行的忠诚度。

四是提供增值服务，促进产销对接。在提供资金支持同时，要帮助企业搞好市场分析和经营核算，利用系统优势及时为企业提供有效信息。对加工企业委托主产区购销企业收购油菜籽的，或精加工企业从初加工企业采购毛油的，要积极牵线搭桥。在成品菜油销售方面，也可以帮助加工企业从我行开户企业中寻找买家，积极促进产销衔接。

关于印发《中国农业发展银行粮棉调销贷款办法》的通知

（中国农业发展银行 农发银发〔2008〕166号 2008年7月9日）

各省、自治区、直辖市分行，总行营业部：

为进一步完善粮棉收购资金贷款封闭运行管理，有效促进粮棉流通和产销衔接，切实落实国家宏观调控政策，总行决定把粮食调销贷款和棉花调销贷款纳入准政策性贷款管理。现将《中国农业发展银行粮棉调销贷款办法》（以下简称《办法》）印发给你们，请各行认真学习，准确把握，结合实际贯彻执行。现就贯彻落实《办法》有关要求通知如下：

一　充分认识粮棉调销贷款作为准政策性贷款的意义

粮棉调销是粮棉收购工作的继续，是实现粮棉销售、促进粮棉流通的重要环节。粮食调销贷款是用于解决企业从农发行开户企业购入粮食和按照国家调控政策进口粮食所需资金的贷款；棉花调销贷款是用于解决企业从农发行开户企业调入棉花直接供应给用棉企业或进行深加工，以及用于解决企业配合国家实施宏观调控和储备需要的棉花进出口所需资金的贷款。把粮棉调销贷款界定为准政策性贷款，具有十分重要的意义。一是有利于更好地落实国家粮棉调控政策。对国家促进产、销区衔接，组织粮棉跨区域调运、进出口等政策措施，农发行通过发放粮棉调销贷款，促进企业及时落实调运、进出口计划，从而实现平衡区域间粮棉供求，维护粮棉市场稳定的目标。二是有利于发挥农发行支持粮棉产业发展的系统整体功能。农发行通过发放粮棉调销贷款，促进在农发行系统内开户的粮棉购销企业和农业产业化龙头企业、粮棉加工企业之间的物流对接，既解决粮棉加工转化和产业化的资金和原料需要，又促进库存粮棉的顺利销售，支持粮棉产业链的健康发展。三是有利于进一步完善粮棉收购信贷资金封闭运行管理。农发行对用粮（棉）企业发放粮棉调销贷款，促使开户企业之间通过贷款的此增彼减，加快我行开户企业收购粮棉的销售和还款，实现收购资金在全行范围和产业领域的封闭运行。各级行要积极支持符合规定的开户企业使用粮棉调销贷款，充分发挥我行系统优势，借助我行资金链条，把粮棉收购和加工、上游企业和下游企业贯穿起来，促进供需衔接，优化贷款结构，防范和控制粮棉收购资金贷款整体风险。

二　切实加强粮棉调销贷款管理

把粮棉调销贷款纳入准政策性贷款管理，各级行要坚持以企业风险承受能力和贷款偿还能力为核心，将风险控制放在突出位置，加强市场和行业分析，实行以销定贷、以效定贷。一要严格把握粮棉调销贷款的对象和用途。粮棉调销贷款用于解决粮棉经营企业从农发行开户企业调入粮棉和国家宏观调控政策进口粮棉的资金需要。企业调入油料、油脂和从农发行系统外企业调入粮棉所需要的贷款，应按照相应商业性流动资金贷款办法办理。二要严格把握粮棉调销贷款的条件。各级行要严格按照《办法》规定的条件发放贷款，既要有效促进粮食销售，又要防止信贷风险从收购环节转移到调销环节。对棉纺企业发放调销贷款要执行有关准入政策，严把客户准入关。三要准确把握粮棉调销贷款的期限，严格实行封闭运行管理。粮棉调销贷款一般应在期限内购贷销还，严格实行封闭运行。对在规定贷款期限内周转使用的粮棉调销贷款，要监督销售货款按时回笼到我行账户，并经开户行同意后才能允许企业周转使用，确保贷款专款专用，贷款本息按期足额收回。四要合理采用贷款方式。粮棉调销贷款一般采用担保贷款方式。为促进农发行系统内粮棉销售，对信用等级AA级（含）以上，或自有资金达到30%（含）以上，或风险准备金达到15%（含）以上的企业，可以发放信用贷款。在企业全部有效资产办理抵押，并且企业法定代表人的个人财产办理抵、质押后，可部分发放信用贷款。五要严格授权管理。省级分行可结合当地实际和风险管理能力，将一定额度的准政策性贷款审批权限转授给二级分行。

三　准确核算和反映粮棉调销贷款

对新发放的棉花调销贷款仍采用原会计科目核算和反映，对新发放的粮食调销贷款和新发放的用于从农发行开户企业以外调入棉花的贷款，总行将设置专门的会计科目核算和反映，有关会计科目和核算要求总行将另行通知。此前按粮食流转贷款办法和棉花调销贷款审批发放的用于粮棉调销的贷款，仍按照商业性贷款管理，到期收回，贷款不实行科目划转。

中国农业发展银行粮棉调销贷款办法

第一章　总　则

第一条　为落实国家粮棉购销政策，促进粮棉流通和产销衔接，支持企业搞活经营，提高效益，加强中国农业发展银行（以下简称农发行）粮棉调销贷款管理，维护借贷双方合法权益，根据《粮食流通管理条例》和《中国农业发展银行信贷基本制度（试行）》，制定本办法。

第二条　粮食调销贷款是指农发行向企业发放的用于从农发行开户企业购入粮食（含成品粮，下同）和按照国家调控政策进口粮食所需资金的贷款。

棉花调销贷款是指农发行向企业发放的从农发行开户企业调入棉花（含皮棉及棉副产品，下同），以及企业配合国家实施宏观调控和储备需要的棉花进出口所需资金的贷款。

粮食调销贷款和棉花调销贷款属于准政策性贷款。

第三条　粮棉调销贷款的发放和管理应遵循执行政策、控制风险、以销（效）定贷、封闭管理的原则。

第二章　贷款对象、用途和条件

第四条　贷款对象。粮食调销贷款对象是：

（一）具备粮食收购贷款资格的粮食购销企业。

（二）获得国家从事粮食经营许可的贸易、物流企业（包括储运、粮食批发市场及粮食批发交易企业）。

（三）农业产业化龙头企业和粮食加工转化企业。

（四）经总行批准的其他从事粮食流通的企业。

棉花调销贷款对象是指经工商行政管理部门核准的具有从事棉花经营资质的企业，主要包括棉花购销企业和棉花深加工企业（含农业产业化龙头企业）。

第五条　贷款用途。粮食调销贷款专门用于解决借款人从农发行开户的粮食储备、购销、粮食物流贸易等企业购入粮食的合理资金需要，以及用于借款人配合国家宏观调控政策进口粮食的合理资金需要，包括调入价款和用于调入的必要费用支出。

棉花调销贷款专门用于解决借款人从农发行开户企业调入棉花直接供给用棉企业或进行深加工的合理资金需要，以及用于解决借款人配合国家实施宏观调控和储备需要的棉花进出口的合理资金需要，包括调入价款和用于调入的必要费用。

第六条　贷款条件。借款人申请粮棉调销贷款，除具备《中国农业发展银行信贷基本制度（试行）》规定的条件外，还应具备以下条件：

（一）资信状况良好，生产经营活动正常，经营效益较好，经农发行评定，信用等级为A级（含）以上。

（二）具有与申请粮棉调销贷款相适应的风险承受能力和贷款偿还能力，能够提供相应的贷款担保（抵押、质押、保证）条件；或者具有一定比例的自有资金或风险准备金等，具体比例由省级分行确定。

（三）具有真实有效、与申请粮棉调销贷款相对应的粮棉购销合同，在粮棉经营过程中能够做到"购得进、销得出、不亏损"，除购入粮棉自用加工或转化外，购入粮棉用于物流贸易的，还应具有调入粮棉的销售计划和销售合同。

（四）历史信用记录良好，已借贷款的本息按期偿付，无违约行为发生。

第三章　贷款期限、利率及方式

第七条　贷款期限。粮棉调销贷款期限，根据借款人生产经营周期和粮棉购销合同规定的期限由借贷双方协商确定。最长期限不超过1年。

粮棉调销贷款一般应在期限内实行购贷销还，封闭运行。对信用等级在AA级（含）以上，与上下游企业建立长期稳定的购销合作关系的借款人，贷款可以在规定的期限内周转使用。具体标准由省级分行确定。

借款人不能按期归还的粮棉调销贷款，应在贷款到期20个工作日之前向开户行书面申请贷款展期，并提出展期理由、期限和还款计划。对借款人调入的粮食（含产成品）仍未销售，或粮棉销售货款仍在正常结算期内尚未回笼等能提供正当理由的，可按规定经有权审批行同意后办理展期，展期期限最长不超过原贷款期限。展期后到期的贷款，不得再次办理展期。借款人未申请展期或不符合展期条件的贷款，开户行不得办理贷款展期。实行担保方式的贷款的展期按总行的规定执行。

第八条　贷款利率。粮棉调销贷款利率按照农发行有关准政策性贷款利率规定执行。

第九条　贷款方式。粮棉调销贷款一般采取担保贷款方式。对符合下列条件之一的，可采取信用贷款方式：

（一）借款人信用等级在AA级（含）以上，能确保足额归还贷款本息。

（二）借款人的自有资金达到30%（含）以上，或者风险准备金达到15％（含）以上。

（三）借款人的全部有效资产办理抵押，并且企业法定代表人的个人财产办理抵、质押后，可部分发放信用贷款。

第四章　贷款办理

第十条　粮棉调销贷款的申请、调查、审查、审批、发放和收回按照《中国农业发展银行贷款基本操作流程》执行。

第十一条　粮棉调销贷款额度的核定。粮棉调销贷款额度一般根据借款人粮棉购入合同明确的调入粮棉的价格和数量，同时参考借款人历年粮棉经营或用粮（棉）需求及风险承受能力合理核定。

第十二条　贷款收回。对实行"购贷销还"的粮棉调销贷款，开户行应按"钱随物走，购贷销还"的原则，及时从借款人的销售回笼款中收回贷款。对实行在期限内周转使用的粮棉调销贷款，应在贷款到期前及时通知借款人筹措资金，按期偿还贷款。

第五章　贷后监督与管理

第十三条　粮食调销贷款的贷后管理按照《中国农业发展银行粮食收购资金贷款封闭运行管理办法》执行。对在规定贷款期限内可周转使用的粮食调销贷款，要监督销售货款按时回笼到我行账户，并经开户行同意后才能允许企业周转使用。

棉花调销贷款的贷后管理比照《中国农业发展银行棉花收购贷款办法》执行。

第十四条　支持开户企业之间的购销衔接。各级行要充分利用农发行系统优势，发挥好粮棉调销贷款连接粮棉供需，促进购销衔接的功能，把原来单个粮棉企业的封闭运行，扩大到系统领域和产业范围。

第十五条　加强对借款人经营情况的分析。信贷人员应定期调查分析借款人粮棉购销和生产经营情况，加强粮棉调出、购入双方开户银行的沟通，及时掌握借款人经营及财务管理中存在的问题，采取措施防范和控制贷款风险。

第十六条　信贷处罚。对借款人违反本办法和借款合同约定，导致农发行贷款风险的，开户行应及时报告，并按规定给予相应的信贷制裁。农发行及有关人员违反本办法，视情节轻重追究相应责任。

第六章　附　则

第十七条　本办法由农发行总行负责解释、修改。

第十八条　本办法自印发之日起施行。此前有关文件、办法规定与本办法不一致的，按本办法执行。原《中国农业发展银行棉花调销贷款办法》同时废止。

关于做好政策性粮食跨省移库贷款划转工作的通知

**（中国农业发展银行 中国储备粮管理总公司
农发银发〔2008〕176号 2008年7月24日）**

各省、自治区、直辖市分行，中储粮总公司各分公司：

政策性粮食跨省移库是中央加强宏观调控的重要举措。自2006年以来，国家有关部门先后多次下达最低收购价粮食和中储粮跨省移库计划，以后还将根据需要择机下达跨省移库计划。第一、二批最低收购价粮食跨省移库计划已执行完毕，其他批次跨省移库计划正在执行过程中。为了加强跨省移库粮食与贷款管理，保持粮食库存与贷款相统一，现就做好跨省移库粮食贷款划转工作通知如下：

一 提高对贷款划转工作重要性的认识

对跨省移库粮食占用贷款及时进行划转，有利于移库粮的储存管理，有利于库存信贷监管，是确保库贷挂钩和政策性信贷资金安全的根本要求。跨省移库粮食贷款划转不仅涉及库点多，而且调出、调入企业之间不是一一对应，相互衔接难，划转工作量大。各级农发行和中储粮各分公司及直属企业要高度重视，切实加强组织领导，确保划转工作顺利进行。凡因工作开展不到位影响贷款划转或出现遗留问题的，不仅农发行总行和中储粮总公司要追究相关责任，并且形成的问题一律由相关农发行省级分行和中储粮分公司自行处理。

二 明确贷款划转原则与依据

（一）贷款划转原则

跨省移库粮食贷款划转严格坚持以下原则：

统一组织、分级负责。贷款划转由农发行总行和中储粮总公司统一组织，调出、调入方农发行省级分行与中储粮分公司按照总行和总公司的要求，具体负责组织辖内开户行和贷款企业做好贷款发放、资金汇划与贷款收回工作。

钱随粮走，总额相等。每批次粮食跨省移库计划执行结束后，立即组织贷款划转，具体采取向调入方企业发放贷款、向调出方贷款企业相应收回贷款的方式调整贷款规模，发放贷款与收回贷款总额相等，划转后全国贷款总规模不变。

统一承贷，差额调整。调入方贷款由中储粮直属企业统一承贷。考虑到财政核定入库成本相对较晚，待入库成本核定后，如果核定成本与已发放贷款发生差额，将由农发行总行和中储粮总公司根据差额形成原因统一进行调整。

（二）贷款划转依据

跨省移库贷款划转依据包括：一是国家有关部门联合下发的分批次跨省移库计划文件；二是分批次跨省移库计划执行结果；三是调出方贷款企业跨省移库粮食实际占用贷款，具体包括收购价款、收购费用、烘干费用、跨省移库运输费用、搭建露天设施费用等占用的贷款。

三　规范贷款划转工作程序

（一）上报计划执行结果

每批次跨省移库计划执行结束后，农发行省级分行和中储粮分公司要按规定向农发行总行和中储粮总公司及时上报计划执行结果。

（二）审核确认计划执行情况

对各农发行省级分行和中储粮分公司上报的跨省移库计划执行结果，农发行总行和中储粮总公司及时进行审核，无误后，反馈各农发行省级分行和中储粮分公司进行确认。

（三）组织贷款划转

贷款划转有关情况审核确认后，由农发行总行和中储粮总公司共同组织贷款划转。首先确定贷款划转日期，在贷款划转日当天各相关农发行分支行和中储粮相关分公司及企业办完贷款发放、资金汇划和贷款收回业务手续，完成贷款划转工作任务。具体贷款划转程序执行分批次贷款划转通知规定的操作流程。

根据《财政部关于调整完善中国储备粮管理总公司最低收购价粮食质检监管省内跨县集并及跨省移库费用包干政策的通知》（财建〔2007〕405号）规定，跨省移库粮食省间运输损耗纳入跨省移库费用包干补贴范围。因此，跨省移库粮食运输损耗占用贷款不划转，由调出方农发行从调出方贷款企业收回。

四　切实加强部门协作与配合

跨省移库粮食贷款划转是农发行和中储粮共同的职责，各级农发行和中储粮各分公司及相关企业要切实加强协作与配合，要增强"一盘棋"意识。特别是在贷款划转日，单位主管领导要亲自挂帅，协调好各自内部相关职能部门，认真履行职责，切实做好贷款划转各环节的工作。对划转工作出现的问题，要及时采取措施予以解决，解决不了的要在第一时间逐级上报农发行总行和中储粮总公司。

五　认真做好第一、二批最低收购价粮食跨省移库贷款划转工作

第一、二批最低收购价粮食跨省移库计划已经执行结束，调出、调入方企业也已按规定对统计库存进行了调减、调增处理。财政部专员办对第一批粮食的入库成本也已进行核定，且农发行总行和中储粮总公司分别将财政核定结果反馈各农发行相关省级分行和中储粮相关分公司进行核对确认，基本情况已经理清，近日将按财政核定成本组织贷款划转。对第二批计划执行情况，请各农发行省级分行和中储粮分公司于8月15日前将《第二批最低收购价粮食跨省移库计划执行情况表》分别上报农发行总行和中储粮总公司，待农发行总行和中储粮总公司审核并反馈确认后组织划转。具体贷款划转工作另行通知。

关于在夏粮主产区开展库贷核查工作的通知

（中国农业发展银行 农发银发〔2008〕226号 2008年9月19日）

各省、自治区、直辖市分行，总行营业部：

为贯彻落实全国分行行长汇报会精神，准确掌握农发行开户企业粮油库存及贷款占用情况，强化收购资金封闭管理，有效防控信贷风险，总行决定，于夏季粮油收购旺季结束后，在夏粮主产省开展一次粮油库贷核查与集中清收不合理占用贷款工作。现将有关事项通知如下：

一　充分认识开展库贷核查工作的重要性

夏粮主产省粮食库存及其贷款投放在农发行开户企业粮食总库存及贷款中占有举足轻重的份额。开展库贷核查，全面掌握夏粮主产省粮食库存及贷款占用情况，既是全国粮食清仓查库的必要准备，也是切实加强粮食收购资金封闭管理的基础性工作。近年来，粮食市场化改革不断深入，市场波动频繁，粮油贷款运行和管理遇到了一些新情况和新问题。少数分支行执行封闭管理制度不力，粮食集中入库后不及时开展库存核查，贷后管理工作不到位，一些贷款风险相继发生。在夏粮收购和小麦最低收购价预案执行结束之际，总行适时组织开展夏粮主产省库贷核查工作，进一步落实以库存监管为核心的收购资金封闭管理各项制度措施，全方位查找信贷管理薄弱环节，夯实贷后管理基础工作。各级行要增强工作责任心和紧迫感，充分认识开展库贷核查工作对履行政策性银行职责、提高我行信贷管理水平和防范风险能力的重要意义。要把这次库贷核查工作作为防范和化解粮油贷款风险，控制不良贷款增加的重要举措，全力以赴抓实抓好。

二　库贷核查的时间、范围和重点

这次粮油库贷核查工作从10月初开始，到12月31日结束。核查的时点为2008年9月30日24时。核查区域包括执行小麦最低收购价预案的河北、江苏、安徽、山东、河南、湖北6省以及山西、陕西、甘肃3省分行。其他省（区、市）分行，也可按照总行这次库贷核查的要求进行自查。库贷核查的范围是农发行开户企业承贷的中央储备粮油贷款（含轮换）、地方储备粮油贷款（含轮换）、调控粮食贷款（含最低收购价贷款）、粮食（油料）收购贷款（含专项收购贷款）、粮食调销贷款和粮食（油料）流转贷款及其形成的粮油库存。

这次粮油库贷核查的重点内容是：一要查清库存粮油的性质、权属、数量、价值和贷款占用情况。二要核查无库存对应贷款的去向，全面查找银行台账登记的库存数量与企业实际库存数量差异；查找银行贷款余额与企业实际库存价值之间的差异，并认真分析形成差异的原因。三要集中清收无库存物资保证的不合理占用贷款，重点是清收企业销售形成的不合理结算资金和其他应收预付款占用贷款、挤占挪用贷款、损失损耗等各种原因形成的亏（空）库占用贷款。

三　库贷核查的步骤与要求

这次库贷核查以二级分行（含省级分行营业部）为单位，在本辖范围内组织县级支行交叉核查，原则上不准自管自查。跨地市异地储存的粮油，由二级分行组织核查。各省级分行对核查结果进行复查，复查面不低于被查企业的20%，由省级分行直管的县级支行必须经省级分行复查。总行将根据各省级分行复查和库贷核查工作进展情况，适时组织重点抽查和督导。库贷核查工作分四个阶段进行：

第一阶段（9月底之前）核查准备。一是组织发动、学习培训，部署安排。已先期开展粮油库存核查的分支行，要对照这次库贷核查要求补充完善，并按规定做好报表填报、差异清收等后期工作。二是督促企业充实粮油库存和整理账务，入库的要记账，销售的要冲减库存。前期发生的贷款发放、收回以及粮油出、入库活动，台账登记中出现的一些统计差错问题，要在此期间予以及时纠正，确保台账真实反映粮油库存及贷款的变动情况。异地收购和代储粮油没有落实多方监管协议的，要按照总行规定进行补充完善。三是规范粮油加工环节台账登记。经初加工形成的大米、面粉，要按各企业的实际加工转化率折算成原粮登记台账，油料折算成油脂登记台账，除此之外的粮油精深加工在产品与产成品，一律不在库存台账中登记，已经登记的，要在9月底之前调减库存台账中对应的数量和金额，对这部分加工环节占用的贷款反映在库贷核查有关差异分析表中，并建立辅助台账监测。未列入这次库贷核查范围的省（区、市）也要按照这一要求于9月底之前调整台账登记。四是抓紧收回无库存对应的结余货币资金、企业销售回笼货款占用的贷款，大力清收不合理结算资金和挤占挪用贷款，减少账实不合理差异。

第二阶段（10月底之前）核查填表。核查填表阶段的主要任务是核实库存与贷款，查清差异和填制报表，具体的工作要求是：

一要核实库存。检查人员要确认粮油数量、价值、性质和权属。在核查企业实际库存数量时，要扣除核查时点至核查日期间发生的所有粮油出、入库数量，按照《粮食库存检查方法》逐仓现场检查。对其中的中央、地方储备粮和最低收购价收购的粮食，从粮食入库后，整仓没有出库，经现场目测后，可按前期核查结果直接认定数量；政策性跨省移库粮油，可依据有关部门下达的跨省移库计划及计划实际执行结果进行确认。对使用粮油收购贷款、粮食调销贷款和粮油流转贷款的农业产业化龙头企业与加工企业，要将其承贷的商业性短期贷款和在其他金融机构借款一并进行检查，并延伸核查企业的在产品和产成品库存的数量与价值，以便确认贷款的物质保障程度。对异地存储的粮油，要核查委托代理监管协议、委托收购资金往来账目、委托代理费用支付凭证等，并由代储企业出具权属证明，代储企业在农发行开户的，权属证明要经代储企业开户行盖章认可。

二要账实核对，分析库存数量差异。在查实企业库存粮油实际数量的基础上，要与台账登记的各类粮油库存数量相核对。必要时，中央储备粮还要与当地中储粮分公司或相关直属企业进行数据核对；最低收购价收购的粮食，要根据国家有关文件规定，与粮食主管部门和中储粮系统的相关统计上报数据进行核对；地方储备粮油要与当地地方储备粮油计划及相关部门统计数据进行核对；商品粮油要与企业的保管账、统计账和会计账进行核对。在分析账实库存数量差异原因时，要结合日常贷后监督检查中发现的问题，把银行台账登记数量大于企业实际库存数量作为查找分析重点。对企业销售出库台账未登记和加工环节占用的，要分析库贷核查准备阶段没有纠正的原因；政策性借粮要有相关依据；因销售亏损形成的差异，要查找粮油销售的具体日期，查看企业粮油销售成本、销售收入等相关损益账目，对照粮油销售期间市场价格水平与企业的实际销售价格，分析销售亏损成因；企业用于费用开支、转借他人、投资固定资产建设等造成的数量差异均视为恶意挤占挪用粮油贷款。

三要核实贷款余额。这次库贷核查中确定企业粮油贷款余额要以企业借款借据余额为准。检查人员要逐笔检查贷款审查审批、合同借据签订、展期办理、贷款担保和形态分类等手续是否合规合法，重点查清直接存（汇）入企业在其他金融机构开设的账户，转入其他企业或个人有关账户的贷款，进一步追溯贷款去向，确认贷款使用是否符合规定。

四要查清银行粮油贷款余额与企业实际库存占用贷款差异的原因。要将银行相关科目的贷款逐笔与其对应的库存价值核对，对其差异的原因，要分别从结余货币资金、销售回笼货款未收回贷款、企业收购调销费用支出、销售结算资金占用、加工企业加工环节占用、损失损耗等各种因素认真分析。特别是要重点分析企业结算资金占用贷款，检查人员要逐笔检查结算资金形成的时间、对方客户、形成原因，甄别结算资金真伪，对超过合同约定结算时间没有收回的大额结算资金要与对方客户联系，一追到底。

五要认真填表。二级分行要于10月31日之前向省级分行上报库存实物和贷款余额核查各项报表。各级行在做好核实库存与贷款、分析账实库存数量差异、银企贷款占用差异的基础上，要逐企业分库存性质和贷款种类认真填制相关核查表格，并由核查人员交叉初审，确保无误。

第三阶段（11月底之前）复核汇总。复核汇总工作可与地市分行组织交叉检查及省级分行复查工作一并进行。各级行客户部门负责人和主管行长要对上报的报表与核查报告进行审核把关。一是要与银行台账、企业借款借据进行核对，审核报表各项目填写是否准确。二是审核报表内的钩稽关系是否符合报表要求，库存数量差异与贷款差异是否匹配。三是审核各项差异的原因是否清晰真实，核查报告是否对差异原因进行了说明解释，对重大事件是否进行了反映。四是把核查汇总报表中的贷款余额、粮油库存等数据与本辖内9月份的信贷现金收支分析月报、粮油贷款占用形态分析表、粮油库存情况月报表、粮油贷款管理月报表相核对。五是要与当地政府和粮食主管部门，当地银行业监督管理部门沟通核查情况。经过认真核对后的报表和核查报告要及时上报上级行。二级分行及县级支行上报时间由各省级分行确定，省级分行向总行上报时间截至11月30日。电子信箱：一处/客户一部/总行/公函。

第四阶段（12月底之前）整改清收。整改清收应当贯穿于库贷核查工作全过程。经过这次库贷核查发现的差异，特别是对挤占挪用、损失损耗、经营亏损等不合理贷款要分清成因、性质和责任，制定清收计划，落实清收责任，集中清收整改。经过清收整改后确保库贷挂钩，贷款必须与企业库存对应，除货币资金、正常结算资金和合理的生产加工环节占用外，不能出现贷款大于企业库存的情况。同时要督促企业规范账务核算，确保账账、账实相符。总行将适时对清收工作进一步安排部署，各省级分行要将整改情况于年底前上报总行。

四   加强领导，落实责任，切实做好库贷核查工作

这次库贷核查是检验各级行粮油贷后管理和库存常规检查工作质量的重要措施，涉及环节多，任

务重、时间要求紧，各级行必须思想认识到位、组织领导到位、检查人员到位、措施落实到位，责任追究到位。

（一）加强对库贷核查工作的组织领导

各级行要集中时间，集中力量，把库贷核查工作作为当前阶段性中心工作，成立组织。加强领导。省级分行一把手亲自负责，相关处（室）共同参与。各级行领导要切实负起责任，深入基层，掌握第一手材料，对问题突出的地方，主要领导要亲自督导。上级行要加强对库贷核查工作的检查指导，一级抓一级，层层抓落实。

（二）落实责任，确保核查质量

各级行要严格按照库贷核查要求，切实履行职责，做到有仓必到、有粮必查、查必彻底，不留死角，不走过场。要据实反映核查情况，不准掩盖亏库，严禁人为增加"损失损耗"、"其他原因"等方面差异原因。检查人员、检查组组长要对核查结果签字认可，并对真实性负责。二级分行和省级分行客户部门负责人、分管行长要层层把关，逐级签字上报。对库贷核查中出现的差额在10月31日前全部清收完毕的，总结经验教训，研究今后如何加强管理，不追究相应责任；在10月31日前有问题解决不了但如实反映上报的，依据情况酌情处理；凡有问题隐瞒不报或检查不细，在以后暴露出来的，严肃追究当事人及有关领导的责任。库贷核查发现的重大挤占挪用案件，要在3日内一并报告当地政府及其有关部门、当地银监局和上级行。

（三）及时清收整改，认真总结经验教训

各级行要结合当地实际，分清库存差异哪些是政策因素造成的，哪些是自然灾害造成的，哪些是企业行为造成的，哪些是工作失职或违规操作等造成的，边检查、边清收、边整改。属于清收范围的贷款要狠下决心、采取各种有效措施，攻坚克难，应收尽收。对重点企业、重大案件，要落实清收责任，实行专人清收，并向总行定期报送清收进度。清收效果不明显的行，上级行要派员督促清收。总行强调，"待清收粮油准政策性贷款"等特定会计科目，不经总行批准，不准随意增加贷款余额。信贷管理中出现的风险贷款，要及时调减台账库存数量和金额，并按贷款五级分类标准和新增不良贷款管理的有关规定真实反映贷款形态。各级行要加强台账、管理月报、信贷现金收支分析月报与贷款质量监测等报表之间合理关系的审核，坚决杜绝不及时真实反映企业实际库存、或擅自调整库存台账造成报表之间不衔接现象的发生。要认真对照总行相关粮油贷款管理制度办法，没有有效落实的要逐项逐条落实。属于违规违法造成的贷款损失，严厉追究相关人员责任。

关于切实做好今年秋粮收购信贷工作的通知

（中国农业发展银行 农发银发〔2008〕242号 2008年10月14日）

各省、自治区、直辖市分行，总行营业部：

目前各地秋粮收购已陆续开始。为准确把握粮食收购信贷政策，切实防控信贷风险，促进秋粮收购工作平稳进行，现将有关要求通知如下：

一 正确认识形势，高度重视秋粮收购信贷工作

秋粮收购是全年粮食收购的重心。据各方面分析预测，今年我国中晚稻和玉米又喜获丰收，加之秋粮收购面广、量大、时长，收购信贷工作任务十分艰巨。同往年相比，今年秋粮收购面临的形势更为复杂：一是粮食收购价格明显上升，中晚稻最低收购价预案启动的可能性较小。各品种粮食市场价格涨跌互现，后市难以把握。二是农民惜售与企业慎收并存。受种粮成本上涨、早籼稻价格高企等因素影响，农民对中晚稻价格期望值较高，惜售心理明显。一些粮食企业因前期抬价收购早籼稻而出现潜亏，中晚稻入市收购谨慎。各类市场主体对粮食市场的预期分化，收购贷款投放把握较难。三是一些省区秋粮收购与国有粮食企业产权制度改革交错进行，部分地市正在集中进行资产兼并重组，粮食收购主体出现真空。四是部分开户企业以往年度自主收购粮食库存积压问题比较突出，农发行要同时面临促销收贷和支持新粮收购双重任务。上述因素交织影响，使得今年秋粮收购贷款问题更加敏感，一旦处理不当，农发行就容易成为各方关注的焦点，并可能带来某些负面影响。各级行务必充分认识今年秋粮收购的敏感性、复杂性和艰巨性，切实把支持粮食收购的基本职责及各项措施落到实处。

二 周密部署准备，确保支持秋粮收购各环节工作落实到位

各级行要认真按照今年全国分行行长会议、分行行长汇报会议精神和《关于做好支持今年粮食收购准备工作的通知》（农发银发〔2008〕75号）要求，把支持秋粮收购各环节工作做实做细。要按照"公平准入、择优支持"的原则，及早完成收购贷款资格认定工作，并通过相关媒体向社会公告，及时通知并提示企业提前办理贷款申请。要根据当地秋粮商品量，同时结合近几年企业收购情况和销售、存储能力，合理预测各类粮食经营企业的秋粮收购贷款需求，按照"因企制宜，适时适度"的原则，及早核定企业收购贷款额度。在启动收购前，可根据企业的实际需要，在核定的收购贷款额度内，适当发放3至5天的收购铺底资金。

三 把握好贷款对象，积极组织企业收购

各级行要严格贷款准入，准确区分粮食收购业务性质和客户特点，分类支持，积极组织各类企业入市收购。对中储粮直属企业轮换、补库等收购资金需要，地方储备粮企业增储和轮换资金需要，执行国家粮食临时收储等调控政策的企业收购资金需要，要及时、足额、重点保证。对经营能力和风险

承受能力强的各类粮食企业，包括大型产业化龙头企业和粮食加工骨干企业，改制到位、产权清晰、经营规范的国有粮食企业，效益良好、诚实守信的民营粮食购销企业，具备真实有效购销合同、长期稳定销售渠道、市场把握能力强的粮食贸易企业，要予以优先支持。同时，积极引导支持基层粮食购销企业按照"市场定价、平等协作"的原则，接受粮食加工龙头企业委托，就近收购，定向销售，获取稳定收益。对限制支持的各类企业，包括新发生挤占挪用未按期彻底纠正的企业，库存积压、促销不力、出现亏损的企业，抬价抢购、潜亏显现的企业，以及改制不到位、新的经营主体仍未建立的企业，要控制新的粮食收购贷款的投放。

四　密切关注市场价格及其走势，把握好贷款投放节奏

农发行粮食收购贷款是国家实施粮食调控的重要手段，对促进粮食市场平稳运行发挥重要作用。各级行要根据市场粮价的变化，合理掌握贷款发放节奏，充分运用信贷杠杆促进企业理性收购。启动收购时，要争取工作的主动，可以事先发放少量铺底收购资金贷款；收购初期可适当放慢贷款发放节奏，密切关注市场动向；价格高位运行、市场风险较大时，应控制贷款投放量，引导市场价格合理回归；当价格合适时，适当增加贷款投放；当粮食市场价格过低、损害农民利益和影响企业正常经营时，要加强协调，积极促成国家粮食宏观调控政策的出台和实施。要积极支持中储粮直属企业、地方储备粮企业在稳定市场中发挥引导作用，减缓粮食市场波动。各级行都要密切关注市场粮价及其变化情况，重点是用好两个参照系：一是关注主销区贸易粮价格，剔除运费、利息、仓储、加工成本等因素，倒推出合理的收购价格；二是当国家出台粮食调控收购价格后，对企业自主经营收购粮食的单位贷款，原则上不得超出此类价格水平。开户行要帮助和引导企业进行成本效益分析，抑制企业盲目抬价收购、利用银行贷款赌后市等行为，要根据市场粮价的变动，设定不同的自有资金和风险保证金比率，切实把风险防控措施做实做细。同时督促和监督企业销粮还贷付息。粮食收购贷款不得周转使用，企业销粮回笼货款必须及时收贷收息。

五　坚持因企制宜，把握好各类贷款的使用和管理要求

一要正确使用贷款品种。各级行要准确区分政策性、准政策性和商业性贷款，按贷款规定的用途和科目发放贷款，严禁混淆贷款性质、用途及管理要求。要坚持因企制宜，正确使用贷款品种，严格落实管理要求。对粮食购销企业，只能发放收购贷款，原则上要用于本地收粮，严格执行购贷销还、封闭管理各项规定，严禁变更用途、异地收购或转借他用，严禁为追求存款增长而超量、超期放贷或回笼货款不及时收贷，严禁绕开商业性贷款规模和权限控制，本应发放商业性贷款而发放准政策性贷款。

二要加强对集团客户的风险总量控制。对集团客户各关联企业发放的商业性贷款和收购、调销贷款应全部纳入最高综合授信控制。要清醒地认识到，为便于贷款操作而在CM2006信贷管理系统中把收购贷款的风险系数设为零的规定，绝不意味着收购贷款没有风险，也绝不能因此而盲目放大对集团客户的贷款规模。对难以通过系统运作控制的粮食收购贷款风险，更应通过加强贷后管理来规避和控制。对通过发放商业性贷款可以满足正常资金需求的集团类客户，原则上不再发放收购贷款。对确需为解决农民"卖粮难"问题而向已有商业性贷款余额的集团公司总部发放收购贷款，必须由省级分行

审批，严格实行库贷挂钩、封闭管理。集团客户各关联企业间的收购资金汇划，必须以真实的粮油购销交易为基础，粮油购销必须实行购贷销还。

三要切实加强对企业收购贷款支用的监督和审查。对未按用途使用的要及时采取措施防范整改。特别是要注意审查企业大额资金的支取情况，对粮食收购入库进度与资金支用不一致的，从农发行账户转入他行账户、以非现金结算之名存入个人账户或银行卡的，开户行要重点关注，严禁以粮食收购之名行转移挪用之实。对经批准用于异地收购的信贷资金，要严格按照总行有关异地收购监督管理的规定执行。跨省收购粮食要从严控制，对企业能发放粮食调销贷款从异地调入粮食的，不得发放粮食收购贷款进行异地收购。

六　加强组织领导，确保支持秋粮收购不出问题

各级行要时刻牢记"收购工作无小事"和农发行支持粮食收购的基本职责，主要领导要亲自部署抓好粮食收购信贷工作，靠前指挥。行内各部门要加强协作，保证收购资金供应顺畅，对重大问题应对和反馈及时有力。要妥善处理好支持收购和促进企业改革发展的关系，对改革改制不到位的企业，收购信贷工作更要争取主动，同时做好与当地政府和有关部门的沟通协调工作。要建立和落实收购工作责任制，强化全局意识、责任意识、风险意识、服务意识，确因自身工作不到位而影响粮食收购、造成负面影响的，首先追究主要领导责任。各地在支持收购过程中遇到的重大问题，要及时向上级行直至总行报告。

关于做好中央储备菜籽油
和大豆收购贷款发放与管理工作的通知

（中国农业发展银行　农发银函〔2008〕307号　2008年10月22日）

内蒙古、辽宁、吉林、黑龙江、安徽、江西、湖北、湖南、重庆、四川、贵州、云南、陕西、甘肃、青海、新疆分行：

根据国家发展改革委等四部门《关于中央储备菜籽油收购等有关问题的通知》（国粮调〔2008〕219号）和《关于下达2008年中央储备大豆收购计划的通知》（国粮调〔2008〕220号）精神，为切实做好中央储备菜籽油和大豆收购贷款发放与管理工作，现就有关问题通知如下：

一　高度重视中储菜籽油和大豆收购贷款发放与管理工作

中央储备菜籽油和大豆收购工作是国家保护种粮农民利益和生产积极性，增强国家对油料市场的宏观调控能力，稳定市场价格的重要举措。各级行要高度重视此次中央储备菜籽油和大豆收购工作，加强领导，精心组织，采取有效措施，切实做好收购贷款发放与管理工作，积极支持中储粮分公司及其直属企业完成此次中央储备菜籽油和大豆的收购任务。

二　严格执行收购贷款发放与管理的政策规定

各级行要严格执行中央储备菜籽油和大豆收购及贷款发放与管理的相关政策规定。

一是落实贷款对象。按照总行和中储粮总公司有关中储粮贷款统贷统还的规定，此次中央储备菜籽油和大豆收购所需贷款，原则上由中储粮直属企业统一向农发行承贷。对于没有中储粮直属企业的地区，可由中储粮分公司指定具有农发行贷款资格、资信较好的企业承贷，在收购结束后，贷款要及时划转到中储粮直属企业统一管理。对西藏自治区油菜籽收购贷款的发放工作，由中储粮成都分公司指定承贷企业，四川省分行负责协调落实并报备总行。各省级分行要积极与中储粮分公司沟通协调，落实贷款对象，对由指定企业承贷的贷款，收购结束后要及时与中储粮分公司做好贷款划转工作。

二是掌握收购数量和时间。此次中央储备菜籽油计划收购数量20万吨（折合油菜籽约60万吨），涉及安徽、江西、湖北、湖南、重庆、四川、贵州、云南、西藏、陕西、甘肃、青海和新疆13省（区）。中央储备大豆计划收购数量150万吨，涉及内蒙古、辽宁、吉林和黑龙江4省（区）。中央储备菜籽油收购截止时间为2008年12月底；中央储备大豆收购截止时间为2009年2月底。

三是准确把握贷款额度。中央储备菜籽油收购采取由中储粮分公司委托收购库点收购油菜籽，再委托加工企业加工成菜籽油转为储备的方式进行，油菜籽挂牌收购价格（国标三等质量标准）为2.2元/斤，等级差价0.02元/斤，各级行可暂按油菜籽收购价格确定贷款额度。对中央储备菜籽油收购、加工、入库等费用贷款待财政部明确标准后按规定发放。中央储备大豆为2008年生产的达到国标三等（含三等）以上的新粮。挂牌收购价格（国标三等质量标准）1.85元/斤，等级差价0.02元/斤，收购费用2.5分/斤，各行要严格按照收购价格和收购费用标准确定贷款额度。

四是按照收购进度及时足额发放贷款。各级行要及时发放铺底收购贷款，并严格按照收购进度及时足额发放后续收购贷款，确保企业收购资金需要。

五是正确使用贷款科目，严格贷后监管。中央储备菜籽油和大豆收购贷款分别使用"中央储备油贷款"和"中央储备粮贷款"科目进行核算。各级行在贷款发放和粮食入库后，要严格按照《中央储备粮贷款办法》的相关规定开展贷后管理和库存监管工作。

三　加强部门协调和信息反馈工作

各级行要强化服务意识和责任意识，增强工作的主动性，在贷款发放与管理过程中，加强与中储粮分公司、承贷企业以及当地粮食行政主管部门和其他相关部门协调配合，对工作中出现的新情况和新问题要采取有效措施予以解决，并及时上报上级行，确保中央储备菜籽油和大豆收购工作顺利进行。

各省级分行要在收购工作开始后每5日将贷款发放和收购情况上报总行（电子邮箱：二处/客户一部/总行/公函），有关数据要与中储粮分公司核对一致。上报时间为逢5日、10日期后第2天中午12时前，节假日顺延。

附　录

2008年粮食工作大事记

一月

1月3日至4日，全国粮食局长会议在北京召开。会议主要内容是以党的十七届三中全会精神为指导，深入学习实践科学发展观，落实中央经济工作会议、中央农村工作会议和全国发展改革工作会议精神，总结2008年粮食流通工作，分析面临的新形势，研究加强粮食宏观调控体系建设、保障国家粮食安全等问题，部署2009年粮食流通的各项工作，表彰抗震救灾先进集体和先进个人。聂振邦、郄建伟、任正晓、张桂凤、杨兵、曾丽瑛同志出席会议。

1月5日至6日，全国粮食行业教育培训暨职业技能鉴定工作会议在黑龙江哈尔滨召开。会议主要内容是传达贯彻全国干部教育培训工作会议精神，研究部署粮食行业教育培训、职业技能鉴定等工作，为粮食行业国家高技能人才培养示范基地授牌，为粮食行业第九届全国技术能手获得者和国家技能人才培育突出贡献奖获奖单位颁奖。

1月11日，为加强粮食市场调控，稳定玉米市场价格，保护种粮农民利益，经国务院批准，国家发展改革委、国家粮食局、财政部、中国农业发展银行联合下达中央储备和国家临时储存玉米收购计划，安排中储粮总公司在东北产区收购新玉米400万吨，其中200万吨中央储备玉米收购计划用于增加南方销区中央储备规模，200万吨国家临时储存玉米收购计划用于南方销区中央储备玉米竞价销售补库。

二月

2月1日，国家粮食局召开党组扩大会议，传达国务院第207次常务会议精神，提出确保南方大部分地区和西北地区东部出现低温雨雪冰冻灾害后粮油市场供应的措施：一是及时掌握灾情和粮油市场供应情况，要求各地粮食部门加强市场监测，采取积极措施，克服雪灾给市场供应带来的不利影响；二是要求各地加强货源组织调度，保证市场供应，必要时可投放部分地方储备粮油供应市场，确保市场供应不断档、不脱销；三是发出做好防范雪灾等冬季灾害性天气的通知，要求各地要加强检查，做好事故防范工作，切实消除安全生产隐患。

2月13日，为认真贯彻国务院第208次常务会议精神，国家粮食局召开党组扩大会议，研究部署做好灾区群众粮油供应工作。一是派出4个工作组，分赴安徽、江西、湖北、湖南、贵州和广东等受灾地区，调查了解灾区粮油市场供应和粮食仓储设施受损等情况，指导和督促各地粮食部门进一步做好灾区粮油供应和灾后恢复重建工作。二是组织人员深入灾区，摸清灾区断粮、缺粮、断电等情况，掌握当地粮油库存、加工能力及布局情况底数。三是根据灾民缺粮、市场供应和粮食库存等情况，制定切实可行的粮油供应工作方案。四是搞好协调配合，加强与民政等有关部门的沟通联系，积极配合民政部门做好救灾救济粮的供应工作。五是做好中央储备粮和国家临时存储粮食的跨省移库工作，优先安排落实调往灾区的跨省移库计划。六是完善粮油应急预案，调整充实粮油应急加工和供应网点，进一步优化地方储备品种结构，按照有关规定切实落实应急成品粮油储备。七是加强粮油质量卫生检查，严禁将不符合卫生质量标准的粮油投放市场，保证人民群众吃上放心粮油。

2月28日至29日，全国军粮供应管理工作座谈会在广东珠海召开。会议主要内容是总结2007年军粮供应管理工作，交流军粮供应管理工作的经验，分析研究当前的新形势、新任务，积极推进网络体系、成本费用控制机制建设等方面工作，努力提高军供体系平战结合的供应保障能力、平战转换能力和市场经济条件下经营管理能力，布置2008年军粮供应工作。任正晓同志出席会议。

三月

3月4日，国家发展改革委、国家粮食局、财政部和中国农业发展银行下发通知，决定自2008年开始，将每年的全国粮食库存检查工作时间调整至上半年，与各地例行的春季粮食库存普查一并进行。

3月27日，全国粮食流通监督检查工作会议在山东济南召开。会议主要内容是总结2007年粮食流通监督检查工作，部署2008年工作，交流各地开展粮食流通监督检查工作的经验，表彰2007年监督检查工作先进单位。任正晓同志出席会议。

3月27日，经国务院批准，国家发展改革委、国家粮食局、财政部、中国农业发展银行联合下发通知，将吉林、黑龙江省粳稻最低收购价由每市斤0.75元提高为每市斤0.77元（国标三等质量标准），收购截止期由2008年3月31日延长至2008年4月30日。同时，对辽宁省粳稻市场价格低于0.77元/斤的地区，由中储粮总公司按每市斤0.77元（国标三等质量标准）的价格，设点挂牌敞开收购，作为国家临时储存粮食。

3月28日，国家粮食局召开局长办公会议，传达国务院召开的全国农业和粮食生产工作电视电话会议精神，学习温家宝总理的重要讲话，并结合粮食部门实际，重点从粮食收购、管好库存和保证市场供应等方面研究提出落实会议精神的主要措施。一是做好粮食宏观调控，保证市场供应；二是做好宣传促进农业和粮食生产的各项政策措施；三是督促检查各项政策的贯彻落实；四是做好夏粮收购的各项准备工作；五是认真做好军队粮食供应保障工作。

四月

4月9日至10日，全国粮食财会工作会议在安徽合肥召开。会议主要内容是总结2007年粮食财会工作，研究和布置2008年粮食财会工作，会审汇编2007年度国有粮食企业会计决算报表。会议重点研究了以下问题：了解各地粮食收购资金的供应和管理情况，进一步做好粮食收购资金供应工作；国有粮食购销企业政策性粮食财务挂账遗留问题和企业经营性财务挂账的有效解决办法；完善粮食风险基金使用政策、支持地方储备粮体系建设及现代粮食流通产业发展的有关财务政策问题；进一步做好国有粮食企业扭亏增盈工作。任正晓同志出席会议。

4月15日至18日，全国粮食系统纪检监察工作会议在江西南昌召开。会议主要内容是贯彻落实中央纪委全体会议和国务院廉政工作会议精神，对2007年全国粮食系统纪检监察工作进行总结和交流，部署2008年系统纪检监察工作，各地汇报2007年工作情况和2008年工作安排。聂振邦、杨兵同志出席会议。

4月23日至24日，全国粮食调控与统计工作会议在重庆召开。会议主要内容是总结2007年粮食调控和统计工作，讨论并部署2008年工作，研究分析2008年粮食供求和购销形势，会审、汇编2007年度全国粮油统计年报，表彰2007年度全国粮食流通统计工作先进单位和先进个人。曾丽瑛同志出席会议。

五月

5月12日，四川汶川特大地震发生后，国家粮食局立即部署全国粮食系统紧急做好抗震救灾军粮供应保障工作。国家粮食局工作组13日下午即赶赴灾区，协调当地军粮调送和供应。四川、甘肃、重庆、陕西、云南等省军供部门紧急部署，落实保供措施。有关军粮供应站紧急为当地将奔赴灾区的部队配送军粮，有的还采取伴随保障方式随军保供。受灾的四川、甘肃、陕西、云南省部分军供设施损毁严重，军供部门紧急开展自救，恢复供应能力，主动加强与部队的沟通联系，打破常规和供应区域限制，调整供应保障关系，前后方衔接，不分昼夜，按部队所需供应。截至5月18日，供应大米333吨，面粉203吨，食油168吨，并紧急调运和筹措粮源139吨。

5月17日至24日，2008年粮食科技活动周在全国各大中城市展开，活动主会场定在上海、郑州。本届粮食科技活动周主题为"提倡科学膳食，推动主食工业化"。提倡科学膳食，就是合理选择食物特别是主食品，改善营养状况，提高城乡居民的健康素质；推动主食工业化，就是在粮食加工行业，倡导科技创新，运用现代生产技术促进主食品发展的产业化、集约化、标准化、现代化。

5月18日，国家粮食局召开局长办公会议，研究落实国务院抗震救灾会议精神，部署灾区粮食供应工作，就安排好受灾群众生活口粮和方便食品供应问题提出以下实施方案：一是按照就地就近、高效快捷、保障有力、确保供应的原则，经与国家发展改革委、财政部研究，主要安排动用中央储备粮和必要的地方储备粮。二是按照国务院决定的供应标准，受灾地区生活困难、没有口粮来源的受灾人口，每人每天供应一斤口粮，供应3个月。三是会同国家有关部门根据地震灾区受灾人口数，具体测算需供应的粮食数量并尽快落实。四是保证运输，及时将救灾粮运送到受灾一线地区。五是组织落实，尽快派出联合督导组赴受灾地区、帮助、指导和检查落实工作。

5月19日至20日，全国粮食仓储工作会议在江苏南京召开。会议的主要内容是：宣传贯彻新颁布的粮食储藏技术标准；分析当前粮食仓储工作形势，总结近年来粮食仓储工作；交流典型仓储管理工作经验，推动粮食仓储工作规范化、标准化管理进程；研究下一步粮食仓储工作总体思路。郗建伟同志出席会议。

5月20日，国家发展改革委、国家粮食局、财政部、中国农业发展银行联合下发《2008年小麦最低收购价执行预案》，2008年小麦最低收购价格水平为，白小麦（标准品，下同）每市斤0.77元，红小麦、混合麦每市斤0.72元。执行区域为河北、江苏、安徽、山东、河南、湖北等6个小麦主产省。预案适用时间为2008年5月21日至9月30日。

5月21日，国家发展改革委、粮食局、财政部、农业发展银行联合下发《关于做好四川地震灾区小麦代储和收购工作的紧急通知》，要求四川省各级粮食部门对农民手中无处存放的小麦进行登记，就近运输到安全库房代农民存储，一旦需要及时向农民支付，存取自愿；农民愿意交售新产小麦的，按照不低于今年国家公布的小麦最低收购价格，由收储企业随行就市收购，自行销售。

5月22日至24日，聂振邦同志带领工作组赴四川德阳、绵阳、成都等重灾区，实地了解和查看灾情，指导灾区抗震救灾粮油供应和夏季粮油收购工作。

5月21日至29日，任正晓同志带领工作组赴四川、甘肃、陕西等地震灾区了解灾情，检查指导抗震救灾部队军粮供应和灾区粮食供应工作。

5月28日至29日，全国粮食系统党建研究会议在福建厦门召开。会议主要内容是总结全国粮食系统党建研究会成立以来的工作情况，研究布置2008年的党建研究工作，交流党建研究成果，表彰党建研究优秀论文。张桂凤同志出席会议。

六月

6月6日，第一批粮食烘干机共30台运抵四川地震灾区。为贯彻落实国务院领导同志批示精神，解决四川地震灾区粮食收购困难问题，郄建伟同志带领工作组到有关省落实烘干和收购设备的生产厂家，共采购72台烘干机支援四川灾区。

6月10日至13日，曾丽瑛同志带领工作组赴四川绵阳、德阳、成都等地震重灾区，检查指导夏粮收购、代农储粮和救灾粮油发放工作，并看望慰问灾区粮食职工及家属和受灾群众。

6月16日至17日，国家粮食质量监测中心主任会议在湖北武汉召开。会议主要内容是检查中央储备粮质量安全抽检工作进展情况，部署粮食收获质量调查和品质测报工作及粮食安全储存水分标准制定工作，通报144家国家粮食质量检测机构比对考核结果，讨论《粮食质量追溯管理办法》和《国家粮食质量监测机构管理办法》。任正晓同志出席会议。

七月

7月7日至10日，曾丽瑛同志带领工作组，赴甘肃省甘南州、陇南市和天水市等地震灾区，检查指导灾区抗震救灾粮油供应等工作。

7月18日，为支持四川省地震灾区畜牧业生产恢复和发展，确保畜牧养殖业的饲料用粮，国家粮食局会同国家发展改革委、财政部、中国农业发展银行等四个部门联合下发通知，安排中储粮总公司从吉林省向四川省的部分饲料生产企业定向销售国家临时储存玉米19.73万吨。通知要求，有关部门和单位要积极做好玉米出库、运输等相关工作，确保玉米及时运抵灾区并用于饲料生产。通知强调，定向销售玉米必须全部运往四川省，用于部分饲料生产企业的饲料加工，严禁销售给其他企业或改作其他用途。

7月25日，国家发展改革委、财政部、农业部、国家粮食局、中国农业发展银行、中国储备粮管理总公司等6单位联合印发2008年早籼稻最低收购价执行预案的通知。执行预案的早籼稻主产区为安徽、江西、湖北、湖南、广西等5省（区）。早籼稻最低收购价每市斤0.77元（三等），具体质量标准为：杂质1%以内，水分13.5%以内，出糙率75%~77%（含75%，不含77%），整精米率不低于44%。

7月30日，国家粮食局召开党组扩大会议，传达学习全国贯彻落实《建立健全惩治和预防腐败体系2008~2012年工作规划》电视电话会议精神，研究部署国家粮食局贯彻落实《建立健全惩治和预防腐败体系2008~2012年工作规划》工作。会议提出：一是提高认识，抓好学习宣传。二是明确责任，强化组织领导。三是抓好落实，务求取得实效。四是加强监督检查，推动工作开展。

八月

7月下旬和8月上旬，为及时掌握2008年实施最低价收购预案省份新收获早籼稻的质量状况，国家粮食局组织江西、湖南、湖北、安徽、广西等5个早籼稻主产省的粮食部门，在早籼稻收获的第一时间采集样品，分两次在广西和江西国家粮食质量监测中心进行早籼稻质量会检。会检结果表明，2008年五省早籼稻质量总体良好，出糙率平均为77.5%，中等（三等）以上占92%；整精米率较上年有所提高。

8月26日至27日，全国粮食系统政策法规工作座谈会在贵州贵阳召开。会议主要内容是总结一年来的全国粮食政策法规工作，研究部署下一步工作重点，专题研究2009年粮食流通工作的总体思路与工作重点，总结交流粮食流通体制改革30年来的成果和经验，研究讨论《农村粮食市场主体培育和规范管理办法（初稿）》，总结《粮食流通管理条例》和《中央储备粮管理条例》实施情况，研究进一步加强粮食流通立法的建议，表彰获得2007年度国家粮食局软科学优秀成果奖和粮食工作优秀调研报告的单位。聂振邦同志出席会议。

九月

9月9日，国家发展改革委、财政部、农业部、国家粮食局、中国农业发展银行、中国储备粮管理总公司等6单位联合印发2008年早籼稻最低收购价执行预案的通知。执行本预案的中晚籼稻主产区为辽宁、吉林、黑龙江、江苏、安徽、江西、河南、湖北、湖南、广西、四川等11省（区）。中晚籼稻最低收购价每市斤0.79元（三等），粳稻最低收购价每市斤0.82元（三等）。

9月22日，国家粮食局召开党组扩大会议，传达学习第一批深入学习实践科学发展观活动工作会议精神，对全局开展学习实践活动进行了研究部署。会议提出：一是要切实统一思想，提高认识。二是要突出实践特色，着眼解决问题。三是要坚持围绕科学发展，解放思想，以改革创新的精神，完善体制机制，推动粮食流通事业科学发展。四是领导班子、领导干部要带头。五是要调动广大党员参加活动的积极性。六是要加强对学习实践活动的组织领导。会议研究决定成立国家粮食局深入学习实践科学发展观领导小组，聂振邦同志任组长，张桂凤、杨兵同志任副组长，成员为郗建伟、任正晓、曾丽瑛同志。

9月22日至25日，为进一步加强我国与国际储藏物科技界的交流与合作，促进我国粮食仓储业的健康发展，第八届国际储藏物气调与熏蒸大会在四川成都召开。会议内容主要包括：气调储藏、熏蒸杀虫、气控装备、密封材料与技术及气调与熏蒸相关的基础研究等。此次大会的主题为"气调与熏蒸——绿色、安全、协调、发展"。郗建伟同志出席大会。

十月

10月13日，聂振邦同志主持召开党组会议，传达党的十七届三中全会精神，学习胡锦涛总书记的重要讲话和《中共中央关于推进农村改革发展若干重大问题的决定（草案）》等重要文件，研究贯彻落实三中全会精神、实践科学发展观、确保国家粮食安全的具体措施。会议提出，要认真学习贯彻三中全会精神，按照党中央的统一部署和安排，深入学习实践科学发展观，进一步加强粮食宏观调控，保障粮食市场供给基本平衡和价格的基本稳定。进一步完善粮食宏观调控体系，健全体制机制，综合运用法律手段、经济手段和必要的行政手段，加强粮食宏观调控。进一步健全粮食储备体系，加强中央储备粮管理，督促充实地方粮食储备，增强调控市场的能力。进一步完善价格体系，落实和完善粮食最低收购价政策，充分调动农民种粮积极性，促进粮食生产稳定发展和农民持续增收。

10月16日至18日，由国家粮食局与江苏省人民政府共同主办的世界榨油商大会在南京召开。此次大会是经国家发展改革委、外交部批准并报国务院领导同意召开的在世界油脂行业极具影响力的一次国际会议。本次大会主题是："经济全球一体化油脂行业的机遇与挑战"。其间还举办了马来西亚棕榈油研讨会及展示交易会、第八届中国国际粮油产品及设备技术展览会以及2008世界粮食日暨全国爱粮节粮宣传周活动。聂振邦、郄建伟、张桂凤同志出席会议。

10月19日，国家粮食局会同国家发展改革委、财政部、中国农业发展银行发出通知，安排中储粮总公司在安徽、江西、湖北、湖南、重庆、四川、贵州、云南、西藏、陕西、甘肃、青海和新疆等省（区、市）收购中央储备菜籽油20万吨。通知要求，此批中央储备菜籽油收购采取由中储粮公司委托收购库点按2.2元/斤的价格向农民挂牌收购油菜籽，再委托加工企业加工成菜籽油转为储备的方式进行。

十一月

11月10日至11日，全国粮食系统办公室主任会议在上海市召开。会议主要内容是贯彻落实全国粮食局长会议精神，总结交流全国粮食系统办公室工作，探讨如何做好新形势下的办公室工作，重点研究部署省级粮食局47个节点接入全国发展改革系统纵向网工程建设有关工作。

11月13日至14日，2008年度全国粮油市场信息工作会议在上海市召开。会议主要内容是研讨如何围绕粮食流通中心工作，进一步做好粮油市场信息服务工作，研讨如何利用现有资源，充分发挥各分中心优势，建立起全国权威、高效、一流的信息服务网络，总结2007/2008年度粮油市场信息工作，表彰2007/2008年度粮油信息网先进集体和先进个人。曾丽瑛同志出席会议。

11月17日，国家粮食安全中长期规划纲要（2008～2020年）出台。该纲要是根据党的十七大会议精神和《国民经济和社会发展第十一个五年规划纲要》编制而成，纲要在总结近10年我国粮食安全取得的主要成就和分析今后一个时期面临挑战的基础上，提出了2008年至2020年保障我国粮食安全的指导思想、目标和主要任务以及相应政策措施，是今后一个时期我国粮食宏观调控工作的重要依据。

十二月

12月1日，国家发展改革委、国家粮食局、财政部、中国农业发展银行联合印发了《关于增加国家临时储存粮食收购计划的通知》（国粮调〔2008〕255号）和《关于下达国家临时储存大豆收购计划的通知》（国粮调〔2008〕256号），安排中储粮总公司在主产区收购国家临时储存稻谷750万吨、玉米500万吨、大豆150万吨。临时存储玉米和大豆的收购范围为内蒙古、辽宁、吉林、黑龙江等4省（区），临时存储稻谷的收购范围为辽宁、吉林、黑龙江、江苏、安徽、江西、河南、湖北、湖南等9省（区）。

12月4日至5日，国家粮食局召开部分省（区、市）国有粮食企业经营管理工作座谈会，认真分析全球金融危机和国际粮价波动对国有粮食企业经营和发展的影响，以及国有粮食企业经营管理情况及当前面临的突出问题，研究部署进一步做好国有粮食企业经营管理工作。任正晓同志出席了会议。

12月5日，按照中央部署，为隆重纪念改革开放30周年，国家粮食局召开纪念改革开放30周年暨粮食流通体制改革和现代粮食流通产业发展座谈会。国家粮食局局长聂振邦同志主持会议并发表重要讲话，会议系统总结了粮食流通体制改革的成就，分析当前面临的新形势，提出了进一步深化改革、推进粮食流通产业发展的意见。郄建伟、张桂凤同志出席会议。

12月27日至28日，中央农村工作会议在北京召开。会议认真贯彻党的十七大、十七届三中全会和中央经济工作会议精神，深入贯彻落实科学发展观，总结2008年农业农村工作，分析当前农业农村形势，研究促进农业稳定发展、农民持续增收的政策措施，部署2009年的农业农村工作。会议指出，明年农业农村工作要把保持农业农村经济平稳较快发展作为首要任务，千方百计保证国家粮食安全和主要农产品有效供给，千方百计促进农民收入持续增长。

2008年，国家粮食局批准成立福州、长春、银川、成都、南昌、太原、西安、通辽等8个国家粮食交易中心。

2008年，国家粮食局授予218户企业中央储备粮代储资格。

2008年4月和9月，国家粮食局共安排粮油保管员、粮油质量检验员集中鉴定考试各四次，制米工、制粉工和制油工集中鉴定考试各两次。

2008年，国家粮食局军粮供应服务中心何贤雄同志被授予全国抗震救灾模范。

全国粮食系统抗震救灾
先进集体和个人名单

一、全国粮食系统抗震救灾先进集体

四川省粮食局军粮供应中心
四川省粮食工程设计院
四川省都江堰市粮食局
四川省彭州市粮食局
四川省崇州市粮食局
四川省大邑县粮食局
四川省攀枝花市粮食局
四川省泸州市粮食局
四川省德阳市粮食局
四川省德阳市旌阳区粮食局
四川省绵竹市粮食局
四川省什邡市粮食局
四川德阳南站国家粮食储备库
四川省绵阳市粮食局
四川省北川羌族自治县粮食局
四川省安县粮食局
四川省江油市粮食局
四川省绵阳市军粮供应站
四川省绵阳仙特米业有限公司
四川省广元市粮食局
四川省青川县粮食局
四川省广元市军粮供应站
四川广元河西省粮食储备库
四川省乐山市粮食局
四川省雅安市粮食局
四川省汉源县粮食局
四川省眉山市粮食局

四川省资阳市粮食局

四川省阿坝藏族羌族自治州粮食局

四川省汶川县粮食局

四川省茂县粮食局

四川省理县粮食局

四川省松潘县粮食局

四川省阿坝藏族羌族自治州粮食局转运站

四川省阿坝九寨沟国家粮食储备有限责任公司

四川省甘孜藏族自治州粮食局

四川省会理县粮油事业管理局

甘肃省甘南藏族自治州舟曲县粮食局

甘肃省陇南市粮食局

甘肃省陇南市武都区粮食局

甘肃省陇南市文县粮食局

甘肃省天水市粮食局

甘肃省军粮配送服务中心

甘肃景泰金源面业有限公司

甘肃省兰州小西坪粮食仓库有限责任公司

陕西省汉中市粮食局

陕西西瑞(集团)有限责任公司

陕西省西安爱菊粮油工业集团

陕西省宝鸡市粮食局

重庆市粮食局军粮供应处

重庆市铜梁县粮油购销总公司

云南省昆明军粮供应站

云南省昭通市粮食局

宁夏回族自治区彭阳县粮食局

山西省太原良源集团

吉林省储备粮管理有限公司

黑龙江省直属粮库管理有限公司

安徽省粮食局调控处

山东半球集团

山东省滨州市粮食局

湖北省武汉市黄陂区军粮供应站

广东省广州市储备粮管理中心

国家粮食局调控司统计信息处

国家粮食局军粮供应服务中心军供一处

二、全国粮食系统抗震救灾先进个人

曾树林　　四川省粮食局产业发展处处长

余　波　　四川省粮食局仓储管理处主任科员

李纯灯　　四川省粮食局驾驶员

范盛良　　四川粮油批发中心直属储备库主任

李　毅（女）四川省粮油中心监测站检测一室主任

兰　曦　　四川省都江堰市粮食局党组书记、局长

刘汉军　　四川省彭州市粮食局党组书记、局长

万朝银　　四川省崇州市粮食局党组书记、局长

周　晓（女）四川省都江堰市粮食局市场管理科科长

胡晓华　　四川省彭州市粮食局办公室、监察室主任

简　政　　四川省成都市粮油储备有限责任公司龙潭寺国家粮食储备库主任

王　芒　　四川省成都市温江区军粮供应管理站站长

张光美　　四川省成都航都粮油有限责任公司米业分公司厂长

李成炳　　四川省自贡市粮食局党委书记、局长

王坤全　　四川省攀枝花市仁和区粮食局党组书记、局长

冯正江　　四川省泸州市龙马潭区粮食局党组书记、局长

陈圣杰　　四川省泸州市江阳区粮食局副局长

陈代昌　　四川省德阳市粮食局副局长

张述华　　四川省罗江县粮食局党组书记、局长

李　春　　四川省绵竹市粮食局收储科科长、军供站站长

陈启智　　四川省什邡市粮食局党组书记、局长

陈福林　　四川省中江县粮食局副局长

唐道明　　四川省广汉市粮食局副局长

石　刚　　四川德阳省食油储备库主任

肖启海　　四川省德阳市区粮油收储公司经理

刘升禄　　四川省绵阳市粮食局党组书记、局长

何仕忠　　四川省绵阳市粮食局副局长

周贤模　　四川省绵阳市粮食局副局长

寇　华（羌族）四川省北川羌族自治县粮食局副局长

张志敏　　四川省安县粮食局党委书记、局长

万承金　　四川省江油市粮食局党委书记、局长

曾志君　　四川省江油市粮食局纪委书记

嘉　喜（羌族）四川省平武县粮食局党委书记、局长

刘　通　　四川省绵阳市粮食局游仙区粮食分局党总支副书记、局长

蔡 林	四川省安县花荄粮油收储站站长
蒲开信	四川省广元市粮食局党组书记、局长
薛开广	四川省广元市粮食局机关党委书记
马晓东	四川省青川县粮食局党组书记、局长
郑培生	四川省剑阁县粮食局党组书记、局长
尹长远	四川省青川县粮食局办公室主任
向 波	四川省旺苍县普济粮油食品站站长
罗 辉	四川省广元市粮食储备库主任
蒋晓华	四川省遂宁市粮食局党组书记、局长
李光伟	四川省内江市粮食局党委书记、局长
何 永	四川省内江市市中区粮食局副局长
王居平	四川省内江市粮食局执法监察科、行政审批科科长
颜永先	四川省乐山市粮食局党组书记、局长
关 辉	四川省乐山市粮食局业务科副主任科员
杨明君	四川省南充市粮食局党委书记、局长
李丛兵	四川省阆中市粮食局党委书记、局长
万 伦	四川省宜宾市粮食局党委书记、局长
魏桥屏	四川宜宾江北国家粮食储备有限公司董事长、总经理
周玉敏	四川省宜宾黄桷庄粮油集团有限公司董事长、总经理
蒋阳明	四川省广安市粮食局党组书记、局长
徐盛惠	四川省达州市粮食局党组书记、局长
李 刚	四川省巴中市巴州区粮食局党委书记、局长
岳中凌	四川省南江县粮食局党委书记、局长
高德章	四川省雅安市粮食局副局长
冉龙凯	四川省汉源县粮食局党委书记、局长
王 忠	四川省雅安市雨城区粮食局副局长
余存超	四川省名山县城关区粮油食品站站长
李春雄	四川省石棉县惠丰粮油有限责任公司党支部书记、副经理
魏文彪	四川省眉山市粮食局党组书记、局长
张富洪	四川省彭山县粮食局党组书记、局长
朱正平	四川省资阳市粮食局购销科科长
胡光平	四川省乐至县粮食局党委书记、局长
豆嘎足 (藏族)	四川省阿坝藏族羌族自治州粮食局党组书记、局长
袁志学 (羌族)	四川省汶川县粮食局办公室副主任
杨成浩 (羌族)	四川省茂县粮食局党组书记、局长
杨国权 (藏族)	四川省理县粮食局局长
邹洪文 (羌族)	四川省黑水县粮食局党组书记、局长

蒋先友（藏族）	四川省小金县粮食局党组书记、局长
丹巴多吉（藏族）	四川省甘孜藏族自治州粮食局调研员
陈家礼	四川省凉山彝族自治州粮食局副局长
曾燕芹（女）	甘肃省粮食局计划调控处调研员
王建党	甘肃省粮食局办公室副主任
刘理华	甘肃省甘南藏族自治州舟曲县粮食局局长
杨俊光（藏族）	甘肃省甘南藏族自治州合作市粮食局局长
赵福泉（藏族）	甘肃省甘南藏族自治州迭部县粮食局局长
马有成	甘肃省天水市粮食局党委书记、局长
王瑞兰（女）	甘肃省天水市第二粮库主任
负喜德	甘肃省天水市军粮特需供应站站长
白 彬	甘肃省陇南市徽县粮食局局长
戴继江	甘肃省陇南市成县粮食局局长
苟旭东	甘肃省陇南市康县粮食购销公司副经理
李正祥	甘肃省陇南市粮食局党组书记、局长
田小文	甘肃省陇南市西和县粮食局副股长
卜宏忠	甘肃景泰金源面业有限公司总经理
张会荣	甘肃省长城粮油储备库有限公司总经理
李世明	甘肃省景家店粮油储备库有限公司董事长
李志宏	陕西省汉中市粮食局局长
刘晨光	陕西省宁强县粮食局局长
马云智	陕西省略阳县粮食局副局长
沈 里	陕西省军粮采购供应站主任
郭树立	陕西省商洛市粮食局宏观调控科科长
汪秋枝（女）	陕西省西安爱菊粮油工业集团党委副书记、纪委书记
秦根川	陕西省宝鸡市益门堡粮食仓库主任
马元奇	陕西省宝鸡祥和面粉有限责任公司董事长
樊升静（女）	重庆市永川区粮食局监督检查科科长
刘 畅（女）	重庆市粮食局直属军粮供应站副站长
刘毅刚	重庆市渝中区军队粮食供应站副站长
曹卫忠	云南省昭通市粮食局党组书记、局长
侯 娟（女）	云南省昭通市粮食局政策法规监督检查科科长
戴 猛	云南省永仁县粮食局党委书记、局长
杨云芳	云南省盈江县粮食局局长
高会军	宁夏回族自治区吴忠市军粮供应站主任
肖建国	宁夏回族自治区塞北雪面粉有限公司总经理

邢泽光　　　宁夏回族自治区大北农科技实业有限公司董事长、总经理

周　丽（女）宁夏回族自治区军粮供应管理中心主任

黄　燕　　　北京市粮食局军粮供应管理中心主任

陈　同　　　山西省忻州市忻府区粮食局局长

褚绪轩　　　安徽省粮食局行业管理处处长

石正义　　　安徽省粮食局调控处副处长

薄官和　　　山东省东营市粮食局局长

张俊生　　　山东省德州市粮油购销储运公司医生

阮春华　　　山东半球面粉有限公司总经理

陈克明　　　湖南省克明面业股份有限公司董事长

李步凡（女）湖南省郴州市裕湘面业有限公司董事长、总经理

仲爱华（女）广东省粮食局调控财会处副调研员

刘冬竹（女）国家粮食局调控司计划储备处处长

李亚莉（女）国家粮食局财务司财务二处干部

林风刚　　　国家粮食局流通与科技发展司仓储处处长

刘卫东　　　国家粮食局军粮供应服务中心处长

王　威　　　国家粮食局军粮供应服务中心处长

国家粮食局优秀软科学研究成果奖
2008年度获奖项目名单

一等奖

项目名称：关于新形势下粮食支持政策与促进国家粮食安全问题研究

项目单位：国家粮食局课题组

项目顾问：聂振邦

项目负责人：任正晓

项目组成员：邓亦武　朱传碧　王耀鹏　肖春阳　王　旭　陈家积　秦玉云　韩继志　亢　霞　刘　平　姜在峰　陈春平　李志红　韩晓亮　石少龙　冯　静　何忠伟

主要执笔人：邓亦武　秦玉云　亢　霞　冯　静　石少龙　何忠伟　王　旭

项目名称：我国粮食安全的实证分析和政策研究

项目单位：中国粮食研究培训中心

项目负责人：何松森　王耀鹏

项目组成员：唐　成　李文明　胡文国　彭　超

主要执笔人：何松森　王耀鹏　唐　成　李文明　胡文国　彭　超

项目名称：江苏省国有粮食企业改革发展研究

项目单位：江苏省粮食局

项目负责人：王建国

项目组成员：赵云芳　张国钧　郭金云　李彦光　尤晓萍

主要执笔人：张国钧　尤晓萍

项目名称：黑龙江省发展现代粮食流通产业研究

项目单位：黑龙江省粮食局

项目负责人：肖培尧

项目组成员：李春艳　卜祥银　张金丰　孙春艳　孙亚明

主要执笔人：李春艳　卜祥银　张金丰

二等奖

项目名称：**关于我国粮食行政管理职能转变的研究**
项目单位：国家粮食局办公室
项目负责人：聂振邦
项目组成员：孙鉴奇 张树淼 吴永顺 段建丽 麻国杰 张永强 金　贤 史京华 郁士祥 刘莉华
主要执笔人：智振华

项目名称：**以保障国家粮食安全为核心　加快粮食法制建设**
项目单位：国家粮食局政策法规司
项目负责人：聂振邦
项目组成员：颜　波 赵素丽 韩继志 孔伟娟 陈玉中 陈书玉 杨绪珍 肖　玲 于　涛 田　野
　　　　　　贺　伟 周　辉
主要执笔人：颜　波 韩继志 肖　玲 于　涛

项目名称：**国际粮食市场供求形势与价格走势研究**
项目单位：国家粮食局外事司
项目负责人：聂振邦
项目组成员：刘　韧 王　贵 王正友 杜海鹰 孙　冰
主要执笔人：王　贵 刘　韧

项目名称：**我国粮食改革开放三十年**
项目单位：中国粮食经济学会 中国粮食行业协会
项目总顾问：白美清
项目组成员：肖振乾 李思恒 文绍星 张正义 王耀鹏 宋丹丕 尚强民 吴　兢 李为民 耿兆书
　　　　　　姚国勤
主要执笔人：宋廷明 赵凌云 宋文仲

项目名称：**关于我国粮食流通法律制度建设的研究**
项目单位：浙江省粮食局
项目负责人：钟传厚
项目组成员：陈聪道 韩鹤忠 陈群华 项慈若
主要执笔人：项慈若

项目名称：**我国粮食安全立法的研究**
项目单位：四川省粮食局
项目负责人：谭嘉林
项目组成员：谭嘉林 侯　勇 蔡开泉 曾庆芬 罗　叶 黄玖辉 贾爱民 胥　镤
主要执笔人：蔡开泉 胥　镤 曾庆芬

项目名称：粮食现代物流体系研究

项目单位：新疆维吾尔自治区粮食局

项目负责人：米尔扎依·杜斯买买提 张　威

项目组成员：折为民 卢　波 陈天甲 张建梅 党文海

主要执笔人：卢　波

项目名称：新形势下的中国粮食安全研究

项目单位：吉林省粮食局

项目负责人：祝业辉

项目组成员：刘笑然 刘晓蕾

主要执笔人：刘笑然

项目名称：关于粮食经营者保持必要库存量政策的研究

项目单位：湖北省粮食局

项目负责人：谭富生

项目组成员：熊贵斌 谢支武 戴　佳

主要执笔人：谢支武 熊贵斌

三等奖

项目名称：粮油仓储设施管理及相关政策研究

项目单位：国家粮食局流通与科技发展司

项目负责人：郄建伟

项目组成员：何　毅 王莉蓉 刘福元 刘世鹏 杜亚莉 赵国瑞 刘　萍 唐学军 王晓森 白　鸥
　　　　　　王业东 高玉柱

主要执笔人：王莉蓉 刘世鹏 刘福元

项目名称：粮食流通监管模式探讨

项目单位：国家粮食局监督检查司

项目负责人：任正晓

项目组成员：程传秀 赵文先 袁　辉 刘铁宏 于英威 罗守全 杨卫辰 张永刚 周晓耘
　　　　　　陈　玲 邓　立

主要执笔人：袁　辉 刘铁宏 张永刚 周晓耘

项目名称：我国食用植物油供求形势及保障安全的措施研究

项目单位：国家粮食局调控司

项目负责人：曾丽瑛

项目组成员：卢景波　陈家积　周冠华　姚秀敏　秦玉云　刘冬竹　张　云　周　波

主要执笔人：周　波

项目名称：全国粮食行业高技能人才队伍建设现状分析

项目单位：国家粮食局人事司

项目负责人：聂振邦

项目组成员：徐京华　陈军生　李寅铨　程继伟　林明亮　李　涛　匡广忠　麻　婷　曲贵强

主要执笔人：李寅铨　曲贵强

项目名称：我国粮食行业发展战略研究

项目单位：中国粮食研究培训中心

项目负责人：何松森　王耀鹏

项目组成员：胡文国　彭　超　唐　成　李文明

主要执笔人：何松森　王耀鹏　胡文国　彭　超　唐　成　李文明

项目名称：粮油加工业发展战略课题研究报告

项目单位：中国粮食行业协会

项目负责人：王瑞元

项目组成员：宋丹丕　张建华　左恩南　狄友清　褚绪轩　孙征奇　王凤成　周　坚　王玉梅

主要执笔人：宋丹丕　张建华　褚绪轩　孙征奇　狄友清

项目名称：黑龙江省粮油加工业发展战略研究

项目单位：黑龙江省粮食局

项目负责人：张　赋

项目组成员：张　赋　刘永波　李珠元　王建平　傅建平　丁大年

主要执笔人：刘永波　傅建平

项目名称：关于完善青海省粮食质量卫生安全保障体系的研究

项目单位：青海省粮食局

项目负责人：顾艳华

项目组成员：徐建宁　张鹏飞　牛库山　邓宏岩　但启淮　轩春江　张新宁

主要执笔人：徐建宁　张鹏飞　但启淮　轩春江　张新宁

项目名称：在新形势下如何发挥粮食风险基金的安全保障作用

项目单位：河北省粮食局

项目负责人：任树昌

项目组成员：任树昌　郑栋梁

主要执笔人：郑栋梁

项目名称：我国粮食供求问题与粮食安全对策研究

项目单位：湖南省粮食局

项目负责人：李梦觉 龚曙明

项目组成员：李梦觉 龚曙明 焦小毅 石少龙 甘　霖 左梅生 刘仲秋 谢小良 朱海玲

主要执笔人：龚曙明

项目名称：基于粮食安全保障的我国粮食主产区建设问题研究

项目单位：南京财经大学 江苏省粮食局

项目负责人：侯立军

项目组成员：张生彬 张国钧 周　敏 邓志方 蒋　林 万忠民

主要执笔人：侯立军 周　敏

项目名称：北京市粮食批发市场建设与发展研究

项目单位：北京市粮食局

项目负责人：马长旺

项目组成员：马长旺 王　玲 冯兰敏 王　瑞 韩　浩 曹红阳 李　鹏

主要执笔人：曹红阳 李　鹏

项目名称：完善粮食流通监督检查体系研究

项目单位：安徽省粮食局

项目负责人：孙良龙

项目组成员：孙良龙 刘　惠 黄　刚 姚　平 桑成林 董　辉 徐　新

主要执笔人：黄　刚 董　辉 徐　新

项目名称：关于完善粮食质量卫生安全保障体系的研究

项目单位：河南省粮食局

项目负责人：刘大贵

项目组成员：魏祖耀 张丽洁 刘卫红 宋宇宁 于新华 陈晓鹏

主要执笔人：于新华

项目名称：关于完善广东粮食流通监督检查体系的对策研究

项目单位：广东省粮食局

项目负责人：区少芳 邓伟珍

项目组成员：潘水斌 黄　鑫 徐　菱 林　乐

主要执笔人：黄　鑫 徐　菱 林　乐

国家粮食局2008年度粮食工作优秀调研报告获奖名单

一等奖

调研报告题目：关于东北地区秋粮收购有关政策落实情况的报告

调研单位：国家粮食局调控司

调研组成员：聂振邦 卢景波 刘冬竹 张树森 颜　波 陈玉中 尚强民

调研报告题目：陕西、贵州和广西三省（区）国有粮食企业改革
　　　　　　　和发展情况调研报告

调研单位：国家粮食局财务司

调研组成员：任正晓 邓亦武 王　旭 李　红

调研报告题目：关于《粮食流通管理条例》贯彻落实情况的调研报告

调研单位：陕西省粮食局

调研组成员：姚增战 冯建军 闫国强 杨照涛

调研报告题目：坚持科学发展　确保粮食安全
　　　　　　　——关于我省粮食安全问题的调研报告

调研单位：甘肃省粮食局

调研组成员：何水清

调研报告题目：保障贵州粮食安全的思路与对策

调研单位：贵州省粮食局

调研组成员：沈　健 何武林 杨光荣 李建国 王　锐 马珊珊 刘　念

调研报告题目：关于扶持我省重点菜籽油加工企业扩大生产保障
　　　　　　　市场供应的调研报告

调研单位：青海省粮食局

调研组成员：顾艳华 邓宏岩 牛库山 杨文利 李兴明

调研报告题目：准确把握粮食供求形势
　　　　　　　建立确保粮食安全的储备新机制
调研单位：广西壮族自治区粮食局
调研组成员：庞栋春 韦尚英 覃泽鲁 周兴球 朱其俊

调研报告题目：深入学习实践科学发展观
　　　　　　　加快推进国有粮食购销企业产权制度改革
调研单位：吉林省粮食局
调研组成员：祝业辉 国玉文 陈俊喜 赵淑华 王子敬 张　炜

二等奖

调研报告题目：学习实践科学发展观 坚持"以人为本"的核心
　　　　　　　努力提高少数民族地区粮食行业职工的职业素质
　　　　　　　——关于新疆少数民族地区粮食行业职业技能鉴定工作的调研报告
调研单位：国家粮食局人事司
调研组成员：徐京华 陈军生 李寅铨 林明亮 李　涛 曲贵强

调研报告题目：关于甘肃省夏粮收购和救灾粮油供应情况的调研报告
调研单位：国家粮食局调控司
调研组成员：曾丽瑛 卢景波 刘冬竹 冯俊英

调研报告题目：实践科学发展观 推进放心粮油工程 保障粮油食品安全
　　　　　　　——部分省市放心粮油工程调研报告
调研单位：中国粮食行业协会
调研组成员：张桂凤 宋丹丕 段建丽 胡承淼 郭洪伟 陈家积 秦玉云

调研报告题目：关于农村耕地撂荒情况的抽样调查
调研单位：中国粮食经济学会
调研组成员：李为民 黄大虎 白季春

调研报告题目：关于推进我省粮食生产与流通协调发展
　　　　　　　确保国家粮食安全的调研报告
调研单位：河南省粮食局
调研组成员：黄东民 潘新超 庆　凌 陈晓鹏

调研报告题目：关于保障国家粮食安全的思考与对策
调研单位：安徽省粮食局
调研组成员：孙良龙 尹成林

调研报告题目：**加强质量监管 确保质量安全**
　　　　　　　　——福建省粮食质量安全调研报告

调研单位：福建省粮食局

调研组成员：徐桂春 张耀和 郑拯民 王洪华 黄建立

调研报告题目：**关于健全我省食用植物油储备制度问题的调研报告**

调研单位：广东省粮食局

调研组成员：张　军 李　敏 邵信辉 仲爱华 胡连锋 李自模 陈奕和 杨志华

调研报告题目：**从抗震救灾粮食供应看粮食公共危机的应对策略**

调研单位：四川省粮食局

调研组成员：谭嘉林 蔡开泉 罗　叶 黄玖辉 贾爱民 胥　镁

调研报告题目：**土地有序有效流转的好形式**
　　　　　　　　——对亮之星米业公司租田种粮的调查与思考

调研单位：湖南省粮食局

调研组成员：石少龙

调研报告题目：**关于上海地区储存稻谷脂肪酸值变化的调研报告**

调研单位：上海市粮食局

调研组成员：孟洪恩 夏伯锦 杨纵鲸 孙绪良 邓　峰 谢　诺 王　薇 陈小平 费晓东 苏宪庆
　　　　　　　顾正明 吴　青 姚洛平 何志军 储云福

调研报告题目：**推进"三位一体"改革 促进国有粮食企业发展**

调研单位：江西省粮食局

调研组成员：熊根泉 刘福元 廖小平

调研报告题目：**河北省粮食应急管理现状、问题与对策**

调研单位：河北省粮食局

调研组成员：徐受棠 董志伟 王雪松 王跃进 朱晓东

调研报告题目：**落实国家粮食生产核心区战略**
　　　　　　　　推动河南粮食流通产业又好又快发展

调研单位：河南省粮食交易物流市场

调研组成员：曹濮生 刘大贵 屈新明 曹　宏 肖　磊

三等奖

调研报告题目：打造粮食安全新载体 构建粮食流通主渠道
　　　　　　　——江苏省国有粮食企业改革和发展情况调研报告

调研单位：国家粮食局财务司

调研组成员：邓亦武 李 红

调研报告题目：关于河南省粮食核心区建设有关粮食加工
　　　　　　　和流通仓储调研的报告

调研单位：国家粮食局流通与科技发展司

调研组成员：何 毅 傅选义 张 军 周 伟 杨卫路 张 云 马 帅 赵 奕 谭本刚 方松海
　　　　　　韩纯良

调研报告题目：关于建立困难离休干部帮扶机制问题研究

调研单位：国家粮食局离退休干部办公室

调研组成员：张 普 金连清 王凤桐 张景仓 韩建伟 李祥军 迟迅凯 李金良 熊晓宝

调研报告题目：关于保障我国粮食流通产业安全的调研报告

调研单位：中国粮食研究培训中心

调研组成员：何松森 唐 成 李文明

调研报告题目：关于四川2008年稻谷收益成本的调查报告

调研单位：四川省粮食局

调研组成员：张书冬 蔡开泉 罗 叶 黄玖辉 贾爱民 胥 镁

调研报告题目：解放思想 创新机制 走贵州特色粮食产业化发展之路

调研单位：贵州省粮食局

调研组成员：张和林 徐晓明 王世祥 赵 刚 孙 昊

调研报告题目：关于苏北国有粮食购销企业改革发展情况的调查

调研单位：江苏省粮食局

调研组成员：严长俊 刘成龙 赵云芳 张国钧 王吉富

调研报告题目：完善应急体系 增强调控能力
　　　　　　　——对宁夏粮食应急体系建设情况的调查与思考

调研单位：宁夏回族自治区粮食局

调研组成员：解 涛

调研报告题目：关于粮食流通产业情况调查

调研单位：北京市粮食局

调研组成员：马长旺　朱　雷　刘淑英　赵　红　阎维宏　许世才　高惠茹　杨　牧　王　玲　任长坤
　　　　　　闫竞新　陈　哲

调研报告题目：对荆州市及石首、公安、松滋等地稻谷收购
**　　　　　　　工作情况的调研报告**

调研单位：湖北省粮食局

调研组成员：沈桥梁　孟宪群　戴　佳

调研报告题目：关于我区粮食工作情况的调研报告

调研单位：新疆维吾尔自治区粮食局

调研组成员：雍其新　米尔扎依·杜斯买买提　王卫军　卡德尔汗·米拉斯　杨　力　折为民　黄国粹

调研报告题目：关于粮食产业体系建设及农户科学储粮的调研报告

调研单位：山东省粮食局

调研组成员：缑怀祯　刘绪斌　郑志宏　田宪玺　隋晓刚

调研报告题目：建立粮食经营者最低和最高库存量标准调研报告

调研单位：海南省粮食局

调研组成员：宋建海　杨全光　简素英　郑妙影

调研报告题目：关于山西粮食安全现状的调研报告

调研单位：山西省粮食局

调研组成员：姚高宽　张　文　白喜明　段　鹏　王九元　宋林根　韩华雄　武京运　孙克强　刘　鹏
　　　　　　刘　钧

调研报告题目：充分发挥粮油批发市场功能
**　　　　　　　努力推动粮食流通健康发展**

调研单位：河北省粮油批发交易中心

调研组成员：赵学敏　安永涛　张学智　张文波

调研报告题目：关于建立我市粮油应急体系的调研报告

调研单位：广东省清远市粮食局

调研组成员：成拥党　万康伦　唐岳生　王帮甫

调研报告题目：关于粮食主销区建立粮食生产基地稳定粮源供应的探讨

调研单位：福建省厦门市粮食局

调研组成员：郭勇鹏　张建华　黄江鹭　曾朝明　曾伟明

调研报告题目：关于完善粮食质量卫生安全保障体系的研究

调研单位：云南省大理州粮食局

调研组成员：罗乃俊　马　佳　伦志宏　邹红晶　陈志勇

粮食行业统计资料

| 表1 | 全国主要农作物播种面积（1949～2008年）（一） |

单位：千公顷

年份	农作物总播种面积	粮食作物播种面积	一、按季节分			二、按作物品种分			
			1.夏粮	2.早稻	3.秋粮	1.谷物	（1）稻谷	（2）小麦	（3）玉米
1949	124286	109959	29117	5623	75219		25709	21515	12915
1950	128826	114406	30149	5645	78612		26149	22800	12953
1951	132860	117769	30863	5726	81180		26933	23055	12455
1952	141256	123979	32264	5781	85934		28382	24780	12566
1953	144035	126637	31325	6474	88838		28321	25636	13134
1954	147925	128995	33249	6665	89081		28722	26967	13171
1955	151081	129839	33332	7096	89411		29173	26739	14639
1956	159173	136339	34265	8769	93305		33312	27272	17662
1957	157244	133633	36479	7872	89282		32241	27542	14943
1958	151995	127613	32361	9643	85609		31915	25775	16213
1959	142405	116023	27257	8172	80594		29034	23575	13002
1960	150642	122429	34058	9006	79365		29607	27294	14090
1961	143214	121443	31248	7059	83136		26276	25572	13602
1962	140229	121621	32371	6575	82675		26935	24075	12819
1963	140218	120741	31224	6687	82830		27715	23771	15376
1964	143531	122103	32629	7588	81886		29607	25408	15363
1965	143291	119627	30700	8007	80920		29825	24709	15671
1966	146829	120988	27746	9247	83995		30529	23919	16008
1967	144943	119230	28219	9283	81728		30436	25299	15095
1968	139827	116157	27304	9119	79734		29894	24658	14578
1969	140944	117604	26823	9426	81355		30432	25162	14578
1970	143487	119267	29633	10264	79370		32358	25458	15831
1971	145684	120846	30191	12329	78326		34918	25639	16726
1972	147919	121209	30627	12705	77877		35143	26302	16703
1973	148547	121156	30702	12603	77851		35090	26439	16571
1974	148635	120976	30801	12814	77361		35512	27061	17410
1975	149545	121062	30873	12819	77370		35729	27661	18598
1976	149723	120743	31583	13017	76143		36217	28417	19228
1977	149333	120400	30879	12670	76851		35526	28065	19658
1978	150104	120587	31885	12189	76513		34421	29183	19961
1979	148477	119263	31926	11422	75915		33873	29357	20133
1980	146380	117234	31000	11110	75124		33878	28844	20087
1981	145157	114958	29870	10642	74445		33295	28307	19425
1982	144755	113462	29609	10511	73342		33071	27955	18543
1983	143993	114047	30453	10496	73099		33136	29050	18824
1984	144221	112884	31097	10262	71525		33178	29576	18537
1985	143626	108845	30396	9575	68874		32070	29218	17694

续表

年 份	农作物总播种面积	粮食作物播种面积	一、按季节分				二、按作物品种分		
			1.夏粮	2.早稻	3.秋粮	1.谷物	（1）稻谷	（2）小麦	（3）玉米
1986	144204	110933	30729	9543	70661		32266	29616	19124
1987	144957	111268	30511	9370	71387		32193	28798	20212
1988	144869	110123	30898	9220	70004		31987	28785	19692
1989	146554	112205	31385	9365	71455		32700	29841	20353
1990	148362	113466	32043	9418	72005		33064	30753	21401
1991	149586	112314	32216	9132	70965	94073	32590	30948	21574
1992	149007	110560	31674	8768	70117	92520	32090	30496	21044
1993	147741	110509	31703	7999	70807	88912	30355	30235	20694
1994	148241	109544	30917	8002	70625	87537	30171	28981	21152
1995	149879	110060	30820	8199	71041	89310	30744	28860	22776
1996	152381	112548	31418	8284	72846	92207	31406	29611	24498
1997	153969	112912	32025	8161	72726	91964	31765	30057	23775
1998	155706	113787	31839	7808	74141	92117	31214	29774	25239
1999	156373	113161	31099	7575	74487	91617	31283	28855	25904
2000	156300	108463	29588	6820	72055	85264	29962	26653	23056
2001	155708	106080	27928	6388	71764	82596	28812	24664	24282
2002	154636	103891	27414	5873	70604	81466	28202	23908	24634
2003	152415	99410	25735	5590	68086	76810	26508	21997	24068
2004	153553	101606	25176	5947	70484	79350	28379	21626	25446
2005	155488	104278	26340	6028	71911	81874	28847	22793	26358
2006	152149	104958	26847	5888	72223	84931	28938	23613	28463
2007	153464	105638	26767	5742	73129	85777	28919	23721	29478
2008	156266	106793	26827	5708	74258	86248	29241	23617	29864

各时期年均增长速度

单位：%

年 份	农作物总播种面积	粮食作物播种面积	一、按季节分				二、按作物品种分		
			1.夏粮	2.早稻	3.秋粮	1.谷物	（1）稻谷	（2）小麦	（3）玉米
"一五"	2.2	1.5	2.5	6.4	0.8		2.6	2.1	3.5
"二五"	−2.3	−1.9	−2.4	−3.5	−1.5		−3.5	−2.7	−3.0
"三五"	0.0	−0.1	−0.7	5.1	−0.4		1.6	0.6	0.2
"四五"	0.8	0.3	0.8	4.5	−0.5		2.0	1.7	3.3
"五五"	−0.4	−0.6	0.1	−2.8	−0.6		−1.1	0.8	1.6
"六五"	−0.4	−1.5	−0.4	−2.9	−1.7		−1.1	0.3	−2.5
"七五"	0.7	0.8	1.1	−0.3	0.9		0.6	1.0	3.9
"八五"	0.2	−0.6	−0.8	−2.7	−0.3		−1.4	−1.3	1.3
"九五"	0.8	−0.3	−0.8	−3.6	0.3	−0.9	−0.5	−1.6	0.2
"十五"	−0.1	−0.8	−2.3	−2.4	−0.0	−0.8	−0.8	−3.1	2.7
"十一五"	0.2	0.8	0.6	−1.8	1.1	1.7	0.5	1.2	4.2
1950~2008	0.4	−0.0	−0.1	0.0	−0.0		0.2	0.2	1.4
1978~2008	0.1	−0.4	−0.5	−2.5	−0.1		−0.6	−0.6	1.4
1990~2008	0.3	−0.3	−0.8	−2.6	0.2		−0.6	−1.2	2.0
1998~2008	0.1	−0.5	−1.6	−3.2	0.2	−0.6	−0.7	−2.2	2.1

注： 表中各时期年份："一五"1953~1957年，"二五"1958~1962年，"三五"1966~1970年，"四五"1971~1975年，"五五"1976~1980年，"六五"1981~1985年，"七五"1986~1990年，"八五"1991~1995年，"九五"1996~2000年，"十五"2001~2005年，"十一五"2006~2010年。
数据来源：国家统计局统计资料。

| 表1 | 全国主要农作物播种面积（1949～2008年）（二） |

単位：千公顷

年 份	（4）高粱	（5）谷子	2.豆类	大豆	3.薯 类	油料	花生	油菜籽
1949	8922	9207		8319	7011	4228	1255	1515
1950	9232	9013		9602	7696	4177	1344	1423
1951	9081	8803		10801	8285	5145	1667	1567
1952	9385	9835		11679	8688	5714	1804	1863
1953	9559	9866		12362	9016	5361	1775	1667
1954	8646	9003		12654	9781	5766	2097	1707
1955	8060	8929		11442	10054	6837	2269	2338
1956	6157	8629		12047	10992	6827	2582	2165
1957	6634	8377		12748	10495	6932	2541	2308
1958	3984	6897		9551	15382	6357	2271	2288
1959	4744	6912		9863	12289	6149	1931	2031
1960	3946	5704		9348	13531	5793	1345	2415
1961	5567	6293		9957	12026	4239	1200	1467
1962	6327	6429		9504	12171	4153	1301	1361
1963	6716	7042		9633	11899	4547	1459	1443
1964	6252	6711		10009	11257	5273	1802	1789
1965	6150	6562		8593	11175	5167	1846	1822
1966	5454	5715		8425	11647	5211	1917	1748
1967	5239	5785		8503	10716	5129	1932	1665
1968	5225	5718		8363	10307	4596	1741	1405
1969	5407	6049		8329	10447	4665	1735	1427
1970	5219	6913		7985	10717	4522	1709	1453
1971	4988	6302		7791	10405	4791	1787	1616
1972	5357	5759		7583	10841	5297	1878	1967
1973	5227	5909		7408	11306	5325	1761	2096
1974	5253	5287		7261	11069	5326	1827	2063
1975	4670	4918		6999	10969	5652	1877	2313
1976	4329	4500		6691	10366	5787	1841	2346
1977	3759	4477		6845	11229	5639	1687	2217
1978	3458	4271		7144	11796	6222	1768	2600
1979	3173	4173		7247	10952	7051	2074	2761
1980	2693	3872		7226	10153	7928	2339	2844
1981	2610	3889		8024	9620	9134	2472	3801
1982	2784	4039		8419	9370	9343	2416	4122
1983	2707	4087		7567	9402	8390	2201	3669
1984	2450	3797		7286	8988	8678	2421	3413
1985	1937	3318		7718	8572	11800	3318	4494
1986	1876	2980		8295	8685	11415	3253	4916
1987	1864	2688		8445	8868	11181	3022	5267
1988	1784	2513		8120	9054	10619	2977	4936
1989	1630	2396		8057	9097	10504	2946	4993
1990	1545	2278		7560	9121	10900	2907	5503

续表

年 份	（4）高粱	（5）谷子	2.豆类	大豆	3.薯 类	油料	花生	油菜籽
1991	1388	2081	9163	7041	9078	11530	2880	6133
1992	1299	1867	8983	7221	9057	11489	2976	5976
1993	1342	1832	12377	9454	9220	11142	3379	5300
1994	1369	1672	12736	9222	9270	12081	3776	5783
1995	1215	1522	11232	8127	9519	13102	3809	6907
1996	1292	1514	10543	7471	9797	12555	3616	6734
1997	1083	1442	11164	8346	9785	12381	3722	6475
1998	969	1410	11671	8500	10000	12919	4039	6527
1999	979	1329	11190	7962	10355	13906	4268	6899
2000	889	1250	12660	9307	10538	15400	4856	7494
2001	783	1148	13268	9482	10217	14631	4991	7095
2002	843	1140	12543	8720	9881	14766	4921	7143
2003	722	1024	12899	9313	9702	14990	5057	7221
2004	567	916	12799	9589	9457	14431	4745	7271
2005	570	849	12901	9591	9503	14318	4662	7278
2006	733	858	12149	9304	7877	11738	3956	5984
2007	500	839	11780	8754	8082	11316	3945	5642
2008	490	815	12118	9127	8427	12825	4246	6594

各时期年均增长速度

单位：%

年 份	（4）高粱	（5）谷子	2.豆类	大豆	3.薯 类	油料	花生	油菜籽
"一五"	-6.7	-3.2		1.8	3.9	3.9	7.1	4.4
"二五"	-0.9	-5.2		-5.7	3.0	-9.7	-12.5	-10.0
"三五"	-3.2	1.0		-1.5	-0.8	-2.6	-1.5	-4.4
"四五"	-2.2	-6.6		-2.6	0.5	4.6	1.9	9.7
"五五"	-10.4	-4.7		0.6	-1.5	7.0	4.5	4.2
"六五"	-6.4	-3.0		1.3	-3.3	8.3	7.2	9.6
"七五"	-4.4	-7.2		-0.4	1.2	-1.6	-2.6	4.1
"八五"	-4.7	-7.7		1.5	0.9	3.7	5.6	4.6
"九五"	-6.1	-3.9	2.4	2.7	2.1	3.3	5.0	1.6
"十五"	-8.5	-7.4	0.4	0.6	-2.0	-1.4	-0.8	-0.6
"十一五"	-4.9	-1.4	-2.1	-1.6	-3.9	-3.6	-3.1	-3.2
1950~2008	-4.8	-4.0		0.2	0.3	1.9	2.1	2.5
1978~2008	-6.4	-5.3		0.9	-0.9	2.7	3.0	3.6
1990~2008	-6.1	-5.5		0.7	-0.4	1.1	1.9	1.5
1998~2008	-7.0	-5.1	0.7	0.8	-1.3	0.3	1.2	0.2

注： 表中各时期年份："一五" 1953~1957年，"二五" 1958~1962年，"三五" 1966~1970年，"四五" 1971~1975年，
　　　"五五" 1976~1980年，"六五" 1981~1985年，"七五" 1986~1990年，"八五" 1991~1995年，"九五" 1996~2000年，
　　　"十五" 2001~2005年，"十一五" 2006~2010年。
数据来源：国家统计局统计资料。

| 表2 | 全国主要农作物产量（1949～2008年）（一） |

单位：万吨

年 份	粮食	一、按季节分				二、按作物品种分			
		1.夏粮	2.早稻	3.秋粮	1.谷物	（1）稻谷	（2）小麦	（3）玉米	
1949	11318.0	1899.8	995.7	8422.5		4864.5	1381.0	1241.8	
1950	13212.5	1970.6	1029.5	10212.4		5510.0	1449.5	1389.4	
1951	14368.5	2321.5	1105.6	10941.4		6055.5	1723.0	1380.7	
1952	16391.5	2336.6	1179.8	12875.1		6842.5	1812.5	1685.0	
1953	16683.0	2270.8	1364.4	13047.9		7127.0	1828.0	1668.5	
1954	16951.5	2866.0	1348.5	12737.0		7085.0	2333.5	1714.0	
1955	18393.5	2781.8	1536.4	14075.4		7802.5	2296.5	2031.5	
1956	19274.5	3082.8	1932.9	14258.8		8248.0	2480.0	2305.0	
1957	19504.5	3029.0	1934.0	14541.5		8677.5	2364.0	2144.0	
1958	19765.0	2849.9	2407.2	14508.0		8085.0	2258.5	2312.0	
1959	16968.0	2553.8	1894.6	12519.6		6936.5	2218.0	1664.0	
1960	14384.5	2853.0	1819.3	9712.3		5973.0	2217.0	1603.0	
1961	13650.0	1985.8	1437.4	10226.8		5364.0	1425.0	1548.8	
1962	15441.0	2319.5	1461.0	11660.5		6298.5	1666.5	1626.1	
1963	17000.0	2374.5	1671.0	12954.5		7376.5	1847.5	2057.5	
1964	18750.0	2608.5	2027.5	14114.0		8300.0	2084.0	2269.0	
1965	19452.5	3210.0	2494.5	13748.0		8772.0	2522.0	2365.5	
1966	21400.0	2987.5	2974.4	15438.2		9539.0	2528.0	2842.5	
1967	21782.0	3204.0	2984.2	15593.9		9368.5	2848.5	2740.6	
1968	20905.5	3086.7	2851.4	14967.5		9453.0	2745.5	2503.4	
1969	21097.0	3053.5	3017.7	15025.9		9506.5	2728.5	2492.0	
1970	23995.5	3408.0	3741.0	16846.5		10999.0	2918.5	3303.0	
1971	25014.0	3937.5	4425.0	16651.5		11520.5	3257.5	3585.0	
1972	24048.0	4243.0	4573.5	15231.5		11335.5	3598.5	3210.0	
1973	26493.5	4051.5	4476.5	17965.5		12173.5	3522.5	3862.5	
1974	27527.0	4612.5	5081.5	17833.0		12390.5	4086.5	4291.5	
1975	28451.5	4992.0	4870.0	18589.5		12556.0	4531.0	4721.5	
1976	28630.5	5505.0	5164.0	17961.5		12580.5	5038.5	4816.0	
1977	28272.5	4404.0	4620.0	19248.5		12856.5	4107.5	4938.5	
1978	30476.5	5937.5	5081.0	19458.0		13693.0	5384.0	5594.5	
1979	33211.5	6786.5	5198.0	21227.0		14375.0	6273.0	6003.5	
1980	32055.5	5928.0	4914.0	21213.5		13990.5	5520.5	6260.0	
1981	32502.0	6399.0	4953.5	21149.5		14395.0	5964.0	5920.5	
1982	35450.0	7334.0	5306.0	22810.0		16159.5	6847.0	6056.0	
1983	38727.5	8444.0	5076.5	25207.0		16886.5	8139.0	6820.5	
1984	40730.5	9198.5	5330.5	26201.5		17825.5	8781.5	7341.0	
1985	37910.8	8873.5	4880.7	24156.6		16856.9	8580.5	6382.6	
1986	39151.2	9329.1	4961.9	24860.2		17222.4	9004.0	7085.6	
1987	40297.7	9106.2	4763.3	26428.2		17426.2	8590.2	7924.1	
1988	39408.1	9098.8	4701.4	25607.9		16910.7	8543.2	7735.1	
1989	40754.9	9375.2	4798.4	26581.3		18013.0	9080.7	7892.8	
1990	44624.3	10012.9	5057.5	29553.9		18933.1	9822.9	9681.9	

续表

年 份	粮食	一、按季节分			二、按作物品种分			
		1.夏粮	2.早稻	3.秋粮	1.谷物	（1）稻谷	（2）小麦	（3）玉米
1991	43529.3	9840.5	4624.9	29063.9	39566.3	18381.3	9595.3	9877.3
1992	44265.8	10327.6	4648.7	29289.5	40169.6	18622.2	10158.7	9538.3
1993	45648.8	10841.9	4115.1	30691.8	40517.4	17751.4	10639.0	10270.4
1994	44510.1	10430.3	4086.2	29993.6	39389.1	17593.3	9929.7	9927.5
1995	46661.8	10692.7	4222.0	31747.1	41611.6	18522.6	10220.7	11198.6
1996	50453.5	11427.3	4398.2	34628.0	45127.1	19510.3	11056.9	12747.1
1997	49417.1	12768.2	4577.6	32071.3	44349.3	20073.5	12328.9	10430.9
1998	51229.5	11322.4	4052.3	35854.8	45624.7	19871.3	10972.6	13295.4
1999	50838.6	11850.3	4096.7	34891.7	45304.1	19848.7	11388.0	12808.6
2000	46217.5	10679.3	3751.9	31786.4	40522.4	18790.8	9963.6	10600.0
2001	45263.7	10173.4	3400.3	31690.0	39648.2	17758.0	9387.3	11408.8
2002	45705.8	9861.3	3029.0	32815.5	39798.7	17453.9	9029.0	12130.8
2003	43069.5	9637.6	2948.3	30483.7	37428.7	16065.6	8648.8	11583.0
2004	46946.9	10114.1	3221.7	33611.2	41157.2	17908.8	9195.2	13028.7
2005	48402.2	10639.9	3187.3	34575.1	42776.0	18058.8	9744.5	13936.5
2006	49804.2	11656.0	3139.8	35008.5	45099.2	18171.8	10846.6	15160.3
2007	50160.3	11737.1	3151.5	35271.6	45632.4	18603.4	10929.8	15230.0
2008	52870.9	12074.9	3159.5	37636.5	47847.4	19189.6	11246.4	16591.4

各时期年均增长速度

单位：%

年 份	粮食	一、按季节分			二、按作物品种分			
		1.夏粮	2.早稻	3.秋粮	1.谷物	（1）稻谷	（2）小麦	（3）玉米
"一五"	3.5	5.3	10.4	2.5		4.9	5.5	4.9
"二五"	−4.6	−5.2	−5.5	−4.3		−6.2	−6.8	−5.4
"三五"	4.3	1.2	8.4	4.1		4.6	3.0	6.9
"四五"	3.5	7.9	5.4	2.0		2.7	9.2	7.4
"五五"	2.4	3.5	0.2	2.7		2.2	4.0	5.8
"六五"	3.4	8.4	−0.1	2.6		3.8	9.2	0.4
"七五"	3.3	2.4	0.7	4.1		2.4	2.7	8.7
"八五"	0.9	1.3	−3.5	1.4		−0.4	0.8	3.0
"九五"	−0.2	−0.0	−2.3	0.0	−0.5	0.3	−0.5	−1.1
"十五"	0.9	−0.1	−3.2	1.7	1.1	−0.8	−0.4	5.6
"十一五"	3.0	4.3	−0.3	2.9	3.8	2.0	4.9	6.0
1950~2008	2.6	3.2	2.0	2.6		2.4	3.6	4.5
1978~2008	2.0	3.3	−1.2	2.2		1.3	3.3	4.0
1990~2008	1.4	1.3	−2.2	1.8		0.3	1.1	4.0
1998~2008	0.6	−0.5	−3.3	1.5	0.7	−0.4	−0.8	4.3

注：表中各时期年份："一五"1953～1957年，"二五"1958～1962年，"三五"1966～1970年，"四五"1971～1975年，
"五五"1976～1980年，"六五"1981～1985年，"七五"1986～1990年，"八五"1991～1995年，"九五"1996～2000
年，"十五"2001～2005年，"十一五"2006～2010年。
数据来源：国家统计局统计资料。

| 表2 | 全国主要农作物产量（1949～2008年）（二） |

单位：万吨

年 份	（4）高粱	（5）谷子	2.豆类	大豆	3.薯 类	油料	花生	油菜籽
1949	674.9	779.7		508.5	984.5	256.4	126.8	73.4
1950	846.8	870.5		743.5	1239.0	297.2	173.9	68.3
1951	820.6	872.8		863.0	1400.0	362.0	209.6	77.8
1952	1109.5	1153.0		952.0	1632.5	419.3	231.6	93.2
1953	1121.5	1030.0		993.0	1665.5	385.6	212.7	87.9
1954	901.5	922.5		908.0	1698.0	430.5	276.7	87.8
1955	1026.0	1003.5		912.0	1889.5	482.7	292.6	96.9
1956	655.0	845.0		1023.5	2185.0	508.6	333.6	92.3
1957	764.5	856.0		1004.5	2192.0	419.6	257.1	88.8
1958	479.7	811.8		866.5	3272.5	477.0	285.7	99.9
1959	537.1	722.5		876.0	2381.5	410.4	220.6	93.6
1960	343.6	473.2		639.0	2035.0	194.1	80.4	74.6
1961	576.5	522.5		620.5	2173.0	181.4	104.9	38.0
1962	607.4	530.6		650.5	2344.5	200.3	110.0	48.8
1963	686.0	601.0		691.0	2139.0	245.8	142.4	51.8
1964	668.0	683.0		787.0	2012.5	336.8	174.9	93.9
1965	711.5	620.5		613.5	1986.0	362.5	192.8	108.9
1966	743.4	870.5		826.5	2252.5	391.9	231.5	90.6
1967	789.9	922.3		826.5	2243.0	398.5	218.9	100.7
1968	796.0	834.0		803.5	2228.5	343.2	191.7	90.5
1969	683.8	917.0		762.5	2411.5	333.1	183.2	87.8
1970	879.5	973.5		870.5	2667.5	377.2	214.8	96.5
1971	881.0	767.5		860.5	2506.5	411.3	223.0	123.3
1972	803.0	594.5		645.0	2451.5	411.8	209.2	139.7
1973	1067.0	815.0		836.5	3155.5	418.6	213.2	135.3
1974	1137.5	702.5		747.0	2824.0	441.4	232.3	138.2
1975	1077.0	715.5		724.0	2856.5	452.1	227.0	153.5
1976	871.0	556.0		664.0	2666.0	400.8	187.3	134.8
1977	768.0	613.5		725.5	2967.0	401.7	197.8	117.0
1978	807.0	656.0		756.5	3174.0	521.8	237.7	186.8
1979	762.5	612.5		746.0	2846.0	643.5	282.2	240.2
1980	677.5	544.5		794.0	2872.5	769.1	360.0	238.4
1981	665.0	576.5		932.5	2597.0	1020.5	382.6	406.5
1982	698.5	658.0		903.0	2704.5	1181.7	391.6	565.6
1983	835.5	754.0		976.0	2924.5	1055.0	395.1	428.7
1984	771.5	702.5		969.5	2847.5	1191.0	481.5	420.5
1985	560.9	597.7		1050.0	2603.6	1578.4	666.4	560.7
1986	538.4	454.0		1161.4	2533.7	1473.8	588.2	588.1
1987	542.6	435.7		1246.5	2820.5	1527.8	617.1	660.5
1988	559.4	441.2		1164.5	2696.5	1320.3	569.3	504.4
1989	443.5	375.3		1022.7	2730.4	1295.2	536.3	543.6
1990	567.6	457.5		1100.0	2743.3	1613.2	636.8	695.8

续表

年 份	（4）高粱	（5）谷子	2.豆类	大豆	3.薯 类	油料	花生	油菜籽
1991	494.3	342.4	1247.1	971.3	2715.9	1638.3	630.3	743.6
1992	467.1	331.7	1252.0	1030.4	2844.2	1641.2	595.3	765.3
1993	551.1	399.9	1950.4	1530.7	3181.1	1803.9	842.1	693.9
1994	633.3	369.6	2095.6	1599.9	3025.4	1989.6	968.2	749.2
1995	475.6	301.9	1787.5	1350.2	3262.6	2250.3	1023.5	977.7
1996	567.5	357.3	1790.3	1322.4	3536.0	2210.6	1013.8	920.1
1997	363.8	231.2	1875.5	1473.2	3192.3	2157.4	964.8	957.8
1998	408.6	312.0	2000.6	1515.2	3604.2	2313.9	1188.6	830.1
1999	324.1	231.8	1894.0	1424.5	3640.6	2601.2	1263.9	1013.2
2000	258.2	212.5	2010.0	1540.9	3685.2	2954.8	1443.7	1138.1
2001	269.7	196.7	2052.8	1540.6	3563.1	2864.9	1441.6	1133.1
2002	332.7	217.6	2241.2	1650.5	3665.9	2897.2	1481.8	1055.2
2003	286.2	194.1	2127.5	1539.3	3513.3	2811.0	1342.0	1142.0
2004	232.7	181.3	2232.1	1740.1	3557.7	3065.9	1434.2	1318.2
2005	254.6	178.3	2157.7	1634.8	3468.5	3077.1	1434.2	1305.2
2006	218.2	163.9	2003.7	1508.2	2701.3	2640.3	1288.7	1096.6
2007	192.0	150.7	1720.1	1272.5	2807.8	2568.7	1302.7	1057.3
2008	183.7	128.6	2043.3	1554.2	2980.2	2952.8	1428.6	1210.2

各时期年均增长速度

单位：%

年 份	（4）高粱	（5）谷子	2.豆类	大豆	3.薯 类	油料	花生	油菜籽
"一五"	-7.2	-5.8		1.1	6.1	0.0	2.1	-1.0
"二五"	-4.5	-9.1		-8.3	1.4	-13.7	-15.6	-11.3
"三五"	4.3	9.4		7.2	6.1	0.8	2.2	-2.4
"四五"	4.1	-6.0		-3.6	1.4	3.7	1.1	9.7
"五五"	-8.9	-5.3		1.9	0.1	11.2	9.7	9.2
"六五"	-3.7	1.9		5.7	-1.9	15.5	13.1	18.7
"七五"	0.2	-5.2		0.9	1.1	0.4	-0.9	4.4
"八五"	-3.5	-8.0		4.2	3.5	6.9	10.0	7.0
"九五"	-11.5	-6.8	2.4	2.7	2.5	5.6	7.1	3.1
"十五"	-0.3	-3.4	1.4	1.2	-1.2	0.8	-0.1	2.8
"十一五"	-10.3	-10.3	-1.8	-1.7	-4.9	-1.4	-0.1	-2.5
1950~2008	-2.2	-3.0		1.9	1.9	4.2	4.2	4.9
1978~2008	-4.5	-4.9		2.5	0.0	6.6	6.6	7.8
1990~2008	-4.5	-5.5		2.2	0.5	4.4	5.3	4.3
1998~2008	-6.0	-5.2	0.8	0.5	-0.6	2.9	3.6	2.1

注： 表中各时期年份："一五"1953～1957年，"二五"1958～1962年，"三五"1966～1970年，"四五"1971～1975年，"五五"1976～1980年，"六五"1981～1985年，"七五"1986～1990年，"八五"1991～1995年，"九五"1996～2000年，"十五"2001～2005年，"十一五"2006～2010年。

数据来源：国家统计局统计资料。

表3	全国主要农作物单位面积产量（1949～2008年）（一）

单位：公斤/公顷

年 份	粮食	一、按季节分			二、按作物品种分			
		1.夏粮	2.早稻	3.秋粮	1.谷物	（1）稻谷	（2）小麦	（3）玉米
1949	1029.3	652.5	1770.8	1119.7		1892.1	641.9	961.5
1950	1154.9	653.6	1823.7	1299.1		2107.2	635.7	1072.6
1951	1220.1	752.2	1930.8	1347.8		2248.4	747.3	1108.6
1952	1322.1	724.2	2040.8	1498.3		2410.9	731.4	1340.9
1953	1317.4	724.9	2107.5	1468.7		2516.5	713.1	1270.4
1954	1314.1	862.0	2023.3	1429.8		2466.8	865.3	1301.3
1955	1416.6	834.6	2165.2	1574.2		2674.6	858.9	1387.7
1956	1413.7	899.7	2204.2	1528.2		2476.0	909.4	1305.1
1957	1459.6	830.3	2456.8	1628.7		2691.4	858.3	1434.8
1958	1548.8	880.7	2496.3	1694.7		2533.3	876.2	1426.0
1959	1462.5	936.9	2318.4	1553.4		2389.1	940.8	1280.2
1960	1174.9	837.7	2020.1	1223.8		2017.4	812.3	1137.7
1961	1124.0	635.5	2036.3	1230.1		2041.4	557.3	1138.7
1962	1269.6	716.5	2222.1	1410.4		2338.4	692.2	1268.5
1963	1408.0	760.5	2498.9	1564.0		2661.6	777.2	1338.1
1964	1535.6	799.4	2672.0	1723.6		2803.4	820.2	1476.9
1965	1626.1	1045.6	3115.4	1699.0		2941.2	1020.7	1509.5
1966	1768.8	1076.7	3216.6	1838.0		3124.6	1056.9	1775.7
1967	1826.9	1135.4	3214.7	1908.0		3078.1	1125.9	1815.6
1968	1799.8	1130.5	3126.9	1877.2		3162.2	1113.4	1717.2
1969	1793.9	1138.4	3201.5	1847.0		3123.8	1084.4	1709.4
1970	2011.9	1150.1	3644.8	2122.5		3399.2	1146.4	2086.4
1971	2069.9	1304.2	3589.1	2125.9		3299.3	1270.5	2143.4
1972	1984.0	1385.4	3599.8	1955.8		3225.5	1368.1	1921.8
1973	2186.7	1319.6	3551.9	2307.7		3469.2	1332.3	2330.9
1974	2275.4	1497.5	3965.6	2305.2		3489.1	1510.1	2465.0
1975	2350.2	1616.9	3799.0	2402.7		3514.2	1638.0	2538.7
1976	2371.2	1743.0	3967.1	2358.9		3473.6	1773.1	2504.7
1977	2348.2	1426.2	3646.4	2504.7		3618.9	1463.6	2512.2
1978	2527.3	1862.2	4168.4	2543.1		3978.1	1844.9	2802.7
1979	2784.7	2125.7	4551.0	2796.1		4243.8	2136.8	2981.9
1980	2734.3	1912.2	4423.0	2823.8		4129.6	1913.9	3116.4
1981	2827.3	2142.3	4654.7	2840.9		4323.7	2106.9	3047.9
1982	3124.4	2477.0	5047.9	3110.1		4886.3	2449.3	3265.9
1983	3395.7	2772.8	4836.6	3448.4		5096.1	2801.7	3623.3
1984	3608.2	2958.0	5194.4	3663.3		5372.6	2969.1	3960.3
1985	3483.0	2919.3	5097.3	3507.3		5256.3	2936.7	3607.2
1986	3529.3	3036.0	5199.7	3518.2		5337.6	3040.2	3705.1
1987	3621.7	2984.5	5083.7	3702.1		5413.1	2982.9	3920.6
1988	3578.6	2944.8	5099.0	3658.1		5286.7	2968.0	3928.1
1989	3632.2	2987.1	5124.0	3720.0		5508.5	3043.0	3877.9
1990	3932.8	3124.8	5370.2	4104.4		5726.1	3194.1	4523.9

续表

年 份	粮食	一、按季节分			二、按作物品种分			
		1.夏粮	2.早稻	3.秋粮	1.谷物	（1）稻谷	（2）小麦	（3）玉米
1991	3875.7	3054.6	5064.2	4095.5	4205.9	5640.2	3100.5	4578.3
1992	4003.8	3260.6	5301.7	4177.2	4341.7	5803.1	3331.2	4532.7
1993	4130.8	3419.9	5144.5	4334.6	4557.0	5847.9	3518.8	4963.0
1994	4063.2	3373.7	5106.7	4246.9	4499.7	5831.1	3426.3	4693.4
1995	4239.7	3469.4	5149.2	4468.9	4659.3	6024.8	3541.5	4916.9
1996	4482.8	3637.2	5309.3	4753.6	4894.1	6212.4	3734.1	5203.3
1997	4376.6	3986.9	5609.2	4409.9	4822.5	6319.4	4101.9	4387.3
1998	4502.2	3556.2	5189.9	4836.1	4952.9	6366.2	3685.3	5267.8
1999	4492.6	3810.5	5408.0	4684.3	4945.0	6344.8	3946.6	4944.7
2000	4261.2	3609.3	5501.5	4411.4	4752.6	6271.6	3738.2	4597.5
2001	4266.9	3642.8	5322.6	4415.9	4800.3	6163.3	3806.1	4698.4
2002	4399.4	3597.2	5157.7	4647.8	4885.3	6189.0	3776.5	4924.5
2003	4332.5	3745.0	5274.0	4477.3	4872.9	6060.7	3931.8	4812.6
2004	4620.5	4017.4	5417.7	4768.6	5186.8	6310.6	4251.9	5120.2
2005	4641.6	4039.5	5287.4	4808.1	5224.6	6260.2	4275.3	5287.3
2006	4745.2	4341.7	5332.6	4847.3	5310.1	6279.6	4593.4	5326.3
2007	4748.3	4384.9	5488.2	4823.2	5319.9	6433.0	4607.7	5166.7
2008	4950.8	4501.1	5535.3	5068.3	5547.7	6562.5	4762.0	5555.7

各时期年均增长速度

单位：%

年 份	粮食	一、按季节分			二、按作物品种分			
		1.夏粮	2.早稻	3.秋粮	1.谷物	（1）稻谷	（2）小麦	（3）玉米
"一五"	2.0	2.8	3.8	1.7		2.2	3.3	1.4
"二五"	−2.8	−2.9	−2.0	−2.8		−2.8	−4.2	−2.4
"三五"	4.4	1.9	3.2	4.6		2.9	2.4	6.7
"四五"	3.2	7.1	0.8	2.5		0.7	7.4	4.0
"五五"	3.1	3.4	3.1	3.3		3.3	3.2	4.2
"六五"	5.0	8.8	2.9	4.4		4.9	8.9	3.0
"七五"	2.5	1.4	1.0	3.2		1.7	1.7	4.6
"八五"	1.5	2.1	−0.8	1.7		1.0	2.1	1.7
"九五"	0.1	0.8	1.3	−0.3	0.4	0.8	1.1	−1.3
"十五"	1.7	2.3	−0.8	1.7	1.9	−0.0	2.7	2.8
"十一五"	2.2	3.7	1.5	1.8	2.0	1.6	3.7	1.7
1950~2008	2.7	3.3	2.0	2.6		2.1	3.5	3.0
1978~2008	2.4	3.8	1.4	2.3		1.9	3.9	2.6
1990~2008	1.6	2.2	0.4	1.6		0.9	2.4	1.9
1998~2008	1.1	1.1	−0.1	1.3	1.3	0.3	1.4	2.2

注： 表中各时期年份："一五"1953～1957年，"二五"1958～1962年，"三五"1966～1970年，"四五"1971～1975年，"五五"1976～1980年，"六五"1981～1985年，"七五"1986～1990年，"八五"1991～1995年，"九五"1996～2000年，"十五"2001～2005年，"十一五"2006～2010年。

数据来源：国家统计局统计资料。

| 表3 | 全国主要农作物单位面积产量（1949～2008年）（二） |

单位：公斤/公顷

年份	（4）高粱	（5）谷子	2.豆类	大豆	3.薯类	油料	花生	油菜籽
1949	756.4	846.9		611.3	1404.2	606.4	1010.4	484.5
1950	917.2	965.8		774.3	1609.9	711.5	1293.9	480.0
1951	903.6	991.5		799.0	1689.8	703.6	1257.3	496.5
1952	1182.2	1172.3		815.1	1879.0	733.8	1283.8	500.3
1953	1173.2	1044.0		803.3	1847.3	719.3	1198.3	527.3
1954	1042.7	1024.7		717.6	1736.0	746.6	1319.5	514.4
1955	1273.0	1123.9		797.1	1879.4	706.0	1289.6	414.5
1956	1063.8	979.3		849.6	1987.8	745.0	1292.0	426.3
1957	1152.4	1021.8		788.0	2088.6	605.3	1011.8	384.7
1958	1204.1	1177.0		907.2	2127.5	750.4	1258.0	436.6
1959	1132.2	1045.3		888.2	1937.9	667.4	1142.4	460.9
1960	870.8	829.6		683.6	1504.0	335.1	597.8	308.9
1961	1035.6	830.3		623.2	1806.9	427.9	874.2	259.0
1962	960.0	825.3		684.4	1926.3	482.3	845.5	358.6
1963	1021.4	853.5		717.3	1797.6	540.6	976.0	359.0
1964	1068.5	1017.7		786.3	1787.8	638.7	970.6	524.9
1965	1156.9	945.6		714.0	1777.2	701.6	1044.4	597.7
1966	1363.0	1523.2		981.0	1934.0	752.1	1207.6	518.3
1967	1507.7	1594.3		972.0	2093.1	777.0	1133.0	604.8
1968	1523.4	1458.6		960.8	2162.1	746.7	1101.1	644.1
1969	1264.7	1516.0		915.5	2308.3	714.0	1055.9	615.3
1970	1685.2	1408.2		1090.2	2489.0	834.1	1256.9	664.1
1971	1766.2	1217.9		1104.5	2408.9	858.5	1247.9	763.0
1972	1499.0	1032.3		850.6	2261.3	777.4	1114.0	710.2
1973	2041.3	1379.3		1129.2	2791.0	786.1	1210.7	645.5
1974	2165.4	1328.7		1028.8	2551.3	828.8	1271.5	669.9
1975	2306.2	1454.9		1034.4	2604.2	799.9	1209.4	663.6
1976	2012.0	1235.6		992.4	2571.9	692.6	1017.4	574.6
1977	2043.1	1370.3		1059.9	2642.3	712.4	1172.5	527.7
1978	2333.9	1536.1		1059.0	2690.7	838.6	1344.4	718.5
1979	2403.4	1467.9		1029.4	2598.6	912.7	1360.6	870.0
1980	2516.0	1406.2		1098.8	2829.1	970.0	1539.2	838.1
1981	2547.8	1482.3		1162.2	2699.5	1117.2	1547.6	1069.5
1982	2509.0	1629.3		1072.6	2886.4	1264.8	1620.8	1372.4
1983	3086.5	1844.7		1289.8	3110.5	1257.4	1795.0	1168.3
1984	3148.4	1850.0		1330.6	3168.0	1372.5	1988.6	1232.1
1985	2895.9	1801.1		1360.5	3037.4	1337.7	2008.1	1247.6
1986	2870.7	1523.5		1400.2	2917.4	1291.1	1807.8	1196.3
1987	2911.5	1620.8		1476.0	3180.7	1366.5	2041.9	1254.0
1988	3136.2	1755.3		1434.1	2978.3	1243.3	1912.5	1021.9
1989	2721.6	1566.3		1269.3	3001.5	1233.1	1820.2	1088.8
1990	3674.1	2007.9		1455.1	3007.8	1479.9	2190.7	1264.3

续表

年 份	（4）高粱	（5）谷子	2.豆类	大豆	3.薯 类	油料	花生	油菜籽
1991	3561.9	1645.4	1361.0	1379.5	2991.7	1421.0	2188.7	1212.4
1992	3596.1	1776.3	1393.7	1427.0	3140.5	1428.4	2000.5	1280.7
1993	4107.5	2183.0	1575.9	1619.1	3450.1	1619.0	2491.9	1309.2
1994	4626.7	2210.8	1645.4	1734.9	3263.5	1646.9	2564.3	1295.5
1995	3914.4	1982.3	1591.4	1661.4	3427.5	1717.6	2686.7	1415.5
1996	4393.1	2359.9	1698.1	1770.2	3609.1	1760.7	2804.0	1366.5
1997	3358.0	1603.6	1680.0	1765.1	3262.5	1742.5	2592.4	1479.1
1998	4215.1	2212.5	1714.2	1782.5	3604.3	1791.0	2942.8	1271.8
1999	3310.8	1744.1	1692.6	1789.2	3515.8	1870.5	2961.1	1468.6
2000	2904.0	1700.1	1587.7	1655.7	3496.9	1918.7	2973.3	1518.6
2001	3445.6	1713.4	1547.2	1624.8	3487.5	1958.1	2888.2	1597.2
2002	3945.4	1908.9	8719.6	1892.9	3709.9	1962.0	3011.3	1477.2
2003	3962.0	1894.4	1649.4	1652.9	3621.3	1875.2	2653.8	1581.5
2004	4102.0	1979.6	1744.0	1814.8	3762.0	2124.6	3022.4	1812.8
2005	4469.5	2100.3	1672.4	1704.5	3649.9	2149.2	3076.1	1793.3
2006	2977.6	1911.3	1649.2	1620.1	3429.2	2249.3	3257.7	1832.6
2007	3837.2	1796.7	1460.2	1453.7	3474.1	2270.0	3302.4	1873.8
2008	3749.8	1578.2	1686.2	1702.8	3536.6	2302.3	3364.8	1835.3

各时期年均增长速度

单位：%

年 份	（4）高粱	（5）谷子	2.豆类	大豆	3.薯 类	油料	花生	油菜籽
"一五"	-0.5	-2.7		-0.7	2.1	-3.8	-4.7	-5.1
"二五"	-3.6	-4.2		-2.8	-1.6	-4.4	-3.5	-1.4
"三五"	7.8	8.3		8.8	7.0	3.5	3.8	2.1
"四五"	6.5	0.7		-1.0	0.9	-0.8	-0.8	-0.0
"五五"	1.8	-0.7		1.2	1.7	3.9	4.9	4.8
"六五"	2.9	5.1		4.4	1.4	6.6	5.5	8.3
"七五"	4.9	2.2		1.4	-0.2	2.0	1.8	0.3
"八五"	1.3	-0.3		2.7	2.6	3.0	4.2	2.3
"九五"	-5.8	-3.0	-0.0	-0.1	0.4	2.2	2.0	1.4
"十五"	9.0	4.3	1.0	0.6	0.9	2.3	0.7	3.4
"十一五"	-5.7	-9.1	0.3	-0.0	-1.0	2.3	3.0	0.8
1950~2008	2.8	1.1		1.8	1.6	2.3	2.1	2.3
1978~2008	2.0	0.5		1.5	0.9	3.9	3.5	4.1
1990~2008	1.7	0.0		1.6	0.9	3.3	3.3	2.8
1998~2008	1.0	-0.1	0.0	-0.3	0.7	2.6	2.4	2.0

注： 表中各时期年份："一五" 1953～1957年，"二五" 1958～1962年，"三五" 1966～1970年，"四五" 1971～1975年，
"五五" 1976～1980年，"六五" 1981～1985年，"七五" 1986～1990年，"八五" 1991～1995年，"九五" 1996～2000
年，"十五" 2001～2005年，"十一五" 2006～2010年。
数据来源：国家统计局统计资料。

表4		2008年各地区粮食播种面积		

单位：千公顷

地　区	2007年	2008年	2008年比2007年增加	
			绝对数	%
全国总计	105638.4	106792.6	1154.3	1.1
东部地区	24282.2	24478.3	196.1	0.8
中部地区	31012.0	31346.0	333.9	1.1
西部地区	32061.8	32552.3	490.5	1.5
东北地区	18282.4	18416.0	133.7	0.7
北　京	197.5	226.3	28.8	14.6
天　津	292.0	293.5	1.5	0.5
河　北	6168.2	6158.1	−10.1	−0.2
山　西	3028.2	3111.3	83.1	2.7
内　蒙　古	5119.9	5254.5	134.6	2.6
辽　宁	3127.2	3035.9	−91.3	−2.9
吉　林	4334.7	4391.2	56.5	1.3
黑　龙　江	10820.5	10988.9	168.5	1.6
上　海	169.6	174.5	4.9	2.9
江　苏	5215.6	5267.1	51.5	1.0
浙　江	1219.6	1271.6	52.1	4.3
安　徽	6477.8	6561.1	83.3	1.3
福　建	1201.0	1210.3	9.2	0.8
江　西	3525.3	3578.1	52.8	1.5
山　东	6936.5	6955.6	19.1	0.3
河　南	9468.0	9600.0	132.0	1.4
湖　北	3981.4	3906.7	−74.7	−1.9
湖　南	4531.3	4588.8	57.5	1.3
广　东	2479.5	2499.9	20.4	0.8
广　西	2984.0	2973.1	−10.9	−0.4
海　南	402.6	421.3	18.6	4.6
重　庆	2195.8	2215.4	19.6	0.9
四　川	6450.0	6430.9	−19.1	−0.3
贵　州	2821.8	2919.6	97.7	3.5
云　南	3994.5	4095.9	101.5	2.5
西　藏	171.8	170.6	−1.2	−0.7
陕　西	3099.8	3126.0	26.2	0.8
甘　肃	2687.0	2683.0	−4.0	−0.2
青　海	301.8	272.0	−29.8	−9.9
宁　夏	856.3	826.2	−30.2	−3.5
新　疆	1379.1	1585.2	206.1	14.9

注：四个地区的划分：东部地区：北京、天津、河北、上海、江苏、浙江、福建、山东、广东和海南共10个省市。中部地区：山西、安徽、江西、河南、湖北和湖南共6个省。西部地区：内蒙古、广西、重庆、四川、贵州、云南、西藏、陕西、甘肃、青海、宁夏和新疆共12个省区市。东北地区：辽宁、吉林和黑龙江共3个省。
数据来源：国家统计局统计资料。

表5		**2008年各地区粮食总产量**		

单位：万吨

地 区	2007年	2008年	2008年比2007年增加	
			绝对数	%
全国总计	50160.3	52870.9	2710.6	5.4
东部地区	13306.9	13586.6	279.8	2.1
中部地区	15935.3	16407.1	471.8	3.0
西部地区	13166.4	13951.9	785.5	6.0
东北地区	7751.7	8925.3	1173.6	15.1
北 京	102.1	125.5	23.4	22.9
天 津	147.2	148.9	1.8	1.2
河 北	2841.6	2905.8	64.3	2.3
山 西	1007.1	1028.0	21.0	2.1
内 蒙 古	1810.7	2131.3	320.6	17.7
辽 宁	1835.0	1860.3	25.3	1.4
吉 林	2453.8	2840.0	386.2	15.7
黑 龙 江	3462.9	4225.0	762.1	22.0
上 海	109.2	115.7	6.5	5.9
江 苏	3132.2	3175.5	43.3	1.4
浙 江	728.6	775.6	46.9	6.4
安 徽	2901.4	3023.3	121.9	4.2
福 建	635.1	652.3	17.3	2.7
江 西	1904.0	1958.1	54.1	2.8
山 东	4148.8	4260.5	111.7	2.7
河 南	5245.2	5365.5	120.3	2.3
湖 北	2185.4	2227.2	41.8	1.9
湖 南	2692.2	2805.0	112.8	4.2
广 东	1284.7	1243.4	−41.3	−3.2
广 西	1396.6	1394.7	−1.9	−0.1
海 南	177.5	183.5	6.0	3.4
重 庆	1088.0	1153.2	65.2	6.0
四 川	3027.0	3140.0	113.0	3.7
贵 州	1100.9	1158.0	57.1	5.2
云 南	1460.7	1518.6	57.9	4.0
西 藏	93.9	95.0	1.2	1.2
陕 西	1067.9	1111.0	43.1	4.0
甘 肃	824.0	888.5	64.5	7.8
青 海	106.2	101.8	−4.4	−4.1
宁 夏	323.5	329.2	5.7	1.8
新 疆	867.0	930.5	63.5	7.3

注：四个地区的划分：东部地区：北京、天津、河北、上海、江苏、浙江、福建、山东、广东和海南共10个省市。中部地区：山西、安徽、江西、河南、湖北和湖南共6个省。西部地区：内蒙古、广西、重庆、四川、贵州、云南、西藏、陕西、甘肃、青海、宁夏和新疆共12个省区市。东北地区：辽宁、吉林和黑龙江共3个省。
数据来源：国家统计局统计资料。

表6			2008年各地区粮食单位面积产量	

单位：公斤/公顷

地 区	2007年	2008年	2008年比2007年增加	
			绝对数	%
全国总计	4748.3	4950.8	202.5	4.3
东部地区	5480.1	5550.5	70.4	1.3
中部地区	5138.4	5234.2	95.8	1.9
西部地区	4106.6	4286.0	179.4	4.4
东北地区	4240.0	4846.5	606.5	14.3
北　京	5168.4	5542.8	374.4	7.2
天　津	5039.2	5074.1	34.9	0.7
河　北	4606.8	4718.7	111.9	2.4
山　西	3325.6	3304.1	−21.5	−0.6
内蒙古	3536.6	4056.2	519.6	14.7
辽　宁	5867.9	6127.7	259.8	4.4
吉　林	5660.8	6467.5	806.7	14.3
黑龙江	3200.4	3844.8	644.4	20.1
上　海	6439.1	6627.9	188.8	2.9
江　苏	6005.5	6028.9	23.4	0.4
浙　江	5974.6	6098.9	124.3	2.1
安　徽	4479.0	4607.9	128.9	2.9
福　建	5287.6	5389.9	102.4	1.9
江　西	5401.0	5472.5	71.5	1.3
山　东	5981.1	6125.3	144.2	2.4
河　南	5539.9	5589.0	49.1	0.9
湖　北	5489.1	5701.1	212.0	3.9
湖　南	5941.3	6112.7	171.4	2.9
广　东	5181.2	4973.9	−207.3	−4.0
广　西	4680.3	4691.1	10.8	0.2
海　南	4408.4	4355.2	−53.2	−1.2
重　庆	4955.0	5205.4	250.4	5.1
四　川	4693.0	4882.7	189.6	4.0
贵　州	3901.2	3966.3	65.1	1.7
云　南	3656.8	3707.6	50.7	1.4
西　藏	5464.0	5569.7	105.7	1.9
陕　西	3445.1	3554.1	109.0	3.2
甘　肃	3066.6	3311.6	245.0	8.0
青　海	3518.0	3742.8	224.8	6.4
宁　夏	3778.0	3985.2	207.2	5.5
新　疆	6287.2	5869.9	−417.3	−6.6

注：四个地区的划分：东部地区：北京、天津、河北、上海、江苏、浙江、福建、山东、广东和海南共10个省市。中部地区：山西、安徽、江西、河南、湖北和湖南共6个省。西部地区：内蒙古、广西、重庆、四川、贵州、云南、西藏、陕西、甘肃、青海、宁夏和新疆共12个省区市。东北地区：辽宁、吉林和黑龙江共3个省。
数据来源：国家统计局统计资料。

表7	2008年各地区分季粮食播种面积和产量（一）

单位:千公顷；万吨；公斤/公顷

地　区	全 年 粮 食 总 计			1.夏 收 粮 食		
	播种面积	总 产 量	每公顷产量	播种面积	总 产 量	每公顷产量
全国总计	106792.6	52870.9	4950.8	26826.6	12074.9	4501.1
东部地区	24478.3	13586.6	5550.5	9013.5	4665.5	5176.1
中部地区	31346.0	16407.1	5234.2	9794.2	4922.0	5025.4
西部地区	32552.3	13951.9	4286.0	7947.3	2444.4	3075.7
东北地区	18416.0	8925.3	4846.5	71.6	43.0	6005.9
北　京	226.3	125.5	5542.8	64.0	32.8	5118.7
天　津	293.5	148.9	5074.1	107.7	52.5	4872.3
河　北	6158.1	2905.8	4718.7	2447.2	1236.5	5052.8
山　西	3111.3	1028.0	3304.1	718.6	254.8	3545.7
内 蒙 古	5254.5	2131.3	4056.2			
辽　宁	3035.9	1860.3	6127.7	71.6	43.0	6005.9
吉　林	4391.2	2840.0	6467.5			
黑 龙 江	10988.9	4225.0	3844.8			
上　海	174.5	115.7	6627.9	56.4	23.0	4074.9
江　苏	5267.1	3175.5	6028.9	2321.5	1094.5	4714.6
浙　江	1271.6	775.6	6098.9	160.4	54.7	3411.9
安　徽	6561.1	3023.3	4607.9	2386.7	1172.0	4910.5
福　建	1210.3	652.3	5389.9	76.0	28.1	3700.0
江　西	3578.1	1958.1	5472.5	59.6	7.4	1241.6
山　东	6955.6	4260.5	6125.3	3527.2	2034.8	5768.9
河　南	9600.0	5365.5	5589.0	5286.7	3060.0	5788.1
湖　北	3906.7	2227.2	5701.1	1207.7	386.2	3198.0
湖　南	4588.8	2805.0	6112.7	134.9	41.6	3083.8
广　东	2499.9	1243.4	4973.9	215.9	94.6	4383.7
广　西	2973.1	1394.7	4691.1	59.1	13.5	2284.3
海　南	421.3	183.5	4355.2	37.2	14.0	3763.1
重　庆	2215.4	1153.2	5205.4	546.5	162.9	2980.4
四　川	6430.9	3140.0	4882.7	1799.1	555.6	3088.2
贵　州	2919.6	1158.0	3966.3	946.7	216.8	2290.4
云　南	4095.9	1518.6	3707.6	1101.7	207.6	1884.1
西　藏	170.6	95.0	5569.7			
陕　西	3126.0	1111.0	3554.1	1317.3	438.8	3331.0
甘　肃	2683.0	888.5	3311.6	1142.4	351.3	3075.2
青　海	272.0	101.8	3742.8			
宁　夏	826.2	329.2	3985.2	244.6	67.9	2774.5
新　疆	1585.2	930.5	5869.9	789.9	430.0	5443.7

注：四个地区的划分：东部地区：北京、天津、河北、上海、江苏、浙江、福建、山东、广东和海南共10个省市。中部地区：山西、安徽、江西、河南、湖北和湖南共6个省。西部地区：内蒙古、广西、重庆、四川、贵州、云南、西藏、陕西、甘肃、青海、宁夏和新疆共12个省区市。东北地区：辽宁、吉林和黑龙江共3个省。
数据来源：国家统计局统计资料。

| 表7 | 2008年各地区分季粮食播种面积和产量（二） |

单位：千公顷；万吨；公斤/公顷

地 区	2.早 稻 播种面积	总产量	每公顷产量	3.秋 粮 播种面积	总产量	每公顷产量
全国总计	5707.9	3159.5	5535.3	74258.1	37636.5	5068.3
东部地区	1379.4	721.7	5232.0	14085.4	8199.4	5821.2
中部地区	3287.2	1878.9	5715.8	18264.5	9606.1	5259.5
西部地区	1041.3	558.9	5367.4	23563.7	10948.6	4646.4
东北地区				18344.5	8882.3	4842.0
北　京				162.3	92.7	5710.1
天　津				185.8	96.5	5191.0
河　北				3710.9	1669.3	4498.3
山　西				2392.7	773.2	3231.5
内 蒙 古				5254.5	2131.3	4056.2
辽　宁				2964.3	1817.3	6130.6
吉　林				4391.2	2840.0	6467.5
黑 龙 江				10988.9	4225.0	3844.8
上　海				118.2	92.7	7846.0
江　苏				2945.6	2081.0	7064.8
浙　江	104.3	59.4	5689.6	1006.9	661.5	6569.4
安　徽	266.0	140.8	5293.2	3908.4	1710.5	4376.5
福　建	212.2	122.0	5747.8	922.1	502.2	5446.8
江　西	1385.5	773.3	5581.3	2132.9	1177.4	5520.1
山　东				3428.4	2225.7	6491.9
河　南				4313.3	2305.5	5345.0
湖　北	341.1	198.4	5817.2	2357.8	1642.6	6966.4
湖　南	1294.6	766.4	5920.0	3159.3	1997.0	6321.0
广　东	933.5	475.4	5092.7	1350.6	673.4	4986.1
广　西	984.4	522.4	5306.8	1929.6	858.8	4450.8
海　南	129.4	65.0	5022.0	254.8	104.5	4103.0
重　庆				1668.9	990.32	5933.9
四　川	1.5	0.9	6000.0	4630.3	2583.5	5579.6
贵　州	0.1	0.1	5000.0	1972.8	941.1	4770.5
云　南	55.3	35.5	6430.8	2939.0	1275.5	4339.9
西　藏				170.6	95.0	5569.7
陕　西				1808.7	672.2	3716.5
甘　肃				1540.6	537.2	3486.9
青　海				272.0	101.8	3742.8
宁　夏				581.5	261.4	4494.4
新　疆				795.3	500.5	6293.2

注：四个地区的划分：东部地区：北京、天津、河北、上海、江苏、浙江、福建、山东、广东和海南共10个省市。中部地区：山西、安徽、江西、河南、湖北和湖南共6个省。西部地区：内蒙古、广西、重庆、四川、贵州、云南、西藏、陕西、甘肃、青海、宁夏和新疆共12个省区市。东北地区：辽宁、吉林和黑龙江共3个省。
数据来源：国家统计局统计资料。

| 表8 | | | 2008年各地区分品种粮食播种面积和产量（一） | | | |

单位:千公顷；万吨；公斤/公顷

地 区	谷 物			（一）稻 谷		
	播种面积	总产量	每公顷产量	播种面积	总产量	每公顷产量
全国总计	86247.8	47847.4	5547.7	29241.1	19189.6	6562.5
东部地区	22106.9	12681.3	5736.4	6624.4	4354.4	6573.2
中部地区	27603.7	15560.1	5637.0	11991.2	7750.6	6463.6
西部地区	23698.9	11639.5	4911.4	6917.4	4482.0	6479.3
东北地区	12838.4	7966.5	6205.2	3708.1	2602.6	7018.6
北 京	212.7	121.5	5713.8	0.4	0.3	6818.2
天 津	282.9	147.3	5208.9	15.0	10.5	6997.3
河 北	5648.9	2758.5	4883.3	81.5	55.6	6814.7
山 西	2556.6	948.3	3709.4	1.1	0.1	1228.1
内 蒙 古	3517.8	1780.0	5059.8	97.9	70.5	7204.0
辽 宁	2739.2	1760.0	6425.2	658.7	505.6	7675.7
吉 林	3679.5	2705.0	7351.5	658.7	579.0	8790.0
黑 龙 江	6419.7	3501.5	5454.3	2390.7	1518.0	6349.5
上 海	165.5	113.8	6874.1	108.6	89.3	8223.4
江 苏	4857.7	3047.2	6272.9	2232.6	1771.9	7936.7
浙 江	1050.1	706.0	6723.6	937.5	660.4	7044.6
安 徽	5323.9	2846.7	5347.1	2218.9	1383.5	6235.0
福 建	906.9	525.4	5793.6	861.2	508.8	5908.0
江 西	3286.9	1872.3	5696.2	3255.5	1862.1	5719.9
山 东	6554.8	4039.6	6162.8	130.7	110.4	8449.0
河 南	8741.1	5126.3	5864.6	604.7	443.1	7328.5
湖 北	3483.8	2101.2	6031.4	1978.9	1533.7	7750.2
湖 南	4211.4	2665.3	6328.8	3932.0	2528.0	6429.3
广 东	2099.9	1070.9	5099.8	1946.9	1003.3	5153.3
广 西	2623.2	1317.3	5021.7	2119.2	1107.6	5226.5
海 南	327.6	151.0	4608.4	310.0	143.8	4640.7
重 庆	1336.2	839.1	6279.6	673.5	529.39	7859.8
四 川	4824.5	2615.6	5421.5	2035.9	1497.6	7356.0
贵 州	1766.9	907.0	5133.4	691.1	461.1	6671.5
云 南	2943.9	1236.7	4201.0	1017.5	621.0	6103.1
西 藏	163.0	91.9	5635.9	1.0	0.5	5204.1
陕 西	2592.8	979.0	3775.9	124.6	83.1	6667.7
甘 肃	1797.7	637.1	3544.3	5.5	3.8	6907.8
青 海	147.3	54.7	3716.7			
宁 夏	533.1	282.9	5305.6	80.3	66.4	8267.5
新 疆	1452.5	898.2	6183.9	70.8	41.0	5792.8

注：四个地区的划分：东部地区：北京、天津、河北、上海、江苏、浙江、福建、山东、广东和海南共10个省市。中部地区：山西、安徽、江西、河南、湖北和湖南共6个省。西部地区：内蒙占、广西、重庆、四川、贵州、云南、西藏、陕西、甘肃、青海、宁夏和新疆共12个省区市。东北地区：辽宁、吉林和黑龙江共3个省。
数据来源：国家统计局统计资料。

表8	2008年各地区分品种粮食播种面积和产量（二）

单位:千公顷；万吨；公斤/公顷

地 区	（二）小　麦			其中：冬小麦		
	播种面积	总产量	每公顷产量	播种面积	总产量	每公顷产量
全国总计	23617.2	11246.4	4762.0	22054.1	10642.9	4825.8
东部地区	8289.8	4380.7	5284.4	8281.2	4376.9	5285.3
中部地区	9328.5	4806.2	5152.2	9327.9	4806.0	5152.3
西部地区	5744.1	1963.4	3418.0	4445.0	1460.0	3284.5
东北地区	254.8	96.2	3776.3			
北　京	63.9	32.7	5123.6	63.9	32.7	5124.4
天　津	107.7	52.5	4872.3	102.7	50.3	4894.9
河　北	2416.1	1221.9	5057.4	2412.7	1220.5	5058.5
山　西	697.4	253.0	3627.8	696.8	252.8	3628.4
内 蒙 古	452.2	154.0	3405.6			
辽　宁	10.3	4.9	4786.4			
吉　林	5.7	1.8	3140.4			
黑 龙 江	238.8	89.5	3747.9			
上　海	44.2	18.2	4119.5	44.2	18.2	4119.5
江　苏	2073.1	998.2	4815.0	2073.1	998.2	4815.0
浙　江	54.3	21.2	3903.2	54.3	21.2	3903.2
安　徽	2346.7	1167.9	4976.8	2346.7	1167.9	4976.8
福　建	4.4	1.5	3330.3	4.4	1.5	3330.3
江　西	10.2	1.9	1852.9	10.2	1.9	1852.9
山　东	3525.2	2034.2	5770.4	3525.0	2034.1	5770.4
河　南	5260.0	3051.0	5800.4	5260.0	3051.0	5800.4
湖　北	1000.6	329.2	3290.0	1000.6	329.2	3290.0
湖　南	13.6	3.2	2352.9	13.6	3.2	2352.9
广　东	0.8	0.2	2891.6	0.8	0.2	2891.6
广　西	3.7	0.5	1351.4	3.7	0.5	1351.4
海　南						
重　庆	189.0	58.2	3080.2	189.0	58.2	3080.2
四　川	1286.5	426.8	3317.5	1277.3	424.8	3325.8
贵　州	262.4	42.8	1631.3	262.4	42.8	1631.3
云　南	425.0	83.1	1954.1	422.8	82.4	1949.5
西　藏	37.3	25.8	6898.8	28.4	19.3	6793.4
陕　西	1140.0	391.5	3434.2	1140.0	391.5	3434.2
甘　肃	903.5	268.1	2967.3	613.7	154.5	2517.7
青　海	104.4	42.0	4025.9			
宁　夏	204.3	64.1	3136.2	73.1	13.1	1793.7
新　疆	735.8	406.5	5525.2	434.6	272.8	6276.7

注：四个地区的划分：东部地区：北京、天津、河北、上海、江苏、浙江、福建、山东、广东和海南共10个省市。中部地区：山西、安徽、江西、河南、湖北和湖南共6个省。西部地区：内蒙古、广西、重庆、四川、贵州、云南、西藏、陕西、甘肃、青海、宁夏和新疆共12个省区市。东北地区：辽宁、吉林和黑龙江共3个省。
数据来源：国家统计局统计资料。

表8	2008年各地区分品种粮食播种面积和产量（三）

单位:千公顷；万吨；公斤/公顷

地 区	（三）玉 米			（四）谷 子		
	播种面积	总 产 量	每公顷产量	播种面积	总 产 量	每公顷产量
全国总计	29863.7	16591.4	5555.7	814.7	128.6	1578.2
东部地区	6647.0	3802.1	5720.0	190.9	37.5	1965.3
中部地区	5631.0	2945.4	5230.7	259.8	17.1	657.4
西部地区	9184.4	4749.9	5171.7	246.0	45.6	1854.5
东北地区	8401.3	5094.0	6063.3	118.0	28.4	2403.4
北 京	146.2	88.0	6017.5	1.5	0.3	2207.8
天 津	159.8	84.3	5275.4	0.0	0.0	2500.0
河 北	2841.1	1442.2	5076.2	173.5	32.5	1870.7
山 西	1378.6	682.8	4953.0	225.1	6.6	294.1
内 蒙 古	2340.0	1410.7	6028.7	143.6	30.3	2108.3
辽 宁	1884.9	1189.0	6308.0	76.1	20.4	2679.4
吉 林	2922.5	2083.0	7127.4	11.5	3.0	2582.6
黑 龙 江	3593.9	1822.0	5069.7	30.4	5.0	1644.7
上 海	3.6	2.1	5882.4			
江 苏	398.5	203.0	5092.7	0.04	0.01	2500.0
浙 江	25.9	11.1	4290.1			
安 徽	705.1	286.6	4064.7	0.1	0.0	0.0
福 建	37.0	13.6	3687.5	0.2	0.1	3270.1
江 西	15.6	6.6	4207.2	0.09	0.01	1111.1
山 东	2874.2	1887.4	6566.7	15.2	4.5	2986.2
河 南	2820.0	1615.0	5727.0	34.5	10.4	3014.5
湖 北	470.4	226.4	4813.7	0.1	0.1	8333.3
湖 南	241.3	128.0	5304.6			
广 东	143.4	63.5	4424.8	0.4	0.1	2558.1
广 西	489.7	207.2	4231.2	2.4	0.6	2500.0
海 南	17.4	7.0	4006.9			
重 庆	455.6	246.0	5400.7			
四 川	1323.8	637.0	4811.9			
贵 州	734.6	391.2	5324.9	1.9	0.2	972.2
云 南	1325.8	529.6	3994.2	0.24	0.01	416.7
西 藏	4.0	2.2	5572.1			
陕 西	1157.6	483.6	4177.6	75.0	11.1	1478.1
甘 肃	557.2	265.4	4763.0	19.8	3.2	1604.4
青 海	2.1	1.8	8737.9			
宁 夏	208.5	149.9	7190.7	1.7	0.1	545.5
新 疆	585.5	425.3	7263.7	1.5	0.2	1438.4

注：四个地区的划分：东部地区：北京、天津、河北、上海、江苏、浙江、福建、山东、广东和海南共10个省市。中部地
　　区：山西、安徽、江西、河南、湖北和湖南共6个省。西部地区：内蒙古、广西、重庆、四川、贵州、云南、西藏、陕
　　西、甘肃、青海、宁夏和新疆共12个省区市。东北地区：辽宁、吉林和黑龙江共3个省。
数据来源：国家统计局统计资料。

| 表8 | 2008年各地区分品种粮食播种面积和产量（四） | | | | | |

单位:千公顷；万吨；公斤/公顷

地 区	（五）高 粱			（六）大 豆		
	播种面积	总产量	每公顷产量	播种面积	总产量	每公顷产量
全国总计	489.8	183.7	3749.8	9127.1	1554.2	1702.8
东部地区	32.1	7.5	2331.4	786.7	183.3	2330.1
中部地区	47.7	5.6	1180.8	1982.3	305.6	1541.5
西部地区	218.5	85.8	3925.0	1683.4	305.4	1814.3
东北地区	191.5	84.8	4426.9	4674.6	759.9	1625.5
北　京	0.3	0.1	3125.0	9.4	1.9	2042.8
天　津	0.3	0.1	1851.9	9.5	1.2	1246.0
河　北	23.1	4.3	1880.4	187.6	38.1	2032.1
山　西	33.7	1.6	478.3	204.7	22.9	1116.1
内蒙古	112.6	49.7	4411.9	668.0	106.1	1588.2
辽　宁	72.7	31.9	4387.9	181.0	48.8	2693.4
吉　林	69.9	35.9	5134.5	457.1	90.6	1982.1
黑龙江	48.9	17.0	3474.1	4036.5	620.5	1537.2
上　海				5.0	1.0	2080.0
江　苏	0.03	0.01	3333.3	232.8	60.2	2587.5
浙　江				54.4	13.1	2397.6
安　徽	1.1	0.2	1818.2	988.4	127.8	1293.0
福　建	1.6	0.6	3899.5	55.8	13.1	2337.9
江　西	2.8	1.0	3550.7	102.6	19.3	1882.4
山　东	6.6	2.2	3353.7	167.0	40.1	2400.6
河　南	3.7	0.4	1018.8	486.1	88.7	1825.3
湖　北	3.0	1.2	3828.4	112.3	26.0	2313.2
湖　南	3.4	1.3	3823.5	88.2	20.9	2369.6
广　东	0.2	0.1	2941.2	62.0	13.9	2235.5
广　西	2.4	0.7	2877.1	89.3	14.6	1634.9
海　南	0.08	0.12	15000.0	3.2	0.8	2397.5
重　庆	10.4	3.7	3519.8	81.7	15.4	1883.0
四　川	35.5	14.5	4084.5	208.6	50.6	2425.7
贵　州	25.0	5.4	2176.5	125.7	16.6	1318.0
云　南	2.3	0.2	858.4	128.9	26.2	2029.0
西　藏				0.3	0.1	2258.1
陕　西	12.7	3.5	2768.1	189.5	46.0	2427.7
甘　肃	14.7	6.7	4562.1	99.8	15.3	1528.8
青　海						
宁　夏	0.20	0.01	500.0	21.0	1.0	475.3
新　疆	2.6	1.3	5135.1	70.5	13.7	1939.9

注：四个地区的划分：东部地区：北京、天津、河北、上海、江苏、浙江、福建、山东、广东和海南共10个省市。中部地区：山西、安徽、江西、河南、湖北和湖南共6个省。西部地区：内蒙古、广西、重庆、四川、贵州、云南、西藏、陕西、甘肃、青海、宁夏和新疆共12个省区市。东北地区：辽宁、吉林和黑龙江共3个省。
数据来源：国家统计局统计资料。

表9	2008年各地区油料作物播种面积和产量（一）

单位:千公顷；万吨；公斤/公顷

地　区	2007年			2008年		
	播种面积	总 产 量	每公顷产量	播种面积	总 产 量	每公顷产量
全国总计	11315.8	2568/412	2270.0	12825.5	29528200	2302.3
东部地区	2462.8	7589013	3081.4	2583.5	8066625	3122.4
中部地区	4997.4	11441648	2289.5	5587.9	12632114	2260.6
西部地区	3329.0	5893126	1770.2	4055.7	7541249	1859.4
东北地区	526.5	763624	1450.3	598.5	1288212	2152.6
北　京	7.0	21865	3105.8	7.2	21703	3026.9
天　津	1.8	4630	2630.7	1.8	4800	2651.9
河　北	498.3	1380931	2771.4	516.9	1525905	2952.3
山　西	166.8	134537	806.8	179.2	191185	1067.1
内 蒙 古	532.5	794372	1491.7	705.1	1175354	1666.9
辽　宁	106.8	263800	2470.2	167.5	485027	2896.5
吉　林	243.2	287000	1180.0	212.3	518418	2441.6
黑 龙 江	176.5	212824	1205.6	218.7	284767	1302.3
上　海	16.3	36178	2215.4	15.5	36028	2330.4
江　苏	540.8	1450756	2682.7	567.4	1502927	2648.7
浙　江	151.6	330011	2176.6	190.8	412686	2163.2
安　徽	864.3	1991987	2304.7	936.7	2280332	2434.5
福　建	101.5	233012	2294.8	107.4	253977	2365.7
江　西	603.5	826699	1369.9	658.8	911919	1384.2
山　东	802.0	3285976	4097.4	812.5	3406341	4192.3
河　南	1497.4	4839822	3232.1	1518.3	5053354	3328.3
湖　北	1171.7	2547508	2174.2	1365.6	2857352	2092.4
湖　南	693.7	1101096	1587.2	929.3	1337972	1439.7
广　东	310.6	777222	2502.0	323.9	815353	2517.5
广　西	152.8	338162	2213.4	163.3	375455	2299.9
海　南	32.9	68432	2080.0	40.2	86905	2162.3
重　庆	192.9	306773	1590.2	215.5	356767	1655.3
四　川	996.1	2042627	2050.6	1155.1	2499402	2163.8
贵　州	433.1	696630	1608.4	455.1	683909	1502.6
云　南	135.9	220566	1622.8	188.0	303774	1615.6
西　藏	23.1	52262	2259.5	24.7	60306	2438.6
陕　西	252.1	391476	1552.7	277.2	494634	1784.7
甘　肃	278.7	423637	1520.2	331.7	535388	1614.1
青　海	150.6	280175	1860.5	172.7	352224	2039.2
宁　夏	51.1	77468	1514.7	80.5	135569	1684.1
新　疆	130.0	268978	2069.6	286.7	568467	1982.9

注：四个地区的划分：东部地区：北京、天津、河北、上海、江苏、浙江、福建、山东、广东和海南共10个省市。中部地
　　区：山西、安徽、江西、河南、湖北和湖南共6个省。西部地区：内蒙古、广西、重庆、四川、贵州、云南、西藏、陕
　　西、甘肃、青海、宁夏和新疆共12个省区市。东北地区：辽宁、吉林和黑龙江共3个省。
数据来源：国家统计局统计资料。

表9			2008年各地区油料作物播种面积和产量（二）

单位：千公顷；万吨；公斤/公顷

地　区	其中：花生			油菜籽		
	播种面积	总 产 量	每公顷产量	播种面积	总 产 量	每公顷产量
全国总计	4245.8	14286146	3364.8	6593.7	12101661	1835.3
东部地区	1787.1	6334478	3544.6	686.8	1596135	2323.9
中部地区	1573.0	5816821	3698.0	3456.7	6146818	1778.2
西部地区	569.9	1273009	2233.7	2449.1	4356476	1778.8
东北地区	315.9	861838	2728.5	1.0	2232	2232.0
北　京	6.9	21253	3080.1			
天　津	0.8	2824	3486.4			
河　北	409.9	1400727	3417.4	23.7	34797	1469.5
山　西	10.4	22068	2121.9	6.1	8890	1447.9
内 蒙 古	19.0	39695	2090.3	220.7	202083	915.6
辽　宁	148.3	450740	3038.8	0.6	1188	1980.0
吉　林	126.9	349874	2757.7			
黑 龙 江	40.7	61224	1505.4	0.4	1044	2610.0
上　海	1.0	2837	2808.9	14.3	32934	2303.1
江　苏	101.6	355733	3502.0	454.5	1128060	2482.0
浙　江	18.7	52034	2787.0	167.5	353412	2109.9
安　徽	194.5	778624	4003.6	670.4	1402685	2092.2
福　建	96.0	239547	2494.1	9.8	12590	1285.7
江　西	142.0	367891	2591.5	486.3	516281	1061.7
山　东	800.5	3370879	4211.1	9.5	26699	2819.3
河　南	956.7	3845890	4019.8	376.6	970735	2577.6
湖　北	176.0	575010	3267.1	1089.6	2148900	1972.2
湖　南	93.4	227338	2434.0	827.6	1099327	1328.3
广　东	314.1	805266	2563.4	7.6	7643	1005.7
广　西	145.2	353798	2436.3	10.7	10320	966.3
海　南	37.6	83378	2220.5			
重　庆	44.6	76597	1717.0	150.2	265430	1767.5
四　川	256.2	589993	2302.7	886.2	1894167	2137.4
贵　州	33.5	64422	1923.3	412.8	603845	1462.9
云　南	34.5	50375	1460.4	149.9	246413	1643.4
西　藏	0.1	161	2305.7	24.7	60145	2439.0
陕　西	32.6	82044	2519.5	178.3	333531	1870.5
甘　肃	0.8	2265	2903.8	162.1	285540	1761.6
青　海				169.8	348048	2049.8
宁　夏	0.2	463	2013.0	0.1	224	1600.0
新　疆	3.2	13196	4071.8	83.7	106730	1275.6

注：四个地区的划分：东部地区：北京、天津、河北、上海、江苏、浙江、福建、山东、广东和海南共10个省市。中部地
　　区：山西、安徽、江西、河南、湖北和湖南共6个省。西部地区：内蒙古、广西、重庆、四川、贵州、云南、西藏、陕
　　西、甘肃、青海、宁夏和新疆共12个省区市。东北地区：辽宁、吉林和黑龙江共3个省。
数据来源：国家统计局统计资料。

| 表10 | | 农产品生产价格指数（2003～2008年） | | | | |

(上年＝100)

指　标	2003年	2004年	2005年	2006年	2007年	2008年
农产品生产价格指数	104.4	113.1	101.4	101.2	118.5	114.1
农业产品	107.4	115.9	101.6	104.5	109.8	108.4
谷物	102.3	128.1	99.2	102.1	109.0	107.1
小麦	103.0	131.2	96.4	100.1	105.5	108.7
稻谷	99.9	136.3	101.6	102.0	105.4	106.6
玉米	104.6	116.9	98.0	103.0	115.0	107.3
大豆	120.6	120.2	94.2	99.2	124.2	119.7
油料	119.4	116.6	91.3	104.8	133.4	128.0
棉花	135.3	79.5	111.8	97.1	109.6	90.6
糖料	90.5	104.9	111.6	121.1	100.0	98.4
蔬菜	110.4	105.2	107.2	109.3	106.9	104.7
水果	102.0	97.4	107.4	111.4	101.3	101.4
林业产品	107.0	104.6	104.8	112.8	104.4	108.5
畜牧产品	101.8	111.1	100.5	94.3	131.4	123.9
猪 (毛重)	102.9	112.8	97.6	90.6	145.9	130.8
牛 (毛重)	101.7	103.9	101.7	100.6	117.5	123.6
羊 (毛重)	96.3	103.7	101.7	101.8	121.0	118.8
家禽 (毛重)	101.0	111.3	105.6	97.2	117.0	111.9
蛋类	101.1	112.6	106.4	96.0	115.9	112.2
奶类	103.7	103.7	99.6	102.9	106.2	125.5
渔业产品	100.3	110.2	104.7	103.9	108.1	111.2
海水鱼类	104.0	109.2	104.2	109.6	110.1	109.4
淡水鱼类	98.7	111.5	106.2	99.9	106.8	114.6

数据来源：国家统计局统计资料。

| 表11 | | 各地区农产品生产价格指数（2003～2008年） | | | | |

(上年=100)

地　区	2003年	2004年	2005年	2006年	2007年	2008年
全　国	104.4	113.1	101.4	101.2	118.5	114.1
北　京	102.5	105.8	103.5	99.1	114.4	112.3
天　津	104.4	108.1	103.4	103.4	107.8	107.1
河　北	107.5	110.1	102.5	100.2	116.2	109.0
山　西	103.9	110.6	103.5	100.2	113.0	109.2
内蒙古	106.5	112.0	103.2	103.6	114.9	111.0
辽　宁	103.3	120.4	101.5	105.8	116.6	109.8
吉　林	136.9	118.1	100.3	104.6	114.0	104.5
黑龙江	110.2	117.3	101.0	100.0	119.9	117.0
上　海	102.1	110.8	105.7	101.9	110.2	109.7
江　苏	107.2	122.7	100.3	99.9	112.6	114.3
浙　江	101.9	116.8	105.9	102.7	108.6	112.9
安　徽	106.4	117.8	98.7	99.3	114.1	114.7
福　建	101.7	106.8	103.9	102.7	112.6	110.7
江　西	105.1	119.5	100.5	101.4	115.0	114.2
山　东	108.5	112.3	102.9	103.4	114.0	112.5
河　南	111.8	121.9	100.7	100.9	117.7	115.0
湖　北	106.9	121.7	100.3	99.5	117.0	117.0
湖　南	111.7	127.3	99.5	100.7	130.6	126.7
广　东	101.3	110.7	103.5	102.6	109.7	113.9
广　西	104.5	118.9	100.0	106.8	121.5	113.0
海　南	104.3	106.4	102.2	105.6	104.7	112.5
重　庆	103.8	125.5	100.0	93.6	121.8	120.2
四　川	103.5	120.4	103.2	102.7	120.8	118.4
贵　州	101.9	111.1	101.8	101.4	113.0	115.5
云　南	100.3	112.9	104.0	106.6	117.5	115.5
西　藏						
陕　西	105.5	111.7	104.9	103.2	115.4	111.2
甘　肃	103.4	113.1	103.1	102.6	111.4	114.0
青　海	105.7	108.8	103.3	104.5	119.0	114.9
宁　夏	104.4	114.2	103.3	101.2	115.0	118.7
新　疆	126.2	100.8	108.3	98.4	114.7	119.8

| 表12 | | | 人均主要农业产品产量（1978～2008年） | | | |

单位：公斤

年 份	粮食	棉花	油料	糖料	水果	水产品
1978	319	2.3	5.5	24.9	6.9	4.9
1980	327	2.8	7.8	29.7	6.9	4.6
1985	361	3.9	15.0	57.5	11.1	6.7
1990	393	4.0	14.2	63.6	16.5	10.9
1991	378	4.9	14.2	73.2	18.9	11.7
1992	380	3.9	14.1	75.6	20.9	13.4
1993	387	3.2	15.3	64.7	25.6	15.5
1994	374	3.6	16.7	61.6	29.4	17.9
1995	387	4.0	18.7	65.9	35.0	20.9
1996	414	3.5	18.2	68.7	38.2	23.1
1997	402	3.7	17.5	76.3	41.4	25.4
1998	412	3.6	18.6	78.8	43.9	27.2
1999	406	3.1	20.7	66.5	49.8	28.5
2000	366	3.5	23.4	60.5	49.3	29.4
2001	356	4.2	22.5	68.1	52.3	29.9
2002	357	3.8	22.6	80.4	54.3	30.9
2003	334	3.8	21.8	74.8	112.7	31.6
2004	362	4.9	23.7	73.8	118.4	32.8
2005	371	4.4	23.6	72.5	123.6	33.9
2006	380	5.7	20.1	79.8	130.4	35.0
2007	381	5.8	19.5	92.5	137.6	36.0
2008	399	5.7	22.3	101.3	145.1	37.0

注：本表计算中所使用的人口数为年平均人口数。2003年起水果产量含果用瓜。
数据来源：国家统计局统计资料。

| 表13 | 居民消费价格指数（2002～2008年） | | | | | | |

（上年=100）

项　目	2002年	2003年	2004年	2005年	2006年	2007年	2008年
居民消费价格指数	99.2	101.2	103.9	101.8	101.5	104.8	105.9
食品	99.4	103.4	109.9	102.9	102.3	112.3	114.3
#粮食	98.3	102.3	126.4	101.4	102.7	106.3	107.0
油脂	98.7	112.6	118.2	94.3	98.6	126.7	125.4
肉禽及其制品	99.5	103.3	117.6	102.5	97.1	131.7	121.7
蛋	102.6	98.6	120.2	104.6	96.0	121.8	104.3
水产品	96.7	100.3	112.7	105.9	101.2	105.1	114.2
菜	98.2	117.7	95.1	109.1	108.2	107.9	111.0
糖	97.3	97.5	102.2	104.0	111.2	101.6	104.0
茶及饮料	99.0	99.2	100.0	100.1	101.0	101.5	103.7
干鲜瓜果	103.1	103.0	104.0	102.2	117.9	102.2	110.8
液体乳及乳制品	99.0	99.2	100.5	100.9	100.9	102.7	117.0
烟酒及用品	99.9	99.8	101.2	100.4	100.6	101.7	102.9
#烟草	99.9	99.8	100.9	100.4	100.2	100.8	100.4
酒	100.1	100.1	102.2	100.6	101.2	103.5	107.5
衣着	97.6	97.8	98.5	98.3	99.4	99.4	98.5
#服装	97.4	97.6	98.3	98.1	99.0	99.4	98.3
鞋袜帽	98.0	97.7	98.3	98.3	100.2	99.0	98.2
家庭设备用品及服务	97.5	97.4	98.6	99.9	101.2	101.9	102.8
#耐用消费品	95.9	95.8	97.1	98.8	100.8	101.6	101.2
室内装饰品	98.8	98.8	99.2	99.5	100.0	100.3	100.2
家庭服务及加工维修服务	101.2	101.1	101.9	104.4	105.8	107.2	109.0
医疗保健和个人用品	98.8	100.9	99.7	99.9	101.1	102.1	102.9
医疗保健	98.5	101.2	99.1	99.5	100.2	102.1	102.2
个人用品及服务费	99.5	100.2	101.2	100.8	103.2	102.1	104.4
交通和通信	98.1	97.8	98.5	99.0	99.9	99.1	99.1
交通	99.1	99.5	100.4	101.5	103.2	100.8	102.2
通信	97.2	96.1	96.8	96.6	96.4	97.1	95.6
娱乐教育文化	100.6	101.3	101.3	102.2	99.5	99.0	99.3
文娱用耐用消费品及服务	90.5	92.7	93.3	93.8	94.2	93.1	92.3
教育	103.7	104.3	103.4	105.1	100.0	99.6	100.5
文化娱乐用品	101.2	101.3	101.1	101.2	101.0	101.0	101.3
旅游	95.9	95.4	100.6	99.6	103.1	102.3	101.1
居住	99.9	102.1	104.9	105.4	104.6	104.5	105.5
建房及装修材料	98.4	99.5	104.3	102.6	103.9	105.1	107.1
租房	104.4	103.5	103.0	101.9	102.7	104.2	103.5
自有住房	95.4	99.1	100.9	105.6	103.7	107.0	102.8
水电燃料	102.9	105.7	107.5	108.6	105.9	103.0	106.4

数据来源：国家统计局统计资料。

表14	粮食成本收益变化情况表（1991～2008年）

单位：元

年份	每50公斤平均出售价格				每亩总成本				每亩净利润			
	粮食平均	稻谷	小麦	玉米	粮食平均	稻谷	小麦	玉米	粮食平均	稻谷	小麦	玉米
1991	26.1	28.5	30.0	21.1	153.9	188.4	138.4	135.3	34.3	62.4	6.3	34.0
1992	28.4	29.3	33.1	24.3	163.8	192.3	149.3	150.6	44.0	67.7	21.2	42.3
1993	35.8	40.4	36.5	30.2	178.6	211.2	169.8	155.2	92.3	145.1	35.6	95.8
1994	59.4	71.2	56.5	48.2	239.4	298.1	213.2	206.7	190.7	316.7	82.3	173.3
1995	75.1	82.1	75.4	67.0	321.8	391.4	281.7	292.2	223.9	311.1	130.5	230.1
1996	72.3	80.6	81.0	57.2	388.7	458.3	359.5	351.2	155.7	247.5	92.9	123.8
1997	65.1	69.4	70.1	55.8	386.1	450.2	349.5	358.4	105.4	171.8	74.8	69.8
1998	62.1	66.9	66.6	53.8	383.9	437.4	357.5	356.6	79.3	155.9	−6.2	88.2
1999	53.0	56.6	60.4	43.7	370.7	425.2	351.5	337.2	25.6	75.8	−12.1	11.2
2000	48.4	51.7	52.9	42.8	356.2	401.7	352.5	330.6	−3.2	50.1	−28.8	−6.9
2001	51.5	53.7	52.5	48.3	350.6	400.5	323.6	327.9	39.4	81.4	−27.5	64.3
2002	49.2	51.4	51.3	45.6	370.4	415.8	342.7	351.6	4.9	37.6	−52.7	30.8
2003	56.5	60.1	56.4	52.7	377.0	416.7	339.6	347.6	34.2	97.3	−30.3	62.8
2004	70.7	79.8	74.5	58.1	395.5	454.6	355.9	375.7	196.5	285.1	169.6	134.9
2005	67.4	77.7	69.0	55.5	425.0	493.3	389.6	392.3	122.6	192.7	79.4	95.5
2006	72.0	80.6	71.6	63.4	444.9	518.2	404.8	411.8	155.0	202.4	117.7	144.8
2007	78.8	85.2	75.6	74.8	481.1	555.2	438.6	449.7	185.2	229.1	125.3	200.8
2008	83.5	95.1	82.8	72.5	562.4	665.1	498.6	523.5	186.4	235.6	164.5	159.2

数据来源：国家发展改革委统计资料。

| 表15 | | | | 2008年粮食收购价格分月情况表 | | | |

单位：元/50公斤

月份	三种粮食 平均	稻谷 平均	早籼稻	晚籼稻	粳稻	小麦	玉米	大豆
1月	79.15	86.56	83.96	87.27	88.45	78.69	72.21	213.90
2月	78.98	86.67	84.53	87.84	87.64	78.85	71.42	223.02
3月	79.25	86.87	84.86	88.62	87.13	79.15	71.72	252.85
4月	79.68	88.07	85.87	89.51	88.84	78.90	72.06	236.66
5月	81.73	90.79	87.16	91.18	94.03	78.95	75.45	248.14
6月	83.14	92.07	88.26	92.88	95.07	79.52	77.82	250.26
7月	84.47	93.06	89.22	93.74	96.22	81.61	78.73	254.54
8月	86.12	97.14	98.00	95.32	98.10	82.37	78.86	242.25
9月	86.61	98.29	100.26	96.06	98.55	82.86	78.68	219.22
10月	85.30	96.83	99.17	96.16	95.15	83.23	75.83	172.33
11月	82.94	95.23	97.84	95.68	92.18	84.05	69.54	181.90
12月	82.00	94.63	96.52	95.01	92.36	85.10	66.26	176.79
全年平均	82.45	92.18	91.30	92.44	92.81	81.11	74.05	222.66

数据来源：国家发展改革委统计资料。

| 表16 | 2008年成品粮零售价格分月情况表 | | | | |

单位：元/500克

月份	标一早籼米	标一晚籼米	标一粳米	标准粉	富强粉
1月	1.44	1.61	1.77	1.56	1.77
2月	1.44	1.61	1.77	1.56	1.78
3月	1.46	1.62	1.77	1.56	1.79
4月	1.48	1.63	1.78	1.58	1.78
5月	1.51	1.66	1.81	1.58	1.79
6月	1.52	1.68	1.81	1.59	1.78
7月	1.52	1.68	1.82	1.59	1.78
8月	1.53	1.69	1.82	1.59	1.78
9月	1.53	1.70	1.82	1.59	1.78
10月	1.53	1.70	1.82	1.60	1.79
11月	1.54	1.70	1.81	1.60	1.79
12月	1.53	1.69	1.81	1.60	1.79
全年平均	1.50	1.66	1.80	1.58	1.78

数据来源：国家发展改革委统计资料。

| 表17 | 2008年粮食主要品种批发市场价格 | | | | | |

单位：元/吨

月份	三等白小麦	二等黄玉米	标一早籼米	标一晚籼米	标一粳米	三等大豆
1月	1607	1646	2514	2679	3038	4488
2月	1602	1656	2536	2692	2998	4641
3月	1610	1636	2549	2719	2947	5112
4月	1607	1611	2550	2725	2937	4783
5月	1599	1628	2653	2852	3023	4967
6月	1594	1644	2703	2920	3040	5001
7月	1624	1662	2679	2916	3072	5051
8月	1644	1660	2692	2921	3053	5030
9月	1654	1648	2704	2891	3013	4402
10月	1690	1622	2680	2889	3003	3741
11月	1705	1543	2694	2850	3000	3714
12月	1733	1456	2679	2840	2970	3562
全年平均	1639	1618	2636	2825	3008	4541

数据来源：国家发展改革委统计资料。

| 表18 | 2008年国内期货市场小麦、玉米、大豆分月价格表 | | | | | |

单位：元/吨

月份	小麦1	小麦2	玉米	大豆1	大豆2	豆粕
1月	1674	1908	1600	4760	4950	3650
2月	1760	2053	1568	5250	5450	3700
3月	1638	1897	1585	5337	5450	3660
4月	1593	1847	1668	5305	5466	3588
5月	1720	1770	1670	5380	5466	3715
6月	1854	1866	1710	5747	5803	4799
7月	1813	1982	1700	5678	5732	5086
8月	1626	2005	1650	4242	4375	4313
9月	1795	1959	1650	4260	4373	3836
10月	1834	1839	1551	3898	3343	3200
11月	1816	1933	1536	3710	3633	3200
12月	1772	1920	1435	3715	3710	2800

注：1.小麦1为郑州商品交易所硬冬白小麦，小麦2为郑州商品交易所优质强筋小麦。
　　2.玉米为大连商品交易所玉米。
　　3.大豆1为大连商品交易所国产大豆，大豆2为大连商品交易所进口大豆。
　　4.豆粕为大连商品交易所豆粕。
　　5.均为最近交割期月末当日收盘价格，小数点后按四舍五入计。
数据来源：国家粮油信息中心统计资料。

表19	2008年美国芝加哥商品交易所谷物和大豆分月价格表

单位：美元/吨

月份	小麦	大米	玉米	大豆
1月	342	326	197	468
2月	394	396	215	559
3月	341	434	223	440
4月	292	498	233	470
5月	280	421	236	501
6月	310	445	285	590
7月	288	365	231	513
8月	286	416	224	489
9月	250	416	192	428
10月	197	331	158	340
11月	199	291	138	324
12月	222	339	156	348

注：1.均为美国芝加哥商品交易所标准品。
　　2.均按美元整数四舍五入换算。
　　3.均为最近交割期月末当日收盘价格。
数据来源：国家粮油信息中心统计资料。

| 表20 | 全国国有粮食企业主要粮食品种收购量(1978~2008年) |

单位：贸易粮，亿斤

年份	粮食合计	小麦	大米	玉米	大豆	其他
1978	1022.03	235.36	399.14	209.33	43.20	135.00
1979	1185.00	312.51	440.19	256.19	41.00	135.11
1980	1176.42	279.22	442.90	271.55	59.30	123.45
1981	1251.10	283.66	484.21	281.60	82.52	119.11
1982	1473.49	386.72	580.06	285.48	80.33	140.90
1983	1975.91	552.66	662.48	467.55	81.96	211.26
1984	2233.17	685.40	771.62	517.61	76.47	182.07
1985	1585.10	533.22	602.58	274.84	100.66	73.80
1986	1890.64	568.40	651.74	436.62	130.74	103.14
1987	1984.02	563.24	628.74	569.72	121.94	100.38
1988	1886.08	534.78	637.18	482.94	138.70	92.48
1989	2008.04	571.10	724.58	517.54	124.00	70.82
1990	2472.90	729.32	863.20	674.56	132.24	73.58
1991	2284.60	678.49	762.00	667.68	116.44	59.99
1992	2082.87	768.28	654.52	524.34	81.22	54.51
1993	1846.79	674.62	501.00	493.99	121.24	55.94
1994	1845.28	646.08	539.52	437.00	146.44	76.24
1995	1888.76	625.00	612.28	487.12	104.50	59.86
1996	2383.96	722.96	676.43	844.93	87.56	52.08
1997	2307.08	920.04	702.11	538.43	103.04	43.46
1998	1930.90	559.12	512.40	773.48	70.20	15.70
1999	2561.54	772.66	637.22	1085.02	49.32	17.32
2000	2339.02	803.64	665.46	803.84	47.58	18.50
2001	2356.83	887.57	559.76	825.64	65.36	18.50
2002	2165.25	840.26	437.92	836.39	28.08	22.60
2003	1943.41	736.40	421.96	740.49	24.06	20.50
2004	1783.89	689.62	427.61	631.62	18.20	16.84
2005	2298.75	749.04	514.45	905.98	101.20	28.08
2006	2451.30	1207.99	430.69	684.94	98.44	29.24
2007	2033.48	946.63	397.01	601.66	64.29	23.89
2008	3094.18	1342.55	720.97	950.84	62.69	17.13

注：1978~2002年粮食购销存数字按粮食年度统计，粮食年度是指当年4月1日至翌年3月31日。从2003年开始，粮食统计年
　　度改为日历年度。
数据来源：国家粮食局统计资料。

表21　2008年国有粮食企业粮食收购情况统计表

单位：亿斤

地区	收购						
	原粮	贸易粮	小麦	大米	玉米	大豆	其他
全 国	3401.63	3094.18	1342.55	720.97	950.84	62.69	17.13
北 京	14.63	14.48	3.46	0.37	10.59		0.06
天 津	8.72	8.08	4.95	1.48	1.65		
河 北	138.69	138.61	75.38	0.12	62.99	0.02	0.10
山 西	71.02	70.90	18.05	0.24	51.89	0.02	0.70
内蒙古	112.70	112.60	7.62	0.22	99.10	4.98	0.68
辽 宁	233.54	220.00	1.41	31.56	184.67	1.53	0.82
吉 林	312.76	299.47	0.60	34.48	256.98	7.29	0.12
黑龙江	452.50	386.01	7.72	150.90	184.80	41.79	0.80
上 海	6.76	5.12	0.60	3.98	0.04		0.50
江 苏	317.60	287.70	201.46	69.78	6.40	1.38	8.68
浙 江	15.97	11.07	0.38	10.41	0.16		0.12
安 徽	236.06	212.13	153.87	55.93	1.68	0.11	0.54
福 建	15.30	10.74	0.13	10.60	0.01		
江 西	129.70	90.85	0.05	90.61	0.13	0.06	
山 东	192.40	191.09	152.90	1.06	31.60	5.22	0.31
河 南	606.30	602.30	572.10	10.91	19.25	0.04	
湖 北	136.00	107.46	36.53	70.68	0.25		
湖 南	94.80	68.49	0.32	67.91	0.26		
广 东	28.58	20.00	0.25	18.52	1.23		
广 西	25.12	17.75		17.19	0.56		
海 南	3.25	2.30		2.30			
重 庆	13.94	10.11	0.47	8.28	1.28		0.08
四 川	85.22	66.60	18.77	43.42	3.61		0.80
贵 州	7.37	5.67	0.56	3.97	1.14		
云 南	22.42	18.52	2.21	9.04	6.11		1.16
西 藏	0.24	0.24	0.22				0.02
陕 西	47.08	46.76	37.33	0.66	8.56	0.13	0.08
甘 肃	23.10	23.06	12.20	0.10	9.42	0.02	1.32
青 海	1.45	1.45	1.03		0.26		0.16
宁 夏	10.31	9.16	2.88	2.59	3.67		0.02
新 疆	38.10	35.45	29.10	3.65	2.54	0.10	0.06

数据来源：国家粮食局统计资料。

| 表22 | 全国国有粮食企业主要粮食品种销售量(1978~2008年) |

单位：贸易粮，亿斤

年份	粮食合计	小麦	大米	玉米	大豆	其他
1978	1068.69	373.90	354.78	175.22	32.49	132.30
1979	1135.81	388.06	365.20	213.58	35.96	133.01
1980	1283.36	451.35	402.86	260.29	40.88	127.98
1981	1444.65	512.70	424.58	324.45	47.80	135.12
1982	1542.08	571.61	457.89	319.34	54.36	138.88
1983	1600.64	601.18	499.53	291.70	57.75	150.48
1984	2083.57	739.93	687.70	386.39	71.05	198.50
1985	1712.98	615.70	601.26	265.62	64.58	165.82
1986	1869.54	723.62	648.78	271.40	64.26	161.48
1987	1838.16	728.66	616.00	284.76	71.10	137.64
1988	2018.20	777.04	607.60	379.72	81.34	172.50
1989	1786.22	704.36	513.24	369.22	69.30	130.10
1990	1806.66	714.98	554.10	344.62	68.34	124.62
1991	2086.60	817.00	653.48	209.26	280.52	126.34
1992	1800.00	649.40	608.89	327.46	51.36	162.89
1993	1340.06	569.70	425.70	217.64	45.98	81.04
1994	1529.68	665.64	521.88	224.26	46.80	71.10
1995	1852.84	741.52	579.36	314.00	124.06	93.90
1996	1468.11	618.05	451.90	269.34	71.36	57.46
1997	1366.13	487.86	408.59	326.47	85.88	57.34
1998	1223.19	427.42	359.09	329.70	69.72	37.26
1999	1870.65	627.43	484.18	639.52	87.88	31.64
2000	2511.38	792.38	605.96	943.70	129.10	40.24
2001	1705.74	645.12	431.12	514.98	87.84	26.68
2002	2414.00	946.60	631.10	710.30	102.10	23.90
2003	2690.74	1100.06	711.81	760.17	84.44	34.26
2004	2388.80	928.12	649.24	714.90	61.86	34.68
2005	2427.66	855.38	511.35	869.75	168.34	22.84
2006	2406.83	849.22	534.27	826.64	169.52	27.18
2007	2591.65	1020.80	579.20	778.07	178.55	35.03
2008	3064.96	1470.57	624.00	797.08	151.18	22.13

注：1978~2002年粮食购销存数字按粮食年度统计，粮食年度是指当年4月1日至翌年3月31日。从2003年开始，粮食统计年度改为日历年度。

数据来源：国家粮食局统计资料。

| 表23 | | 2008年国有粮食企业粮食销售情况统计表 | | | | | |

单位：亿斤

| 地区 | | | | 销售 | | | |
	原粮	贸易粮	小麦	大米	玉米	大豆	其他
全　国	3327.08	3064.96	1470.57	624.00	797.08	151.18	22.13
北　京	78.33	76.06	11.90	5.24	7.34	51.36	0.22
天　津	38.70	37.58	24.76	2.68	1.04	9.08	0.02
河　北	164.44	164.17	114.17	0.88	47.66	1.24	0.22
山　西	62.67	62.28	20.11	0.78	40.15	0.06	1.18
内蒙古	65.38	65.06	8.26	0.60	53.96	1.18	1.06
辽　宁	200.41	189.83	2.79	28.54	154.96	0.72	2.82
吉　林	245.98	236.96	0.18	23.34	197.56	14.28	1.60
黑龙江	326.75	277.98	8.54	115.50	108.25	44.91	0.78
上　海	32.44	29.20	6.98	7.31	8.06	5.95	0.90
江　苏	343.77	322.31	245.06	52.97	14.02	3.52	6.74
浙　江	36.11	28.48	4.07	17.78	5.62	0.87	0.14
安　徽	201.37	183.59	139.22	41.73	1.94	0.12	0.58
福　建	50.29	41.55	13.24	20.49	7.56	0.22	0.04
江　西	82.76	58.10	0.19	57.67	0.20	0.04	
山　东	166.88	165.77	126.12	2.60	30.72	6.02	0.31
河　南	527.44	526.26	504.49	2.57	18.30	0.90	
湖　北	154.39	130.40	71.52	58.64	0.22	0.02	
湖　南	65.22	47.11	3.06	43.31	0.74		
广　东	127.34	109.36	30.73	41.74	35.61	1.24	0.04
广　西	55.43	46.92	9.90	19.84	8.70	8.48	
海　南	10.33	9.35	0.01	2.42	6.76	0.12	0.04
重　庆	22.86	17.42	2.51	11.86	2.65	0.04	0.36
四　川	90.94	74.04	22.34	39.39	11.26	0.09	0.96
贵　州	6.60	5.11	0.45	3.65	0.67		0.34
云　南	29.79	24.26	3.95	12.53	6.58	0.02	1.18
西　藏	0.82	0.74	0.46	0.28			
陕　西	50.23	49.29	38.10	2.26	8.55	0.18	0.20
甘　肃	29.08	28.79	18.19	0.56	7.94		2.10
青　海	2.46	2.41	2.05	0.11	0.08		0.17
宁　夏	14.48	12.98	3.34	3.18	6.42		0.04
新　疆	43.37	41.58	33.88	3.55	3.56	0.50	0.09

数据来源：国家粮食局统计资料。

| 表24 | | | 全国粮食进口情况表(1980～2008年) | | | | |

单位：万吨

年份	粮食进口总量	谷物	小麦	大米	玉米	大麦	大豆
1980	1444	1391	1097	15	164	2	53
1981	1444	1387	1305	9	68	5	57
1982	1608	1572	1380	22	157	8	36
1983	1349	1349	1111	8	211	7	－
1984	1037	1037	987	13	6	5	－
1985	596	596	541	21	9	3	－
1986	769	740	611	32	59	20	29
1987	1628	1597	1320	54	154	－	31
1988	1534	1519	1455	31	11	8	15
1989	1654	1654	1488	93	7	25	－
1990	1369	1369	1253	6	37	6	－
1991	1343	1343	1237	14	0	75	－
1992	1174	1162	1058	10	0	83	12
1993	742	732	642	10	0	77	10
1994	909	904	718	51	0	132	5
1995	2069	2040	1159	164	518	127	29
1996	1194	1083	825	76	44	131	111
1997	705	417	186	33	0	187	288
1998	707	388	149	25	25	152	319
1999	771	339	45	17	7	227	432
2000	1357	315	88	24	0	197	1042
2001	1738	344	69	27	0	237	1394
2002	1417	285	60	24	1	191	1132
2003	2282	208	43	26	0	136	2074
2004	2998	975	723	76	0	171	2023
2005	3286	627	351	52	0	218	2659
2006	3183	359	61	73	7	214	2824
2007	3237	155	10	49	4	91	3082
2008	3898	154	4	33	5	108	3744

数据来源：国家发展改革委统计资料。

| 表25 | | 2008年国有粮食企业粮食进口情况统计表 | | | | | |

单位：亿斤

地区	进口						
	原粮	贸易粮	小麦	大米	玉米	大豆	其他
全　国	185.81	184.22	0.16	3.69	0.35	178.32	1.70
北　京	59.53	59.53				59.45	0.08
天　津	16.92	16.92				16.92	
河　北	8.73	8.73				8.73	
山　西							
内蒙古							
辽　宁	4.26	4.26				4.26	
吉　林	13.94	13.94				12.32	1.62
黑龙江	28.26	28.26				28.26	
上　海	7.05	7.05				7.05	
江　苏	5.95	5.95				5.95	
浙　江	1.53	1.53				1.53	
安　徽							
福　建	2.23	1.72		1.18		0.54	
江　西							
山　东	16.54	16.54				16.54	
河　南	2.23	2.23				2.23	
湖　北							
湖　南							
广　东	3.70	3.37		0.76		2.61	
广　西	11.93	11.93				11.93	
海　南							
重　庆	0.09	0.06		0.06			
四　川							
贵　州	2.92	2.20	0.16	1.69	0.35		
云　南							
西　藏							
陕　西							
甘　肃							
青　海							
宁　夏							
新　疆							

数据来源：国家粮食局统计资料。

表26		全国粮食出口情况表(1980～2008年)				

单位：万吨

年份	粮食出口总量	谷物	小麦	大米	玉米	大豆
1980	156	145	0	112	8	11
1981	98	84	0	58	14	14
1982	78	63	0	47	7	15
1983	110	75	0	58	6	35
1984	313	229	0	116	95	84
1985	918	804	0	101	634	114
1986	888	751	0	95	564	137
1987	739	568	0	102	392	171
1988	718	570	0	70	392	148
1989	609	484	0	32	350	125
1990	507	413	0	33	340	94
1991	1006	895	0	69	778	111
1992	1268	1202	0	95	1031	66
1993	1364	1327	0	143	1110	37
1994	1187	1104	11	152	874	83
1995	102	64	2	5	11	38
1996	143	124	0	26	16	19
1997	852	833	0	94	661	19
1998	906	889	1	375	469	17
1999	758	738	0	270	431	20
2000	1399	1378	0	295	1047	21
2001	901	876	45	186	600	25
2002	1510	1482	69	199	1167	28
2003	2221	2194	224	262	1639	27
2004	506	473	78	91	232	33
2005	1054	1014	26	69	864	40
2006	643	605	111	125	310	38
2007	1032	986	307	134	492	46
2008	228	181	31	97	27	47

数据来源：国家发展改革委统计资料。

| 表27 | | | 2008年国有粮食企业粮食出口情况统计表 | | | | |

单位：亿斤

| 地区 | 原粮 | 贸易粮 | 出口 | | | | |
			小麦	大米	玉米	大豆	其他
全　国	13.65	10.26	0.18	7.90	0.80	0.92	0.46
北　京	0.08	0.08					0.08
天　津							
河　北							
山　西							
内蒙古							
辽　宁	1.67	1.22		1.04			0.18
吉　林	3.13	2.68		1.06	0.80	0.76	0.06
黑龙江	8.39	5.92		5.76		0.16	
上　海							
江　苏	0.14	0.14					0.14
浙　江							
安　徽							
福　建	0.14	0.14	0.14				
江　西							
山　东							
河　南							
湖　北							
湖　南							
广　东	0.10	0.08	0.04	0.04			
广　西							
海　南							
重　庆							
四　川							
贵　州							
云　南							
西　藏							
陕　西							
甘　肃							
青　海							
宁　夏							
新　疆							

数据来源：国家粮食局统计资料。

表28	全国食用植物油进口情况表(1993~2008年)

单位：万吨

年份	食用植物油	豆油	菜籽油	棕榈油	花生油
1993	100.7	7.6	15.0	20.6	0.8
1994	304.5	106.3	52.9	27.5	1.4
1995	353.2	148.2	63.1	13.0	1.4
1996	263.6	129.5	31.6	29.5	0.5
1997	274.8	122.5	35.1	37.7	1.1
1998	205.8	83.2	28.5	16.7	0.9
1999	208.1	80.4	6.9	4.1	1.0
2000	178.7	30.6	7.5	1.5	1.0
2001	165.0	7.0	4.9	136.0	0.9
2002	318.9	87.0	7.8	169.5	0.4
2003	540.9	188.4	15.2	232.8	0.7
2004	675.0	251.5	35.3	238.8	0.0
2005	621.1	169.4	17.8	283.8	0.0
2006	669.5	154.3	4.4	418.7	0.3
2007	838.3	282.3	37.5	438.7	1.1
2008	816.3	258.6	27.0	464.7	0.6

数据来源：国家发展改革委统计资料。

| 表29 | | 全国食用植物油出口情况表(1993~2008年) | | |

单位：万吨

年份	食用植物油	豆油	菜籽油	花生油
1993	13.6	1.5	5.8	5.0
1994	27.0	7.3	16.1	3.0
1995	51.7	6.6	17.1	1.1
1996	47.4	12.7	17.4	0.6
1997	82.3	55.6	14.1	0.9
1998	30.9	18.6	7.3	1.0
1999	9.7	5.3	2.6	1.3
2000	11.2	3.5	5.4	1.5
2001	13.4	6.0	5.4	1.4
2002	9.7	4.7	1.8	1.1
2003	6.0	1.1	0.5	2.5
2004	6.5	1.9	0.5	1.4
2005	22.5	6.3	3.1	2.0
2006	39.9	11.8	14.5	1.3
2007	16.6	6.6	2.2	1.0
2008	24.8	13.4	0.7	1.1

数据来源：国家发展改革委统计资料。

表30	2008年国有粮食企业退耕还林用粮情况统计表

单位：亿斤

地区	原粮	贸易粮	小麦	大米	玉米	大豆	其他
全 国	3.58	3.46	1.68	0.21	1.57		
北 京	0.90	0.86	0.78	0.08			
天 津							
河 北							
山 西							
内蒙古							
辽 宁							
吉 林							
黑龙江							
上 海							
江 苏							
浙 江							
安 徽							
福 建							
江 西							
山 东							
河 南							
湖 北							
湖 南							
广 东							
广 西							
海 南							
重 庆							
四 川							
贵 州	0.24	0.23		0.02	0.21		
云 南							
西 藏							
陕 西	0.82	0.75	0.04	0.11	0.60		
甘 肃							
青 海							
宁 夏	1.62	1.62	0.86		0.76		
新 疆							

数据来源：国家粮食局统计资料。

表31　2008年全国国有粮食企业经营情况调查表

截至2008年12月31日　　　　　　　　　　　　　　　　　　　　　　　　　　　　　　　　单位：万元

地区或单位	利润（或亏损）总额		粮油销售收入		粮油销售成本		粮油费用总额		资产总额		负债总额	
	合计	其中购销企业	合计	其中购销企业	合计	其中购销企业	合计	其中购销企业	合计	其中购销企业	合计	其中购销企业
合　计	213260	182541	34674432	29605767	33523443	28830798	4030057	3461451	68993811	60044743	63058754	55114998
北　京	12648	1323	791933	241360	737777	239672	101752	33196	1146075	505701	818971	415372
天　津	3676	−481	239139	132360	232633	132499	43654	36833	691102	455137	408330	243234
河　北	−607	2633	1068047	1028692	1058187	1016381	97783	86401	1424773	1207025	1143275	916643
山　西	−22617	−13689	580355	539028	559807	522530	104418	79499	1712664	1263777	1716176	1201249
内蒙古	−1187	−972	375344	374725	334194	332886	74280	73573	719257	689156	620679	595322
辽　宁	−14357	−9876	1428255	1398685	1380382	1346977	137135	124773	2403968	1936229	2625706	2097582
吉　林	1170	−11037	1121636	264140	1040000	257138	126628	35512	951525	353943	861489	371149
黑龙江	−8407	−4901	1719389	1605378	1629017	1532945	215504	183604	2973831	2587343	3404110	2916824
上　海	5840	2180	1208814	406679	1180668	404549	118480	89040	1195728	977415	948403	776016
江　苏	20370	18475	2554258	2452691	2409986	2316138	226891	206049	3151359	2763930	2682150	2361844
浙　江	6050	2311	435365	288842	418227	287599	116762	92256	1338670	994190	949285	725849
安　徽	10990	11653	1030530	999505	1015608	986049	141166	137476	1683266	1533136	1731528	1576253
福　建	5768	6859	451433	404741	447705	396276	70692	56068	953758	734426	739497	575447
江　西	3908	1926	769704	670438	708428	632051	86850	74126	1649787	1251429	1577586	1266723
山　东	28109	5005	2506918	1082664	2397332	1055541	197427	130552	2984153	2032304	2479191	1758711
河　南	9942	11321	2010611	1876067	1953040	1831946	317978	296231	3029034	2566583	3245155	2766229
湖　北	7704	7185	806352	784696	802519	780540	89188	83674	1120553	943638	1355643	1159031
湖　南	1774	2523	343858	334879	324667	318008	59485	54076	846175	755938	668478	580581
广　东	4824	6266	1045870	983933	986971	932221	176956	155775	2388438	1963702	1989137	1573137
广　西	679	5038	357437	351886	351282	347703	72126	62825	1000680	739068	923222	612951
海　南	−786	43	124897	124799	123467	123467	11347	8489	250045	136620	268502	122614
四　川	431	1673	829997	789703	809727	769636	116790	108214	1587943	1432032	1271212	1097463
重庆市	−10383	−8664	257704	250542	252026	245298	49355	46440	551795	522465	534243	484126
贵　州	−1553	−989	160292	120775	153930	117672	43317	34262	596536	396541	604717	427066
云　南	4565	2265	457988	402295	438679	389600	62468	54488	1200152	1111451	988513	913540
陕　西	1225	2829	337124	285165	315167	273540	62256	51058	1418006	1081995	1482699	1167009
甘　肃	−2985	−2804	251694	250500	237896	236765	43026	41453	663413	520515	582490	457566
青　海	−40	122	21856	21607	22788	22584	10512	10161	138655	122720	116274	101240
宁　夏	−919	−690	125777	124619	123368	121789	15809	14715	177418	162517	144254	133787
新　疆	6310	6887	385099	324930	347138	285835	73334	61288	844962	722390	684648	601873
兵　团	−208	190	57272	7795	52367	7445	4955	1327	69555	11880	45373	3311
中　储	157046	157046	9587484	9587484	9506239	9506239	840335	840335	26507894	26507894	24197186	24197186
中　谷	8983	8983	615502	615502	603435	603435	21102	21102	288773	288773	203368	203368
华　粮	−24703	−28092	616498	478662	568786	457844	100296	76580	1333868	772880	1047264	714702

数据来源：国家粮食局统计资料。

表32 2008年全国国有粮食企业改革情况调查表

截至2008年12月31日

单位：个，人

地区或单位	1.企业数	2008年改制企业数		2.改制企业数 1998~2008年累计改制企业		现有企业中已改制企业数		3.粮食产业化龙头企业	4.职工人数			5.安置职工人数 2008年		1998~2008年	
		小计	其中:股份制公司	小计	其中:股份制公司	小计	其中:股份制公司		(1)小计	(2)在岗人数	(3)不在岗人数	小计	其中:粮食部门	累计	其中:粮食部门
总　计	18989	3091	803	32231	5827	9539	3724	1324	699300	416662	282735	65299	44062	1286163	778208
北　京	190	0	0	4	3	3	3	3	9315	7031	2284	0	0	5878	5010
天　津	223	10	1	206	23	27	1	12	6713	4114	2599	336	162	5648	5171
河　北	890	108	0	2347	867	108	0	67	29930	15609	14321	4410	1177	96432	56320
山　西	1656	293	47	856	147	404	284	10	38363	19396	18967	3492	2008	17181	8353
内蒙古	306	49	1	789	75	229	35	8	12111	8667	3444	449	424	26096	9141
辽　宁	583	129	14	919	203	129	54	28	12386	8456	3930	1602	1453	13839	13339
吉　林	775	205	0	0	0	0	0	4	22890	16373	6517	149	118	25020	7620
黑龙江	918	207	177	1155	402	723	347	49	37839	28792	9047	5011	3669	110433	78824
上　海	191	7	7	283	118	131	95	2	10311	6302	4009	488	303	15650	12206
江　苏	1948	150	38	1907	337	1209	250	60	44889	24145	20744	3386	2301	72950	47861
浙　江	293	5	0	1530	0	293	0	13	13710	11078	2632	15	15	30862	17196
安　徽	1072	371	116	1493	394	684	232	123	42702	25687	17015	7400	6666	48063	36358
福　建	524	5	0	385	11	84	10	8	9974	6939	3035	129	119	13786	5384
江　西	1319	158	82	1824	242	1010	267	52	39031	22266	16765	6200	4702	46422	29617
山　东	879	38	12	1853	713	598	441	115	77843	26518	51325	6184	3474	85434	58214
河　南	787	125	2	3298	759	759	759	183	83599	44772	38827	0	0	140682	96564
湖　北	623	213	80	2626	281	295	121	155	21818	20160	1658	2150	860	153027	61211
湖　南	378	67	52	1933	281	335	157	95	16902	10835	6164	2666	1382	84235	50805
广　东	713	59	0	680	5	286	8	14	16872	11063	5809	960	693	49956	24399
海　南	65	0	0	550	0	63	0	0	1524	1038	486	205	120	1106	418
广　西	1015	337	41	1823	80	467	37	16	17227	7355	9872	1630	1296	14837	8669
四　川	815	132	32	1529	208	482	134	141	20364	15167	5197	6167	5919	63286	46417
重　庆	292	6	6	146	146	140	140	18	10601	6068	4533	56	56	25517	18461
贵　州	401	84	8	471	57	218	37	36	13630	6784	6846	1604	1293	11370	9228
云　南	214	21	4	751	71	166	52	47	7067	5593	1474	2004	1319	13616	10345
西　藏	99	0	0	0	0	0	0	0	1926	1909	17	0	0	0	0
陕　西	641	201	61	1090	155	230	123	24	16882	9291	7591	4619	1352	69000	26769
甘　肃	299	78	9	1162	198	261	102	19	15745	8252	7493	1806	1662	23611	16673
青　海	54	0	0	151	6	54	5	1	1188	1041	147	730	466	3885	3611
宁　夏	124	12	11	101	32	43	16	0	1868	1403	465	212	101	4224	3742
新　疆	146	18	2	336	10	72	10	14	10259	6445	3814	854	744	9365	6500
兵　团	66	3	0	8	1	11	1	3	3588	2575	1013	61	51	2041	1181
中　储	329	0	0	0	0	0	0	0	21609	18190	3419	0	0	0	0
中　谷	114	0	0	0	0	0	0	0	2710	2540	170	0	0	0	0
华　粮	47	0	0	25	2	25	3	4	5914	4808	1106	324	157	2711	2601

数据来源：国家粮食局统计资料。

表33　2008年全国国有粮食购销企业改革情况调查表

截至2008年12月31日　　　　　　　　　　　　　　　　　　　　　　　　　　　单位：个，人

| 地区或单位 | 1.企业数 | 2.改制企业数 | | | | | | 3.粮食产业化龙头企业 | 4.职工人数 | | | 5.安置职工人数 | | | |
| | | 2008年改制企业数 | | 1998~2008年累计改制企业 | | 现有企业中已改制企业数 | | | | | | 2008年 | | 1998~2008年 | |
		小计	其中:股份制公司	小计	其中:股份制公司	小计	其中:股份制公司		(1)小计	(2)在岗人数	(3)不在岗人数	小计	其中:粮食部门	累计	其中:粮食部门
总　计	13562	2120	660	20454	4488	7185	2873	719	516139	332566	183636	42599	34406	853792	549878
北　京	49	0	0	0	0	0	0	2	4266	3075	1191	0	0	3417	3320
天　津	71	6	0	30	2	7	1	8	4818	3262	1556	266	94	2257	1776
河　北	841	0	0	1457	832	0	0	46	24930	15995	8935	220	150	66980	41732
山　西	820	211	32	601	99	303	185	5	19221	12427	6794	2699	1647	12976	8016
内蒙古	275	46	1	676	63	215	24	6	11529	8210	3319	232	207	22306	8729
辽　宁	422	122	13	621	166	99	50	23	10086	7356	2730	1416	1367	13064	12795
吉　林	673	84	0	168	0	0	0	4	20162	14800	5362	138	118	24001	6282
黑龙江	599	194	163	631	314	538	313	47	31303	24669	6634	3719	2729	74073	59490
上　海	108	3	3	124	110	75	75	1	4183	2532	1651	304	216	5680	3967
江　苏	1537	132	38	1250	206	906	155	23	30514	19018	11496	2825	2147	51624	34952
浙　江	134	3	0	323	0	134	0	5	8081	7393	688	15	15	12997	6827
安　徽	699	323	114	846	278	548	216	43	31090	23019	8071	6545	6268	29116	27415
福　建	269	0	0	238	4	33	5	8	7080	5169	1911	87	78	9040	3403
江　西	968	138	74	1211	196	782	212	39	30519	18780	11739	5103	4160	34781	23378
山　东	556	14	4	1308	420	402	253	50	43761	13952	29809	2693	3785	50193	32477
河　南	700	0	0	2658	700	700	700	25	76197	37370	38827	0	0	60152	60152
湖　北	547	98	67	951	239	263	105	58	17729	17233	496	771	308	87228	34891
湖　南	315	54	42	1222	207	277	149	70	12630	9172	3521	1555	1083	71698	44383
广　东	597	46	0	586	3	262	8	8	13633	8217	5416	688	641	38966	20879
海　南	52	0	0	236	0	52	0	0	1317	969	348	155	102	790	378
广　西	647	210	18	1042	24	298	15	13	10269	6019	4250	1405	1272	11281	7002
四　川	684	107	18	1054	140	436	101	115	17033	13791	3242	4814	3285	49193	36256
重　庆	203	6	6	146	146	51	51	18	9058	6287	2771	14	14	18226	13235
贵　州	160	56	4	308	22	160	15	24	7656	5124	2532	1189	1026	8825	7277
云　南	172	19	2	548	38	138	37	42	6592	5151	1441	1600	951	11099	8747
西　藏	87	0	0	0	0	0	0	0	1589	1579	10	0	0	0	0
陕　西	481	147	40	873	99	177	85	12	10385	6436	3949	1380	648	53100	19472
甘　肃	252	78	9	1036	160	205	98	18	14487	7668	6819	1663	1537	22463	15473
青　海	32	0	0	99	2	32	4	1	951	831	120	120	120	2133	2133
宁　夏	76	10	10	57	13	37	11	0	1716	1273	443	200	79	1966	1800
新　疆	115	12	2	146	4	46	4	5	8117	4890	3227	776	352	3931	3005
兵　团	12	1	1	8	1	9	1	0	931	182	749	7	7	236	236
中　储	329	0	0	0	0	0	0	0	21609	18190	3419	0	0	0	0
中　谷	80	0	0	0	0	0	0	0	2697	2527	170	0	0	0	0

数据来源：国家粮食局统计资料。

| 表34 | | **2008年全国粮食仓储企业数量表** | | | | |

单位：户

地区或单位	合计	分规模企业构成				
		其中:非国有	2.5万吨以下	2.5~5万吨	5~10万吨	10万吨以上
全国总计	17869	3507	14653	1658	1033	525
一、地方小计	17400	3507	14630	1604	851	315
北　京	97	18	52	20	13	12
天　津	69	10	40	10	7	12
河　北	1037	195	868	111	40	18
山　西	865	40	800	30	23	12
内蒙古	612	284	521	55	28	8
辽　宁	737	290	624	55	36	22
吉　林	834	136	749	39	38	8
黑龙江	700	91	482	126	76	16
上　海	94	29	63	13	8	10
江　苏	1426	176	1251	113	48	14
浙　江	157	37	84	26	34	13
安　徽	1008	150	819	132	43	14
福　建	730	153	671	40	13	6
江　西	1301	64	1203	65	27	6
山　东	898	375	716	95	58	29
河　南	1670	129	1384	156	96	34
湖　北	833	253	692	79	49	13
湖　南	520	204	386	77	44	13
广　东	493	134	392	63	24	14
广　西	351	25	299	25	18	9
海　南	42	4	39	2	1	
重　庆	133	16	99	14	13	7
四　川	796	198	641	102	46	7
贵　州	229	16	201	24	4	
云　南	270	93	232	22	12	4
西　藏	91	4	91			
陕　西	521	167	465	37	14	5
甘　肃	311	91	266	29	15	1
青　海	50	3	40	6	3	1
宁　夏	219	64	206	2	8	3
新　疆	196	51	149	31	12	4
新疆兵团	110	7	105	5		
二、中央单位小计	469		23	54	182	210
中储粮	349		4	31	140	174
中　粮	59		19	6	18	16
华　粮	61			17	24	20

注：2.5万吨以下不包括2.5万吨，2.5~5万吨包括2.5万吨，5~10万吨包括5万吨，10万吨以上包括10万吨。
数据来源：国家粮食局统计资料。

表35				2008年取得中央储备粮代储资格企业名单			

单位：万吨

序号	企业名称	批次	类别	取得资格仓(罐)容	取得资格仓(罐)号	证书编号	备注
	北京						
1	北京怀柔国家粮食储备库	7	粮	2.7469	3分库301－334	11000500－4	
2	北京市西北郊粮食收储库	7	粮	2.5856	主库区:27－30	11000900－2	
3	北京市顺义牛栏山粮食收储库	7	粮	11.2000	平房仓7－11、16－25、立筒仓1－40、钢立筒仓41－56	11001200－1	
4	北京市房山南观粮食收储库	8	粮	4.5843	1－15、立筒仓1－6	11002100－1	
5	北京市西南郊粮食收储库	8	粮	7.3902	主库区:15、16、22－31	11001600－1	
6	北京怀柔国家粮食储备库	8	粮	1.8894	4分库:立筒仓401－436、平房仓437－444	11000500－5	
7	北京市顺义杨镇粮食收储库	8	粮	4.6017	钢板平房仓1－8、平房仓9－13、立筒仓1－22	11002000－1	
8	北京门头沟三家店粮食收储库	8	粮	4.6055	27、28、45－50、53	11000400－1	
9	北京市通州粮食收储库	8	粮	0.9893	3分库:立筒仓1－43	11001400－2	
10	北京市昌平粮食收储库	8	粮	4.4801	1、6、9、58－61	11000300－1	
11	北京市密云溪翁庄粮食收储库	8	粮	3.6012	立筒仓1－13、17－49、平房仓1－3、6－9、钢板平房仓4、5	11001100－1	
	天津						
12	天津市宁河县粮食购销有限公司	7	粮	4.1262	平房仓1－4、7－12、15－17	12001200－1	
13	天津汉沽国家粮食储备库	7	粮	2.2852	48－51	12000300－1	
14	天津运东粮食储备库	7	粮	7.7031	1－24	12002600	
15	蓟县马伸桥粮库	8	粮	2.7084	1分库1－4	12002300－1	
16	蓟县尤古庄粮食购销有限公司	8	粮	2.9183	钢板平房仓1－5、平房仓6－7	12002700	
17	天津西营门国家粮食储备库	8	粮	19.7862	主库区:立筒仓40－95，平房仓97－99，钢板平房仓100－105，钢立筒仓106－125，1分库:钢板平房仓1－15	12000600－2	
18	天津西营门国家粮食储备库	8	油	0.7958		12000600－2	
	河北						
19	三河市燕郊粮库	7	粮	3.2340	1－6	13014600	
20	河北省石家庄省级油脂储备库	7	油	1.8000	1－17	13014701	
21	徐水县遂城国有粮食购销库	8	粮	2.6891	主库区:1－6	13014800	
22	河北藁城永安国家粮食储备库	8	粮	8.7367	0、1－21、L1-L6、C1	13006100－1	
23	雄县张岗国有粮食购销站	8	粮	3.0474	1－8	13014900	
24	河北省天元国有粮食收储库有限责任公司	8	粮	5.0000	1分库:1－7	13006700－1	
25	藁城市第二粮库	8	粮	3.7450	1－8、12－26	13015000	
26	故城东方兴粮业有限公司	8	粮	7.5888	1分库:9－23、3分库:31－49	13013700－1	
	内蒙古						
27	内蒙古正奇粮食物流有限公司	7	粮	3.2000	平房仓1－2、立筒仓1－12	15008900	
28	内蒙古良储粮油购销有限责任公司	7	粮	4.6992	1分库:G1-G18	15007600－1	
29	阿荣旗淳江油脂有限责任公司	7	油	0.5500	1－5	15009101	
30	扎赉特旗裕丰粮油贸易有限公司	8	粮	2.5863	钢板平房仓1－3	15009200	
31	乌审旗达布察克粮油购销站	8	粮	2.7648	1－8	15009300	
32	内蒙古阿荣国家粮食储备库	8	粮	2.0000	17、钢立筒仓33－42	15005800－2	
33	内蒙古通辽市保康国家粮食储备库	8	粮	0.6000	10－12	15001700－1	

续表

序号	企业名称	批次	类别	取得资格仓(罐)容	取得资格仓(罐)号	证书编号	备注
34	阿荣旗淳江油脂有限责任公司	8	粮	2.9040	东仓1-12号、西仓13-24号	15009400	
	辽宁						
35	凤城市第二粮库	8	粮	3.6774	1-3、立筒仓4-57	21000500-1	
36	丹东蛤蟆塘粮库	8	粮	0.8177	6、10-13、30-33	21008000-1	
37	丹东第五粮库有限责任公司	8	粮	2.5557	平房仓3-6、立筒仓1-13	21009900	
38	阜新市粮食局新邱粮库	8	粮	2.6466	浅圆仓圆1-75、平房仓7-8	21010000	
39	阜新市粮油工贸总公司	8	粮	4.0902	浅圆仓ZY1-ZY28、钢板浅圆仓C1-5、平房仓PPF7-PPF10、PPF13-PPF19、钢板平房仓PPF21	21001200-2	
40	鞍山市第七粮库	8	粮	3.0606	立筒仓E1-E12、钢板平房仓F1、F2	21010100	
41	葫芦岛市粮食储备库	8	粮	2.5310	1-2	21010200	
42	鞍山汤岗子国家粮食储备库	8	粮	9.1940	立筒仓1-42、平房仓1-3	21010300	
43	沈阳市第三粮食收储库	8	粮	3.1457	房式仓6-8、10-11、新立筒仓1-14	21002800-1	
	吉林						
44	桦甸市金沙粮库	8	粮	2.7916	1-2、8-13	22010100	
45	吉林辉南国家粮食储备库	8	粮	2.5340	主库区:钢板平房仓1-13	22010200	
46	吉林市西关国家粮食储备库	8	粮	1.8078	7-10	22008900-1	
47	吉林长岭太平川国家粮食储备库	8	油	0.7500	1-5	22010301	
	黑龙江						
48	绥棱县上集新兴粮库	8	粮	2.6000	钢立筒仓ZD21-01、ZD21-02、ZD21-03、ZD21-04、ZD21-05、ZD21-06、ZD21-07,钢板平房仓ZD21-09、ZD21-18、ZD21-19、ZD21-20	23020500	
49	黑龙江伊春南岔国家粮食储备库	8	粮	4.6164	钢板平房仓5、6、45-46	23015500-2	
50	鹤岗市第八粮库有限责任公司	8	粮	2.7120	8-10	23002000-1	
51	齐齐哈尔市第二粮库	8	粮	2.0340	钢板平房仓19-22	23000800-2	
52	牡丹江市第二粮库	8	粮	2.8000	钢立筒仓1-22	23020600	
53	绥滨县忠仁粮库有限公司	8	粮	1.3282	钢板平房仓23-29	23002500-1	
54	鹤岗市第三粮库有限责任公司	8	粮	4.0000	2、3、6、7、钢板平房仓8	23020700	
55	萝北县团结粮库有限公司	8	粮	1.2000	钢立筒仓27-38	23002100-1	
56	萝北县鹤北粮库有限责任公司	8	粮	1.5000	钢板平房仓32	23002300-1	
	上海						
57	上海崇明老效港粮食仓储有限公司	8	粮	9.0000	主库区:100-114、201-216、301-315、401-403、钢板平房仓501-506、601-606,1分库:1-7	31000600	
58	上海闵行国家粮食储备库	8	粮	4.7422	d1-d9、x1-x6	31000700	
59	上海市金山区新农粮油管理所	8	粮	2.5950	9-31、34-39	31000800	
60	上海良时贸易有限公司	8	油	1.1100	1#-15#	31000901	
	江苏						
61	丰县粮食局直属库	7	粮	2.5740	1-9	32012600	
62	江苏省薛埠粮食储备直属库	7	粮	2.6352	1-8、13-16	32012700	
63	宿迁市宿城区粮食储备库	7	粮	2.5009	1-15	32012800	

序号	企业名称	批次	类别	取得资格仓(罐)容	取得资格仓(罐)号	证书编号	备注
64	江苏宿迁国家粮食储备库	7	粮	9.8604	新库区1－36	32003000－2	
65	东海县粮食购销公司平明粮油管理所	7	粮	2.5206	1－36	32012900	
66	江苏省姜堰粮食储备直属库	7	粮	2.4771	17－30	32010100－1	
67	溧水县粮食局直属库	7	粮	2.9148	1分库:1－17	32005600－1	
68	泰州市东风路粮库	7	粮	1.2052	钢板平房仓21－24	32007200－1	
69	南京铁心桥国家粮食储备库	7	油	1.5026	1－9	32013001	
70	张家港保税区东方华谷油脂贸易仓储有限公司	7	油	3.2971	101－102、201－205、301－306、308	32013101	
71	沭阳县粮食购销总公司	8	粮	4.0332	1－12	32013200	
72	宝应县宝佳粮油购销有限公司	8	粮	9.7080	1－40	32013300	
73	江苏沭阳国家粮食储备库	8	粮	0.9144	21－26	32001600－1	
74	江苏洪泽湖粮食储备直属库有限责任公司	8	粮	6.0264	1－10	32013400	
75	江苏赣榆国家粮食储备库	8	粮	1.6594	1－2、17－22	32007500－1	取消原有的17－22号仓房资格
76	新沂市新店粮油管理所	8	粮	2.5599	1－10	32013500	
77	泗阳县卢集粮食储销有限公司	8	粮	3.0373	1－18	32013600	
78	新沂市棋盘镇粮油管理所	8	粮	2.6917	1－27	32013700	
79	江苏盱眙城南国家粮食储备库	8	粮	2.9366	1分库:44－61	32001800－1	取消原有的1分库44－57号仓房资格
80	江苏南通运河桥国家粮食储备库	8	粮	1.9210	3－5、13－18、27－30、39－42	32000700－1	
81	南通宇成粮油收储有限公司	8	粮	9.0686	A1－A6、B1－B6、C1－C6、19－21	32013800	
82	江苏北大荒米业有限公司	8	粮	6.3709	101－104、201－204、301－304、401－404、501－504、601－604、701－704、105、405、505、605、705	32005900－1	
83	宿迁市宿豫区关庙粮食储销有限公司	8	粮	2.6079	1－22、钢板平房仓23－28	32013900	
84	江苏省扬子江现代粮食物流中心	8	粮	4.7990	17－38	32014000	
85	江苏永友粮食有限公司	8	粮	2.5071	1－12	32014100	
86	泰州引江河国家粮食储备库	8	粮	0.7384	19－22	32004300－1	
87	灌云县宇禾粮食储备库	8	粮	3.1537	22－41、43－48	32014200	
88	淮安市清浦区粮食购销总公司	8	粮	1.6570	主库区:9－1、9－2、10－1、10－2、11－1、12－1、12－2	32010700－1	
89	盐城市盐都区大纵湖粮油管理所	8	粮	2.5300	1－31	32014300	
90	如皋市粮食购销公司	8	粮	5.2740	1－20	32014400	
	浙江						
91	平湖市粮食收储有限公司	7	粮	3.3180	1－8、11－12、15－16	33000900	
92	嘉兴市粮食收储有限公司	7	粮	2.5230	1－9、17、23、27、29－30	33001000	
93	杭州萧山粮食购销有限责任公司	8	粮	3.6225	丁坝中心粮库1－6、8－10、15－17、19－26，丁坝中心粮库钢仓1－2	33001100	
94	嘉善县粮食收储有限公司	8	粮	6.3000	钢板平房仓储1－储8	33000400－1	
95	桐乡市粮食收储有限公司	8	粮	2.6370	钢板平房仓P01－1、P01－2、P02－1、P02－2、P03－1、P03－2、P04－1、P04－2、P05－1、P05－2	33001200	
96	舟山市粮食局直属粮库	8	油	0.6000	1－8	33001301	

续表

序号	企业名称	批次	类别	取得资格仓(罐)容	取得资格仓(罐)号	证书编号	备注
	安徽						
97	合肥市粮食局第二仓库	8	粮	11.9766	1#-24#	34010000	
98	安徽无为国家粮食储备库	8	粮	3.7500	1-3、4-1、4-2、5-1、5-2、6-1、6-2、6-3	34010100	
99	安徽南陵许镇省级粮食储备库	8	粮	3.2900	1-10	34000600-1	
100	含山县省级粮食储备库	8	粮	3.0000	1-10	34010200	
101	安徽望江国家粮食储备库	8	粮	3.0909	1-20	34002900-1	
102	安徽槐祥工贸集团有限公司	8	粮	2.5412	1-6	34010300	
103	安徽三农集团临淮岗粮油储备有限公司	8	粮	6.5681	主库区:1-7,莫店圩分库1-12	34010400	
	福建						
104	南安市粮食购销公司	7	粮	3.9690	101-115	35002400	
105	厦门市海沧粮食购销有限公司	7	粮	3.4184	楼房仓401-408、平房仓409-410	35002500	
106	安溪县粮食购销有限公司	8	粮	1.5011	1-22	35002600	
	江西						
107	南昌高新粮油购销有限公司	8	粮	2.5184	1-2、7-18	36013000	
108	奉新县赤田粮食购销公司	8	粮	4.0666	1-29、新1、新2、新3、新4	36013100	
109	奉新县渣村粮食购销公司	8	粮	3.6907	1-33	36013200	
	山东						
110	山东良友储备粮承储有限公司	7	粮	8.0476	1-28	37005800-1	
111	潍坊开发区华裕实业有限公司	7	粮	7.2316	1-16	37011300	
112	山东莘县国家粮食储备库	7	粮	3.7217	1-25	37011400	
113	山东定陶国家粮食储备库	7	粮	4.2232	主库区19-26,2分库10-15	37002300-2	
114	山东烟台国家粮食储备库	7	粮	0.6500	1分库:地下仓37-38	37006400-2	
115	山东沂水国家粮食储备库	8	粮	3.2197	1-8	37003400-1	
116	荣成市粮食中心储备库	8	粮	6.0500	1-11	37011700	
117	山东泰山国家粮食储备库	8	粮	0.6200	15、16	37000900-1	取消原有15、16号仓房资格
118	济南第二粮库	8	粮	5.0040	1分库:1-4、9-12、23-26、15、16、19、20	37002800-1	
119	山东文登国家粮食储备库	8	粮	5.5356	1-42	37004200-1	
120	乳山市粮食储备库	8	粮	3.7800	1-21	37011800	
121	山东泰安汇丰粮油发展有限责任公司	8	粮	2.5121	主库区:3、6-14、18-21	37011900	
122	烟台市粮油储备库	8	粮	6.0000	101-108、201-208、301-310、401-410	37012000	
123	泰安市东岳粮库	8	粮	3.0500	1-10	37012100	
124	山东省石臼粮食储备库有限公司	8	粮	4.9360	1-16	37012200	
125	菏泽市粮油购销储运公司	8	粮	2.5284	1-6	37012300	
126	山东省日照粮食储备库	8	粮	0.5380	主库区17-20	37009100-2	
	河南						
127	洛阳市粮食局第三仓库	8	粮	1.2506	3、4、38-39	41001600-1	
128	洪县粮食局第二粮库	8	粮	0.4626	7、8	41013700-1	
129	濮阳市粮食储备库	8	粮	3.1738	1-5	41011700-1	
130	平顶山城郊国家粮食储备有限公司	8	粮	2.7077	1-10	41020000-1	取消原有9、10号仓房资格
131	漯河一○○六河南省粮食储备库	8	粮	5.0536	2、3、4、6、7、9-42	41020100	

序号	企业名称	批次	类别	取得资格仓(罐)容	取得资格仓(罐)号	证书编号	备注
132	商丘市粮食中转储备库	8	粮	2.7649	1-13	41016900-1	取消原有1-13号仓房资格
133	洛阳市粮食局第四仓库	8	粮	1.2264	24-26	41001200-2	
134	商丘市梁园区郊区粮油公司	8	粮	2.5110	1-10	41005700-1	取消原有1-10号仓房资格
135	临颍县龙堂粮食收储有限公司	8	粮	3.3950	1-8、钢板仓11-13、17-18	41020200	
136	开封城北国家粮油储备有限责任公司	8	粮	1.9633	48、50、51	41020300	取消原有48号仓房资格
137	河南许昌五里岗国家粮食储备管理有限公司	8	粮	4.5471	1-13、钢板平房仓14-15	41020400	
138	河南许昌〇九〇一省粮食储备管理有限公司	8	粮	2.5046	主库区:1-4	41020500	
139	舞阳县粮食局直属粮库	8	粮	3.4160	1-7	41020600	
140	河南省粮油工业总公司	8	粮	3.8420	5-7、9-10	41020700	
141	驻马店市南海粮油有限公司	8	粮	3.0405	1-18	41020800	取消原有1-18号仓房资格
142	项城一四〇一河南省粮食储备库	8	粮	4.8963	主库区:钢板平房仓1-9	41020900	
143	武陟县粮食局詹店粮食储备库	8	粮	2.8214	1-31	41004100-1	
144	河南东方粮食贸易有限公司	8	粮	22.5821	主库区:12-26,1分库:1-13,2分库:1-5	41021000	
145	河南正粮新村粮库有限公司	8	粮	3.6500	钢板平房仓1、3	41021100	
146	尉氏〇二〇九河南省粮食储备库	8	粮	2.5369	钢板平房仓0、普通平房仓1-18	41011500-1	
147	尉氏〇二一〇河南省粮食储备库	8	粮	2.5261	1-12、16-21、钢板平房仓28	41021200	
148	漯河中储粮粮油收储有限公司	8	油	1.1268	12-17	41021301	
149	维维粮油（正阳）有限公司	8	油	2.1245	1-23	41021401	
150	河南豫粮麦业有限公司	8	油	2.4918	1-11	41021501	
	湖北						
151	湖北丹江口国家粮食储备库	7	粮	2.7865	1-10	42010000	
152	武汉市新洲区星球米业有限公司	7	粮	2.5485	1-5	42010100	
153	湖北康宏粮油食品有限公司	7	粮	3.3216	1-6	42010200	
154	湖北枣阳国家粮食储备库	8	粮	4.8883	1-6、8、10-18、21-25	42001600-1	
	湖南						
155	隆平米业高科技股份有限公司	7	粮	3.2741	浅圆仓1-4,平房仓5-6	43009000	
156	安化县粮食购销公司	7	粮	3.0136	226-235	43009100	
157	沅江天隆米业有限公司	7	粮	3.5357	平房仓1、钢板平房仓2-6	43009200	
158	湖南金鲲米业科技发展有限公司	8	粮	4.9111	199-201、203-207、钢板平房仓202	43009300	
159	湖南湘粮物流实业有限公司	8	粮	4.9260	1-15	43009400	
	广西						
160	广西壮族自治区粮食局融安粮食储备库	8	粮	2.5440	1-16	45002500	
161	广西宾阳黎塘国家粮食储备库	8	粮	2.3119	46-53	45000800-1	
162	兴安县城关粮食管理所	8	粮	3.9651	霞云桥库区:1-18、38-46	45002600	
	四川						
163	四川金堂赵镇国家粮食储备库	7	粮	2.5140	楼房仓1-8,平房仓17-20	51010500	
164	四川省川粮仓储有限责任公司	7	粮	2.7755	1-8	51010600	
165	四川三台国家粮食储备库	7	粮	2.5298	1-6	51003900-1	证书51003900作废

续表

序号	企业名称	批次	类别	取得资格仓(罐)容	取得资格仓(罐)号	证书编号	备注
166	乐山市国粮购销有限公司	7	粮	1.9104	7-12	51009000-1	
167	四川德阳黄许国家粮食储备库	7	粮	2.5152	21-44	51000400-1	证书51000400作废
168	四川仪陇国家粮食储备库	7	粮	4.5164	1 12	51002600-1	
169	四川资中火车站省粮食储备库	7	粮	2.7665	1-18	51010700	
170	四川彭山凤鸣国家粮食储备库	7	粮	2.7644	主库区:1-34	51010800	
171	四川营山国家粮食储备库	7	粮	0.6280	主库区:1-4	51007900-1	
172	四川珙县珙泉省粮食储备库	8	粮	2.5312	1-8	51010900	
173	渠县有庆粮油食品站	8	粮	2.6412	1-21	51011000	
174	四川巴中江北国家粮食储备库	8	粮	2.6580	1-24	51011100	
175	四川乐至国家粮食储备库	8	粮	2.5324	1-22	51000900-1	
176	四川大英蓬莱省粮食储备库	8	粮	2.5093	1-57	51011200	
177	四川苍溪歧坪省粮食储备库	8	粮	2.6468	1-20	51000800-1	
178	四川遂宁国家粮食储备库	8	粮	1.8846	12-17	51006100-1	
179	泸州市龙马潭区天绿粮油购销有限公司	8	粮	2.5140	1-12	51011300	
180	四川什邡植物油脂总厂	8	油	0.3500	1-6	51011401	
181	四川省南江油脂有限责任公司	8	油	0.4795	1-8	51011501	
182	四川巴中国家粮食储备库	8	油	0.5600	1-4	51011601	
	重庆						
183	重庆铜梁国家粮食储备库	8	粮	0.7500	主库区:37	50000900-2	
	贵州						
184	贵州修文国家粮食储备库	7	粮	0.6102	主库区:22-23	52001200-1	
185	安顺市粮食局粮油储备库	7	油	0.3000	1-4	52002501	
186	金沙县光明粮油储备管理有限公司	7	油	0.4070	1-12	52002601	
187	贵州省普定县粮油工业总厂	8	油	0.3600	1-6	52002701	
188	遵义县粮食购销有限公司	8	油	0.4000	1-8	52002801	
	云南						
189	盈江县粮油购销总公司	8	粮	2.5758	1-28	53002700	
190	水富县粮油购销公司	8	粮	2.6500	1-23	53002800	
	甘肃						
191	景泰县粮食公司北滩粮库	7	油	0.3000	1-6	62003701	
192	甘肃省王家墩粮油储备库有限公司	8	粮	2.0000	3-6	62000700-1	取消原有3-6号仓房资格
193	甘肃省陇西粮油储备库有限公司	8	粮	0.7316	8、9	62001100-1	
194	平凉市四十里铺粮库	8	粮	2.5000	1-10	62003900	
195	甘肃定西西源国家粮食储备库	8	粮	2.6087	7-8、11-17	62004000	
	中粮油						
196	浙江中谷国家粮食储备库	7	油	0.9000	安吉油库1-12	33002111	
197	河北承德榆树沟国家粮食储备库	8	粮	0.3188	1、16	13013210-1	
198	中国粮食贸易公司	8	粮	12.8378	主库区:1-4、浅圆仓5-36、41-52,1分库:1-14	11000720	
	黑龙江农垦						
199	九三粮油工业集团有限公司	8	粮	25.2500	主库区:钢立筒仓1-20,1分库:钢立筒仓1-14,2分库:钢立筒仓1-10,3分库:钢立筒仓	23000250	

续表

序号	企业名称	批次	类别	取得资格仓(罐)容	取得资格仓(罐)号	证书编号	备注
	华粮						
200	中国华粮物流集团榆树粮库	7	粮	4.9000	平房仓1-5、浅圆仓6-8	22000170	
201	中国华粮物流集团哈拉海粮库	7	粮	5.4520	平房仓1-4、钢板浅圆仓5-8	22000270	
202	中国华粮物流集团朝阳国家粮食储备库	7	粮	0.8367	钢板平房仓14-15	22000370	
203	中国华粮物流集团金山国家粮食储备库	7	粮	3.9000	浅圆仓1-5	22000470	
204	中国华粮物流集团扎兰屯国家粮食储备库	8	粮	1.6250	钢立筒仓31-40、立筒仓41-42、平房仓44	15000570	
205	中国华粮物流集团凡河中心粮库	8	粮	2.5800	浅圆仓1-3、立筒仓4-5	21000670	
206	中国华粮物流集团开原国家粮食储备库	8	粮	3.8960	浅圆仓1-2、立筒仓5-16、钢板平房仓17-22	21000770	
207	中国华粮物流集团佳木斯粮食中转库	8	粮	1.6400	钢立筒仓18-22、浅圆仓35-38	23000870	
208	中国华粮物流集团迎春粮库	8	粮	3.4000	钢板浅圆仓21-30、33-56	23000970	
209	中国华粮物流集团灯塔国家粮食储备库	8	粮	1.6940	浅圆仓11-16、23-24、立筒仓27-29	21001070	
210	中国华粮物流集团乌兰浩特国家粮食储备库	8	粮	1.0000	钢板平房仓17	15001170	
211	中国华粮物流集团辽中粮食中转库	8	粮	2.5500	钢板浅圆仓Q1-3	21001270	
212	中国华粮物流集团乌兰花国家粮食储备库	8	粮	0.3000	立筒仓13-14	15001370	
213	德惠市粮库	8	粮	3.7500	钢板浅圆仓1-5	22001970	
214	中国华粮物流集团法库国家粮食储备库	8	粮	1.7856	立筒仓4-9	21001470	
215	中国华粮物流集团康金粮库	8	粮	2.5000	钢板浅圆仓1-5	23001570	
216	中国华粮物流集团克山粮库	8	粮	3.3438	平房仓7-14、钢立筒仓1-8	23001670	
217	中国华粮物流集团兰棱粮库	8	粮	2.6610	钢板浅圆仓1-3	23001770	
218	中国华粮物流集团海伦粮库	8	粮	1.6000	钢立筒仓17-24、钢板平房仓5	23001870	

数据来源：国家粮食局统计资料。

表36

2008年粮油加工业企业数量表

单位：个

项目类别	企业数量	按生产能力规模（吨/天）						
		30以下	30~50(含30)	50~100(含50)	100~200(含100)	200~400(含200)	400~1000(含400)	1000以上(含1000)
全国总计	13681	2034	2162	4258	2761	1449	578	235
其中：国有及国有控股企业	1534	214	256	478	327	165	41	34
外商及港澳台商投资企业	387	75	13	29	45	69	80	63
民营企业	11760	1745	1893	3751	2389	1215	1073	138
一、大米加工业	7311	635	1506	3155	1498	405	88	24
其中：国有及国有控股企业	900	84	171	371	197	69	4	4
外商及港澳台商投资企业	25	1	1	6	6	6	4	1
民营企业	6386	550	1334	2778	1295	330	80	19
二、小麦粉加工业	2819	385	366	660	659	514	185	50
其中：国有及国有控股企业	328	32	54	63	91	62	20	6
外商及港澳台商投资企业	37			1	4	17	10	5
民营企业	2454	353	312	596	564	435	155	39
三、食用植物油加工业	1222	317	92	189	235	211	86	92
其中：国有及国有控股企业	137	33	20	21	19	19	11	14
外商及港澳台商投资企业	89	5		4	11	17	17	35
民营企业	996	279	72	164	205	175	674	43
四、玉米加工业	323	65	15	30	57	61	52	43
其中：国有及国有控股企业	34	7	2	7	7	2	1	8
外商及港澳台商投资企业	22	1			3	5	13
民营企业	267	57	13	23	50	56	46	22
五、粮食食品加工业	546	419	46	35	30	11	5	
其中：国有及国有控股企业	47	42	4	1				
外商及港澳台商投资企业	93	64	8	8	9	1	3	
民营企业	406	313	34	26	21	10	2	
六、杂粮加工业	127							
其中：国有及国有控股企业	11							
外商及港澳台商投资企业	7							
民营企业	109							
七、饲料加工业	1256	213	137	189	282	247	162	26
其中：国有及国有控股企业	69	16	5	15	13	13	5	2
外商及港澳台商投资企业	108	4	4	10	15	25	41	9
民营企业	1079	193	128	164	254	209	116	15
八、粮机设备制造业	77							
其中：国有及国有控股企业	8							
外商及港澳台商投资企业	6							
民营企业	63							

数据来源：国家粮食局统计资料。

表37

2008年粮油加工业年生产能力情况表

单位：万吨

项目类别	合计	按生产能力规模（吨/天）						
		30以下	30~50(含30)	50~100(含50)	100~200(含100)	200~400(含200)	400~1000(含400)	1000以上(含1000)
一、大米加工业	16046.5	249.2	1331.6	4889.5	4609.9	2587.4	1213.2	1165.8
其中：国有及国有控股企业	2247.6	33.9	155.1	579.3	605.3	443.1	59.0	371.9
外商及港澳台商投资企业	167.0	0.5	1.6	11.4	20.0	42.8	65.8	25.0
民营企业	13632.0	214.9	1174.8	4298.8	3984.6	2101.5	1088.5	768.9
二、小麦粉加工业	11600.4	155.2	342.1	1108.8	2183.6	3267.7	2562.4	1980.7
其中：国有及国有控股企业	1424.9	13.4	57.4	113.5	308.7	381.1	252.0	298.9
外商及港澳台商投资企业	482.5			1.5	12.3	113.5	171.5	183.8
民营企业	9692.9	141.8	284.7	993.8	1862.7	2773.1	2138.9	1498.0
三、食用植物油加工业								
（一）油料处理	7865.7	65.3	75.7	297.9	704.7	1230.6	1019.9	4471.6
其中：国有及国有控股企业	986.3	12.1	13.1	29.1	60.9	105.5	124.8	640.8
外商及港澳台商投资企业	2311.4	1.8	1.0	5.4	20.3	61.8	136.3	2085.0
民营企业	4568.0	51.5	61.7	263.4	623.6	1063.4	124.8	1745.8
（二）油料精炼	2728.6	74.3	111.9	201.6	289.6	485.2	648.8	917.3
其中：国有及国有控股企业	303.1	13.1	17.7	17.1	21.0	78.0	41.3	115.0
外商及港澳台商投资企业	1064.8	1.5	1.5	6.5	21.8	116.5	369.8	547.3
民营企业	1360.8	59.8	92.8	178.0	246.8	290.7	237.8	255.0
四、玉米加工业	4529.7	23.6	28.8	69.8	315.4	496.3	883.3	2712.7
其中：国有及国有控股企业	478.6	2.5	2.8	18.0	30.0	20.0	20.0	385.4
外商及港澳台商投资企业	844.9	0.5			2.5	28.0	68.1	745.8
民营企业	3206.2	20.6	26.1	51.8	282.9	448.2	795.2	1581.6
五、粮食食品加工业	708.7	103.2	78.6	114.9	142.2	141.1	80.8	48.0
其中：国有及国有控股企业	38.6	13.7	8.1	8.5	3.3	5.0		
外商及港澳台商投资企业	161.4	7.3	8.3	18.0	28.6	7.7	43.7	48.0
民营企业	508.7	82.2	62.2	88.4	110.4	128.4	37.1	
六、杂粮加工业								
其中：国有及国有控股企业								
外商及港澳台商投资企业								
民营企业								
七、饲料加工业	7811.0	85.0	138.1	340.1	971.3	1733.2	2421.1	2122.2
其中：国有及国有控股企业	371.8	15.1	10.1	28.7	48.7	104.5	75.0	89.7
外商及港澳台商投资企业	1182.5	0.8	3.8	18.2	65.1	165.9	605.2	323.5
民营企业	6256.7	69.1	124.2	293.2	857.5	1462.8	1740.9	1709.0

注：大米加工业、小麦粉加工业、食用植物油加工业以及玉米加工业的生产能力指年设计处理原料量；粮食食品加工业、饲料加工业生产
　　能力指年设计生产产品量；生产能力规模：大米加工业、小麦粉加工业、食用植物油加工业、玉米加工业均按日处理原料的能力划分；
　　粮食食品加工业和饲料加工业按日生产产品能力划分。
数据来源：国家粮食局统计资料。

表38	2008年各地区粮油加工业产品产量情况表

单位：万吨；台（套）

地区	大米	小麦粉	食用植物油	玉米加工产品	粮食食品	杂粮	饲料	粮机设备制造产品
全国总计	4783.0	5505.6	2293.6	3498.9	1005.8	119.2	4980.2	435196
北 京	4.1	39.7	5.8	0.3	3.3		134.0	
天 津	16.3	61.3	178.9	44.1	11.2		110.6	
河 北	13.7	496.6	138.8	328.7	22.5	23.8	344.9	4251
山 西	1.7	57.7	7.0	7.9	0.8		21.1	
内蒙古	2.5	20.0	4.5	48.4	0.2	10.0	66.5	8
辽 宁	193.8	20.9	52.2	237.4	10.1	3.1	290.1	42
吉 林	144.3	0.2	12.2	1046.8	0.1	2.0	71.4	10
黑龙江	598.6	31.4	44.5	235.6	1.1	0.1	43.7	155
上 海	44.9	21.4	110.8		456.4	0.1	63.5	2963
江 苏	474.6	679.1	351.9	9.2	56.3	19.8	330.5	127455
浙 江	96.0	59.8	78.3	2.7	12.2		206.7	8567
安 徽	581.9	505.0	46.2	135.9	76.6	5.9	82.9	6342
福 建	208.1	90.3	115.3	6.0	33.9		125.0	100
江 西	588.9	9.5	8.9	0.1	13.1		150.4	343
山 东	26.4	1129.7	318.6	1047.8	45.4	19.3	1244.3	101421
河 南	101.0	1246.7	91.6	152.3	92.8	2.7	161.1	8756
湖 北	673.9	193.5	85.9	6.5	51.2	16.5	150.0	169738
湖 南	318.6	14.7	48.3	0.7	26.9	8.8	106.2	2737
广 东	155.9	139.9	325.4	5.4	36.4		461.2	
广 西	111.3	21.1	85.5	0.6	8.9		223.2	
海 南	7.3	0.7						
重 庆	58.7	2.5	15.7	0.2	3.8		56.0	
四 川	221.6	115.4	54.7	19.5	25.0	1.0	306.0	2187
贵 州	34.8	5.3	6.4	0.5	2.3		11.7	
云 南	21.0	8.4	2.0		1.9		28.4	
西 藏		0.1				0.1		
陕 西	26.8	225.5	33.6	93.2	7.7		68.5	
甘 肃	0.2	143.1	5.5	12.6	1.3	5.4	25.6	
青 海		7.4	4.9				5.3	
宁 夏	41.6	45.1	4.6	53.4	2.4	0.7	18.5	121
新 疆	14.4	113.6	55.6	3.1	2.1		73.2	

数据来源：国家粮食局统计资料。

表39		2008年各地区粮油加工企业主要经济指标情况表				

单位：亿元

地区	工业总产值	工业增加值	产品销售收入	出口交货值	利税总额	利润总额
全国总计	9733.12	1264.38	9565.68	168.52	384.26	213.23
北　京	68.17	3.98	91.00	0.15	5.69	4.10
天　津	239.24	89.88	243.14	0.02	10.93	3.89
河　北	596.88	72.08	586.94	12.00	32.07	19.53
山　西	34.91	1.98	30.48	0.03	0.76	0.60
内蒙古	75.48	9.82	71.68	0.52	10.40	1.81
辽　宁	326.77	47.18	322.00	9.24	6.37	1.88
吉　林	458.93	55.39	446.04	13.08	32.76	20.55
黑龙江	327.56	49.68	330.21	7.12	11.67	6.45
上　海	222.39	49.48	259.31	1.12	9.83	7.86
江　苏	980.56	115.30	974.91	12.66	26.16	16.52
浙　江	210.40	20.79	211.19	0.61	4.46	2.08
安　徽	498.94	54.48	483.61	16.66	13.55	9.79
福　建	309.36	32.38	301.24	1.44	10.29	7.11
江　西	304.98	22.80	241.08	9.45	6.42	5.16
山　东	1782.23	240.59	1776.77	56.96	81.49	42.32
河　南	674.68	59.09	636.97	2.08	19.98	10.78
湖　北	555.15	105.92	543.30	2.82	22.17	12.32
湖　南	196.32	22.74	197.83	0.17	4.84	3.13
广　东	612.73	53.68	594.02	9.04	18.73	10.51
广　西	333.72	30.03	348.16	5.94	23.65	9.16
海　南	2.19	0.03	2.54	0.00	−0.03	−0.04
重　庆	69.22	8.37	69.64	0.00	3.56	−0.11
四　川	344.17	55.67	334.93	0.02	10.20	6.11
贵　州	26.76	2.90	24.68	0.00	0.41	0.21
云　南	22.69	3.38	23.13	0.00	0.99	0.36
西　藏	0.08	0.01	0.09	0.00	0.00	0.00
陕　西	166.85	16.78	163.34	0.92	5.65	4.27
甘　肃	62.87	8.49	51.69	0.65	2.50	1.91
青　海	7.18	1.03	5.14	0.00	0.20	0.17
宁　夏	72.17	16.29	68.83	5.07	5.13	2.90
新　疆	149.53	14.17	131.79	0.74	3.45	1.88

数据来源：国家粮食局统计资料。

粮食行业机构与从业人员统计表

表40

单位：个、人

项目	乙	粮食行业机构（按层次划分）					从业人员										按层次划分				按学历划分						按年龄划分				离开本单位仍保留劳动关系的职工
甲		机构总数	中央	省（区、自治州、直辖市）	省（市、自治州、行署）	县（市、区）及以下	人员总数	其中女	其中少数民族	其中共产党员	1.在岗职工	其中专业技术人员	其中技术工人	长期职工	临时职工	2.其他从业人员	中央	省、自治区、直辖市	省、市、自治州、行署	县（市、自治区）及以下	研究生	大学本科	大学专科	中专	高中	初中及以下	35岁及以下	36岁至45岁	46岁至54岁	55岁及以上	
		01	02	03	04	05	06	07	08	09	10	11	12	13	14	15	16	17	18	19	20	21	22	23	24	25	26	27	28	29	30
总　计	01	49604	539	653	6392	42020	878627	256538	37030	242369	851188	109693	136534	784623	66565	27439	32523	46795	160336	638973	3566	53610	145091	155715	288030	232615	263227	364930	204903	45567	156586
一、行政管理部门	02	2583	1	38	374	2170	45117	10271	3610	35579	44981	1530	3835	44573	408	136	123	1718	9063	34213	891	11287	19532	6186	5495	1726	5099	16644	18123	5251	1015
二、事业单位	03	2782	10	179	656	1937	40588	14147	2393	21439	40215	13830	7092	39382	833	373	368	7320	9643	23257	768	9022	13234	6767	7688	3109	9793	15972	11707	3116	1795
三、粮食经营企业单位	04	44239	528	436	5362	37913	792922	232120	31027	185351	765992	94333	126607	700668	65324	26930	32032	37757	141630	581503	1907	33301	112325	142762	274847	227780	248335	332314	175073	37200	153776
其中：国有及国有控股企业	05	17064	528	354	1871	14311	487231	138839	18310	140709	478363	66581	85902	458985	19378	8868	32032	32608	78669	343922	1151	20909	78157	93340	169237	124437	136793	204942	122242	23254	146276

注：
1. "机构总数"：指具有法人资格的独立核算单位。
2. "从业人员"：指在各级国家机关、政党机关、社会团体及企业、事业单位中工作，取得工资或其他形式的劳动报酬的全部人员。包括在岗职工、再就业的离退休人员、民办教师以及在各单位中工作的外方人员和港澳台方人员、兼职人员、借用的外单位人员和第二职业者。不包括离开本单位仍保留劳动关系者。
3. "在岗职工"：指在本单位工作并由单位支付工资的人员，仍与本单位保留劳动关系。包括在岗职工。其中，长期职工是指用工期限在一年以上（含一年）的在岗职工，临时职工是指用工期限不满一年，但应视为长期职工，临时职工是指用工期限不满一年、如临时招用的清洁工、司炉工等。
4. "其他从业人员"：是指劳动统计制度规定不在在岗职工统计，但实际参加各单位工作并取得劳动报酬的人员。包括：聘用档案关系在外单位的离退休人员；当年新分配的大中专技校毕业生尚未办了录取手续的待业青年学生、兼职人员和从事第二职业者，不包括领取报酬的在校学生；使用外单位离退职工。
5. "离开本单位仍保留劳动关系的职工"：指由于各种原因，已经离开本单位的生产或工作岗位，并已不在本单位从事其他工作，但仍与本单位保留劳动关系的职工。包括：内部退养、长期病休、长期停薪、协保、无岗工、轮流歇工、放长假、停薪留职等；停留职调到外单位工作并由外单位支付劳动报酬的人员等。
6. "学历"：指在国家认可的各类学校接受正规教育的学习经历，有国家认可的毕业证书。全日制教育的毕业证书，参加各种课程进修班学习获得的证书，不作为学历依据。
7. "粮食经营企业单位"：指辖区内所有从事粮食收购、销售、存储、加工、进出口等经营活动的企业单位。

数据来源：国家粮食局统计资料。

表41			粮食行业特有工种职业技能鉴定站统计表			
序号	机构编码	承建单位	鉴定范围	鉴定站地址	邮政编码	站长
1	38003001	辽宁省粮食科学研究所	粮油购销员(4-01-99-04) 粮油质量检验员(6-26-01-40) 粮油保管员(4-02-01-07) 粮油竞价交易员(4-01-04-05) 制米工(6-12-01-01) 制粉工(6-12-01-02) 制油工(6-12-01-03)	辽宁省沈阳市皇姑区宁山东路29号	110032	董殿文
2	38003002	黑龙江省粮食工程技术中心	粮油购销员(4-01-99-04) 粮油质量检验员(6-26-01-40) 粮油保管员(4-02-01-07) 粮油竞价交易员(4-01-04-05) 制米工(6-12-01-01) 制粉工(6-12-01-02) 制油工(6-12-01-03)	黑龙江省哈尔滨市南岗区巴陵街158号	150008	柳芳久
3	38003003	浙江省粮油产品质量检验站	粮油购销员(4-01-99-04) 粮油质量检验员(6-26-01-40) 粮油保管员(4-02-01-07) 粮油竞价交易员(4-01-04-05) 制米工(6-12-01-01) 制粉工(6-12-01-02) 制油工(6-12-01-03)	浙江省杭州市文三路148号	310012	应胜建
4	38003004	浙江省粮食干部学校	粮油保管员(4-02-01-07)	浙江省杭州市文华路57号	310012	陈圻君
5	38003005	安徽粮食批发交易市场	粮油购销员(4-01-99-04) 粮油质量检验员(6-26-01-40) 粮油保管员(4-02-01-07) 粮油竞价交易员(4-01-04-05) 制米工(6-12-01-01) 制粉工(6-12-01-02) 制油工(6-12-01-03)	安徽省合肥市芜湖路319号	230001	范祥林
6	38003006	福建经贸学校	粮油购销员(4-01-99-04) 粮油质量检验员(6-26-01-40) 粮油保管员(4-02-01-07) 粮油竞价交易员(4-01-04-05) 制米工(6-12-01-01) 制粉工(6-12-01-02) 制油工(6-12-01-03)	福建省泉州市西湖公园北侧	362000	郑乃吉
7	38003007	福建省工贸学校	粮油质量检验员(6-26-01-40) 粮油保管员(4-02-01-07)	福建省福州市洪山桥原厝23号	350002	林婉如
8	38003008	江西工业贸易职业技术学院	粮油购销员(4-01-99-04) 粮油质量检验员(6-26-01-40) 粮油保管员(4-02-01-07) 粮油竞价交易员(4-01-04-05) 制米工(6-12-01-01) 制粉工(6-12-01-02) 制油工(6-12-01-03)	江西省南昌市新建县长麦路80号	330100	邓小红

续表

序号	机构编码	承建单位	鉴定范围	鉴定站地址	邮政编码	站长
9	38003009	湖北省科技商贸学校	粮油购销员(4-01-99-04) 粮油质量检验员(6-26-01-40) 粮油保管员(4-02-01-07) 粮油竞价交易员(4-01-04-05) 制米工(6-12-01-01) 制粉工(6-12-01-02) 制油工(6-12-01-03)	湖北省武汉市汉口胜利街310号	430010	刘星海
10	38003010	湖北省粮油食品质量监测站	粮油质量检验员(6-26-01-40)	湖北市武汉市武昌区民主路三道街6号	430061	余敦年
11	38003011	贵州省贸易经济学校	粮油购销员(4-01-99-04) 粮油保管员(4-02-01-07) 制米工(6-12-01-01) 制油工(6-12-01-03)	贵州省贵阳市瑞金南路33号	550003	邓宇
12	38003012	贵州省粮、油产品质量监督检验站	粮油质量检验员(6-26-01-40)	贵州省贵阳市延安西路67号众厦大楼13楼`	550003	谢明贵
13	38003013	云南省粮食局	粮油购销员(4-01-99-04) 粮油质量检验员(6-26-01-40) 粮油保管员(4-02-01-07) 粮油竞价交易员(4-01-04-05) 制米工(6-12-01-01) 制粉工(6-12-01-02) 制油工(6-12-01-03)	云南省昆明市云瑞西路35号	650021	苏全忠
14	38003014	陕西省粮食局	粮油购销员(4-01-99-04) 粮油质量检验员(6-26-01-40) 粮油保管员(4-02-01-07) 粮油竞价交易员(4-01-04-05) 制米工(6-12-01-01) 制粉工(6-12-01-02) 制油工(6-12-01-03)	陕西省西安市莲湖路32号	710003	姚增战
15	38003015	青海省粮油检测防治所	粮油购销员(4-01-99-04) 粮油质量检验员(6-26-01-40) 粮油保管员(4-02-01-07) 粮油竞价交易员(4-01-04-05) 制米工(6-12-01-01) 制粉工(6-12-01-02) 制油工(6-12-01-03)	青海省西宁市城中区人民街24号	810000	徐建宁
16	38003016	新疆维吾尔自治区粮食局	粮油购销员(4-01-99-04) 粮油质量检验员(6-26-01-40) 粮油保管员(4-02-01-07) 粮油竞价交易员(4-01-04-05) 制米工(6-12-01-01) 制粉工(6-12-01-02) 制油工(6-12-01-03)	新疆维吾尔自治区乌鲁木齐市新华北路80号	830002	米尔扎依·杜斯买买提

序号	机构编码	承建单位	鉴定范围	鉴定站地址	邮政编码	站长
17	38003017	新疆生产建设兵团粮油产品质量监督检验中心	粮油购销员(4-01-99-04) 粮油质量检验员(6-26-01-40) 粮油保管员(4-02-01-07) 粮油竞价交易员(4-01-04-05) 制米工(6-12-01-01) 制粉工(6-12-01-02) 制油工(6-12-01-03)	新疆维吾尔自治区石河子市乌伊公路221号	832000	罗小玲
18	38003018	河北省粮油信息中心	粮油购销员(4-01-99-04) 粮油质量检验员(6-26-01-40) 粮油保管员(4-02-01-07) 粮油竞价交易员(4-01-04-05) 制米工(6-12-01-01) 制粉工(6-12-01-02) 制油工(6-12-01-03)	河北省石家庄市体育南大街227号	050021	冯华
19	38003019	河北省粮油批发交易中心	粮油购销员(4-01-99-04) 粮油质量检验员(6-26-01-40) 粮油保管员(4-02-01-07) 粮油竞价交易员(4-01-04-05) 制米工(6-12-01-01) 制粉工(6-12-01-02) 制油工(6-12-01-03)	河北省石家庄市体育南大街227号	050021	安永涛
20	38003020	内蒙古自治区粮油调运结算中心	粮油购销员(4-01-99-04) 粮油质量检验员(6-26-01-40) 粮油保管员(4-02-01-07) 粮油竞价交易员(4-01-04-05) 制米工(6-12-01-01) 制粉工(6-12-01-02) 制油工(6-12-01-03)	内蒙古自治区呼和浩特市新华大街63号	010055	王燕玲
21	38003021	吉林省粮食中心批发市场	粮油购销员(4-01-99-04) 粮油保管员(4-02-01-07) 粮油竞价交易员(4-01-04-05) 制米工(6-12-01-01) 制粉工(6-12-01-02) 制油工(6-12-01-03)	吉林省长春市建设街1249号	130061	刘亚特
22	38003022	吉林省粮油卫生检验监测站	粮油质量检验员(6-26-01-40)	吉林省长春市西民主大街725号	130061	谢玉珍
23	38003023	江苏天禾国家职业技能鉴定所	粮油保管员(4-02-01-07) 制米工(6-12-01-01) 制粉工(6-12-01-02) 制油工(6-12-01-03)	江苏省南京市铁路北街128号	210003	鞠兴荣
24	38003024	江苏省粮食局粮油质量监测所	粮油购销员(4-01-99-04) 粮油质量检验员(6-26-01-40) 粮油竞价交易员(4-01-04-05)	江苏省南京市下关区大马路60号	210011	顾雅贤
25	38003025	河南经济贸易高级技工学校	粮油购销员(4-01-99-04) 粮油质量检验员(6-26-01-40) 粮油保管员(4-02-01-07) 粮油竞价交易员(4-01-04-05) 制米工(6-12-01-01) 制粉工(6-12-01-02) 制油工(6-12-01-03)	河南省新乡市新原路	453700	王国福

续表

序号	机构编码	承建单位	鉴定范围	鉴定站地址	邮政编码	站长
26	38003026	湖南省粮食技工学校	粮油购销员(4-01-99-04) 粮油质量检验员(6-26-01-40) 粮油保管员(4-02-01-07) 粮油竞价交易员(4-01-04-05) 制米工(6-12-01-01) 制粉工(6-12-01-02) 制油工(6-12-01-03)	湖南省湘潭市三塘路14号	411104	肖护林
27	38003027	广西工贸职业技术学院	粮油购销员(4-01-99-04) 粮油质量检验员(6-26-01-40) 粮油保管员(4-02-01-07) 粮油竞价交易员(4-01-04-05) 制米工(6-12-01-01) 制粉工(6-12-01-02) 制油工(6-12-01-03)	广西壮族自治区南宁市中尧路15号	530003	韦扬
28	38003028	广西壮族自治区粮油质量监督检验站	粮油购销员(4-01-99-04) 粮油质量检验员(6-26-01-40) 粮油保管员(4-02-01-07) 粮油竞价交易员(4-01-04-05) 制米工(6-12-01-01) 制粉工(6-12-01-02) 制油工(6-12-01-03)	广西壮族自治区南宁市壮锦大道10号	530031	柳永英
29	38003029	四川省粮食局	粮油购销员(4-01-99-04) 粮油质量检验员(6-26-01-40) 粮油保管员(4-02-01-07) 粮油竞价交易员(4-01-04-05) 制米工(6-12-01-01) 制粉工(6-12-01-02) 制油工(6-12-01-03)	四川省成都市上东大街67号	610012	谭嘉林
30	38003030	中国储备粮管理总公司	粮油质量检验员(6-26-01-40) 粮油保管员(4-02-01-07)	北京市西直门外大街甲143号凯旋大厦A座	100044	杨建国
31	38003031	中谷集团科技总公司	粮油购销员(4-01-99-04) 粮油质量检验员(6-26-01-40) 粮油保管员(4-02-01-07) 粮油竞价交易员(4-01-04-05) 制米工(6-12-01-01) 制粉工(6-12-01-02) 制油工(6-12-01-03)	北京海淀区西三环北路100号金玉大厦写字楼20层	100037	郭道林
32	38003032	中粮面业（秦皇岛）鹏泰有限公司	粮油质量检验员(6-26-01-40) 制粉工(6-12-01-02)	河北省秦皇岛市经济技术开发区东区正大环路1号	066206	张小平
33	38003033	中粮（江西）米业有限公司	粮油保管员(4-02-01-07)	江西省南昌市进贤县温圳镇	331721	于叙波
34	38003034	北京市经济管理学校	粮油购销员（4-01-99-04） 粮油质量检验员(6-26-01-40) 粮油保管员（4-02-01-07） 制米工（6-12-01-01） 制粉工（6-12-01-02） 制油工（6-12-01-03）	北京市海淀区北洼路83号	100036	张瑞忠

续表

序号	机构编码	承建单位	鉴定范围	鉴定站地址	邮政编码	站长
35	38003035	北京市粮油食品检验所	粮油购销员（4-01-99-04） 粮油质量检验员(6-26-01-40) 粮油保管员（4-02-01-07） 粮油竞价交易员（4-01-04-05） 制米工（6-12-01-01） 制粉工（6-12-01-02） 制油工（6-12-01-03）	北京市大兴区西红镇	100076	周光俊
36	38003036	天津市粮食储备有限公司	粮油质量检验员（6-26-01-40） 粮油保管员（4-02-01-07） 制米工（6-12-01-01） 制粉工（6-12-01-02） 制油工（6-12-01-03）	天津市河东区八纬路207号	300171	陆 侬
37	38003037	山东省粮食干部学校	粮油购销员（4-01-99-04） 粮油质量检验员（6-26-01-40） 粮油保管员（4-02-01-07） 粮油竞价交易员（4-01-04-05） 制米工（6-12-01-01） 制粉工（6-12-01-02） 制油工（6-12-01-03）	山东省济南市闵子骞路24号	130061	牟丰勋
38	38003038	山东省商务科技学校	粮油购销员（4-01-99-04） 粮油质量检验员（6-26-01-40） 粮油保管员（4-02-01-07） 粮油竞价交易员（4-01-04-05） 制米工（6-12-01-01） 制粉工（6-12-01-02） 制油工（6-12-01-03）	山东省烟台市芝罘区机场路40号	264025	张大好
39	38003039	上海市良友进修学院	粮油购销员（4-01-99-04） 粮油质量检验员（6-26-01-40） 粮油保管员（4-02-01-07） 粮油竞价交易员（4-01-04-05） 制米工（6-12-01-01） 制粉工（6-12-01-02） 制油工（6-12-01-03）	上海市杨浦区赤峰路43号	200092	姜晓敏
40	38003040	河南工业贸易职业学院	粮油购销员（4-01-99-04） 粮油质量检验员（6-26-01-40） 粮油保管员（4-02-01-07） 粮油竞价交易员（4-01-04-05） 制米工（6-12-01-01） 制粉工（6-12-01-02） 制油工（6-12-01-03）	河南省郑州市优胜北路4号	450012	潘新超
41	38003041	重庆市粮食局	粮油购销员（4-01-99-04） 粮油质量检验员（6-26-01-40） 粮油保管员（4-02-01-07） 粮油竞价交易员（4-01-04-05） 制米工（6-12-01-01） 制粉工（6-12-01-02） 制油工（6-12-01-03）	重庆渝中区人和街2号	400015	胡君烈
42	38003042	吉林省粮食经济研究所	粮油购销员（4-01-99-04） 粮油质量检验员（6-26-01-40） 粮油保管员（4-02-01-07） 粮油竞价交易员（4-01-04-05） 制米工（6-12-01-01） 制粉工（6-12-01-02） 制油工（6-12-01-03）	吉林省长春市西民主大街725号	130061	刘笑然

续表

序号	机构编码	承建单位	鉴定范围	鉴定站地址	邮政编码	站长
43	38003043	山西省贸易学校	粮油购销员（4-01-99-04） 粮油质量检验员（6-26-01-40） 粮油保管员（4-02-01-07） 粮油竞价交易员（4-01-04-05） 制米工（6-12-01-01） 制粉工（6-12-01-02） 制油工（6-12-01-03）	山西省太原市市内环街75号	030012	冀保国
44	38003044	甘肃省经济贸易学校	粮油购销员（4-01-99-04） 粮油质量检验员（6-26-01-40） 粮油保管员（4-02-01-07） 粮油竞价交易员（4-01-04-05） 制米工（6-12-01-01） 制粉工（6-12-01-02） 制油工（6-12-01-03）	甘肃省兰州市城关区定西北路129号	730000	崔雪毅
45	38003045	甘肃粮油质量监督检验所	粮油购销员（4-01-99-04） 粮油质量检验员（6-26-01-40） 粮油保管员（4-02-01-07） 粮油竞价交易员（4-01-04-05） 制米工（6-12-01-01） 制粉工（6-12-01-02） 制油工（6-12-01-03）	甘肃省兰州市民主东路300号	730000	魏国斌
46	38003046	武汉工业学院	粮油购销员（4-01-99-04） 粮油质量检验员（6-26-01-40） 粮油保管员（4-02-01-07） 粮油竞价交易员（4-01-04-05） 制米工（6-12-01-01） 制粉工（6-12-01-02） 制油工（6-12-01-03）	湖北省武汉市东西湖区常青花园中环西路特1号	430023	何东平
47	38003047	宁夏回族自治区粮食科技研究所	粮油购销员（4-01-99-04） 粮油质量检验员（6-26-01-40） 粮油保管员（4-02-01-07） 粮油竞价交易员（4-01-04-05） 制米工（6-12-01-01） 制粉工（6-12-01-02） 制油工（6-12-01-03）	宁夏回族自治区银川市兴庆区文化街65号	750001	刘　君
48	38003048	广东省粮食科学研究院	粮油购销员（4-01-99-04） 粮油质量检验员（6-26-01-40） 粮油保管员（4-02-01-07） 粮油竞价交易员（4-01-04-05） 制米工（6-12-01-01） 制粉工（6-12-01-02） 制油工（6-12-01-03）	广东省广州市海珠区艺苑路32号	510310	陈嘉东
49	38003049	西藏自治区粮食局粮油中心化验室	粮油质量检验员（6-26-01-40） 粮油保管员（4-02-01-07）	西藏自治区拉萨市北京东路20号	850000	田福利

数据来源：国家粮食局统计资料。

表42			粮食行业职业技能培训基地统计表	
序号	单　位	负责人	单位地址	邮政编码
1	北京市粮食行业协会	申常水	北京市宣武区广安门南街60号3号楼	100054
2	北京粮油交易信息服务中心	张瑞忠	北京市宣武区广安门南街60号5号楼	100054
3	天津市粮食储备有限公司	梅宝良	天津市河东区八纬路207号	300171
4	河北良友粮食贸易中心	安永涛	河北省石家庄市体育南大街227号	050021
5	内蒙古金良直属粮库	张国强	内蒙古凉城县城关镇新建西街	013750
6	辽宁沈阳前进国家粮食储备库	卢凤桐	辽宁省沈阳市东陵区前进乡	110045
7	吉林省粮食经济学会	刘笑然	吉林省长春市西民主大街725号	130061
8	黑龙江省粮食学校	孟　江	黑龙江省哈尔滨市南岗区和兴道街83号	180080
9	齐齐哈尔市商务职业技术学校	高庆江	黑龙江省齐齐哈尔市龙沙区公园路75号	161005
10	黑龙江农垦农业职业技术学院	刘咏芬	黑龙江省双鸭山市农垦总局	155811
11	上海市良友进修学院	蒋晓敏	上海市杨浦区赤峰路43号	200092
12	南京财经大学	徐从才	江苏省南京市铁路北街128号	210003
13	安徽省粮油产品质量监督检测站	徐经杰	安徽省合肥市潜山路432号	230031
14	安徽经济技术学校	王刘旺	安徽省合肥市长江西路540号	230031
15	安徽科技贸易学校	王中玉	安徽省蚌埠市治淮路706号	233000
16	福建经贸学校	郑乃吉	福建省泉州市西湖北侧马家坡111号	362000
17	福建工贸学校	林婉如	福建省福州市洪山桥原厝23号	350002
18	江西省工业贸易职业技术学院	邓小红	江西省新建县长麦路80号	330100
19	江西省粮油集团有限公司	王　彬	江西省南昌市省政府大院南一路5号	330046
20	山东商务职业学院	张大好	山东省烟台市机场路40号	264025
21	山东省粮食干部学校	牟丰勋	山东省济南市闵子骞路24号	250010
22	河南工业大学	王录民	河南省郑州市嵩山南路140号	450052
23	河南工业贸易职业学院	李春迎	河南省新郑市龙湖开发区	451191
24	武汉工业学院食品学院	王春维	武汉市东西湖区常青花园中环路特1号	430023
25	湖北大学职业技术学院汉口校区	刘星海	汉口江岸区谌家矶街兴谌大道特1号	430011
26	湖南省粮油科学研究设计院	覃世民	湖南省长沙市中山路493号	410005
27	广西壮族自治区南宁粮食储备库	黎安新	广西壮族自治区南宁市壮锦大道10号	530031
28	广西工贸职业技术学院	陆炳坚	广西壮族自治区南宁市中尧路15号	530003
29	四川省粮食学校	刘忠民	四川省成都市青龙场四川省粮食学校	610081
30	贵州省粮食干部学校	赵宗能	贵州省贵阳市瑞金南路33号	550001
31	云南商务信息工程学校	张静波	云南省昆明市盘龙区茨坝	650204
32	云南省粮油科学研究所	李　辉	云南省昆明市五华区长虹路19号	650033
33	陕西省粮油产品质量监督检验所	张雪梅	陕西省西安市劳动路138号	710082
34	陕西省经贸学校	刘义务	陕西省西安市二环南路西段168号	710075
35	甘肃省经济贸易学校	崔雪毅	甘肃省兰州市城关区定西北路129号	730000
36	新疆经济贸易技术学校	阿不都外力	乌鲁木齐市新市区喀什东路29号	830013
37	中国储备粮管理总公司培训中心	杨建国	北京市西城区西直门外大街甲143号凯旋大厦A座	100044

序号	单 位	负责人	单位地址	邮政编码
38	中谷集团科技总公司	王亚洲	北京市海淀区西三环北路100号金玉大厦	100037
39	中国粮食研究培训中心	何松森	北京市西城区复兴门内大街45号	100801
40	国家粮食局标准质量中心	杜 政	北京市百万庄大街11号	100037
41	中国粮食行业协会	宋丹丕	北京市西城区复兴门内大街45号	100801
42	广东省贸易职业技术学校	周发茂	广东省广州市天平架兴华直街338号	510507
43	重庆市粮食职工中等专业学校	杨可夫	重庆市永川区火车站南路8号	402160
44	青海省西宁粮食储备库	赵念陆	青海省西宁市城北区三其湟水路20号	810005
45	青海省粮油新技术开发公司	徐建宁	青海省西宁市人民街24号	810000
46	宁夏粮食行业协会	刘 卉	宁夏银川市凤凰北街17号	750001
47	新疆生产建设兵团粮油产品质量监督检验中心	罗小玲	新疆石河子市乌伊公路221号	832000
48	浙江省粮油产品质量检验中心	应胜建	浙江省杭州市文三路148号	310012
49	湖南省粮食技工学校	肖福林	湖南省湘潭市三塘路14号	411104
50	贵州省粮油科研设计所	谢明贵	贵州省贵阳市延安西路67号众厦大楼13楼	550003
51	吉林省粮油卫生检验监测站	谢玉珍	吉林省长春市西民主大街725号	130061
52	长春国家粮食交易中心	刘亚特	吉林省长春市建设街1249号	130061
53	江苏省粮食局粮油质量监测所	顾雅贤	江苏省南京市下关区大马路60-1号	210011
54	江苏无锡国家粮食储备库	姜鸿鸣	江苏省无锡市野花园105号	214011
55	南京天悦粮食物流集团有限公司	赵家福	江苏省南京市栖霞街道石埠桥河西里1号	210033
56	浙江省粮食干部学校	陈圻君	浙江省杭州市文一西路57号	310012
57	江西省粮油质量监督检验中心	柯晓浔	江西省南昌市省政府大院南一路5号	330046

数据来源：国家粮食局统计资料。

表43　2008年粮食行业取得国家职业资格证书人员统计表

2008年1月1日～2008年12月31日

地区或单位	合计	粮油保管员 初级	中级	高级	技师	高级技师	粮油质量检验员 初级	中级	高级	粮油质量检验师	高级粮油质量检验师	粮油竞价交易员	助理粮油竞价交易师	粮油竞价交易师	高级粮油竞价交易师	制米工 初级	中级	高级	技师	高级技师	制粉工 初级	中级	高级	技师	高级技师	制油工 初级	中级	高级	技师	高级技师
（分类合计）		8294					6799					8				46					80					82				
总计	15309	2626	4290	1360	17	1	2177	4023	578	20	1		8			21	25				56	24				56	26			
北京	373	225	21				91	36																						
天津	173	140					33																							
河北	10	1					9																							
山西	679	233	274				113	59																						
内蒙古	450	118	121	19	1		62	113	15	1																				
辽宁	352	62	107				88	95																						
吉林	2251		282				897	1031								21										20				
黑龙江	474	236	76				133	29																						
上海	206	11	119				38	38																						
江苏	842	337	134				184	187																						
浙江	519	47	139	130			73	85	45																					
安徽	695	56	165	201	8		73	157	28	7																				
福建	662	48	377	156				64	17																					
江西	265		78	72	5			25	25	8	1						25										26			
山东	813	69	349	19			41	335																						
河南	1274	130	383	247			56	237	174												23	24								
湖北	718	92	274					352																						
湖南	228	4	122	49			1	52																						
广东	75		67				8																							
海南	130	88					42																							
广西	383		56	39			74	172	42																					
四川	520		169	70				196	85																					
重庆	255			176				79																						
贵州	326	165					3	158																						
云南	270	76	74	4			63	45	8																					
西藏																														
陕西	370	20	260					90																						
甘肃	269		190	43				36																						
青海	92		73	4			5	10																						
宁夏	129	8	70	23				20					8																	
新疆	96			14	3				7	3											33					36				
新疆生产建设兵团	44		22				22																							
中储粮总公司	1117	419	264	65		1	60	255	53																					
中粮集团	130	41	24	29				35		1																				
华粮物流集团	119						30	89																						

数据来源：国家粮食局统计资料。

表44　2008年全国粮食质量情况表

单位：个，%，克/升

粮食种类	地区	样品数	覆盖市、县数	出糙率	中等以上	整精米率 平均值	其中≥50 的比例	其中≥44 的比例	不完善粒
早籼稻	五省合计	926	50市223县	77.5	92.0	60.3	85.7	94.2	5.5
	江西省	300	11市73县	77.7	90.3	57.1	80.7	91.7	5.6
	湖南省	239	10市52县	77.7	90.4	63.9	92.9	95.8	4.8
	湖北省	111	11市25县	77.4	90.1	63.8	91.9	97.3	4.5
	安徽省	58	4市9县	77.7	100	67.4	98.3	100	4.8
	广西省	218	14市64县	77.0	95.0	57.2	78.4	92.7	6.8
中晚籼稻	七省合计	1335	78市308县	78.2	96.2	57.7	83.7	94.0	3.5
	江西省	294	11市72县	78.3	96.9	56.5	79.3	89.5	3.2
	湖南省	191	12市63县	78.7	96.9	57.8	86.9	96.3	3.1
	湖北省	320	16市48县	78.3	94.4	56.6	77.8	93.4	2.9
	四川省	199	15市54县	76.9	93.5	56.1	86.4	94.5	6.1
	安徽省	167	9市26县	78.7	99.4	61.0	96.4	99.4	2.7
	河南省	80	1市8县	78.7	98.8	54.7	71.3	91.3	2.3
	广西省	84	14市37县	78.1	96.4	66.6	95.2	97.6	4.0

粮食种类	地区	样品数	覆盖市、县数	出糙率	中等以上	整精米率 平均值	其中≥60 的比例	其中≥55 的比例	不完善粒
粳稻	五省合计	728	42市107县4分局38农场	80.4	96.4	66.1	94	99	3.0
	黑龙江省	300	5市14县4分局38农场	79.7	96.0	63.5	89	98	2.9
	吉林省	88	8市24县	80.7	97.7	67.3	94	100	2.8
	辽宁省	111	11市26县	80.1	93.7	69.3	98	100	0.8
	江苏省	188	13市36县	81.4	97.9	67.8	98	99	4.3
	安徽省	41	5市7县	81	97.6	66	90	95	4

粮食种类	地区	样品数	覆盖市、县数	容重	中等以上	白硬麦比例	白软麦比例	白麦合计比例	不完善粒
小麦	六省合计	2018	70市337县	784	95.7	66.7	4.1	70.9	4.4
	河北省	315	6市70县	784	94.0	96.5	1.6	98.1	7.5
	山东省	457	15市83县	774	91.0	71.0	5.1	76.1	3.9
	河南省	743	18市103县	792	99.6	63.1	3.5	66.6	3.8
	安徽省	233	7市25县	781	96.1	53.9	2.2	56.0	4.5
	江苏省	201	13市38县	781	95.0	43.7	3.7	47.4	3.2
	湖北省	69	9市18县	774	92.8	58.8	7.4	66.2	3.9

粮食种类	地区	样品数	覆盖市、县数	容重	中等以上	不完善粒率		蛋白质	淀粉
						总量	其中≤5		
	八省合计	999	83市351县	756	97.5	3.2	81.1	6.8	72.1
	吉林省	200	8市27县	777	98.5	2.2	90.0	3.1	73.6
	辽宁省	121	13市40县	764	100.0	2.3	87.6	3.2	72.8
	黑龙江省	100	11市34县	708	78.0	2.9	87.0	4.2	73.4
玉米	山东省	168	16市78县	757	100.0	3.9	74.4	9.2	71.2
	河北省	125	11市62县	766	100.0	2.6	91.2	9.3	71.0
	河南省	110	10市53县	750	100.0	5.6	55.5	9.1	71.9
	陕西省	116	6市27县	750	100.0	4.0	71.6	9.7	70.9
	山西省	59	8市30县	758	100.0	1.9	91.4	9.3	71.6

粮食种类	地区	样品数	覆盖市、县数	纯粮率	中等以上	粗脂肪	粗蛋白
	三省（区）合计	106	16市42县	93.8	86.8	17.7	39.5
大豆	黑龙江省	70	7市29县	93.4	85.7	17.7	39.1
	吉林省	20	7市8县	95.8	100.0	18.0	41.3
	内蒙古自治区	16	2市5县	93.4	75.0	17.5	38.7

数据来源：国家粮食局2008年度全国收获粮食质量会检。

2008年全国储备粮质量与储存品质情况统计表

表45

地区	中央储备粮			地方储备粮		
	样品份数	质量合格率(%)	宜存率(%)	样品份数	质量合格率(%)	宜存率(%)
全国总计	1500	97.9	99.5	3156	86.2	95.5
北　京	38	94.2	100	215	98.4	98.0
天　津	35	96.4	100	334	99.2	99.9
河　北	95	100	100	77	100	100
山　西	45	100	100	93	100	100
内蒙古	72	100	100	20	97.5	100
辽　宁	93	100	100	38	100	97.2
吉　林	85	100	100	41	90.2	91.6
黑龙江	95	96.4	97.2			
上　海	23	100	100	117	92.9	100
江　苏	62	100	100	48	34.2	87.6
浙　江	30	87.2	99	619	65.3	97.7
安　徽	60	97	100	157	68.9	88.3
福　建	24	100	100	100	77.5	61.8
江　西	80	89.4	96.3	9	80.6	100
山　东	107	100	97.8			
河　南	155	96.5	100	54	87.4	100
湖　北	53	100	100	26	62.9	77.4
湖　南	48	96.1	100	114	61.3	77.3
广　东	29	100	100	419	89.7	99.3
广　西	22	92.8	100	6	53.9	88.3
海　南	7	100	100	74	64.2	90.5
重　庆	24	100	100	265	98.9	98.9
四　川	48	92.1	100			
贵　州	22	100	100	44	90.4	92.7
云　南	17	100	100	38	95.4	94.6
西　藏	2	100	100			
陕　西	40	100	97	42	100	93.4
甘　肃	24	94.9	100			
青　海	8	100	100	87	100	100
宁　夏	9	100	100			
新　疆	48	97.9	100	119	87.5	100

数据来源：国家粮食局标准质量中心统计资料。

| 表46 | 2008年粮食质量检验机构检测样品统计表 |

单位：个，份

项　目			省级	地市级	县级	合计
参加统计的检验机构数			32	181	588	801
检测样品总份数			70013	107549	116464	294026
按类别分	原粮	中央储备粮	11004	14952	8796	34752
		地方储备粮	18953	22018	27510	68481
		其他政策性粮食	9687	17757	51720	79164
	油料		385	1106	1434	2925
	成品粮油	储备粮	2491	3996	3338	9825
		政策性粮食	1436	11611	2483	15530
		其他	9134	21295	8048	38477
	饲料		1658	2420	97	4175
	其他		15265	12394	13038	40697
按任务分	粮食部门的任务		42004	83991	102631	228626
	工商、质检等部门的任务		9084	7689	3267	20040
	社会、企业委托的业务		18925	15869	10566	45360

数据来源：国家粮食局标准质量中心统计资料。

| 表47 | 2008年全国粮食部门质量检验机构统计表 |

地区	截至2008年底粮食检验机构个数 （通过计量认证）				2008年新增粮食检验机构个数		
	合计	省级	市级	县级	合计	市级	县级
全国总计	408	32	155	221	69	18	51
北　京	1	1					
天　津	1	1					
河　北	4	1	2	1			
山　西	2	1	1		1	1	
内蒙古	11	1	5	5			
辽　宁	53	1	14	38	5		5
吉　林	46	1	9	36			
黑龙江	13	1	9	3	2	2	
上　海	1	1					
江　苏	20	1	9	10	8	1	7
浙　江	4	1	3		14		14
安　徽	12	1	4	7	3	1	2
福　建	18	1	7	10			
江　西	74	1	11	62			
山　东	11	1	9	1	11	4	7
河　南	17	1	12	4	6	2	4
湖　北	42	1	12	29	5	1	4
湖　南	18	1	8	9	1	1	
广　东	1	1					
海　南	1	1					
广　西	1	1					
四　川	19	1	13	5	6	1	5
重　庆	4	1	3				
贵　州	2	1	1				
云　南	12	1	10	1	2	2	
西　藏	1	1					
陕　西	7	1	6		4	1	3
甘　肃	2	1	1				
青　海	1	1					
宁　夏	7	1	6				
新　疆	1	1			1	1	
新疆兵团	1	1					

数据来源：国家粮食局标准质量中心统计资料。

表48				2008年粮食质量检验机构仪器设备投入统计表					

单位：万元，个

地区	2007年总投资额	对应机构总数	新增2000元以上的仪器台套数	省级机构设备投资及对应机构个数		市级机构设备投资及对应机构个数		县级机构设备投资及对应机构个数	
				投资额	对应机构数	投资额	对应机构数	投资额	对应机构数
全国总计	7149.79	513	2446	836.26	26	4250.27	142	2063.26	345
北　京	42	1	9	42	1				
天　津	7	1	4	7	1				
河　北	210	6	66	21	1	187	4	2	1
山　西	170	2	8	120	1	50	1		
内蒙古	213	6	64	1	1	212	5		
辽　宁	858.62	39	168	53	1	468.7	14	336.92	24
吉　林	320.2	22	87	15	1	166	5	139.2	16
黑龙江	83	5	49	6	1	75	3	2	1
上　海	119.6	1	10	119.6	1				
江　苏	1094.62	58	316	20	1	584.97	11	489.65	46
浙　江	215.5	35	103	37.2	1	65.8	5	112.5	29
安　徽	575	52	330	160	1	143	6	272	45
福　建	214.45	11	49	117.1	1	92.85	6	4.5	4
江　西	89.06	54	36	0		56.86	6	32.2	48
山　东	490.55	46	170	5.2	1	265.75	12	219.6	33
河　南	991.85	19	260	0.7	1	826.45	12	164.7	6
湖　北	342.76	42	242	5.2	1	151.92	9	185.64	32
湖　南	364	9	46			364	9		
海　南	14	1	8	14	1				
广　西	10	1	6	10	1				
四　川	163.59	42	148	3.2	1	107.27	8	53.12	33
重　庆	22.94	10	15	2.36	1	10	1	10.58	8
贵　州	6.4	1	3	6.4	1				
云　南	387	9	162			387	9		
西　藏	2.3	2				2.3	2		
陕　西	37.25	15	47	1.7	1	6.9	5	28.65	9
甘　肃	10.5	11	12			0.5	1	10	10
青　海	4.4	1	2	4.4	1				
宁　夏	51	9	20	25	1	26	8		
新　疆	19.2	1	3	19.2	1				
新疆兵团	20	1	3	20	1				

数据来源：国家粮食局标准质量中心统计资料。

表49		全国粮食生产大县社会经济基本情况表		
指　标	单　位	2006年	2007年	2007年为2006年%
一、基本情况				
县个数	个	453	453	100.0
行政区域土地面积	平方公里		1166211	
乡(镇)个数	个		7740	
村民委员会个数	个		156570	
年末总户数	户	97110590	98831842	101.8
其中：乡村户数	户		73310020	
年末总人口	万人	32576	32886	101.0
乡村人口	万人		27105	
年末单位从业人员数	人	17630058	18006988	102.1
乡村从业人员数	人		146971720	
其中：农林牧渔业	人		79490469	
农业机械总动力	万千瓦特		23598	
本地电话年末用户	户	69115834	69367850	100.4
二、综合经济				
第一产业增加值	万元	79068267	90699012	114.7
第二产业增加值	万元	216788935	266613933	123.0
地方财政一般预算收入	万元	17236891	22806240	132.3
地方财政一般预算支出	万元	33748679	44469903	131.8
城乡居民储蓄存款余额	万元	236666201	259005194	109.4
年末金融机构各项贷款余额	万元	212494438	245896930	115.7
三、农业、工业及投资				
粮食总产量	吨	217871841	221153720	101.5
棉花产量	吨	818370	849342	103.8
油料产量	吨	11163419	10690431	95.8
肉类总产量	吨	33408657	32591006	97.6
规模以上工业企业个数	个	70670	81682	115.6
规模以上工业总产值(现价)	万元	563160830	750629091	133.3
城镇固定资产投资完成额	万元	132184635	173327984	131.1
四、教育、卫生和社会保障				
普通中学在校学生数	人	21337617	20424748	95.7
小学在校学生数	人	25556211	25086089	98.2
医院、卫生院床位数	床	593422	624312	105.2
社会福利院数	个	10473	10487	100.1
社会福利院床位数	床	490276	608094	124.0

注:2006年进行农业普查,因此有8个指标免报无数据。
数据来源:国家统计局统计资料。

表50		全国粮食生产大县名单表			
序号	编号	名称	序号	编号	名称
		北京			山西
1	110115	大兴区	40	140622	应　县
2	110229	延庆县	41	140981	原平市
		天津	42	141024	洪洞县
3	120115	宝坻区			内蒙古
4	120221	宁河县	43	150521	科尔沁左翼中旗
5	120225	蓟县	44	150522	科尔沁左翼后旗
		河北	45	150523	开鲁县
6	130123	正定县	46	150525	奈曼旗
7	130124	栾城县	47	150526	扎鲁特旗
8	130130	无极县	48	150721	阿荣旗
9	130132	元氏县	49	150722	莫力达瓦达斡尔族自治旗
10	130133	赵县	50	150782	牙克石市
11	130182	藁城市	51	150783	扎兰屯市
12	130183	晋州市	52	150784	额尔古纳市
13	130184	新乐市	53	150802	临河区
14	130185	鹿泉市	54	150821	五原县
15	130208	丰润区	55	150823	乌拉特前旗
16	130223	滦县	56	150826	杭锦后旗
17	130225	乐亭县	57	152223	扎赉特旗
18	130229	玉田县			辽宁
19	130281	遵化市	58	210122	辽中县
20	130322	昌黎县	59	210123	康平县
21	130323	抚宁县	60	210124	法库县
22	130324	卢龙县	61	210181	新民市
23	130423	临漳县	62	210282	普兰店市
24	130429	永年县	63	210321	台安县
25	130521	邢台县	64	210381	海城市
26	130528	宁晋县	65	210681	东港市
27	130582	沙河市	66	210726	黑山县
28	130622	清苑县	67	210727	义　县
29	130625	徐水县	68	210781	凌海市
30	130681	涿州市	69	210782	北镇市
31	130682	定州市	70	210881	盖州市
32	130721	宣化县	71	210882	大石桥市
33	130731	涿鹿县	72	210921	阜新蒙古族自治县
34	130823	平泉县	73	210922	彰武县
35	130981	泊头市	74	211081	灯塔市
36	131022	固安县	75	211121	大洼县
37	131026	文安县	76	211122	盘山县
38	131082	三河市	77	211221	铁岭县
39	131182	深州市	78	211223	西丰县

续表

序号	编号	名称	序号	编号	名称
79	211224	昌图县	121	230229	克山县
80	211282	开原市	122	230230	克东县
81	211322	建平县	123	230231	拜泉县
82	211382	凌源市	124	230281	讷河市
83	211421	绥中县	125	230382	密山市
84	211481	兴城市	126	230422	绥滨县
		吉林	127	230521	集贤县
85	220122	农安县	128	230621	肇州县
86	220181	九台市	129	230622	肇源县
87	220182	榆树市	130	230822	桦南县
88	220183	德惠市	131	230828	汤原县
89	220221	永吉县	132	230881	同江市
90	220281	蛟河市	133	230882	富锦市
91	220282	桦甸市	134	231084	宁安市
92	220283	舒兰市	135	231121	嫩江县
93	220284	磐石市	136	231123	逊克县
94	220322	梨树县	137	231221	望奎县
95	220323	伊通满族自治县	138	231222	兰西县
96	220381	公主岭市	139	231223	青冈县
97	220382	双辽市	140	231224	庆安县
98	220421	东丰县	141	231226	绥棱县
99	220422	东辽县	142	231281	安达市
100	220523	辉南县	143	231282	肇东市
101	220524	柳河县	144	231283	海伦市
102	220581	梅河口市			江苏
103	220721	前郭尔罗斯蒙古族自治县	145	320116	六合区
104	220722	长岭县	146	320124	溧水县
105	220723	乾安县	147	320125	高淳县
106	220821	镇赉县	148	320281	江阴市
107	220822	通榆县	149	320282	宜兴市
108	220881	洮南市	150	320321	丰　县
109	220882	大安市	151	320322	沛　县
110	222403	敦化市	152	320324	睢宁县
		黑龙江	153	320381	新沂市
111	230111	呼兰区	154	320412	武进区
112	230123	依兰县	155	320481	溧阳市
113	230125	宾县	156	320482	金坛市
114	230126	巴彦县	157	320583	昆山市
115	230181	阿城区	158	320584	吴江市
116	230182	双城市	159	320721	赣榆县
117	230184	五常市	160	320722	东海县
118	230221	龙江县	161	320826	涟水县
119	230223	依安县	162	320829	洪泽县
120	230225	甘南县	163	320830	盱眙县

续表

序号	编号	名称	序号	编号	名称
164	320831	金湖县	206	340421	凤台县
165	320903	盐都区	207	340521	当涂县
166	320923	阜宁县	208	340822	怀宁县
167	320925	建湖县	209	340823	枞阳县
168	321023	宝应县	210	340824	潜山县
169	321081	仪征市	211	340825	太湖县
170	321088	江都市	212	340881	桐城市
171	321112	丹徒区	213	341122	来安县
172	321181	丹阳市	214	341124	全椒县
173	321183	句容市	215	341125	定远县
174	321282	靖江市	216	341126	凤阳县
175	321283	泰兴市	217	341181	天长市
176	321284	姜堰市	218	341182	明光市
177	321311	宿豫区	219	341221	临泉县
178	321322	沭阳县	220	341222	太和县
179	321323	泗阳县	221	341225	阜南县
180	321324	泗洪县	222	341226	颍上县
		浙江	223	341321	砀山县
181	330109	萧山区	224	341322	萧　县
182	330110	余杭区	225	341421	庐江县
183	330182	建德市	226	341423	含山县
184	330212	鄞州区	227	341424	和　县
185	330281	余姚市	228	341521	寿　县
186	330421	嘉善县	229	341522	霍邱县
187	330424	海盐县	230	341523	舒城县
188	330481	海宁市	231	341621	涡阳县
189	330482	平湖市	232	341623	利辛县
190	330483	桐乡市			**福建**
191	330521	德清县	233	350681	龙海市
192	330522	长兴县	234	350722	浦城县
193	330523	安吉县	235	350781	邵武市
194	330621	绍兴县	236	350783	建瓯市
195	330681	诸暨市	237	350784	建阳市
196	330682	上虞市			**江西**
197	330683	嵊州市	238	360121	南昌县
198	330825	龙游县	239	360122	新建县
		安徽	240	360124	进贤县
199	340121	长丰县	241	360281	乐平市
200	340122	肥东县	242	360622	余江县
201	340123	肥西县	243	360681	贵溪市
202	340223	南陵县	244	360730	宁都县
203	340321	怀远县	245	360781	瑞金市
204	340322	五河县	246	360821	吉安县
205	340323	固镇县	247	360822	吉水县

续表

序号	编号	名称	序号	编号	名称
248	360824	新干县	291	371426	平原县
249	360826	泰和县	292	371481	乐陵市
250	360829	安福县	293	371482	禹城市
251	360830	永新县	294	371524	东阿县
252	360921	奉新县		河南	
253	360922	万载县	295	410224	开封县
254	360923	上高县	296	410381	偃师市
255	360924	宜丰县	297	410422	叶　县
256	360981	丰城市	298	410621	浚　县
257	360982	樟树市	299	410622	淇　县
258	361021	南城县	300	410721	新乡县
259	361022	黎川县	301	410725	原阳县
260	361024	崇仁县	302	410781	卫辉市
261	361126	弋阳县	303	410825	温　县
262	361127	余干县	304	410922	清丰县
263	361128	鄱阳县	305	410928	濮阳县
264	361129	万年县	306	411023	许昌县
	山东		307	411081	禹州市
265	370113	长清区	308	411103	郾城区
266	370181	章丘市	309	411121	舞阳县
267	370281	胶州市	310	411322	方城县
268	370282	即墨市	311	411324	镇平县
269	370283	平度市	312	411325	内乡县
270	370284	胶南市	313	411425	虞城县
271	370285	莱西市	314	411426	夏邑县
272	370321	桓台县	315	411521	罗山县
273	370481	滕州市	316	411522	光山县
274	370523	广饶县	317	411525	固始县
275	370681	龙口市	318	411526	潢川县
276	370682	莱阳市	319	411623	商水县
277	370683	莱州市	320	411624	沈丘县
278	370684	蓬莱市	321	411681	项城市
279	370781	青州市	322	411721	西平县
280	370782	诸城市	323	411722	上蔡县
281	370783	寿光市	324	411723	平舆县
282	370881	曲阜市	325	411724	正阳县
283	370921	宁阳县	326	411726	泌阳县
284	370982	新泰市	327	411727	汝南县
285	370983	肥城市	328	411728	遂平县
286	371122	莒　县	329	411729	新蔡县
287	371322	郯城县		湖北	
288	371324	苍山县	330	420281	大冶市
289	371326	平邑县	331	420506	夷陵区
290	371327	莒南县	332	420582	当阳市

续表

序号	编号	名称	序号	编号	名称
333	420624	南漳县	375	440823	遂溪县
334	420625	谷城县	376	440882	雷州市
335	420921	孝昌县	377	440981	高州市
336	420923	云梦县	378	441323	惠东县
337	420981	应城市	379	441521	海丰县
338	420982	安陆市	380	441581	陆丰市
339	421023	监利县	381	441881	英德市
340	421024	江陵县	382	441882	连州市
341	421121	团风县	383	445381	罗定市
342	421125	浠水县		广西	
343	421126	蕲春县	384	450109	邕宁区
344	421181	麻城市	385	450122	武鸣县
345	421182	武穴市	386	450126	宾阳县
346	421381	广水市	387	450127	横 县
	湖南		388	450322	临桂县
347	430121	长沙县	389	450722	浦北县
348	430122	望城县	390	450881	桂平市
349	430124	宁乡县	391	450923	博白县
350	430181	浏阳市	392	450981	北流市
351	430221	株洲县		海南	
352	430223	攸 县	393	469002	琼海市
353	430281	醴陵市		重庆	
354	430321	湘潭县	394	500115	长寿区
355	430381	湘乡市	395	500222	綦江县
356	430421	衡阳县	396	500223	潼南县
357	430422	衡南县	397	500224	铜梁县
358	430424	衡东县	398	500225	大足县
359	430481	耒阳市	399	500228	梁平县
360	430523	邵阳县	400	500231	垫江县
361	430525	洞口县	401	500233	忠 县
362	430621	岳阳县	402	500381	江津区
363	430624	湘阴县	403	500382	合川区
364	430681	汨罗市	404	500383	永川区
365	430682	临湘市		四川	
366	430725	桃源县	405	510114	新都区
367	430981	沅江市	406	510122	双流县
368	431121	祁阳县	407	510124	郫 县
369	431321	双峰县	408	510182	彭州市
	广东		409	510183	邛崃市
370	440282	南雄市	410	510184	崇州市
371	440605	南海区	411	510321	荣 县
372	440607	三水区	412	510322	富顺县
373	440781	台山市	413	510623	中江县
374	440783	开平市	414	510681	广汉市

续表

序号	编号	名称	序号	编号	名称
415	510781	江油市	436	610423	泾阳县
416	510823	剑阁县	437	610424	乾 县
417	510824	苍溪县	438	610425	礼泉县
418	510921	蓬溪县	439	610431	武功县
419	511025	资中县	440	610481	兴平市
420	511323	蓬安县	441	610526	蒲城县
421	511324	仪陇县	442	610528	富平县
422	511621	岳池县	443	610721	南郑县
423	511622	武胜县	444	610722	城固县
424	512021	安岳县		**甘肃**	
425	512022	乐至县	445	620602	凉州区
	贵州		446	620702	甘州区
426	520321	遵义县	447	620723	临泽县
427	522229	松桃苗族自治县	448	620724	高台县
	陕西		449	620902	肃州区
428	610116	长安区		**青海**	
429	610124	周至县	450	630121	大通回族土族自治县
430	610125	户 县		**宁夏**	
431	610304	陈仓区	451	640121	永宁县
432	610322	凤翔县		**新疆**	
433	610323	岐山县	452	652325	奇台县
434	610324	扶风县	453	654021	伊宁县
435	610422	三原县			

数据来源：国家统计局统计资料。

表51　国民经济与社会发展总量指标（1978～2008年）（一）

指　标	单　位	1978年	1990年	2000年	2007年	2008年
人口						
总人口(年末)	万人	96259	114333	126743	132129	132802
城镇人口	万人	17245	30195	45906	59379	60667
乡村人口	万人	79014	84138	80837	72750	72135
就业和失业						
就业人员数	万人	40152	64749	72085	76990	77480
#职工人数	万人	9499	14059	11259	11427	11515
城镇登记失业人员	万人	530	383	595	830	886
国民经济核算						
国内生产总值	亿元	3645.2	18667.8	99214.6	257305.6	300670.0
第一产业	亿元	1027.5	5062.0	14944.7	28627.0	34000.0
第二产业	亿元	1745.2	7717.4	45555.9	124799.0	146183.4
第三产业	亿元	872.5	5888.4	38714.0	103879.6	120486.6
支出法国内生产总值	亿元	3605.6	19347.8	98749.0	263093.8	306859.8
最终消费支出	亿元	2239.1	12090.5	61516.0	128793.8	149112.6
资本形成总额	亿元	1377.9	6747.0	34842.8	110919.4	133612.3
货物和服务净出口	亿元	−11.4	510.3	2390.2	23380.6	24134.9
固定资产投资						
全社会固定资产投资总额	亿元		4517.0	32917.7	137323.9	172291.1
城　镇	亿元		3274.4	26221.8	117464.5	148167.2
#房地产开发	亿元		253.3	4984.1	25288.8	30579.8
农　村	亿元		1242.6	6695.9	19859.5	24123.9
财政和金融						
国家财政收入	亿元	1132.3	2937.1	13395.2	51321.8	61316.9
国家财政支出	亿元	1122.1	3083.6	15886.5	49781.4	62427.0
金融机构人民币各项存款余额	亿元	1155	13943	123804	389371	466203
金融机构人民币各项贷款余额	亿元	1890	17511	99371	261691	303395
主要农业、工业产品产量						
粮食	万吨	30476.5	44624.3	46217.5	50160.3	52870.9
棉花	万吨	216.7	450.8	441.7	762.4	749.2
油料	万吨	521.8	1613.2	2954.8	2568.7	2952.8
肉类	万吨			6013.9	6865.7	7278.3
原煤	亿吨	6.18	10.80	12.99	25.26	27.93
原油	万吨	10405	13831	16300	18632	18973
发电量	亿千瓦小时	2566	6212	13556	32816	34669
粗钢	万吨	3178	6635	12850	48929	50092
水泥	万吨	6524	20971	59700	136117	140000

数据来源：国家统计局统计资料。

表51	国民经济与社会发展总量指标（1978～2008年）（二）					

指 标	单 位	1978年	1990年	2000年	2007年	2008年
建筑业						
建筑业企业从业人员	万人		1011	1994	3134	3254
建筑业总产值	亿元		1345	12498	51044	61144
交通和邮电						
客运量	万人	253993	772682	1478573	2227761	2867892
货运量	万吨	248946	970602	1358682	2275822	2587413
沿海主要港口货物吞吐量	万吨	19834	48321	125603	388200	429599
邮电业务总量	亿元	34.1	155.5	4792.7	19805.0	23841.3
移动电话年末用户	万户		1.8	8453.3	54730.6	64123.0
固定电话年末用户	万户	192.5	685.0	14482.9	36563.7	34080.4
国内商业和对外贸易						
社会消费品零售总额	亿元	1559	8300	39106	89210	108488
货物进出口总额	亿美元	206.4	1154.4	4742.9	21737.3	25616.3
出口额	亿美元	97.5	620.9	2492.0	12177.8	14285.5
进口额	亿美元	108.9	533.5	2250.9	9559.5	11330.9
实际利用外资额						
外商直接投资	亿美元		34.9	407.2	747.7	924.0
外商其他投资	亿美元		2.7	86.4	35.7	28.6
国际旅游						
入境过夜旅游者人数	万人次	71.6	1048.4	3122.9	5472.0	5304.9
国际旅游外汇收入	亿美元	2.6	22.2	162.2	419.2	408.4
教育、科技、文化、卫生						
在校学生数						
#普通高等学校	万人	85.6	206.3	556.1	1884.9	2021.0
普通中学	万人	6548.3	4586.0	7368.9	8243.3	8050.4
普通小学	万人	14624.0	12241.4	13013.3	10564.0	10331.5
研究与试验发展经费支出	亿元			895.7	3710.2	4570.0
技术市场成交额	亿元		75	651	2227	2665
图书总印数	亿册(张)	37.7	56.4	62.7	62.9	68.7
期刊总印数	亿册	7.6	17.9	29.4	30.4	30.2
报纸总印数	亿份	127.8	211.3	329.3	438.0	445.3
医院、卫生院数	个	64311	62126	66095	60531	59572
执业(助理)医师	万人	103.3	176.3	207.6	201.3	208.2
医院、卫生院床位数	万张	184.7	259.2	290.8	343.8	374.8

注：1.由于计算误差的影响，按支出法计算的国内生产总值不等于按生产法计算的国内生产总值。
　　2.本表价值量指标中，邮电业务总量2000年及以前按1990年不变价格计算，2001年起按2000年不变价格计算，其余按当年价格计算。
数据来源：国家统计局统计资料。

表52	国民经济与社会发展速度指标(1978～2008年)（一）						
指 标	2008年为下列各年%				平均每年增长%		
	1978年	1990年	2000年	2007年	1979~ 2008年	1991~ 2008年	2001~ 2008年
人口							
总人口(年末)	138.0	116.2	104.8	100.5	1.1	0.8	0.6
城镇人口	351.8	200.9	132.2	102.2	4.3	4.0	3.5
乡村人口	91.3	85.7	89.2	99.2	−0.3	−0.9	−1.4
就业和失业							
就业人员数	193.0	119.7	107.5	100.6	2.2	1.0	0.9
#职工人数	121.2	81.9	102.3	100.8	0.6	−1.1	0.3
城镇登记失业人员	167.2	231.3	148.9	106.7	1.7	4.8	5.1
国民经济核算							
国内生产总值	1651.2	586.2	217.3	109.0	9.8	10.3	10.2
第一产业	386.1	202.5	139.4	105.5	4.6	4.0	4.2
第二产业	2549.5	838.4	235.7	109.3	11.4	12.5	11.3
第三产业	2164.7	597.8	226.4	109.5	10.8	10.4	10.8
固定资产投资							
全社会固定资产投资总额		3814.3	523.4	125.5		22.4	22.1
城 镇		4525.0	565.1	126.1		23.6	23.4
#房地产开发		12075.0	613.5	120.9		32.1	25.9
农 村		1941.4	360.3	121.5		18.1	16.0
财政和金融							
国家财政收入	5415.4	2087.7	457.8	119.5	14.2	18.4	20.9
国家财政支出	5563.5	2024.5	393.0	125.4	14.3	18.2	18.7
金融机构人民币各项存款余额	41093.3	3327.0	376.6	119.7	22.2	21.5	18.0
金融机构人民币各项贷款余额	16399.7	1716.0	305.3	115.9	18.5	17.1	15.0
主要农业、工业产品产量							
粮食	173.5	118.5	114.4	105.4	1.9	0.9	1.7
棉花	345.7	166.2	169.6	98.3	4.2	2.9	6.8
油料	565.9	183.0	99.9	115.0	5.9	3.4	0.0
肉类			121.0	106.0			2.4
原煤	451.9	258.6	215.0	110.6	5.2	5.4	10.0
原油	182.3	137.2	116.4	101.8	2.0	1.8	1.9
发电量	1351.1	558.1	255.7	105.6	9.1	10.0	12.5
粗钢	1576.2	755.0	389.8	102.4	9.6	11.9	18.5
水泥	2145.9	667.6	234.5	102.9	10.8	11.1	11.2

数据来源：国家统计局统计资料。

| 表52 | 国民经济与社会发展速度指标(1978～2008年）（二） | | | | | | |

指 标	2008年为下列各年%				平均每年增长%		
	1978年	1990年	2000年	2007年	1979~ 2008年	1991~ 2008年	2001~ 2008年
建筑业							
建筑业企业从业人员		321.9	163.1	103.8		6.7	6.3
建筑业总产值		4546.0	489.2	119.8		23.6	22.0
交通和邮电							
客运量	1129.1	371.2	194.0	128.7	8.4	7.6	8.6
货运量	1039.3	266.6	190.4	113.7	8.1	5.6	8.4
沿海主要港口货物吞吐量	2166.0	889.1	342.0	110.7	10.8	12.9	16.6
邮电业务总量	93862.8	20572.1	667.6	120.4	25.6	34.4	26.8
移动电话年末用户		3503989	758.6	117.2		78.8	28.8
固定电话年末用户	17700.1	4975.0	235.3	93.2	18.8	24.2	11.3
国内商业和对外贸易							
社会消费品零售总额	6960.6	1307.1	277.4	121.6	15.2	15.3	13.6
货物进出口总额	12411.0	2219.0	540.1	117.8	17.4	18.8	23.5
出口额	14651.8	2300.8	573.3	117.3	18.1	19.0	24.4
进口额	10404.8	2123.9	503.4	118.5	16.7	18.5	22.4
实际利用外资额							
外商直接投资		2649.8	226.9	123.6		20.0	10.8
外商其他投资		1066.4	33.1	80.1		14.1	−12.9
国际旅游							
入境过夜旅游者人数	7409.1	506.0	169.9	96.9	15.4	9.4	6.8
国际旅游外汇收入	15529.7	1841.4	251.8	97.4	18.3	17.6	12.2
教育、科技、文化、卫生							
在校学生数							
#普通高等学校	2361.0	979.7	363.4	107.2	11.1	13.5	17.5
普通中学	122.9	175.5	109.2	97.7	0.7	3.2	1.1
普通小学	70.6	84.4	79.4	97.8	−1.2	−0.9	−2.8
研究与试验发展经费支出			510.2	123.2			22.6
技术市场成交额		3548.6	409.5	119.7		21.9	19.3
图书总印数	182.2	121.8	109.6	109.2	2.0	1.1	1.1
期刊总印数	397.4	168.7	102.7	99.3	4.7	2.9	0.3
报纸总印数	348.4	210.7	135.2	101.7	4.2	4.2	3.8
医院、卫生院数	92.6	95.9	90.1	98.4	−0.3	−0.2	−1.3
执业（助理）医师	201.5	118.1	100.3	103.4	2.4	0.9	0.0
医院、卫生院床位数	202.9	144.6	128.9	109.0	2.4	2.1	3.2

注．本表价值量指标中，除国内生产总值和邮电业务总量按可比价格计算外，其他按当年价格计算；平均每年增长速度除固定
　　资产投资额按累计法计算外，其他按水平法计算。
数据来源：国家统计局统计资料。

河南省粮食交易物流市场简介

河南省粮食交易物流市场是于2004年3月经河南省人民政府批准成立的大型股份制企业，隶属于河南省粮食局。现为国家粮食局重点联系市场、中国物流与采购联合会常务理事单位、中国粮油学会理事单位、中国粮油学会粮食物流分会常务理事单位、中国粮食行业协会粮食批发市场分会会员单位、河南省交通物流协会常务理事单位以及河南省发改委首批重点联系的30家物流企业之一。

河南省粮食交易物流市场董事长/总经理 屈新明

市场成立五年来，累计成交粮食2750万吨，其中销售我省最低收购价小麦1750万吨，实现了场内和网上远程同步交易，有力地促进了我省粮食行业电子商务的发展和交易模式的转变，对我国小麦市场价格形成产生了重大影响，成为政府粮食宏观调控，保证国家粮食安全的一支重要力量。

五年来，物流市场将商流型粮食批发市场单一的交易功能，发展成为集交易、物流、仓储、结算、融资等多功能为一体的复合型粮食批发市场，并形成了在粮食行业独具特色以"豫粮物流"为品牌的"河南粮食现代化物流发展模式"，即以粮食批发市场为平台，以散粮专用汽车运输为主要手段，为客户代购、代运、代结算贸易物流一体化的第三方物流模式。

河南省粮食交易物流市场将进一步整合资源，提升功能，创新机制，不断探索现代粮食流通模式，加快构建河南粮食跨区域的粮食流通高速通道，为保障国家粮食安全、促进社会主义新农村建设，构建和谐中原做出更大的贡献。

河南省粮食交易物流市场现代化交易大厅

湖北省宜昌市粮食局

2008年11月24日，国家粮食局局长聂振邦（左四）视察湖北三峡粮食物流中心油脂储备库，宜昌市委副书记、市长李乐成（左三）、湖北省粮食局副局长沈桥梁（右二）、宜昌市副市长刘俊刚（左一）、宜昌市粮食局局长刘克兢（左二）陪同视察。

2008年5月12日，湖北省省委书记罗清泉（前排中）视察湖北三峡粮食物流中心泰丰粮油批发市场，宜昌市委书记郭有明（前排右一）、宜昌市委副书记、市长李乐成（二排右三）、宜昌市粮食局局长刘克兢（前排左一）陪同视察。

湖北省宜昌市粮食局是2001年机构改革以后政府系列的行政机关，其职能是粮食行政管理和行业管理。机关现有五科二室，即办公室、政工科、调控科、仓储科、财务会计科、监察室、离退休干部管理科。准备正式成立监督检查科和政策法规科。现有在编干部26人。

宜昌市粮食局管理着9县市区粮食局（全部为事业编制）和10家市直粮食企事业单位（其中事业单位4家，购销企业6家）。到2009年底，全市共有独立核算企业109家（购销企业53家，附营企业56家），干部职工总数1302人，其中在岗职工1164人，内退人员138人；粮食企业总资产20.98亿元，固定资产3.06亿元；粮食仓库容量7.7亿公斤，粮油食品加工能力20万吨。其中市直10家企事业单位共有职工298人，在岗职工220人，内退78人；总资产4.88亿元，固定资产1.44亿元，粮食仓库容量12435万公斤，粮食加工能力5万吨。

2006年3月，宜昌市粮食局被国家人事部、国家粮食局联合授予"全国粮食系统先进集体"光荣称号；2008年，市粮食局作为全国唯一地级市代表分别在北京全国粮食局长会议上和广州全国粮食物流建设会议上作典型经验交流发言，宜昌市粮食产业化发展和物流建设继续走在全国、全省同行业前列。宜昌市粮食局连续13年被评为湖北省粮食系统先进单位。连续9年被评为湖北省、宜昌市、区"文明单位"和"文明机关"。

2008年3月10日，湖北省副省长田承忠（左三）视察湖北三峡粮食物流中心泰丰粮油批发市场，省政府副秘书长张达华（右二）、宜昌市委副书记、市长李乐成（左二）、宜昌市副市长刘俊刚（左一）、宜昌市粮食局局长刘克兢（右三）陪同视察。

2009年1月13日，宜昌市粮食局党组书记、局长刘克兢在全国粮食局长会议上作典型交流发言。